凉州文化研究论辑

LIANG ZHOU WEN HUA YAN JIU LUN JI

武威市凉州文化研究院 编

张国才 主 编

席晓喆 副主编

读者出版社

图书在版编目（CIP）数据

凉州文化研究论辑 / 武威市凉州文化研究院编；张国才，席晓喆主编. -- 兰州：读者出版社，2024.7
ISBN 978-7-5527-0791-5

Ⅰ. ①凉… Ⅱ. ①武… ②张… ③席… Ⅲ. ①地方文化－文化史－武威－古代－文集 Ⅳ. ①K294.23-53

中国国家版本馆CIP数据核字(2024)第036087号

凉州文化研究论辑

武威市凉州文化研究院　编
张国才　主编
席晓喆　副主编

责任编辑　漆晓勤
装帧设计　李富东

出版发行　读者出版社
地　　址　兰州市城关区读者大道568号(730030)
邮　　箱　readerpress@163.com
电　　话　0931-2131529(编辑部)　0931-2131507(发行部)

印　　刷　兰州万易印务有限责任公司
规　　格　开本 787 毫米 × 1092 毫米　1/16
　　　　　印张 34.75　插页 2　字数 672 千
版　　次　2024 年 7 月第 1 版
　　　　　2024 年 7 月第 1 次印刷
书　　号　ISBN 978-7-5527-0791-5
定　　价　148.00元

《凉州文化研究论辑》
编委会

目 录

第一辑

第二辑

第三辑

第四辑

第五辑

第一辑

古之凉州，今之武威。武威莫道是边城，文物前贤起后生。2000多年前，一条绵亘万里、连接欧亚的丝绸之路，开启了中西方文明交流发展的恢宏篇章。从那时起，武威如一颗耀眼的明珠，镶嵌在这条古老的通道上，光彩夺目，魅力四射。

武威，以其悠久厚重的历史和独特多元的文化，在中国历史长河中独树一帜，熠熠生辉，在中国文化史上留下了浓墨重彩的一笔。今日武威，以文化为魂，以旅游为体，深挖凉州文化内涵，加快文旅融合步伐，努力建设文化旅游名市。近年来成功举办多届凉州文化论坛，常态化举办凉州讲坛和高端学术研讨会，邀请诸多名家纵论中华文明与凉州文化，提出了一系列的真知灼见，形成了丰硕的学术成果。

本辑收录论文6篇。卜宪群指出，以数千年大历史观之，对外开放一直是中华民族的主流和趋势。赵现海认为，武威是西北社会的枢纽地区，在中国历史上扮演了十分重要而关键的角色。李鸣飞对敦煌莫高窟和永昌县的番禾瑞像研究进行了阐释。王欣认为，一部西域史完整、全面而深刻地诠释了中华文明的连续性、创新性、统一性、包容性与和平性等五个突出特性。聂静洁认为，一百多年来丝绸之路研究的视角呈现朝向多元化演进的必然趋势。王东认为，公元8—9世纪文献及文物中涉及大量金银及饰品，反映了当时河西民众宗教信仰和日常生活。

从中国历史看对外开放

卜宪群

历史是一面镜子，鉴古知今，学史明智。正如习近平总书记所指出的：“历史是最好的老师，它忠实记录下每一个国家走过的足迹，也给每一个国家未来的发展提供启示。”以数千年大历史观之，对外开放一直是中华民族的主流和趋势。自古以来，中华民族就以“天下大同”“协和万邦”的宽广胸怀，自信而又大度地开展同域外民族交往和文化交流，谱写了“万里驼铃万里波”的浩浩丝路长歌，创造了“万国衣冠会长安”的盛唐气象。中华民族以开放的姿态继续走向未来，有着深远的历史渊源、深厚的文化根基。

一、中国历史上对外开放的演变

中国历史上的对外开放经历了漫长的演变过程，也经历了不同的历史阶段。

秦汉是中国历史上对外开放的奠基时期，大一统王朝的建立使国家在对外开放中的角色日益凸显，并逐渐成为主导力量。统一后的秦王朝在对外交流上有了长足进步。徐福东渡尽管不是主观上的对外交流，但这种大规模的人员和物资远洋航行在中国历史上尚属首次，客观上使秦的文明远播异域，也为此后与东亚的交流开辟了道路。秦与朝鲜、越南之间有丝绸、漆器、铁器等贸易往来，与西域也有民间交往。汉代是对外开放的大发展时期。公元前138年，汉武帝遣张骞出使西域，带来了关于西域较为全面、细致的报告，被称为“始开西域之迹”。张骞通西域，是中原王朝首次以官方名义与西域的接触，其所开辟的道路为东西方经济文化交流奠定了坚实基础。沿着这条道路越葱岭向西或西南，可抵达中亚、地中海东岸和南亚。这条道路被后世称为“丝绸之路”。两汉之际因战乱和匈奴势力的扩张，中原与西域隔绝60余年。东汉明帝派班超出使西域，在东汉政府尤其是班超艰苦卓绝的努力下，西域诸国与东汉政府重新建立了联系，丝绸之路再次打通。班超派属下甘英出使大秦（罗马），至地中海东岸而返，进一步加强了东汉政府对中亚、西亚以及罗马帝国的了解。

魏晋南北朝是中国历史上对外开放的发展时期，各政权在对外开放上积极主动，民间交往则更趋活跃。朝鲜半岛的高句丽、百济、新罗与魏晋南北朝的使节往来不断，中国史书中对这三国的丰富记载，是双方交往的见证。日本的邪马台、大和国与曹魏、东晋、南朝都有频繁往来。与西域的关系持续保持，与南亚、西亚各国如大宛、粟特、贵霜、波斯均有往来。继东汉之后，东吴、西晋、北魏与大秦往来未断。天竺各国与中国的来往也很多。东晋僧人法显由陆路赴天竺，经狮子国，取海路而还，足以证明当时陆上与海上交通的通畅。鲜卑人建立的北魏也不闭关自守，《洛阳伽蓝记》记载北魏都城洛阳“自葱岭以西，至于大秦，百国千城，莫不款附”，反映了当时的盛况。

隋唐是中国历史上对外开放的高潮时期，中国与域外交流的频繁成为这一时期对外开放的显著特征。隋代奉行积极的对外开放政策，隋炀帝派裴矩驻张掖经营西域，自此“西域诸蕃，往来相继”，“故诸国之事，罔不遍知”。隋代通过海路与东亚、东南亚、西亚、欧洲的交通也通畅，海上丝绸之路上的政治、经济、文化交往繁盛。唐代继续奉行对外开放政策。强盛的国力与发达的交通使唐与当时世界上70多个国家建立了通使友好关系。如统一后的新罗王朝与唐朝贸易十分活跃，唐朝许多地方设有新罗馆、新罗坊、新罗村供新罗人居住。日本与唐朝的交往空前繁荣，日本的遣唐使人数众多，络绎不绝。唐朝与东南亚、南亚的林邑、真腊以及今印尼苏门答腊均有海路往来。鉴真东渡日本与玄奘、义净西行印度和南洋，证明东西方陆海交通的便利。

宋元是中国历史上对外开放的发展繁荣时期，这一时期对外开放的重心逐渐从陆路转向海洋。五代与两宋时期的战争对峙，使西北陆路交通阻断，通往西域、中亚的交通时断时续。政治经济中心的南移，造船业的技术进步与指南针的使用，大大促进了东南海上贸易的繁荣，杭州、广州、泉州、明州都是对外贸易的重要港口。五代两宋与朝鲜半岛的王氏高丽政权，与日本的镰仓幕府，与东南亚、南亚的越南、印尼以及印度的经济文化交流十分频繁，与阿拉伯、非洲的交流也有进一步发展。南宋赵汝适的《诸蕃志》、周去非《岭外代答》中的《外国门》，记载了当时东南亚、南亚以至波斯、大秦、非洲、南美洲的一些情况，涉及50多个国家和地区。两宋政府鼓励对外开放，在多地设置驿站，保护外国商人与商船。元代的大一统打通了陆上丝绸之路和海上丝绸之路，元统治者的政策有利于对外开放的开展。如元世祖忽必烈鼓励对外交往，对各国来者尤为礼遇，下诏令“其往来互市，各从所欲”。元朝是中国历史上对外开放口岸最多的政权之一。

明清是中国历史上对外开放的持续发展与转折时期，对外开放的领域和规模一度空前扩大，但政策却趋向保守。明朝的统一与社会经济繁荣奠定了对外交流的基础。明成祖朱棣鼓励发展对外关系，派遣郑和七下西洋，历时29年，跨越东南亚、南亚、阿拉伯半岛，远至非洲东海岸。郑和下西洋促进了中国与亚非各国的联系，是15世纪初中国对外开放的重要象征。遗憾的是，这样的局面没有长久延续，周边国家的变化与世界格局的转换，封建专制体制的固化、腐化与僵化，使对外开放渐渐步履蹒跚。由于倭寇侵扰，朱元璋撤废市舶司，禁止商船贸易和人民通藩下海。清朝建立后，沿袭了明朝的海禁政策，康熙年间再次颁布“禁海令”后，对海外贸易的限制越来越严，对外开放的门户越来越小。乾隆年间清政府以英商不遵守中国法律为由，下令沿海只准广州一口与外国通商，同时还颁布了一系列严格限制外商来华贸易的法令，清朝进入了较为严厉的闭关时期，直至1840年鸦片战争爆发，列强用坚船利炮打开了古老中国的大门，教训十分深刻。

二、中国历史上对外开放的启示

从中国历史上对外开放的实践中可以发现，对外开放绝不是简单地打开国门，也不是简单地对外交流。对外开放的格局和水平与整个国家、民族乃至整个世界格局的发展状况息息相关。

强盛的大一统国家是对外开放的基本前提。中国历史上对外开放繁荣发展的时期，往往是大一统王朝的巩固时期。西汉王朝经过60多年的休养生息，积累了雄厚的经济实力，至汉武帝时国力强盛，大一统局面形成。正是在这个基础上，雄才大略的汉武帝开通西域，打通了东西方交通道路。同时，与东亚、东南亚、南亚的陆上、海上交通联系也更加紧密。东汉的统一，结束了两汉之际的纷乱局面。也是在统一的政治局面下，汉明帝派班超出使西域，不仅恢复了过去的陆上丝绸之路，还开辟了一条新的通往西域的道路——“大海道”，即敦煌—哈密—吐鲁番的一条近道。隋唐的大一统，结束了魏晋南北朝数百年的分裂割据状况，统一局势下的陆上、海上交通道路发达，经济文化高度发展，对外开放呈现出强劲势头。唐朝是当时世界上最先进的国家，长安是国际性大都市，这都与唐朝大一统的强盛国力有着不可分割的关系。历史证明，社会经济文化的发展并不是对外开放的充分条件，国家的独立自主才是对外开放取得成效的前提。明代中叶以后，在外部势力紧逼下，统治者在对外开放上不仅采取保守遏制的政策，也拒绝政治上的自我革新，最终在列强的枪炮下丧失了国家独立自主的地位。历史也一再证明，独立自主和对外开放是相统一的，没有国家的独立自主，真正意义上互惠互利的对外开放就无从谈起。

有效的国家治理是对外开放的基本保障。中国历史上，历代王朝对国家的有效治理为对外开放提供了基本保障。汉武帝开通西域后，设置了武威、酒泉、张掖、敦煌四郡，为丝绸之路东段的畅通提供了保障。汉宣帝时在乌垒城（今新疆轮台）设西域都护府，确立了对西域的治理，为丝绸之路的西段畅通提供了保障。东汉班超经营西域30年，恢复西域都护府，使东汉通往西域的大门再次打开。唐代击败西突厥后，在西域设立安西都护府和北庭都护府作为最高管理机构，分别管辖天山以南、葱岭以西、楚河以南的中亚地区和天山以北及巴尔喀什湖以东、以南的广大地区。西域政治上的统一和有效管理，有力保障了丝绸之路的畅通。明代西北地区虽不畅通，但东北地区管理加强，明成祖设立奴尔干都司，管辖西起鄂嫩河，东至库页岛，北到外兴安岭，南濒日本海的广大地区，对于东北亚丝绸之路的开辟和保护有着重要作用。

严密的制度设计是对外开放的重要条件。对外开放是一个系统工程，不仅需要国家的强盛、统一和有效治理，还需要一系列细致严密的配套制度设计。秦汉以来中央政府就设有掌管对外的机构和官员，如秦汉的典客、大鸿胪，魏晋隋唐以后的鸿胪寺、礼宾院。为适应对外贸易不断发展的需要，宋代在广州、杭州、明州、泉州等地专门设置市舶司或市舶务，管理海上贸易。元朝继续宋代的市舶制度，还制定了《市舶法则》二十二条，管理更加规范。明代延续市舶司制度，但海禁政策使这一制度时断时续。对外开放的前提是互惠互利，政府除了政治上的管理外，还要为对外开放提供各种便利条件，为外来使者、商人、学者等提供必要的交通和生活保障，如划定特定区域居住，提供食宿便利以及相应的政治待遇等。敦煌悬泉汉简确证张骞开拓西域之后，中亚国家的使者、商人进入汉朝管辖范围后，就受到官方邮驿系统的热情接待。对外开放不是无原则的开放，在涉及国家主权和安全问题上，历代王朝都坚持自己的原则，而对原则的坚持又透过相应的制度设计表现出来。如在与匈奴的贸易中，铁器、兵器、钱币、马匹就受到汉政府的相关法律管控。唐代也是如此。宋元以后的市舶法则，就是政府制定的对外贸易规则。

和谐的外部环境是对外开放的重要基础。汉武帝解决了匈奴问题之后，西域较为稳定，陆上丝绸之路得以开辟。王莽新朝对匈奴实行贬抑政策，汉匈关系恶化，匈奴不断侵扰北边，中原与西域隔绝长达60余年。直至东汉班超出使西域，陆上丝绸之路才被重新打通。隋唐时期对外开放出现高潮，特别是与日本、朝鲜等周边国家官方高层次交流往来的频繁，也与这一时期周边国家局势的相对稳定有着直接关系。日本孝德天皇进行“大化改新”，效法唐制，实行中央集权，日本走上稳定和发展之路，先后派遣十三批遣唐使，掀起了唐朝与日本交流的高峰。朝鲜半岛也在此时由新罗实现统一，统一后的新罗王朝与唐的贸易和人员交流空前活跃。五代与两宋时期，西北陆路交通因战争阻断，陆上丝绸之路发展再次受阻，而此时东南沿海及周边国家局势相对稳定，海上丝绸之路便迅速发展起来，与日本、越南及印尼、印度等国的交流达到新水平。明代郑和下西洋的壮举也与当时较为稳定的周边环境有着密切关系。可以说，对外开放的发展不仅取决于国内环境，也与外部环境关系紧密。

三、中国历史上对外开放的意义

历史证明，什么时候坚持开放，中华文明就会繁荣发展；什么时候故步自封、闭关锁国，中华文明就会停滞不前甚至倒退。对外开放在中华文明的形成与发展过程中发挥了重要的积极推动作用。

促进不同国家和民族间的物质文明交流。汉代张骞通西域后，“商胡贩客，日款于塞下”，“殊方异物，四面而至”。中亚、西亚的诸多物产，如葡萄、苜蓿、芝麻、胡桃、石榴、胡萝卜等陆续传入，丰富了人们的物质生活；毛毡、毛布、汗血马等引进到内地，促进了纺织技术的改进和马的品种改良。宋元明清以后，物品的输入无论是品种还是规模都上了一个新台阶。特别是宋以后，对外贸易中的税收在国家财政中的作用更加凸显，不仅具有政治意义，更具有经济意义，宋高宗就说过“市舶之利，颇助国用”。中国历史上的物质文明交流，既有大规模的引进，也有远距离的传播。中原的穿井术传到了西域，推动了西域灌溉技术的进步。中国的丝织品享誉各国，从秦汉至明清始终是对外贸易的大宗。中国的铁器及冶炼技术广传周边国家和民族，甚至到遥远的欧洲。

促进不同国家和民族间的制度文明互鉴。历代王朝的政治制度都不排斥其他民族与国家的优秀人才。汉代中央政府就有匈奴人任职，唐代中央政府和地方政府也有外国人任职。日本人阿倍仲麻吕历任光禄大夫、御史中丞、秘书监、安南都护等要职。印度裔天文学家瞿昙罗曾任唐朝太史。越南人姜公辅甚至做过唐朝宰相，阿拉伯人后裔蒲寿宬曾担任过南宋泉州官员等。中国古代的政治制度也因其先进性被周边国家所借鉴。唐代的制度文明对新罗和日本产生了很大影响。新罗的中央和地方行政组织不仅与唐朝很相似，而且科举方式与科目设置也仿照唐朝。日本“大化革新”中的经济制度、职官制度、律令制度、教育制度都受到唐制的深刻影响。

促进不同国家和民族间的思想文化交流。中国历史上与其他国家和民族的思想文化、艺术、宗教交流从未中断。从汉代开始，儒家思想开始向周边传播，西北汉简中《论语》《孝经》等残片的发现，朝鲜平壤贞柏洞汉墓中《论语》的发现，证明汉代儒家思想沿着东西两个方向向外传播。张骞通西域后，西域的箜篌、琵琶、胡笳等乐器与舞蹈，黎轩人的幻术等传入中原。东汉初年，产生于古印度的佛教开始传入中国，并与中华文化相融合，对中国人的思想信仰、文化艺术产生了重大影响。此后，佛教由中国传到东亚，而印度本土佛教却日渐衰落。隋唐是中国历史上对外思想文化交流的一次高峰，世界各地的学者、僧侣、艺术家纷纷来到中国求学或交流。宋元时期中外思想文化交流频繁且深入，宋代的活字印刷术约在13世纪传入高丽，高丽在此基础上又发明了铜活字印刷。宋元与西方的科技交流逐渐深入，中国的造纸术、火药、指南针等经阿拉伯人传到欧洲，对西方近世文明发展起到重大影响。伴随着交往的增多，明清中外文化交流也更加系统频繁。传教士出于布道需要，将更多的西方自然科学知识介绍到中国，利马窦、庞迪我、汤若望、南怀仁等都是著名代表。中华文化通过传教士的介绍和政府间的交流大量传往西方，引起了18世纪西方启蒙思想家的注意，许多人盛赞中华文化，如孟德斯鸠就对中国的“礼”称赞有加，认为中国人正是在礼教精神的熏陶下养成了宽仁温厚、尊老爱幼、勤奋俭朴、勇敢耐劳、酷爱和平等高尚品格。

开放带来进步，封闭必然落后。当今世界，开放融通的潮流滚滚向前。世界已经成为你中有我、我中有你的地球村，各国经济社会发展日益相互联系、相互影响，推进互联互通、加快融合发展成为促进共同繁荣发展的必然选择。党的十八大以来，习近平总书记关于构建人类命运共同体的理念，“一带一路”的倡议，自由贸易试验区的建立，放宽市场准入、改善投资环境、加强知识产权保护、主动扩大进口的措施，粤港澳大湾区的建设等，正是习近平总书记对外开放思想的实践转化。新时代的中国共产党人汲取历史经验，站在时代前沿，继承与弘扬中华民族数千年来对外开放的优秀品质，中国开放的大门不仅不会关闭，而且只会越开越大，在不断走向世界的过程中实现中华民族伟大复兴的中国梦。

（原载：《红旗文稿》2020年第7期。梁仁志同志参与了本文写作。）

（卜宪群，中国社会科学院大学历史学院教授、古代史系主任，中国秦汉史研究会会长，中国社会科学院古代史研究所所长。）

武威的枢纽地位与历史脉络

赵现海

一、从边疆发现历史

相对于其他文明，中华文明的历史继承性显得更为突出，即使变革，也呈现出缓慢甚至不断徘徊反复的特征。对于中西社会，可以分别从静态、动态两个方面去看。西方社会虽然也存在继承性，但同样呈现了巨大的断裂性。与之不同，中国虽然也有断续，但继承性更为明显与突出。相应，认识中西历史，分别从继承性、断裂性两个取向出发，更为契合各自不同的文明趋向。因革而非变革道路的考察，应成为中国历史研究的立场。

边疆是人类社会独特的领域，既是一种文明推广的边缘地带，又是不同文明交流的中间地带。文明之生长，虽有中心地带同质文化积聚的一面，也有边缘地带异质文化突变的一面。一部世界史，便是不同文明从各自中心地域向边疆开拓，与其他文明接触、交流、融合，最终形成一体世界的历史。因此，虽从地区史而言，边疆是区域历史的边缘地带，但从世界史而言，边疆恰是世界体系的中心地带。

古代最为广阔的边疆地带，有必要构建具有中国本土特色的边疆解释体系与理论框架，这便是“王朝边疆”理论。鉴于古代中国“王朝国家”体量巨大，具有广阔的疆域与众多的人口，相关制度都是基于这一体量之上，综合、统筹考虑而设定，对其的整体审视，不仅应从时间维度上，审视不同时代的“时差”，还应从空间维度上，审视不同区域的“域差”与互动，而非单纯地从某一区域社会出发，才可以得出完整而客观的历史图景。以往中国历史的研究，在审视中国历史时，大都并非是从中国整体地理空间出发，而是从仅占中国一小部分空间，经济、文化较为发达的中原、江南出发，强调这一核心地区对于中国历史的引领、推动作用，从而针对于此，主张从边疆看中心、从边疆看历史，审视更为广阔的边疆地带对中国历史进程的整体影响，指出边疆凭借占据优势的军事力量，长期对核心地区形成军事压力，对中国历史进程施加牵制作用，并进行制度改造，从而与核心地区共同塑造了中国历史的演变轨迹，相应在中国历史中同样具有主体性作用。

“核心边疆”是中国古代南北统一的“过渡阶梯”。中原王朝夺取了“核心边疆”，不仅能将之建立成坚固的军事屏障，而且为进取漠北、驱逐北族奠定了基础，从而将自身政权从单一的农业政权转变为复合型的“农牧政权”，甚至统一南北的“统一王朝”。北族政权夺取了核心边疆，便拥有了威逼中原王朝的广阔空间，将之变为自由驰骋的“核心走廊”，由此建立对中原王朝的军事优势，甚至进一步转化为政治优势，得以统治黄河流域，乃至统一中国，从而将自身政权从单一的游牧政权转变为复合型的“农牧政权”，甚至统一全国的“统一王朝”。反之，失去这一地带，便在南北关系中处于被动，被驱回本部或失去政权。

依照东西位置的不同，又可将“核心边疆”分别划为中、东、西三部分。居于内外山系中心地带的阴山，与太行山、河套中间之地可称为“中部边疆”；东部大兴安岭、长白山中间之地，可称为“东部边疆”；西部贺兰山、祁连山、昆仑山、天山、阿尔泰山中间之地，可称为“西部边疆”。中部边疆是“核心边疆”的重心地带，这不仅源于其处于内外山系的中心地带，而且还在于其地势处于“核心边疆”最高地，幅员广阔，雄踞于“核心边疆”，俯视南北两侧，成为汉人、北方族群争夺的边疆重心。

中国古代北疆地缘重心呈现出从西北边疆时代至东北边疆时代的历史转移。“安史之乱”以前，秦汉、隋唐定都关中，匈奴、突厥重点在蒙古草原中西部游牧，陆上丝绸之路十分发达，这促使南北双方将中部边疆、西部边疆作为重点争夺地区。“欲保秦陇，必固河西；欲固河西，必斥西域。”①褚遂良也对唐太宗说：“河西者，中国之心腹。”②如果将大青山、河套西侧黄河以西称作“西北边疆”，从边疆角度而言，那么这

---

①（清）顾祖禹撰：《读史方舆纪要》卷六三《陕西十二·甘肃镇》，贺次君、施和金点校，中国古代地理总志丛刊，北京：中华书局2005年版，第2972页。

②（宋）司马光编著：《资治通鉴》卷一九六，贞观十六年八月癸酉，（元）胡三省音注，北京：中华书局1956年版，第6178页。

一时期中国之历史，由西北汉人、北方民族所主力造成，中古以前中国处于“西北边疆时代”。“安史之乱”以后，西北地带在唐朝与突厥、回纥、吐蕃长期作战之后，经济已趋于残破，地缘格局上也面临西北民族的威逼，中原王朝经济、政治中心于是向东南转移，经济中心由关中地区逐渐转移至黄河流域、长江流域，政治中心也由关中渐次东移至洛阳、开封、临安、南京、北京。而中唐以后突厥、回纥西走之结果，便是东胡系北方民族开始崛起于蒙古东部大兴安岭草原—森林交界地带。亚洲内陆地缘政治之重心，由于南北双方各自政治中心的转移，而相应呈现东移的趋势。康熙时期，朝鲜李颐命称：“臣窃稽唐宋以来，胡夷之乱华者，多起东北。”[①]双方围绕中部边疆、东部边疆展开争夺，陆上丝绸之路逐渐衰落。明山西巡抚赵时春指出：“唐重西而轻北，我重北而轻西耳。”[②]周弘祖也指出明朝急东北、缓西北之地缘特征。“秦、汉备边，所急在西北，上谷、北平为缓。我朝所急在东北，甘肃、宁夏为缓。”[③]若将大青山、河套东侧黄河以东划为“东北边疆”，北部边疆经略偏重东北地带，可称之为“东北边疆时代”。

二、武威的地理形势与历史脉络

武威又称凉州，位于河西走廊东端，黄土高原、青藏高原、内蒙古高原交汇处，是河西走廊最大的一块完整的平原地带，石羊河由南向北，穿过这一地区。在历史上，武威农业十分发达，由此成为中原王朝打通河西走廊、经营西北边疆的跳板。相应，这里拥有众多不同时代的重要文化遗产。这里是新石器时代齐家文化、马家窑文化、沙井文化重要发源地；西汉武帝开拓边疆，设立的河西四郡之一；中古时期北方民族南下，先后建立的五凉政权的昔日故都；唐代丝绸之路的核心枢纽，一时繁华不夜的凉州府；西夏统治河西走廊，与银川长期并重的辅郡重地；西藏被正式纳入中央政权

---

①李颐命：《甲申燕行录·辽蓟关防图序》，燕行录全编第2辑第4册，桂林：广西师范大学出版社2012年版，第167页。

②（明）赵时春撰：《赵时春文集校笺》卷六《备边杂议考序》，杜志强整理，天津：天津古籍出版社2012年版，第270页。

③（明）周弘祖：《燕京论》，载（清）顾炎武《天下郡国利病书·北直隶备录上》，上海：上海古籍出版社2011年版，第31—32页。

管辖的“凉州会盟”的发生地；明清经营河西走廊的起点与核心。佛教东传的早期洞窟遗址天梯山石窟、鸠摩罗什翻译经书的鸠摩罗什寺、武则天颁布《大云经》的佛教名刹大云寺、凉州会盟的发生地白塔寺、明清河西最大的文庙——凉州文庙，历经千年的洗礼，仍然矗立在那里。而至今仍然流传的各种非物质文化遗产，同样是历史的深层凝结与文化的深沉积淀。

元狩二年（前121），年仅18岁的骠骑将军霍去病，第一次率军出征，通过两次战役，展现出了惊人的军事才能。他率军驰骋四千里，斩首匈奴部众5万左右，俘获小王以下70余人，彻底打通了河西走廊。在霍去病的打击之下，居于河西走廊的匈奴昆邪王斩杀休屠王，率领5万多部众，归降汉朝[①]。武帝于是设置武威、酒泉二郡，此后又分置张掖、敦煌二郡。河西四郡的设置，隔断了蒙古草原与青藏高原之间的联系，并为北上草原、西进西域奠定了战略基础，彻底改变了汉匈之间的战略态势。北魏拓跋嗣时期，崔浩上表，指出西汉武帝之所以能够击败匈奴，与在河西走廊的开边屯田具有密切关联。“昔汉武帝患匈奴强盛，故开凉州五郡，通西域，劝农积谷，为灭贼之资，东西迭击，故汉未疲，而匈奴已弊，后遂入朝。”[②]在这之中，作为河西走廊最大冲积平原的武威，自然是农业中心。

在冷兵器时代，骑兵占据着绝对的战术优势。正是有鉴于马在战争中的巨大作用，历代政权都将马匹数量的多少，作为衡量国家强弱的重要标志。中原王朝牧放战马的重点地区，是在“核心边疆”。“核心边疆”不仅地域广阔，可以采取游牧的方式散养马匹，马匹体格较为健壮；而且在此牧放的马匹，由于十分适应当地的气候，因此战斗力也较强。“马产西北者多胜，东南者多劣。”[③]西汉一直主张将“核心边疆”作为牧

---

①（汉）司马迁：《史记》卷一一O《匈奴列传》，北京：中华书局1959年点校本，第2908—2909页。

②（北齐）魏收：《魏书》卷三五《崔浩传》，北京：中华书局2017年点校本二十四史修订本，第913页。由此角度出发，崔浩反对内迁河西民众的做法，主张移民实边，开垦农田。“昔平凉州，臣愚以为北贼未平，征役不息，可不徙其民，案前世故事，计之长者。若迁民人，则土地空虚，虽有镇戍，适可御边而已，至于大举，军资必乏。陛下以此事阔远，竟不施用。如臣愚意，犹如前议，募徙豪强大家，充实凉土，军举之日，东西齐势，此计之得者。”《魏书》卷三五《崔浩传》，第913—914页。

③（清）吴甸华总修：《黟县志》卷三《地理志·物产·畜之属》，程汝翼、孙学道、俞正燮分纂，黟县地方志办公室整理，（嘉庆）舒育玲点校，合肥：黄山书社2014年版，第121页。

马重地。“自武威以西，本匈奴昆邪王、休屠王地，武帝时攘之，初置四郡，以通西域，隔绝南羌、匈奴……水草宜畜牧，故凉州之畜为天下饶。”[①]通过在“核心边疆”牧放马匹、培育骑兵，西汉获得了进击草原的战术基础，实现了“封狼居胥”的巨大成功。

东汉末年，天下大乱，中国开始陷入多政权、多族群争战的混乱局面。在这一时期之初，位于长城边疆的多位军阀，依托长城设施与精良骑兵，先后崛起。曹操指出关西军队之所以强悍，与骑兵比例较高有直接关系。“关西诸将，恃险与马。”[②]韩遂、马腾在凉州依托当地强大的军事力量，相继崛起，成为一代枭雄。马腾、马超父子之所以成为割据一方的重要势力，与得到边疆族群的支持有关。曹操谋士杨阜如此评价马超，“超有信、布之勇，甚得羌胡心，西州畏之”。[③]这些地区军队皆以勇武强悍著称，比如曹操便称马超率领的“关西兵精悍”。[④]十六国时期，前凉政权建立者张轨，先后击败前赵王弥、刘聪，形象地说：“凉州大马，横行天下。”[⑤]

隋时的河西仍然是精兵所在之地。隋炀帝命王世积之凉州，“其所亲谓世积曰：‘河西天下精兵处，可以图大事也’”。[⑥]唐朝宰相张说指出，唐朝在关陇地区、河西走廊地区牧马获得了显著成绩。“安史之乱”以前，唐朝仅在凉州便牧放30万匹。唐宰相杨炎称焉支山“维人气雄，其畜多马，虏得之以制阴国主天衔，周以之兴，秦以之霸，汉得之以断右臂、却南牧”。[⑦]唐朝正是凭借着广阔的牧场，培育了大量优质战马，从而为征服内亚奠定了基础。

伴随着陇右地区被吐蕃占领，唐朝的军事力量大为受损，不再具有北上亚洲内陆

---

①（汉）班固撰：《汉书》卷二八下《地理志下》，（唐）颜师古注，北京：中华书局1962年点校本，第1644—1645页。

②（宋）范晔：《三国志·魏书十六·杜畿传》，（唐）李贤等注，北京：中华书局1965年点校本，第494页。

③《三国志·魏书二十五·杨阜传》，第701页。

④《三国志·魏书一·武帝纪》，第34页。

⑤（唐）房玄龄等：《晋书》卷八六《张轨传》，北京：中华书局1974年点校本，第2223页。

⑥（唐）魏徵等：《隋书》卷四〇《王世积传》，北京：中华书局1973年点校本，第1173页。

⑦（宋）姚铉：《唐文粹》卷五〇《大唐燕支山神宁济公祠堂碑》（杨炎），文渊阁四库全书，台北：台湾商务印书馆1986年版，第704页。

的骑兵基础。“及吐蕃陷陇右，苑牧马皆没焉。”[①]与汉唐相比，北宋时期牧马区域或者陷于契丹、西夏，或者并未被有效利用，我认为这也是北宋武力不竞的一个重要原因。与北宋相比，西夏占据了关陇地区、河西走廊这一传统的牧马区域，也是其能够长期生存下来的重要因素。元人修《金史》，便指出西夏占据了河西走廊，获得了马匹牧放的最优草原，“凉州畜牧甲天下”。“其地初有夏、绥、银、宥、灵、盐等州，其后遂取武威、张掖、酒泉、敦煌郡地，南界横山，东距西河，土宜三种，善水草，宜畜牧，所谓凉州畜牧甲天下者是也。”[②]清朝学者吴广成也指出甘州、凉州对于西夏十分重要。

甘州东据黄河，西阻弱水，南跨青海，北控居延续，绵亘数千里。通西域，扼羌瞿，水草丰美，畜牧孳息。汉窦融尝谓河西殷富，带河为固。张掖属国精兵万骑，一旦缓急，杜绝河津，足以自守。岂非以山川扼塞，负隅易固哉！晋张氏世有其地，并于苻坚，后张掖为沮渠蒙逊所都。唐嗣圣中，甘州积谷至四十万斛，瓜、沙以西，皆仰其馈。贞元后，吐蕃据之，遂以富强。今德明得之，恃其形势，制驭西蕃，灵夏之右臂成矣[③]。

不过在宋元之际的马端临看来，西夏虽然占据了这一传统牧马重地，但由于这一地区农业经济大为退化，唐天宝以后，河西、陇右没于吐蕃，在唐朝大中时期虽复河湟，而名存实亡。流传五代以及于宋，而河、陇为西夏所居，元昊倔强构逆，兵势甚锐，竭天下之力，不能稍挫其锋。然至绝其岁赐、互市，则不免衣皮食酪，几不能以为国，是以亟亟屈服。盖河西之地，自唐朝中叶以后，一沦异域，顿化为龙荒沙漠之区，无复昔之殷富繁华矣[④]。

因此仅能促使西夏得以长期自存，而无法获取进一步向外扩张的实力。“虽骁悍如元昊，所有土地过于五凉，然不过与诸蕃部落，杂处于旱海不毛之地，兵革之犀利，财货之殷富，俱不能如曩时，是以北事辽，南事宋，仅足以自存。”[⑤]

---

① （明）归有光：《震川先生别集》，载彭国忠、查正贤校点《归有光全集》第7册，上海：上海人民出版社2015年版，第886页。

②《金史》卷一三四《外国上 · 西夏传》，第2876—2877页。

③（清）吴广成：《西夏书事》卷一一，续修四库全书影印清道光乙酉年刻本，上海：上海古籍出版社2002年版，第377页。

④（宋）马端临：《文献通考》卷三二二《舆地考八 · 古雍州》，上海师范大学古籍研究所、华东师范大学古籍研究所点校，北京：中华书局2011年版，第8840页。

⑤《文献通考》卷三二二《舆地考八 · 古雍州》，第2537页。

三、明代凉州卫的经营

平定漠南之后，虽然明朝在北部边疆采取防御立场，但一直战无不胜的武将集团，鉴于北元汗廷仍盘踞漠北，从而向朱元璋建议，继续进军漠北，以永清沙漠。朱元璋最初反对这一方案，认为穷追北元汗廷可能会导致军事风险。“彼朔漠一穷寇耳，终当绝灭。但今败亡之众，远处绝漠，以死自卫，困兽犹斗，况穷寇乎？姑置之。”[①]但在武将集团的坚持下，最终决定出兵漠北。不过为保险起见，增加了军队数量，分成三路出击。“诸将曰：‘王保保狡猾狙诈，使其在，终必为寇，不如取之，永清沙漠。’上曰：‘卿等必欲征之，须兵几何？’达曰：‘得兵十万足矣。’上曰：‘兵须十五万，分三道以进。’于是，命达为征虏大将军，出中路；曹国公李文忠为左副将军，出东路；宋国公冯胜为征西将军，出西路。”[②]

但此次北伐的进程，却印证了朱元璋的忧虑。徐达军队直入岭北，陷入扩廓帖木儿诱敌深入之计，惨遭失利。李文忠军队因为缺少中路军的掩护，陷入孤军作战的困境，伤亡也大。但洪武五年（1372年）北伐，明军也并非毫无战果，与中、东二路军形成鲜明对比的是，西路军由于单独在甘肃行省境内执行任务，因此战争过程并未受到其他二路的影响，获得了重大胜利，占领了除哈密之外的甘肃全境。但在中、东两路军失利的消息传来后，在震恐中，冯胜放弃了甘肃、宁夏全境。永乐时期俞本撰《纪事录》，记载：

> （洪武五年）十二月，冯胜惧回鹘之兵，将甘州所葺城池、营房、仓库、转运米麦料豆二十余万石及军需尽焚之，弃城归，并宁夏、西凉、庄浪三城之地亦弃，仅以牛羊马驼令军人赶归[③]。

① （明）胡广等：《明太祖实录》卷七一，洪武五年春正月庚午，台北：中研院历史语言研究所1962年校印本，第1321页。

② 《明太祖实录》卷七一，洪武五年春正月庚午，第1321页。

③ （明）俞本：《纪事录》卷下，载陈学霖《史林漫识》，北京：中国友谊出版公司2001年版，第445页。

朱元璋知道后，便追夺冯胜的券诰爵禄，宥其罪，贬为庶人。冯胜为何会有如此奇怪的做法呢？事实上，冯胜此前也有类似的做法。

大都督冯胜先于洪武二年（1369年）四月克河州，以化外之地，不可守，将城楼库房屋尽行焚烧殆尽，拘虏南归。自洮河至积石关，三百余里，骸骨遍野，人烟一空。至是愈复克之，韦正守其地，军士食苦薇，采木葺之，城楼仓库卫大门厅舍一新[①]。

河州属河湟流域，是中原王朝的传统统治地区，汉唐皆在此设置郡县，直接统治。但由于中唐以后为吐蕃所占，此后又先后经历了西夏、蒙元之占领，在元时是吐蕃等处宣慰司治所，是元朝统治甘青藏地区的政治中心，元代包括河州在内的整个河湟地区是多民族杂居的区域。除吐蕃、汉、蒙三大民族外，尚有来自中亚的色目人和少量的西夏人、金人。“藏化”“党项化”“蒙古化”的现象都较突出，在社会文化面貌上，与汉族已有很大的差别，是北方民族化的典型地区。冯胜看到河州社会文化面貌不类汉族，加以放弃，反映了南方汉人对西北北方民族化边疆地区的隔膜。河西地区同样经历了吐蕃、西夏、蒙元的占领，经历了藏化、党项化、蒙古化的洗礼，对于冯胜来讲，可能更加隔膜。

洪武五年（1372年）九月，“壬子，置甘肃卫都指挥使司、庄浪卫指挥使司”[②]。西宁卫设于六年（1373年）正月[③]，凉州卫设于七年（1374年）十月，不过最初属羁縻之卫[④]。此后，伴随明朝北疆经略的普遍开展，甘肃地区也陆续设置卫所。洪武九年（1376年）十月，凉州卫由羁縻改为流官。“置凉州卫，遣指挥佥事赵祥、马异、孙麟、庄德等守之。”[⑤]管辖五所。“九年，始置卫，立前、后、左、右、中五所。”[⑥]永昌卫设于十五年（1382年）三月。[⑦]《镇番遗事历鉴》记载洪武五年（1372年），明朝设置镇

---

①《纪事录》，载《史林漫识》，第440页。

②《明太祖实录》卷七六，洪武五年九月壬子，第1403页。

③（清）张廷玉等：《明史》卷四二《地理志三・陕西》，北京：中华书局1974年点校本，第1015页。

④《明太祖实录》卷九三，洪武七年九月甲辰，第1627页。

⑤《明太祖实录》卷一一〇，洪武九年冬十月戊寅，第1823页。

⑥（清）张绍美修：《五凉全志》卷一《武威县志・地里志・星野》，（清）曾钧等纂，台北：成文出版社1976年中国方志丛书影印清乾隆十四年刊本，第20页。

⑦《明史》卷四二《地理志三・陕西》，第1015页。

番营，由王兴任“掌印指挥”①。《明史》记载镇番卫（今武威市民勤县）设于洪武中②。事实上，镇番卫的前身临河卫设于此时。洪武三十年（1397年），改称镇番卫③。山丹卫设于洪武二十三年（1390年）九月，甘州左卫设于洪武二十三年（1390年）十二月，甘州右卫、甘州中卫设于二十五年（1392年）三月，肃州卫设于二十七年（1394年）十一月，甘州前卫、甘州后卫设于二十九年（1396年），镇夷守御千户所（今属甘肃高台）置于三十年（1397年）④。陕西行都司也于洪武二十六年（1393年）迁至甘州⑤。

洪武后期，凉州都指挥宋晟又两度充作征伐总兵，节制凉州、山丹军队，征伐西域，从而将明军势力向西扩张至哈密。洪武十二年（1379年），宋晟首次奉命出镇凉州。洪武十七年（1384年）再度镇守甘肃，并且长达10年之久。可见，洪武时期，明朝不仅经营西部边疆相对较晚，而且倚重宋晟这样的中低级武将，与中部边疆、东部边疆很早便派遣开国勋贵重点经营相比，战略地位存在很大差距。

洪武二十七年（1394年），明朝始派遣曹国公李景隆佩平羌将军印，往甘肃镇守。这是镇守甘肃等地方总兵官的首次出现。调都督宋晟、刘贞率马步壮士缉捕盗马寇边。李景隆虽佩印镇守，但在洪武时期分封制度之下，甘肃军权实由肃王掌握，相应李景隆并未专制一方，而仍受肃王牵制甚至统属。可见，这一时期甘肃并未出现独立的镇守总兵制度，相应也未设立军镇。次年（1395年），明朝整顿陕西行都司军队，肃王便负责甘肃大部分卫所，“惟陕西行都司甘州五卫及肃州、山丹、永昌、西宁、凉州诸卫

---

①（清）谢树森、谢广恩编纂：《镇番遗事历鉴》卷一，李玉寿校订，香港：香港天马图书公司2000年版，第1页。当年，又迁徙山西、河南民众充实该地。“是年秋季，饬命山西、河南等地民人二千余众，迁徙是土，多居于蔡旗、青松环围。”《镇番遗事历鉴》卷一，第2页。

②《明史》卷四二《地理志三·陕西》，第1015页。

③《明太祖实录》卷二四九，洪武三十年春正月辛酉，第3606页。《五凉全志》记载改名时间在洪武二十九年。“明洪武二十九年设卫，改名镇番，辖左、右、中三所，隶陕西行都司。”《五凉全志》卷二《镇番县志·地里志·星野》，第219页。“明洪武二十九年，开设卫所，设掌印兼理屯事守备一员。”《五凉全志》卷二《镇番县志·官师志·秩官》，第259页。

④《明史》卷四二《地理志三·陕西》，第1014页。《皇明九边考》的记载明显有误，不知何据。“洪武九年，设甘州等五卫于张掖，设肃州卫于酒泉，设西宁卫于湟中，又设镇番、庄浪二卫。又于金城设兰州卫，皆置将屯兵拒守。”（明）魏焕辑《皇明九边考》卷九《甘肃镇·甘州城·保障考》，四库全书存目丛书影印国立北平图书馆善本丛书影印明嘉靖刻本，济南，齐鲁书社，1996年，第91页。

⑤梁志胜：《洪武二十六年以前的陕西行都司》，《中国历史地理论丛》1999年第3期。

从肃王理之”[①]。庆王负责宁夏、陕北卫所，“庆阳、宁夏、延安、绥德诸卫从庆王理之”[②]。而李景隆仅负责洮河流域卫所。“曹国公李景隆理巩昌、岷州、洮州、临洮、河州五卫。”[③]

洪武后期，帖木儿帝国以继承成吉思汗伟业为政治目标，通过不断战争，不仅先后吞并中亚的东察合台汗国、花剌子模与西亚的伊利汗国、钦察汗国，成为亚洲内陆中西部霸主，而且有向东进攻明朝，从而恢复蒙古帝国庞大疆域的想法，因此开始中止与明朝之间的宗藩关系。洪武二十八年（1395年）、洪武三十年（1397年），帖木儿帝国两次扣留明朝使者。脱古思帖木儿被杀之后，阿里不哥系蒙古与瓦剌由于势力分布于蒙古高原西部，遂再次恢复蒙古帝国初期和林的政治中心地位。在这一地缘格局之下，大量蒙古部众开始在甘肃境外活动。

在甘肃战略地位逐渐提升的地缘背景下，明朝在甘肃首次实行独立的镇守总兵制度，命宋晟镇守甘肃。“以中军都督佥事宋晟充总兵官，镇守甘肃”[④]。镇守总兵驻所设于甘州卫。“靖难之役”中，建文朝廷征调北部边疆大量军队，加入对燕王的战争，却一直未征发甘肃军队，可能鉴于甘肃距离遥远，也可能考虑到甘肃担负着抵御帖木儿帝国与阿里不哥系蒙古、瓦剌的边防重任。建文时期虽然分封制度逐渐瓦解，肃王已非甘肃最高军事长官，宋晟从而独立镇守甘肃，但由于并未佩印，因此甘肃尚非完全意义上的军镇。

朱棣即位后，鉴于帖木儿帝国东进明朝之势逐渐明显，蒙古大汗窝阔台后裔鬼力赤也不断南下，西部核心边疆面对越来越大的边防压力，从而延续建文时期的甘肃镇守总兵制度，并进一步赋予宋晟将印，从而正式确立了甘肃的军镇地位。永乐元年（1403年）正月，“命后军左都督宋晟佩平羌将军印，充总兵官，镇甘肃”[⑤]。甘肃镇由此成为明代九边最早建立的军镇，特别是甘肃镇内外复杂的民族关系，使其在九镇中

① 《明太祖实录》卷二三九，洪武二十八年六月丁亥，第3477页。

② 《明太祖实录》卷二三九，洪武二十八年六月丁亥，第3477页。

③ 《明太祖实录》卷二一七，洪武二十五年三月癸未，第3187页。

④ （明）屠叔方：《建文朝野汇编》卷二《建文元年》，北京：书目文献出版社1989年版，第36页。

⑤ （明）杨士奇等：《明太宗实录》卷一六，永乐元年春正月丁酉，台北：中研院历史语言研究所1962年校印本，第296页。

更具特殊的政治地位。所以说，甘肃镇是明朝西北边疆的战略要地。

结 论

武威是中原王朝控制西北边疆的战略跳板，是丝绸之路的重要节点，是西北社会的枢纽地区，在中国历史上扮演了十分重要而关键的历史作用，是汉文化、边疆文化、异域文化交流交融交萃的中介地区，形成了具有鲜明特征的多元文化。由此可见，武威既是我国的历史高地，又是我国的文化高地；一部武威史，就是一部中国史。

（赵现海，中国社会科学院古代史研究所通史研究室主任，研究员。）

发现瑞像——瑞像在神与人之间

李鸣飞

2020年9月中旬，我们开始在北京大学文研院为期三个月的驻访。按照要求，每人都要进行一次学术报告。来自敦煌研究院的丁得天老师把我们给讲蒙了。他的报告激情洋溢，PPT也绚丽多彩，但是报告结束后场面一度陷入尴尬的沉默。

一个领域里的热点议题，在领域之外的绝大多数人可能都一无所知，番禾瑞像就是这样一个议题。丁老师完全没考虑我们的知识结构和水平，单刀直入，先介绍了高僧刘萨诃的生平，然后放出了几十张敦煌和各地不同的番禾瑞像和相关壁画的图片，再解释番禾瑞像对国家命运做出的预言及其因此表现出的神圣性，最后略带羞涩地提了一个问题："巫鸿先生说，莫高窟第72窟南壁这幅刘萨诃与番禾瑞像变的图像可能是中国宗教史上思考最为深刻的一幅图像。他的评价，是不是有点过高了?"

对于学术性议题没弄懂的我们，对于丁老师心中洋溢着为家乡的番禾瑞像而自豪的心情，完完全全是明白的。

但是话题还得回到学术上来，我们哆哆嗦嗦地提出了一串疑惑：那么多成千上万的佛像，为什么是番禾瑞像？这个像，或许他是有点特别的姿势和造型，但他是怎么获得这种神圣性的呢?

丁老师严肃地说："这座佛像做出了两千年来最准的预言，而且是两次。"

铩羽众人纷纷要求："丁老师，带我们去河西看看瑞像吧。"

一、寻访番禾瑞像

2020年10月中旬，丁老师、渠敬东老师和韦正老师带着我们开始了穿越河西之行。第三天抵达甘肃省永昌县，见到了这座圣容寺中的番禾瑞像。

图1　山谷中的圣容寺

按照唐初释道宣《集神州三宝感通录》的记载，北魏太武太延元年（435年），沙门刘萨诃跟我们一样来到了永昌县北，那个时候永昌被称为番禾。刘萨诃遥望山谷行礼，当时这还只是一片光秃秃的山谷，没有寺院，没有佛塔，也根本没有瑞像。人们问他为什么行礼，他说："此山崖当有像出。灵相具者则世乐时平，如其有缺则世乱人苦。"

图2　寺中的瑞像身体和完整瑞像的图片

过了87年，在北魏正光元年（520年），山谷中突然在一个雷雨之夜挺出一尊高一丈八尺的石像，只是没有头。待到北周元年（557年），头也在凉州城外出世，头身合一似乎算是预示了北周这个其实也不怎么样的政权建立了，并带来了一定程度的"世乐时平"。之后佛头能不能安生地待在石像之上，成了预言国运是否安泰的方式，继而影响到隋、唐这么不多也不算少的两朝帝王。

这座像就是番禾瑞像，并且在甘肃的敦煌、酒泉、张掖、武威，内蒙古黑水城，山西万荣，日本高野山等各地的石窟、寺庙里都有他的身影。这些像大部分在造型上有着共同特点，均为袒露右肩，左手屈臂握着袈裟一角，右手下垂的立佛。

在离开圣容寺的路上，大家纷纷激情澎湃地讨论起来，都表示番禾瑞像太有意思了，一定涉及宗教史和古代政治史的大问题，但是基本上谁也说不清这个大问题究竟是什么，云里雾里中出现了各种答案，也就是说并没有一目了然的明晰答案。

这是因为，如果让一个耿直的历史学者出来做一番不怕得罪佛像的评价，番禾瑞像和他的发现者刘萨诃，在佛教史上的众多角色中，实在不算最亮眼的两位，只能说是平平无奇。刘萨诃既没有舍身饲过虎，也没有西天取过经，根据《冥祥传》的记载，他尚勇好杀，只因假死一回才突然信了佛教。番禾瑞像出世之后只能预言不能保佑，顶多相当于水晶球，连求子的观音、求雨的符都比他更有实用性。以这样平凡的实力而得大名，塑像、画像传布天下，合理猜测他一定是谁的二代。关键，他是谁的二代呢?

二、瑞像史上的一代

从河西回来之后，我开始恶补瑞像的背景知识。这才蓦然发现，我以前就认识一尊瑞像——元代皇帝非常喜欢的优填王旃檀瑞像。

图3 故宫藏木制旃檀瑞像

优填王旃檀瑞像据说是佛教史上最早的佛像，《佛说观佛三昧海经》《大唐西域记》《佛祖历代通载》等多种佛教文献中都有关于他的记载，世俗文献里也屡屡出现其身影。关于他出世的情况，文献记载内容大致相同。传说佛陀成道之后，思念已逝的母亲，于是上忉利天为母说法。优填王是与佛陀同时代的一位国王，因为王后笃信佛法，因此成了虔诚的信徒和强大的护法，经常去找佛陀聊天。现如今佛陀升天，优填王无法再找他聊天，非常焦虑，因此请佛陀的弟子目犍连用非常珍贵的旃檀木雕造佛像。目犍连使用神力，雕造了具足三十二相的佛像，与佛陀分毫不差。国王臣民侍奉这尊佛像，与奉佛别无二致。当佛从忉利天回来的时候，这尊旃檀佛像也起身腾空前去行礼迎接，佛为他摩顶授记，嘱咐他说："我灭度之后，传教护法的事可就靠你了。"如此一来，得到了佛陀的官方认证，优填王旃檀佛像也就有了佛的神通，成了佛在人间的化身。

佛教早期当然不止这一座瑞像，比较有名的还有波斯匿王瑞像、阿育王瑞像，都是传说中印度地区皈依佛教的护法国王命人塑造的，后来发展出各种其他形式的释迦瑞像，又有阿弥陀佛瑞像、观音、文殊、普贤、弥勒等菩萨瑞像，还有一些不知名的瑞像，敦煌石窟里就记录了不少寂寂无闻、不为人知的瑞像。文献记载中的瑞像都有一些灵异故事，有的能出汗、流泪，有的能飞能跑能说话，有的能预言，有的能放光，有的能报仇，有的能报恩，大大小小总有些能耐。

简而言之，瑞像不仅仅是一座木石或金属造像，而是佛的替身，菩萨的式神，拥有相当一部分佛或菩萨的能力，也因此能够获得相当一部分人对佛和菩萨的崇礼之心。故而张弓的《汉唐佛寺文化史》，肥田路美的《凉州番禾縣瑞像の說話と造形》，蒋家华的《中国佛教瑞像崇拜研究》等研究著作中，把瑞像定义为"来历与形制不凡" 具有"变化莫测的奇瑞功能"，"具有肉身的特性"的早期佛教造像。

这些瑞像由于数量有限，因此在传播过程中出现了拟像。最初在人们的认知中，拟像也有一定神通，但随着拟像越来越多，逐渐泛滥，最后变成我们所见的成千上万的功德像，只有功德，不再有神通了。

在众多瑞像中，最为著名的就是优填王旃檀瑞像，除了他被认为是"众像之始"（见释道世《诸经要集》卷 8 所引《外国记》）外，他的传布史也最为完整。说是完整或许并不恰当，倒不如说是过多了。旃檀瑞像在中国的流传记载之丰富，可以梳理出梁武帝时期扶南入贡的南传瑞像、鸠摩罗什从龟兹带入中土的北传瑞像等几条不同的传入和传承路径。这当然是可以理解的，优填王与佛陀是同时代人，当时还不允许塑造佛像。最初那尊由目犍连以神力雕造，可以起身迎接释迦的瑞像，无疑只存在于理念之中。在世间可见可触及的诸多优填王旃檀瑞像，不过是那尊理念瑞像的无数影分身而已。

所以当我们在各地都能见到优填王旃檀瑞像的影子，也就并不奇怪了。如番禾瑞像一样，旃檀瑞像在日本也有一尊著名的影分身。日本僧人奝然在太平兴国八年（983年）入宋，曾参拜优填王旃檀瑞像，并雇工匠用樱桃木摹刻。这尊像保存在日本京都清凉寺内，象中有北宋装藏。这一方面说明雕像的年代，另一方面也说明，在北宋时期人们已经接受了造像本身并无灵性，需要通过装藏、开光等手段为其赋予神性。

图4　日本清凉寺所藏樱桃木制北宋旃檀瑞像

通常认为旃檀瑞像在元代最受重视，起初他在金中都的圣安寺，大都建成之后，供奉于今天北海琼华岛上的万寿山仁智殿，之后又专门兴建了大圣寿万安寺，也就是今天的白塔寺，为其专设旃檀瑞像殿。元代文人程钜夫奉旨专门撰写了一篇详细记载旃檀瑞像传承过程的《敕建旃檀瑞像殿记》，讲这尊瑞像作为“佛之真像”，如何从西土到龟兹，到凉州、长安、江南、淮南、汴梁、燕京，最后安放在大圣寿万安寺中。为什么要专门迎奉这尊瑞像呢？陶宗仪在《南村辍耕录·旃檀佛》中给出了答案：“故老相传云：其像四体无所倚著，人君有道，则至其国。”

单从谁的国家强盛太平，我就给谁面子这一点来讲，番禾瑞像跟旃檀瑞像，可以说是妥妥的一脉相传。

图5　南京长干寺地宫出土北宋阿育王塔上的舍身饲虎图

三、番禾瑞像的历史世界

番禾瑞像的身体和佛头分别出世于公元520年和557年，此时正是我国历史上南北朝晚期。恰好也是优填王旃檀瑞像、阿育王瑞像等与国家命运相关的印度传统瑞像进入中国的时期。

如前所述，优填王旃檀瑞像进入中国，最重要的是南传和北传两条线路。南传瑞像为梁武帝天监十八年（519年）扶南国（一般认为包括今天的柬埔寨全境及老挝南部、越南南部和泰国东南部）遣使送来的天竺旃檀瑞像，安置在建康瓦官寺。这段事迹为《梁书》所载，学者认为比较可信。北传瑞像据称是鸠摩罗炎带到于阗，鸠摩罗什从于阗背负进入内地。北传瑞像的流传史虽然完整详尽，精确到年份，但一般认为宋代之前的部分是拼凑而成。即使如此，其流传史中记载公元393—565年的173年中，北传瑞像位于江南建康，此后在淮南扬州367年，再复至江南，直到北宋时期才到汴

图6　南京瓦官寺遗址

梁，并随着北宋灭亡迁往燕京。

另一尊与国运相关的阿育王瑞像，此时也在建康长干寺。根据佛教文献的记载，这尊瑞像竟是东晋咸和年间自己选择前往建康。据说五个西域僧人从天竺将这尊阿育王瑞像带到内地，至邺遭乱，藏置河边，等道路通畅之后再找，就不知所终了。做梦才知道瑞像已经自己到了江东。一个叫高悝的人偶然得到这尊瑞像，放在牛车上想要带回家，没想到牛不受他的控制，径自将瑞像载至长干寺，后来瑞像的莲华趺还自己从海上漂了过来与之团聚。（《高僧传》）

简而言之，在南北朝时期，最厉害的瑞像们齐聚南京，仿佛是集体在给南朝东晋以下的政权背书。北方政权于是自力更生，从本土的山谷之中生出一尊瑞像，情节甚为离奇曲折，与国运更加密切相关，警示的方式尤其惊心动魄。这基本上是一个先模仿、再超越，青出于蓝而胜于蓝，长江后浪推前浪，佛家后像胜前像的故事。

可是为什么北方政权非要在瑞像这件事上与南朝一争长短呢？

不止一位研究者将番禾瑞像这一类与国运相关的瑞像与“九鼎”进行比较，认为“很有相同之处，成为统一国家中央政权的象征”（巫鸿：《敦煌323窟与道宣》）。其实如果认真计较的话，在“九鼎”和“瑞像”之间，还隔着“天命”一环。《史记·封禅

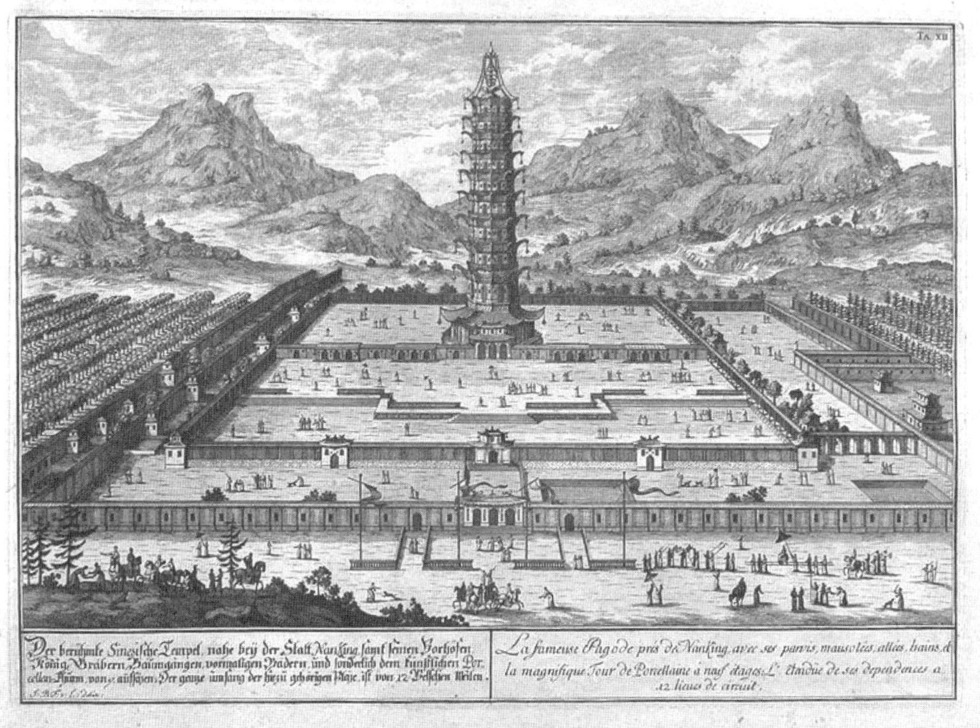

图7　约翰·柏纳·费歇尔·冯·埃尔拉赫于1721年出版的Plan of Civil and Historical Architecture中所绘大报恩寺，大报恩寺为明代修筑于长干寺原址上的寺庙

书》记载九鼎这个东西“遭圣则兴，鼎迁于夏商。周德衰，宋之社亡，鼎乃沦没，伏而不见。”《汉书·郊祀志》说是“夏德衰，鼎迁于殷；殷德衰，鼎迁于周；周德衰，鼎迁于秦；秦德衰，宋之社亡，鼎乃沦伏而不见。”总而言之，到汉代是无论如何再也变不出九鼎来了。汉朝帝王该如何证明自己的合法性，站上历史舞台的儒生给他们出了个“天命”的主意，谁能当皇帝，那看的都是上天的意思。政权或禅让、或革命，其合法性来自于天命的转移和认可。

曹魏代汉的过程还是很给天命论的面子。华喆在《高贵乡公太学问<尚书>事探微》中仔细讲解了这个过程：因为汉代儒生提出“汉家尧后”之说，曹魏就将自己的始祖推为虞舜，认为曹丕是虞舜之后，意在把汉魏嬗代拟于尧舜禅让，以此作为曹魏政权合法性的来源。曹丕在受禅之前，报祥瑞、奏谶纬，群臣劝进十五次，献帝四次下诏，最终模仿《论语·尧曰》，把“天之历数在尔躬”云云又复述了一次，才完成禅让。《魏氏春秋》记载曹丕在登坛祭天礼毕之后大大松了一口气，对臣下表示“舜、禹之事，吾知之矣”。

到嘉平六年（254年）高贵乡公曹髦入继大统时，他的地位在司马氏的预设中已经跟汉献帝一模一样，只是为了禅让而存在的工具罢了。没想到曹髦并不甘于自己的命运。由于司马氏并未有功于天下，曹氏亦未失德，看不出天命转移到了司马氏的迹象，曹髦无疑深信天命仍在作为虞舜后人的自己身上，因此当司马昭开始着手准备禅让的时候，曹髦在实力极其悬殊的情况下，拔剑登车，带着几个宿卫，亲自前去击杀奸臣。

天命之说在当时显然也是被相当一部分人所接受的，因此这样一个十几岁的少年，持剑奋击，大家竟纷纷躲避，无人敢于上前。司马昭的亲信贾充率军前来阻止，双方交战之际，曹髦下令“放杖”，无人敢不听命，“大将军士皆放杖”。只是有一个无知而鲁莽的小人物成济一枪刺死了曹髦，大家才惊觉，好端端的“天命”这套说法，大概是不能再用了。这一枪既刺破了司马昭光鲜上位的可能，也开启了政治实力才是真天命的残酷新时代。

并不是没有人对这种政权交替的丛林状态表示恐惧和担忧，甚至司马氏的后人已经开始哀叹祖先留下来的这份政治遗产有些烫手。《世说新语》里记载王导和温峤去见东晋明帝司马绍。明帝询问前世是如何取得天下的，温峤想了半天不知道该怎么说，王导看不下去，挺身而出讲述司马懿如何“诛夷名族，宠树同己”。这个时候司马绍还能撑得住，待到述及司马昭与高贵乡公那段故事，书中描绘晋明帝当场扑倒在床，覆面哀叹：“若如公言，祚安得长！”

情况就是这么个情况，问题摆在那里谁都看得见：谁，凭什么，能当皇帝，能子子孙孙地当下去；一个政权合法，是合了什么样的、哪来的法，简称“政权合法性从何而来”。一片混乱，大家都得想个办法出来。阿育王像，优填王旃檀瑞像，北方地区横空出世的本土特产番禾瑞像，都是携佛陀之伟力，以“合佛法，得永生”的想象，来诱导政权统治者和其统治下的人们与佛法合作，佛教广布四方，政权长治久安，各取所需，达到双赢。

关于赢还是没赢，可能一段时间内也赢了一点吧，显然没能长久地赢。无论是北周还是隋都享国不永。到唐初，虽然道宣等人的佛法宣传作品层出不穷地编写出来，但最终还是以《贞观政要》为代表的儒家治国之术成为国祚绵长的保障。

四、番禾瑞像的地位

回到开篇那个丁老师最纠结的问题，该怎么面对巫鸿先生对莫高窟第72窟南壁的“刘萨诃与番禾瑞像变”做出的评价：“可能是中国宗教史上思考最为深刻的一幅图像。”

他屡经挫折、从不气馁，吸收先进理念、提出革命宗旨，为下一个新时代的来临奉献了一生。他就是，番禾瑞像。

认真地说，番禾瑞像是在印度的佛塔瑞像传入中国南方之后，北方宗教和政权中诞生的本土瑞像。佛头能不能合于像身，预示着国家安泰与否，其中又结合了谶纬传统。认为“刘萨诃与番禾瑞像变”“可能是中国宗教史上思考最为深刻的一幅图像”，我想，并不算言过其实。

（李鸣飞，中国社会科学院古代史研究所中外关系史研究室副研究员。）

从西域历史看中华文明的统一性

王 欣

作为统一的多民族国家形成与发展史中的有机组成部分，一部西域史不仅浓缩了中国古代疆域演变的曲折而复杂的历程，展现了各民族共同开拓辽阔疆域、共同书写悠久历史、共同创造灿烂文化、共同培育伟大民族精神的生动画面，指明了各民族通过交往交流交融共同构建中华民族共同体的实践路径，而且完整、全面而深刻地诠释了中华文明的连续性、创新性、统一性、包容性与和平性等五个突出特性。就统一性而言，主要具体体现在以下几个方面：

一、政治上的统一性

主要体现在从汉代西域都护府到近代新疆建省的政治制度与职官制度的一体化过程中。

西汉太初三年（前102年）李广利伐大宛获胜后，次年汉朝便设置使者校尉，率数百士卒在渠犁、轮台一带屯田戍守，在保障丝绸之路畅通的同时，开始将中央王朝政治制度引入西域，从而在政治上开启了西域纳入统一的多民族国家的历史发展进程中。

神爵二年（前60年）前后，西汉创制了相当于内地“郡”一级的西域都护府（治所在原使者校尉屯戍之地乌垒城，体现了某种程度的连续性），统一管理天山南北屯戍与军政事务，“汉之号令班西域矣”。（《汉书·郑吉传》）作为一项具有创新性质的军政合一的边疆治理模式，西域都护府随之亦被纳入到汉朝的政治体系中，成为汉代政治制度的有机组成部分。其长官西域都护“秩比两千石”（相当于仅次于“郡太守”的“郡都尉”，《汉书·百官公卿表》），代表朝廷颁行中央政令，在统领大宛以东诸绿洲城郭国的同时还负责监督乌孙、康居等游牧民族政权，并和下属各级官吏一起按照“因俗而治”的原则实施对西域诸国的羁縻统治和西域事务的全面治理。作为完善西域治理体系的重要举措，西汉又于汉元帝初元元年（前48年）在车师（今吐鲁番）设置主管屯田事务的戊己校尉，包括西域都护和戊己校尉在内的各级官吏也被纳入到了汉朝的职官体系之中，成为汉代职官制度的组成部分。不仅如此，西域都护府治下的西域各国君王及其所属各级官吏，“自译长、城长、君、监、吏、大禄、百长、千长、都尉、且渠、当户、将、相至侯、王，皆佩汉印绶”。（《汉书·西域传下》）至少在形式上也被纳入到了汉朝的职官体系中，体现出西域地方与中央王朝在政治制度上的某种一体化趋向。随着西域都护府的建立，西域也正式被纳入统一的多民族国家的疆域之内；汉朝开创的这种以屯戍为核心、军政合一的政治制度与“因俗而治”的羁縻治理模式，不仅在维护当地社会稳定和促进经济社会发展等方面发挥了重大作用，而且也为西域与内地政治一体化的深化奠定了坚实的制度性基础，因而为此后历代王朝所承袭并不断完善和发展。

魏晋南北朝时期的中国各地尽管战乱频仍并在大部分时间里处于分裂割据的状态，但是西域政治制度的一体化却取得了长足的进步与根本性的发展，其标志便是郡县制开始在西域局部地区实行。东晋咸和二年（327年），河西前凉地方割据政权在两汉戊己校尉屯戍之地设高昌郡，下置田地县，并以太守统之。高昌国建立以后，基本移植了中央王朝政治制度和地方治理体系并加以损益或变通，当地郡县制更是得到了全面的完善与发展，在麴氏政权统治末期甚至达到了五郡、二十二县的规模，从而在西域局部地区实现了政治制度的统一。

唐代统一西域后，一方面延续“因俗而治”的治理传统，设置大量的羁縻府州；另一方面，则如内地一样在天山南北相继设立了伊州、西州和庭州，建立起包括州、郡、县、乡、里等在内的完整行政管理体系，处理各地民政事务，从而扩大了州（郡）县制在西域的实施范围，深化了当地政治制度的统一性。与此同时，唐朝还设安西都护府和北庭都护府统领西域各地军政，将民政和军政制度予以分离，促进了当地与全国政治制度的一体化。在大一统的形势下，唐代西域政治的统一性不仅得到了全面发展和深化，而且促进了当地经济社会的全面发展以及各民族之间的广泛交往、全面交流与深度交融。大量西域各族人士随之进入内地，其中的部分精英还成为统治集团的一部分（特别在军事领域），进而对唐代政治、经济与社会的发展产生了程度不同的影响；族际通婚也更加普遍，中华民族共同体的内涵进一步得到丰富；以西域为代表的“胡风”在内地盛行，进而成为全国各阶层民众日常社会生活的有机组成部分。西域的经济文化生活方式随之也被自然纳入到唐代的经济文化体系之中，从而全面促进了中华民族共同体政治、经济与文化的统一性发展。

汉唐时期的政治统一性传统，对宋元时期西域也产生了深刻的影响。由西迁回鹘的一支所建立的高昌回鹘王国依然延续漠北时期与中央王朝所结成的政治传统关系，对宋朝朝廷以“甥舅”相称，其官制中则采用了大量诸如“宰相”“枢密使”“上柱国”“开国子”“都督”等官名、爵位和勋位，以此显示政治统一性的传统。由另一支西迁回鹘为主所建立的喀拉汗王朝除了继承这种“甥舅”关系外，其统治者还自称“桃花石汗”，并以“东方与中国之王”或“东方与中国之苏丹”自居，强调自己是中国的一部分，至少在名义上保持着对中国的政治认同，坚守着大一统国家的政治统一性传统。正因如此，蒙古汗国兴起后，高昌回鹘统治者亦都护率先归附，与成吉思汗联姻并和其四子约为兄弟，成为成吉思汗的“第五子”，继而随蒙古大军东征西讨、屡立大功，为汗国的大一统做出了重大贡献。蒙哥汗在位时则首次在西域推行行省制，设别失八里等处行尚书省管理西域各地事务，借以强化西域的政治统一性。其后虽然蒙古王公发生内乱和分裂，元代仍在高昌设火州总管府，而大量西域畏兀儿人则进入内地协助元朝中央统治各地民众，并作为色目人成为元朝统治集团的重要组成部分，为元代经济社会的发展与各民族之间的交往交流和交融做出了重要贡献。

从明代到清初，西域的大部分地区虽然相继处于东察合台汗国和叶尔羌汗国的统治下，其政治制度与职官制度亦极具地方性特点，但两者始终与明朝保持着密切的政治与经济联系；明朝还一度设哈密卫治理西域东部，并册封东察合台王公。这一时期西域与内地的政治统一性主要体现在两者朝贡关系的延续性上。清朝统一西域后在总体上虽然基本继承了汉唐以来传统的边疆治理模式，依然采取以军政军民合一的军府制为特征的混合型治理体制，但在政治制度与治理体系的系统化建设方面则日臻完备。清朝一方面设伊犁将军，统领天山南北军政军民事务；另一方面在西域东部的乌鲁木齐和巴里坤一带依然实行与内地相同的府县制，其他地方则辅之以扎萨克制；在南疆维吾尔等民族聚居的所谓的回部则实行“因俗而治”的伯克制，并设各级办事大臣加以监管，保证政令的统一。

近代以后，随着边疆危机的不断加深，清朝逐渐意识到传统的政治制度与边疆治理模式已经无法应对西方所主导的近代民族国家观念、秩序的冲击以及殖民扩张的挑战。在平定阿古柏入侵、收复天山南北后，清朝于1884年正式建立新疆省。至此，延续两千年的边疆混合型传统治理模式宣告终结，西域与内地政治制度的一体化至少在形式上整体完成，从而在根本上保证了领土的完整和民族团结与统一。

二、经济上的统一性

主要体现在古代西域与内地以“朝贡”贸易为特征的经济关系的长期延续及其经济一体化的不断深入，以及从古代均田制到近代以“协饷”制度为代表的经济制度的一体化过程上。

考古发现表明，早在先秦时期西域便与内地存在包括玉石贸易在内的经济联系。张骞通西域以后，这种经济联系更加频繁和密切，并伴随着政治的一体化而不断深化。经过两千多年持续发展，西域经济最终也被纳入到全国的经济体系中，从而最终结成稳定的经济利益共同体，进而为政治和文化的统一性发展奠定了坚实的物质基础。

兼具政治、经济与文化多重属性的“朝贡”贸易，是古代西域与内地经济联系的重要形式，也是西域与内地经济一体化的主要路径之一。无论全国处于统一还是分裂状态下，西域各地与内地以“朝贡”为主的经济联系从未中断。在此过程中，西域地区以良种马、苜蓿等为代表的畜牧业产品，以葡萄、胡麻、胡桃以及各类香料等为主的农业产品，以玉石、金属器以及各类毛织物为代表的手工业产品，均沿着丝绸之路持续不断地输入内地，极大地丰富了全国各族民众的经济文化生活；而内地以丝绸、茶叶和瓷器为主的各类产品的输出不仅成为与西域丝路贸易的重要内容，更是历代中央王朝以“回赐”的形式宣示双方政治关系的重要方式之一，具有显著的历史连续性。包括尼雅遗址（汉代精绝国治所）出土的东汉“五星出东方利中国”织锦在内的大量丝织品，便是其中最具代表性的例证。长期而连续的经济往来，不仅使西域与内地经济互补、利益共享，相互促进，共同发展，进而形成相互依赖、密不可分的经济利益共同体；西域经济由此也就逐渐发展成为全国经济体系中的有机组成部分。需要指出的是，对于历代中央王朝而言，与西域的这种“朝贡”贸易的政治意义往往大于经济意义，故其“回赐”物品的价值通常都要高于进贡物品，并以此强化双方的政治关系，促进政治的统一性。

屯田戍守不仅是历代王朝治理西域的主要政治与军事措施，而且在促进西域社会经济发展上具有重要的价值，并在深化经济统一性等方面发挥了关键性作用。如前所述，这种始于西汉使者校尉的屯田形式最初以军屯为主，主要目的是保障戍守士卒的日常生活、供应往来使者，并因其可行性和有效性而为此后的历代王朝或政权所承袭与发展，具有极强的历史延续性。延至清代，屯田的形式更趋多样，发展出包括兵屯、旗屯、民屯、回屯和犯屯等在内的多种经济生产类型，其价值与作用因之也更为丰富和多元。通过各种形式的屯田活动，内地发达的耕作技术与水利工程体系持续不断地传入西域，在保证当地社会稳定、促进经济全面发展的同时，还显著提升了西域绿洲农业生产力水平，一定程度上缩小了西域和内地之间的区域经济发展差距，从而为西域经济的统一性发展奠定了坚实的技术基础。

除此之外，历代中央王朝或某些地方割据政权（特别是河西）在西域设置郡县制或州府制的区域推行与内地基本一致的经济制度，如唐代的均田制、租庸调均曾在伊州、西州和庭州等州县实行。这些与全国一体性的经济制度在推进西域社会经济发展、提升生产力发展水平的同时，在一定程度和局部范围内也促进了当地经济制度与内地的统一性发展。

由于自然环境和内外各种条件的制约，西域经济发展的总体水平依然十分有限，虽有屯田和各种地方性税赋制度的补充，但长期以来西域的经济总量和财政收入仍不足以支撑当地庞大的治理费用，故历代中央王朝往往还需要以某种类似中央财政支付转移的方式解决边疆治理上所需的大部分军政开支。如清朝统一新疆后便明确规定，当地的各种财政收入均留归本地使用，不足部分则由内地相关省份提供“协饷”予以解决；如当地发生内乱或外敌入侵、大型水利或交通工程建设等的重大事务，则由中央政府划拨所谓的“专饷”加以应对。据统计，1760至1911年之间清朝划拨新疆的各类“协饷”和“专饷”总计就达白银4亿两之巨。协饷制度的建立不仅有效维护了新疆的经济发展、社会稳定和国土安全，而且进一步强化了新疆与全国的经济一体化和统一性；新疆的利益和命运由此也和中央和全国其他各省区更加紧密地联系起来，成为一个休戚与共、命运与共的政治与经济共同体。

三、民族与文化的统一性

主要体现在西域各民族的交融与中华民族共同体的形成与发展，多元文化的汇聚、包容与创新，以及汉文化在多元一体民族文化中的核心凝聚作用等方面。

西域自古以来就是东西方各民族汇聚与交融的地区，其民族与文化的多样性世罕其匹。自有文字记载以来，这一区域便呈现出与内地同构的南农北牧的基本经济与民族分布格局，而天山以南绿洲农业区域虽然民族（政权）数量众多但大小规模不等且互不统属，整体上处于碎片化的状态。如西汉时便有西域“三十六国（族）”之称，东汉更有“五十五国（族）”之谓。如果说张骞通西域正式开辟丝绸之路，为西域各民族之间的广泛交往和全面交流创造了有利的外部环境的话，那么西域都护府的建立以及政治一体化则开启了当地各民族深度交融以及民族共同体构建的历史进程。据不完全统计，除了先秦时期的吐火罗人、塞种和羌人以及南疆绿洲上的各类土著居民外，在秦汉以后的两千余年的时间里，西域地区在古代至少先后有月氏、乌孙、匈奴、汉人、悦般、嚈哒、粟特、鲜卑、柔然、突厥、回鹘、吐蕃和蒙古等诸多民族迁入或活动，他们大部分在历史上的各个阶段都以不同的方式和路径完成了相互之间充分融合，成为近代以来新疆各个民族的重要来源之一。清代统一新疆后，除了满族外，东北的锡伯族、达斡尔族也以屯垦戍边的方式进入新疆，此后内地汉族和回族也相继加入到边疆的开发与建设事业中，而土尔扈特蒙古的回归以及哈萨克、塔塔尔、俄罗斯等族的陆续迁入，更加丰富了当地迄至近代的多民族格局之内涵。他们连同当地的维吾尔族、柯尔克孜族和塔吉克族等一起，确立了当代新疆的主要民族格局，进而也发展成为中华民族共同体中的有机组成部分。

正如季羡林先生指出的那样：“世界上历史悠久、地域广阔、自成体系、影响深远的文化体系只有四个：中国、印度、希腊、伊斯兰，再没有第五个，而这四个文化体系汇流的地方只有一个，就是中国的敦煌和新疆地区，再没有第二个。”（《红旗》1986年3月）他还进一步强调：“世界上四大文化体系唯一汇流的地方就是中国的新疆。”（《民族团结》1998年第10期）诚哉斯言！仅以语言文字观之，据统计新疆地区历史上使用过的语言多达30余种，其中主要包括匈奴语、犍陀罗语、于阗塞语、汉语、吐火罗语（焉耆—龟兹语）、突厥语、粟特语、回鹘语、中古波斯语、吐蕃语、蒙古语、满语等等，涵盖汉藏、印欧、阿尔泰、满-通古斯、闪含等五大语系的不同语族；古代西域流行过的文字也有28种之多，其中主要包括汉文、佉卢文、梵文、婆罗迷文、吐火罗文（焉耆—龟兹文）、于阗文、突厥文、粟特文、叙利亚文、回鹘文、吐蕃文、西夏文、摩尼文、波斯文、哈卡尼亚文、察合台文、契丹文、回鹘蒙古文、托忒文、八思巴文、满文等。西域多元文化汇聚的盛景由此可见一斑。

作为中华文明的有机组成部分，西域文化同样也具有突出的开放性与包容性。以宗教文化为例，10世纪前的西域地区曾流行过古代世界上几乎所有的宗教，其中包括萨满教、琐罗亚斯德教（即拜火教或祆教）、佛教（包括汉传佛教和藏传佛教）、摩尼教、景教和道教等，甚至出现佛教经西域传入内地后又回传西域的现象，从而使得古代西域文化长期呈现出多元宗教文化和谐共生的繁荣景象。即使伊斯兰教传入西域并逐渐占据主导地位以后，基督教、东正教、藏传佛教、汉传佛教和道教仍然在一定范围存在并一直延续到近现代。不仅如此，多元文化的深厚历史积淀和开放包容的悠久传统，更为西域宗教文化的创新性发展提供了丰富的精神资源与强大的实践动力。以新疆鄯善县吐峪沟艾苏哈卜·凯赫甫麻札为例，这座建在原佛教石窟寺废墟上的伊斯兰教圣地不仅在思想上继承了景教的复活观念，而且在宗教实践中（特别是礼功上）完美融合了萨满教的祛病驱邪、琐罗亚斯德教的拜火献祭、摩尼教的崇拜光明乃至道教的有求必应等多种宗教文化因素；为了满足女性的宗教需求，当地人甚至在圣地旁创造性地另辟他窟，专供女性信众礼拜。外来宗教文化本地化与中国化的方式与实践路径在此得到了集中而生动的展现。所有这些不仅充分体现了中华文化“实践理性”传统（李泽厚语）对西域文化形成与发展的深刻影响，更是中华文化统一性的内在本质与外在表征。

在西域民族与文化的统一性发展方面，汉文化始终发挥着核心凝聚力的作用。随着汉唐时期政治一体化的不断深化，大一统理念就开始深深地根植于各族民众的思想之中，成为他们在实践中自觉维护国土不可分、国家不可乱、民族不可散、文明不可断的共同信念；而同时期以经（如《孝经》《诗经》）、史（如《三国志》）、子（如《论语》）、集等为核心的汉族文物制度与学术传统的整体移植，更是对此后西域民族文化的统一性发展产生了深远的影响，并内化为当地各族民众多元文化中的有机组成部分。正因为汉文化的核心凝聚作用，西域多元文化才得以发展成为一个有机整体，进而更为中华文明的连续性与统一性发展提供了坚实而有效的思想和文化保障。

马大正先生指出，幅员辽阔的疆域和多元一体的中华民族，是我们的祖先留下的两大具有中国特色的历史遗产。作为统一的多民族国家，古代中国虽历经各种纷争乃至分合更迭，但疆域的一统（统一天下）和中华民族共同体的构建，始终是中国古代历史发展的主线和各民族共同追求的最高理想与终极政治目标，并内化为积淀深厚、牢不可破的中华优秀历史文化传统，根植于每一个中华儿女的文化基因中。所有这些不仅成功抵御了近代西方列强的入侵和蚕食，而且维系了中国疆域基本形态的完整性与延续性（如汉代确立的东并朝鲜、南据交趾、西逾葱岭、北抵大漠的中国古代疆域形态一直保持到近代），中华民族共同体的内在凝聚力因之历久弥坚，从而在思想上、政治上、经济上和文化上保证了中华文明发展的连续性和统一性。一部波澜壮阔的西域史即有力地印证了这一点。

（王欣，陕西师范大学中国西部边疆研究院院长、教授。）

丝绸之路研究视角演进新探

聂静洁

跨民族、跨文化、跨学科是丝绸之路研究兼而有之的特征，交往、交流、交融是丝绸之路研究渐次深入的主题。一百多年的丝绸之路研究实践表明，世界眼光、多元视角对于该研究领域具有格外重要的意义。源于交往、深于交流、终于交融，时间与空间的更迭、区域与整体的统一、微观与宏观的交织、历史与当代的接续，古为今用，推陈出新，成就了丝绸之路研究别具一格的魅力。随着研究内容不断丰富、研究领域逐渐拓展，丝绸之路研究视角呈现朝向多元化演进的必然趋势。丝绸之路研究视角不断转换是一个非常值得关注的问题，但目前尚无专文对此进行探研，实属缺憾。本文追踪丝绸之路研究视角的演变发展规律，探究其独特的学术价值与启示。

一、时间视角：历史与现实续接

丝绸之路研究古今时间视角上的续接，是指历时性与共时性并存的现象。古代视角与当代视角的交迭，是丝绸之路研究在时间视角方面的突出特点，立足于“一带一路”研究视角的研究者对此体会尤深。自2013年中国建设“一带一路”倡议提出以来，原本作为“显学”的丝绸之路研究，迎来新的发展机遇，国内外丝绸之路研究持续升温，相关研究论著以井喷之势涌现，可谓盛况空前。“丝绸之路”作为全世界所公认的历史文化符号，成为当代中国“一带一路”倡议构想的思维源头。“一带一路”是丝绸之路在当代的理论创新与实践，古丝绸之路以其深厚的历史底蕴，为“一带一路”的建设奠定文化基础。

丝绸之路与“一带一路”的历史文化渊源，不仅表现在文化符号的借用，还表现在历史传统的延续，丝绸之路研究时间视角古今交迭现象正是基于上述历史渊源和时代助力。具体而言，古丝绸之路的研究者在研究过程中，都会不自觉地关注“一带一路”这一当代最为热门的话题。而“一带一路”研究者，也必然会涉及古丝绸之路相关方面的研究。知古通今，古为今用，是当今丝绸之路研究的使命。“一带一路”倡议推进丝绸之路研究向着为现实服务的方向发展，古丝绸之路研究对于“一带一路”建设与发展具有重要意义。超越时间视角的局限，立足当下、借鉴历史并服务未来，古今双重视角的运用，为丝绸之路研究带来新的活力与增长点。

二、空间视角：从区域向全球拓展

从空间定位角度考量，丝绸之路研究的空间视角所属范围不断拓展，由传统的区域（地区史）视角到国家（国史）视角，再到跨国（国际关系史）视角，演进到近些年备受瞩目的全球（史）视角。这不仅是学科发展的必然趋势，也是对全球化进程日益加剧的历史潮流的回应。传统的区域史视角、国别史视角以及国际关系史视角，已经不足以应对全球化趋势的需求。全球史的空间范围遍及全球的整个自然地理系统，主张以俯视地球的视角看待世界历史的发展。全球史作为全球化在学术方面的反映，以超越全球空间苑囿的至大无外的空间视角，终止了历史文化研究领域在空间视角方面的探索，也为丝绸之路研究提供新的启示。

空间视角的运用在丝绸之路研究领域中一直居于特殊重要的地位，甚至可以毫不夸张地说，是不可或缺的视角。区域与整体的统一，是丝绸之路研究“与生俱来”的特质。因此，无论从区域出发探究整体，还是从整体出发兼及区域，将二者有效统一起来的视角，才能更好地展现丝绸之路的全貌。丝绸之路研究是全球史必不可少的一个学术领域，探寻其空间视角不断拓宽的规律，我们就会发现，前述空间视角的演进不是一个简单的弃旧从新的过程。全球史视角并非全盘否定传统的空间视角，亦非将区域史视角、国别史视角和国际关系史视角进行简单叠加，全球史视角本身旨在打破空间范围的藩篱，同时整合传统空间视角的诸种特长。对于丝绸之路研究领域中的某些特定专题而言，传统的空间视角仍是无可替代的选择。全球史视角囊括并超越传统空间研究视角，在所谓“全球性公共空间”的维度进行思考，更加适应全球化时代的丝绸之路研究。

三、学科视角：由单一向交叉综合转变

丝绸之路研究内容可以分为历史、地理、政治、经济、民族、语言、文化等类别。从学科研究视角来看，呈现五花八门的样貌，并且逐渐形成由单一学科视角向多学科交叉、跨学科综合视角转变的趋势。从传统单一学科视角研究丝绸之路，举凡政治史、经济贸易史、军事史、文化史、民族史、社会史、宗教史、科技史、哲学史、文学史、语言学、古文字学、考古学、人类学、人口学、史料学、文献学、地理学、环境学、中西交通史、中外关系史等等，无不为其所用。单一学科研究视角可以尽可能发挥该学科的优势，同时也有其不可避免的局限性。这种局限性在于，单一学科视角只能从本学科的研究范式对丝绸之路进行考察，研究结论自然囿于本学科的理论与方法。如上所述，丝绸之路研究涉及社会科学、自然科学的多种学科，丝绸之路史本身就是一部人类文明交流史，需要进行全方位、多角度的研究方能认识其全貌，由此，只有采用多学科交叉、跨学科综合的研究视角，才能与该领域学术空间不断拓展的趋势相适应。

从早期的丝绸之路文献辑录、遗迹踏查、交通贸易研究、历史文化探研等基础研究来看，起初对丝绸之路研究采用的文献考证与考古学实地考察相结合的二重学科交叉研究视角，已经是彼时所能达到的最佳选择。后来，人类学、文化学、语言学、地理学等多学科理论与方法的综合运用，使得丝绸之路研究新成果大量涌现。期待更多学科交叉综合研究视角的运用，尤其是相关自然科学研究视角的引入，能为丝绸之路研究带来新的突破。

四、叙事视角：从本土观照到跨文化互动

对丝绸之路研究者叙事视角的发展变化进行探究，就会发现诸如自我与他者、本土与域外、内观与外观这些明显的差别。对于同一世界同一事件所选取的观察视角决定研究方法的使用，并直接影响结论的得出。立足于本土观照的叙事视角，即采用“我者”视角，从叙事者本位出发，外观研究对象，实际上作为并不客观的旁观者，受限于中心-边缘这种观察方式与思维定式，容易产生狭隘的“中心论”史观。无论是“西方中心论”还是“中国中心论”，由“中心论”史观出发所得出的研究结论必然失

之偏颇。跨文化互动的叙事视角，则仿若采用一种“全知视角”进行俯察，是对“中心论”史观局限性的超越。丝绸之路的开辟与发展、多元文明的交流与交融，以及由此引发的全球范围的科学技术创新、思想文化的传播、信仰观念变化，乃至环境变迁、人口迁移、政治经济势力的消长等等，都对全球化历史进程产生重要影响。在当今全球化时代背景下，采用超越地区本位、国家本位、民族本位、文化本位的跨文化互动视角，对于丝绸之路研究而言，是一种更为公平客观的视角，无疑可以减少认知偏差。

从本土视角到国际视角再到跨文化视角的演进，并非逐一取代的过程，这些叙事视角在研究实践中并存甚至并用，这是由丝绸之路研究领域的特点决定的。叙事视角在丝绸之路专题研究中的选用，取决于该专题的具体内容，在跨文化互动视角无法展开科学合理叙事的领域，理应根据本土历史文化特点以及本土思维习惯，采用更为适宜的本土视角，反之亦然。

综上所述，丝绸之路研究视角的转换，是时代发展与学术进步的必然选择。丝绸之路研究重点关注的多元文明交流互动这一主题，与全球史视角契合度极高。从单一视角向多元视角乃至跨越视角的演进，是丝绸之路研究带给学术界的重要启示之一。随着学术研究视野的拓展、理论与方法的创新，研究视角亦会不断更新。学科比较视角、地理信息视角、生态环境视角、微观史视角等等，这些有待发掘的研究视角，在今后的丝绸之路研究中都可以尝试选用，期待会有令人耳目一新的观点产生。

探讨丝绸之路研究视角的演进是丝路学的一项理论分析，具体而言，本文所采用的思维视角，主要涉及分类视角与关系视角。分类视角就是对以往丝绸之路研究诸种视角按特点进行归纳分类，关系视角则着重考察各种视角的承袭与发展，在此基础上进行比较分析，总结其演变规律。对丝绸之路研究视角演进的探讨，不仅有助于丝路学理论和方法的建设，对于中外关系史、世界史以及“一带一路”等相关领域的研究均有借鉴意义。

（聂静洁，中国社会科学院古代史研究所副研究员。）

丝绸之路视域下金银使用与公元8—9世纪河西民众社会生活研究

王 东

关于吐蕃金银器的研究，学界关注点多集中于考古出土文物个体或者式样等问题[①]，近年都兰墓葬出土了一些金银器，对吐蕃金银器问题的研究起到了很好的补充和拓展。但吐蕃本土以外重要统治区域的敦煌地区，其金银器问题的研究还有很大空间，特别是这些金银器与民众社会生活的关联性研究明显不足，"对吐蕃金银器背后所蕴含的社会文化内涵，需要结合藏文与汉文文献，将吐蕃金银器研究与吐蕃社会历史紧密联系起来，探讨这些器物产生的社会历史动因，深入思考吐蕃金银器中所隐含和象征

①主要成果有：许新国：《都兰吐蕃墓中镀金银器属粟特系统的推定》，《中国藏学》1994年第4期，第31—45页；齐东方：《唐代金银器研究》，北京：中国社会科学出版社1999年版；Amy Heler, *The Silver Jug the Lhasa Jokhang:Same Observations on Silver Objects and Costumes from the Tibetan Empire(7th－9th Century).* Silk Road and Archaeology, 2003, pp. 217—237；杨清凡译：《拉萨大昭寺藏银瓶——吐蕃帝国（7世纪至9世纪）银器及服饰考察》，《藏学学刊》第3辑，2007年，第194—238页；祝铭：《拉萨大昭寺鎏金银壶及吐蕃金银器相关问题再探究》，《西藏大学学报（社会科学版）》2020年第1期，第83—90+102页；沈琛：《麝香之路：7—10世纪吐蕃与中亚的商贸往来》，《中国藏学》2020年第1期，第49—59页；陈波：《公元10世纪前西藏的黄金、黄金制品及相关问题研究》，《中国藏学》2000年第2期，第63—75页；霍巍：《吐蕃系统金银器研究》，《考古学报》2009年第1期，第89—128+159—164页；葛承雍：《金腰带与银腰带——从阿富汗大夏黄金之丘到青海都兰吐谷浑大墓》，《文物》2019年第1期，第67—75+1页；霍巍、霍川：《青藏高原发现的古代黄金面具及其文化意义》，《敦煌学辑刊》2019年第3期，第138—149页；周本加：《吐蕃金银器考》，《文物鉴定与鉴赏》2020年第1期，第8—11页；李星：《吐蕃金银器研究》，华东师范大学硕士学位论文，2022年；朱建军：《交融与互鉴——新见吐蕃、吐谷浑出土文物研究》，兰州大学博士学位论文，2022年。

的政治、经济以及宗教文化意义”[①]。吐蕃统治河陇西域时期，吐蕃文化对河西尤其是敦煌社会各层面都产生了巨大影响。本文依据敦煌西域出土文献，希冀揭开金银在公元8—9世纪河西民众日常社会生活中所扮演的角色及其意义，敬请方家批评指正。

一、前言

从吐蕃王朝早期发展史来看，经南日松赞和松赞干布两代开疆拓土，除青藏高原地区统一外，并向周边区域拓展。南日松赞时期“征服边地之佳（rgya）及突厥……并逐步征服了外部众生即‘西夏（mi-nyag）、回纥（hor）、汉（rgya）、南诏（ljang）、都鲁迦（tu ru shaka）’”[②]，“松赞干布遂统治四方，将边地之全部受用财富悉聚于（松赞干布）权势之下”[③]，对外拓土的关键在于对统治区域财富的聚集。敦煌文献P.T.1288《大事纪年》记载了公元653、654、687、691、709、718、720年有关赋税征收史实[④]，吐蕃统治者将征收统治区域的土地赋税作为“大事纪年”中的一项重要内容，透露出赋税征缴是政治生活中不可或缺的一部分。

河陇西域所处地理方位基本上囊括了传统丝绸之路的主要部分，自汉代张骞凿空西域开通丝绸之路以来，东西方的政治、经济、文化等交流无不以丝绸之路为中心，中原王朝也通过丝绸之路交流强化了对西北边地的经略，并推动了西北民族间交流和融合，强化了西北边陲民族对中原王朝的向心力。吐蕃统治西域河陇时期，是吐蕃东向发展的重要历史时期，更是蕃汉文化交融关键阶段。同时，正是丝路民族间的交流往来，反过来又推动促进了丝绸之路商贸经济的繁荣，进而为货币使用提供了必要前提，贵金属金银以其天然优势扮演着一般等价物的角色，一定程度上取代了传统物物贸易方式，进而深入到民众社会生活各个方面。

---

① 霍巍、祝铭：《20世纪以来吐蕃金银器的发现与研究》，《西藏大学学报（社会科学版）》2020年第2期，第14页。

② （元）巴卧·祖拉陈瓦：《贤者喜宴——吐蕃史译注》，黄颢、周润年译注，北京：中央民族大学出版社2010年版，第15页。

③ （元）巴卧·祖拉陈瓦：《贤者喜宴——吐蕃史译注》，黄颢、周润年译注，北京：中央民族大学出版社2010年版，第30页。

④ 王尧、陈践译注：《敦煌古藏文文献探索集》，上海：上海古籍出版社2008年版，第87、90、91、93、95页。

敦煌作为丝绸之路上的重要枢纽，不仅是佛教文化中心，同时也是经济商贸中心，往来于丝路上的商旅僧使汇聚于此，以丝绸之路为媒介的商业贸易繁荣发展，商贾利用商业积累巨额财富，更加刺激时人对财富（金银）的追逐。敦煌文献P.2912《某年四月八日康秀华写经施入疏》记载了粟特大商人康秀华抄写一部《大般若经》的工价："写大般若经一部，施银盘子叁枚，共卌五两，麦壹佰硕，粟伍拾硕，粉肆斤。右施上件物写经，谨请炫和上收掌货卖，充写经直，纸墨笔自供足，谨疏。四月八日弟子康秀华。"抄写一部《大般若经》充当费用的除粮食之外，还有银盘子和胡粉，郑炳林先生"推算出康秀华向乾元寺施物价值折麦约548石，当时写一部《大般若经》的工价为548石麦"[①]。也就是说，康秀华随便出手请人抄经，工价就高达500多石麦子的价值，这种底气无疑来自于经商所获巨额利润，而他的行为势必形成一种示范效应。到了归义军政权中后期，甚至一些出使西州的使者常常携带诸如丝织品、漆器等畅销物品，利用公务便利在西州市场获利，并且成为一种常态，诸如P.3579v《十一月廿七日将取西州去物色目》中所载使团中就携带丝绸、麝香、细褐、漆器等[②]，甚至还有的使者预先借贷，在西州出售商品后偿还本息，诸如S.4504v《乙未年（935年）押衙就弘子贷生绢契》、P.3453《辛丑年（941年）贾彦昌贷生绢契》、P.3051v《丙辰年（956年）三界寺僧法宝贷黄丝生绢契》等。这些行为一方面是因为丝绸之路上浓郁的商业氛围所致，另一方面或许受到了商贾一掷千金行为的刺激。

为了有效地实施对统治区域的管理，吐蕃统治西域敦煌时期加强了对丝绸之路交通的建设与管理[③]，道路通畅进一步推动着丝绸之路经济的持续繁荣。而作为一般等价物的金银，自然成为西北社会生活中衡量财富的重要物品，因此社会各阶层无不充斥着对贵金属诸如金银的追求。

---

① 郑炳林：《晚唐五代敦煌贸易市场的物价》，《敦煌研究》1997年第3期，第14页。

② 李鸿宾：《唐五代西州市场商品初考——兼论西州市场的三种职能》，《敦煌学辑刊》1988年第1、2期合刊，第44—52页。

③ 王尧、陈践：《吐蕃职官考信录》，《中国藏学》1989年第1期，第102—117页；陆离：《吐蕃驿传制度新探》，《中国藏学》2009年第1期，第147—156页。

二、财富抑或信仰：金银与宗教生活

众所周知，佛教戒律中是严禁僧尼蓄私产，追求财富积累的，但敦煌文献等所载敦煌地区佛教生活中却出现了大量诸如寺院经济、僧尼私产等情况，这无疑是与戒律规定相抵触的[①]。而佛教对于“七宝”的规定中涉及金银等多种珍贵物品，《翻译名义集》卷三所载七宝有二种，其中第一类“七宝”包括四种说法：“《佛地论》云：一金；二银；三吠琉璃；四颇胝迦；五牟呼婆羯洛婆，当砗磲也；六遏湿摩揭婆，当玛瑙；七赤真珠。《无量寿经》云：金、银、琉璃、颇梨、珊瑚、玛瑙、砗磲。《恒水经》云：金、银、珊瑚、真珠、砗磲、明月珠、摩尼珠。《大论》云：有七种宝，金、银、毗琉璃、颇梨、砗磲、玛瑙、赤真珠。”[②]佛教七宝观念以及用宝物作为庄严手段催生了金银等在宗教中的使用[③]。《佛说阿弥陀经》载：“极乐国土，有七宝池，八功德水，充满其中，池底纯以金沙布地。四边阶道，金、银、琉璃、颇梨合成。上有楼阁，亦以金、银、琉璃、颇梨、砗磲、赤珠、玛瑙而严饰之。”[④]这里指出了将金银等物品作为佛教严饰用品，这就将金银等与佛教紧密地联系在一起，并和世俗生活交织在一起，而佛教寺院既是信仰学术中心也是物质文化汇聚之地[⑤]。

吐蕃统治者在迎请高僧大德到蕃地讲法时所携带的礼品通常为黄金，反映出黄金珍贵的属性已得到宗教人士的认可。“赞普带领拔赛囊、桑希、祥尼雅桑、僧果以及聂达赞等五位侍从，携带一升金粉，轮流进行七次顶礼，随后即将所有黄金置于堪布跟前而去……阿阇黎为了给泥婆罗国王及其臣工而拿了一捧金粉，其余的金粉又献给赞普本人。”[⑥]墀松德赞派拔赛囊等人前去迎请莲花生大师入蕃弘法，“莲花生将赠给他的

① 郝春文：《唐后期五代宋初敦煌僧尼的社会生活》，北京：中国社会科学出版社1998年版，第2—4页。

② 《大正藏》卷54，第1105页，上栏。

③ 余欣：《敦煌佛寺所藏珍宝与密教宝物供养观念》，《敦煌学辑刊》2010年第4期，第141页。

④ 《大正藏》卷12，第347页，上栏。

⑤ 荣新江：《于阗花毡与粟特银盘——九、十世纪敦煌寺院的外来供养》，胡素馨编《佛教物质文化：寺院财富与世俗供养国际学术研讨会论文集》，上海：上海书画出版社2003年版，第246页。

⑥ （元）巴卧·祖拉陈瓦：《贤者喜宴——吐蕃史译注》，黄颢、周润年译注，北京：中央民族大学出版社2010年版，第136—137页。

金粉献出，并抛撒开来，同时祝福道：‘在未来，此处将出现黄金。’于是众吐蕃使者便生起怜爱之心。莲花生复以锡杖压抑石头及砂砾，这些石头及砂砾均变成黄金”[①]。阿里古格王朝时期，古格王派比丘促赤解哇等五人作为使者，带上32两黄金，由甲·尊珠僧格为首领去为蕃地赞普降丘僧巴迎请一位大师，而诸班智达中以阿底峡学识成就最大，使者向其献上了一块12两的黄金作为聘礼请他去蕃地传法；后来蕃地国王降丘卧又为其驻锡的寺院献上600两黄金作为请他讲授一年佛法的献礼[②]。《拉达克王统记》载：“其子拉钦俄朱，此王之时，始遣僧徒赴卫藏，修缮先祖之诸寺，至殊胜法主三世怙主近前，献金、银、铜、珊瑚及珍珠等各百，造《甘珠尔》二，建密教坛城众。”[③]《冈底斯山志》载：“当京俄（喜绕迥乃）驻锡普兰科迦寺时，门亚泽宗朗的国王扎巴德率领属僚四万人抵达玛旁雍错为其母举行葬礼，其间京俄与国王二人相会，通过翻译就历史和宗教问题交换了意见，国王对京俄升起敬信之心，国王用百两黄金铸造了灌顶宝瓶和一些价值连城的珍宝敬献给大师，最终求得了上乐六十二神大灌顶法，得以修行甚深大法。在京俄大师的劝导下，国王将珍珠伞、珍珠手套等无数财物以及一些寺院、修行地和田产等奉献了出来，给止贡派的修得者们提供精美的衣食，其虔诚之心无与伦比。国王还发誓要做拉堆塘穹地方以上所有信仰达布噶举的修行者之施主，京俄大师还坐着金轿应邀去了亚泽，国王又将洛门地方的一些寺院奉献给了大师。”[④]除了以金粉为佛陀塑妆外，佛教圣物也是使用金银器皿来装纳的，敦煌文献S.1438《吐蕃占领时期沙州守官请求出家状等稿》载：“沙州寺舍利骨一百卅七粒，金棺银椁盛全。”

吐蕃统治者向僧侣（寺院）供奉黄金的风尚也随着吐蕃势力扩张而传播到了敦煌西域之地。敦煌文献P.2912《某年四月八日康秀华写经施入疏》记载了粟特大商人康秀华抄写一部《大般若经》的工价：“写大般若经一部，施银盘子叁枚，共卅五两，麦壹佰硕，粟伍拾硕，粉肆斤。右施上件物写经，谨请炫和上收掌货卖，充写经直，纸

① （元）巴卧·祖拉陈瓦：《贤者喜宴——吐蕃史译注》，黄颢、周润年译注，北京：中央民族大学出版社2010年版，第138页。

② （宋）拔塞囊：《拔协》（增补本译注），佟锦华、黄布凡译注，成都：四川民族出版社1990年版，第75—76页。

③ 黄博：《10—13世纪古格王国政治史》，北京：社会科学文献出版社2021年版，第254页。

④ 黄博：《10—13世纪古格王国政治史》，北京：社会科学文献出版社2021年版，第265页。

墨笔自供足，谨疏。四月八日弟子康秀华。”抄写一部《大般若经》充当费用的除粮食之外，还有银盘子和胡粉，郑炳林先生“推算出康秀华向乾元寺施物价值折麦约548石，当时写一部《大般若经》的工价为548石麦”[①]。也就是说，康秀华随便出手请人抄经，工价就高达500多石麦子的价值。敦煌文献P.2583v-1《申年（816年）施入历》中记载，吐蕃宰相上乞心儿为祈福田施舍物包括“壹拾伍两金花”、上发结罗“拾伍两金花银盘壹”[②]，正是由于信徒们向寺院供养物品中有许多金银器皿，在寺院交割历中才出现了这些器物，如敦煌文献P.2567v《癸酉年（793年）二月沙州莲台寺诸家散施历状》中“银镮子四，银一两三钱，十量金花银瓶子一，八量银胡禄带一，银铁一，又银一钱半，金八薄，又金一钱，银靴带一量”[③]，敦煌文献P.2613《唐咸通十四年（873年）正月四日沙州某寺交割常住物点检历》中有“金银器皿”。

敦煌作为丝绸之路上的重要枢纽，不仅是佛教文化中心，也是经济商贸中心，往来于丝路上的商旅僧使汇聚于此，以丝绸之路为媒介的商业贸易繁荣发展，商贾积累了巨额财富，更加刺激时人对财富（金银）的追逐。也就是说，康秀华斥巨资抄经作为供养的底气无疑来自于经商所获巨额利润，而他的行为势必形成一种示范效应。我们从白居易在《观刈草》中“吏禄三百石，岁晏有余粮”中推算，白居易作为县尉小吏年俸有三百石，他的俸禄在养活家人的同时还有奴仆之类，一年下来尚未用完，而康秀华所施舍物品价值高达五百多石，可见商人出身的康秀华出手之阔绰。至归义军政权中后期，甚至一些出使西州的使者常常携带诸如丝织品、漆器等畅销物品，利用公务便利在西州市场获利，并且成为一种常态，诸如P.3579v《十一月廿七日将取西州去物色目》中所载使团中就携带丝绸、麝香、细褐、漆器等[④]，甚至还有的使者预先借贷，在西州出售商品后偿还本息，诸如S.4504v《乙未年（935年）押衙就弘子贷生绢契》、P.3453《辛丑年（941年）贾彦昌贷生绢契》、P.3051v《丙辰年（956年）三界寺

① 郑炳林：《晚唐五代敦煌贸易市场的物价》，《敦煌研究》1997年第3期，第14页。

② 唐耕耦、陆宏基编：《敦煌社会经济文献真迹释录》（第三辑），北京：全国图书馆文献缩微复制中心1990年版，第64页。

③ 唐耕耦、陆宏基编：《敦煌社会经济文献真迹释录》（第三辑），北京：全国图书馆文献缩微复制中心1990年版，第71页。

④ 李鸿宾：《唐五代西州市场商品初考——兼论西州市场的三种职能》，《敦煌学辑刊》1988年第1、2期合刊，第44—52页。

僧法宝贷黄丝生绢契》等。

占卜是吐蕃苯教生活中的重要组成部分，敦煌文献IOL Tib J 738《骰子占卜文书》第9卦、第10卦载：“啊！子息好如黄金，金如水流盈溢，流水滔滔不绝……啊！北山重峦叠嶂，正在挖掘宝藏，挖到长条黄金，大喜将它拾起，赶快藏到怀里。”[①]卜辞中提到“黄金”是与吉祥联系在一起的，黄金属于宝藏（财富）的一部分。P.T.1047号吐蕃占卜文书残卷所载192卦中就有37卦直接为占卜财（或财运）卦，间接提及有关财物（牲畜、田地、银碗、金盘等）更是几乎贯穿整个文献。

苯教仪式中也提到了黄金及其他贵重物品，敦煌文献P.T.1042《苯教丧葬仪轨》载：“金、玉、白陶土、海螺、冰珠石、朱砂、麝香等以及药……投入酒浆后，述说方剂药物的仪轨故事（第11行）供上一瓢，此后献上粮食，再供上一瓢酒。”[②]仪式上所用酒浆是特制的，加入了许多珍贵物品和药材，以此来表达对神明的崇敬；羊在吐蕃民众社会生活扮演着重要角色，是一种图腾的象征，“其俗，重鬼事巫，事羱羝为大神”[③]，羱羝是小尾藏系绵羊的古称[④]，因此，羊在吐蕃原始宗教——苯教中被视为一种祥瑞动物。苯教仪式中的遮庇羊是用来庇佑逝者灵魂之物，不仅可作为逝者的替身，同时还可为逝者灵魂引路，在丧葬仪式中有着特殊功用[⑤]。“遮庇羊的皮毛用白麦粉和大块的酥油掺和而成，装饰是：右角上缠绕金链，左角上缠绕银链，丹国用玉石做成，蹄子用铁做成。”[⑥]用金链、银链、宝石等物品来装饰遮庇羊实际上反映了对神明（包括羊神[⑦]）的敬畏之心，“按照黑人之论，黑葬法之典以及要投放灵品的仪轨仪说、要

---

① 郑炳林、黄维忠主编：《敦煌吐蕃文献选辑·文学卷》，北京：民族出版社2011年版，第119页。

② 郑炳林、黄维忠主编：《敦煌吐蕃文献选辑·文学卷》，北京：民族出版社2011年版，第238页。

③（宋）欧阳修，宋祁撰：《新唐书》卷216《吐蕃传上》，北京：中华书局1975年版，第6072页。

④ 详参聪喆：《“羱羝”考略》，《青海社会科学》1983年第1期，第117—120页。

⑤ 林继富：《羊与藏族民俗文化》，《青海社会科学》1996年第5期，第95—99页。

⑥ 褚俊杰：《吐蕃苯教丧葬仪轨研究》，《中国藏学》1989年第3期，第26页。

⑦ 苯教文献中记载：“其经济以饲养畜群（尤其是牦牛和马匹）为基础的牧民拥有自己特殊的神殿。其中心就是‘七兄弟畜群神座’。即马神、牦牛神、驯养牦牛神、母牦牛（牦牛和奶牛的杂交品种）神、黄牛神、绵羊神、山羊神等。”参图齐、海西希：《西藏和蒙古的宗教》，耿昇译，王尧校订，天津：天津古籍出版社1989年版，第255—256页。

对阴鬼供应焦烟的仪轨故事，羊比人更聪明、羊比人更有法力”①。

三、回归本质：金银与世俗生活

日常生活中，黄金不仅充当了一般等价物，且“黄金”一词有了文学性用法，采金业也成为吐蕃社会的一个重要产业。吐蕃地区蕴含着丰富的矿藏资源，成书于公元982年之前的波斯史籍《世界境域志》中也有吐蕃地区存在金矿的记载，如吐蕃RĀNG-RONG（象雄）地区的山上存在有金矿，但天然金矿有着某种诅咒，谁若是带回家厄运就会随之而来；N.ZVĀN之地物产丰富，其中包括黄金②。有关吐蕃地区有金矿的记载，也被另一部史书《柱间史——松赞干布的遗训》所印证，“是他（指南日松赞）最先在才邦山发现金矿，在盖日山发现银矿，在昌布岭发现铜矿，在热嘎山发现铁矿，还在北方的拉措湖发现了食盐”③。贵金属矿藏的发现，为贵金属开采冶炼提供了客观条件。正是因黄金的稀缺性，“黄金在吐蕃具有象征社会财富的影响”④。

（一）身份标识

告身制度是吐蕃政治制度的重要构成部分，其等级标识是根据制作告身材质而进行划分的，材质越贵重标识等级越高，“所谓告身（yig-tshangs），最上者为金、玉两种、次为银与颇罗弥，再次为铜与铁文字告身。总为六种。告身各分大小两类。总为十二级”⑤。告身分为三个等级，高等级告身材质为金、玉质地，从材质差异体现出告

---

① 褚俊杰：《论苯教丧葬仪轨的佛教化——敦煌古藏文写卷P.T.239解读》，《西藏研究》1990年第1期，第57页。

② HUDŪD al-ĀLAM. *THE REGIONS OF THE WORD GEOGRAPHY 372A. H. —982A. D.* Translated from and Explained by V.Minorsky, Printed at The University Press,Oxford for The Trustees of The ‘E.J.W. Gibb Memorial’ and Published by Messrs. Luzac&Co.46 Great Russell Street, London, W.C. 1937. pp92—93.

③ （宋）阿底峡尊者发掘，卢亚军译注：《柱间史——松赞干布的遗训》，北京：中国藏学出版社2010年版，第58页。

④ 陈波：《公元10世纪前西藏的黄金、黄金制品及相关问题研究》，《中国藏学》2000年第2期，第70—71页。

⑤ （元）巴卧·祖拉陈瓦：《贤者喜宴——吐蕃史译注》，黄颢、周润年译注，北京：中央民族大学出版社2010年版，第36页。

身等级差异。由于告身被授予吐蕃社会除没有人身自由的奴隶以外的所有社会各阶层，因此，以告身的等级来区分当时人们的社会地位，无疑更能彰显出社会阶层的重要标识。

藏文史籍《贤者喜宴》关于九大尚论记载："所谓九大尚论（zhang-blon-che-dgu）是：贝·囊热拉赞（sbas-snang-bzher-lha-btsan），其英武的标志是：穿虎皮袍、饰以碧玉之文字告身及大雍仲之文字告身（yig-tshangs-gyu-yig-dang-gyung-drung-chen-po）以及珍宝、黄色宝石文字告身（dkon-nor-ke-ke-ru）等等，故其为大（尚论）。没卢氏墀松热霞（vbro-khri-zungs-ra-shags）穿白狮皮袍，故为大（尚论）；……上述诸尚论均各有勇武之标志，其告身分别是金、玉之文字告身，或各（饰以）珍宝。"[①]这一段文献所载是吐蕃"九大尚论"告身的描述，此九人是墀松德赞时期吐蕃社会中九个最有名望、权力与财富的代表，尤其是指出了财富也是身份的体现，"琛·野息秀亭（mchims-rgyal-gzigs-shud-thing），因其有千万（匹）绸缎及九万奴隶，故为大（尚论）"，九大尚论中只有其一人因其财富成为九大尚论的人选。

敦煌文献P.T.1217《一封文告的副本》载边地军事长官达日札夏通过申诉获得小银字告身[②]。《争夺新札城千户长官职之诉讼文》是一篇关于亲属内部争夺官职继承权的诉讼[③]，看似是为了争夺新札城千户长官职的诉讼，实际上也包含了对先祖勒贡金字告身继承权的争夺。莫高窟第144窟东壁供养人题记载："夫人蕃任瓜州都（督）（仓□曹参军金银间告身大虫皮康公之女修行顿悟优婆姨如详□（弟）一心供养。"[④]这里，提到了康公拥有金银间告身，属于高等级告身的一种，专门书写于题记中，说明康公对其极其重视。值得我们注意的是，这是非吐蕃官员被授予高等级告身的实例，吐蕃大虫皮制度已经延伸到吐蕃本土之外的统治区域。

另外，金银饰品的使用也彰显着使用者的高贵身份与社会地位，无论是生前使用之物，还是亡后随葬的冥器均承担着这项职能。青海乌兰县泉沟一号墓出土的龙凤狮

---

① （元）巴卧·祖拉陈瓦：《贤者喜宴——吐蕃史译注》，黄颢、周润年译注，北京：中央民族大学出版社2010年版，第200—201页。

② 王尧、陈践译注：《敦煌吐蕃文献选》，成都：四川民族出版社，第58—59页。

③ 金雅声、束锡红、才让主编：《敦煌古藏文文献论文集》，上海：上海古籍出版社2007年版，第404—405页。

④ 敦煌研究院编：《敦煌莫高窟供养人题记》，北京：文物出版社1986年版，第65页。

纹鎏金王冠无疑是墓主人身份的象征[①]，这应该是生前使用的物品。热水墓出土文物极尽奢华，尤其是出土了大量金银器，流行镶嵌绿松石作为装饰，非常典型（诸如方形象纹金饰片、人身鱼尾金饰片、贵族人物坐像金饰片、人物纹鎏金银盘、骑射武士金饰片、奔鹿纹金饰片），也包括逝者生前使用的物品，如嵌绿松石花瓣纹金带饰[②]。无独有偶，甘肃天祝县吐谷浑慕容智墓葬出土文物中也有一条嵌宝石金銙带。带具在唐代是一种身份等级标识的体现，慕容智作为正三品武将，佩戴金质銙带是与其身份相一致的[③]。无疑，这条金质銙带是慕容智生前使用过的。基于视死如生丧葬观念的影响，吐蕃贵族生活用品也进行了金银装饰，如美国芝加哥普利兹克收藏的舞狮纹神兽纹联珠纹鎏金银碗、凤凰纹鎏金银饰片、神鸟神兽纹嵌绿松石金胡瓶、对马纹鎏金银牌饰、鎏金银马具[④]。

（二）日常生活

黄金作为贵金属，充当了一般等价物的角色，是吐蕃社会生活衡量财富的重要物品之一，社会各阶层无不对贵金属诸如金银有着强烈的渴求。敦煌文献IOL Tib J 738《骰子占卜文书》第9卦、第10卦载："啊！子息好如黄金，金如水流盈溢，流水滔滔不绝……啊！北山重峦叠嶂，正在挖掘宝藏，挖到长条黄金，大喜将它拾起，赶快藏到怀里。"[⑤]占卜内容中提到"黄金"是与吉祥联系在一起的，黄金属于宝藏（财富）的一部分。

敦煌文献P.T.1075《盗窃追赔律残卷》中盗窃物品价值是以黄金来衡量的："若盗窃价值四两（黄金）以下、三两（黄金）以上之实物，为首者诛，次者驱至近郊，其

① 朱建军：《交融与互鉴——新见吐蕃、吐谷浑出土文物研究》，兰州：兰州大学博士学位论文，2022年，第51—65页。

② 王旭东、汤姆·普利兹克主编：《丝绸之路上的文化交流——吐蕃时期艺术珍品》，北京：中国藏学出版社2020年版，第102—103、112—113、114—115、168—169、204—205、258、259页。

③ 甘肃省文物考古研究所编著：《王国的背影——吐谷浑慕容智墓出土文物》，北京：文物出版社2022年版，第116—121页。

④ 王旭东、汤姆·普利兹克主编：《丝绸之路上的文化交流——吐蕃时期艺术珍品》，北京：中国藏学出版社2020年版，第116—117、128—129、162—163、272—273、288—291页。

⑤ 郑炳林、黄维忠主编：《敦煌吐蕃文献选辑·文学卷》，北京：民族出版社2011年版，第119页。

余一般偷盗者分别赔偿。若一人盗窃价值二两七雪二南姆（黄金）以下，二两黄金以上之实物者诛。二人合伙行盗则分别赔偿。若偷盗价值一两七雪二南姆（黄金）以下，一南姆黄金以上之实物者，将其盗来之物全部退还物主……对盗窃赞蒙、夫人、小姐、女主人之亲属。尚论以下、百姓以上之青稞时被抓，将盗窃粮食之蕃斗数，升数折成（黄金）两数，雪数，依盗窃财物之法等同论处……尚论以下、百姓以上之人，盗窃佛像一尊被擒，按佛像价值折成（黄金）两数、雪数计之。与钻入住家行窃惩治之法等同。”[①]从现有吐蕃时期文献来看，在特定情况（盗窃）下并且涉及贵族女性时，物品价值以折算成黄金价值来作为处罚盗贼的标准。同样可说明黄金在日常生活中的重要地位。

黄金还有被作礼物的用途。如婚嫁彩礼，“（贞观十四年十月）丙辰，吐蕃赞普遣其相禄东赞献金五千两及珍玩数百，以请婚。”[②]藏汉文史籍所载略有不同，请婚使禄东赞“携带礼品为一百枚钱币，聘礼为七枚金块及无价之宝天衣”[③]，如果钱币为普通钱币则不足以显示其珍贵，那么我们推测这100枚钱币也应该是黄金质地。显庆二年（657年），吐蕃赞普再次派遣使者前往唐朝长安请婚，携带的礼品有金盎、金颇罗[④]，这与之前禄东赞携带黄金请婚的形式有所区别，但均以贵金属来表达请婚的诚意。

社会交际礼物，如敦煌文献Or.15000/91《某庄园呈达热大人书》载：“六个庄园面呈达热（stag-bzher）大人：我们祈求神圣大人安康。二十九日夜，从若羌（skyang-ro）运来了三个口袋和十一捆东西。并盖有使者的印记，这个使者在唐纳（thang-nag）平原与我们会面。我们没有弄清他是否是一个强盗，心中产生疑虑，敬请指示。此有

① 金雅声、束锡红、才让主编：《敦煌古藏文文献论文集》，上海：上海古籍出版社2007年版，第339—340页。

②（宋）司马光编著：《资治通鉴》卷195唐太宗贞观十四年十月条，（元）胡三省音注，北京：中华书局1956年版，第6157页。

③（元）巴卧·祖拉陈瓦：《贤者喜宴——吐蕃史译注》，黄颢、周润年译注，北京：中央民族大学出版社2010年版，第58页。

④（宋）欧阳修，宋祁撰：《新唐书》卷216《吐蕃传下》，北京：中华书局1975年版，第6075页。

四张虎皮以及朱砂和黄金等三件东西……”[①]虎皮、朱砂均为日常生活中极为贵重的物品，此处黄金与二者放在一起，珍贵程度自然可知。敦煌文献P.2583v-1《申年（816年）施入历》中记载，吐蕃宰相上乞心儿为祈福田施舍物包括“壹拾伍两金花”、上发结罗“拾伍两金花银盘壹”[②]，这种金银质地的用品在吐蕃贵族中多有使用，西藏山南地区浪卡子县查加沟墓葬出土了圆形金牌饰、马形金牌饰、金管状物、金耳饰、金戒指等物品[③]；青海都兰吐蕃墓葬中出土有金牌、金箔、包金银球、金珠、金银带等饰物[④]；甘肃省肃南裕固族自治县西水乡二夹皮村东北大长岭吐蕃墓葬出土了大量金银饰品，最为珍贵的莫过于单耳带盖镶珠鎏金壶、鎏金银洗（国家一级文物）[⑤]；而青海都兰热水墓中出土的金饰品数量更多，造型也更为复杂精美，如嵌绿松石花瓣纹金带饰共有14件组合而成[⑥]，在金銙片上有镂空的花瓣，由镶嵌绿松石构成这些花瓣图案。美国芝加哥普利兹克收藏的吐蕃时期神鸟神兽纹银瓶底部刻有一行藏文，用于记录银瓶主人名字和制作银瓶所用银料数量，复杂的动物和植物纹饰可能是为了满足吐蕃王室的审美品位[⑦]。从吐蕃墓葬中出土文物不难看出，金银制品深受吐蕃贵族的喜爱。

---

① 杨铭、贡保扎西、索南才让编译：《英国收藏新疆出土古藏文文书选译》，乌鲁木齐：新疆人民出版社2014年版，第18页。藏文转写参Takeuchi,T. *Old Tibetan Manuscripts from East Turkestan in The Stein Collection of the British Lirary*, The Centre for East Asian Cultural Studies for Unesco, The Toyo Bunko—Tthe British Lirary,1997,p18.

② 唐耕耦、陆宏基编：《敦煌社会经济文献真迹释录》（第三辑），北京：全国图书馆文献缩微复制中心1990年版，第64页。

③ 西藏自治区山南地区文物局：《西藏浪卡子县查加沟古墓葬的清理》，《考古》2001年第6期，第45—47页、104页。

④ 北京大学考古文博学院、青海省文物考古研究所：《都兰吐蕃墓》，北京：科学出版社，2005年。

⑤ 甘肃省文物局编：《馆藏一级文物·甘肃卷》（下），（内部出版物），第392页、第393页。

⑥ 王旭东、汤姆·普利兹克主编：《丝绸之路上的文化交流——吐蕃时期艺术珍品》，北京：中国藏学出版社2020年版，第103页。

⑦ David Thomas Pritzker, Allegories of Kingship: “A Preliminary Study of a Western Central Asian Gold Ewer in the Royal Court of Tibet”, in interaction in the Himalayas and Central Asia: Processes of Transfer, Translation and Transformation in Art, Archaeology, Religion and Polity, edited by Eva Allinger, Frantz Grenet, Christian Jahoda, Maria-Katharina Lang, and Anne Vergati (Austrian Academy of Sciences Press, 2017), p.114, footnote37. 王旭东、汤姆·普利兹克主编：《丝绸之路上的文化交流——吐蕃时期艺术珍品》，北京：中国藏学出版社2020年版，第118页。

朝贡或赏赐礼物。贞观二十年（646年），吐蕃赞普派遣禄东赞携带以黄金铸成的鹅形酒壶来祝贺唐太宗征伐辽东胜利还朝；显庆二年（657年），吐蕃赞普遣使献金城（城上铸有狮子、象、驼、马、原羝等动物，并有人骑在动物之上）、金瓮、金颇罗；开元十七年（729年），吐蕃赞普向唐朝献金胡瓶、金盘和金碗各一件，金城公主又献金鹅盘、金展等物品。《南诏德化碑》载，南诏为结好吐蕃，"遂遣男铎传、旧大酋望赵佺邓、杨传磨侔及子弟六十人，赍重帛珍宝等物，西朝献凯。属赞普仁明，重酬我勋效，遂命宰相倚祥叶乐持金冠、锦袍、金宝带、金帐床、安扛伞鞍、银兽及器皿、珂贝、珠毯、衣服、驼马、牛鞍等，赐为兄弟之国"[①]。

战利品中细软类物品也包括金银（首饰）等。战利品中专门将一些具有高附加值的物品纳入其中，"收集战利品律例"对战利品标准进行了规定，"细软如金、银（首饰）、锦缎、面子薄绫、丝棉、卡其丝绸、彩细线团、恰塔之金银线、'布帕'、坐褥等"[②]。其中，细软类中金银物品放在首位。

同样，白银在日常生活中也得以普遍使用，如敦煌文献P.T.1094《鸡年博牛契》中记载了以三两纯银的价格购买了一头黄牛[③]。敦煌文献P.2583《申年比丘尼修德等施舍疏十三件》载吐蕃宰相上乞心儿等向寺院供养，"□二月五日，宰相上乞心儿福田入僧金拾伍两，金花［银］□拾两银瓶壹，上锦壹张。□日宰相上讫结罗福田僧拾伍两，金花银盘壹拾两银盘壹，柒两银盘壹（三事准得麦陆拾驮，□报恩寺未入）。十月九日宰相上乞心儿及论勃颊藏福田捌头牛价折得麹尘绢两匹绯绢三匹，紫绫壹匹（折绢三匹，每牛一头，得绢一匹）。"[④]上乞心儿等人作为吐蕃贵族，向寺院的供养物品必然不是普通物品，或为贵金属物品或为丝织品（上锦）；对于牲畜而言，同样折算为丝织品（绢）。

敦煌文献Or.15000/113《致赤热等大人书》（背）载："为了使那热（sna-bzhir）……饲马官下属普日衮勒（pu-rig-gung-legs）出于阗银两……派使者收下寄来的羊

① 方国瑜主编：《云南史料丛刊》第二卷，徐文德、木芹纂录校订，昆明：云南大学出版社1998年版，第379页。

② 陈践：《百慈卷<吐蕃兵律>新译》，《中国藏学》2020年S0期（增刊），第126页。

③ 王尧、陈践译注：《敦煌吐蕃文书论文集》，成都：四川民族出版社1988年版，第29页。

④ 唐耕耦、陆宏基编：《敦煌社会经济文献真迹释录》（第三辑），北京：全国图书馆文献缩微复制中心1990年版，第64页。

毛。”这里“于阗银两”属于吐蕃占领西域时期依然通行于西域的一种货币。白银为使用最为频繁的一般等价物。如购买物品，P.T.1081《关于吐谷浑莫贺延部落奴隶李央贝事诉状》载：“辰年，我从吐谷浑莫贺延部落之绮立当罗索（人名）处以五两银子买了名唤李央贝之男性奴仆，依新旧吐谷浑部规定，在户丁入册时，莫贺延部落长官，多次扰害。”如作为私人财产出现，Or.8212/1845《东库私产清单》中有“银四十七两”；用于借贷支付，Or.8212/146《戌年借契残卷》：“热夏哲宫（ra-zhags-vdre-kong）借租……一年半两银钱……按期归还……若过期，加倍（偿还）……若未能收齐……狗年春……”在赔偿问题上，往往也以白银来计算，狩猎也是吐蕃日常生活中的常事，因此，吐蕃统治者针对狩猎时意外伤害制订了法律条文，对具有一定社会地位的人（即具有告身者）以金钱赔偿代替刑事处罚。P.T.1071《狩猎伤人赔偿律》记载了具有不同等级告身者受害人因狩猎意外遭受伤害（分死亡和未亡两种情况）而对杀人者的处罚、受害者抚恤、告发者奖励，抚恤金额从一万两至十两不等。

三、吐蕃黄金之风臆测

（一）贵金属的价值体现

《说文解字》关于“金”的解释：“金。五色金也。黄为之长。久埋不生衣，百炼不轻，从革不违。西方之行。生于土，从土；左右注，象金在土中形；今声。凡金之属皆从金。”[①]也就是说，“金”为万金之首，而古人了解到黄金稳固、存储量少、不易开采等特性，最终成为财富和权势的一种象征。

黄金除了作为一般等价物来体现其贵金属的价值外，还以金质饰品来体现出尊崇象征意义，如唐朝使臣刘元鼎出使吐蕃，与吐蕃进行会盟，“赞普坐帐中，以黄金饰蛟螭虎豹，身被素褐，结朝霞冒首，佩金缕剑”[②]。以黄金作为对赞普日常用品的装饰，凸显了赞普的权势和威严，反映出吐蕃制作金银器手工技艺的精湛和高超，也从另一

① （汉）许慎：《说文解字》，北京：中华书局1963年版，第293页。

② （宋）欧阳修，宋祁撰：《新唐书》卷216《吐蕃传下》，北京：中华书局1975年版，第6103页。

方面反映了统治阶层对金银器饰品的追逐，在日常生活中保有量比较大。因此，美国学者谢弗在《撒马尔罕的金桃》（汉译名《唐代的外来文明》）中写道：“在对唐朝文化做出了贡献的各国的工匠中，吐蕃人占有重要的地位。吐蕃的金器以其美观、珍奇以及精良的工艺著称于世，在吐蕃献给唐朝的土贡和礼品的有关记载中，一次又一次地列举了吐蕃的大型的金制品。吐蕃的金饰工艺是中世纪的一大奇迹。”[①]

吐蕃占领敦煌西域后，很可能将吐蕃本土或者西域制作金银器的技术传到了河陇之地，在敦煌文献中有许多关于从事金银器制作的手工业工匠的记载。如敦煌文献S.6452《辛丑年十二月十三日周僧政于常住贷油面物历》载“壬午年正月三日，酒壹瓮，打银碗博士吃用”。P.2641《丁未年宴设司帐目》载“金银匠阴苟子等二人”，S.6045《丙午年正月三日便粟麦历》载“金银匠赤日之”，北图（105：4757）《丁丑年金银匠翟信子等状并判词》载“金银匠翟信子、曹灰子、吴神奴等三人”等，既有金银匠工作情景，也有他们日常生活的记载。由此推测，丝绸之路商贸经济的发展，促进了敦煌地区手工业的迅猛发展，尤其是吐蕃占领敦煌后，佛教的兴盛，加上统治者们对金器的偏爱，将金银贵金属的价值与宗教、日常生活紧密地联系在一起。

（二）对黄金（财富）崇拜思想

敦煌文献P.T.1283《礼仪问答》关于“致富五法”中言：“一是英勇为社稷立功（战功）受奖；二是勤劳地发展牲畜；三是勤劳地当好奴仆；四是勤劳地做买卖；五是勤劳地种地。”[②]这是吐蕃民众致富的五个基本途径，可视为当时吐蕃社会对财富的基本态度。

另外，人们对物质财富的追求，必然受到时人思想观念的影响。敦煌文献IOL Tib J 734（ch.85.ix.4）《招魂仪轨的故事》记载：“人若富有，坏人也会被夸作聪明；由于贫穷，聪明人也会被贬为蠢人。譬如，父母有两个孩子，一个干尽坏事，但发了财回来，父母会夸奖说：‘这个孩子发了财，真能干！’另一个孩子正直诚实，没干过坏事，但没发财，连有文化的人也会贬低为‘笨蛋’。父母二人也变了心，对儿子不分贤愚，

① （美）谢弗著、吴玉贵译：《唐代的外来文明》，北京：中国社会科学出版社1995年版，第552页。

② 郑炳林、黄维忠主编：《敦煌吐蕃文献选辑·社会经济卷》，北京：民族出版社2013年版，第266页。

也会不公平地对待他们。”[①]这种父母对待贫富两个孩子不同的态度，透视出人们在对待人所具有的财富和品质时有着截然不同的惯性思维。这种思维，自然是当时生活观念的直接反映。

佛教传入吐蕃后，逐渐取代苯教成为深受君臣万民尊崇的宗教，而佛教世俗化的加深，佛教中出现了各种形式的主掌财富的神明，包括有佛陀、菩萨、护法等。如瓜州榆林窟第15窟前室北壁绘制整壁的一铺三身图像，主尊北方天王为半跏趺坐于方形须弥台座之上，左手于左腿上握着一鼠，鼠口正吐着一串串宝珠。主尊右侧立有一身菩萨像，其左手托一圆盘，盘中有两颗大小不一宝珠，右手拇指与食指于胸前持一摩尼宝珠；左侧站立一身披虎皮，头戴虎皮帽的力士，左手持一红色布袋，右手拇指与食指于胸前持一摩尼宝珠。李翎先生将主尊形象认定为藏传佛教宝藏神中的黄财神形象[②]，“库藏神”名称可在原藏于国家历史博物馆的敦煌文献《金统二年（881年）壁画表录》中找到相关记载，“第二，阿罗摩罗，唐言库藏神，肉色。丹红压录花珠袈裟。合慢珠白洛郡，压录花朱花，郡带白，头索白，老鼠深紫，身上帖宝，床面录”[③]。将主财富的神明绘入壁画中，可视为世人对财富的崇拜心理。

（三）受到外部文化影响

1978年，苏联和阿富汗联合考古队发掘了位于中亚阿富汗北部朱兹詹省西巴尔干地区的蒂拉丘地遗址，出土了21000多件制作精美的黄金制品，展示了典型的黄金崇拜之风。早在吐蕃王朝建立之前，吐蕃与西亚的波斯帝国已经开始了贸易往来[④]；公元7世纪，随着阿拉伯帝国的东扩以及吐蕃王朝东进，并与唐朝展开了对西域的争夺，吐蕃占领西域敦煌后，控制了从中原进入中亚、西亚的交通要道，并可经由西南丝绸之路进入南亚地区，同时可以接受来自西域、南亚等地文化的影响。

---

① 郑炳林、黄维忠主编：《敦煌吐蕃文献选辑·文学卷》，北京：民族出版社2011年版，第69页。

② 李翎：《大黑天图像样式考》，《敦煌学辑刊》2007年第1期，第125—132页。

③ 金维诺：《吐蕃佛教图像与敦煌的藏传绘画遗存》，《艺术史研究》第2辑，广州：中山大学出版社2000年版，第18页；沙武田：《敦煌遗书<壁画表录>研究》，《兰州学刊》2007年第5期，第178—182页。

④ 张云：《上古西藏与波斯文明》，北京：中国藏学出版社2005年版，第275页。

另外，以昭武九姓为主体的粟特人是丝绸之路上知名的商业民族，“王帽氈，饰金杂宝。女子盘髻，幪黑巾，缀金花。生儿以石蜜啖之，置胶于掌，欲长而甘言，持珤若黏云。习旁行书。善商贾，好利，丈夫年二十，去傍国，利所在无不至”[①]。粟特人经商积累了大量财富，而黄金无疑是贮存财富的最佳选择。《大事纪年》载：“（694年）噶尔·达古为粟特人所擒。”[②]这也是吐蕃王朝较早和粟特人发生冲突的记载，表明了吐蕃和粟特已经有了较多联系[③]，这一点也被都兰吐蕃墓葬出土器物风格所印证，许新国先生认为都兰金银器在题材上和造型上与中亚粟特人所使用的金银器纹样非常近似[④]。霍巍教授指出：“从某种意义上而言，吐蕃由于其所处的特殊地理位置，犹如欧亚大陆文明交汇的一个十字路，从不同的来源和途径吸收了来自东方和西方优秀的传统工艺技术，而后形成自身独具一格的金银器风格，正是这个激烈动荡的历史时期东西方文化碰撞、交流的一个缩影。”[⑤]这种艺术风格的影响无疑伴随双边或者多边经济文化政治交流而来，尤其是这些地区的特殊文化诸如对黄金之风的崇拜也会随之而来。

四、小结

综上所述，吐蕃统治河陇西域时期关于河西地区金银（饰品）的使用是非常普遍的，既呈现出宗教的色彩，同时也表现出世俗的特征，涉及民众社会生活的各个层面。即使在宗教（寺院、僧侣）中的运用，依然过多地强调了贵金属的本身价值，只不过是以其为纽带来维系人们对佛教的关注与精神寄托。但是，我们从敦煌吐鲁番文献以及出土文物器物中所存留的信息来看，不管是吐蕃本土还是在吐蕃统治区域，甚至是

① （宋）欧阳修，宋祁撰：《新唐书》卷221下《西域传下》，北京：中华书局1975年版，第6243—6244页。

② 王尧，陈践译注：《敦煌古藏文文献探索集》，上海：上海古籍出版社2008年版，第91页。

③ 霍巍：《西域风格与唐风染化——中古时期吐蕃与粟特人的棺板装饰传统试析》，《敦煌学辑刊》2007年第1期，第82—94页；杨铭：《唐代吐蕃与粟特关系考述》，《西藏研究》2008年第2期，第5—14页。

④ 许新国：《都兰吐蕃墓葬中镀金银器属粟特系统的推定》，《中国藏学》1994年第4期，第31—45页。

⑤ 霍巍：《吐蕃系统金银器研究》，《考古学报》2009年第1期，第124页。

后吐蕃时代，在金银（饰品）的使用中依然可以看到丝绸之路民族交融互鉴的影子。

我们在利用出土文献或者文物进行研究的过程中，丝绸之路各民族交往、交流、交融中，物品不是静止的，而是一种流动状态，但我们必须看到这种流动背后是人员的流动与交往，从而多层次、多角度探讨民族和谐发展的历史与文化。吐蕃统治河陇西域时期金银（饰品）的使用与河西社会文化变迁不是孤立的，这是西北各民族相互交融的结果，在相对安定的环境下，丝路民族间更加频繁密切的交流，进一步推动了河陇地区乃至西北社会文化的变迁。

（王东，敦煌研究院敦煌文献研究所研究馆员。）

第二辑

五凉时期，以武威为中心的河西地区，保存和继承了中原文化，形成了独特的五凉文化，推动了河西地区文化发展繁荣和各民族交流融合，对隋唐及后世产生了重大而深远的影响。五凉文化是丝路文化的代表性文化之一，是中国传统文化的重要组成部分。其“兼收并蓄，融合创新”的鲜明特征和“上续汉、魏、西晋之学风，下开魏、齐、隋、唐之制度，承前启后，继绝扶衰，五百年间延绵一脉”的杰出贡献，在之后的1600多年的历史变迁中，见证着丝路重镇武威悠久灿烂的历史文化，为武威这座历史文化名城创新发展提供了丰厚的文化滋养。

本辑收录了来自陕西师范大学中国西部边疆研究院、四川师范大学历史与旅游学院、中央民族大学民族博物馆、青海师范大学历史学院以及本地专家学者的论文9篇，分别从五凉时期的政治、经济、文化等方面进行了深入的研讨。这些文章结合文献史料与出土文物，从不同角度深入阐释五凉文化，为进一步挖掘、研究、开发、利用凉州文化以及打造凉州文化品牌，提供有益的参考和启示。

通过举办五凉文化论坛等学术活动，武威市将秉承中华民族优秀文化传统，坚定文化自信，深挖五凉文化丰富内涵，擦亮武威旅游的金字招牌，推动历史文化推陈出新、古为今用，加快文化旅游名市建设，在建设幸福美好新武威的征程上，奋力谱写武威经济社会高质量发展新的篇章！

后秦经略河西考论——兼与前秦比较

尹波涛

在简单回顾汉、唐建都长安的历史后，顾祖禹指出，“朔方不守，河西不固，关中亦未可都也”[①]。这大概是所有在关中建都的政权都要面对的问题。东晋十六国时期，前秦和后秦均立国关中，为巩固自身的统治，他们自然要对朔方和河西地区进行经略。一般而言，前秦、后秦对于朔方地区的游牧部落多采取羁縻政略，通过笼络部落首领实现对于这一地区的间接统治。与此不同，二者对于河西地区采取了更为积极的策略：对河西的地方政权进行武力征伐。然而，与前秦顺利攻灭前凉后成功建立对于河西地区的直接统治不同，后秦虽然灭亡了后凉，但不久后就弃守姑臧（今甘肃省武威市凉州区），并未实现对于河西地区长期有效的统治。

据笔者浅见，学界并没有研究后秦经略河西的专文。不过，其主要涉及后秦与河西地方后凉、南凉、北凉等政权，在关于诸凉政权的研究中，学者们从它们的角度述及后秦经略河西的事迹中与其相关的内容[②]。笔者亦曾梳理了后秦经略河西的基本过程[③]。但受体例限制，关于这一问题，仍有进一步讨论的空间和必要。

此外，众所周知，前、后秦政权在诸多方面存在相似性，如皇室均为陇右的氐、

① 顾祖禹撰：《读史方舆纪要·北直方舆纪要序》，贺次君、施和金点校，北京：中华书局2005年版，第403—404页。

② 齐陈骏、陆庆夫、郭锋：《五凉史略》，兰州：甘肃人民出版社1988年版，第68—69、107—114、126—129页；赵向群：《五凉史》，贾小军修订，北京：社会科学文献出版社2019年版，第156—159、173—182、225—232页；周伟洲：《南凉与西秦》，北京：社会科学文献出版社2021年版，第53—71页。

③ 尹波涛：《后秦史》，第129—138、166—175页。

羌酋豪；统治集团在后赵时期均曾东迁，后赵灭亡后又相继西返。此外，以姚苌为代表的后秦统治集团有28年处于前秦治下，并多次参与了前秦对外征伐的战争，前秦灭亡前凉即是其中之一。因此，将前秦作为对比项，从比较的视角考察后秦对河西地区的经略，或能深化对于这一问题的思考和认识。

一、后秦经略河西的背景

后秦经略河西的背景，需要从后秦和河西地方两个方面展开论述。

前秦建元二十年（384年）四月，姚苌于渭北马牧起兵。经过十余年苦战，至皇初元年（394年）七月，后秦才完全消灭了前秦在关中地区的残余势力，在岭北和关中地区建立了比较稳固的统治。然而，后秦面对的是一个四周政权林立的局面。在其西面，前秦残余势力陇西王杨定占有天水（治上邽，今甘肃省天水市秦州区）、略阳（治临渭，今甘肃省天水市麦积区东）二郡；西秦占据天水以西的陇右地区；后凉控制金城（今甘肃省兰州市西固区）黄河以西的河西地区。当年十月，西秦攻灭了杨定及逃入陇西的苻登太子苻崇，除了上邽为本县豪强姜乳占据外，尽有陇西之地。在其南面，东晋与其分据秦岭南北。在其东面，西燕与后秦分据晋陕黄河两岸，东晋控制潼关以东的黄河南岸地区。大约一个月后（394年9月），关东形势发生了巨变——后燕灭亡西燕，基本上统一了关东地区[①]。面对这一形势，后秦于当年十二月遣使后燕，送回其太子慕容宝之子慕容敏，与其结好[②]。但并未趁机进入西燕控制的河东地区。在其北面，北魏于登国六年（后秦建初六年，391年）十二月攻灭铁弗刘卫辰部，其势力亦进入了朔方地区。

总体而言，在消灭关中地区的前秦残余势力后，或因姚兴新立，需要巩固其统治，后秦并未急于攻伐其周边政权，而是专注于内政。两年后（皇初三年，396年），后秦才开始利用外部有利的政治形势对外用兵。

在西线，后凉与西秦之间战事连年。389年3月，吕光自称三河王，大赦，改元麟嘉，置百官，正式在河西建立起独立的政权。其中的三河指黄河、湟河和洮河。显然，

① 高然：《慕容鲜卑与五燕国史研究》，北京：北京大学出版社2018年版，第108—110页。

②《资治通鉴》卷108，晋孝武帝太元十九年十二月条，北京：中华书局1956年版，第3418页。

在平定河西各地的叛乱之后（详下文），后凉在河西的统治渐趋稳定，而西秦的威胁又日益严峻，吕光将目光转向陇西地区。正如周伟洲先生所言，“由于河西、陇右相接，是内地与西方交通必经之地，后凉欲东，西秦欲西，皆相互有碍，故两个政权均欲吞并对方，一开始交往就处于敌对状态”[①]。

西秦太初四年（后凉麟嘉三年，391年）十月，趁乞伏乾归出征高平（今宁夏回族自治区固原市原州区）鲜卑没弈于之机，对西秦突然发动进攻，乞伏乾归闻讯引兵还金城，吕光见无机可乘亦退兵姑臧[②]。这是后凉与西秦的第一次冲突，双方试探的意味浓厚。次年（392年）八月，西秦北河州刺史彭奚念进攻后凉白土城（今青海省化隆县西南），后凉都尉孙峙退奔兴城（今青海省贵德县东），“（吕）光遣其南中郎将吕方及其弟右将军吕宝、振威杨范、强弩窦苟讨乞伏乾归于金城。方屯河北，宝进师济河，为乾归所败，宝死之。武贲吕纂、强弩窦苟率步骑五千南讨彭奚念，战于盘夷（在今青海省湟中区——引者注），大败而归”[③]。接连失利，吕光决定亲征西秦，经过努力，最终攻占了军事要地枹罕（今甘肃省临夏市），使得西秦西部门户洞开，后凉从西、北两面对于西秦形成了战略包围[④]。

太初八年（395年）七月，后凉吕光率众十万伐西秦，乞伏乾归遣子敕勃为质，称藩于后凉。吕光退兵后，乾归反悔，诛杀劝其质子称臣的西秦臣僚，与后凉再次交恶[⑤]。次年（396年）十月，乞伏乾归弟秦州牧乞伏益州与其从弟凉州牧乞伏轲弹之间产生矛盾，轲弹叛投后凉，吕光打算乘机再次出兵伐西秦[⑥]。或许来自后凉的压力使得西秦无暇东顾，其东部也出现了叛投后秦事件。在这一年，以平襄（今甘肃省通渭县西北）为根据地的鲜卑越质部首领、西秦立义将军越质诘归率部叛投后秦，后秦将其安置在成纪（今甘肃省静宁县西南），并拜为镇西将军、平襄公。趁此机会，姚兴遣姚

---

① 周伟洲：《南凉与西秦》，第168页。

②《资治通鉴》卷107，晋孝武帝太元十六年十月条，第3402页。

③《晋书》卷122《吕光载记》，第3059页。

④《资治通鉴》卷108，晋孝武帝太元十七年八月条，第3407页；魏军刚：《试论后凉西秦“河南之战”及其对河陇政局的影响》，《乐山师范学院学报》，2011年第3期。

⑤《资治通鉴》卷108，晋孝武帝太元二十年七月条，第3421页；《晋书》卷125《乞伏乾归载记》，北京：中华书局1974年版，第3118—3119页。

⑥《晋书》卷125《乞伏乾归载记》，第3119页；《晋书》卷122《吕光载记》，第3060页；《资治通鉴》卷108，晋孝武帝太元二十一年十月条，第3434页。

硕德西征。在讨平了占据水落城（今甘肃省庄浪县）的平凉胡金豹后，姚硕德南下进讨上邽羌乳，后者率众投降。姚兴以姚硕德为秦州牧、领护东羌校尉，镇上邽。前秦残余势力强熙和西秦东秦州刺史、休官首领权千成率众三万围上邽，被姚硕德击破后，强熙南奔仇池（今甘肃省成县西），权千成东奔略阳（治临渭，今甘肃省天水市麦积区东），遭到姚硕德追击后，投降后秦①。至此，后秦与西秦在陇右地区形成了东西对峙的局面。之后，趁东晋内乱之机，后秦将注意力集中于东线，进攻东晋控制潼关以东的黄河南岸地区（详下文）。

西秦太初十年（后凉龙飞二年，397年）正月，后凉“举全州之军”，兵分东、中、西三路，大举侵伐西秦。西秦金城和临洮（今甘肃省岷县）、武始（今甘肃省临洮县）、河关（今甘肃省积石山保安族东乡族撒拉族自治县西北）等地分别被后凉中、东两路顺利攻占。西秦被迫放弃都城苑川（今甘肃省榆中县东北）东撤。之后，乞伏乾归用羸师之计击溃后凉西路军，其统帅吕延阵亡。吕光闻讯无奈退军，此役以西秦惨胜告终②。然而，此役对西秦影响显著，正如魏军刚先生所言，“西秦为应付后凉强大的攻势，将全国政治、军事部署重点移向西部，将大量的兵力、人力、财力、物力投放到河南（指黄河金城河段以南地区——引者注）战场，战后又将主要的精力用于对后凉的战争和吐谷浑的政法上，放松了对防御后秦进攻的东部战线的加强和巩固，结果400年5月后秦大军压境，西秦灭亡”③。

在东线攻占洛阳（详下文）后，后秦又将目光转向西线，致力于经营陇右地区。弘始二年（400年）五月，姚兴遣征西大将军、陇西公姚硕德将五万陇右诸军攻伐西秦。姚硕德秘密出兵，溯渭河而西，自南安峡（在今甘肃省秦安县南渭河沿岸）进入西秦国境，乞伏乾归亦屯兵陇西（治襄武，今甘肃省陇西县东南渭水西岸）以抵拒④。

---

①《晋书》卷117《姚兴载记上》，第2977页；《资治通鉴》卷108，晋孝武帝太元二十一年条，第3436页。

②《资治通鉴》卷109，晋安帝隆安元年正月条，第3438–3439页；《晋书》卷122《吕光载记》，第3060—3061页。参见周伟洲：《南凉与西秦》，第174—175页；魏军刚：《试论后凉西秦“河南之战”及其对河陇政局的影响》，《乐山师范学院学报》2011年第3期。

③ 魏军刚：《试论后凉西秦“河南之战”及其对河陇政局的影响》，《乐山师范学院学报》2011年第3期。

④《资治通鉴》卷111，晋安帝隆安四年五月条，第3511页；《晋书》卷117《姚兴载记上》，第2981页；《晋书》卷125《乞伏乾归载记》，第3119页。

七月，姚兴帅军亲征，乞伏乾归帅军至柏阳（今甘肃省天水市麦积区东，渭河南岸）、侯辰谷（不详，疑在柏阳附近）一带迎击姚兴。双方大战，西秦大败。乞伏乾归遁还苑川（今甘肃省榆中县东北，在苑川河东岸），又退守金城（今甘肃省兰州市西固区），其部众降于后秦。姚兴趁机西向进入枹罕（今甘肃省临夏市），从西、南两面对西秦形成包围之势。在这种情况下，乞伏乾归率数百骑奔允吾（今青海省民和回族土族自治县南），降于南凉秃发利鹿孤，被安置在晋兴城（在允吾西四十里，今青海省民和回族土族自治县附近）[①]。八月，乞伏乾归谋叛被发觉，被迫南奔枹罕，降后秦[②]。至此，西秦灭亡，后秦完全控制了陇右地区，河西成为其进一步西进的对象。

在东线，后秦皇初二年（395年）五月，因与北魏交恶，后燕出兵伐魏。北魏遣使向后秦请援，后秦出兵救魏。十一月参和陂之役后，魏、燕攻守易势。趁燕、魏在河北地区鏖战、无暇东顾之机，后秦于皇初三年（396年）出兵进攻拥兵自守的原西燕河东太守柳恭等，柳恭等被迫投降。经过此役，后秦占领了河东郡（治安邑，今山西省夏县西北）及平阳郡（治匈奴堡，今山西省临汾市尧都区西南）汾河以西地区[③]。

东晋隆安元年（397年）四月，青、兖二州刺史王恭和荆州刺史殷仲堪举兵入讨会稽王司马道子、王国宝等人，地方强藩与中枢兵戎相见[④]。九月，面对这一有利形势，姚兴进攻湖城（华山郡治，今河南省灵宝市西北），华山、弘农（治弘农，今河南省灵宝市北）二郡望风而降，姚兴遂进入陕城（今河南省三门峡市西），并南向攻拔上洛郡（治上洛县，今陕西省商洛市商州区）。随后，他又派遣姚崇进攻洛阳（今河南省洛阳市东北汉魏故城），东晋河南太守夏侯宗之固守，未克。姚崇于是回军攻陷柏谷（今河南省灵宝市西南朱阳镇）[⑤]。后秦弘始元年（399年）七月，后秦齐公姚崇、镇东将军杨佛嵩再次进攻洛阳，东晋河南太守辛恭靖婴城固守[⑥]。十月，东晋兵力耗尽而外援又未至，后秦攻占洛阳。此役使后秦声威大震，《晋书·姚兴载记》中云："洛阳既陷，

①《晋书》卷125《乞伏乾归载记》，第3119—3120页；《资治通鉴》卷111，晋安帝隆安四年五月条、七月条，第3511、3512—3513页。

②《资治通鉴》卷111，晋安帝隆安四年八月条，第3513页。

③ 尹波涛：《后秦史》，第114—115页。

④ 田余庆：《东晋门阀政治》，北京：北京大学出版社2005年版，第230—234页。

⑤《资治通鉴》卷109，晋安帝隆安元年九月条，第3458页；《晋书》卷117《姚兴载记上》，第2978页。

⑥《资治通鉴》卷111，晋安帝隆安三年七月条，第3493—3494页。

自淮、汉已北诸城，多请降送任。”[①]牟发松等先生认为，“可能在后秦攻陷洛阳后不久，河南郡（治洛阳）、荥阳郡（治荥阳，今河南省荥阳市北）、陈留郡（治仓垣，今河南省开封市城区东北）当为后秦所取”[②]。至此，后秦将其领土扩展至陈留以东的黄河南岸地区。此后，后秦将目光转向西线，而在东线一直采取守势。

河西方面，三月，受命征西域的前秦骁骑将军吕光率众东返[③]。九月，吕光“至玉门（凉州刺史——引者注）梁熙传檄责光擅命还师，遣子胤与振威姚皓、别驾卫翰率众五万，距光于酒泉”[④]，吕光“报檄凉州，责熙无赴难之诚，数其遏归师之众”，派遣彭晃、杜进、姜飞为前锋，在安弥（今甘肃省酒泉市肃州区东）击败并活捉梁胤，武威太守彭济收执梁熙以降。吕光进入姑臧，杀梁熙，自领凉州刺史、护羌校尉[⑤]。凉州各郡县都已归降吕光，仅酒泉太守宋皓和西郡太守索泮坚守不降，吕光派兵攻杀二人[⑥]。

然而，河西地区并未安定下来，为争夺对凉州的控制权，各种政治力量围绕河西控制权展开了激烈争夺。前秦太安元年（385年）二月，前凉末主张天锡之子张大豫随前秦长水校尉王穆潜回河西，被河西鲜卑秃发思复鞬送至魏安（治所在今甘肃省古浪县东）。魏安人焦松、齐肃、张济等聚兵数千人奉迎大豫，开始了复辟前凉的活动。他们北向攻占昌松（治显美，今甘肃省武威市凉州区东南），进逼姑臧。建康（治乐涫，今甘肃省酒泉市肃州区东南）太守李隰、祁连都尉严纯起兵响应，率众三万保据于杨坞（今甘肃省武威市凉州区西）[⑦]。四月，张大豫与李隰、严纯合兵，自杨坞进屯姑臧城西，王穆与秃发思复鞬子奚屯于姑臧城南，试图从西、南两面夹击姑臧。吕光出击，大破之。在后凉彭晃、徐灵的追击下，张大豫奔广武（治令居，今甘肃省永登县西北），王穆奔建康。张大豫后被广武人执送姑臧，吕光斩于市。王穆袭据酒泉，自称大

---

①《资治通鉴》卷111，晋安帝隆安三年十月条，第3497页；《晋书》卷117《姚兴载记上》，第2980页。

② 牟发松、毋有江、魏俊杰：《中国行政区划通史　十六国北朝卷》，第334页。

③《资治通鉴》卷106，晋孝武帝太元十年三月条，第3343页。

④《晋书》卷122《吕光载记》，第3056页。

⑤《资治通鉴》卷106，晋孝武帝太元十年九月条，第3353页。

⑥《晋书》卷115《苻丕载记》，第2943页；《资治通鉴》卷106，晋孝武帝太原十年九月条，第3353—3354页。

⑦《资治通鉴》卷106，晋孝武帝太元十一年二月条，第3359—3360页。

将军、凉州牧[①]。前秦太安二年（386年）十二月，后凉西平（治西都，今青海省西宁市城区）太守康宁自称匈奴王，攻杀湟河（治黄河城，在今青海省化隆回族自治县西南黄河北岸）太守强禧，叛后凉自立。张掖太守（治永平，今甘肃省张掖市甘州区西北）彭晃亦发动叛乱，并与康宁、王穆相互联结。吕光采取各个击破的策略，先后攻杀彭晃、王穆等[②]。最终凭借军事上的实力，终于镇压了各地的反抗力量。

趁后凉内乱，西秦将其势力向西扩展。太初元年（388年）九月，乞伏乾归将都城由勇士城（今甘肃省榆中县东北夏官营上堡子城）西迁至金城[③]。十一月，枹罕羌彭奚念附于乞伏乾归，被任命为河州刺史[④]。于是，西秦控制了河州政治军事中心枹罕，其势力进入洮河流域。这两项举动对后凉构成了严重的威胁。此后，后凉与西秦之间长期处于战争状态，其经过见前文，此处不再赘述。不过，二者之间的战争对双方都造成了巨大的影响，对于后凉而言，与西秦的战争，尤其是龙飞二年（397年）之役，“是后凉政权由盛转衰的转折点，后凉战败严重地削弱了自身的统治力量，再也难以实施对河西地区的有效控制”[⑤]。一方面，龙飞二年（397年）八月，后凉散骑常侍、太常郭麐和后将军杨轨等人在姑臧城发动的叛乱，直至次年六月这场叛乱才以杨轨奔南凉秃发乌孤、郭麐投西秦告终。另一方面，此役之后，“河西鲜卑秃发乌孤起兵于湟中，卢水胡沮渠蒙逊起兵于张掖，他们分别从姑臧以南和以西打击吕氏势力，分割和蚕食后凉领土，使后凉控制的地域范围越来越小”[⑥]。

龙飞四年（399年）十二月，吕光病死。之后，其子侄争位，内乱不已。先是吕光尸骨未寒，把持军政大权的庶子吕纂和吕弘发动政变，逼迫已经登上天王王位的嫡子吕绍自杀，吕纂即位。之后，次年三月，吕纂与吕弘发生矛盾，吕弘在姑臧东苑起兵，因吕纂早有防范而失败被杀。后来吕光侄吕超刺杀吕纂，拥其兄吕隆即位。

以上即为后秦经略河西的背景。与前秦灭前凉的背景相比较，河西地方的情形相

---

① 《资治通鉴》卷106，晋孝武帝太元十一年四月条，第3364页；《晋书》卷122《吕光载记》，第3057页。

② 《资治通鉴》卷107，晋孝武帝太元十二年十二月条，第3381—3382页。

③ 《资治通鉴》卷107，晋孝武帝太元十三年九月条，第3385页。

④ 《资治通鉴》卷107，晋孝武帝太元十四年二月条，第3390页。

⑤ 魏军刚：《试论后凉西秦“河南之战”及其对河陇政局的影响》，《乐山师范学院学报》2011年第3期。

⑥ 赵向群：《五凉史》，贾小军修订，第149页。

类似，前、后凉都经历了一段子侄争位，内乱不已的过程，国力衰弱。在某种程度上，后凉的危机更为严重，其境内的鲜卑秃发氏、卢水胡沮渠氏及汉人李氏已经先后起兵，其统治已然呈现出土崩之势。然而，前、后秦的差异较大，前秦是在灭亡了前燕后才发兵前凉；而后秦进入河西地区时，北魏新打败后燕，占领了关东地区，是后秦东方的严重威胁。

二、后秦经略河西的过程

西秦灭亡后，镇守广武（治令居，今甘肃永登县西北）的后凉征东将军吕方感受到了来自后秦的压力，加之后凉吕光子侄争位、内乱不已①。于是，在乞伏乾归投降后秦一个月后［即弘始二年（400年）八月］，吕方亦投降后秦，广武民众三千余户投降南凉秃发利鹿孤②。广武是后凉首都姑臧的东南门户，其失守意义重大。弘始三年（401年）五月，吕隆在姑臧城内大杀豪望，企图借此立威，结果适得其反。后凉内外扰攘，人心惶惶。魏安（治所在今甘肃古浪县东）焦朗遣使游说姚硕德发兵攻凉，并纳妻子为质。姚硕德向姚兴禀报了这一情形，姚兴令姚穆率兵六万与姚硕德共伐后凉，乞伏乾归亦帅骑七千从征③。

弘始三年（401年）七月，姚硕德率所部三千先发，从金城北向渡过黄河，溯今庄浪河而北，直趋广武，占领广武的南凉秃发利鹿孤帅守军避让，后秦军队进至姑臧城下。吕隆派吕超、吕邈等出城迎战，大败而回，吕邈被生擒，损失万余人。吕隆不敢再战，婴城固守。后凉巴西公吕他（《资治通鉴》作“吕佗”）率姑臧东苑民众二万五千投降后秦。后秦在河西地区的声势大振，西凉李暠、南凉秃发利鹿孤、北凉沮渠蒙逊都遣使奉表入贡，在名义上接受后秦的统治④。闰八月，经过两个月的围困，姑臧城内士气低落，特别是先前随吕光远征西域而滞留姑臧的“东人”，更是多谋外叛，并

① 关于吕光诸子争位的过程，参见赵向群：《五凉史》，贾小军修订，第153—155页。

②《资治通鉴》卷111，晋安帝隆安四年九月条，第3513页。

③《资治通鉴》卷112，晋安帝隆安五年五月条，第3523页；《晋书》卷117《姚兴载记上》，第2981页。

④《资治通鉴》卷112，晋安帝隆安五年七月条，第3525—3526页：《晋书》卷117《姚兴载记上》，第2981—2982页。

在将军魏益多的鼓动下企图谋杀吕隆、吕超兄弟，事败，诛死三百余家。姚硕德又抚纳夷夏，分置守宰，节食聚粟——准备长期围城。在这种内外交困的情形下，后凉群臣建议吕隆向后秦请降，以解围城之困，被吕隆拒绝。吕超指出："今资储内竭，上下嗷嗷，虽使张、陈复生，亦无以为策。陛下当思权变屈伸，何爱尺书、单使为卑辞以退敌！敌去之后，修德政以息民，若卜世未穷，何忧旧业之不复！若天命去矣，亦可以保全宗族。不然，坐守困穷，终将何如！"无奈，吕隆接受了吕超的建议①。九月，吕隆遣使请降。姚硕德表请吕隆为使持节、镇西大将军、凉州刺史、健康公。吕隆遣母弟爱子文武旧臣慕容筑、杨颖、史难、阎松等五十余家入质于长安，姚硕德还军②。

至此，后秦对于河西地区的经营取得了很大的成功——逼降后凉，迫使西凉、南凉和北凉都遣使奉表入贡以示臣服。于是，后秦成为河西地区最强大的政治军事势力，并在形式上实现了对这一地区的统一。

后秦军队离开后，南凉与北凉沮渠蒙逊交互出兵进攻姑臧，加之姑臧城内出现大饥荒以至饿死十余万口，姑臧城已近于一座空城③。弘始四年（402年）冬，柴壁之战后，为了稳定河西地区的局势，后秦采取了一些措施：一方面，姚兴遣使拜秃发傉檀为车骑将军、广武公，沮渠蒙逊为镇西将军、沙州刺史、西海侯，李暠为安西将军、高昌侯；另一方面，遣镇远将军赵曜率众二万屯守金城，建节将军王松忩（《资治通鉴》作"王松葱"）率骑助吕隆守姑臧。然而，王松忩到魏安时，遭到了秃发傉檀弟秃发文真的袭击，军队溃败，王松忩被俘。秃发傉檀后将王松忩送还长安④。这表明后秦对于河西地区的实际掌控力非常有限，南凉对于后秦可能只是表面的臣服。

面对这种局势，后秦朝臣建议："隆藉先世之资，专制河外，今虽饥窘，尚能自支，若将来丰赡，终不为吾有。凉州险绝，土田饶沃，不如因其危而取之。"于是，弘始五年（403年）七月，姚兴遣使至姑臧"征吕超入侍"。吕隆认为姑臧城难以自存，

---

①《资治通鉴》卷112，晋安帝隆安五年闰八月条，第3527—3528页；《晋书》卷122《吕隆载记》，第3070页。

②《资治通鉴》卷112，晋安帝隆安五年九月条，第3528页；《晋书》卷122《吕隆载记》，第3070—3071页。

③ 关于后秦退兵后后凉之内外困境，参见赵向群：《五凉史》，贾小军修订，第157—158页。

④《资治通鉴》卷112，晋安帝元兴元年条，第3547页；《晋书》卷117《姚兴载记上》，第2983页。

因此顺势表请内徙。姚兴令尚书左仆射齐难、镇西将军姚诘、左贤王乞伏乾归、镇远将军赵曜率步骑四万前往姑臧迎接吕隆①。八月，齐难等至姑臧城，吕隆“素车白马迎于道旁”，齐难将吕隆宗族、僚属及姑臧民万户徙于长安。姚兴任命吕隆为散骑常侍，吕超为安定太守，自余文武亦随才擢叙②。后凉政权至此灭亡。

吕隆内迁后，作为善后之举，齐难以其司马王尚行凉州刺史，配兵三千镇姑臧，以将军阎松为昌松（治显美，在今甘肃省武威市凉州区东南）太守，郭将为番禾（治番禾，在今甘肃省永昌县西）太守，分戍二城，与姑臧成鼎立之势，防止南、北凉进攻姑臧。一方面，“王尚绥抚遗黎，导以信义，百姓怀其惠化，翕然归之”③。另一方面，遣主薄宗敞出使南凉，以结好后者。宗敞是西州望族，名重凉州，其父宗燮与傉檀为故交，早年甚至曾将宗敞兄弟托付给傉檀④。在这一时期，河西三凉中南凉实力最强，王尚修好南凉，使得南凉在与北凉争夺姑臧的过程中优势更加明显，这为之后后秦弃守姑臧埋下了伏笔。

弘始八年（406年）六月，秃发傉檀在进攻北凉获胜后，向后秦进献马三千匹、羊三万口，以邀功请赏。姚兴认为秃发傉檀忠于自己，于是任命其为都督河右诸军事、车骑大将军、凉州刺史，镇姑臧，并将王尚征还长安。凉州人申屠英等二百余人，遣主薄胡威诣长安，请求收回成命。在晋见姚兴时，胡威明言：

> 臣州奉国五年，王威不接，衔胆栖冰、孤城独守者，仰恃陛下威灵，俯杖良牧惠化。忽违天人之心，以华土资狄。若傉檀才望应代，臣岂敢言。窃闻乃以臣等贸马三千匹，羊三万口，如所传实者，是为弃人贵畜。苟以马供军国，直烦尚书一符，三千余家户输一匹，朝下夕办，何故以一方委此奸胡！昔汉武倾天下之资，开建河西，隔绝诸戎，断匈奴右臂，所以终能屠大宛王毋寡。今陛下方布政玉门，流化西域，奈何以五郡之地资之猃狁，忠诚华族

① 《资治通鉴》卷113，晋安帝元兴二年七月条，第3550页；《晋书》卷117《姚兴载记上》，第2983—2984页。

② 《资治通鉴》卷113，晋安帝元兴二年八月条，第3550—3551页。

③ 《晋书》卷117《姚兴载记上》，第2984页。

④ 《晋书》卷126《秃发傉檀载记》，第3148页；周伟洲：《南凉与西秦》，第42—43页。

弃之虐虏！非但臣州里涂炭，惧方为圣朝旰食之忧[①]。

在其中，“奉国五年”从弘始三年（401年）九月吕隆投降后秦算起，“五郡”指武威（治姑臧，今甘肃省武威市凉州区）、番禾（治番禾，在今甘肃省永昌县西）、西郡（治日勒，今甘肃省永昌县西北）、昌松（治显美，在今甘肃省武威市凉州区东南）、武兴（治晏然，今甘肃武威市凉州区西北）五郡。胡威首先指出后秦任命王尚镇姑臧确是“王威不接”“孤城独守”，将姑臧付与傉檀，有迫不得已的一面。其次，他提出了三条反对后秦将姑臧给予南凉的理由：其一，后秦不应“弃人贵畜”，因为秃发傉檀进献马羊而将姑臧拱手相让。其二，在胡威等凉州豪望的眼中，秃发氏仍然是“奸胡”“玁狁”和“虐虏”，不应“以华土资狄”。其三，河西具有重要的战略地位，其既可“隔绝诸戎”，又是“流化西域”的前哨和基地，而姑臧地居形胜，是河西都会，后秦不应放弃。听了胡威的话后，姚兴有些后悔，派遣西平人车普驰往姑臧，叫停王尚与傉檀交接事宜，并遣使告知后者。然而傉檀先已率步骑三万驻扎于五涧（在今甘肃武威市凉州区东），车普又将姚兴反悔的消息先告诉了他，傉檀逼迫王尚与其交接，并将其遣还长安，遂占据姑臧[②]。秃发傉檀虽然在表面上接受后秦的爵命，但车服礼仪都采用王者的标准[③]。

唐朝修《晋书》的史臣将“委凉都于秃发”与“授朔方于赫连”相并列，认为这是导致后秦由盛转衰的重要事件[④]。笔者认为，这两件事并不能等量齐观，弃守姑臧符合后秦经略河西的一贯思路，即通过河西地方政权的臣服实现对该地区的间接甚或是名义上的统治。后秦将其军事力量完全撤出河西，将姑臧付与秃发傉檀将会极大地增强南凉的实力，使其一时成为河西的霸主[⑤]。这与之前王尚修好南凉的政策是一脉相承的。后秦在河西地区扶植忠于自己的南凉，是希望通过南凉增强其对于河西地区的

---

①《晋书》卷117《姚兴载记上》，第2986页；参见《资治通鉴》卷114，晋安帝义熙二年六月条，第3590页。

②《资治通鉴》卷114，晋安帝义熙二年六月条，第3590页；《晋书》卷117《姚兴载记上》，第2986页；《晋书》卷126《秃发傉檀载记》，第3149页。

③《资治通鉴》卷114，晋安帝义熙二年八月条，第3591页。

④《晋书》卷119《姚泓载记·史臣曰》，第3018页。

⑤ 周伟洲：《南凉与西秦》，第45页。

控制。

另一方面，对于后秦来说，据守姑臧是一项沉重的负担。如前所述，金城与姑臧之间的广武郡为南凉所占据，姑臧是后秦的飞地，是名副其实的“孤城独守”。且后秦的统治重心是关中和岭北，驻军姑臧并不能产生实际的军事和经济利益，只有负担。秃发傉檀占据姑臧后，遣其西曹从事史暠入朝后秦，姚兴认为秃发傉檀应该感恩自己，因为是自己将姑臧付与前者。对此，史暠明言：

> 使河西云扰、吕氏颠狈者，实由车骑兄弟倾其根本。陛下虽鸿罗遐被，凉州犹在天网之外。故征西以周召之重，力屈姑臧；齐难以王旅之盛，势挫张掖。王尚孤城独守，外逼群狄，陛下不连兵十年，殚竭中国，凉州未易取也。今以虚名假人，内收大利，乃知妙算自天，圣与道合，虽云迁授，盖亦时宜[①]。

其中，“车骑”是车骑大将军的简称，指秃发傉檀。“征西”是征西将军的简称，指姚硕德。“力屈姑臧”指姚硕德围困姑臧，在后凉投降后即撤军，并未攻陷姑臧。“齐难以王旅之盛，势挫张掖”指齐难迎吕隆内徙时，曾进讨北凉，但遭到失败。史暠认为，秃发利鹿孤和傉檀兄弟的进攻是导致后凉灭亡的主要原因，后秦攻取河西地区的可能又微乎其微。其将姑臧让与南凉，是恰合时宜的选择。笔者认为，史暠的说法，除了故意无视北凉对于后凉的进攻之外，是比较符合事实的。因此，弃守姑臧并非是后秦由盛转衰的原因或标志。

弘始九年（407年）七月，秃发傉檀遣使乞伏炽磐，企图拉拢后者一起反叛后秦，炽磐斩杀来使，并送至长安[②]。十月，秃发傉檀又招诱后秦河州（治枹罕，今甘肃省临夏市）刺史彭奚念，彭奚念叛降傉檀，南凉遂据有河州，后秦以乞伏炽磐行河州刺史[③]。然而，与北凉之间的战争导致南凉无暇东顾：“定都姑臧后，南、北二凉的关系更加紧张。从407年始，要么傉檀以攻为守，进攻北凉；要么沮渠蒙逊先发制人，进攻

---

①《晋书》卷126《秃发傉檀载记》，第3150页。

②《资治通鉴》卷114，晋安帝义熙三年七月条，第3600页。

③《资治通鉴》卷114，迦南地义熙三年十月条，第3602页。

姑臧。张掖到姑臧之间，战争越来越频繁。但多数情况下，都是北凉占上风。”①

与此同时，新崛起的夏国赫连勃勃向秃发傉檀请婚，遭到拒绝。弘始九年（407年）十一月，勃勃率军进攻傉檀，双方在支阳（今甘肃省永登县东南庄浪河东岸）相遇，勃勃杀伤南凉万余人，掳掠两万七千余口、马牛羊四十余万头。在还师时，遭到傉檀的追击，于是在阳武下峡（在今甘肃省靖远县西北）设伏，傉檀中伏，又被“杀伤万计，名臣勇将死者十六七”，此即阳武之败②。此后，“傉檀惧东西寇至，徙三百里内百姓入于姑臧，国中骇怨”，屠各成七儿趁机率其部民三百余人据姑臧北城起义，响应者数千人。在阳武之败和成七儿之乱的影响下，南凉朝廷中出现了一些对傉檀的不满，“军谘祭酒梁裒、辅国司马边宪等七人谋反，傉檀悉诛之”，史称“边梁之乱”③。这些外敌入侵和内部叛乱事件，严重削弱了南凉政权的实力。胡三省指出，“自是之后，秃发氏之势日益衰矣”④。赵向群先生认为，“边梁之乱发生在南凉统治上层，属于高级官僚反对傉檀的政治活动，又因为它是统治集团内部矛盾和民族矛盾的综合反映，故对南凉政权造成的震动十分强烈”，“内忧外患加在一起，使傉檀入居姑臧的本意未能实现，也使南凉统治更加艰难”⑤。

秃发傉檀为占有姑臧讨好后秦，占据姑臧后又马上和后秦反目，还派遣使者游说乞伏炽磐与其一起与后秦为敌，这导致后秦对其虎视眈眈。在南凉经历阳武之败和边梁之乱后，姚兴认为教训傉檀的时机来临，于弘始十年（408年）五月遣尚书郎韦宗前往姑臧“观衅”。然而，在和傉檀经过一番对谈后，韦宗认为，“凉州虽残弊之后，风化未颓；傉檀权诈多方，凭山河之固，未可图也”。姚兴并未采纳韦宗的意见，令其子中军将军广平公姚弼、后军将军姚敛成、镇远将军乞伏乾归等率步骑三万进攻南凉。同时，又派遣左仆射齐难等率骑二万进讨赫连勃勃。吏部尚书尹昭进谏曰：“傉檀恃其险远，故敢违慢；不若诏沮渠蒙逊及李暠讨之，使自相困毙，不必烦中国之兵也。”也

---

① 赵向群：《五凉史》，贾小军修订，第178—179页。

②《资治通鉴》卷114，晋安帝义熙三年十一月条，第3602-3603页；《晋书》卷130《赫连勃勃载记》，第3203—3204页。

③《资治通鉴》卷114，晋安帝义熙三年十一月条，第3602-3603页；《晋书》卷126《秃发傉檀载记》，第3150—3151页。

④《资治通鉴》卷114，晋安帝义熙三年十一月条胡三省注，第3603—3604页。

⑤ 赵向群：《五凉史》，贾小军修订，第180页。

遭到了姚兴的拒绝。为了麻痹南凉君臣，姚兴事先送信给傉檀，佯称此次出兵是为了讨伐赫连勃勃，“惧其西逸，故令弼等于河西邀之”。傉檀信以为真，没有设防，姚弼等从金城渡过黄河，北向进至漠口（今甘肃省古浪县南），南凉昌松太守苏霸闭城拒守，在拒绝了姚弼的劝降后，城破被杀。后秦军队长驱至姑臧城下，傉檀婴城固守，并出奇兵击败后秦军队，姚弼等退守姑臧西苑。城内王钟、宋钟、王娥等谋应秦军，可惜事不机密，谋泄，五千余人被滥杀，史称“东苑之诛”。在平定内乱后，傉檀命郡县驱牛羊于野，姚敛成纵兵掳掠，傉檀趁机遣其镇北大将军俱延、镇军将军敬归等进击，大破后秦军，斩首七千余。姚弼固守不出，傉檀攻之不克，于是从上游截断水源，企图困死后秦军队。恰巧当时天降大雨，堰坝被毁，姚弼军队才又振作起来。七月，率骑二万、作为诸军后继的卫大将军姚显行至高平（今宁夏回族自治区固原市原州区）时，听闻姚弼被困，昼夜兼程赶赴姑臧，姚显遣将挑战于姑臧凉风门，被南凉材官将军宋益等击斩。于是，姚显遣使傉檀，托言进攻南凉是敛成专擅之举，以此抚慰南凉，随后引兵返回。傉檀亦派遣徐宿至长安谢罪[①]。

与此役同时进行的齐难讨伐赫连勃勃的战争，最终的结果是赫连勃勃大胜并进入岭北地区。此后，后秦疲于应对赫连夏的进攻，无力顾及河西地区。南凉则与北凉在武威以西、张掖以东地带拉锯作战，总的形势对南凉而言十分不利[②]。因此，南凉亦无暇东扩，对后秦用兵。正如周伟洲先生所言，“后秦对南凉的战争，傉檀虽然最后取得了胜利，但损失较大；而后秦的失败，对其本国的损失和影响，则远不及齐难为勃勃败后所造成的严重后果。后秦在河陇地区势力的衰弱，为陇西原西秦乞伏氏的复起，创造了有利的条件”[③]。

综上所述，后秦一直追求的是对河西地区的间接统治，即通过河西地方各政权对后秦的入贡、纳质和接受后秦的封拜来实现。

弘始三年（401年），姚硕德等征伐后凉、围困姑臧，是因为魏安大族焦朗的游说和内应，在后凉纳质请降后又迅速还军。这说明，此次军事行动，并非是后秦主动发起，而是趁有利时机顺势而为。其目标是后凉对后秦的臣服而非灭亡后凉并将当地纳

---

①《资治通鉴》卷114，晋安帝义熙四年五月条、义熙四年七月条，第3606—3608、3608页；《晋书》卷126《秃发傉檀载记》，第3151—3152页；《晋书》卷118《姚兴载记下》，第2992页。

② 赵向群：《五凉史》，贾小军修订，第183—185页。

③ 周伟洲：《南凉与西秦》，第49—50页。

入直接统治的范围。弘始四年（402年），遣使封拜南凉秃发傉檀、北凉沮渠蒙逊和西凉李暠，并派军驻守金城和姑臧，显然是后秦试图结束诸凉之间混战的局面，落实其对河西地区的间接统治而采取的行动。就结果而言，其收效甚微。弘始五年（403年），后凉吕隆内徙，是后秦与后凉合谋的结果。后秦征吕超入侍，只是为了加强其对于后凉的控制；吕隆顺势表请内附，是其为摆脱当时南凉与北凉交侵困境的主动选择。后秦任命凉州刺史及其附近二郡太守，并留兵镇守，在一定程度上可以看作是派军驻守姑臧的继续。弘始八年（406年），后秦将其军事力量完全撤出河西，将姑臧付与南凉，是一项务实的举措，也符合其经略河西的一贯思路。弘始十年（408年），后秦出兵征伐南凉，是因为南凉秃发傉檀占据姑臧后和后秦反目，并招诱后秦金城、河州的地方势力反叛后秦。这不仅使得后秦通过扶植忠于自己的南凉增强对于河西地区的控制的美梦落空，而且威胁到了后秦对南凉接壤地区的统治。因此，后秦才趁南凉内外交困之机对南凉用兵。

总体而言，后秦对于后凉和南凉的两次用兵，都是趁对方统治出现危机、国力衰弱的有利时机而进行。其目的更多的是迫使对方在保留其自身势力的基础上归附自己，但并非消灭对方。

在灭亡前燕之前，前秦苻坚趁前凉内乱方作的有利时机，迫使前凉入贡并接受前秦的封拜。在灭亡前燕后，前秦才对前凉大举用兵，并以灭亡前凉为目标。与前秦相类似，在占领关东地区之前，后秦亦希望趁后凉出现统治危机的有利时机与诸凉政权建立藩属关系。但与前秦采用政治手段不同，后秦采用了军事手段。与前秦成功灭亡前燕不同，后秦在与北魏的战争中失败。这使得其无法实现统一关东、关西地区的战略目标。因此，其似乎一直未曾打算灭亡河西地区的诸凉政权并建立对当地的直接统治。

三、小结

众所周知，后秦不仅继前秦而立国关中，而且其面对的境况也存在诸多相似之处，加之后秦统治集团曾长期处于前秦治下。以今日的后见之明来看，后秦在诸多方面存在对前秦有意无意地模仿和借鉴。其对于河西地区的经略即是其中一例。

后秦似乎借鉴了前秦在统一北方地区过程中采取的先东后西的战略，先灭亡关东地区的政权，之后再灭亡河西地区的政权。在灭亡前者之前，与后者建立藩属关系，避免遭到东西夹击。后秦在占领河东地区和潼关至洛阳之间的黄河南岸地区后，即开始经略河西地区，其目标只是建立藩属关系而灭亡当地政权建立直接统治。在实现这一目标后，就集中全国的兵力与北魏在河东地区进行战略决战。然而，与前秦灭亡前燕不同，后秦在这场战争中大败，损失惨重。

或许是因为实力不济，亦或许不再以统一北方甚至全国为其战略目标，后秦在占领关东地区的军事行动失败后，并未改变其通过建立与诸凉政权藩属关系以实现其对于河西地区间接统治的目标。

（尹波涛，陕西师范大学中国西部边疆研究院副研究员。）

首任河西节度使与凉州大云寺碑相关问题再考

李宗俊

唐代河西节度使的设置时间与首任节度使具体为何人，学术界历来多有争议。吴廷燮在其《唐方镇年表》中[①]，将河西节度使的设置记为景云元年（710年），并援引《新唐书·方镇年表》所记该年设置河西节度使的记载，但对于具体人选又援引《唐会要》所记的“景云二年四月，贺拔延嗣除凉州都督，充河西节度使，此始有节度之号，遂至于今不改焉”[②]。那么，究竟河西节度使的设置是景云元年还是二年，究竟首任河西节度使为贺拔延嗣还是其前任？对此，吴廷燮之外，清代学者王鸣盛、赵翼，近现代日本学者岩佐精一郎，中国学者王永兴、杨志玖、张国刚、沙宪如、周振鹤、郁贤皓等均有所辨析[③]，但至今观点不尽一致。据《唐刺史考》的作者郁贤皓考，在出任河西凉州的都督、刺史中，贺拔延嗣之前为赵彦昭，赵彦昭之前为司马逸客[④]。但根据他搜集的文献看，此二人先后并没有河西节度使的头衔。两《唐书》中赵彦昭有传，司马逸客无传，但近年有学者根据现存的凉州《大云寺碑》考得，在他就任凉州都督期

① （清）吴廷燮:《唐方镇年表》，北京：中华书局1980年版，第1216页。

② （宋）王溥撰：《唐会要》，上海：上海古籍出版社2006年版，第1686页。

③ （清）王鸣盛撰：《十七史商榷》，陈文和等校点，南京：凤凰出版社2008年版，第524页；（清）赵翼著：《廿二史札记校证》，王树民校证，北京：中华书局1984年版，第429—430页；岩佐精一郎：《河西节度使的起源》，《岩佐精一郎遗著集》，东京：日本东京三秀舍1936年版，第35—48页；王永兴：《唐代前期西北军事研究》，北京：中国社会科学出版社1994年版，第6—7页；杨志玖:《隋唐五代史纲要》；北京：中华书局1988年版，第869页；张国刚:《唐代藩镇研究》，长沙：湖南教育出版社1987年版，第236页；沙宪如:《唐代节度使的再探讨》，《史学集刊》1994年第2期；周振鹤：《中国地方行政制度史》，上海：上海人民出版社2005年版，第159页。

④ 郁贤皓：《唐刺史考》，南京：江苏古籍出版社1987年版，第410—411页。

间，其职衔中已经出现“河西节度使”，首任河西节度使应该是司马逸客[①]。如果首任河西节度使确为司马逸客，其后还有赵彦昭，则贺拔延嗣应该只能算第三任河西节度使了，则史书记载是不是为误记呢？近来《唐司马逸客墓志》的发现和公布[②]，为解决这一问题提供了重要线索，并进而为探明凉州《大云寺碑》的相关问题提供了新资料。

一、河西节度使的始置时间

对于河西节度使的始置，史书有多处记载。首先，《资治通鉴》卷二百一十唐睿宗景云元年（710年）十二月条记：

> 置河西节度、支度、营田等使，领凉、甘、肃、伊、瓜、沙、西七州，治凉州[③]。

其次，《新唐书》卷六七《方镇年表》云：

> 景云元年置河西诸军州节度、支度营田督察九姓部落、赤水军兵马大使，领凉、甘、肃、伊、瓜、沙、西七州，治凉州[④]。

史书以上两处明确记景云元年（710年）唐朝设置河西节度使，其职权还兼及支度、营田等使，管辖凉、甘、肃、伊、瓜、沙、西等七州，治所凉州，这些情形均与随后的玄宗开元、天宝年间情形吻合。可见此记事必有出处，似乎是河西节度使设置于睿宗景云元年（710年）不误，但问题是这里并未言及当时的河西节度使是何人。

史书另有几处却记载河西节度使的始置是在景云二年（711年）四月，而且明确记载首任河西节度使为贺拔延嗣。

---

① 濮仲远：《唐代凉州<大云碑>与首任河西节度使》，《西域研究》2020年第3期。

② 洛阳文物考古研究院编：《藏石集萃》，郑州：中州古籍出版社2020年版，第120—122页。是书录文颇多讹误，笔者录文见拙文《<唐司马逸客墓志>跋》，《唐都学刊》2022年第2期。

③《资治通鉴》卷二一〇睿宗景云元年（710年），北京：中华书局1956年版，第6660页。

④《新唐书》卷六七《方镇表》，北京：中华书局1975年版，第1861—1862页。

其一，《唐会要》卷七八“节度使”条称：

景云二年四月，贺拔廷（延）嗣除凉州都督，充河西节度使，此始有节度之号，遂之于今不改焉[①]。

其二，《通典》卷三二《职官》云：

分天下州县制为诸道，每道置使，治于所部。其边方有寇戎之地，则加以旌节，谓之节度使。自景云二年四月，始以贺拔延嗣为凉州都督，充河西节度使。其后诸道因同此号，得以军事专杀。行则建节，府树六纛，外任之重莫比焉[②]。

其三，《新唐书》卷五〇《兵志》云：

自高宗永徽以后，都督带使持节者，始谓之节度使，然犹未以名官。景云二年，以贺拔延嗣为凉州都督、河西节度使。自此而后，接乎开元，朔方、陇右、河东、河西诸镇，皆置节度使[③]。

史书以上几处又均记首任河西节度使设置于景云二年（711年），且明确记首任河西节度使为贺拔延嗣，较之前两处所记，时间、人物都清楚、具体，似乎更为可信。那么，史书记载何以出现如此差异呢？设置节度使有无关联事件与对应的史事背景呢？为回答这几个问题，首先应该结合史书关于河西道的相关记载去寻找，《资治通鉴》卷二一唐睿宗景云二年（711年）五月条后有记曰：

时遣使按察十道，议者以山南所部阔远，乃分为东西道；又分陇右为河西道。六月，壬午，又分天下置汴、齐、兖、魏、冀、并、蒲、鄜、泾、秦、

① （宋）王溥撰：《唐会要》，第1686页。

② （唐）杜佑撰：《通典》卷三二，王文锦等点校，北京：中华书局1988年版，第894页。

③ 《新唐书》卷五〇《兵志》，第1329页。

> 益、绵、遂、荆、岐、通、梁、襄、扬、安、闽、越、洪、潭二十四都督，各纠察所部刺史以下善恶，惟洛及近畿州不隶都督府[①]。

需要纠正的是，这里说分陇右道，新增置河西道，但所置二十四都督府中却无凉州，显然有误，这里的“梁”应该为“凉”之误，或者是将“凉”误为其中的某一个州名了。因凉州在此前后都设都督府，在分立河西、陇右节度使之际，更不可能不以节度使的治所为都督府。

对于《资治通鉴》此记景云二年（711年）唐朝二十四都督的设置，史书另有记载，《旧唐书》卷七《睿宗纪》在睿宗景云二年（711年）记载：“六月壬午，依汉代故事，分置二十四都督府。闰六月，初置十道按察使。”[②]两相比较，说明睿宗景云二年（711年）遣使按察十道与分置二十四都督府确有此事，具体时间应该正如后者所记分别为景云二年（711年）六月和闰六月。而由此说明，《资治通鉴》所记“时遣使按察十道，又分陇右为河西道”之语确有出处，毋庸置疑。

那么考实了唐朝在景云二年（711年）遣使按察十道与分陇右道为陇右、河西两道之记载不误，是不是又说明河西节度使的设置应该在景云二年（711年）呢？其实不然，二者确有关联，但仍然有所区别。这就涉及唐代行政区划、军区的划分与道的区别与联系。唐初具有联防性质的军区的划分，经常是更换和不固定的。军区的长官往往由地方行政长官，即某一州的刺史或都督兼任。军区的划分往往跨有数州，甚至整个道的所有州、军，而作为监察区的道所属的州一般是固定的。作为行政区划的州与军区的设置在前，而道的设置在后，只有在行政区划上先有河西节度使的设置，随之才有作为监察区的道的相应调整，也才有作为新的监察区河西道的出现。正因此，史书记载睿宗景云元年（710年）十二月设置河西节度使，这是对行政区划与军区的新调整，应该是此时唐朝中央已经出台此决议，但具体实施到了次年四月，即在新任命凉州都督之际得到具体落实。新任命的凉州都督贺拔延嗣始兼河西节度使，河西节度使的始置时间自然应该从其具体落实算起。行政区划与军事防御区调整以后，随即景云二年（711年）六月遣使按察十道时，相应的对过去道的划分也做了调整，将过去的十

---

①《资治通鉴》卷二一〇睿宗景云二年（711年），第6666页。

②《旧唐书》卷七《睿宗纪》，北京：中华书局1975年版，第157页。

道自此调整为了十一道，在陇右道之外，另增设了一河西道。由此说明，史书以上所记，皆为史实，应该均出自实录信史，只不过做出河西节度使成立决议的时间是景云元年（710年）十二月，但具体落实在景云二年（711年）四月，而新的河西道的分出又是从景云二年（711年）六月始。值得注意的是，这一次新成立的河西节度使，在称号上直接冠以所在道名，以所在的整个道为军区，已经不同于过去的军区的长官“诸军事”“诸军州大使”或“×军使兼诸军州节度大使”，不仅在军事上拥有朝廷授予的旌节，为该军区的最高军事长官，而且在行政区划上为所辖诸州之上的更高一层级的地方行政长官，拥有直接管辖所辖诸州的行政权。尤其在军事上，因这时逐渐改变过去的行军制为镇军制，节度使又有了固定、直辖的军队，所辖军区，即节镇，范围更为扩大，权威亦更大。

二、司马逸客与贺拔延嗣等任职凉州的具体时间

前文提到，文献记载贺拔延嗣为首任河西节度使，那么其前任和后任究竟是否带有河西节度使的职衔呢？据《唐刺史考》的作者郁贤皓考证，在出任河西凉州的长官中，贺拔延嗣之前为赵彦昭，赵彦昭之前为司马逸客。但根据郁氏所搜集的文献看，前二人先后似乎并无河西节度使的头衔。两《唐书》中赵彦昭有传，《旧唐书》其传记：“睿宗时，出为凉州都督，为政清严，将士已下皆动足股慄。又为宋州刺史，入为吏部侍郎，又为刑部尚书、关内道持节巡边使、检校左御史台大夫。”[①] 而《新唐书》其传又称：“睿宗立，出为宋州刺史，坐累贬归州。俄授凉州都督……入为吏部侍郎，持节按边。”[②] 赵彦昭在睿宗上台以后，先后任凉州都督与宋州刺史，但究竟是哪个职任在前，具体何时出任凉州，新旧《唐书》记载不明。

现在再来看《唐刺史考》所列的赵彦昭的前任司马逸客出任凉州的具体时间。郁氏列举的文献依据有：其一，《文苑英华》卷四五九收录的《命吕休璟等北伐制》：“赤水军大使、凉州都督度司马逸客，外宽内明……景龙四年五月十五日。”其二，《全唐文》卷二三三张说《兵部尚书代国公赠少保郭公（元振）行状》：“睿宗即位，征拜太

① 《旧唐书》卷九二《赵彦昭传》，第2967页。

② 《新唐书》卷一二三《赵彦昭传》，第4377页。

仆卿。敕至之日，举家进发……传呼至凉州……都督司马逸客闻之，谓公近矣，陈兵出迎。”其三，《全唐文》卷二七八收录的刘秀撰《凉州卫大云寺古刹功德碑》称：“检校凉州都督河内司马逸实（客）。”其四，《全唐诗》卷八七张说诗《送王尚一严碍二侍御赴司马都督军》。依据以上文献，郁氏考证司马逸客出任凉州的时间“约神龙二年至景龙四年（约706—710）”[①]。这中间，判定司马逸客最早出任凉州的时间，依据的应该是司马逸客的前一任郭元振离开凉州的大致时间，因《旧唐书·郭元振传》记：“大足元年，迁凉州都督、陇右诸军州大使……在凉州五年……神龙中，迁左骁卫将军，兼检校安西大都护。”[②]再考定司马逸客离任凉州的时间，由第一条景龙四年（710年）五月十五日的确切纪年与睿宗即位后郭元振赴任太仆卿而路过凉州，时为凉州都督的司马逸客陈兵出迎事迹，皆证明司马逸客任职凉州持续到了睿宗上台以后。具体时间，郁氏《唐刺史考》推定至景龙四年（710年）。

今据新发现的《司马逸客墓志》记载，志主在先后任兰州刺史、银州刺史、定州刺史之后，“又令检校凉州都督，兼赤水军及九姓、陇右诸军州节度等大使、同城道大总管，兼右御史中丞。神龙二年冬，匈奴大入，君密行计会……”可见早在唐中宗神龙年间，志主已经任职凉州都督。再结合郭元振的官履行迹，因前引《旧唐书》其传称他在凉五年，神龙中又迁左骁卫将军兼检校安西大都护。由此亦证明，司马逸客继郭元振之后任凉州都督的时间就在神龙元年（705年）至二年。

对于司马逸客离任凉州的时间，今其墓志又提供了更为具体的信息，其中称：“景□二年夏，追入京，授刑部侍郎。”这里“景”字后的关键字因笔画漫漶不清，很难辨认，《藏石集萃》的编者释为“景龙”。但一字之差，谬以千里，因该时期分别有唐中宗的“景龙”年号与唐睿宗的“景云”年号。景龙四年（710年）六月中宗驾崩，少帝上台而改唐隆，不久李隆基发动唐隆政变而睿宗上台，七月再改年号为景云。但正如前面考定，司马逸客任职凉州从中宗神龙年间开始，直至中宗驾崩前的景龙四年五月尚在凉州任上。而且到睿宗上台以后，郭元振自安西东归赴京而路过凉州，时为凉州都督的司马逸客尚陈兵出迎，说明还在凉州任上。可见，《司马逸客墓志》所记的其离任凉州的时间不可能在中宗景龙年间，也就不可能为景龙二年（708年），而应该为唐

① 郁贤皓：《唐刺史考》，第410—411页。

② 《旧唐书》卷九七《郭元振传》，第3044页。

睿宗景云二年（711年），其中的“云”字被释为“龙”字，显然为误。其次，从司马逸客墓志的撰写者员半千的经历亦有反映。史书记载员半千，“睿宗初，召为太子右谕德，仍学士职。累封平原郡公”。[①] 而今由《司马逸客墓志》记载撰者员半千的官爵为“银青光禄大夫、太子右谕德、崇文馆学士、上柱国、平源县开国男”，其中的“太子右谕德”与史书所记其在睿宗朝的职衔合，而且志文为员半千爵位晋升为公之前撰写。由此，更加说明志主离开凉州并随即去世的时间确实是在睿宗朝，将“景口二年夏，追入京”句中之“景云”二字释为“景龙”，确实为误。确定了司马逸客离任凉州的具体时间为景云二年，则郁氏判定的景龙四年（710年）亦误。

弄清了司马逸客离任凉州的具体时间为景云二年（711年），再来看其继任者的继任时间。史书记载的贺拔延嗣出任凉州的时间为睿宗景云二年（711年）四月。上引《唐会要》卷七八记：“景云二年四月，贺拔延嗣除凉州都督，充河西节度使，此始有节度之号。”结合《司马逸客墓志》来看，应该是贺拔延嗣于景云二年（711年）四月受任凉州，从长安到凉州赴任，再完成交接，大约需要一月时间。而司马逸客交接以后回京，时间自然已经到了五月以后，正好已进入农历夏季，符合其墓志所谓“景云二年夏，追入京”之说。可见，二人接替时间衔接，史书、碑记所记史事皆合。

司马逸客早在中宗神龙年间已经继郭元振之后任职凉州，而贺拔延嗣又是在睿宗景云二年（711年）四月继司马逸客之后任职凉州，而据前引史书记载考证，赵彦昭在睿宗朝亦有出任凉州都督的经历。据《旧唐书》其传所记，直至唐中宗景龙四年（710年），赵彦昭尚在中央任宰相，时任中书侍郎、同中书门下三品，兼修国史，充修文馆学士，而且景龙四年（710年）在中宗挑选护送金城公主出嫁吐蕃的人选时还考虑到他，曾命他为使，但后因“彦昭以既充外使，恐失其宠，殊不悦……阴托安乐公主密奏留之”[②]。此进一步说明，赵彦昭出任凉州，不可能在中宗朝，而只能是在如史书所记的睿宗上台以后。而由司马逸客与贺拔延嗣接替时间衔接的史实，说明赵彦昭出任凉州都督的时间，就不可能在二人之间，而只能是在二人之前或之后，而此也是与史书记载不合，因司马逸客前任为郭元振，后任为贺拔延嗣。那么有没有第三种情况呢？

今由明代复刻的《凉州卫大云寺古刹功德碑》与《司马逸客墓志》相互印证，司

---

①《新唐书》卷一一二《员半千传》，第4162页。

②《旧唐书》卷九二《赵彦昭传》，第2967页。

马逸客出任凉州都督实为先后两次，而赵彦昭应该正是在司马逸客两任凉州都督之间曾短暂出任凉州都督。尽管该碑因明代复刻多有讹误，但基本内容与反映的史事是比较完整的，其中记唐代凉州大云寺的修缮过程先后都是由司马逸实（客）主持。前称“时有明牧右武卫将军、右御史中丞内供奉……检校凉州都督河内司马名逸实（客）……加以宿植善因，深究玄理，按部余晷，虔诚净土，重兴般若之台，广塑真如之像”[①]。此已指出正是作为地方长官的司马逸实（客）主持下开始修缮该寺。后又记就在修缮后期资金紧张之际，“后司马公复典军州，共为营构”[②]。说明后期又是司马逸实（客）鼎力支持，完成了修缮。而且由“复典军州”句，说明司马逸客出任凉州都督应该为先后两次，而此今有其墓志可为印证。该墓志记志主在中宗朝出任凉州都督以后，经过神龙二年（706年）抗击突厥立功，之后又记：“遂得玉关时泰，金方告静。君以圣德遐覃，边方无事，刻日迁奉上表请归，上资其重守，优制答曰：‘朕已赠卿父襄州司马，封卿母为河内郡太君，仍令卿子起葬。差本州上佐专制葬事，兼赐紫袍金带，授右武卫将军、中丞、凉州余使并如故。仍加旌节兼知秦、凉仓库事。’”由所谓“上表请归”“上资其重守”“仍令卿子起葬”“差本州上佐专制葬事”等句，可知这期间志主有因丁忧去职或为改葬父母而归家守制事。但应该是守制未满，便被朝廷夺情起复。在二次委任志主出任凉州都督时，除了追赠志主父母官爵外，还为志主加官，“兼赐紫袍金带，授右武卫将军、中丞、凉州余使并如故。仍加旌节兼知秦、凉仓库事”。再结合前引两《唐书》中《赵彦昭传》，他在睿宗朝有出任凉州都督的经历，说明其任职凉州都督的时间就在睿宗朝，而且很短暂，具体时间应该正是睿宗景云元年（710年）至二年之间，在司马逸客归家守制期间。睿宗朝赵彦昭短暂出任凉州都督之后回京，又先后有吏部侍郎、刑部尚书与持节安边等经历，至开元元年（713年）十月，史书又记：“己酉，以刑部尚书赵彦昭为朔方道大总管。”[③]而河西节度使自景云二年（711年）夏贺拔延嗣接替司马逸客后，应该是直至玄宗开元初又由杨执一继任。据贺知章撰写的《杨执一墓志》称：“今上载怀王业，将幸晋阳，起府君为汾州刺史……征拜凉州都督兼左卫将军、河西诸军州节度督察等大使……殆五六年矣……乃加御史

---

① 《凉州卫大云寺古刹功德碑》，《武威金石录》，兰州：兰州大学出版社2001年版，第41页。

② 《凉州卫大云寺古刹功德碑》，《武威金石录》，第42页。

③ 《资治通鉴》卷二一〇玄宗开元元年（713年），第6691页。

中丞……久之，转原州都督，未赴，复授凉州。”[①] 唐玄宗上台以后，于开元二年（714年）幸晋阳，则征拜志主杨执一为凉州都督、河西节度使的时间又在其任汾州刺史以后，郁氏考为开元二年至三年（714—715），应该为是[②]。

三、首任河西节度使与节度使之名辨

前文已论，唐睿宗景云二年（711年），新任命的凉州都督贺拔延嗣始兼河西节度使。那么其前任是不是就不是节度使，究竟如何界定节度使以及首任河西节度使呢？这就涉及节度使之名号的问题与唐代行军制向镇军制转化的问题。

关于唐代节度使的名号与制度问题，《唐会要》记载："贞观三年已后，行军即称总管，本道即称都督。永徽已后，除都督带使持节，即是节度使；不带节者，不是节度使。”[③]《新唐书·兵志》亦云："其军、城、镇、守捉皆有使，而道有大将一人，曰大总管，已而更曰大都督。至太宗时，行军征讨曰大总管，在其本道曰大都督。自高宗永徽以后，都督带使持节者，始谓之节度使，然犹未以名官。景云二年（711年），以贺拔延嗣为凉州都督、河西节度使。自此而后，接乎开元，朔方、陇右、河东、河西诸镇，皆置节度使。”[④] 都督加“使持节”之号而称节度使。由此说明，早在唐高宗永徽以后，都督作为州一级的最高地方行政长官，其获得节度使的旌节，就在地方最高行政长官的职权之外，获得了由中央正式任命的军事长官的头衔。但在无事兵散于府，将归于朝的府兵制与有事则命将以出的行军制下，拥有军事指挥权的标志往往是

① 周绍良、赵超编：《唐代墓志汇编》，上海：上海古籍出版社1992年版，第1337页。

② 郁贤皓：《唐刺史考》，南京：江苏古籍出版社1987年版，第411页。需要指出的是，作者这里将贺拔延嗣离任凉州的时间考为太极元年（712年），而将杨执一赴任凉州的时间考为开元二年（714年），二者之间有两年空缺。作者依据的史料，因《册府元龟》卷二五九载："睿宗太极元年二月，命皇太子送金仙公主往并州，令……凉州都督贺拔延嗣节度内发三万兵赴黑山道。”此条说明至太极元年（712年）二月，贺拔延嗣尚在凉州任上，但不代表这一年就是其任职凉州的最后时间。所以，此后两年里，在尚无发现他人出任河西节度使或凉州都督之前，应该将贺拔延嗣离任凉州的时间认定在杨执一赴任凉州的开元二年（714年），应该是二人之间曾有河西节度使的交接；其次，杨执一离任河西节度使的时间，依据其墓志所记，应该是持续到了开元七年或八年，而郁氏考为开元三年（715年）亦误。

③（宋）王溥撰：《唐会要》，第1686页。

④《新唐书》卷五〇《兵志》，第1329页。

行军总管或诸军事之类的临时性的，也是附加性的官职，地方真正掌握实权的最高长官还是都督或刺史。

今由《司马逸客墓志》可知，在武则天时期他曾出任兰州刺史，职衔为："兰州诸军事、兰州刺史，兼右肃政台中丞，节度秦、成、河、渭、洮、岷、叠、宕、文、武、鄯、廓，积石、河源、武始等州诸军事。"显然，在他担任兰州刺史期间，兼有陇右道中兰州以东的秦、成、河、渭、岷、叠、宕、文、武、鄯、廓十一州与积石、河源、武始等军的军事节制权。而到了中宗、睿宗两朝，他先是"检校凉州都督，兼赤水军及九姓、陇右诸军州节度等大使、同城道大总管，兼右御史中丞"。在神龙二年（706年）冬，在突厥大举南侵之际，身为凉州都督的司马逸客与朔方军大使张仁亶等共为表里，联合抗击突厥并取得胜利。之后因其丁忧去职，但很快被起复，二次被委任时"授右武卫将军、中丞、凉州余使并如故。仍加旌节兼知秦、凉仓库事"，直至"景云二年夏，追入京，授刑部侍郎"。可见志主确实持有旌节，但始终非"河西节度使"衔，而为"凉州都督兼赤水军及九姓、陇右诸军州节度等大使"。二次委任时"凉州余使并如故"，依然为赤水军及九姓、陇右诸军州节度等大使。也就是，在他的凉州都督外，重要的是又加了军事职衔，而且从"仍加旌节"句可知，当时他是得到节制诸军的旌节的，是否拥有朝廷授予的旌节，是拥有军事指挥权的标志。从这里我们可以看出，该时期整个陇右道的军事节制权是不统一的，被分成了几个军区，在武则天时期，兰州以东的军事节制权一度归兰州刺史管，而兰州以西又归凉州都督等节制，而也是在武则天时期郭元振在大足元年（701年）起任凉州都督时，又兼任陇右诸军州大使，拥有整个陇右的军事指挥权，到了司马逸客任凉州都督时，他又是兼任陇右诸军州节度大使。所谓"同城道大总管"更是行军制的继续，而非节镇长官的称号。尤其说明该时期，整个陇右道时而划分为两个军区，时而合并为一个军区，尚不稳定。

前文又论及，按照《唐会要》"节度使"条、《通典·职官》与《新唐书·兵志》等文献的说法，似乎是自唐睿宗景云二年（711年）任命贺拔延嗣为河西节度使之后，自此全国范围内开始有了节度使的名号。但对此司马光有异议，《资治通鉴》卷二百一十睿宗景云元年记："（十月）丁酉，以幽州镇守经略节度大使薛讷为左武卫大将军兼幽州都督，节度使之名自讷始。"《考异》曰："《统记》：景云二年四月，以贺拔延嗣为河西节度使，节度之名自此始……按讷先已为节度大使，则节度之名不始于延嗣也。

今从《太上皇实录》。”[①] 有意思的是，薛讷担任幽州镇守经略节度大使兼幽州都督的时间在睿宗景云元年（710年）十月，而前文我们考证的唐朝中央出台设置河西节度使的决议，也是同年十二月。加之，当时在后东突厥的威胁之下，幽州与凉州皆为大镇，幽州为抵抗突厥、契丹、奚的大镇，凉州为防御突厥、吐蕃，隔绝突厥与西南的吐蕃、吐谷浑政权联合的大镇。说明该时期，在睿宗父子的主政之下，唐朝中央为应对边疆危机，在军事制度上已经开始调整，开启了行军制向镇军制的转换，为确保边疆有一定规模的常驻军，以及确保驻军的高效与统一，开始突出边疆大员的军事大权，突显其节度使的职衔。也就是说，在这种逐步推广的镇军制下，节度使不再是战时对地方最高行政长官的加官，而是变为职权、地位明显高于一般地方行政长官的常设官，已经为更高一级地方最高军政长官的称号。正因此，自此边镇大员的职衔中突出节度使衔，而淡化州郡都督、刺史衔已成为常态。

由此，具有新的意义之节度使的出现，并非偶然或孤立事件，而是唐朝中央有计划、系统性的统一行为，随后边疆各地的节度使相继出现就是明证。因之，相比较于贺拔延嗣，薛讷获此称号的时间应该在前。也就是，全国范围内新的节度使制，应该正是从睿宗景云元年（710年）十月薛讷任幽州镇守经略节度大使兼幽州都督开始的。而正是因为睿宗景云元年（710年）出台了河西节度使的分设决议，但并没有在时任凉州都督的司马逸客的职衔上落实，直至次年四月在新任命凉州都督贺拔延嗣之际方得到贯彻落实，贺拔延嗣成为名副其实的首任河西节度使，其继任者杨执一的官衔为“凉州都督兼左卫将军、河西诸军州节度督察等大使”，也是明确有“河西节度使”之衔，正说明从贺拔延嗣开始，新的节度使制开始在河西推行。

四、《凉州卫大云寺古刹功德碑》之价值与原碑竖立

现存《凉州卫大云寺古刹功德碑》为明代的复刻碑，结合碑文内容来看，原唐碑额应该为“重修凉州大云寺功德碑”或“大唐凉州大云寺功德碑”。碑文内容涉及凉州大云寺的沿革与参与修缮大云寺的僧俗主要官员，尤其重点记述了司马逸客主政凉州期间绵历数年的修缮过程及修缮后寺院的宏大规模和富丽堂皇。原唐代大云寺碑今已

① 《资治通鉴》卷二一〇睿宗景云元年（710年），第6656页。

不存，因为是对原唐碑的复刻，可能复刻之际原碑许多字迹已经漫漶不清，以至于复刻碑出现了许多讹误，前贤指出的已经很多[1]，此不再赘述。在此需要说明的是，将该碑与新出《司马逸客墓志》相互参照就会发现，许多信息可以互印互证。如碑文所记志主官职，“右武将军”即“右武卫将军”，“持节西河诸君节度大使”应为“持节陇右诸军州节度大使”。而墓志所记的“中丞”即“右御史中丞”。加之碑文词句典雅，与唐代许多碑志文风及敦煌藏经洞所出唐代发愿文、功德碑文风极为相似，说明碑文为唐代大云寺原碑文无疑，而现存明代的复刻碑因保留了原唐碑文的主要内容，仍具有很高的文献价值与文物价值。

对于大云寺寺名称的来历，碑文称：“大云寺者，晋凉州牧张天锡升平之年所置也，本名宏藏寺，后改名大云。因则天大圣皇妃临朝之日，创诸州各置大云，随改号为天赐庵。”[2] 首先可知，大云寺之最早为晋凉州牧张天锡时所建的宏藏寺。其次，需要指出的是这里“随改”二字后必有误漏，因按照前面的句意，是讲大云寺名称的来历，称武则天临朝之际于天下各州置大云寺期间改此寺名为大云寺。至于“号为天赐庵”可能是在唐之前或之后曾名“天赐庵”，而武则天时改名大云，乃全国性的运动。众所周知，唐天授元年（690年）七月，为利用佛教而神话自己，武则天在全国颁《大云经》，十月下诏各州郡修建大云寺，应该是同时凉州遂将宏藏寺改名为大云寺。至于文中称武则天为“妃”，又肯定为“后”或“太后”之误。因神龙元年（705年）冬十一月，武则天临终之际，已经遗制去帝号，称则天大圣皇后。至睿宗即位，又“诏依上元年故事，号为天后，未几，追尊为大圣天后，改号为则天皇太后”[3]。

至于原碑的竖立时间，碑尾记为“唐景云二年（711年），碑尾另有“前澒（领）修文阁（馆）学士刘秀撰”字样。所谓的修文馆，即唐初的弘文馆，神龙元年（705年）为避高宗长子李弘讳改名昭文馆，次年改修文馆，至睿宗景云二年二月又改为昭文馆。又可知原立碑时间在景云二年（711年）一二月间，即在大云寺的修缮工作竣工之际。

大云寺的兴盛是在武周时期，中宗至睿宗朝几经拨乱反正，就在睿宗改元“景云”

---

① 对于该碑《金石萃编》《陇右金石录》《武威金石录》皆有著录并指出其中的多处讹误，另外罗振玉《<敦煌本摩尼教经>残卷跋》、岑仲勉《<元和姓纂>校记》皆有征引与辨误。

② 《凉州卫大云寺古刹功德碑》，《武威金石录》，第41页。

③ 《旧唐书》卷六《则天皇后纪》，第132页。

之际，诏命“天下州县名目天授以来改为‘武’字者并令复旧。废武氏崇恩庙，其昊陵、顺陵并去陵名”[①]。匪夷所思的是，何以在此拨乱反正之际再兴武周遗风呢？其实，尽管原碑立于景云二年（711年）一二月间，但从碑文内容来看，这次大云寺的修缮绵历数载，应该是从中宗朝神龙元年至二年（705—706）司马逸客初任凉州都督之际就已经开始。该时期唐朝统治者继续推崇佛教，继续以崇佛来利用佛教为己所用，或为树立形象、博取民心。司马逸客初任凉州都督的时间为武后与中宗权力交接之际，神龙元年（705年）正月，张柬之等人发动神龙政变，唐中宗即位，随即大赦天下，二月“甲寅，复国号，依旧为唐”，二月“丙子，诸州置寺、观一所，以‘中兴’为名”[②]。至景龙元年（707年）二月，唐中宗采纳右补阙张景源的奏请，“咸请除‘中兴’之字，直以‘唐龙兴’为名”[③]，二月“庚寅，敕改诸州中兴寺、观为龙兴”[④]。神龙二年（706年），中宗为武后追冥福在洛阳改设圣善寺，至“景龙四年正月二十八日制：‘东都所造圣善寺，更开拓五十余步，以广僧房。’计破百姓数十家。”[⑤]睿宗上台以后，“景云元年九月十一日，敕舍龙潜旧宅为寺，便以本封安国为名”[⑥]。当时的人向睿宗进谏：“今天下佛寺盖无其数，一寺堂殿倍陛下一宫，壮丽甚矣……是十分天下之财而佛有其七八。”[⑦]可见整个武周朝的大兴佛教与建筑佛寺之风，后经唐中宗朝的继承，直至睿宗朝景云年间仍在风行。加之，今依据司马逸客墓志考察其一生官宦履历，也正是在武周时期大受重用，“垂拱二年，应制举，通乙科，敕授郑州管城尉，转缑氏主簿……寻加朝散大夫，行陕州司功。俄拜洛州司户参军事”。之后在武周革命而滥杀无辜之际，司马逸客因审时度势，适时公正审理了张光辅及杜儒童等案，拨正了许多冤假错案，从此受到武则天的赏识而显达，先是转夏官员外郎，后出为泽州司马，又转杭州长史，兰州诸军事、兰州刺史兼右肃政台中丞，节度秦、成等州与积石、河源、武始等军之诸军事，后又相继为银州刺史兼灵武军长史，定州诸军事、定州刺

① 《旧唐书》卷七《睿宗纪》，第155页。

② 《旧唐书》卷七《中宗纪》，第136页。

③ 《唐会要》卷四八《议释教下》，第992页。

④ 《资治通鉴》卷二〇八中宗景龙元年（707年），第6610页。

⑤ 《唐会要》卷四八《议释教下》，第993页。

⑥ 《唐会要》卷四八《议释教下》，第992页。

⑦ 《唐会要》卷四八《议释教下》，第997页。

史兼充岳岭守捉使，直至中宗神龙元年至二年（705—706）受任为凉州都督。可见，司马逸客先后主持修缮大云寺应与武周以来的崇佛遗风有关，也与司马逸客对武则天的个人崇拜有关。

（李宗俊，四川师范大学历史与旅游学院教授，陕西师范大学历史文化学院教授、博士生导师。）

山西大同出土司马金龙墓表中的武威元素

张铭心

一、司马金龙墓出土墓志及迄今的相关研究

司马金龙墓，是山西省大同市博物馆与山西省文物工作委员会于1965年联合，在大同市东约六公里的石家寨发掘的北魏平城时代最大的墓葬之一①。墓中出土了三件墓志，分别是“钦文姬辰之铭”“司马金龙之铭”“司马金龙墓表”。其中司马金龙之铭及墓表自出土后，受到考古学界和历史学界的高度关注②。

司马金龙墓表

司马金龙之铭

梁舒墓表

梁阿广墓表

通过《中国知网》检索可知，至今以司马金龙墓出土文物为主题的研究已经达到

① 山西省大同市博物馆、山西省文物工作委员会：《山西大同石家寨北魏司马金龙墓》，《文物》1972年第3期，第20—32页。

② 志工：《略谈北魏的屏风漆画》，《文物》1972年第8期，第56页；宿白：《盛乐、平城一带的拓跋鲜卑——北魏遗迹——北魏遗迹辑录之二》，《文物》1977年第11期，第44页；杨泓：《北朝文化渊源探讨之一——司马金龙墓出土遗物的再研究》，《北朝研究》1989年第1期，第13—21页。

近140篇。其中涉及考古方面的35篇，涉及中国古代史方面的7篇。但有关司马金龙墓出土墓志的相关专题研究（包括正式出版，但《中国知网》未收录的学术会议论文集）只有以下几篇论文（按发表先后为序）：

张铭心：《司马金龙墓葬出土碑形墓志源流浅析》，《纪念西安碑林九百二十周年华诞国际学术研讨会论文集》，文物出版社2008年版，第553—563页。本文的基本观点，最初形成于2003年5月笔者提交给大阪大学的博士学位申请论文《トゥルファン出土高昌墓砖の源流とその成立》中，此后又收录在2022年7月出版的拙著《出土文献与中国中古史研究》（广西师范大学出版社2022年版）中。

张学锋：《墓志所见北朝的民族融合——以司马金龙家族墓志为线索》，《许昌学院学报》2014年第3期。此后该文又在日本京都大学《历史文化社会论讲座纪要》（2016），13：1-11，2016-02-28，以《墓志から见た中国北朝时代の民族融合—司马金龙家族墓志を手がかりとして—》。

梁建波：《关于北魏司马金龙墓志的几个问题》，《河北北方学院学报（社会科学版）》2015年第1期。

范兆飞：《文本与形制的共生：北魏司马金龙墓表释证》，《复旦学报（社会科学版）》2020年第4期。

由于本人的论文发表在先，后发表的相关研究虽未引用前揭拙文，但有些与本人观点相同的部分，在此就不再强调说明。

需要说明的是，本文的基本内容主要还是摘自本人2008年发表的《司马金龙墓葬出土碑形墓志源流浅析》一文。但为了对应《凉州文化论坛》这个主题，本文主要从强调北魏平城与十六国时代武威之间的关系展开讨论。

二、司马金龙墓出土三件墓志之形制特征

司马金龙墓所出土的三件墓志，其一为方形，二为碑形。三件墓志形制不一，各有不同。

在碑形的“司马金龙墓表”中，我们可以发现有诸多“河西圆首碑形墓表”的要

素。具体来说，“河西圆首碑形墓表”的形制、书写格式[①]、自名等所有要素都包含在“司马金龙墓表”之中。通过与河西地域出土和制作的圆首碑形墓表的对比，我们更可以发现司马金龙墓表上更为具体的“河西圆首碑形墓表”的特征。比如武威出土的梁舒墓表[②]（376年）与凉州（即武威）制作，出土于宁夏固原的梁阿广墓表[③]（380年），其题额上的阳刻篆书“墓表”二字，与“司马金龙墓表”（484年）题额上的“墓表”二字相比较，虽然在时间上相隔一百余年，但其篆写样式和阳刻的方法基本上相同。或许据此可以推测，“司马金龙墓表”本体很可能就是凉州的工匠制作的[④]。

“司马金龙墓表”与“司马金龙之铭”最主要的差别还是在题额的有无上。在至今所见到的十六国时期的碑形墓志上，基本上都刻有题额，其中只有时代较晚，属北朝时期的“且渠封戴墓表”（445年・右图）[⑤]上没有题额。由此来看，“司马金龙之铭”虽然没有题额，但我们将其与“司马金龙墓表”看作相同性质的墓志应该是没有问题的。

但同时我们注意到，“司马金龙之铭”和“司马金龙墓表”中最后的“铭”之用词，在“河西圆首碑形墓表”中未曾出现过，这种“铭”的用词显然与“司马金龙墓表”题额中“墓表”的用词不相统一。

“钦文姬辰之铭”在形制上与司马金龙的两件碑形墓志完全不同，我们很难看出其

① “河西圆首碑形墓表”的书式构成为“纪年+官号+墓主名+墓域位置”等，参见笔者《十六国时期碑形墓志源流考》，《文史》2008年第2期。

② 钟长发、宁笃学：《武威金沙公社出土前秦建元十二年墓表》，《文物》1981年第2期，第8页；宿白：《武威行——河西访古丛考之一（上）》，《文物天地》1992年第1期，第6页。

③ 宁夏博物馆编著：《固原历史文物》，北京：科学出版社2004年版，第113、114页。

④ 北魏太武帝太延五年（439年），高宗拓跋焘灭北凉后，“徙凉州民三万余家于京师”，其中或有北凉工匠随行。参见《魏书》卷四《世祖纪》，北京：中华书局1974年6月第1版，1984年1月第2次印刷（以下所引《魏书》均为此版本），第1册，第89页。

⑤ 新疆文物考古研究所：《阿斯塔那古墓群第十次发掘简报》，《新疆文物》2000年3—4合刊，第84—128页。

间有什么渊源关系。而其接近于正方形的形制，两面刻字的铭文刻制方式，反映得更多的似乎是东晋南朝墓志[①]的特征。然而在铭文书写格式上却与司马金龙的两件墓志有一些相同或相似之处。比如铭文书写上都是“纪年”+“籍贯”+“官号”或“身份”+“某某之铭”的格式，特别是墓志铭文中最后都是“铭”的用词，这似乎说明其间存在某种关系。

综观司马金龙墓出土墓志之前的墓志，“铭”之名称使用最早的例证，见于西晋元康九年（299年）徐义之铭[②]，另外，近年内蒙古乌审旗发掘出土的大夏二年（420年?）墓志[③]中也使用了“铭”的用词，南朝墓志中的刘怀民墓志（464年）[④]中出现了“墓志铭”的用词。所有这些均表明，“铭”的用词不是来源于河西，而应该是来源于中原或江左。

如此，在司马金龙墓中出土的墓志，不仅有东晋墓志特征的墓志，也有具有“河西圆首碑形墓表”特征的墓志，同时在司马金龙的两件墓志上，我们也能看到“河西圆首碑形墓表”与东晋墓志等多种文化内涵。

三、司马金龙墓出土墓志的地域文化渊源

通过以上分析可知，司马金龙墓出土的三件墓志，其不同的形制所反映的是不同的地域文化。从中我们能看到两晋南朝中原及江南的丧葬文化内涵，同时亦可见到河西地域的丧葬文化内涵。那么，这种不同的文化内涵是如何集中反映到这同一墓葬所出土的墓志中的呢？下面就此问题试作探讨。

---

① 东晋南朝墓志的相关形制与铭文用词特征，请参考《考古》《文物》等相关刊物发表的发掘报告。

② 河南省文化局文物工作队：《洛阳晋墓的发掘》，《考古学报》1957年第1期，第169—185页。

③ 三崎良章：《大夏纪年墓志铭中“大夏二年”的意义》，《北朝史研究——中国魏晋南北朝史国际学术研讨会论文集》，北京：商务印书馆2004年版，第546—551页。

④ 万里：《汉魏南北朝墓志集释》图版第19，北京：科学出版社1956年版，第13页；又见《书道全集》第6册，第5页，日本平凡社1957年8月第1版，1982年9月第21次印刷。

据司马金龙墓葬出土司马金龙的墓志可知，司马金龙为怀州河内郡温县肥乡①孝敬里人，生年不详，葬于北魏孝文帝太和八年（484年）十一月十六日②，官号为使持节、侍中、镇西大将军、吏部尚书、羽真司空、冀州刺史、琅耶康王等。又据“钦文姬辰之铭”，司马金龙之父为使持节，侍中，镇西大将军，启府仪同三司，都督梁、益、兖、豫诸军事，领护南蛮校尉，扬州刺史，羽真琅琊贞王，故司马楚之。

司马楚之及司马金龙父子，《魏书》有传③。司马楚之字秀德，晋宣帝弟太常馗之八世孙，明元帝泰常四年（419年），因逃避刘裕诛夷司马之祸而自南朝奔魏④。后尚诸王女河内公主，生司马金龙。文成帝和平五年（464年）薨，时年七十五。司马金龙字荣则，袭父爵，拜侍中、镇西大将军、开府、云中镇大将、朔州刺史、征为吏部尚书。太和八年（484年）薨，赠大将军、司空公、冀州刺史，谥康王。司马金龙初纳太尉陇西王源贺女为妻，生延宗、纂（茂宗）、悦（庆宗）三子，后娶北凉王且渠牧犍与世祖（太武帝拓跋焘）之妹武威公主所生之且渠氏，生子徽亮。因且渠氏有宠于文明太后，故以徽亮袭爵。

钦文姬辰，为源贺之女。源贺，即贺豆跋，为河西南凉王秃发傉檀之子⑤，明元帝神瑞元年（414年），秃发傉檀为西秦乞伏炽盘所灭⑥而自乐都奔魏。秃发傉檀本河西鲜卑人，因与拓跋鲜卑同源，故源贺被太武帝拓跋焘改姓源氏。钦文姬辰死亡的同年（474年），源贺辞太尉职务，并薨于五年后⑦。

且渠氏的相关资料，散见于《晋书》《魏书》《北史》《十六国春秋》等史籍中。其父且渠牧犍（茂虔），乃末代北凉王。其母武威公主，为北魏世祖拓跋焘之妹。且渠牧

---

① “钦文姬辰之铭”为“倍乡”，司马金龙之子司马悦墓志中的地名为“河内温县都乡孝敬里”（《新中国出土墓志》河南卷壹，文物出版社，图版，见上册第212页，录文，见下册第202页）。考《晋书》卷一，帝纪第一，宣帝（中华书局，1974年11月第1版，第1次印刷，第1册，第1页），司马皇族为河内温县孝敬里人，无倍乡、肥乡或倍乡之记载。另外，《魏书》，卷一百六十，志第六，地形志中有肥乡县，属齐州东魏郡（第7册，第2524页），与此肥乡无关。

② 关于墓志的纪年性质，请参考拙文《高昌墓砖书式研究——以“纪年”问题为中心》，《新疆师范大学学报（哲学社会科学版）》2004年第1期，第54—61页。

③ 《魏书》卷三十七，第855—860页。

④ 降魏时间，参见《魏书》卷三，第59页。

⑤ 《魏书》卷四十一，第919—939页。

⑥ 《魏书》卷三，第54—55页。

⑦ 有关源贺的研究，参见前揭宋馨《司马金龙墓葬的重新评估》第566—567页及相关注释。

犍尚武威公主为妻的时间当在且渠牧犍即北凉王位（433年）[1]之后不久，也就是说，且渠氏的出生年代不会早于433年。据《魏书》高崇传，且渠氏在显祖献文帝（465—471）初年诏为高潜之妻，同时被封为武威公主[2]。据同书且渠蒙逊传，且渠氏是在其母，即世祖妹武威公主卒后不久，“以国甥亲宠，得袭母爵为武威公主”[3]。由此可知，且渠氏的这次婚姻及袭爵武威公主都发生在献文帝拓跋弘（465—471）初期。高潜不久即卒，但且渠氏与高潜生有一子高崇，因且渠牧犍一族被诛，曾以高崇继牧犍，改姓且渠[4]。孝文帝延兴四年（474年）后，受宠于文明太后的且渠氏很可能是在文明太后的主持下，又嫁给了司马金龙。从司马金龙墓所出土的文物中，我们找不到任何有关且渠氏的信息，由此判断且渠氏的死亡时间当在司马金龙之后。

据此，我们可以排列出司马金龙家族及姻亲的谱系如下：

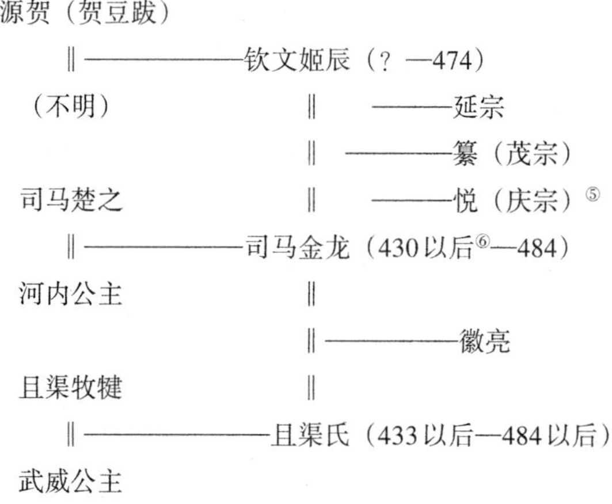

通过以上考察可知，司马金龙家族本身源自一个具有东晋文化背景的家族，然而自司马楚之奔魏后，尚诸王女河内公主，生金龙，后金龙娶太尉、陇西王源贺女，生子三人，又娶北凉王且渠牧犍女，生子一人。其家族虽源东晋朝汉文化，但也融入了

① 《魏书》卷九九，第2203—2210页。

② 《魏书》卷七十七，第1707—1719页。

③ 《魏书》卷九十九，第2209页。

④ 《魏书》卷七十七，高崇传。

⑤ 司马悦事迹，又见前揭司马悦墓志。

⑥ 此年代参考前揭宋馨《司马金龙墓葬的重新评估》第565页。

鲜卑文化以及河西汉文化。如此，我们可以对司马金龙墓所出土的墓志所包含的复杂的地域文化特征作出如下的阐释，即司马金龙的第一任妻子钦文姬辰最早死亡，可以推测其丧葬仪式是在司马金龙的主持下进行的，因此钦文姬辰墓志所反映出来的东晋墓志的特征，自然与司马金龙的文化背景有关。而司马金龙的葬礼，可以推测是在后任妻子且渠氏的主持下进行的[①]，因此司马金龙的墓志上所反映出来的自然就是具有河西丧葬文化的"河西圆首碑形墓表"的特征了。

四、司马金龙墓表与北魏平城时代的碑形墓志的源流

总体上讲，司马金龙墓出土的碑形墓志所具有的河西文化与东晋南朝的文化特征，并非一个孤例。在北魏的整体文化特征上也具有典型的代表意义。北魏之汉文化，主要是江左汉文化与河西汉文化的综合产物。正如陈寅恪先生所言，秦凉诸州西北一隅之地、其文化上续汉、魏、西晋之学风，下开（北）魏、（北）齐、隋、唐之制度，承前启后，继绝扶衰，五百年间延绵一脉，然后始知北朝文化系统之中，其由江左发展变迁输入者之外，尚别有汉、魏、西晋之河西遗传[②]。对于这一问题，前辈学者已有诸多具体研究。比如北魏的刑律，实综汇中原士族仅传之汉学及永嘉乱后河西流寓儒者所保持或发展之汉魏晋文化，并加以江左所承西晋以来之律学[③]。此外，在诸多文物制度上的这种模式的融合也随处可见[④]。但总体上讲，北魏平城时期的汉文化，还是以接受河西文化为主流，这个问题不但在制度方面尤为突出，在平城时代的墓志源流问题

① 在北朝的家庭中，往往存在嫡妾不分的情形。且渠氏虽然是司马金龙的继室夫人，但因其为公主所生，外家为皇室，又得文明太后的宠爱，而且从其子袭爵的史实看，且渠氏在司马金龙的家族中应该具有支配地位。参见史睿：《南北朝士族婚姻礼法的比较研究》，《中国社会科学文摘》2008年第8期。

② 陈寅恪：《隋唐制度渊源略论稿》，北京：中华书局1963年版，第41页。

③ 陈寅恪《隋唐制度渊源略论稿》，第111页。

④ 马长寿《北魏的移民代都和山东、河西、南朝的文物制度对于北朝的影响》，同氏著《乌桓与鲜卑》，桂林：广西师范大学出版社2006年版，第39—66页。此外，关于南朝文化传入北魏的问题，又见王永平：《北魏时期南朝流亡人士行迹考述——从一个侧面看南北朝之间的文化交流》，殷宪主编，刘驰副主编：《北朝史研究——中国魏晋南北朝史国际学术研讨会论文集》，北京：商务印书馆2004年版，第120—133页。

上也有所表现。

殷宪先生在研究早期平城墓志时认为，北魏平城时期的墓志形制以多样化为特点，并无统一的形制。形成这种状况的原因，主要是北魏的京畿平城作为一个多民族的聚居地。居民成分非常复杂，即便是汉族士人，也是来自不同的地域和政治集团，墓志的形制势必反映不同地域的习俗。同时他认为，碑形墓志应该是北魏平城时代墓志的基本形式[①]。殷宪先生的以上观点虽然是泛泛而谈，却是十分有见地的。只可惜他对于北魏碑形墓志的源流问题没有作进一步的探讨。

至今以大同为中心的山西地区出土的北魏时代的墓志总体上已达到十余件，其中方形、碑形等东晋十六国时期的墓志形态都包含在其中，更有此前从未出现过的四边起框的方形高框墓志[②]。然而总体上讲，碑形墓志到后来占据了主要地位。特别是司马金龙墓志之后的碑形墓志，虽然在名称上已由“墓表”改称为“墓志铭”（上左图）[③]、“墓志”（上右图）[④]，甚至铭文书写格式已经完全与南朝的墓志铭文书式相同，但从其形制上我们仍然能够看到“河西圆首碑形墓表”的圆首碑形的特征。换句话说，“河西圆首碑形墓表”从河西流传到了平城之后，开始融入东晋南朝等江南地域的墓志特征，并形成了北魏平城地域的墓志特征。

其实北魏平城时代的这种丧葬文化现象，不仅仅反映在了墓志上，在墓室的建造上也有很多相似的表现。比如北魏境内平城早期至中期的墓葬形制的地域性极强，大致可分为三燕区的石椁土穴墓以及秦夏区（关陇一带）的高封土长墓道土洞双室墓，

① 殷宪《北魏早期平城墓铭析》，第167页。

② 殷宪《北魏早期平城墓铭析》，第163—192页；又见殷宪：《北魏平城书法综述》，《东方艺术》2006年第12期，第6—47页。

③ 如大同市出土的景明二年（501年）封和突墓志，参见大同市博物馆 马玉基：《大同市小站村花圪塔台北魏墓清理简报》，《文物》1983年第8期，第1—4页。

④ 如大同市出土的永平元年（508年）元淑墓志，大同市博物馆：《大同东郊北魏元淑墓》，《文物》1989年第8期，第57—65页；王银田：《元淑墓志考释——附北魏高琨墓志小考》，《文物》1989年第8期，第66—68页。

五凉以及关陇地区的葬俗与墓形却对平城后期的墓葬形制有重大的影响①。北魏平城时代的这种墓室建造形式的演变与墓志特征演变的吻合，进一步证明了“河西圆首碑形墓表”对平城地区影响的存在。

五、结语

本文通过对司马金龙墓葬出土墓志的研究，指出了其碑形墓志源于“河西圆首碑形墓表”的问题，并进一步通过对墓志铭文的用词特征的分析，指出了其虽是河西墓志的形制，却有东晋墓志的铭文特征。进而通过对司马金龙家族的分析，指出了出现这些现象的背景和原因，是由于其家族成员不同的地域文化背景所使然。最后进一步指出，北魏平城时期的碑形墓志主要继承了“河西圆首碑形墓表”的文化内涵，并融入了东晋南朝墓志的特征，形成了具有平城地域自身特征的墓志。

（张铭心，中央民族大学民族博物馆教授。）

---

① 参见 Shing Müller, *Die Gräber der Nördlichen Wei-Zeit(386-534)*, Unpublished Dissertation, Lüdwig-Maximilians-Universität München,1998.pp.92-124；宋馨：《司马金龙墓葬的重新评估》第569页注释1。

北凉屯田研究

杨荣春

自汉代以来开始屯田经营西域，曹魏沿承两汉在西域的统治和屯田，派遣戊己校尉屯驻于高昌；派遣西域长史控制楼兰，经营西域，遂“其大国龟兹、于阗、康居、乌孙、疏勒、月氏、鄯善、车师之属，无岁不奉朝贡，略如汉氏故事”[①]。敦煌太守仓慈去世时，西域诸胡闻讯便“悉共会聚于戊己校尉及长吏治下发哀”[②]。唐长孺先生考证：“曹魏第一任戊己校尉是张恭，第二任即张恭的儿子张就……张恭曾为敦煌郡功曹，显然是敦煌大姓，父子相继为戊己校尉，当然是考虑到敦煌和高昌的传统密切关系的。”[③]李宝通认为：“魏晋之际的西域屯田，与其说是为了捍御中原王朝的西北边陲，毋宁说是为了保护河西大族的经济利益更为恰当。”[④]

西晋延续曹魏时期的治理西域模式，仍在楼兰和高昌等地屯田。侯甬坚认为：“魏晋南北朝时期西域地区诸民族极为活跃，丝路沿线交通时断时续是基本情况，中原王朝经营的屯田也相当不稳定。”[⑤]戊己校尉治所高昌仍是西晋在西域屯田的中心地区，敦煌人索靖也曾“拜驸马都尉，出为西域戊己校尉长史”[⑥]。西域长史治所海头城仍是西晋在西域的行政中心，主要负责对当地屯田、戍守军队的管理以及与西域诸国交往

① 《三国志》卷三〇《魏书·乌丸鲜卑东夷传》，第840页。

② 《三国志》卷一六《魏书·任苏杜郑仓传》，第513页。

③ 唐长孺：《山居存稿》，北京：中华书局1989年版，第335页。

④ 李宝通：《试论魏晋南北朝高昌屯田的渊源流变》，《西北师大学报（社会科学版）》1992年第6期，第81页。

⑤ 侯甬坚：《屯田区概念与西域屯垦史研究》，《西域研究》2020年第3期，第69页。

⑥ 《晋书》卷六〇《索靖传》，第1648页。

等事务。据《流沙坠简》禀给类载：

> □（出）床五斛四斗，禀高昌士兵梁秋等三人，日食六升，起九月一日，尽卅日[①]。

此楼兰出土的简牍，记载高昌士兵的日食标准，高昌士兵何以出现在楼兰？苏北海认为："这是从高昌调到楼兰的屯田士兵在楼兰领取口粮的账簿。"[②]西晋兵屯，旨在把士兵束缚在土地上，以保证足够的劳动人手和兵源。为了榨取得更多，统治阶级总是贪得无厌的，极力压迫兵士。《晋书·傅玄传》泰始四年（268年）傅玄上疏曰：

> 减持官牛者，官得八分，士得二分。持私牛及无牛者，官得七分，士得三分……自顷以来，日增田顷亩之课，而田兵益甚，功不能修理，至亩数斛已还，或不足以偿种。非与曩时异天地，横遇灾害也，其病正在于务多顷亩而功不修耳[③]。

并且还只顾强迫田卒扩大耕种面积，至所收不足以偿种。另楼兰出土L.A.II.ii——孔木114号简：

> 兵曹　泰始四年（268）六月发讫部兵名至
> 　　　高昌留屯逃亡物故等事[④]。

"泰始"为西晋武帝年号。简牍内容是向楼兰长史府兵曹汇报，由楼兰派往高昌屯田的士兵逃跑和死亡情况。胡平生先生认为："'泰始四年六月以来'，指所存档案起始日期，内容是楼兰驻军派往高昌屯戍的兵士逃亡与死亡情况的记录。前往高昌屯戍的兵士由楼兰派出，'逃亡物故'情况呈报楼兰备案，这说明楼兰乃是中原王朝统治西

---

① 罗振玉、王国维：《流沙坠简》卷二，北京：中华书局1993年版，第169页。

② 苏北海：《楼兰古道对汉朝统一西域及丝路的重大贡献》，《西北史地》1996第4期。

③《晋书》卷四七《傅玄传》，第1321页。

④ 侯灿、杨代欣：《楼兰汉文简纸文书集成（一册）》，成都：天地出版社1999年版，第143页。

域的政治军事中心。”[①]这一分析很有道理。这些都说明西晋在楼兰、高昌屯田，而且楼兰和高昌两地的屯田士兵可以互相调遣。河西出土的墓壁画也展示魏晋在西北的屯田，见嘉峪关魏晋墓壁画M3：08屯营图、M3：036屯垦图。

屯营M3：08图片采自：甘肃省文物队等《嘉峪关壁画墓发掘报告》，
北京：文物出版社1985年版，图版八六。

上图为嘉峪关魏晋壁画墓之M3：08屯营图，主要内容是屯营：中间自左而右，左为牙门为军营大门，是军营至关紧要处，两旁列有牙旗六面。凡军中有号令，必先召集官兵到牙旗之下，其作用如府之视事厅堂。屯营中长官所居为大帐，称大帐者，周围兵士所居之小帐。大帐内，坐一将军（墓主人），幅巾黄衣，手持便面，帐外左右各立一侍卒。大帐的位置在牙门之后，乃军营之中心，大帐周围绕以小帐三重，帐外戟盾林立，反映了当时屯营布置的情况。

① 胡平生：《魏末晋初楼兰文书编年系联（下）》，《西北民族研究》1991年第2期。

屯垦M3：036图片采自：甘肃省文物队等《嘉峪关壁画墓发掘报告》，
北京：文物出版社1985年版，图版八六。

上图为嘉峪关魏晋壁画墓之M3：036屯垦图，从内容来看由四部分组成：第一部分为一列九个士兵操练，兜鍪裤褶，荷戟持盾；第二部分为两个人，前一人兜鍪裤褶，左手持剑，后一人骑马，绛褶灰裤；第三部分一列十个士兵操练，皆兜鍪裤褶，荷戟持盾；第四部分为二耕者，前一人为凭发持鞭，驾牛扶犁耕田，似鲜卑人。后一人持鞭，驾牛扶犁耕田，似为汉人。这幅图反映了魏晋兵屯“且佃且守”“出战入耕”的真实情况。

关于魏晋西域屯田，前人已有相关研究成果①，而十六国前凉、前秦、后凉、西凉西域屯田，尤其是北凉的屯田还有待于发挥和补充。笔者拟利用河西与吐鲁番出土文献对此做进一步探讨。

① 孟凡人：《魏晋楼兰屯田概况》，《农业考古》1985年第1期；方英楷：《新疆屯垦史》，乌鲁木齐：新疆青少年出版社，1989年；方英楷：《魏晋楼兰屯田考》，《新疆屯垦科技》1991年第1期；李宝通：《试论魏晋南北朝高昌屯田的渊源流变》，《西北师大学报（社会科学版）》1992年第6期；王希隆：《魏、晋、前凉西域屯田述论》，《西域研究》2013年第3期；高荣：《魏晋十六国时期河西屯田简论》，《简牍学研究》2014年；侯甬坚：《屯田区概念与西域屯垦史研究》，《西域研究》2020年第3期。

一、前凉与前秦、后凉、西凉的西域屯田

(一)前凉西域屯田

前凉张氏政权充分汲取“弃西域者……河西大被其害”[①]的历史教训，积极地经营西域，至前凉张骏时仍设戊己校尉与西域都护，继续沿承魏晋旧规，分居于高昌及楼兰两地。《十六国春秋·前凉录》载：

> 分敦煌、晋昌、高昌三郡及西域都护、戊己校尉、玉门大护军三营，为沙州。以西胡校尉杨宣为刺史[②]。

可见，在西域前凉首次设置了高昌郡，这是魏晋十六国时期将内地的郡县行政管辖建制推行到西域的最早记载。与此同时，前凉继续沿承魏晋以来在西域设置西域都护、戊己校尉的制度，并将西域长史改称为西域都护。出土于罗布泊海头遗址（今新疆若羌县东北部，在距楼兰古城西南50公里处）的前凉“李柏文书”，是前凉经营西域的有力证据。现移《李柏文书》部分如下：

1 五月七日，西域长史、关内侯

2 柏顿首顿首。阔久不知问，常

3 怀思念，不知亲相念，

4 使见忘也。诏家见遣

5 使慰劳诸国，此月二日来到

6 海头。未知王问邑邑。天热，

7 想王国大小平安。王使

---

①《资治通鉴》卷五〇《汉纪四二》东汉安帝永宁元年（120年）三月条，第1606页。

②（明）屠乔孙、项琳：《十六国春秋》卷七二《前凉录三》，《四库全书荟要·史部》，长春：吉林人民出版社2009年版，第893页。

……………………………

1 □逆贼赵▭

2 不礼□□[①]

文书是驻守在海头的前凉西域长史、关内侯李柏，给凉王张骏的书信。文书中的“□逆贼赵”，尽管前后缺文，但还是能够推断出是“讨逆贼赵贞”。这也恰恰说明，前凉在经营楼兰、海头。此赵贞为晋戊己校尉驻高昌，《晋书·张骏传》载：

西域长史李柏请击叛将赵贞，为贞所败。议者以柏造谋致败，请诛之[②]。

又《晋书·张骏传》载：

初，戊己校尉赵贞不附于（张）骏，至是，（张）骏击擒之，以其地为高昌郡[③]。

另《初学记》载：“东晋咸和二年（327年），置高昌郡，立田地县。”[④]由此可见，前凉于东晋咸和二年（327年），擒获戊己校尉赵贞，以其地设高昌郡，下辖田地、高昌、横截、高宁等县。从此高昌郡在历史上拉开序幕，前凉开始经营高昌。前凉进一步在县下设乡里，自此高昌实行军民分治，高昌郡守主管民，戊己校尉主管军屯和戍边。见吐鲁番出土《前凉升平十四年（370年）残券》，文书存两行，现移录文如下：

1 升平十四年□□□九日，宋永　　韩小奴□瓜地二亩▭

2 ▭奴垒四尺▭[⑤]

---

①（日）小田义久：《大谷文书集成》（叁），京都：法藏馆株式会社平成十五年（2003）版，第211—218页。

②《晋书》卷八六《张骏传》，北京：中华书局1974年版，第2235页。

③《晋书》卷八六《张骏传》，第2238页。

④（唐）徐坚：《初学记》卷八《陇右道》，北京：中华书局2010年版，第181页。

⑤《吐鲁番出土文书》（壹），第2页。

该文书是前凉治下高昌郡时期的一件土地买卖契券，文书内容是宋永买韩小奴瓜地二亩，说明当时有民田允许买卖。高昌在魏晋十六国时期最早成为前凉的统辖区域，前凉的政治经济制度也大多沿袭魏晋。

（二）前秦西域屯田

晋升平元年（357年），苻坚称帝，自称大秦天王，改元永兴。苻坚自357年称帝至灭前燕370年，励精图治，政治清明，社会较为安定，创造了前秦的鼎盛局面。前秦建元十二年（376年）四月，苻坚派兵讨伐前凉，大军入河西走廊，“遣其武卫苟苌、左将军毛盛、中书令梁熙、步兵校尉姚苌等率骑十三万伐张天锡于姑臧”[①]。前秦大军兵临姑臧，凉王张天锡素车白马，面缚出降，前秦据有凉州前凉遂亡。同年九月，“（苻）坚以梁熙为持节、西中郎将、凉州刺史，领护西羌校尉，镇姑臧”[②]。又以“高昌杨幹为高昌太守”[③]。由此来看，前秦是在建元十二年（376年）九月接管了前凉的统治区域，高昌郡也并入了前秦的统治，并在龟兹设西域校尉，统辖西域，任命杨翰为高昌太守，领导军民屯田。为尽快恢复河西经济，还将江汉及中原百姓迁徙河西，《晋书·凉武昭王李玄盛传》：

> 初，苻坚建元之末，徙江汉之人万余户于敦煌，中州之人有田畴不辟者，亦徙七千余户。郭麘之寇武威、张掖已东人西奔敦煌、晋昌者数千户[④]。

前秦苻坚迁徙江汉万余户、中州人7000余西迁敦煌屯田，又郭麘之乱数千户迁入敦煌。如此两万多民户到达敦煌后，因敦煌人满为患，其中又有一部分西迁到高昌屯田。关于前秦对高昌的经营，见吐鲁番出土《前秦建元二十年（384年）三月高昌郡高宁县都乡安邑里籍》，节录其中部分录文如下：

---

①《晋书》卷一一三《苻坚载记》上，第2897—2898页。

②《晋书》卷一一三《苻坚载记》上，第2898页。

③《资治通鉴》卷一〇四《晋纪二六》孝武帝太元元年（376年）九月条，第3276页。《资治通鉴》中的高昌太守“杨幹”与《晋书》中的高昌太守“杨翰”、《十六国春秋辑补》中的高昌太守“杨翰”，系同一人。

④《晋书》卷八七《昭武凉王李玄盛传》，第2263页。

1 奴妻扈年廿五　　小男一　　得孙奋坞下田二亩
2 奴息男郍年八　　凡口七　　虏奴益富年卅入李洪安
3 郍女弟蒲年一新上　　舍一区
4 贺妻李年廿五[　　　]
5 高昌郡高宁县都乡安邑里民崔奋[　　　]
6 弟平年　　[　　　]
7 奋妻□年　　[　　　]
8 平妻郭年廿　　□□□田□亩
9 奋息女颜年廿一从夫　　得阚高桑园田四亩半
10 颜男弟仕年十四　　得江淮卤田二亩以一亩为场地
11 仕女弟训年十二　　得李亏（?）田地桑三亩
12 平息男生年三新上　　舍一区
13 生男弟麹（?）年一新上　　建[①]

前秦灭前凉后，高昌纳入前秦的统辖区域，前秦开始经营高昌，在高昌编制户籍，实行屯田制度。从以上户籍可以看到，前秦高昌地区根据土地的肥沃与贫瘠，将其分成常田、卤田；根据土地的用途，将其分成桑田、园田。说明，前秦高昌的农业结构是粮食作物与经济作物占主要成分。荣新江先生提出："吐鲁番阿斯塔那305号墓曾出土《前秦建元二十年（384年）三月廿三日韩瓫辞为自期召弟应见事》，与本文书年代同时，可见其时前秦有效地统治着高昌。虽然由于苻坚在前一年的十一月被东晋大败于淝水，此时前秦在中原的统治已经开始瓦解，但这个反叛苻坚的浪潮冲击到河西乃至高昌地区，相对要迟一些……建元二十年三月的高昌郡地区，完全没有受到中原动荡的影响，而是按照郡县官府的常规来制作户籍的。"[②] 另见吐鲁番出土《前秦田亩簿》：

1 [　　　]□桑□亩

① 《新获吐鲁番出土文献》（上册），第177—179页。

② 荣新江：《吐鲁番新出<前秦建元二十年籍>研究》，《中华文史论丛》2007年第4期，第8页。

2 ______□□麦三亩

---（询）

3 ______□小麦十亩

4 ______□麦九亩

5 ______□桑四亩

6 ______蒲陶三亩

7 ______□平头桑一亩半

8 ______□德明蒲陶三亩

9 ______□雒桑二亩半

10 ______蒲陶四亩

11 ______麦四亩

12 ______□□蒲陶五亩

13 ______□桑麦二亩

14 ______□桑麦三亩[①]

从以上《前秦田亩簿》可见，前秦高昌屯田的种植结构主要以麦、蒲陶（葡萄）、桑为主，作为主食“麦”种植最多达十亩，作为经济作物的桑和蒲陶以供调节。

（三）后凉西域屯田

后凉的创立者为氐人吕光。376年，前秦兼并前凉，苻坚任命梁熙为凉州刺史，镇姑臧（今甘肃武威）。为使前秦势力拓展到西域，378年苻坚下诏梁熙，指派使节遍访西域诸国，以宣扬前秦国威，大宛派使者向前秦献大宛马，然而西域之龟兹、焉耆等大国不与前秦往来，甚至还控制着西域的许多小国，抵制前秦势力的渗入。382年，鄯善王休密驮、车师前部王弥寘亲自到长安朝贡，向苻坚言及西域之事，并表示“请为向导，以伐西域之不服者”[②]。吕光也曾上讨平西域三十六国疏曰：“唯龟兹据三十六

---

①《新获吐鲁番出土文献》（上册），第185页。

②《资治通鉴》卷一〇四《晋纪二六》孝武帝太元七年（382年）九月条，第3300页。

国之中，制彼王侯之命。”[①]而此时，前秦已基本统一了北方，兵马强盛，更有图西域之志。晋孝武帝太元八年（383年），前秦苻坚委派将军吕光远征西域。所以，后凉是由前秦派生的，后凉的建立与吕光征西域有直接关系。晋武帝太元十四年（389年），吕光自称“三河王”。396年吕光去“三河王”号，改称“天王”，建国号大凉，改元“龙飞”，史称后凉。

早在吕光建立后凉之前，远征龟兹后班师回凉州的途中征服高昌，据《晋书·吕光载记》记载：

> 苻坚高昌太守杨翰说其凉州刺史梁熙距守高桐、伊吾二关，熙不从。光至高昌，翰以郡迎降[②]。

高昌太守杨翰以郡迎降，说明高昌也是比较早纳入吕光统辖的区域。吕光即位凉王，建立后凉，高昌依然在其统辖之下，而且地位愈发凸显。据《晋书·吕光载记》记载：

> 群议以高昌虽在西垂，地居形胜，外接胡虏，易生翻覆，宜遣子弟镇之。光以子覆为使持节、镇西将军、都督玉门已西诸军事、西域大都护，镇高昌，命大臣子弟随之[③]。

又《资治通鉴》记此事曰：“三河王光以子覆为都督玉门已西诸军事、西域大都护，镇高昌，命大臣子弟随之。”[④]《资治通鉴》记此事为晋孝武帝太元十九年（394年）七月，即后凉麟嘉六年（394年）七月。这一年是吕光即位凉王后的第六年，即以其子吕覆镇高昌，并加“都督玉门已西诸军事、西域大都护”，足见高昌在后凉政权统治者中的重要性和重要地位。后凉统辖高昌，和前秦一样，继续组织军民屯田。

---

①（清）汤球：《十六国春秋辑补》卷三七《前秦录七》，北京：中华书局1985年版，第292页。

②《晋书》卷一二二《吕光载记》，第3056页。

③《晋书》卷一二二《吕光载记》，第3060页。

④《资治通鉴》卷一〇八《晋纪三〇》孝武帝太元十九年（394年）七月条，第3416页。

（四）西凉西域屯田

西凉为汉人李暠（皓）所创立。李暠，字玄盛，小字长生，陇西狄道（今甘肃临洮）人。李暠原仕北凉段业，为北凉敦煌效谷县令。北凉天玺二年（400年），敦煌护军郭谦、沙州治中索仙等众推李暠为敦煌太守。同年（400年）十一月，又被推为凉公，改元庚子，是为西凉。李暠被推为凉公的庚子二年（401年），其统治到达高昌，《晋书·姚兴传》载："（姚兴）遣其兼大鸿胪梁斐，以新平张构为副……拜李玄盛（李暠）安西将军、高昌侯。"[①]《资治通鉴》记此事为晋安帝元兴元年（402年）。也就是说，在402年以前，至少庚子二年（401年），西凉统治到达高昌，之后西凉遂对高昌开展了长达近二十年的经营治理。

西凉之初，就开始在敦煌玉门和阳关屯田。《晋书·凉武昭王李玄盛传》载：

> （李玄盛）又遣宋繇东伐凉兴，并击玉门已西诸城，皆下之，遂屯玉门、阳关，广田积谷，为东伐之资[②]。

李暠迁都酒泉后，下诏"敦劝稼穑"，发展农业屯垦。《晋书·凉武昭王李玄盛传》载：

> 玄盛（李暠）既迁酒泉，乃敦劝稼穑。群僚以年谷频登，百姓乐业，请勒铭酒泉，玄盛许之[③]。

西凉也在高昌屯田，见吐鲁番出土《西凉建初二年（406年）功曹佐左谦奏为以散翟定□补西部平水事》，此文书残存六行，现移录文如下：

> 1　谨案严归忠传□
>
> 2　令：以散翟定□□补西部平水。请奉
>
> 3　令具刺板题授，奏诺纪识奉行。

---

①《晋书》卷一一七《姚兴载记》上，第2983页。

②《晋书》卷八七《凉武昭王李玄盛传》，第2259页。

③《晋书》卷八七《凉武昭王李玄盛传》，第2264页。

4　　　　建初二年岁在庚午九月廿三日功曹书佐左谦奏

5　扬武长史　　　　　　囷　子

6　　　　　　　　　　　功曹史　　　安[①]

“建初”是西凉李暠年号，文书中“散翟定□□补西部平水”，说明西凉在高昌屯田，分成若干部，西部只是其中之一。文书第五行“扬武长史”的署押，“长史”本为军府官，征补翟定由长史负责并且署押排在功曹史前面，说明翟定可能是兵户，或者吏是属于军事编制的。魏晋十六国时期的屯田机构也须“各立典军募吏”，大量的地方军府、州府吏也正是如此。文书中的翟定是“散籍”，即散吏，而通过补西部平水转变成“职吏”。

二、北凉屯田

北凉神玺元年（397年），沮渠氏等众推段业为使持节、大都督、龙骧大将军、凉州牧、建康公，改元神玺，初创北凉。见吐鲁番出土《北凉神玺三年（399年）仓曹贷粮文书》，文书存五行，现移录文如下：

1 ———— 主者赵恭、孙殷：今贷粜石 ————

2 ———— 拾斛，秋熟还等斛，督入本 ————

3 ———— 刻给。明案奉行。

4　　　　　　　　　　神玺三年五月七日起仓曹

5 □簿　　　　　　　　录事　　朗　校白□[②]

说明至少在神玺三年（399年）之前，段氏北凉统治就达高昌。同时，段氏北凉在高昌屯田，贷放粮食，发展农业生产。

永安元年（401年），沮渠蒙逊发动兵变，俘杀段业，沮渠氏北凉继之。沮渠蒙逊

---

① 《吐鲁番出土文书》（壹），第86页。

② 《吐鲁番出土文书》（壹），第12页。

立国后，以农为本，减徭薄赋，制定农业屯垦政策，大力发展农耕。《晋书·沮渠蒙逊载记》载：

> 孤以虚薄，猥忝时运，未能弘阐大猷，戡荡群孽，使桃虫鼓翼东京，封豕烝涉西裔，戎车屡动，干戈未戢，农失三时之业，百姓户不粒食。可蠲省百徭，专功南亩，明设科条，务尽地利①。

由此可见，沮渠蒙逊制定发展屯垦的政策，使得北凉在河西和高昌屯田开展。

（一）北凉屯田形式

1.军屯

北凉玄始十年（421年），沮渠蒙逊统一河西，迁都姑臧，改称河西王。同年（421年）三月，沮渠蒙逊灭西凉，出兵西域据高昌，并以隗仁为高昌太守，组织屯田。高昌郡前身本是戊己校尉屯田所在，故此北凉军屯被长期保留下来也是很自然的，见吐鲁番出土《北凉玄始十二年（423年）兵曹牒为补代差佃守代事》，文书存十九行，现移录文如下：

1 ［　　］范晟□佃，请以外军张成代晟［　　］

2 ［　　］隗休身死，请以外军王阿连代［　　］

3 ［　　］张安明一人补。箭工董祖□身死，请［　　］

4 ［　　］明々代媚入外军，以李子强代祖子。外［　　］

5 ［　　］称：卒□属以强补隤，一身不［　　］

6 ［　　］强信单身，请如事脱；以外军［　　］

7 ［　　］称：李蒙子迮（近）白芳还，求具［　　］

8 ［　　］纪，请如解注簿。

9 ［　　］被符省县桒（桑）佃，差看可者廿人知，［　　］

10 ［　　］以阚相平等殷可任佃，以○游民阚［　　］

① 《晋书》卷一二九《沮渠蒙逊载记》，第3193页。

11 □□佃，求纪识。请如解纪识。

12 大坞隤左得等四人诉辞称：为曹所差，知守坞两道，

13 今经一月，不得休下，求为更检。信如所诉，请如事

14 敕：当上幢日，差四骑付张欑，守道呂□。

15 兵曹掾张龙，史张□白。牒事在右，事诺注簿。

16 □□□□ 识

17 □始十二年 正月十三日白

18 主簿 暖

19 功曹史 流[1]

“玄始”为沮渠蒙逊年号。该文书是兵曹上报郡守的“牒”，内容大概涉及四件事情：其一是“隤”范晟任佃、隗休和董祖子身死，请以张成、王阿连、李子强代；其二是李子强补隤，因其单身，请按脱免，说明单身可以免补；其三是差人佃耕，“以阚相平等殷可任佃”即阚相平家庭殷实可以派发任佃；其四是大坞隤左得等四人守坞一个月，请求更检。以上三件事是涉及隤的代补、任佃，李宝通认为：“‘隤’当亦‘部隤’之省，全称当为‘部隤’，单称则仅说一个‘隤’字……北凉占据高昌后，继承了前朝屯田事业，而以部隤充任屯作，此‘部隤’亦当沿袭前朝‘部兵’之制而稍异其名。”[2]这一观点认为“部隤”来源于“部兵”，并简称“隤”，是充任佃。赵俪生先生认为：“北凉占据高昌后，继续前朝之屯田，而以部隤充任屯作，此亦沿袭前朝‘部兵’之制而稍异其名。”[3]从这件北凉文书也确如所述“隤”任佃，并由郡兵曹管理，当为军屯佃役。作为西北边郡的高昌，远离农业发达的内地，加之道路艰险，《北史·高昌传》云：

自敦煌向其国，多沙碛，茫然无有蹊径，欲往者，寻其人畜骸骨而去。路中或闻歌哭声，行人寻之，多致亡失，盖魑魅魍魉也。故商客往来，多取

---

① 《吐鲁番出土文书》（壹），第30—31页。

② 李宝通：《试论魏晋南北朝高昌屯田的渊源流变》，《西北师大学报（社会科学版）》1992年第6期，第82—83页。

③ 赵俪生：《古代西北屯田开发史》，兰州：甘肃文化出版社1997年版，第118页。

伊吾路[①]。

由此来看，高昌无法从河西源源不断地取得足够的后勤补给。北凉军队要在高昌站住脚，就必须进行屯垦和水利兴修，即士兵从事“桑役”“佃役”和频繁的“守水”。这在某种程度上也是沿袭了汉魏以来军队“且佃且守”“且耕且战”的传统，北凉文书中反映出来的北凉高昌军屯，却有所发展。文书中“范晟□佃，请以外军张成代晟”，是兵曹来管理的“桑佃”，当属屯田无疑。阚相平等人“被符省县桑佃”，很明显是由郡兵曹将征发民户佃作的任务下达到了县里，是服佃役。严耀中先生就此认为：“脱或有意外之灾，他们的产业还可作为赔偿，以免官府受到损失。假若此点推测不误，并考虑到服佃役者时间之长，那么这种所谓佃役对官地上的作物收成就负有全部责任，也即实际上已是对官地具有‘承包’的性质。”[②]又“以阚相平等殷可任佃”，按此条件来选择佃，说明须有能力者承佃，这还要求承担佃役的人员必须“殷可任佃”，也就是家境殷实、有一定的经济条件的人才能胜任。唐长孺先生指出：“‘单身脱免’，‘户殷任佃’基本上也和‘先富后贫’，先多丁后少丁之制相符。”[③]这当是北凉军屯的规定。

2.民屯

北凉屯田也存在民间化。军屯必须要考虑经济效益，即北凉把从军屯中收取足够的粮食以供军用的问题放在最优先地位，这就必然会让一些有条件承种军垦土地的当地居民来进行任佃，同在《北凉玄始十二年（423年）兵曹牒为补代差佃守代事》中记载“以○游民阚第▭佃，求纪识。请如解纪识”[④]。似说明由于部隤的脱役，迫使北凉政府转嫁劳役，抑勒民户“阚第”耕垦屯田，可见北凉的军屯是向民间化发展。北凉还有官田，或租给民户耕种，或征发民户耕种，也是民屯的另一种体现形式。见吐鲁番哈拉和卓九六号墓出土《都乡啬夫被符征发役作文书二》，此文书存三行，现移录文如下：

---

①《北史》卷九七《高昌传》，第3215页。

②严耀中：《十六国时期高昌官地上的“佃役”与“共分治”》，《中国吐鲁番学学会第一次学术研讨会论文集》，吐鲁番：中国吐鲁番学学会，1992年。

③唐长孺：《吐鲁番出上文书中所见的高昌郡军事制度》，《社会科学战线》1982年第3期，第155页。

④《吐鲁番出土文书》（壹），第30—31页。

1 ［……］令狐玩［……］

2 右五家户作次，逮知为官种芜荒［……］

3 ［……］应□罪［……］[①]

此件文书无纪年，依据同墓出土《衣物疏》判断，此件文书的年代当为北凉时期[②]。“为官种芜荒”，显然是这五家户种官田，而“芜荒”，更是尽地利。尽管这里的记载带有征派赋役的内容，但是从侧面也反映了北凉军屯向民间化发展。这正是北凉高昌以军屯为基础的军事化传统的沿承，黄烈先生指出：“五家户应是乡里基层组织什伍的伍……民户与官田相联系，可能是屯田的另一种形式。”[③]“五家户作次”是以五家户征发的佃役，是五家户轮流定期到官田上服役，这种劳动方式可作为军屯的补充。

（二）北凉屯田管理与处罚

高昌的自然条件所造成的耕地面积有限，不能维持一支较多数量的军队，而必须使军队地方化。见吐鲁番出土《下二部督邮、县主者符》，文书存八行，现移录文如下：

1 二部督邮、□县主者：前部［……］

2 讨前下□见入军之人，人［……］

3 赍钁五□口、斤斧五十口，［……］

4 悉具弓□。见军人具屯头［……］，行

5 军之具，□令备办。若虑其不办，三纲、幢

6 校主者督〇〇军行有不□□，□身行

7 鞭二百，幢□杖一百。［……］

8 □鞭杖□□承望［……］[④]

---

①《吐鲁番出土文书》(壹)，第41页。

② 该墓出土《北凉真兴七年（425年）随葬衣物疏》，“真兴”为夏赫连勃勃年号，其时北凉称臣于夏，故用夏年号。参见《吐鲁番出土文书》(壹)，第28页。

③ 黄烈：《中国古代民族史研究》，北京：人民出版社1987年版，第421页。

④《吐鲁番出土文书》(壹)，第73页。

文书出自吐鲁番哈拉和卓九一号墓，该文书当属北凉后期，是高昌郡府下给二部督邮（东部督邮、中部督邮）及所属县主者征发兵士的符。唐长孺先生指出：“这种由地方官征发的‘见入军之人’，应来自民间。”[①]也就是说这些军人均来自所属县。屯田为国有制土地，屯兵集体劳动，就需要进行严格的管理督察，楼兰屯田上设有专职督察官员，称“督田掾”。《楼兰尼雅出土文书》270号载：“□督田掾张。”[②]这也就是本件文书中“督邮”的职责。符文要求入军之人“悉具”自备镬和斤斧都是五十口，似乎是基层编制兵士每人一具，共五十人，这些都是生产生活用具，似乎和屯田有关。符文中有“见军人具屯头”，屯头即屯田管理者。

另参见吐鲁番阿斯塔那五九号墓出土文书《□愿残辞》，此文书存四行，现移录文如下：

1 ▭田地如令，行人同▭

2 ▭[illegible]□补佃种，伏自寸▭

3 □不看辨，[illegible]（愿）年三□□

4 □谨辞以闻[③]。

该文书中“田地如令”“补佃种”，即北凉高昌郡田地县颁布命令要求补佃种，应当是反复的劳役，此是为官府所服的长期性佃役。赵俪生先生指出：“至迟在北凉时期，高昌屯田已开始实行租佃制。”[④]另见《兵曹白为胡愍生永除□佃役事文书》，该文书存四行，现移录文如下：

1 □[李]二兵曹：胡愍生▭

2 □□永除[定]佃役。已白

禄▭

3 诺。名[龙]▭

① 唐长孺：《吐鲁番出土文书中所见的高昌郡军事制度》，《社会科学战线》1982年第3期，第154页。

② 林梅村：《楼兰尼雅出土文书》，北京：文物出版社1985年版，第55页。

③《吐鲁番出土文书》（壹），第23页。

④ 赵俪生：《古代西北屯田开发史》，兰州：甘肃文化出版社1997年版，第121页。

4 主簿 [　　][1]

该文书出自哈拉和卓九六号北凉墓葬。文书中记载“胡愍生等人永除定佃役”，这说明北凉高昌兵曹管理的田应属军屯，存在像“胡愍生”等任佃，而且由“永除定”来看，此佃役不是临时的，很可能在此之前胡愍生等人是长期佃耕屯田劳役。严耀中先生认为：“此时（魏晋南北朝时期）军队的一个重要职能就是作为劳动力来使用。军屯上的士兵被称作‘佃兵’，其作为劳动者性质固不待言。”[2]同样，以上胡愍生等人也当是佃兵，亦即是专业的屯田兵。《宋书》载：

> 伏见西府兵士，或年几八十，而犹伏隶；或年始七岁，而已从役。衰耗之体，气用湮微，儿弱之躯，肌虏未实，而使伏勤昏稚，骛苦倾晚，于理既薄，为益实轻[3]。

这在魏晋时期士兵从役一辈子是一种普遍情况。另见吐鲁番出土《兵曹条往守白芳人名文书一》，该文书存十行，现移录文如下：

1 [　　　]严兴、张皈、□□、王阿连、

2 [　　]韩阿福、张宝□、严乘、

3 [　　　]左狗万、毛相、张□明、道人道□、

4 [　　　]文达、马莹。

5 [　　　]输租，各谪白芳□十日。高宁

6 [　　]横截二人，合卅人，次□芳守十日。

7 [　　　]次往领摄。

8 兵曹掾张预白：谨条往白芳守人名

9 在右，事诺班示，催遣奉行。

10 校曹主簿 □[4]

---

① 《吐鲁番出土文书》（壹），第40页。

② 严耀中：《魏晋南北朝时期的“役”与“力”》，《上海师范大学学报》1985年第3期，第56页。

③ （梁）沈约：《宋书》卷一〇〇《自序》，北京：中华书局1974年版，第2450页。

④ 《吐鲁番出土文书》（壹），第72页。

该文书出自哈拉和卓九一号墓，文书中“王阿连、张安明”也见于《北凉玄始十二年（423年）兵曹牒为补代差佃守代事》，其二人身份都为“外军”，补耕佃。李宝通推论：“屯田经营的强制劳役已改为定额输租，只是租额高得令人难以承受而已。又文书残存的严兴等十余人身份虽然不明，但他们既与王阿连、张安明一样因输租的原因受到兵曹的同等谪发，估计也应是佃种屯田者，这似又反映出当时屯田输租的现象已较为普遍，我们大致可以认为，至迟在北凉时期，高昌屯田已开始实行租佃制。”[①]在该文书中，北凉高昌郡下辖高宁县（今新疆鄯善县吐峪沟）、横截县（今新疆鄯善县吐峪沟北偏东苏巴什）的这30人，包括王阿连和张安明均输租或交租不及时，而受到处罚劳役，谪守白芳10天。

（三）北凉屯田单位

1.交河屯

关于北凉交河屯田，见吐鲁番出土《北凉承平七年（449年）八月五日高昌廉和辞为诊病事》，文书存八行，现移录文如下：

1 [缺] □□□诺属敕，纪□[缺]

2 功曹史 下

---

3 [缺] □七年八月五日廉和辞：去七月[缺]

4 [缺] □交河屯，于彼得□[缺]

5 [缺] 致还，如今顿剧。今□[缺]

6 [缺] 知辛冲、侯允催辞达，烦诊[缺]

7 [缺] 辞具。

8 即日白[②]

① 李宝通：《试论魏晋南北朝高昌屯田的渊源流变》，《西北师大学报（社会科学版）》1992年第6期，第83页。

② 《新获吐鲁番出土文献》，第273页。

该文书孟宪实先生研究认为其中的“七年”，是北凉承平七年。文书是北凉承平七年（449年）八月五日廉和上的一件辞。辞文内容是廉和被派到交河屯田，上个月（七月）患病，遂回家医治休养，至八月病情更严重（顿剧），今收到辛冲、侯允的辞文，催其返回交河屯。由此文书来看，北凉承平七年（449年）在交河进行军事屯田。孟宪实先生认为：“沮渠氏确实在交河实施屯田，而且是军屯，比较符合占领新地域初期的一般情况。至于交河郡什么时候开始，现在还是不能确定。但是，沮渠氏在交河有过军事屯田是无疑的。”[①]笔者不赞同沮渠安周在北凉承平七年（449年）占领交河，而沮渠氏是一边在交河周边屯田，一边围攻交河城。据《魏书·西域列传》载：

车师国，一名前部。其王居交河城。……初，沮渠无讳兄弟之度流沙也，鸠集遗人，破车师国。真君十一年（450年），车师王车夷落遣使琢进、薛直上书曰：“臣亡父僻处塞外，仰慕天子威德，遣使表献，不空于岁。天子降念，赐遗甚厚。及臣继立，亦不阙常贡，天子垂矜，亦不异前世。敢缘至恩，辄陈私艰。臣国自无讳所攻击，经今八岁，人民饥荒，无以存活。贼今攻臣甚急，臣不能自全，遂舍国东奔，三分免一，即日已到焉耆东界。思归天阙，幸垂赈救。”于是下诏抚慰之，开焉耆仓给之[②]。

此“车夷落”，即车师王“车伊洛”。可见，车师国灭亡是在真君十一年（450年），即北凉承平八年（450年），并非承平七年（449年）。由“臣国自无讳所攻击，经今八岁”，从其中的“经今”是指哪一年？当然这个“今”，就是车伊洛上疏北魏的真君十一年（450年），也就是说北凉承平八年（450年）北凉沮渠安周占领交河城。又讲到“经今八年”，那么倒推八年，就是北魏真君四年（443年）即承平元年（443年），此是沮渠无讳重建大凉的这一年。可见，北凉沮渠氏自西迁高昌后，就在交河城周边屯田，且耕且战，未曾间断过进攻车师国，历时八年，直到450年在柔然大军协助下才破交河城。《资治通鉴》载：“蒙逊从兄男成为凉将军，闻蒙逊起兵，亦合众数千屯乐涫。”[③]

① 孟宪实：《吐鲁番新出一组北凉文书的初步研究》，《西域历史语言研究集刊（第一辑）》，北京：科学出版社2007年版，第11页。

② 《魏书》卷一〇二《西域列传——车师国》，第2264—2265页。

③ 《资治通鉴》卷一〇九《晋纪三一》隆安元年（397年）五月条，第3454页。

其众数千屯乐涫，说明在沮渠氏起兵，为保证驻军，也要进行屯田，且耕且战。另见吐鲁番出土文书《北凉承平七年（449年）八月高昌某人启为廉和得病以他人替代事》，文书存六行，现移录文如下：

1 ［　　］曹书佐刘会白：廉和辞如□［　　］
2［　　］七月廿日交河屯，于彼得病，求诊实［　　］
3［　　］实信病，催督事要，请以同军人□［　　］
4 ［　　］事诺属敕，纪识谨启。
5 　　　主薄（簿）　劝　　　八月［　　］
6 　　　廷掾　　　应　　　录事［　　］①

本件文书是上件文书廉和辞之后，县功曹史刘会上给郡兵曹的一件启，启文中明确了廉和在七月廿日于交河屯患病，并经县廷查实廉和病情属实。另就催督廉和返回交河屯一事，鉴于廉和患病未愈，请以同军人替代廉和。又见《北凉高昌某人启为宋万平息、廉和谦息替代事》，文书存四行，现移录文如下：

1 宋万平息 廉和谦息
2 　右二人任代赵赍、李慈，为辛冲、侯允□［　　］
3［　　］曹书佐刘会白，解应申，教脱□［　　］
4 ［　　］□任代□［　　］②

此文书中的廉和谦，当与前两件文书中的廉和是同一人。县廷通过查实廉和谦病情，确不能前往交河屯，决定由发文由宋万平息（儿子）、廉和谦息（儿子），代替赵赍、李慈，前往至辛冲、侯允处。或因廉和谦因病符合北凉军屯管理规定可以休息，或因赵赍、李慈服役到期，军务紧急“催督事要”，为弥补军人短缺，改派宋万平儿子、廉和谦儿子，前往辛冲、侯允军中，代替赵赍、李慈。

---

①《新获吐鲁番出土文献》，第275页。

②《新获吐鲁番出土文献》，第275页。

2. 中部屯田

关于北凉中部屯田，吐鲁番哈拉和卓九一号墓出土有《兵曹下八幢符为屯兵值夜守水事》文书，此文书存六行，现移录文如下：

1 ——右八幢知中部屯。次屯之日，幢共校将一人撰（选）兵十五人夜往

2 守水。残校将一人，将残兵、值苟（狗）还守。

3 兵曹掾张预、史左法强白。明当引水溉两部。

4 司马　　蔺　　功曹史　　璋

5 　　　　　　典军主簿　　嘉

6 录事参军　　悦　　五官　　洿[①]

此件文书无纪年，按《吐鲁番出土文书》的编者对哈拉和卓九一号墓的考注："本墓所出衣物疏无纪年。其他有纪年文书起西凉建初四年（公元四〇八年），止北凉缘禾五年（公元四三六年）。"[②]王素先生对此文书进行研究并认为："其中'兵曹掾张预、史左法强'，以及部分签署，见于前录义和某年和义和三年前后的文书，本件亦应为义和三年前后所写。"[③]按此，该文书的年代当系北凉沮渠蒙逊统治末期的文书。北凉基层军制为"幢"，魏晋南北朝时期"幢"是普遍在基层设置的军制，《魏书·蠕蠕传》载："北徙弱洛水，始立军法：千人为军，军置将一人，百人为幢，幢置帅一人。"[④]那么，北凉屯田也采用幢的编制，按"百人为幢"，北凉"八幢"即八百名屯兵。文书第一行"八幢知中部屯"，即八幢负责中部屯田，承担中部屯田任务。显然，这是北凉在高昌进行的军事屯田。"部"是北凉延续汉代的屯田单位[⑤]。楼兰军屯以"部"为组织单位，并且部均以将领姓名命名。《楼兰尼雅出土文书》431号载有："将伊宜部，溉北

① 《吐鲁番出土文书》（壹），第70页。

② 《吐鲁番出土文书》（壹），第55页。

③ 王素：《吐鲁番出土高昌文献编年》，台北：新文丰出版公司1997年版，第97页。

④ 《魏书》卷一〇三《蠕蠕传》，第2290页。

⑤ 杨际平：《麹氏高昌土地制度试探》，《新疆社会科学》1987年第3期，第87页。

河田一顷，六月廿六日刺。”[①]文书称“明当引水溉两部”，那么这八个幢的兵士除了负责中部屯，还要负责另一部屯田，是否东部屯还不确知。唐长孺指出：“高昌郡屯田有一个十分严密的管理制度，开渠引水灌溉两部定在同日，由郡府克期定限，并派遣相当多的兵士去守护，这充分表示开渠灌溉是当地的一件大事。”[②]由此可见，北凉的基层部队在生产条件适合的地方，实行军屯来发展农业保障供给。八幢将士不仅要负责军屯，还要调集一定数目的士兵夜往守水，以防止有人掘堤偷水给生产带来影响，从而保证屯田生产的顺利进行。

（四）北凉民屯规模和种植

北凉民屯的规模，见吐鲁番阿斯塔那二二号北凉墓葬出土的《朱显弘等种床、瓜田亩文书》，文残存八行，录文如下：

1 ▭床十亩

2 ▭床七亩

3 ▭床九亩

4 ▭床三亩

5 ▭朱显弘床六亩

6 ▭瓜一亩半

7 ▭八亩

8 ▭床十二亩[③]

据此，“床”的种植普遍，分别为十亩、七亩、九亩、三亩、六亩、八亩、十二亩，几乎是每家都种，其中一户最多种十二亩，最少的种三亩。关于北凉民屯的种植结构，“床”在北凉高昌不但是种植最广的农作物，而且也应当是主食之一。因此，“床床六亩”即意为粮食田六亩，“瓜一亩半”即瓜田一亩半。此上述《田亩籍》为每户拥

① 林梅村：《楼兰尼雅出土文书》，北京：文物出版社1985年版，第66页。

② 唐长孺：《吐鲁番出上文书中所见的高昌郡军事制度》，《社会科学战线》1982年第3期，第161—162页。

③《吐鲁番出土文书》（壹），第102页。

有的各类田亩的数字。而簿籍上一般人家拥有的粮田不是很多。按当时的农业生产水平，要生产更多的剩余粮食是有一定困难的。解决的办法除实行军屯并使当地民户参加外，只有军队本地化，即为了建立有效的防卫，则必须在一定程度上提高士兵的地位，并让战士与当地居民通婚和定居，以使其安心于此戍守。其结果，当然促成了兵民身份的接近。又见吐鲁番出土《孝敬里冯法政等户赀簿》七科图<一>（b），移录文1—3行如下：

1 齐都卤田八亩半，常田七亩。

2 枣七亩，石田三亩，桑二亩半。

3 得吴并卤田四亩半①。

齐都这一户屯田规模较大，有田三十二亩半，其中由卤田、常田、枣田、石田、桑田构成。常田种“床”、桑田种桑、枣田种枣，至于卤田和石田的种植不得而知。

三、结语

魏晋十六国诸政权在西域的屯田，尤其是戊己校尉驻高昌的屯田，使得内地军民不断迁徙高昌，随之人多事多，使得高昌不得不像内地一样实行郡县乡里的行政设置，尤其是高昌郡县的设立是中国历史上内地郡县制首次在西域实行，这也是自两汉以来戊己校尉长期驻防高昌，长期在高昌发展屯垦事业的结果。同时，前凉、前秦、后凉、西凉及北凉的屯田更具有重要的意义和作用：首先，支持了中原王朝对西域的军政管辖；其次，维护了西域及河西地区的社会稳定；再次，进一步将内地的先进生产技术与工具传入西域，促进了当地社会生产力的发展；第四，进一步加强了内地与西域的联系。

（杨荣春，青海师范大学历史学院副院长，副教授。）

① 贺昌群：《汉唐间封建的国有土地制度与均田制》，上海：上海人民出版社1958年版，图版二。

弘农杨氏与五凉王国

魏军刚

东汉杨震以降，弘农杨氏几经波折、发展，成为汉唐时代最具政治影响力的海内名族之一。敦煌文书S.2052《新集天下姓望氏族谱一卷并序》、北图8418号《姓氏录》均列杨氏为弘农郡姓之首①，可见唐代史家对其家族之重视。有关弘农杨氏，学界关注颇多，加之该家族人物碑志不断出土，极大地丰富了研究资料，学者们从不同时段、不同角度进行了相关研究，成果丰富而突出②。十六国时代，除南迁一支外，弘农杨氏多数成员留居北方分散出仕胡族政权，但他们在政治上并不显赫，直到北魏后期才重新崛起。北魏杨播家族在追述先祖世系到慕容燕国时期，故学者对出仕诸燕王国的中山相杨结关注较多，对同期活跃在河西五凉王国的弘农杨氏人物政治活动则讨论甚少，其在构建汉唐时代弘农杨氏家族房支谱系时亦未予以重视。本文选择以《弘农杨氏与五凉王国》为题，既是五凉时期入迁河西的中州士族个案研究，亦为汉唐时代弘农杨氏谱系构建提供资料支持。我们将尽可能地利用传世文献及出土碑志资料，详细梳理弘农杨氏在五凉后期的政治活动情况，分析他们作为淝水战后入迁中州士族在后凉、

① S.2052《新集天下姓望氏族谱一卷并序》载："虢州弘农郡，出七姓：杨、谭、强、晋、虢、裘。"北图8418号《姓氏录》载："弘农郡四姓：虢州。杨、刘、张、晋。"参见郑炳林：《敦煌地理文书汇辑校注》，兰州：甘肃教育出版社1989年版，第325页、第345页。

② 学界有关汉唐时期弘农杨氏家族研究成果，主要有：陶新华：《魏晋南北朝弘农杨氏的发展道路》，《杭州师范学院学报》1998年第2期；孙大英：《汉晋时期弘农杨氏研究》，四川大学2002年硕士学位论文；彭姣辉：《汉唐间的弘农杨氏个案研究》，上海师范大学2002年硕士论文；何德章、马力群：《两汉时代的弘农杨氏》，载《魏晋南北朝隋唐史资料》第22辑，武汉大学出版社2005年版；徐美莉：《晋末十六国北魏前期弘农杨氏杨播系事迹考》，《甘肃民族研究》2009年第2期；龙仕平、毛明远：《隋代弘农华阴杨氏家族再考述》，《文献》2010年第2期等。

南凉、北凉王国政治生活中扮演的角色，进而考察他们在政治领域的诸多贡献对推动上述三个河西胡族政权封建化进程所起到的积极意义。

一、弘农杨氏与后凉政权

十六国时期，弘农杨氏家族播迁河西与五凉王国发生关系，始于淝水之战前杨颖以"佐将"身份追随吕光征伐西域。《晋书·吕光载记》记载：

> 坚既平山东，士马强盛，遂有图西域之志，乃授光使持节、都督西讨诸军事，率将军姜飞、彭晃、杜进、康盛等总兵七万，铁骑五千，以讨西域。以陇西董方、冯翊郭抱、武威贾虔、弘农杨颖为四府佐将[①]。

由此看出，在吕光西征军事集团内部，杨颖的身份是"四府佐将"之一，其地位仅次于姜飞、彭晃、杜进、康盛等四大将领，具有一定的影响力。这层关系使弘农杨氏在后凉政权享受较高的政治待遇，成为吕氏统治集团的重要成员。

淝水之战后，前秦统治土崩瓦解，吕光依靠西征诸将支持割据河西建立后凉政权[②]。弘农杨氏以杨颖、杨桓、杨统为代表，凭借西征功臣和吕氏外戚的双重政治身份，跻身后凉政权中枢权力机构[③]，从而奠定其家族在河西地区发展的政治基础。

（一）杨颖

后凉麟嘉元年（389年）二月，吕光自称三河王，"置百官自丞郎已下"[④]，标志着后凉政权正式建立。吕光随即擢任杨颖为中书侍郎，开始跻身中枢行政机构。中书侍郎，其"职副掌王言，更入直省五日，从驾则正直从，次直守"[⑤]。属于皇帝亲近之职官，杨颖担任该职说明后凉统治者对他的重视，这与他西征功臣的身份也密不可分。

---

①《晋书》卷一二二《吕光载记》，北京：中华书局1974年版，第3054页。

② 参见拙稿《西征功臣集团与后凉政治演变》，《阴山学刊》（社会科学版）2014年第3期。

③ 参见拙稿《后凉吕氏家族婚姻述论》，《天水师范学院学报》2013年第6期。

④《晋书》卷一二二《吕光载记》，北京：中华书局1974年版，第3059页。

⑤（唐）杜佑：《通典》卷二一《职官三》，北京：中华书局1988年版，第563页。

后凉初期，杨颖参与各项政治制度建设，主要体现在太庙制度的完善上。史称，后凉“太庙新成，(吕光)追尊其高祖为敬公，曾祖为恭公，祖为宣公，父为景昭王，母曰昭烈妃。其中书侍郎杨颖上疏，请依三代故事，追尊吕望为始祖，永为不迁之庙，光从之”[①]。后凉吕光建国后，设太庙追封先祖、追尊吕望为始祖，意在构建略阳吕氏家族统治河西地区的政治合法性和正统性形象。杨颖的意见得到重视和采纳，从而发挥了重要作用。

后凉末年，吕氏家族在河西的统治基础发生动摇，内忧外患接踵而至。吕纂继位后，河西出现的“四凉争立”局面愈演愈烈，吕纂通过废杀吕绍、吕弘登上王位，面对严重的内忧外患，不能发愤图强、整军经武，反而纵情声色、沉湎游乐，进一步加深了后凉政权的统治危机。此时，杨颖位居中书令、太常等要职，作为吕氏政权的元勋老臣，他身居中枢权力高位，忧虑国家前途命运，曾经先后两次上疏进谏。

《晋书·吕纂载记》记载：

> 纂将伐秃发利鹿孤，中书令杨颖谏曰：“夫起师动众，必参之天人，苟非其时，圣贤所不为。秃发利鹿孤上下用命，国未有衅，不可以伐。宜缮甲养锐，劝课农殖，待可乘之机，然后一举荡灭。比年多事，公私罄竭，不深根固本，恐为患将来，愿抑赫斯之怒，思万全之算。”纂不从[②]。

杨颖时任中书令，既掌控中书系统最高权力，当负有进言劝谏职责。《通典》记述中书省职官来源、执掌及发展演变情况，“魏晋以来，中书监、令掌赞诏命，记会时事，典作文书”[③]。中央集权制下封建王朝，诏命既是皇帝旨意体现，也是国家方针策略实施之基本依据，中书监、令能够代表皇帝起草颁行诏命，说明他们与皇帝关系十分亲密。杨颖官任中书令，说明他受到吕氏统治者亲重，他对后凉统治者进谏，既是他忠诚吕氏之举，亦是魏晋以降中书令职责所在。但是，吕纂没有听从杨颖谏言，南凉秃发傉檀领兵大败后凉军队于三堆，“斩首二千余级”，损失颇为惨重。

---

①《晋书》卷一二二《吕光载记》，北京：中华书局1974年版，第3059页。

②《晋书》卷一二二《吕纂载记》，北京：中华书局1974年版，第3066页。

③(唐)杜佑：《通典》卷二一《职官三》，北京：中华书局1988年版，第560页。

《晋书·吕纂载记》又载：

> 纂游田无度，荒耽酒色，其太常杨颖谏曰："臣闻皇天降鉴，惟德是与。德由人弘，天应以福，故勃焉之美奄在圣躬。大业已尔，宜以道守之，廓灵基于日新，邀洪福于万祀。自陛下龙飞，疆宇未辟，崎岖二岭之内，纲维未振于九州岛。当兢兢夕惕，经略四方，成先帝之遗志，拯苍生于荼蓼。而更饮酒过度，出入无恒，宴安游盘之乐，沈湎樽酒之间，不以寇仇为虑，窃为陛下危之。糟丘酒池，洛汭不返，皆陛下之殷鉴。臣蒙先帝夷险之恩，故不敢避干将之戮。"纂曰："朕之罪也。不有贞亮之士，谁匡邪僻之君！"①

此时，杨颖已转任太常之职，针对后凉政治危局，能够不惧生死、乃心社稷，吕纂褒奖其称"贞亮之士"，观其言行举止，当之无愧。如所周知，吕纂继位后，后凉面临着严重统治危机，当此社稷存亡之秋，杨颖能够直言进谏，希望君王以国家社稷为念，停止"游盘之乐""沈湎樽酒"荒唐之举，鼓励其继承先帝遗志，施行德政，缮甲养锐，劝课农殖，以振兴国势，化解政治危机，然忠谏之言，仍未被采纳。

随后，后凉朝廷再发生政变，吕隆弑主篡位，后凉政权的王位继承从吕光系转移至吕宝系②。吕隆继位后，"多杀豪望，以立威名，内外嚣然，人不自固"③。吕光、吕隆两朝的后凉臣僚遭到大规模清洗，诸如尚书仆射杨桓、侍中房晷、尚书姜纪等纷纷外逃投奔其他政权。颇为难得的是，杨颖并没有因王位更迭而反叛国家，但此时后凉灭亡之势已经难以挽回，其已无所作为了。随着后秦姚硕德大军压境，吕隆迫于形势向姚兴称藩，"遣母弟爱子文武旧臣慕容筑、杨颖、史难、阎松等五十余家质于长安"④。杨颖以后凉旧臣东徙长安为质，最终结束了其流寓河西为官的历史，至于他在后秦时代是否继续获用，由于史籍阙载，我们已难以详知情况。

---

①《晋书》卷一二二《吕纂载记》，北京：中华书局1974年版，第3067页。

② 参见拙稿《淝水战后略阳吕氏家族入迁河西问题考述》，《甘肃民族研究》2014年第4期。

③《晋书》卷一二二《吕隆载记》，北京：中华书局1974年版，第3069页。

④《晋书》卷一二二《吕隆载记》，北京：中华书局1974年版，第3070页。

（二）杨统、杨桓、吕纂妻杨氏

杨统，系杨桓从弟、杨皇后从叔，在吕纂身边担任司马之职，随其征战各地，属于重要佐僚。郭黁叛乱，杨统联合田胡王乞基部，推举后凉尚书仆射、后将军镇守西平地区的略阳氐族杨轨为盟主，壮大反叛声势。吕光遂急调正在领兵征讨北凉段业的吕纂撤兵回援，以解都城姑臧围困之急。此次内乱，乃后凉吕氏统治集团内部的一次严重分裂，对当时河西政局变化产生重大影响，亦造成弘农杨氏对后凉吕氏政治态度上的根本分歧。《晋书·吕光载记》记载：

> 纂司马杨统谓其从兄桓曰："郭黁明善天文，起兵其当有以。京城之外非复朝廷之有，纂今还都，复何所补！统请除纂，勒兵推兄为盟主，西袭吕弘，据张掖以号令诸郡，亦千载一时也。"桓怒曰："吾闻臣子之事君亲，有陨无二，吾未有包胥存救之效，岂可安荣其禄，乱增其难乎！吕宗若败，吾为弘演矣。"统惧，至番禾，遂奔郭黁①。

在吕纂回师途中，杨统试图除掉吕纂，推举杨桓为盟主，攻打吕弘镇守的张掖郡，以此号令河西诸郡，趁机脱离后凉政治控制。其实，就当时河西政治情势而言，杨统所提之策极具战略高度，但杨桓念及姻亲关系坚决驳斥杨统意见，结果杨统惧怕事发遭遇不测，待大军行至番禾郡时，投奔郭黁，参与到叛乱行列。以后，杨统又投奔到南凉秃发乌孤麾下，积极出谋划策，对南凉政权基本国策制定起到关键作用。

但是，杨统叛逃事件，并没有造成弘农杨氏在后凉政权政治处境的恶化，杨颖、杨桓等继续得到后凉历代国君的信任和重用。吕隆继位后，杨桓之女被册立为皇后，凭借这层姻亲关系，杨桓开始进入中枢权力核心，史书记载其官至"散骑常侍、尚书左仆射、凉都尹，封金城侯"②。通过分析吕纂时期后凉中枢职官人员构成情况，我们发现：在吕纂时代，杨颖、杨桓分任中书令、尚书左仆射，几乎把持中央台省机构中书和尚书两大行政系统的最高权力，标志着后凉时期弘农杨氏政治权力达到顶峰。但是，杨桓等人政治荣耀并没有持续很久，随着吕超发动政变，吕纂、杨后先后丧生，

① 《晋书》卷一二二《吕光载记》，北京：中华书局1974年版，第3062页。

② 《晋书》卷一二二《吕纂载记》，北京：中华书局1974年版，第3066页。

杨桓在后凉的政治生涯亦随之结束，在吕隆政治清洗过程中，他投奔了南凉秃发利鹿孤。

杨后，《晋书·列女传》为其立传。其传曰：

> 吕纂妻杨氏，弘农人也。美艳有义烈。纂被吕超所杀，杨氏与侍婢十数人殡纂于城西。将出宫，超虑赍珍物出外，使人搜之。杨氏厉声责超曰："尔兄弟不能和睦，手刃相屠，我旦夕死人，何用金宝。"超惭而退。又问杨氏玉玺所在，杨氏怒曰："尽毁之矣。"超将妻之，谓其父桓曰："后若自杀，祸及卿宗。"桓以告杨氏，杨氏曰："大人本卖女与氐以图富贵，一之已甚，其可再乎！"乃自杀[①]。

由此，杨皇后忠贞义烈的道德人格，在史家笔下得到完美的诠释。杨后不惧淫威、殡葬其夫，不图苟且余生自杀而死，与吕超等为争权夺位不惜兵戎相见的贪婪无耻行为形成鲜明对比，此举亦获得后世史家高度赞扬和重视，遂将其事迹收录入正史传记。而杨氏与其父杨桓对话，亦揭示弘农杨氏与后凉吕氏家族联姻的实质。通过政治联姻，弘农杨氏家族获得巨大的政治权力和资本，这使得他们在远离故土流寓凉州过程中，依然跻身于后凉中枢权力的核心。吕光因推行对西征功臣优容政策而促成杨、吕家族联姻事实。这种政治性联姻将身兼汉族士族与西征功臣两重身份的弘农杨氏家族纳入后凉政权统治阶层[②]。

二、弘农杨氏与南凉政权

前文提及，杨统加入后凉末年郭麐的叛乱阵营，在郭麐失败后，其又投奔了南凉秃发乌孤，杨桓亦在后凉吕隆发动政变后投奔了秃发利鹿孤。这样，弘农杨氏家族与南凉政权发生了政治联系。

---

① 《晋书》卷九六《吕纂妻杨氏传》，北京：中华书局1974年版，第2526页。

② 参见拙稿《后凉吕氏家族婚姻述论》，《天水师范学院学报》2013年第6期。

（一）杨统

杨统投降秃发氏时间较早，在南凉初期政治上颇多贡献。《晋书·秃发乌孤载记》记载：

> 乌孤更称武威王。后三岁，徙于乐都，署弟利鹿孤为骠骑大将军、西平公，镇安夷，傉檀为车骑大将军、广武公，镇西平。以杨轨为宾客。金石生、时连珍，四夷之豪隽；阴训、郭倖，西州之德望；杨统、杨贞、卫殷、麴丞明、郭黄、郭奋、史暠、鹿嵩，文武之秀杰；梁昶、韩疋、张昶、郭韶，中州之才令；金树、薛翘、赵振、王忠、赵晁、苏霸，秦雍之世门，皆内居显位，外宰郡县。官方授才，咸得其所①。

从南凉太初三年（399年）列举的南凉初期相关政治人物名单可以看出，杨统名列“文武之秀杰”首位，体现了南凉统治者对他的重视。这时期，杨统所任具体官职尚无法确认，但从上述人物“内居显位，外宰郡县”记载来看，他无疑是秃发氏统治集团的重要人物。随后，在秃发乌孤与群臣讨论南凉未来进取方向和立国方针问题上，杨统的政治才能和远见卓识再次显现出来。

太初二年（398年），后凉都城姑臧发生郭黁之乱，出现吕氏对河湟诸郡失控的局面。秃发乌孤采纳左司马赵振建议，起兵击败羌酋梁饥势力，趁机攫取了“岭南五郡”之地，使得南凉统治疆域骤然扩大，实现河陇地区政治统一的任务逐渐提上日程。当时，河陇割据政权主要是：吕氏后凉、段氏北凉、乞伏氏西秦，他们是阻碍南凉实现统一的最大政治障碍。在具体军事攻战及统一问题上，南凉统治集团尚未制定出成熟、合理的方案。随后，秃发乌孤召集群臣议政，杨统客观分析河陇割据形势及诸政权政治问题，提出消灭后凉进而“坐定姑臧”的战略决策。《晋书·秃发乌孤载记》记载：

> 乌孤从容谓其群下曰：“陇右区区数郡地耳！因其兵乱，分裂遂至十余。乾归擅命河南，段业阻兵张掖，虐氏假息，偷据姑臧。吾藉父兄遗烈，思廓清西夏，兼弱攻昧，三者何先？”杨统进曰：“乾归本我所部，终必归服。段

---

①《晋书》卷一二六《秃发乌孤载记》，北京：中华书局1974年版，第3142—3143页。

业儒生，才非经世，权臣擅命，制不由己，千里伐人，粮运悬绝，且与我邻好，许以分灾共患，乘其危弊，非义举也。吕光衰老，嗣绍冲暗，二子纂、弘，虽颇有文武，而内相猜忌。若天威临之，必应锋瓦解。宜遣车骑镇浩亹，镇北据廉川，乘虚迭出，多方以误之，救右则击其左，救左则击其右，使纂疲于奔命，人不得安其农业。兼弱攻昧，于是乎在，不出二年，可以坐定姑臧。姑臧既拔，二寇不待兵戈，自然服矣。”乌孤然之，遂阴有吞并之志[①]。

据此，杨统首先提出对西秦的政策，即利用乞伏氏与秃发氏的传统隶属关系使之臣服。次则分析北凉君弱臣强、权臣擅命的政治弱点，同时考虑远程军事征伐的现实困难，强调与其维持政治同盟关系的必要性。这样，南凉统治者便将西秦和北凉先后排除在其军事打击的目标之外。最后，杨统在分析后凉君主衰老、嗣君孱弱、诸子相争的现实基础上，论证了军事上首先进攻后凉的可行性，提出以镇守浩亹的秃发傉檀和镇守廉川的秃发俱延轮番出击，达到消耗后凉有生力量和破坏其经济生产的目的，进而消灭后凉吕氏占据姑臧实现对河陇政治统一的政治主张。杨统的建议得到秃发乌孤肯定，由此奠定了南凉政治未来发展方向和基本国策。

南凉迁都姑臧，统治疆域空前扩大，国力亦达到鼎盛，标志着杨统提出“坐定姑臧”战略目标初步实现。此时，秃发傉檀任命杨统为西郡太守。西郡，控扼删丹岭，战略地位非常重要[②]，对南凉、北凉争霸河西的战争具有重要的意义。南凉夺取原属北凉控制的西郡，任命颇具才干的杨统为太守，试图控扼沮渠蒙逊东出争夺姑臧，保卫南凉政权西部疆域的完整和安全。九月，均石之战，南凉军队大败而还，沮渠蒙逊领兵趁机进攻西郡，太守杨统投降，北凉重新掌握西郡控制权，从此取得对南凉战争的优势，为进一步争夺姑臧控制权奠定了基础。

（二）杨桓

后凉神鼎元年（401年）二月，杨桓为避免吕隆的政治迫害，投奔了南凉秃发利鹿

①《晋书》卷一二六《秃发乌孤载记》，北京：中华书局1974年版，第3143页。

②《晋书·沮渠蒙逊载记》记载：“（段）业将使蒙逊攻西郡，众咸疑之。蒙逊曰：‘此郡据岭之要，不可不取。’业曰：‘卿言是也。’遂遣之。蒙逊引水灌城，城溃，执太守吕纯以归。”（第3190页）这说明，当时西郡在北凉君臣眼中具有十分重要的战略地位。

孤，受任命左司马之职。《晋书·秃发利鹿孤载记》记载：

> 于是率师伐吕隆，大败之，获其右仆射杨桓。傉檀谓之曰："安寝危邦，不思择木，老为囚虏，岂曰智也！"桓曰："受吕氏厚恩，位忝端贰，虽洪水滔天，犹欲济彼俱溺，实耻为叛臣以见明主。"傉檀曰："卿忠臣也！"以为左司马[①]。

左司马，南凉建国初期的重要职官。后凉昌松太守孟祎曾被南凉俘虏，秃发傉檀"嘉祎忠烈，拜左司马"，但被婉辞拒绝。孟祎提到"为人守而不全，复忝显任，窃所未安"[②]，盖其言"显任"者，左司马职位也。南凉时期，史书所载左司马任职者，仅广武赵振、弘农杨桓、武威孟祎三人。他们皆出身豪门士族，杨桓、孟祎还曾是后凉政权的重要官僚。

《资治通鉴》载："广武赵振，少好奇略，闻乌孤在廉川，弃家从之。乌孤喜曰：'吾得赵生，大事济亦！'拜左司马。"[③]南凉建国，赵振积极谏言并出谋划策，在辅佐秃发乌孤获取"岭南五郡"、巩固河湟统治过程中发挥了相当重要作用，他本人亦出现在史书所列南凉初期重要的政治人物名单上，而且史家还特别强调了其"秦雍之世门"的身份。广武赵氏，源自金城赵氏，实系其活动分支。前凉时期，张氏分金城郡置广武郡，金城赵氏遂形成了广武分支。赵振既智兼奇略，出身金城名族之家，故特受秃发乌孤之信重。杨桓在南凉的政治待遇与赵振相同，从秃发利鹿孤为他东迁长安的临别饯行之言中亦可窥测一二。

> 时利鹿孤虽僭位，尚臣姚兴。杨桓兄经佐命姚苌，早死，兴闻桓有德望，征之。利鹿孤饯桓于城东，谓之曰："本期与卿共成大业，事乖本图，分歧之感，实情深古人。但鲲非溟海，无以运其躯；凤非修梧，无以晞其翼。卿有佐时之器，夜光之宝，当振缨云阁，耀价连城，区区河右，未足以逞卿才力。

---

①《晋书》卷一二六《秃发利鹿孤载记》，北京：中华书局1974年版，第3145页。

②《晋书》卷一二六《秃发利鹿孤载记》，北京：中华书局1974年版，第3147页。

③《资治通鉴》卷一〇八，孝武帝太元二十年（395年）七月条，北京：中华书局2011年版，第3475页。

善勖日新，以成大美。”桓泣曰：“臣往事吕氏，情节不建。陛下宥臣于俘虏之中，显同贤旧，每希攀龙附凤，立尺寸之功。龙门既开，而臣违离，公衡之恋，岂曰忘之！”利鹿孤为之流涕[①]。

后秦姚兴征召杨桓做官，除其兄长杨经关系外，当与其在凉州有“德望”声名相关，更重要的是杨桓曾身居后凉高位对河西政治情况非常熟悉，对后秦经略凉州有重要的意义，南凉统治者不遗余力地笼络杨桓亦出于同样目的。根据上述引文，南凉秃发利鹿孤非常看重杨桓具备的“佐时之器”，希望与之携手共创大业。杨桓亦感激利鹿孤宥之于“俘虏之中，显同贤旧”的恩遇之情，表示要为南凉经略河西贡献力量的决心。但是，杨桓受后秦姚兴征辟东赴长安，在南凉政权效力时日既短，政治上亦无突出贡献，乏绩可陈。杨桓东赴长安，虽然所任官职史阙不详，但得到姚氏的礼遇和重用。史称，杨桓“既至秦，兴深礼重之，屡仕显职，桓竟卒于秦”[②]。根据史载，后秦凉州刺史王尚遭弹劾被囚禁南台，其僚佐别驾宗敞等上疏姚兴为之伸冤，曾经寓居杨桓之家。

三、弘农杨氏与北凉政权

前文提及，在南凉、北凉争霸河西的过程中，西郡太守杨统投降于沮渠蒙逊。此外，《北魏赵昞墓志》记载了弘农杨穆任西平郡功曹及其与金城赵氏联姻的历史。

（一）杨统

北凉时期，有关杨统活动的记载非常有限且简单，但从担任右长史官职情况来看，其在北凉政治生活中应该发挥过重要的作用。冯君实研究十六国官职指出，五胡政权建国初期皆置长史，地位非常重要，具体阐述如下：

---

①《晋书》卷一二六《秃发利鹿孤载记》，北京：中华书局1974年版，第3146页。

②（明）屠乔孙、项琳辑：《十六国春秋》卷九〇《南凉录三》，文渊阁四库全书影印本第463册，商务印书馆1986年版，第1038页上栏。

> 长史是中原的官制，汉制，三公皆置长史，秩千石，第六品，品秩虽不高但职位颇重要，尤其是丞相府之左右长史，实即最高国务机关中之事务主官……但是不管怎样，长史毕竟是属官，即使是丞相长史，也不过是最高封建国家国务长官的下属，而代替不了最高国务长官。可是十六国时期却出现了一个特殊现象，即长史实际上成为最高国务长官。所以出现这种现象，多半是在某个政权的国君尚未称王称帝之前，往往先称州牧、将军或公，尽管他已经建起一个国家和政权，但自己还称公，又怎能再设置与自己地位相等的丞相或相当于丞相职务的尚书令仆呢，所以他只能设置长史，这样，长史就事实上执行着丞相或尚书令仆的职能了①。

冯氏清晰论述十六国时期长史地位的重要性，他对该官职多在五胡建国初期制度尚不完备情况下设置，充当最高国务长官职能、角色的论述，颇有见地。此论自然适用于北凉政权。沮渠蒙逊时期，房晷、梁中庸曾经分掌左、右长史之职，他们是推戴沮渠蒙逊取代段业的元勋功臣，亦证冯氏所说为确论。《晋书·沮渠蒙逊载记》记载，沮渠蒙逊进攻南凉“西郡太守杨统于日勒。统降，拜为右长史，宠逾功旧”②。杨统以南凉降臣身份而蒙受破格提拔，担任北凉右长史的重要职位，体现了沮渠蒙逊对他政治才能的欣赏，故给予特别之优待和信任，使之“宠逾功旧”。

（二）杨穆

《北魏赵昞墓志》记载：“君讳昞，字虎生，金城郡金城县西乡归清里人……曾祖讳护，凉殿中侍御史，领宿卫……祖讳斌，凉敦煌太守；祖亲恒农杨氏，父讳穆，西平郡功曹。”③根据墓志，墓主赵昞的曾祖赵护、祖父赵斌都是五凉时期某政权的官员，与金城赵氏联姻的弘农杨穆也应生活在五凉后期，很可能是北凉时期。

前文提到，弘农杨氏播迁河西地区并参与五凉政权，始于前秦末年杨颖追随吕光

---

① 冯君实：《十六国官制初探》，《东北师大学报》（哲学社会版）1984年第4期。

② 《晋书》卷一二九《沮渠蒙逊载记》，北京：中华书局1974年版，第3196页。

③ 赵君平、赵文成主编：《秦晋豫新出墓志蒐佚续编》，北京：国家图书馆出版社2015年版，第58页。

征发西域。据墓主赵昞生卒年推测，杨穆约当生于后凉时代（383—398）[①]。我们认为，杨穆应是淝水战后播迁河西的弘农杨氏的第二代。由于史料阙载，尚不清楚杨穆与杨颖、杨桓、杨统诸人的具体关系，但他生活时代正是弘农杨氏家族在河西诸凉王国中最活跃的时期，故彼此关系应十分密切。淝水战后，弘农杨氏在河西政治生活的影响随处可见，他们与后凉、南凉和北凉诸政权统治集团关系非常密切，受到各国统治者的重用，并跻身于中枢最高权力机构，对五凉后期政治的发展产生过重要影响。

正是弘农杨氏特殊的政治影响力，杨穆才得以受到北凉统治者重用，担任西平郡功曹职位，成为地方郡府的重要僚属。根据墓志，我们了解到弘农杨氏与金城赵氏家族结成了婚姻关系。金城赵氏，是北凉时期非常活跃的河西大族，除墓志提到殿中侍御史赵护、敦煌太守赵斌外，赵柔还担任金部郎中职，他们与弘农杨氏一样都是沮渠氏统治集团的重要成员。此外，《北魏金城赵安妻房文姬墓志》记载，金城赵氏还与清河房氏结成婚姻关系，说明北凉统治集团内部存在政治婚姻圈，而弘农杨氏家族是其重要成员，他们通过相互通婚关系共同维系着政治利益集团的发展[②]。

四、结语

前秦末年，吕光西征使弘农杨氏播迁河西，对五凉后期政治的发展产生重要影响。杨颖初随吕光西征，为平定西域诸国、加强西域与中原的政治经济联系过程立下汗马功劳。淝水战后初期，他追随吕光趁北方割据纷争之际占据河西，成为后凉政权建国元勋之一。杨颖以西征功臣身份受到吕氏统治集团的重用，先后担任中书侍郎、中书令、太常等官职，在后凉初期制度建设上发挥重要作用，并见证了后凉政权从建国、发展到衰败、灭亡的全过程，最后以吕氏旧臣身份作为人质东迁长安。

杨桓以姻亲之故，官至后凉尚书左仆射、凉都尹，受封金城侯。后投奔秃发利鹿孤，受到南凉统治者重用并担任左司马职，但旋即受后秦姚兴征召东赴长安，对南凉

① 按墓志记载，赵昞卒于北魏正光五年（524年），年51岁，推其生年则北魏延兴三年（473年）。若按一世30年计算，赵护、杨穆当生于383年左右，若按一世25年计算，则他们出生时间在398年左右。

② 刘再聪、魏军刚：《北魏〈金城赵安妻房夫人墓志〉考释》，载《形象史学》2021年春季卷，北京：社会科学文献出版社，2021年。

政治没有实质贡献。杨统，被誉为“文武之秀杰”，在南凉建国初期曾经提出了消灭后凉“坐定姑臧”的策略，奠定了南凉时代军事进取方向和国家基本国策。后任西郡太守，肩负着控扼北凉东逾删丹岭争夺姑臧和保卫南凉西北疆域安全的重要责任。沮渠蒙逊招降杨统，破格提拔升任右长史之职，使之“宠逾功旧”。杨穆是弘农杨氏流寓凉州之第二代，受北凉统治者重用，担任西平郡功曹职，成为郡府重要僚属，他们与金城赵氏结成婚姻关系，同是沮渠氏统治集团重要成员。

（魏军刚，青海师范大学历史学院副教授。）

武威出土梁舒墓表年代再考

王丽霞

现藏于武威市博物馆的梁舒墓表，是我国已知自名墓表石刻中极为罕见的纪年文物。尤为难得的是，墓表上有70余字的题记，不仅有纪年，而且内容丰富，是研究十六国时期职官、书法艺术、丧葬仪式等方面难得的实物资料。钟长发、宁笃学等学者曾对梁舒墓表的年代进行了考证，认为墓表的年代当在前秦。但是，在综合各种资料后笔者对这一年代判定持有疑义，兹论述一二，以此求教方家学者。

一、问题的提出

图一　梁舒墓表

梁舒墓表是1975年3月，原甘肃省武威县城北金沙公社赵家磨大队的村民在平田整地时发现的，未在附近发现墓葬。墓表石质，上圆下方。墓表上部碑文部分高37厘米，宽26.6厘米，厚5厘米。下部承以浮雕二重尖角莲瓣的长方形覆莲座。碑额上有篆书的“墓表”二字。下为隶书表文，自右至左竖刻9行，每行8字。表文内容为：

凉故中郎中督护公/国中尉晋昌太守安/定郡乌氏县梁舒字/叔

仁夫人故三府录/事掌军中侯京兆宋/延女名华字成子以/建元十二年十一月/卅日葬城西十七里/杨墓东百步深五丈

钟长发、宁笃学在研究后指出："十六国时期，只有前秦苻坚的建元纪年达十二年。因此，墓表年代为前秦建元十二年，即公元376年。就在这年，前凉张天锡被前秦苻坚所灭。墓表上的梁舒在史书上虽无记载，但《晋书·张天锡传》卷八十六提及：'安定梁景，敦煌刘肃并以门胄……景、肃等俱参政事'墓表载梁舒在前凉位居要职，证实了在前凉张天锡时，安定梁氏家族有相当势力。"①分析钟、宁二位学者的论述，可知二人认为墓表中的"建元"当为前秦苻坚年号。因此指出梁舒墓表的年代在前秦，而对于墓表铭文中的国号"凉"，二人认为是说明梁舒曾为前凉官员。以后，党寿山在《前秦宋华墓表》一文中称："建元十二年，即376年，就在这年秋，苻坚灭前凉张天锡。表文中上说的'凉故'，即指在前凉已故的梁舒。"党寿山与钟、宁二人的叙述虽略有不同，但也认为梁舒墓表的年代在前秦。

目前，梁舒墓表年代为前秦这一观点已得到大部分学者的认同，但不容忽视的是一直以来学界对于梁舒墓表的年代还存在着一些不同的观点。其中，武威籍学者李鼎文曾写有《前凉梁舒墓表出土有感（并序）》诗一首，诗中除将墓表直接称为"前凉梁舒墓表"外，他在诗后还自注："前秦苻坚建元十二年（376年）八月，秦军大败凉军于洪池岭，张天锡出降，前凉遂亡。梁舒夫妇葬时，前凉已亡3月，故碑上用'建元'年号。"②持相同观点的还有徐诗雨，其文章题目就为《十六国时期西北地区碑刻书法艺术特征分析——以〈前凉晋昌太守梁舒墓表〉为中心》③；张晓霞在《佛教对传统莲纹的影响》一文中更是将梁舒墓表的时代提前至西晋，她在文中阐述道"武威市博物馆馆藏的墓志底座上的莲瓣，是最早的在大莲瓣内分出小瓣的莲纹瓣形"④；不同观点的提出，使得有学者在对梁舒墓表进行引用研究时竟然出现了前后不一的两种年

① 钟长发、宁笃学：《武威金沙公社出土前秦建元十二年墓表》，《文物》1981年第2期。

② 李鼎文：《前凉梁舒墓表出土有感（并序）》，甘肃省文史研究馆编《甘肃省文史研究馆建馆四十周年纪念》，1993年。

③ 徐诗雨：《十六国时期西北地区碑刻书法艺术特征分析——以〈前凉晋昌太守梁舒墓表〉为中心》，《西泠艺丛》2021年第11期。

④ 张晓霞：《佛教对传统莲纹的影响》，《苏州大学学报（工科版）》2004年第3期。

代引证，如范兆飞《文本与形制的共生：北魏司马金龙墓表释证》一文中将梁舒墓表称作“前凉梁舒墓表”，然在引用的图片中又将其标为“前秦梁舒墓表”①。

以上内容，反映了对于钟长发等学者提出的梁舒墓表年代为前秦的观点，学界还是存在着异议的。

二、梁舒墓表“前秦说”质疑

（一）与前秦梁阿广墓表对比

梁舒墓表圆首，碑形，下有长方形底座；墓表铭文内容由国号、纪年；墓主梁舒的官号、本籍、姓名、墓葬位置以及“墓表”自称等多部分构成。此类墓表还有前秦梁阿广墓表；后秦吕他、吕宪墓表；梁府君墓表、西凉李超夫人尹氏墓表；大凉且渠封戴墓表等。现藏于宁夏固原博物馆的梁阿广墓表其年代考证也在前秦，此墓表无论外形、墓表书式与梁舒墓表极其类似，更为重要的是在墓表的背面还竖阳刻有“碑表及送终之具于凉州作致”，说明了梁阿广墓表亦为凉州工匠所制作。因此这两件墓表具有较高的可比性。下面以梁阿广墓表与梁舒墓表做一对比研究。

图二

与梁舒墓表相同，梁阿广墓表上部亦为圆首、下部有承以浮雕二重尖角莲瓣的长方形覆莲座，碑额上有篆书的“墓表”二字。下为隶书表文，从右至左竖9排，横8行，阳刻72字。内容为：

秦故领民酋大功门/将袭爵兴晋
王司州/西川梁阿广以建元/十六年
三月十日丙/戌终以其年七月岁/在
庚辰廿二日丁酉/葬于安定西北小

① 范兆飞：《文本与形制的共生：北魏司马金龙墓表释证》，《复旦学报（社会科学版）》2020年第4期。

卢/川大墓茔内壬去/所居青岩川东南卅里

据梁阿广墓表铭文中的国号“秦”“建元”纪年等内容，研究者指出：“‘建元’是东晋十六国时期前秦苻坚采用的第三个年号，共计21年（365—385）。梁阿广的卒年为建元十六年（380年），其对应的干支纪年为庚辰。所以，‘建元十六年……岁在庚辰’是完全正确的，不容置疑。”[①]据此段研究内容可知，研究者对于梁阿广墓表的年代判定为前秦的依据有三：一是根据梁阿广墓表铭文中记载的“建元”考证此为前秦苻坚年号，建元十六年即公元380年；其二是墓表铭文中有明确的干支“庚辰”；三是通过国号“秦”，进一步证明了梁阿广墓表确为前秦遗物。由于梁阿广墓表铭文中的国号与纪年记载清晰，互为印证，加之有干支，因此，研究者对于梁阿广墓表年代判定为前秦证据充分，论点正确，使这一墓表年代的判定极具说服力。

反观梁舒墓表，由于该墓表铭文中没有记载干支，因此对其年代的判定就只能依据墓表中记载的“建元”纪年与国号“凉”。如前文所载，钟长发等学者对于墓表中的“建元”年号，指出“十六国时期，只有前秦苻坚的建元纪年达十二年，因此，墓表年代为前秦建元十二年，即公元376年”；而对于国号凉，其观点是说明“梁舒在前凉位居要职”。这时，就出现了一个问题：因为通过上文中研究者对于前秦梁阿广墓表年代的研究，我们知道墓表铭文中记载的纪年、国号、干支是判定墓表年代重要的依据。梁舒墓表由于没有记载干支，那么，纪年与国号就成为考证此墓表年代的重要依据。但分析钟长发等学者关于梁舒墓表的年代研究，二人虽然根据墓表铭文中的建元年号指出这是前秦苻坚年号，但对于判定梁舒墓表年代的另一重要证据国号“凉”，却没有给出合理的解释，还将这一重要证据置于了次要位置，派生出此处的国号“凉”是为了说明梁舒曾为前凉官员的观点。如此，与梁阿广墓表年代研究中充分的证据相比，钟长发等学者对于梁舒墓表年代的判定依据事实上仅有一点：即根据墓表中的“建元”指出此为前秦苻坚年号，进而便认为梁舒墓表年代当在前秦。对比梁阿广墓表的年代判定，钟长发等学者仅通过“建元”纪年就将梁舒墓表的年代推断为“前秦”，这一观点明显证据不足。

---

① 张有堂：《〈梁阿广墓表〉之考释》，《宁夏史志》2014年第3期。

（二）历史背景不支持

关于前秦灭前凉以及对姑臧的统治时间，《晋书·张轨传》《资治通鉴·晋记》均有记载。《晋书·孝武帝纪》："（376年）秋七月，苻坚将苟苌陷凉州，虏刺史张天锡，尽有其地。"《资治通鉴》记载则更为详细。《资治通鉴》卷一百四记载："太元元年（376年）八月……甲午，秦兵至姑臧，天锡素车白马，面缚舆榇，降于军门。苟苌释缚舆榇，送于长安，凉州郡县悉降于秦。""九月，秦王坚以梁熙为凉州刺史，镇姑臧……"这段历史的具体情况是：（376年8月）前秦苻坚大将苟苌兵临姑臧（今武威），前凉末主张天锡素车白马，以梓条自我捆绑，抬着棺材，在前秦大军前投降。苟苌亲自为张天锡解开绳索，将他送往长安。接着，张天锡所属的各郡县都投降了苻坚。同年九月，苻坚任命梁熙为凉州刺史、镇守姑臧。这是《资治通鉴》所记录的前凉灭亡以及前秦对姑臧等地统治时的细节。据以上史籍记载可知，前秦建元十二年（376年）八月前凉灭亡，同年九月，苻坚任命梁熙为凉州刺史，镇守姑臧。

如果钟长发等学者有关梁舒墓表为"前秦说"成立，则梁舒是在前凉灭亡、前秦已统治河西三个月之后的建元十二年（376年）十一月三十日葬于姑臧。但事实上是这时的前凉境内已尽归前秦所有，曾经的前凉都城姑臧已为前秦统治，在前秦统治区域内即便梁舒曾为前凉官员，其墓表再冠以前朝国号，这与历史事实不符。

以上对比研究，笔者认为钟长发等学者对于梁舒墓表"前秦说"观点的判定不能令人信服。

三、梁舒墓表年代新证

通过前文研究者对于宁夏固原博物馆馆藏的前秦梁阿广墓表年代的研究，我们知道除干支、纪年外，国号"秦"也是考证此墓表年代的重要依据之一。而对比梁阿广墓表，其墓表铭文中记载的国号却为"凉"，这明显地说明了梁舒墓表的年代不可能在前秦。但目前此墓表最大的疑问就在于铭文中的"建元十二年"纪年，似乎又只能如钟长发等学者提出的"十六国时期，只有前秦苻坚的建元年号达十二年"较为合适。加之此墓表铭文中未记载干支，因此学者们在对此墓表年代研究时矛盾重重，存在争议。

而随着近年来有学者对河西出土文献中涉及"建元"年号的研究以及前凉文献的不断出土，笔者认为，围绕着梁舒墓表年代的疑问应该可以得到解决。并且从这些

“建元”年号的文献资料来看，梁舒墓表的年代当在前凉，并非钟长发等学者提出的前秦。而梁舒墓表铭文中之所以记载建元年号，这与前凉张氏统治时期其复杂的年号奉行情况有关。

（一）前凉与前凉奉行的年号

前凉，是十六国时期河西走廊的地方政权之一。约始于西晋永宁元年（301年），曾以姑臧（今武威）为都城，共存76年，历9主。前秦建元十二年（376年）为苻坚所灭。

有学者对出土于今天甘肃武威、张掖、敦煌、玉门，以及新疆吐鲁番等地的前凉纪年文书进行考证后认为，在前凉统治时期并未如《中国历史年代简表》《中国历史纪年表》《中国历史纪年》等历史年表中所记载的奉行了前凉各王建元改元的年号，而是奉行了《晋书·张轨传》《资治通鉴·晋记》与后两种历史年表中另外标出的西晋“建兴”、东晋“升平”年号[①]；以后，经过对陆续出土的前凉文献资料进行研究，学界又提出了在前凉统治时期还曾奉行过两晋的如“咸和”“咸康”“建元”“永和”“升平”“咸安”等其他年号[②]。其中的“建元”为东晋康帝司马岳的年号。在前文中，我们注意到钟长发等学者根据梁舒墓表中的“建元”年号将梁舒墓表的年代判定为前秦，却又无法对墓表铭文中的“凉”这一国号做出合理的解释，致使学界对二人提出的梁舒墓表年代“前秦”观点存在疑问。那么，有没有可能梁舒墓表中的建元年号并非前秦苻坚的年号，而是东晋康帝的建元年号呢？

（二）前凉“建元”年号的考古资料

1982年与1985年，甘肃省考古工作者曾对位于敦煌辛店台与祁家湾的西晋至十六国时期墓葬进行了考古挖掘，出土有两件“建元六年”镇墓瓶。发掘报告提出此“建元”当为前秦苻坚年号，六年即公元370年。以后王素曾发表《敦煌出土前凉文献所见“建元”年号的归属：兼谈敦煌莫高窟的创建时间》一文，文中对这两件镇墓瓶上“建元”

① 侯灿：《西晋至北朝前期高昌地区奉行年号探讨》《晋至北朝前期高昌奉行年号证补》，《高昌楼兰研究论集》，乌鲁木齐：新疆人民出版社，1990年。

② 王素：《敦煌出土前凉文献所见“建元”年号的归属：兼谈敦煌莫高窟的创建时间》，《汉唐历史与出土文献》，北京：故宫出版社，2011年。

年号的归属问题作了研究。在通过对这一时期河西历史背景以及前凉时期复杂的年号奉行情况进行分析研究后王素指出这两件带有“建元”年号的镇墓瓶上的“建元”不属前秦，而当属前凉，其上记载的“建元”应是东晋康帝司马岳的年号，而非发掘报告最初提出的前秦苻坚建元年号。由此王素还进一步分析指出了敦煌莫高窟的创建年代“建元二年”中的“建元”也应是东晋康帝的年号。建元二年，为公元344年，而非多年以来学界所认为的前秦建元二年（366年）[①]。王素对于敦煌辛店台与祁家湾西晋至十六国时期墓葬中出土的这两件镇墓瓶上“建元”年号归属问题的研究无疑是十分正确的。

21世纪初，在今张掖高台县许三湾墓群中出土有“建元十四年”木牍[②]；2002年，玉门花海毕家滩五凉十六国墓群又出土有朱少仲“建元十六年”衣物疏[③]。这两件文献中的“建元”也被学者们认为是东晋康帝司马岳年号。另外，朱少仲衣物疏中记有“建元十六年十二月廿二日晋故朱少仲衣疏……”字样，张俊民经过对前秦符坚建元年号与东晋康帝建元年号对比研究后提出“……考虑到前秦的影响和木牍所用‘晋’字，‘建元’纪年应是东晋年号”[④]。东晋康帝司马岳的“建元”年号，仅2年，即343年与344年。高台许三湾木牍及玉门花海毕家滩朱少仲衣物疏中所记“建元十四年”“建元十六年”纪年，是对东晋康帝建元年号的沿用。东晋建元元年为公元343年，则高台许三湾墓群出土木牍所记十四年，相当于公元356年；玉门毕家滩出土朱少仲衣物疏所记十六年，相当于公元358年，这时的河西是在前凉张重华子张玄靓（355—362年在位）统治时期。

（三）再议梁舒墓表的年代

以上分析可知，前凉统治时期其境内还曾奉行过东晋康帝司马岳的建元年号，并且至少将这一年号沿用至十六年。而这些文献资料的出土，为梁舒墓表年代的判定带来了新的研究证据。通过这些资料，使钟长发等学者早期提出的“十六国时期，只有

---

① 王素：《敦煌出土前凉文献所见“建元”年号的归属：兼谈敦煌莫高窟的创建时间》，《汉唐历史与出土文献》，北京：故宫出版社，2011年。

② 陈松梅：《河西地区魏晋告地文书中道教思想考释》，《敦煌学辑刊》2009年第1期。

③ 张俊民：《甘肃玉门毕家滩出土的衣物疏初探》，《湖南省博物馆馆刊》（第七辑），长沙：岳麓书社，2011年。

④ 张俊民：《甘肃玉门毕家滩出土的衣物疏初探》，《湖南省博物馆馆刊》（第七辑），长沙：岳麓书社，2011年。

前秦苻坚的建元年号达十二年”这一判定梁舒墓表为前秦的观点不再成立，因为前凉时也曾沿用东晋康帝的建元年号达十二年。由此，让我们试着重新对梁舒墓表的年代进行推断：一是墓表铭文中记载的国号“凉”，为前凉。关于这一点，钟长发、宁笃学、党寿山以及李鼎文等学者都没有异议。二是墓表铭文中的“建元”，应是东晋康帝司马岳的年号，建元十二年，即公元354年，此时正是在前凉张祚（354—355年在位）统治时期。如此，我们会发现，一直以来存有争议的梁舒墓表铭文中记载的国号“凉”与“建元十二年”纪年间不再矛盾。因为根据墓表内容，前凉晋昌太守梁舒，他是在东晋建元十二年（354年）十一月三十日葬于姑臧（今武威）城西。因此才在墓表铭文中既记载有国号“凉”，又记载了“建元十二年”纪年。

另据《晋书》卷八六张轨传记载，东晋永和九年（353年）前凉张重华病逝，年仅10岁的儿子张耀灵继位，张重华庶兄张祚乘机杀死张耀灵，于东晋穆帝永和十年（354年）“僭称帝位、立宗庙、舞八佾，置百官”。《资治通鉴·晋记》记载，永和十年（354年）春，正月，张祚自称凉王，改建兴四十二年为和平元年。梁舒作为前凉官员，不奉张祚僭位改元的“和平”年号也属正常。

四、结语

综上所述，笔者认为武威市博物馆馆藏的梁舒墓表的年代当在前凉，而非钟长发等学者提出的前秦。早期由于文献资料的不完整，因此钟长发等学者认为“只有前秦苻坚的建元年号达十二年”，将梁舒墓表的年代判定为前秦，致使梁舒墓表“前秦说”这一观点在学界一直存有争议。而通过对近年来前凉建元文献资料对比研究可知，此墓表中的建元年号当是东晋康帝的建元年号，建元十二年为354年，此时正是在前凉张氏统治时期。

到目前为止，出土于武威旱滩坡19号姬瑜夫妻合葬墓、新华乡前凉墓中的建兴、咸康、升平等年号的文书，是对史籍及考古资料中关于前凉时期曾奉行西晋建兴、东晋升平等年号的补充，而梁舒墓表表文中对于东晋康帝“建元”年号的记载则为曾经的前凉都城姑臧在年号考古方面又增添了新的内容。

（王丽霞，武威雷台汉文化博物馆文博馆员。）

"前凉王"张骏文学创作的主题嬗变迹象

程对山

"前凉王"张骏是武威历史上见诸史载的第一位创作诗歌作品的诗人，也是东晋十六国时期中国北方的重要作家。南朝梁代文论大家刘勰在《文心雕龙》中对战国屈原到刘宋王朝之间的两百多位重要作家进行评论，见解独到，眼界颇高，一般作家难入法眼，连东晋陶渊明都在书中"一语未及"。对张骏却情有独钟，在《文心雕龙》中曾两次予以评述。他引用张骏评价谢艾、王济诗歌的语句，说明诗歌创作要"重熔裁，明隐秀"。[①]而在评价晋朝散文"笔札"创作时再次指出："刘琨《劝进》，张骏《自序》，文致耿介，并陈事之美表也。"[②]通过张骏创作的"笔札"及诗歌等重要文学作品可以窥见其文学创作中"遥尊晋室""诗怨东晋"及"人生无常"的主题嬗变迹象。

一、前期"笔札"作品，倾力表现"遥尊晋室"的忠贞思想

"笔札"即后世所谓"随笔"和"小品文"，专指那种富有抒情意味和讽喻特色的短小散文，包括语言优美生动的序、跋、记传和书信等。此类文章往往反映作者日常生活状况及趣味，渗透着文人独有的生活情趣和审美风尚。刘勰认为晋人的"笔札"作品中，"张骏《自序》，文致耿介，并陈事之美表也"。张骏的《自序》专指他写给东晋皇帝的奏表，又称《请讨石虎李期表》，从中可以看到其"笔札"创作的高超水平。

一般认为，前凉肇基时是西晋的地方政权之一，不同于经过武装反晋然后割据称

① （清）刘勰撰：《文心雕龙注》，范文澜注，北京：人民文学出版社1962年版，第544页。

② （清）刘勰撰：《文心雕龙注》，范文澜注，北京：人民文学出版社1962年版，第407页。

雄的前赵等政权。这样的特点决定了“前凉”在外交上与晋室司马氏若即若离的同盟关系，甚至可以视为西晋皇权衰落之后而其统治却在河西继续的标志。张氏统治集团保据河西半个多世纪，霸业肇自张轨。张轨逝世时遗令文武将佐“上思报国，下以宁家”，此中的“报国”即报答晋室恩德之意。前凉第三位国王张茂去世时，遗言更加直白：“上欲不负晋室，下欲保完百姓。”[①]所以，张骏继任后，不敢违背先祖之言。在“笔札”作品中表达出“遥尊晋室”的忠贞思想。

建兴十二年（324年），偏安江南的晋元帝司马睿死讯传至凉州，张骏诏令凉州大办丧事，令百姓“聚哭三日”，以示遥尊晋室为“正朔”。当时北方大乱，情势日渐危窘，也促使张骏真想得到东晋政权的呼应与支持。八年后，即建兴二十一年（333年），东晋使臣贾陵从建康来到姑臧，带来朝廷加封张骏的诏书。张骏惊喜异常，赶紧写了一道谢表，遣部曲督王丰带人送达建康：

> 东西隔塞，逾历年载，夙承圣德，心系本朝。而江吴寂蔑，余波莫及，虽肆力修涂，同盟靡恤。奉诏之日，悲喜交并。天恩光被，褒崇辉渥，即以臣为大将军、都督陕西秦雍凉州诸军事。休宠振赫，万里怀戴，嘉命显至，衔感屏营[②]。

在这篇“笔札”中，张骏表达了“悲喜交并”的真情实义。从建兴五年（317年）司马睿在建康称帝建立东晋到建兴二十一年（333年），晋王室和凉州“东西隔塞”了整整十六年，张氏父子怀着“夙承圣德，心系本朝”的心情也期待了十六年。所以，接到诏书，张骏的心情确实有点儿“悲喜交并”。更重要的是朝廷敕封他为“大将军、都督陕西秦雍凉州诸军事”，虽然此时前凉统治的地域也只有河西走廊和秦州一部分土地，陕西雍州等地已被“前赵”末帝刘曜占据，但这样的敕命标志着张骏拥有了勠力向东发展并扩大地盘的“合法”依据。

凉晋双方历尽曲折，总算实现了政治往来，“自是每岁使命不绝”。从当时大势来看，通表东晋能唤起汉族士民的民族心理，使更多吏民“心系凉国”，实现强敌压境时

---

①（唐）房玄龄撰：《晋书》卷八十六《张茂传》，北京：中华书局1991年版，第2233页。

②（唐）房玄龄撰：《晋书》卷八十六《张骏传》，北京：中华书局1991年版，第2239页。

同仇敌忾的凝聚力。从战略上讲，还能实现东西呼应，与东晋互为犄角，一旦受到后赵威胁时，可借助东晋兵力牵制敌人，减少正面压力，同时也给成汉政权造成一定遏制，使其在凉赵之间保持中立。得到晋廷的正式册封后，张骏设想若与东晋配合行动，转守为攻，就可连旌万里，水陆并进，收复后赵和成汉占领的地盘。建兴二十四年（336年），后赵石勒和成汉李雄相继而死，张骏赶紧给东晋又送去一份奏表：

> 伏惟陛下天挺岐嶷，堂构晋室，遭家不造，播幸吴楚。宗庙有《黍离》之哀，园陵有殄废之痛，普天咨嗟，含气悲伤。臣专命一方，职在斧钺，遐域僻陋，势极秦陇。勒雄既死，人怀反正，谓季龙、李期之命曾不崇朝，而皆篡继凶逆，鸱目有年。东西辽旷，声援不接，遂使桃虫鼓翼，四夷喧哗，向义之徒更思背诞，铅刀有干将之志，萤烛希日月之光。是以臣前章恳切，欲齐力时讨[①]。

张骏认为“勒雄既死，人怀反正”，是出兵收复失地的绝佳时机。此时成汉与后赵“东西辽旷，声援不接”，北方百姓即使是软弱的铅刀，也心怀“干将之志”，愿意发出微弱的萤烛之光来承接皇帝的日月光华。所以恳切请求东晋出兵，和凉州兵马联手“齐力时讨”。奏表遣使送去，东晋没有任何回应。张骏仍不甘心，次年，再遣使臣送去一道奏表：

> 陛下雍容江表，坐观祸败，怀目前之安，替四祖之业，驰檄布告，徒设空文，臣所以宵吟荒漠，痛心长路者也。且兆庶离主，渐冉经世，先老消落，后生靡识，忠良受枭悬之罚，群凶贪纵横之利，怀君恋故，日月告流。虽时有尚义之士，畏逼首领，哀叹穷庐。臣闻少康中兴，由于一旅，光武嗣汉，众不盈百，祀夏配天，不失旧物，况以荆扬剽悍，臣州突骑，吞噬遗羯，在于掌握哉！愿陛下敷弘臣虑，永念先绩，敕司空鉴、征西亮等泛舟江沔，使首尾俱至也[②]。

---

① （唐）房玄龄撰：《晋书》卷八十六《张骏传》，北京：中华书局1991年版，第2240页。

② （唐）房玄龄撰：《晋书》卷八十六《张骏传》，北京：中华书局1991年版，第2240页。

这份奏表风格大变，在对晋成帝司马衍“天挺歧嶷”赞谀的前提下，开始指责其“怀目前之安，替四祖之业”的苟且偷安做法，表达出对朝廷“宵吟荒漠，痛心长路”的失望与喟叹。最后仍是强烈表达出希望东晋出兵光复中原，凉州将给予军事的配合和支援，从而一改“遐域僻陋”局面，大展“势极秦陇”的宏图愿望。

张骏的这些“笔札”，反复表达一个意思，即自己忠心耿耿在等待朝廷光复北方失地，也希望朝廷能尽快发兵逾江而来，驱除戎狄，拯黎民百姓于水火之中。

二、中期诗歌表现出“诗怨东晋”的思想倾向

在等待东晋逾江北伐的日子里，张骏在凉州加紧强国兴兵举措，并寻找一切机会扩疆拓土，实现“势极秦陇”的宏伟意图。但是，懦弱腐败的东晋政权，任张骏千呼万唤，始终不肯出兵北伐。

早在建兴元年（313年），司马睿禁不住范阳人祖逖屡次请求北伐的奏议，遂任之为豫州刺史，准予北伐。但朝廷只拨给千人粮饷，三千匹布，军队则自行招募。祖逖顶着“刺史”的空头官帽竟率部曲百余渡过长江，自行募兵两千。数年来苦心经营，勠力北伐，竟然收复了黄河中下游以南的地区。但是，晋廷政治腐败，君主只想偏安江南，轻视北伐并扼制逖军后路。太兴四年（321年），祖逖忧愤成疾，病死军中，北伐失败。次年，扬州牧王敦在武昌起兵叛乱，司马睿惊惧而死。晋明帝司马绍继位后，虽倾力平乱，但政局依然动荡不安，焉有余力念及北伐。直到咸康五年（339年），征西将军庾亮再次提出北伐，终遭朝臣反对而罢。

张骏经年累月地希望东晋北伐，但这种希望宛如夜空里的璀璨烟花，繁华散尽终成一片黑暗。先前满满的期待在心里构筑的宏伟蓝图，眼看成了西域沙滩上的海市蜃楼。失望之余，张骏开始抒发对东晋政权的不满与怨望，留传后世的《薤露行》一诗就强烈表达了这种情绪：

在晋之二世，皇道昧不明。主暗无良臣，艰乱起朝廷。七柄失其所，权纲丧典刑。愚猾窥神器，牝鸡又晨鸣。哲妇逞幽虐，宗祀一朝倾。储君缢新昌，帝执金墉城。祸衅萌宫掖，胡马动北垌。三方风尘起，猃狁窃上京。义

士扼素腕，感慨怀愤盈。誓心荡众狄，积诚彻昊灵[①]。

这是一首罕有的反映西晋灭亡、义士怀愤等重大历史事件的史诗。真实地记述了晋武帝司马炎驾崩后，惠帝司马衷愚弱昏聩，遂有杨骏专权，贾后乱政，以致引起“八王之乱”，中原大乱的历史事实。

此时的凉州虽是偏隅中原的独立政权，但并未建立国号，名义上仍是晋朝藩镇。张骏仍身为朝廷大臣，表面上仍需维护君臣朝纲义理。张骏却写诗嘲讽本朝得失，指责君臣过错，言词直露激烈。他直率地以“主暗无良臣”的诗句评价武帝和惠帝“晋之二世”的朝政特点，以“哲妇逞幽虐”的诗句讽刺皇后贾南风干政弄权的卑劣行径，犀利地揭示“胡马动北垧”的政治渊源。此诗不仅用简练的语句勾勒了西晋灭亡的过程，还吐露了自己建功立业的伟大抱负，这样的胆识、勇气和开拓精神在当时的文学创作中极为鲜见。

《薤露行》本为送葬哀挽之辞，用以送王公贵人。曹操曾作《薤露行》借古乐府写时事，揭示汉末重大历史变故，被誉为“汉末实录，真诗史”。张骏以《薤露行》表达晋室覆亡、义士怀愤等重大历史事件，这是对建安诗歌精神的直接继承。但是，曹操的《薤露行》追忆东汉末年皇帝“播越西迁移，号泣而且行”的悲惨局面，表达出臣民“微子”的悲哀与感伤。诗风委婉，语气平和，仍不失君臣理数。张骏的《薤露行》则一改汉魏六朝挽歌单纯的咏史怀古风格，以个人怨望之情入诗，具有强烈的身世之慨与时代特点。《论语》说“诗可以兴、可以观、可以群、可以怨”，张骏的《薤露行》可以说是对孔子诗学理论的实践之作。同时期的东晋诗坛，“平典似道德论”的玄言诗盛行，相比之下，更能显出此诗的难能可贵。

张骏基于“夙承圣德，心系本朝”的质朴心意，期待晋室光复北国而心意落空，将自己的真实感受融于时代兴替的洪流之中，完成了这首千古名诗，成为魏晋文学的代表作品，收录于各类选本之中。后世诗评家将曹操《薤露行》、曹植《送应氏》、王粲《七哀诗》、张骏的《薤露行》等现实主义诗篇并称为魏晋时期的“一代诗史”。

---

① 王运熙、骆玉明等：《汉魏六朝诗鉴赏辞典》，上海：上海辞书出版社1992年版，第450页。

三、晚期诗歌表现出无可奈何的追悔和感伤气息

张骏晚年时，遣兵“疆理西域”，令西域诸国朝贡不辍。宁戎校尉张瓘统兵与后赵将军王擢战于三交城（今四川彭州市西），获大胜。此时前凉全部拥有秦陇之地，史载“跨据三州，带甲十万，西包昆域，东阻大河”[①]。张骏重划疆域和行政，将原先仅有凉州一州的行政建置改变为凉、河、沙三州建置。在张骏治理下，前凉政权进入鼎盛时期，民富兵强，威名远扬。张骏将国事“悉委于世子”，创作了大量的诗歌作品。《东门行》便是此期较为著名的作品，诗歌借乐府古题描绘昔日姑臧城郊外秀丽和煦的春日景色，为魏晋古体诗中的上乘之作。全诗如下：

勾芒御春正，衡纪运玉琼。明庶起祥风，和气翕来征。庆云荫八极，甘雨润四垌。昊天降灵泽，朝日耀华精。嘉苗布原野，百卉敷时荣。鸠鹊与鹙黄，间关相和鸣。芙蓉覆灵沼，香花扬芳馨。春游诚可乐，感此白日倾。休否有终极，落叶思本茎。临川悲逝者，节变动中情[②]。

全诗二十句，构成十副对联。前四联写春天总体景色特征，微雨润泽之后，姑臧郊外雨霁云散，现出祥风和来、晴空耀日的美好景色。中间四联则细致描摹，如电影中跟镜头一般，画面上依次呈现田野里的“嘉苗”和“百卉”、池沼里的“芙蓉”、缀满枝头的花朵“芳馨”四溢。而“鸠鹊与鹙黄，间关相和鸣”又为静态画面添加动感，营造出一片鸟语花香、生机勃勃的绮丽景象。写景至此，诗人顺势道出人物此时独有的情绪：“春游诚可乐，感此白日倾。”情景交融，意境优美。

最后两联道出诗人的无限感慨。面前景色让张骏联想到人生的终极意义，“休否有终极，落叶思本茎”，暗合自己“尊奖东晋”的政治主张，具有强烈的思国怀古意绪。“临川悲逝者，节变动中情”表现出诗人因时序变化而流露出“人生无常”的寥落之感。全诗较好地继承了汉魏以来“乐府”诗“卒章显其志”的艺术手法，结尾表达志

① （唐）房玄龄撰：《晋书》卷八十六《张骏传》，北京：中华书局1991年版，第2240页。

② 韩兆琦编著：《魏晋南北朝诗选讲》，北京：中国少年儿童出版社1983年版，第129页。

向，升华主题，大大拓展了写景诗的意境和主题。

《东门行》摒弃了东晋玄言诗人“淡乎寡味”的风格，注入诗人的真情实感。文论专家认为张骏诗歌继承“建安诗风”，但没有建安诗人曹操、王粲的那种悲壮豪情，字里行间浸渗着无可奈何的追悔和感伤气息。估计是“偏隅凉州”的张骏和“建安七子”所处的时代环境大不相同，故而诗风少了慷慨悲壮之气，而多了惆怅幽怨之思。诗人通过丰富的词汇描绘了优美迷人的凉州郊野风光，从侧面反映了前凉时期河西农耕文化比较发达，人与自然和谐相处的情景，但也流露出“人生无常”的消极情绪。

张骏在前后创作的诗文作品中表现出“遥尊东晋”“诗怨东晋”及“人生无常”的主题嬗变迹象，体现出魏晋时代的现实主义文学传统。无论是“笔札”还是诗歌，皆注重对现实社会的观察和把握，力求通过文字表达对社会现象的真实和客观反映。在后世历史印象中，作为“前凉王”的张骏往往被人忽略，而作为东晋诗人的张骏却声名显赫。康熙四十二年（1703年），翰林庶吉士车万育编纂诗词声韵格律启蒙读物《声律启蒙》时，写道：“张骏曾为槐树赋，杜陵不作海棠诗。晋士特奇，可比一斑之豹；唐儒博识，堪为五总之龟。”[①]《槐树赋》的作者是西凉王李暠，而清朝文人误以为是前凉王张骏所作。可见，张骏作为诗人的名声在官府及民间传播甚广。“前凉王”张骏的诗文作品注重于社会现实的深刻描绘，通过真实、鲜活的形象塑造和细腻的情感表达，具有魏晋文学的时代特征和社会意义，具有普遍的现实主义价值，对于后世文学创作具有一定的启示作用。

（程对山，中共武威市委党史和地方志研究中心干部。）

①（清）车万育纂：《声律启蒙》，长沙：岳麓书社2002年版，第29页。

河西出土魏晋十六国衣物疏所记名物考

金 玉

20世纪80年代以来，随着甘肃河西地区魏晋十六国墓葬出土的衣物疏不断增多，学者们在已公布的释文和图版的基础上，展开了或详或略、或专题或个案的研究。比较重要成果有党寿山《介绍武威出土的两件衣物疏木方》[①]、梁继红《武威出土的汉代衣物疏木牍》[②]、张俊民《武威旱滩坡十九号前凉墓出土木牍考》[③]、何双全、狄晓霞《甘肃省近年来新出土三国两晋简帛综述》[④]、寇克红《高台骆驼城前凉墓葬出土衣物疏考释》[⑤]、田河《武威旱滩坡十九号前凉墓衣物疏考释》[⑥]《甘肃高台骆驼城前凉胡运于墓随葬衣物疏考释》[⑦]、吕博《释“搔囊”——读高台骆驼城前凉木牍札记之一》[⑧]、窦磊《毕家滩出土衣物疏补释》[⑨]、卢朝《对十三年衣物疏木牍的再释读和相

①党寿山：《介绍武威出土的两件衣物疏木方》，“中国简牍学国际学术研讨会”论文，1991年。

②梁继红：《武威出土的汉代衣物疏木牍》，《陇右文博》1997年第2期，第21—25页。

③张俊民：《武威旱滩坡十九号前凉墓出土木牍考》，《考古与文物》2005年第3期，第73—77页。

④何双全、狄晓霞：《甘肃省近年来新出土三国两晋简帛综述》，《西北师大学报》(社会科学版) 2007年第5期，第101—104页。

⑤寇克红：《高台骆驼城前凉墓葬出土衣物疏考释》，《考古与文物》2011年第2期，第88—94页。

⑥田河：《武威旱滩坡十九号前凉墓衣物疏考释》，《社会科学战线》2012第6期，第107—113页。

⑦田河、秦凤鹤：《甘肃高台骆驼城前凉胡运于墓随葬衣物疏考释》，《丝绸之路》2012年第4期，第30—32页。

⑧吕博：《释“搔囊”——读高台骆驼城前凉木牍札记之一》，《敦煌学辑刊》2012年第2期，第118—127页。

⑨窦磊：《毕家滩出土衣物疏补释》，《考古与文物》2013第2期，第94—97页。

关问题的探讨》[①]、赵宁《散见汉晋简牍的搜集与整理（上）》[②]、李建平《〈高台骆驼城前凉墓葬出土衣物疏〉的几个问题》[③]、张立东《美国麦克林氏藏前凉郭富贵衣物疏》[④]、窦磊《汉晋衣物疏集校及相关问题考察》[⑤]和《夏侯妙妙衣物疏补释》[⑥]、吴浩军《河西墓葬文献研究》[⑦]、彭琴华《秦汉三国两晋简牍所见服饰词汇释》[⑧]、田河《武威汉简集释》[⑨]等。这些研究中，有关于衣物疏时间纪年的考证、宗教信仰等研究，对衣物疏中的名物考证更是主要内容之一。经过许多学者的努力，河西衣物疏中有些名物的释义问题已经基本得到解决，但有一些存在争议，还有一些未引起研究者的注意。本文，在前人研究的基础上，综合利用考古文字、图像和文物资料等，主要针对河西出土的魏晋十六国时期的女性衣物疏中的若干名物进行考证，同时也兼及少数男性衣物疏中的名物。

一、河西出土魏晋十六国衣物疏名物考证

（一）黄绐

2009年，出土于玉门金鸡梁十六国墓群M5墓，现藏甘肃省文物考古研究所的《前凉升平六年（362年）赵年衣物疏》记“故黄绐一枚”[⑩]。关于“黄绐”之“绐”的解

①卢朝：《对十三年衣物疏木牍的再释读和相关问题的探讨》，《华夏考古》2014年第4期，第107—109页。

②赵宁：《散见汉晋简牍的搜集与整理（上）》，吉林大学2014年硕士论文。

③李建平：《〈高台骆驼城前凉墓葬出土衣物疏〉的几个问题》，《考古与文物》2015年第4期，第70—72页。

④张立东：《美国麦克林氏藏前凉郭富贵衣物疏》，《西域研究》2017年第2期，第85—97页。

⑤窦磊：《汉晋衣物疏集校及相关问题考察》，武汉大学2016年博士论文。

⑥窦磊：《夏侯妙妙衣物疏补释》，《甘肃省第三届简牍学国际学术研讨会论文集》，上海：上海辞书出版社，2017年。

⑦吴浩军：《河西墓葬文献研究》，上海：上海古籍出版社，2019年。

⑧彭琴华：《秦汉三国两晋简牍所见服饰词汇释》，吉林大学2019年硕士论文。

⑨田河：《武威汉简集释》，兰州：甘肃文化出版社，2020年。

⑩甘肃省文物考古研究所：《甘肃玉门金鸡梁十六国墓葬发掘简报》，《文物》2011年第2期，第26—39页。

释，学界有两种意见：一是《甘肃玉门金鸡梁十六国墓葬发掘简报》释作“给”[①]，吴浩军从之[②]；二是窦磊认为“给”为“袷”的误释，指夹衣[③]。本文从前者，认为窦磊释义有待商榷。第二字若释为“袷”，就是夹衣的意思，衣物类的量词应为“领”居多，但此处“黄给”的量词为“枚”。“枚”是表示一般个体的数量，相当于“个”“件”[④]。比如“面衣一枚”“巾一枚”等。又《广雅》云：“给，缠也。丝给则纾而紊绕。”“给”字，有缠绕之意。同时期玉门毕家滩出土的《前凉升平十四年（370年）孙狗女衣物疏》中记“故绛缠相一枚”中的名物“绛缠相”的“缠”“镶”及“相”，皆有围绕物体边缘的意思[⑤]。量词也都为“枚”，与首服的量词更为接近，释作“黄色头巾”也有道理。推测与“黄给”应为同一相似物，都是缠绕于头部的头巾。

（二）单被

1991年，出土于武威新华乡红崖子支渠墓葬的《三国魏青龙四年（236年）民左长衣物疏》记“故单被一领”[⑥]。“单被”，黎大祥首次公布了该件衣物疏的释文，该名物释作“单被”，党寿山、吴浩军、田河[⑦]等从之，梁继红缺释[⑧]，何双全、狄晓霞释为“单□”[⑨]，窦磊[⑩]认作“衵”。本文认为，释作“单被”可信。“单被”，从字面意思上是指单层的被子，但也可引申为像被子一样材质相同的布料。《后汉书・赵岐传》云：“我死之日，墓中聚沙为床，布簟白衣，散发其上，覆以单被，即日便下。”《三国魏青龙四年（236年）民左长衣物疏》所记“单被”的量词为“领”，若释为“被子”，此时

①甘肃省文物考古研究所：《甘肃玉门金鸡梁十六国墓葬发掘简报》，《文物》2011年第2期，第26—39页。

②吴浩军：《河西墓葬文献研究》，上海：上海古籍出版社2019年版，第151—153页。

③窦磊：《汉晋衣物疏集校及相关问题考察》，武汉大学2016年博士论文，第155页。

④胡继明：《<吐鲁番出土文书>中的量词》，《西南民族大学学报》（人文社科版），2004年第12期。

⑤窦磊：《汉晋衣物疏集校及相关问题考察》，武汉大学2016年博士论文，第174页。

⑥吴浩军：《河西墓葬文献研究》，上海：上海古籍出版社2019年版，第131页。

⑦田河：《武威汉简集释》，兰州：甘肃文化出版社2020年版，第627—630页。

⑧梁继红：《武威出土的汉代衣物疏木牍》，《陇右文博》1997年第2期，第21—25页。

⑨何双全、狄晓霞：《甘肃省近年来新出土三国两晋简帛综述》，《西北师大学报》(社会科学版) 2007年第5期，第101—104页。

⑩窦磊：《汉晋衣物疏集校及相关问题考察》，武汉大学2016年博士论文，第12页。

期很多衣物疏记载被子的量词也多为“领”；但同时“领”在这时期也是使用范围最为广泛、使用频率最高的上装量词①，如“两当一领”“衫一领”等。若释为像被子一样的布料，面料的量词在衣物疏中都记为“匹”，故不能释为“面料”这一含义。同时，根据河西衣物疏书写的顺序，一般都先写头上用品，上衣、下裳、脚上用品等衣物类用品，然后才会记录纺织品、装饰品、生活用品等。“故单被一领”在该件衣物疏中的记载位置是在第一列的第一个名物，按照排列顺序也应当属于衣物这一大类。由此推测，这里的“单被”量词虽然是“领”，但是根据衣物疏记载顺序，并不能释作字面意义上的生活用品——被子，也不是面料，而是一种上身衣物，具体释义有待考证。

（三）緷襦

1985年，出土于武威旱滩坡墓葬，编号85WHM19：5的《咸康四年（338年）十一月姬瑜妻衣物疏》记有“故丹罗緷襦一领”②。关于名物“緷襦”的释文，学界有三种意见：一是李均明、何双全释为“緷襦”③；二是张俊民释为“裈襦”④；三是田河认为是“繟襦”⑤，窦磊从之⑥。三类意见中都只是对该名物进行初步释读，并没有作出具体解释。第一字略有争议，第二字均释为“襦”，加上衣物类量词“领”，初步判断该名物为上衣类中的襦衣。第二类意见“裈襦”，文献更多是记载“襦裈”，泛指衣服。第三类意见“繟襦”，前一字读作“chǎn”，义为宽松的丝带，在这里应指襦的面料。根据该字字形及综合三类意见后，本文从“緷襦”。

緷，本文有以下意见。《说文解字》云“緷，纬也”。“纬”，可代指“纬线”，跟“经线”相对，也可指织物的横丝，也可指纬线、纱起花的织物。经锦纠绞、纬丝平行交织而成的物统称之为沙罗织物⑦。也可称为绞经织物。敦煌马圈湾烽燧遗址出土、现藏于甘肃简牍博物馆的汉代湖绿色四经绞横罗（如图1）为典型的绞经织物，是通过手

①高佳：《汉语服装量词的形成及演变研究》，四川大学2007年博士论文，第36页。

②吴浩军：《河西墓葬文献研究》，上海：上海古籍出版社2019年版，第148页。

③李均明、何双全：《散见简牍合集》，北京：文物出版社1990年版，第26—29页。

④张俊民：《武威旱滩坡十九号前凉墓出土木牍考》，《考古与文物》2005年第3期，第73—77页。

⑤田河：《武威旱滩坡十九号前凉墓衣物疏考释》，《社会科学战线》2012第6期，第107—113页。

⑥窦磊：《汉晋衣物疏集校及相关问题考察》，武汉大学2016年博士论文，第167页。

⑦许新国、赵丰：《都兰出土丝织品初探》，《中国历史文物》1991年，第63—81页。

工挑花织造，外观出现横向的条纹形状。张德芳在介绍该丝织品实物时谈到，在甘肃花海毕家滩26号墓出土的刺绣上，用的也是四经绞横罗，说明了这类罗织物在西北地区的流行一时①。上述织物只是罗织物的一类。这样理解的话，《咸康四年（338年）十一月姬瑜妻衣物疏》中的“丹罗緷襦”可笼统地释为罗织物，也可以说是绞经织物制成的“丹襦”。相似出土实物可见，中国丝绸博物馆藏、隋唐时期青海民间的深蓝色菱纹罗袍（如图2），也是以四经绞的菱纹罗作为面料制成的衣物。

图1　湖绿色四经绞横罗[28] 26
现藏于甘肃简牍博物馆

图2　深蓝色菱纹罗袍[29]
现藏于中国丝绸博物馆

（四）青繻

2000年，出土于高台骆驼城，具体年代不详，现藏高台县博物馆的《周女敬衣物疏》中记“故青繻一领本自有”②。吴浩军释作“青繻”③，《玉篇》云：“繻，带也。”《类篇》记：“襟缀带谓之繻。”可释为带子。可“青繻”的量词为“领”，不恰。释作青色的衣襟和带子，倒是符合衣物类的搭配。

同时期同地出土，年代不详的《周南衣物疏》与其观察图版对比可知（如图3、4），这两件衣物疏很有可能是一人所书，除部分名物记载有颠倒之外，衣物疏的形制、书体和名物书写格式几乎一致。故我们可以通过，比对《周南衣物疏》中的名物记载顺序，初步判断《周女敬衣物疏》这一位置记载的名物。

《周女敬衣物疏》正面前五列记：

---

①张德芳：《丝绸之路上的丝绸——以河西出土实物和汉简为中心》，荣新江、朱玉麒主编《丝绸之路上新探索》，南京：凤凰出版社2019年版，第3—20页。

②吴浩军：《河西墓葬文献研究》，上海：上海古籍出版社2019年版，第170页。

③吴浩军：《河西墓葬文献研究》，上海：上海古籍出版社2019年版，第170页。

故山柏木一口本自有，故缤一枚本自有，故早被一领本自有，故青纚一领本自有，故丝履一量本自有[①]。

《周南衣物疏》正面前五列记：

故山柏木一口本自有，故冠帻一具本自有，故黄绢单衣一领本自有，故早被一领本自有，故白履一量本自有[②]。

观察上面两枚衣物疏的释文，排列在第3、4位的名物记载顺序有颠倒之外，其他3件名物都一一对应。与《周女敬衣物疏》中第4位的“青纚”对照的应是《周南衣物疏》中第3位记载的“故黄绢单衣一领本自有”，名物与量词都互相对应，“黄绢单衣”属于上衣类服饰，那说明“青纚”也属于同类。再，“青纚”，原意指的是青色的衣襟和带子，这里应代指青色的上衣。这类服饰名物在衣物疏中存在很多，常以衣物的某一部分代指整体。可根据其书写的顺序，大致推测其属性。

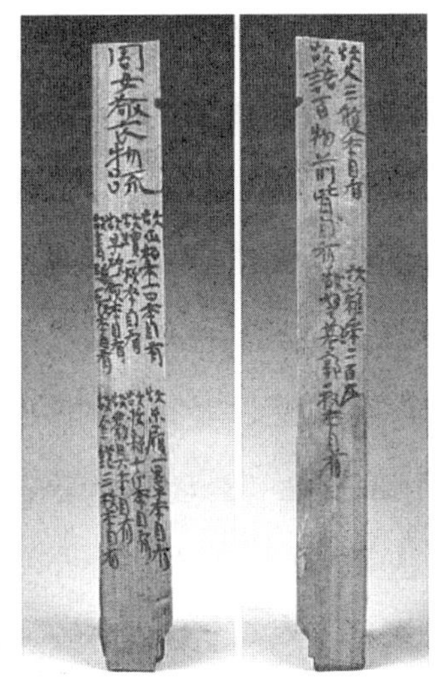

图3 《周女敬衣物疏》[③] 现藏于高台县博物馆

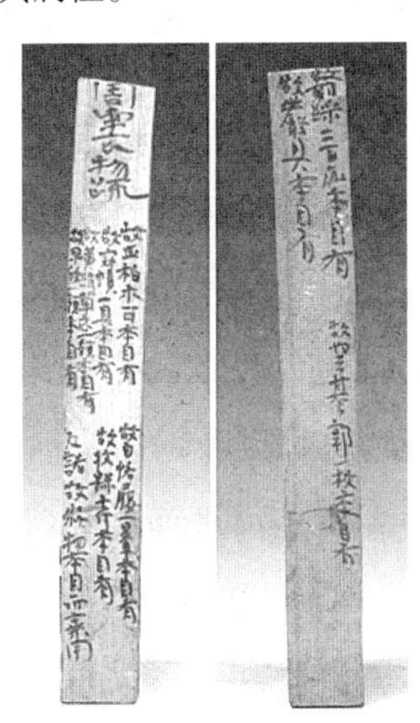

图4 《周南衣物疏》[④] 现藏于高台县博物馆

①吴浩军：《河西墓葬文献研究》，上海：上海古籍出版社2019年版，第170—172页。
②吴浩军：《河西墓葬文献研究》，上海：上海古籍出版社2019年版，第170—172页。
③吴浩军：《河西墓葬文献研究》，上海：上海古籍出版社2019年版，第170—172页。
④吴浩军：《河西墓葬文献研究》，上海：上海古籍出版社2019年版，第170—172页。

（五）黄远蕠子

具体出土地、入藏过程等重要考古信息已不可考，现由北京古陶文明博物馆收藏的《建兴五年（317年）十一月夏侯妙妙衣物疏》记有“故黄远蕠子一升”[①]。白须净真释作“黄远蕠子”[②]但无解释。这里的“黄远蕠子”的量词为“升”，《广雅·释器》：“合十曰升。”“升”为典型的容量单位，有“粟一升”“青稞一斗三升”等相关记载。“蕠子”偏向于“麦子”一类的组词，可初步推断该物为一种粮食或吃食。

“蕠”同“藜”。《说文解字》云“藜，藜草也”。《史记·太史公自序》：“粝粱之食，藜藿之羹。”《正义》：“藜，似藿而表赤。藿，豆叶也。”义为藜，是类似豆类作物的叶子，表面呈赤色的一种菜，也指用此物做成的粗饭。又《汉书·郊祀志上》：“嘉禾不生，而蓬蒿藜莠茂。”颜师古注：“蓬蒿藜莠，皆秽恶之草。”所谓“秽恶之草”是相对于“嘉禾”——生长茁壮的禾稻而言，似为一种可食的野草类的植物。推测“藜”并不属于传统精粮农作物，偏向于野草一类的植物。“黄远蕠子”中的“黄”应是名物的颜色，与“似藿而表赤”的红色相间。“远”暂无具体释义。“黄远蕠子”进一步判断为一种黄红掺杂、可食用的野草一类的食物。

再，《本草纲目》中有记“蒺藜”这一植物。开小黄花，结芒刺，有医用功效，主要食其子，且果实也为黄绿色。据记载，果实蒺藜可作为一种代食品食用。古时遇到荒年，有用刺蒺藜炒黄去刺，磨面做成饼，或蒸食以度饥荒。且该物生长在荒地、沙地等野外，与上述野菜等推断相符。若“黄远蕠子”中的“蕠子”并不是“麦子”一类的组词，而是“蒺藜”的子（果实）。《建兴五年（317年）十一月夏侯妙妙衣物疏》中记载名物众多，且墓主拥有“大女”这一身份，不同常人。“黄远蕠子”应不是普通的吃食。“蒺藜”果实还可入药，具有平肝解郁、活血祛风、明目、止痒等功效。处理方法是将刺取去，用小火炒至微黄色，子为颗粒状，放入容器中，是为一升。推测“黄远蕠子”是蒺藜的一类，经过处理的黄绿色蒺藜子，入药之用。对此进行专门释义，是因为学界公布甘肃省河西走廊发现的27件魏晋十六国时期的衣物疏中，仅此一件记载植物的，且为入药之用。

---

①吴浩军：《河西墓葬文献研究》，上海：上海古籍出版社2019年版，第142—143页。

②日白虚真净：《晋建兴五年夏侯妙妙衣物疏初探——古陶文明博物馆所藏新资料介绍》，朱玉麒主编《西域文史（第8辑）》，北京：科学出版社，2013年。

（六）鍼桐

2002年，出土于玉门花海毕家滩M3墓，现藏甘肃省文物考古研究所的《桓眇亲衣物疏》记"杂缯鍼桐一枚"[①]。张俊民释作"鍼桐"，窦磊认为是"鍼筒"。他引用曹操《上杂物疏》"中宫杂物，杂画象牙鍼管一枚"，怀疑衣物疏中的"鍼筒"就是曹操所述"鍼管"[②]。本文有不同义，《玄应音义》卷二十五"炬鍼"注云"缝衣者曰针"，"针"同"鍼"。这里的"杂缯鍼桐"，推测可能类似于针线包的缝纫工具包，里面放置各种粗细的针，还有布头等。它与《桓眇亲衣物疏》下文记载的"青鍼衣"和高台县博物馆展出许三湾墓群出土的一个针囊（如图5）都是同一类物件。该针囊，为心形，出土时还能见到内藏的两枚针。

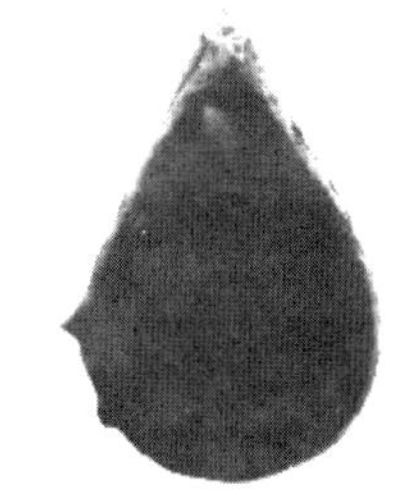

图5　针囊　现藏于高台县博文物馆 金玉拍摄

（七）绯绣把

据内容判断，应该出土于武威市，现由美国伊利诺伊州的麦克林氏私藏的《和平二年（355年）二月阴汉妻郭富贵衣物疏》记有"故绯绣把二枚"[③]，张立东认为"本疏中的把有绯绣，当为纺织品"[④]。《说文·手部》云："把，握也。"又《释名·释丧制》称："握，以物着尸手中使握之也。"可见，随葬手把是古时一种丧俗。另外这时期河西出土的其他衣物疏，如《后凉麟嘉十五年（403年）黄平衣物疏》记"故杂彩把一具"[⑤]，《西晋建兴五年（317年）赵阿兹衣物疏》也记"故紫把二枚"[⑥]，"杂彩把"和"紫把"，与"绯绣把"为同类物件，属于随葬的"手把"，并非丝织品。

《后凉麟嘉十五年（403年）黄平衣物疏》中的"杂彩把"中的"杂彩"为各色丝织品，说明手把有可能缠有丝织物。所以，《和平二年（355年）二月阴汉妻郭富贵衣物疏》中的"绯绣把"，是系有红色刺绣过的丝织物的"把"。已知记载"把"的三件衣物疏，墓主人"郭富贵"和"赵阿兹"都是女性，而且《西晋建兴五年（317年）赵

①吴浩军：《河西墓葬文献研究》，上海：上海古籍出版社2019年版，第186—187页。

②安徽亳县《曹操集》释注小组：《曹操集释注》，北京：中华书局1979年版，第191页。

③张立东：《美国麦克林氏藏前凉郭富贵衣物疏》，《西域研究》2017年第2期，第85—97页。

④张立东：《美国麦克林氏藏前凉郭富贵衣物疏》，《西域研究》2017年第2期，第85—97页。

⑤吴浩军：《河西墓葬文献研究》，上海：上海古籍出版社2019年版，第181页。

⑥寇克红：《高台骆驼城前凉墓葬出土衣物疏考释》，《考古与文物》2011年第2期，第88—94页。

阿兹衣物疏》中的“紫把”，紫色是河西女性衣物疏所记服饰名物色彩中使用最多的颜色；《和平二年（355年）二月阴汉妻郭富贵衣物疏》中的“绯绣把”中的“绣”在河西衣物疏中出现3次，3件衣物疏都为女性[①]。因此，尽管《后凉麟嘉十五年（403年）黄平衣物疏》中的墓主人“黄平”性别不详，但我们根据衣物疏中“杂彩把”的记载推断，其为女性的可能性更大一些。

（八）紫繍襦

2002年，出土于玉门花海毕家滩M26墓，现藏甘肃省文物考古研究所的《前凉升平十四年（370年）孙狗女衣物疏》记有故紫繍襦一领[②]。“繍”，同“绣”，刺绣的意思。而出土于同一墓葬现甘肃省文物考古研究所藏紫繍襦复原实物（如图6），可能对应的是《前凉升平十四年（370年）孙狗女衣物疏》中的“紫繍襦”。仔细观察上面的点状图案面料与在敦煌市佛爷庙出土、现敦煌市博物馆藏的一件蓝色绞缬经绢相似（如图7），应该都是用绞缬方法织制。具体点状图案不同，但排列方式一样。

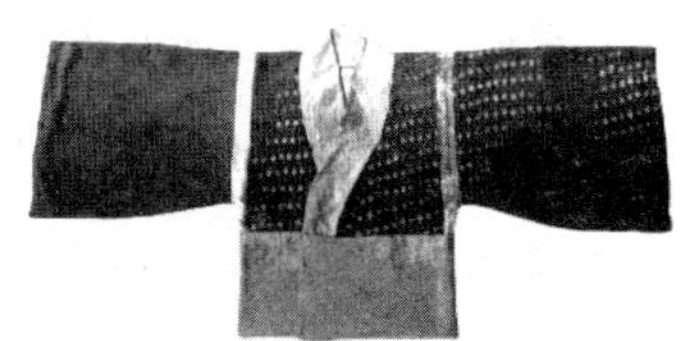

图6　紫繍襦复原实物[③]

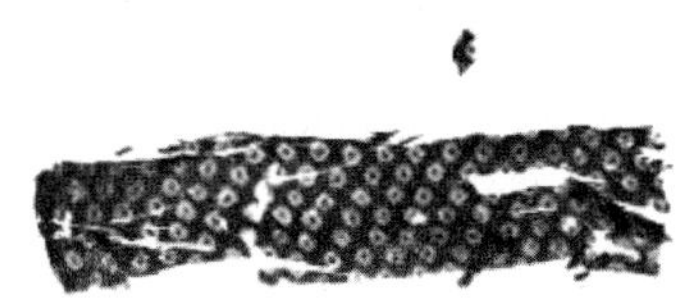

图7　蓝色绞缬经绢　现藏于敦煌市博物馆藏　金玉拍摄

《韵会》：“缬，系也，谓系缯染成文也。”唐代《一切经音义》云：“以丝缚缯染之，解丝成文曰缬。”[④]“缬”是古代用作防染印花织物的统称。这种工艺是利用绞缬防染形成的中空方格纹，多是用绑扎法制作完成，即用丝线将绢帛打结，投入染缸中染色，染后拆去扎线，解开之后就形成这种点状排列的图案。但为何称为“紫繍襦”，而不是“紫缬襦”，是因为当时染缬技术刚开始，尚无一个专有名词，仍以“绣”字

①金玉：《魏晋十六国时期河西服饰资料整理与研究》，西北师范大学2021年硕士论文。

②张俊民：《甘肃玉门毕家滩出土的衣物疏初探》，《湖南省博物馆馆刊》2010第7期，第400—407页。

③徐铮、金琳：《锦程：中国丝绸与丝绸之路》，杭州：浙江大学出版社2017年版，第44页。

④赵丰：《中国丝绸艺术史》，北京：文物出版社1993年版，第84页。

替代①。

紫繍襦复原实物中的点状图案倒是与阿斯塔那唐墓出土的红地、绛地和蓝地绞缬绢（图8）一样，都为单纯的菱形图案，为几何纹中的散点小菱形纹。因此，我们推测《前凉升平十四年（370年）孙狗女衣物疏》中的“紫繍襦”并不是通过刺绣制成的紫色短襦，而是用颜料以绞缬手法印染出不规则的菱形小方格的面料制作的短襦。相似出土实物见，阿斯塔那Ast.vi.4号墓出土的女俑（如图9）所着上衣，与“紫繍襦”都为襦衣这一款式，上面的图案也非常相似，可见其工艺流行于河西和吐鲁番地区。

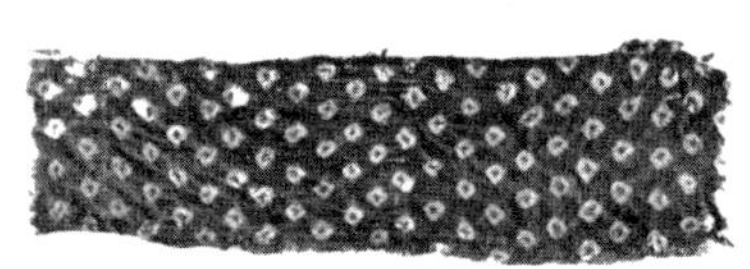

图8　红地绞缬绢②出土于阿斯塔那

图9　女俑③现藏于大英博物馆

二、结语

综上所考，本文考证对学者观点有不同意见的衣物疏名物有4种：《前凉升平六年（362年）赵年衣物疏》所记“黄给”不是上身夹衣，而是一种黄色的头巾；《三国魏青龙四年（236年）民左长衣物疏》所记“单被”也不是被子，而是一种上身衣物；《和平二年（355年）二月阴汉妻郭富贵衣物疏》中的“绯绣把”不是纺织品，而是一种系有红色刺绣过的丝织物的手握。《前凉升平十四年（370年）孙狗女衣物疏》中的“紫繍襦”并不是通过刺绣制成的紫色短襦，而是用颜料以绞缬手法印染出不规则的菱形

①徐铮、金琳：《锦程：中国丝绸与丝绸之路》，杭州：浙江大学出版社2017年版，第43页。

②新疆维吾尔自治区博物馆、出土文物展览工作组：《丝绸之路——汉唐织物》，北京：文物出版社1972年版，第43页。

③Stein，Aurel.Innermost Asia：IIM.Oxford：Clarendon Press，1928，P701.

小方格的面料制作的短襦。

对学界尚未关注、初步释读其含义的衣物疏名物有4种：《咸康四年（338年）十一月姬瑜妻衣物疏》中的“緷襦”为罗织物，也可以说是绞经织物制成的丹襦衣；《周女敬衣物疏》中的“青縭”，原意指的是青色的衣襟和带子，这里应代指青色的上衣；《建兴五年（317年）十一月夏侯妙妙衣物疏》中的“黄远蕠子”，是蒺藜的一类，经过处理的黄绿色蒺藜子，入药之用；《桓眇亲衣物疏》所记“鍼桐”，是类似于今天针线包一类的缝纫工具包。

（金玉，西北师范大学河西走廊研究院博士研究生。）

从陕西历史博物馆藏金错泥筩看前凉手工业发展状况

吕龙梅

1966年，陕西省历史博物馆在西安征集到一件前凉时期的金错泥筩。该器制作规整，工艺精湛，最值得注意的是泥筩的底部尚有错金铭文47字。十六国时期所流传下来的铜器极为少见，而这种铸有铭文的铜器则更为罕见，因此这件泥筩是研究当时青铜冶铸业的重要物证之一，具有重要的历史研究与艺术价值。秦新烈[①]、陈直[②]等人曾对此件错金泥筩及铭文进行过相关考证。本文试从前凉官方手工业发展的角度对这件金错泥筩再作研究。

一、前凉金错泥筩器身及铭文

陕西省历史博物馆藏的这件前凉金错泥筩，青铜质地。根据器身样式以及国内出土的其他类似的泥筩，我们可以推断，该件泥筩原有器盖，现已遗失，仅存器身。该泥筩外观呈圆形竹筒状，下有三个马蹄形短足。筩身中部有三个小圆耳，其中间一耳，略低于其他两耳。器表饰有繁缛而华美的错金纹饰。泥筩通高11.7厘米，足高2.1厘米，口径7.9厘米，重0.682千克。泥筩口沿部分，为一周垂幛纹，下有一圈呈横“S”形的连续卷云纹，器底分饰一圈卷草纹与锯齿纹，而主题纹饰则为连续的龙、虎、豹等五只神兽。神兽皆细腰长脊，昂首翘尾，张牙舞爪，作腾跃状（图1）。

对于泥筩的用途，学界已经形成比较明确的认识。王偈人先生在《泥筩浅议》一

---

① 秦新烈：《前凉金错泥筩》，《文物》1972年第6期，第36—37页。

② 陈直：《出土文物丛考》，《文物》1972年第6期，第38—39页。

文中通过对考古实物的研究，推测认为泥筩是“汉代某些具有一定经济实力和身份地位的人，为了保管作为收藏品的封泥设计的保管容器”①，赵宠亮先生也认为泥筩为储藏封泥的用具应无疑义②。以下我们将通过考古出土实物的发现，再次明确这一观点。

图1　正面

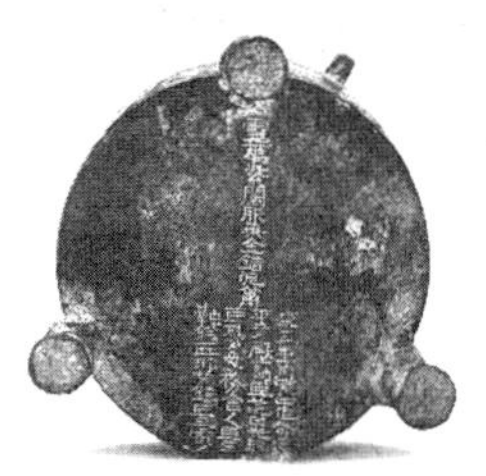

图2　底部

前凉金错泥筩底部有错金铭文47字（图2）。顶部居中錾刻、错金“灵华紫阁服乘金错泥筩”10字，下部从上向下、自右向左依次錾刻、错金有“升平十三年十月凉中作部造，/平章殿帅臣范晃督，/臣綦毋务、舍人臣史/融，错匠邢苟、铸匠王虏”等37字（图3）。这些铭文字迹清晰、章法严谨、工整挺秀，足见其高超的錾刻技艺。秦新烈、陈直等根据铭文“凉”“升平十三年”，考证此泥筩当为十六国时期前凉末主张天锡于369年时铸造的宫廷用器，距今1600多年。因此，该件金错泥筩堪称是前凉末期宫廷手工业珍品，代表了当时官方手工业的高超水平。铭文的中“灵华紫阁”，据陈直考证应为前凉末期张天锡居住的宫殿名之一。“灵华紫阁服乘金错泥筩”一语将器物名称、铸造手法、专用地点及功用逐一道明。“服乘”为使用之意，“金错”为工艺手法，而“泥筩”正是它的名称。由此可知，此物为张天锡在灵华紫阁所使用的错金泥筩。“舍人”为历史文献中常见官职名称。“凉中作部”“平章殿帅”都是前凉所置官职。铭文对融错匠和铸匠的名字进行了记载，这是一种对古代工匠进行责任划分的方法。早在秦国军事武器

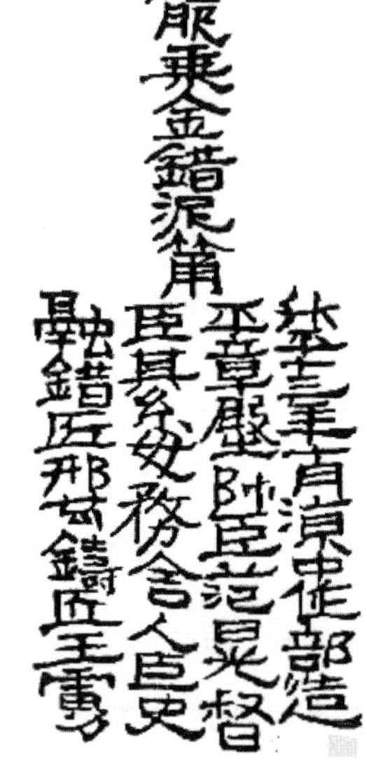

图3　底部铭文

① 王偈人：《泥筩浅议》，《东南文化》2013年第3期，第79—83页。

② 赵宠亮：《也说泥筩》，《东南文化》2014年第2期，第95—99页。

的铸造上就有工匠的名字，对于不符合规定的器具则会追责。铸匠职务在出土文物或历史文献中比较多见，但是对于错匠姓名进行记载，就非常少见。这说明自战国以来的金银错手工艺到了魏晋时期很可能已经发展成为专门的工艺部门。

这件泥筩，可能是在376年前凉政权灭亡后，由武威流向长安地区的。当前多位学者认为该泥筩为张天锡被送往长安时所携带去的。但我们认为还有一种可能，该泥筩并非是张天锡主动携带，而是张天锡出城投降苻坚大军之后，苻坚大军在对张天锡的都城进行收缴盘点清理时而获得的战利品，或者说是作为张天锡称伪制、逾制使用天子紫色封泥的证据而被收缴，因而被苻坚军携带至长安地区的。随着魏晋南北朝时期南北分离、战乱频仍，该泥筩逐渐被湮没在历史的云烟之中。直到后来被陕西历史博物馆征集，我们才得以管窥前凉手工业制造艺术的精湛。

二、国内出土同类型泥筩及其功用

在国内，泥筩出土数量较多，且多出土于汉代墓葬中，在河南洛阳烧沟、山西太原及朔县、河北望都等地汉墓中都有发现。这些出土的泥筩直径大多在3.5—8.4厘米间，高多为10厘米左右，多轻巧便于携带，且均为铜质[①]。但自称为“泥筩”的却极为少见，而前凉这件泥筩则自铭“灵华紫阁金错泥筩”，这是十分重要的现象。

有关泥筩的用途，孙机《汉代物质文化资料图说》称：“贮泥之器有铜制泥筩，常与石砚共存。”[②]因此可知，泥筩当为贮封泥之用。封泥，又称泥封，是用于封缄简牍文件和其他重要物品并与其上钤印的泥块。由于封泥使用时要保证“柔软可塑”，需要严密的贮藏环境。而泥筩多有盖则可使封泥保持一定的湿度，减少水分蒸发。由于使用者身份的不同，所用封泥颜色也有不同。据《汉官仪》记载：“所谓天子玺书，用武都紫泥封。”说明皇帝所用封泥为紫泥，以显尊贵。从出土的部分泥筩中残存的封泥可知，红泥的使用也比较普遍。如在河北望都2号汉墓出土的泥筩（发掘报告中称“鎏金圆筒盒”），“内装杏红色棒状物九段”[③]。山西朔县赵十八庄1号汉墓出土泥筩（发掘

① 孙机：《汉代物质文化资料图说》，上海：上海古籍出版社2008年版，第328页。

② 河北省文物局文物工作队编：《望都二号汉墓》，北京：文物出版社1959年版，第123页。

③ 山西省平朔考古队：《山西省朔县赵十八庄一号汉墓》，《考古》1988年第5期，第442—448页。

简报称“封泥筒”)，“内装暗红色封泥，出土时柔软可塑”[①]等。这件前凉末年的金错泥筩内也曾发现残留有类似封泥的痕迹，陈直研究指出，其所贮封泥可能为紫泥。据《晋书·张轨传》记载，前凉自张骏后期开始所使用的服饰器具已经完全是仿照皇帝使用的规格。张骏之子张天锡当时虽尊奉东晋正朔，但在其辖区内仍使用和帝王一样的典章制度。因此，张天锡在位期间铸造和使用这种皇帝御用的金错泥筩，并于其中出现残留的紫色封泥，也是不足为怪的。

在中国古代，封泥是用来封箴简牍文书的，起保密作用。使用时先把写好文书的竹简、木牍用绳子捆扎起来，打结，再在绳结处封上封泥并加盖印章。这是最简单的一种封泥方法。根据在甘肃、内蒙古、新疆等地出土的众多简牍样式，我们见到了封泥与封盒的遗留。对于重要的政治、军事机密文件，在需要传输的情况下，为了保密效果，使用封盒存装简牍。在封盒的合口处，使用绳子捆扎，打结处封上封泥并加盖官员印章。目前出土的汉代印章，一般都不是很大，有些甚至比成年人拇指头还小。这种印章，更加适合在封泥上加盖。简牍在传输到达目的地以后，由执行人员在确认封泥无破损，即所传递信息没有被泄漏之后会被打开。而打开封泥，就意味着要破坏已经干燥的加印封泥。所以，历史上留存下来的完整封泥并不多。

目前国内出土的泥筩，以陕西华阴东汉刘琦墓所出的泥筩器型最为完整[②]。此泥筩除筩身、筩盖外，在筩身上有一圆耳，上有铜链，系一铜杵，为填取封泥之用。从发掘报告所公布的图片看来，刘琦墓出土的泥筩上铜链在连接铜杵的同时还连接着筩盖。在国内出土的多件泥筩上也可见其筩身上有耳，但大多只有一耳，偶有两耳者，但如前凉金错泥筩上铸有三耳的则较为少见。刘琦墓中出土的泥筩很好地解释了前凉金错泥筩筩身上有三耳的原因，即除本身的系挂之外，其中一耳可能原有铜链，为连接筩盖或铜杵之用。

除上文所述山西朔县赵十八庄1号汉墓、陕西华阴刘琦墓外，河北望都二号汉墓(东汉灵帝光和五年，即182年)、江苏常州恽家墩M23（王莽新朝志东汉早期）[③]、洛

---

① 杜葆仁、夏振英、呼仁贵：《东汉司徒刘琦及其家族墓的清理》，《考古与文物》1986年第5期，第62—65页。

② 常州博物馆：《江苏常州兰陵恽家墩汉墓发掘简报》，《南方文物》2011年第3期，第44—58页。

③ 洛阳区考古发掘队：《洛阳烧沟汉墓》，北京：科学出版社1959年版，第240页。

阳烧沟汉墓M1038（东汉晚期）[①]、湖南长沙金塘坡M1[②]均发现了泥篝。通过梳理上述出土泥篝，我们会发现这样一个规律，泥篝多出土于北方汉代墓葬，时间跨度从西汉到东汉末年，且随葬泥篝的墓葬规格一般都比较高，也就是说泥篝的使用者在汉代并非普通人家，而是具有一定身份的高门世家。因此，泥篝可以说是一种具有鲜明时代特色和体现墓主人身份地位的器物。

三、前凉金错泥篝的铸造工艺

从这件前凉金错泥篝底部铭文可以看到，当时参与督造官员和直接制作的工匠有五人，便于我们了解当时前凉宫廷手工业的部门名称和制作程序。制作这件金错泥篝的部门是“凉中作部”，这应是前凉宫廷手工业机构的名称，制造时间为前凉升平十三年（369年）十月。作为守卫平章殿的大臣范晃以“平章殿帅”身份执行督造任务，不明职务的綦毋务和“舍人”史融也参与督造过程。参与直接制作的则是“错匠邢芍、铸匠王虏”。由铭文内容可知，“错”和“铸”两道程序是分开进行的，由“错匠”“铸匠”两种不同的造器工匠分别负责，铸匠王虏根据设计将器物铸造成器，错匠邢芍则将金丝或金片镶嵌在预铸的凹槽之内，并分别署名，这样就完成了器物制作过程。

值得注意的是，在这件金错泥篝铭文中有融错匠的名字，这在国内青铜器铭文中极为少见。金错，即所谓的错金，这种工艺被认为是受到镶嵌工艺的启发而萌生。制作时，首先在器物的表面铸出或者錾刻出凹花纹，然后用金丝或金片嵌入，再用错石将器表打磨光滑。这种工艺，是利用两种不同金属的色泽对比，以增加器物的装饰美。金错铜器要经过铸造、錾槽、镶嵌、磨错等一系列工艺程序，工序繁复。其中，錾槽与镶嵌需要极高的技艺。这件前凉金错泥篝上金错纹饰线条细密流畅，技术精湛娴熟，所饰动物、植物纹样刻画得更是细致入微，使得整件泥篝显得富丽、华美。在历经1600多年后，其上的金错纹饰依然熠熠生辉，反映了前凉时期错金工艺的高超水平。

① 湖南省博物馆：《长沙金塘坡东汉墓发掘简报》，《考古》1979年第5期，第427—434页。

② 赵向群：《五凉史探》，兰州：甘肃人民出版社1996年版，第78页。

四、前凉手工业发展原因探析

（一）河西地区政局相对稳定

前凉（301—376），是十六国时期建都在姑臧（今甘肃武威）的西北地方政权之一。公元301年，张轨被晋朝任命为凉州刺史，他在位期间励精图治，劝课农桑，建立学校，铸五铢钱，通行全境。在张骏（324—346年在位）统治时期，前凉国力达到鼎盛。史称，当时前凉“士马强盛”“刑轻国富”，其疆域一度领有今天的甘肃、青海、宁夏以及新疆的大部分地区，是当时中国北方除石勒建立的后赵以外最大的割据政权。

东晋永和九年（353年）后，由于内乱不止，前凉逐渐走向没落。353年，张骏嫡子张重华病逝，年仅10岁的儿子张耀灵继位，张骏庶长子张祚乘机杀死了张耀灵，自立为王。365年，张祚的弟弟张天锡又乘机夺权，张天锡一直执政至376年前凉灭亡。前凉从张天锡开始，再度奉东晋正朔，开始使用升平年号，直到前凉灭亡。前秦建元十二年（376年），即该泥篇制成七年后，苻坚大军攻至姑臧（今武威）城下，张天锡出城投降。后被苻坚大将苟苌送往长安，被封为“归义侯”。前秦淝水之战后，张天锡乘机南渡投奔东晋。

（二）世家大族大量迁入河西地区

前凉政权与之后的后凉、南凉、北凉、西凉等政权的存在，对中国历史进程产生了一定的影响。究其原因，主要是西晋“永嘉之乱”后北方少数民族入主中原而建国；而五凉政权统治下的河西地区，因远离中原战火，吸引中原很多世家大族迁居河西走廊乃至更西的高昌地区，保存了中原士族的文化成果。随着世家大族迁徙到河西走廊，其所携带的众多工匠、部曲、作人等，促进了河西地区文化、艺术水平的发展进步。

由于世家大族人士避居河西，之后的北魏、东魏、西魏、北周、北齐政权的政治、经济、社会、军事、文化、宗教、建筑、艺术等也深受河西影响。著名史学家陈寅恪评价道：“河西秩序安定，经济丰饶，既为中州人士避难之地，复是流民移徙之区，百余年间纷争扰攘固所不免，但较之河北、山东屡经大乱者，略胜一筹。”“惟此偏隅之地，保存汉代中原之文化学术，经历东汉末、西晋之大乱及北朝扰攘之长期，能不失坠，卒得辗转灌输，加入隋唐统一之混合之文化，蔚然为独立之一源，继前启后，实吾国文化史之一大业。”“其文化上续汉、魏、西晋之学风，下开（北）魏、（北）齐、隋唐之制度，承前启后，继绝扶衰，五百年间绵延一脉。”①

与前凉政权稳定、国力鼎盛、版图扩大相伴随的是，前凉的经济、文化等各方面也达到了鼎盛，在儒学、城市建设等诸多方面都达到了空前的繁荣。在此期间，前凉的冶铸业也较为发达，并具有一定的独特性。

（三）河西地区矿业资源丰富

铜，是人类较早大规模利用的金属，铜器出现时间远在铁器之前。在《尚书·禹贡》中，已有地方向夏王朝进贡铜的记载。商周时期的青铜铸造工艺已然甚为发达。魏晋十六国时期战乱频仍，手工业发展受到了很大影响，流传下来的青铜器较为罕见。前凉政权的这件金错泥筩不仅铸造精美，而且铭文内容丰富，为研究十六国时期前凉官府制造业提供了重要的实物和文字证据，因此就显得弥足珍贵。

据《晋书·沮渠蒙逊载记》记载：“先，酒泉南有铜驼山，大雨雪。沮渠蒙逊遣工取之，得铜数万斤。”这是目前唯一一处关于五凉时期铜矿开采方面的直接文献记载。

《晋书·沮渠蒙逊载记》记载：“先，酒泉南有铜驼山，大雨雪。沮渠蒙逊遣工取之，得铜数万斤。”这从侧面亦可印证河西地区矿业资源丰富。五凉时期河西地区相对政局稳定，但亦不免与中原地区割据政权的交锋，战事时有发生。在这种形势下，五凉政权的军械生产必不可少，相应的冶铸业水平亦当不低。

就河西地区而言，武威自汉代以后就一度是河西的军政中心，设置于武威郡的姑臧库，就是当时的河西兵器物资管理中心。因此，姑臧在冶铸兵器方面是有一定基础的。根据记载，前凉还曾数次派兵洛阳、长安去“支援”西晋王朝。据《晋书·张轨传》，前凉先后派往洛阳、长安的援兵有七万余人，这些东援将士出征前必然携带数量可观的兵器。这说明当时的姑臧城不但有重兵驻扎，还配套有一个庞大的兵器铸造机构，相应的铜矿、铁矿开采规模定当不小。

① （北魏）崔鸿撰：《十六国春秋辑补》，（清）汤球辑补，北京：中华书局2020年版，第503页。

（四）官方重视且鼓励手工业、冶铸业

根据《晋书》《十六国春秋》等文献记载，十六国政权的统治者大都热衷于打造宝刀，且在刀上铸造文字以示特殊政治纪念意义，五凉统治者也是。《凉州府志备考·遗事记》记载："前凉张寔，造刀百口，无故刀尽生文，曰：'霸'。"又《十六国春秋辑补·前凉录三》记载："（张骏）又有闲豫堂，前有闲豫池，池中有五龙，昼日见彩，移时乃灭，水通变色，遂铸铜龙于其上。"①这些记载，正是前凉冶铸业发达的具体反映。

张轨被晋朝任命为凉州刺史后，曾铸五铢钱，通行全境。《晋书·张轨传》记，西晋永宁元年（301年），张轨到任姑臧后，由于治理得当，姑臧经济开始复苏。太府参军索辅于是向张轨建议恢复金属货币流通，"立制准布用钱，钱遂大行"。前凉恢复金属货币的举措，极大地促进了河西地区经济贸易的繁荣。又《晋书·索袭传》记载，前凉张茂时敦煌名儒索袭病卒，太守阴澹"素服会葬，赠钱两万"。由此亦可见前凉采矿业和冶铸业之发达。

除铸造宝刀和货币外，另有前凉张天锡时铜佛的记载。《太平御览》卷一二四："（前凉张天锡时）姑臧北山杨树生松叶，西苑牝鹿生角，东苑铜佛生毛。"而据《魏书·释老志》："凉州自张轨后，世信佛教，敦煌地接西域，道俗交得，其旧式村坞相属，多有塔寺。"前凉初期，佛教即已在河西盛行，在姑臧城东苑内就供奉有铜质佛像。铜佛较为沉重，从西域传入的可能性较小。因此，铸造地点或许就在姑臧或其附近。而这样体量较大的铜佛的铸造，必然是官方行为，也是官方重视铸造业、手工业的一个侧面体现。

金错泥筩铸造于369年，从其精湛的青铜铸造工艺和铭文记载的官府制造机构和参与制造的官员以及工匠信息，体现出当时的统治者曾在姑臧设置有官府冶铸铜器的手工业部门，并且其官府青铜冶铸业的部门非常齐全，反映出前凉末期官府冶铸业管理严格、工序规范、技艺高超。

---

①（宋）李昉等：《太平御览》，北京：中华书局2000年版，第601页。

五、结语

陕西省历史博物馆1966年征集的文物前凉升平十三年（369年）铸金错泥筩，是目前所能见到的唯一一件有明确纪年的十六国时期的宫廷用器，以其器型铸造精美、铭文内容丰富得到学界的关注。结合国内其他地方出土的泥筩实物及历史文献记载，可以认定该物为储存封泥所用，是张天锡逾制使用紫色封泥之证据之一。张天锡投降前秦苻坚以后，这件金错泥筩很可能是作为前秦军队的战利品辗转由武威流向了长安。

泥筩底部存47字铭文，不仅详细记载器物名称和制作机构、时间，而且反映了前凉末期宫廷手工业制作的严密程序。不仅有“平章殿帅”“舍人”等官员进行督造，而且“错”和“铸”作为两道程序分开进行。由“错匠”“铸匠”两种不同的造器工匠分别协作制成，体现了前凉官方手工业的发达水平。究其原因，在于魏晋南北朝时期河西地区政局相对稳定，中原世家大族大量迁徙至此，进一步繁荣了当地文化；大量中原工匠因避难迁入河西，在客观上促进了河西当地手工业规模和技术的发展进步。河西地区矿产资源丰富，一方面带动了采矿业的发展，另一方面也为冶铸业的发达提供了基础。宫廷手工业技艺精湛，与当政者设立专职部门鼓励经济贸易发展有很大关系，也与魏晋南北朝时期战乱频仍、需要大量制造兵器以维护自身政权安全有关。

（吕龙梅，武威市雷台汉文化博物馆副研究馆员。）

第三辑

武威，是丝绸之路上中华文明的一个重要支点，历史上曾作为汉魏名郡、五凉故都、西夏辅郡，创造过“凉州七里十万家，胡人半解弹琵琶”的繁荣胜景。在漫长的历史发展过程中，古丝绸之路上以武威为中心，辐射河西走廊而形成的凉州文化，是中华优秀传统文化的重要组成部分。

本辑共收录中国社会科学院古代史研究所、浙江大学、西北师范大学、敦煌研究院、武威市凉州文化研究院等科研院所和高校专家学者提交的论文8篇，分别考证了肃南大长岭墓主为西突厥可汗阿史那俀子、凉州金山石佛崖石窟与“第五山”、前凉时期姑臧城的营建等，探讨了粟特会稽康氏与唐代西北边防、中古寺院的知识和艺术世界、北魏“神部”等学术问题，系统梳理回顾了学术界对敦煌本新罗僧慧超《往五天竺国传》的研究，并且认为在敦煌发现的契约文书是人类契约文明的地理起源。

这些文章，结合传世文献、出土文献等，从不同角度揭示了历史时期，生活在河西走廊的各民族与域外民族间的交流交往交融，体现了中西方文明间的交流互鉴，对服务“一带一路”建设，构筑中华民族共有精神家园，铸牢中华民族共同体意识，建设中华民族现代文明，具有一定的借鉴意义。

肃南大长岭墓主为西突厥可汗阿史那俀子考

杨富学

一、问题的提出

大长岭墓地位于祁连山小支脉——大长岭顶部。从青海通过祁连山区前往河西走廊的道路主要有四条，“即西宁至甘州道，永安经野牛沟至肃州道，北大通经镇羌驿至凉州道，甘州至青海湖道”[①]。大长岭墓地就位于西宁至甘州道（也是丝绸之路青海道）经过的地方。

大长岭墓地发现于1979年8月14日，是肃南裕固族自治县马蹄区西水乡二夹皮村的农民在耕田时偶然发现的。墓为土室，由墓道、甬道、前室、后室四部分组成。原墓道一部分已被破坏，长为4.4米，宽为1.6米，高为1.8米，距地表1.5米，门向东南开（偏南40°），在甬道口封门的墙外，有两具殉葬马尸骨遗存。由于最初发现时遭到村民的哄抢，墓中文物有的损坏，有的丢失，但留存的文物仍有143件，均收藏于肃南县民族博物馆。

墓葬清理时未发现墓碑和墓志。文物工作者通过走访村民得知，当初曾看到有一块红布（可能是丝绸）覆盖在死者身上，有墨书文字，但在揭开棺盖后，不小心有火苗点燃红布，顷刻间化为乌有。笔者在调查中还得知，墓内出土檀香木一块，上书文字，可以确定不是汉文，似为藏文或其他文字。后被一陌生人车载而去，现不知所终。这些变故，导致今天未留下任何与墓主人相关的文字信息。

---

① 先巴：《青海藏族简史》，西宁：青海人民出版社2014年版，第310页。

由于缺乏文字资料，学界常借由出土物对墓葬时间和墓主人民族身份进行讨论，言人人殊，形成“吐蕃说”[①]和“突厥说”[②]两种不同观点。但不管“吐蕃说”，还是“突厥说”都未能回答以下几个问题，即随葬品级别如此高的大墓，何以墓茔建造非常粗糙？既为规格非常高的墓葬，何以仅有孤零零的一座，周围不见相类墓葬？若言为吐蕃墓，但在青海、西藏的吐蕃墓中，从未发现如同大长岭墓一样的前后双室土洞墓，也不见拱形墓顶造型；若言为突厥墓，一座墓葬内何以有着特色迥异的多种文化因素？带着这些问题，笔者近期对该墓进行了细致研究，发现七八世纪之交吐蕃册封的西突厥“十姓可汗”阿史那俀子频繁活动于中亚与河西地区，身份贵为可汗，在700年于碎叶战败后不知所终，所有信息都恰与大长岭墓所见的陪葬物相匹配，可推定为墓葬的主人。故特撰此文，略作申论。

二、大长岭墓的吐蕃—吐谷浑文化元素

1996年8月29日，国家文物局组织13位文物鉴定专家对张掖地区部分馆藏文物进行鉴定，认为大长岭墓地出土的金银器、鎏金铜器等是吐蕃遗物，但依据何在，未详，盖因其地位处青藏高原北缘，7—8世纪受吐蕃控制，加之墓葬和陪葬器物规格很高，出土大量的金银器，故而推测其可能是吐蕃占领时期的一位将军墓葬。施爱民根据此前专家的鉴定结果，撰文指出大长岭墓葬乃吐蕃占据河西时期的遗存，并且“从墓葬的结构和随葬品分析，墓主人的身份相当于唐代三品以上的官职，不但其地位显赫，而且是一位驰骋疆场的将军”[③]。此为该墓葬相关信息的首次披露。嗣后，仝涛撰文指大长岭墓葬符合吐蕃墓地“坡皆丘墓”的情形，“和青海都兰地区的同类型墓葬代表了青藏高原北部地区吐蕃墓葬的一个类型”。仝文所说的青海都兰地区从1982年开始发

① 施爱民：《肃南大长岭吐蕃文物出土记》，《丝绸之路》1999年S1期，第66—67页；施爱民：《肃南西水大长岭唐墓清理简报》，《陇右文博》2004年第1期，第14—19页；仝涛：《甘肃肃南大长岭吐蕃墓葬的考古学观察》，《考古》2018年第6期，第98—108页。

② 李永平：《肃南大长岭唐墓出土文物及相关问题研究》，《故宫文物月刊》2001年第6期，第112—119页。

③ 施爱民：《肃南大长岭吐蕃文物出土记》，《丝绸之路》1999年S1期，第66—67页。

掘、清理墓葬近百座[①]。虽然学界对都兰墓主人身份有“吐蕃说”[②]“吐谷浑说”[③]“吐蕃控制下的吐谷浑邦国说”[④]等多种，但大多数认为都兰墓地年代大约为7—8世纪[⑤]，属于封土石室墓，以柏木筑成墓室，出土织物大多数产自中原，有的呈浓郁的外来风格，墓地出土镶有纯金和绿松石的头饰，还有殉马的传统，“可能与当时苯教的流行有关”[⑥]。大长岭墓的殉马虽然遭到破坏，但由马尸骨遗存可以确认殉马为两具，分列墓道左右两侧，与吐蕃的葬俗是一致的，而与突厥的马殉（殉马不限二匹，葬于墓主人附近[⑦]）有别。学界将该墓推定为吐蕃墓，此为主要证据之一。

此外，大长岭墓也有一些与都兰墓地相似的文化特征，仝涛认为：“大长岭墓葬的选址特征、彩绘木棺、棺板上的十二生肖图像、殉葬马匹等与青海都兰、德令哈等地的一些吐蕃时期墓葬有颇多共同之处，尤其是墓主人的游牧民族特色服饰和缠绕丝绸的发辫、棺板彩绘中的身着虎皮裙的武士和出土的锁子甲残片等，都显示了浓厚的吐

① 北京大学考古文博学院、青海省文物考古研究所：《都兰吐蕃墓》，北京：科学出版社2005年版；许新国：《郭里木乡吐蕃墓葬棺板画研究》，《中国藏学》2005年第1期，第56—69页；许新国：《中国青海省都兰吐蕃墓群的发现、发掘与研究》，氏著《西陲之地与东西方文明》，北京：北京燕山出版社2006年版，第132—141页；霍巍：《吐蕃时代考古新发现及其研究》，北京：科学出版社2012年版，第51—55页。

② 周毛先、宗喀·漾正冈布：《都兰吐蕃古墓考古研究综述》，《西藏研究》2016年第4期，第107—113页。

③ 程起骏：《踏访深埋在地下的吐谷浑王国——都兰古墓群文化归属解惑》，《中国土族》2003年第3期，第4—9页。

④ 肖永明：《树木年轮在青海西部地区吐谷浑与吐蕃墓葬研究中的应用》，《青海民族研究》2008年第3期，第57—63页；仝涛：《青海都兰热水一号大墓的形制、年代及墓主人身份探讨》，《考古学报》2012年第4期，第468—477页；周伟洲：《青海都兰暨柴达木盆地东南沿墓葬主民族系属研究》，《史学集刊》2013年第6期，第3—24页。

⑤ 邵雪梅、王树芝、徐岩等：《柴达木盆地东北部3500年树轮定年年表的初步建立》，《第四纪研究》2007年第4期，第477—485页；王树芝：《青海都兰地区公元前515年以来树木年轮表的建立及应用》，《考古与文物》2004年第2期，第45—50页。

⑥ 霍巍：《青海出土吐蕃木棺板画的初步观察与研究》，《西藏研究》2007年第2期，第49—61页。

⑦ 林恩显：《突厥文化及其对唐朝之影响》，台湾中国唐代学会主编《唐代研究论集》，台北：新文丰出版公司1992年版，第580页；刘永连：《突厥丧葬风俗研究》，桂林：广西师范大学出版社2012年版，第91页。

蕃文化背景。”[①]大长岭墓地棺木上的武士也显示出明显的吐蕃风格。此外，笔者发现，前挡板正中绘一歇山顶门楼，其上绘凤鸟，下部绘台阶（图1），这个图案与都兰99DRNM1墓出土的一块锦上所绘建筑（图2）非常相似。

图1 大长岭墓出土棺木前挡板上所绘门楼（肃南县民族博物馆供图）

图2 都兰99DRNM1墓出土的建筑与人物图案锦（采自《都兰吐蕃墓》，图版一〇）

大长岭墓葬文物也与吐谷浑文化息息相关，尤其是墓葬中的木版画，在北方草原的北魏墓、辽墓、西夏墓中有大量发现，具有北方草原民族墓葬文物的典型特征。

① 仝涛：《甘肃肃南大长岭吐蕃墓葬的考古学观察》，《考古》2018年第6期，第98—108页。

仝涛在强调这个墓葬具有吐蕃文化特征的同时，也指出大长岭墓葬为仰身直肢葬，与习见的吐蕃本土侧身屈肢葬或二次葬有别[①]。都兰地区发现于哈日赛的两座墓葬皆为仰身直肢葬，该墓葬的主人与吐谷浑人有关[②]。大长岭墓的形制和葬式与这些墓葬非常相似，很可能与吐蕃化的吐谷浑人有密切联系，尤其是大长岭墓地出土的木版画，就显示了这种密切关系。青海省海西州德令哈市水泥厂北的两座吐谷浑墓葬内残留有棺板，“其上的彩色已消失，仅残留模糊墨迹，可辨图案有马、奔鹿、牦牛、羊等个体动物形象和马上射鹿的涉猎场面”[③]；该市郭里木乡夏塔图草场发现两具木棺，其上保存有彩绘图画（图3）。有学者认为这些木棺板画“绘有狩猎图、商旅图，以及赞普、赞蒙（王、王后）为中心的帐居迎宾图和职贡图”[④]，“反映了古代吐蕃人社会生活习俗”[⑤]，但也有学者认为这些木版画虽然受到吐蕃苯教丧葬文化和中原与西域文化的影响，墓葬主人的族源应为北方鲜卑系统的吐谷浑人[⑥]，郭里木棺板画反映出“吐谷浑宗教受丝绸之路文化传播的影响，呈现儒释道三教与原始宗教信仰并存的局面”[⑦]。

---

① 截至目前，西藏地区出土的墓葬多为侧身屈肢葬或二次葬，如拉萨曲贡墓地、故如甲木墓地和曲踏墓地、皮央·东嘎墓群、日土阿垄沟石丘墓、尼泊尔萨木宗墓地等，吐蕃时代的昂仁布马村一号墓、山南地区列山墓地1993M12等少数墓葬也为侧身屈肢葬。

② 许新国：《连珠纹与哈日赛沟吐谷浑古墓发掘》，《青海民族大学学报》2011年第4期，第89—91页。

③ 肖永明：《树木年轮在青海西部地区吐谷浑与吐蕃墓葬研究中的应用》，《青海民族研究》2008年第3期，第57—63页。

④ 许新国：《郭里木乡吐蕃墓葬棺板画研究》，《中国藏学》2005年第1期，第56—69页。

⑤ 罗世平：《天堂喜宴——青海海西州郭里木吐蕃棺板画笺证》，《文物》2006年第7期，第68—82页。

⑥ 霍巍：《青海出土吐蕃木棺板画的初步观察与研究》，《西藏研究》2007年第2期，第49—61页。

⑦ 张泽洪：《吐谷浑多元宗教的文化透视》，《青海社会科学》2013年第1期，第171—176页。

图3 青海德令哈市郭里木棺板画（上为A板，下为B板）
（采自罗世平《天堂喜宴——青海海西州郭里木吐蕃棺板画笺证》）

仝涛在之前的研究中提出，这种木棺装饰传统最早源于鲜卑族，后流行于北朝，正是源于慕容鲜卑的吐谷浑的丧葬的特征之一①；热水一号大墓的墓主人很可能是吐蕃征服吐谷浑后册封的吐谷浑王②。大长岭墓葬出土木版画可能是吐谷浑的文化传统。

另外吐谷浑墓中也有殉马的遗迹，如甘肃省武威市凉州城南20公里处青咀喇嘛湾出土的弘化公主（贞观十四年，640年，弘化公主入吐谷浑与其国王慕容诺曷钵成婚）墓中有2件马头还有大小不一的马腿、马耳、马尾多件，这也可以旁证大长岭墓具有丰富的吐谷浑文化色彩。

4世纪初，原来生活在北方草原的鲜卑慕容部吐谷浑由于与其弟若洛廆（慕容廆）发生纠纷，率领部众由阴山出发，越陇山（今六盘山），迁徙至陇右枹罕（今甘肃省临夏市）；未久便征服甘肃南部、青海东南部及四川西北部的诸多羌族部落，成为这一地

① 仝涛：《木棺装饰传统——中世纪早期鲜卑文化的一个要素》，《藏学学刊》第3辑，成都：四川大学出版社2007年版，第165—170页。

② 仝涛：《青海都兰热水一号大墓的形制、年代及墓主人身份探讨》，《考古学报》2012年第4期，第467—488页。

区的霸主。及至叶延（329—417年在位），以祖父吐谷浑名为姓氏、族名和国号，建立政权。前期政治中心主要在青海湖东部，夸吕可汗时（535—591年在位），活动中心已移至青海湖西部广大地区，包括今天的茶卡、都兰、巴隆、德令哈等柴达木盆地东南沿一带。

隋唐时期，兴起于雅砻河谷的吐蕃开始了大规模的东向、北向扩张，在河西也留下了文化印迹。早在唐龙朔三年（663年），吐蕃就征服了生活在青藏高原东北的吐谷浑，吐谷浑诺曷钵可汗及弘化公主等逃入凉州，唐朝专门设立安乐州，以诺曷钵为刺史，并封其为“青海国王”[①]。武周圣历二年（699年）四月，先有吐蕃王族论弓仁率吐谷浑七千帐降唐，被授予酒泉郡公，后又有吐谷浑部落一千四百帐内附，“钦陵子弓仁，以所统吐谷浑七千帐来降，拜左玉钤卫将军、酒泉郡公……吐谷浑部落一千四百帐内附”[②]。又据《新唐书》记载，武周圣历三年（700年），“诺曷钵死，子忠立。忠死，子宣超立，圣历三年，拜左豹韬员外大将军，袭故可汗号，余部诣凉、甘、肃、瓜、沙等州降”[③]。

由于深受吐蕃影响，吐谷浑在社会形态及生产、生活习俗上都与吐蕃较为接近。据《沙州伊州地志》（S.367号文书）记载，萨毗城“恒有吐蕃及土谷浑往来不绝”[④]。表明吐谷浑与吐蕃的活动区域较为一致，原来很多吐谷浑人活动的区域后来都成了吐蕃的辖境。职是之故，吐谷浑与吐蕃形成了共同的生活习俗和经济活动。

吐蕃统治下的吐谷浑有不少人陆续迁入河西等地，其王室的陵寝就在武威凉州区青咀喇嘛湾一带。如是一来，吐谷浑的政治文化中心就迁移到河西地区。大长岭墓之所在与武威吐谷浑王室的陵寝相去不远，该墓出现的吐蕃与吐谷浑文化元素，既可以分别看待，也可以置于一起来看待。因为青海地区吐蕃与吐谷浑文化上存在很多共性，

---

① 李剑虹：《唐代中原、吐谷浑和吐蕃的民族迁徙问题佐证》，《西藏研究》1998年第2期，第71—76页。

② （宋）司马光：《资治通鉴》卷二〇六“圣历二年（699年）四月”条，北京：中华书局1956年版，第6540页。

③ （宋）欧阳修、宋祁：《新唐书》卷二二一上《吐谷浑传》，北京：中华书局1975年版，第6227页。

④ 羽田亨「唐光啓元年書寫沙州・伊州地志殘卷に就いて」『羽田博士史学論文集（歷史篇）』京都：同朋舍1975年版，第587页；郝春文编著《英藏敦煌社会历史文献释录》第2卷，北京：社会科学文献出版社2003年版，第175页。

在许多情况下难以区分，就如都兰大墓一样，有的理解为吐谷浑墓，有的理解为吐蕃墓，其实，如果理解为吐蕃统治下的吐谷浑之墓，问题也就迎刃而解了。

三、大长岭墓的中原汉文化元素

除了以上青藏高原吐蕃、从内蒙古高原迁入青藏高原吐谷浑等民族的文化特色外，大长岭墓地墓葬可见大量的中原汉地文化传统，比较典型的有木版画、双室墓、器物形状及装饰图案等。

木版画。大长岭墓地出土的十二生肖木版画（图4、图5），“充分运用中国画线描造型艺术的特点，寥寥数笔就构绘出动物的形象”[①]，这就说明墓葬也有中原华夏文化的因素。大量的研究表明，十二生肖将动物纪年与干支纪年相融合，最早应起源于中原，具体例证有秦代竹简《日书》的背面《盗者》一节载有天干与十二生肖的内容[②]；甘肃天水放马滩1号墓竹简也记有十二生肖[③]。随后传播到河西走廊，可以酒泉西沟1号墓葬的十二生肖砖雕为证[④]。接着再传入塔里木盆地，如新疆民丰尼雅出土佉卢文文书Kh. 565上已经有十二生肖纪年法[⑤]，于阗文书、龟兹文书也出现了十二生肖[⑥]。最后以西域古代民族为中介，向中亚乃至印度等地传播。由于中原以外十二生肖的流行，导致学界出现了关于该循环所谓的“非中国起源”的理论[⑦]。

---

① 施爱民：《肃南西水大长岭唐墓清理简报》，《陇右文博》2004年第1期，第14—19页。

② 刘乐贤：《睡虎地秦简日书研究·盗者篇》，台北：文津出版社1994年版；周敏华、周美华：《对秦汉简牍〈盗篇〉中五则生肖记述的再补充》，《出土文献研究》第13辑，上海：中西书局2018年版，第325—334页。

③ 何双全：《天水放马滩秦简综述》，《文物》1989年第2期，第23页。

④ 薛银花：《酒泉西沟唐墓研究》，西北师范大学硕士学位论文，2015年。

⑤ 林梅村：《犍陀罗语文学与古代中印文化交流》，《中国文化》第17、18期，2001年，第232页。

⑥ 林梅村：《西域文明——考古、民族、语言和宗教新论》，北京：东方出版社1995年版，第123页。

⑦ Chen Sanping. *Multicultural China in the Early Middle Ages*, Philadelphia: University of Pennsylvania Press, 2012, p.106.

图4 彩绘棺板上的十二生肖图案（狗和猪）
（肃南县民族博物馆供图）

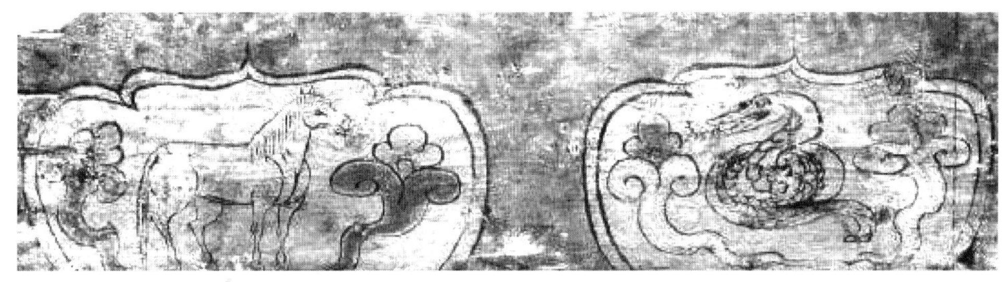

图5 彩绘棺板上的十二生肖图案（马和蛇）
（肃南县民族博物馆供图）

双室墓。大长岭墓葬的前后双室形制具有唐代中原墓葬的特点。西安地区发掘的尉迟敬德、郑仁泰、苏定方、李谨行、李重润、李仙蕙、李贤、韦徊、薛氏、李仁等十座墓都属于双室墓，山东济南济阳县垛石镇发现的唐代临济县令顾忖墓为双室墓。另外，个别入仕唐朝的西域少数民族将领也采用了这种墓葬形式，如契苾明墓由墓道、过洞、天井、前后甬道和前后墓室组成，与大长岭墓葬基本一致。这种中原的墓葬形制在丝绸之路上广泛传播，如酒泉西沟1号墓，形制与大长岭墓葬比较接近。

器物形状及装饰图案。大长岭墓出土的文物多为菱花形、葵形，纹饰以缠枝纹、桃形纹为主，如墓主人衣服丝绸残片上有黄黑两色菱花图案。菱花这种纹饰式样是唐人所创，陕西礼泉麟德元年（664年）郑仁泰墓中已出菱花铜盘；缠枝纹是隋至初唐时期缠枝纹的典型纹样，类似装饰图案见于隋李静训墓门（608年）、唐段简璧墓门（651年）、唐史索岩墓门（658年）、唐新城长公主墓门（663年）以及唐史诃耽夫妇墓门（670年）等。

根据大长岭墓葬出土有十二生肖木版画，为双室墓，文物多为菱花形、葵形，纹饰以缠枝纹、桃形纹为主等特征，我们可以看出这个墓葬具有鲜明的中原华夏文化色彩。

四、大长岭墓的突厥文化元素

图6　大长岭墓出土菱花形折足鎏金银盘（肃南县民族博物馆供图）

大长岭墓出土的金银器具有丰富的欧亚草原游牧民族的文化特征，尤其是鲜明的突厥色彩，故而有学者判定其为突厥墓葬。2001年，李永平对大长岭墓及出土文物进行了细致研究，认为墓中单埋一男子、用圆木或木板加固墓室、用马匹随葬、用贵重金银器皿随葬、死者戴面具和辫发等都是突厥、回鹘等漠北民族的丧葬习俗；单耳带盖折肩是突厥特有的器物，故而判定其时代为7世纪中期到8世纪中期，“墓主人是漠北地区曾在突厥统治下的民族部落首领”[①]。此外，墓中的折足鎏金铜盘（图6），与俄罗斯米努辛斯克盆地西部、叶尼塞河上游科比内2号墓出土的一件三足、外轮廓为六瓣菱花形的突厥鎏金银盘形制非常相似。

墓葬出土大长岭墓出土镶绿松石单耳带盖折肩金壶（图7）、带盖折肩鎏金铜壶（图8）等金银器常见于北方草原地带，与阿尔泰地区图雅赫塔3号墓（图9a）、库赖第4地点1号墓（图9b）和图瓦共和国蒙根·塔杰的突厥墓出土的银壶（图9c）、蒙古国后杭爱省毗伽可汗陵中出土的银器、内蒙古赤峰市敖汉旗李家营子1号墓出土的折肩小银罐（图9d）以及哲里木盟奈林稿东南木头营子2号墓中出土的鎏金折肩单环状把手錾花银罐残器等器物的风格非常相似，而上述器物具有鲜明的突厥色彩[②]。

隋唐时期，中原王朝与突厥时战时和。开皇三年（583年）五月，突厥和吐谷浑入寇凉州，被行军元帅窦荣定击败；武德三年（620年）九月“突厥莫贺咄设寇凉州，总

① 李永平：《肃南大长岭唐墓出土文物及相关问题研究》，《故宫文物月刊》2001年第6期，第112—119页。

② 孙机：《论近年内蒙古出土的突厥与突厥式金银器》，《文物》1993年第8期，第48—58页。

图7 大长岭墓出土镶绿松石单耳带盖折肩金壶
（肃南县民族博物馆供图）

图8 大长岭墓葬所出带盖折肩鎏金铜壶
（肃南县民族博物馆供图）

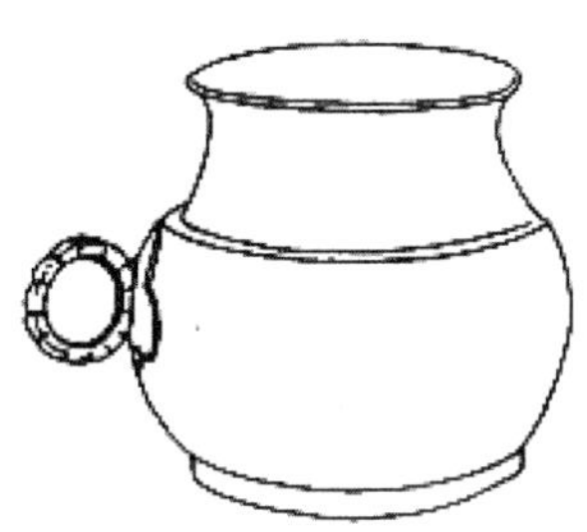

a.图雅赫塔3号墓出土银罐

b.库赖第4地点1号墓出土银罐

c.蒙根·塔杰的突厥墓出土银罐

d.李家营子1号墓出土折肩小银罐

图9 突厥或突厥式金银器的造型
（采自孙机《论近年内蒙古出土的突厥与突厥式金银器》）

管杨恭仁击之，为所败，掠去男女数千人而去”①。这些史料都说明，突厥在隋唐时期曾多次进入河西地区，但其活动都以掳掠为主，不存在营建大墓的条件。

①（宋）司马光：《资治通鉴》卷一八八武德三年（620年）九月条，北京：中华书局1956年版，第5892页。

五、大长岭墓主应为西突厥可汗阿史那俀子

大长岭墓所在的河西走廊长期来就是吐蕃、吐谷浑和汉人的活动区域，墓内出现吐蕃、吐谷浑与汉文化元素都是情理中事，但大量出现突厥文化元素，就让人匪夷所思了。

虽然突厥汗国在河西一带有所活动，但影响力当远不能与吐蕃、吐谷浑和汉族相提并论。若言吐蕃或吐谷浑墓葬中出现强烈的汉文化元素也是完全可以理解，但大量出现突厥文化元素就显得过于突兀了。一般情况下，当某一墓葬呈现出多种文化面貌时，最罕见的那种文化往往最需予以特殊关注。就大长岭墓而言，吐蕃—吐谷浑文化和汉文化毫不足怪，唯突厥文化元素的大量存在有悖常理。出土物极为精美，规格非常高，彰显出墓主地位的显赫，尤有进者，随葬品的配置显得非常特殊。墓葬出土有长铁质宝剑1口、刀8把；在后室发现一残破箭筒，内装10支铁箭头的箭。这样的配置，使人很容易将之与西突厥相联系。

如所周知，西突厥开国之初只有七姓，达头可汗（576—603年在位）在致东罗马皇帝之国书中自称“七姓大首领，世界七国之主”[①]。后发展为八姓，弥南德（Menander）著《希腊史残卷》记东罗马使威灵顿至西突厥地，彼时“突厥首领将其辖地分为八部分，最高统治者名叫阿尔西拉（Arsilas）”[②]。再经历过一段历史时期的演进，壮大为十姓。《旧唐书》记载：

> 俄而其国分为十部，每部令一人统之，号为十设。每设赐以一箭，故称十箭焉。又分十箭为左右厢，一厢各置五箭。其左厢号五咄六部落，置五大啜，一啜管一箭；其右厢号为五弩失毕，置五大俟斤，一俟斤管一箭，都号为十箭。其后或称一箭为一部落，大箭头为大首领。五咄六部落居于碎叶已

① É. Chavannes, *Documents sur les Tou-Kiue Turcs Occidentaux, Librairie d' Amérique et d' Orient Adrien Maisonneuve*, Paris, 1903, p. 246; [法]沙畹著，冯承钧译《西突厥史料》，北京：中华书局1958年版，第220页；薛宗正：《突厥史》，北京：中国社会科学出版社1992年版，第272页。

② R. C. Blockley, *The History of Menander the Guardsman*, Liverpool, 1985, p. 173.

东，五弩失毕部落居于碎叶已西，自是都号为十姓部落[①]。

由上可知，彼时在西突厥汗国境内，碎叶川以东称左厢咄陆部，以西称右厢弩失毕部，各辖五姓，左厢五姓首领称啜，右厢五姓酋长称俟斤。各部皆授权、授箭，合称十箭。咥利失可汗（634—639年在位）把汗国分作两厢，目的在于维持均势，以便于从中操纵平衡[②]。推而论之，墓中的8把刀可能代表西突厥的八姓；10支箭可能代表西突厥的十部（十姓）。与之对应，墓中的长铁质宝剑1口，则彰显出墓主身份的独尊。质言之，大长岭墓的葬器与配置，恐只有西突厥可汗才有资格享有。

大长岭墓葬如同漠北与中原地区发现的古突厥墓葬一样，都有殉马。突厥汗国境内的马殉习俗在流入中原的突厥人群中保留下来[③]。突厥墓葬出土过十二生肖，如阿史那摸末的墓志石上，线刻的确实是十二生肖，但形象与中原所见的不尽相同，虎、兔、龙、马、羊、狗等均表现为奔跑的样子，很具有动态，特别是刻画的龙像虎豹正在行走一样，而猪更像是在狂奔[④]，与大长岭墓葬木棺板画上的十二生肖图像非常神似。

综观各种史乘，很少有突厥可汗长期活动于河西走廊一带。例外的有两个，一是前文提到的西突厥达头可汗，另一个是西突厥“十姓可汗”阿史那俀子。

达头可汗名阿史那玷厥，为西突厥建立者室点密（瑟帝米）之子。576年室点密卒，达头嗣位。他在位时期，长期与沙钵略可汗相抗。599年东突厥染干被隋朝立为启民可汗，达头遂自称步迦可汗。到仁寿元年（601年），隋朝军队在启民可汗的协助下进攻达头。603年，达头兵溃，“亡入吐谷浑”，约在610年去世。此人在吐谷浑期间活动情况于史无载，但因其旧土在河西走廊西北，故猜测他为了伺机回归西突厥之地，很可能扎牙帐于祁连山中。但如果将大长岭墓与之联系，则存在两个问题：一是前文已述及，达头可汗在位时自称“七姓大首领”，西突厥尚无“十箭”之制；二是据马清林和David A. Scott对墓中出土的鎏金六棱银杯进行金相学研究，发现其表面鎏金层采用中国古代传统鎏金工艺，杯体成形工艺采用了典型的西亚和中亚金银器捶揲成形技

① （后晋）刘昫等：《旧唐书》卷一九四下《突厥传下》，北京：中华书局1975年版，第5183—5184页。

② 薛宗正：《突厥史》，北京：中国社会科学出版社1992年版，第300页。

③ 刘永连：《突厥丧葬风俗研究》，桂林：广西师范大学出版社2012年版，第147页。

④ 葛承雍：《东突厥阿史那摸末墓志考述》，《中国边疆史地研究》2003年第1期，第33—38页。

术，认为“甘肃省肃南裕固族自治县出土的鎏金银器，应是这两种技术结合的产物，代表了唐代时期金银器制造的基本特征”[①]。而达头可汗卒于610年左右，彼时唐朝尚未建立，时间上存在明显差距。故达头可汗作为大长岭墓墓主的可能性可以排除。

另一个可汗阿史那俀子是墓主的可能性最大。657年，唐朝击灭西突厥汗国，可汗阿史那贺鲁被俘，西突厥汗国灭亡。翌年，唐朝在西突厥故地设置羁縻都护府，仍依西突厥两厢分治的历史传统，以右厢五努矢毕部设置蒙池都护府，以左厢五咄陆部落设置昆陵都护府；任命早已投降唐朝的原西突厥贵族、室点密可汗五世孙——阿史那弥射为昆陵都护，赐爵名兴昔亡可汗，统辖五咄六部。弥射亡后，由其子元庆继任第二代兴昔亡可汗，统辖五咄六部，五弩失毕则归阿史那斛瑟罗统辖。如意元年（692年），寓居长安的阿史那元庆被酷吏来俊臣诬杀[②]，子阿史那献被流放。长安三年（703年）召还，任北庭大都护府首任大都护，加拜右校尉大将军，袭第三代兴昔亡可汗兼昆陵都护。

阿史那元庆被害后，其子阿史那俀子（阿史那献兄）逃亡吐蕃，被立为“十姓可汗”[③]，同时，西突厥诸部亦共推俀子为汗。为报复唐朝，阿史那俀子与吐蕃联手，袭扰河西与西域，导致了延载元年（694年）唐与吐蕃、突厥联军之间战争的爆发。史载：延载元年二月“西突厥部立阿史那俀子为可汗，与吐蕃寇，武威道大总管王孝杰与战冷泉、大领谷，破之”[④]。《资治通鉴》亦载：“武威道总管王孝杰破吐蕃勃论赞刃、突厥可汗俀子等于冷泉（今新疆焉耆东南）及大岭（今青海西宁市西境），各三万余人。”[⑤]

延载元年以后，阿史那俀子一直保持着与吐蕃的密切关系，据敦煌本吐蕃文《大

---

① 马清林、David A. Scott：《甘肃省肃南大长岭唐墓出土鎏金银杯金相学研究》，《2002年材料科学与工程新进展（下）——2002年中国材料研讨会论文集》，2002年，第2107页。

② （后晋）刘昫等：《旧唐书》卷一九四下《突厥传下》，北京：中华书局1975年版，第5189页。

③ 景龙二年（708年），郭元振传上疏曰：“往者吐蕃所争，唯论十姓、四镇，国家不能舍与，所以不得通和……吐蕃顷年（近年）亦册俀子及仆罗并拔布相次为可汗。”见（后晋）刘昫等：《旧唐书》卷九七《郭元振传》，北京：中华书局1975年版，第3045—3046页。

④ （宋）欧阳修、宋祁：《新唐书》卷二一五下《突厥传下》，北京：中华书局1975年版，第6065页。

⑤ （宋）司马光：《资治通鉴》卷二〇五则天后延载元年（694年）二月条，北京：中华书局1956年版，第6493页。

事纪年》记载，马年（延载元年，甲午，694年），“东叶护前来致礼”[①]；猪年（圣历二年，己亥，699年），“东叶护前来致礼”[②]。这里的东叶护可汗（Ton Yabghu Qaghan），即上文所言阿史那俀子[③]。

另据敦煌本吐蕃文《大事纪年》记载，“及至鼠年（久视元年，庚子，700年），遣送东叶护可汗往突厥地（Dru gu yul）”[④]。阿史那俀子于700年在吐蕃的帮助下回到拔汗那（今吉尔吉斯斯坦费尔干纳地区），一度执掌拔汗那政权[⑤]。同年，西突厥阿悉吉薄露发动叛乱，袭扰碎叶。《资治通鉴》卷二〇七久视元年（700年）条载：

> 阿悉吉薄露叛，遣左金吾将军田扬名、殿中侍御史封思业讨之。军至碎叶，薄露夜于城傍剽掠而去，思业将骑追之，反为所败。扬名引西突厥斛瑟罗之众攻其城，旬余，不克。九月，薄露诈降，思业诱而斩之，遂俘其众[⑥]。

是年九月，阿悉吉薄露被唐将封思业诱斩，叛乱被讨平。同在久视元年（700年），

---

① J. Bacot – F. W. Thomas – Ch. Toussaint, *Documents de Touen–houang Relatifs a l' Histoire du Tibet*, Paris, 1940, p. 38; 王尧、陈践译注：《敦煌本吐蕃历史文书》（增订本），北京：民族出版社1992年版，第143页。

② J. Bacot – F. W. Thomas – Ch. Toussaint, *Documents de Touen–houang Relatifs a l' Histoire du Tibet*, Paris, 1940, p. 39; 王尧、陈践译注：《敦煌本吐蕃历史文书》（增订本），北京：民族出版社1992年版，第144页。

③ Luciano Petech, Glosse agli Annali di Tun–huang, *Rivista agli Studi Orientali* XLII, 1967, p. 270; G. Uray, The old Tibetan Sources of the History of Central Asia up to 751 AD: A Survey, J. Harmatta (ed.), *Prolegomena to the Sources on History of Pre–Islamic Central Asia*, Budapest, 1979, p. 281; 森安孝夫「吐蕃の中央アジア進出」『金沢大学文学部論集・史学科篇』第4號，1984年，第17頁；杨铭：《吐蕃统治敦煌研究》，台北：新文丰出版公司1997年版，第224页；冯小琴、杨富学：《洛阳新见墓志所谓郭虔瓘“破拔汗那十六城”考实》，《宁夏社会科学》2019年第3期，第167—170页。

④ J. Bacot – F. W. Thomas – Ch. Toussaint, *Documents de Touen–houang Relatifs a l' Histoire du Tibet*, Paris, 1940, p. 39; 王尧、陈践译注：《敦煌本吐蕃历史文书》（增订本），北京：民族出版社1992年版，第144页。

⑤ G. Uray, The old Tibetan Sources of the History of Central Asia up to 751 AD: A Survey, J. Harmatta (ed.), *Prolegomena to the Sources on History of Pre–Islamic Central Asia*, Budapest, 1979, p. 281.

⑥（宋）司马光：《资治通鉴》卷二〇七则天后久视元年（700）秋七月庚申条，北京：中华书局1956年版，第6550页。

武则天“以西突厥竭忠事主可汗斛瑟罗为平西军大总管，镇碎叶”[①]。引起突骑施首领嗢鹿州都督乌质勒的不满，神龙二年（706年），唐封乌质勒为王。乌质勒死后，子娑葛继立。景龙三年（709年），娑葛被唐册为十姓可汗。作为阿悉吉薄露之君主或幕后主使的阿史那俀子则不知所终，嗣后不复见于史册[②]。

作为吐蕃扶持的傀儡，阿史那俀子虽有“十姓可汗”之名，但在中亚地区其实并没有多么深厚的根基。在久视元年的碎叶之战失败后，死里逃生的他，能够投奔的最佳去处无疑非吐蕃莫属。果如是，则肃南大长岭墓葬中何以出现如此复杂文化现象等疑惑问题则尽可冰释矣。墓葬之所以含有大量的吐蕃与吐谷浑文化元素，是因为阿史那俀子于700年于碎叶败北后东逃，投奔吐蕃，寄籍吐谷浑人聚居区，卒后由当地吐谷浑人瘗埋于今张掖市南侧。据英藏敦煌吐蕃文书Vol. 69，fol. 84《吐谷浑国编年史》记载，在吐蕃统治时期，今青海和甘肃祁连山南部地区仍存在着一个吐谷浑汗国，活动时间在705/706年至714/715年之间[③]。吐谷浑文化深受当地流行的吐蕃文化与汉文化的交互影响，墓主为突厥可汗，其墓呈现出吐蕃—吐谷浑、汉、突厥多种文化，原因盖出乎于此。

西突厥的中心区域就在中亚地区，大长岭墓出土器物制作工艺采用的就是典型的西亚和中亚金银器捶揲成形技术。特别值得注意的是，大长岭墓的随葬物品规格很高，但墓茔的营造却很粗糙，二者形成巨大反差，而且在墓葬周边完全找不到同类甚或类似的墓葬，这些都非常符合阿史那俀子作为流亡君主，孤身飘落在吐蕃辖区的身份。吐蕃往往聚族而葬，如青海都兰县察汗乌苏镇10公里处的热水一号大墓，周围有许多小古墓200余穴。其状与大长岭墓之孤零零存在迥然不同。

近期，笔者赴大长岭墓调研，始知墓位于大长岭顶部直径约百米的圆形塬上，墓门面向东南（当地人坚称面东）。墓道口5米处即为山谷，西高东低，与汉文化墓葬崇

---

① （宋）司马光：《资治通鉴》卷二〇六则天后久视元年（700年）腊月条，北京：中华书局1956年版，第6545页。

② 冯小琴、杨富学：《洛阳新见墓志所谓郭虔瓘“破拔汗那十六城”考实》，《宁夏社会科学》2019年第3期，第167—170页。

③ F. W. Thomas, *Tibetan Literary Texts and Documents concerning Chinese Turkestan,* Part II: Docements, London: Royal Asiatic Society, 1951, pp. 8–16; 山口瑞鳳『吐蕃王國成立史研究』東京：岩波書店1983年版，第576—585頁；杨铭：《关于〈吐谷浑纪年〉残卷的研究》，氏著《吐蕃统治敦煌研究》，台北：新文丰出版公司1997年版，第152—155页。

尚“背山面河”的习惯略同。墓道口所向的“东方”（实为东南方）有两重山，皆中间凹而两边凸，墓道口正对山垭处，其状颇类西安乾陵入口处两侧之双阙台。墓道面东，恰合突厥以东面为贵之俗。《北史·突厥传》记载：突厥“可汗恒处于都斤山，牙帐东开，盖敬日之所出也。”[①]《新唐书·突厥传》曰：“可汗建廷都斤山，牙门树金狼头纛，坐常东向。”[②]突厥以东方为上，所以《阙特勤碑》突厥文主文刻于东面，汉文刻于西面；突厥碑文中每言及方向，必定先说东方[③]。河西地区发现的吐蕃墓一般面东或东北，与突厥墓互有异同。武威青嘴湾、喇嘛湾一带的弘化公主墓、慕容忠墓、慕容明墓、金城县主墓、慕容若墓、慕容宣彻墓、慕容宣昌墓、慕容曦光墓、李氏夫人墓等，但凡吐谷浑墓，全部面向南方，“墓门向南，建于山岗之上，大有望乡的意味”[④]。盖因河西吐谷浑皆由青藏高原北迁而来所致也。其墓道朝南与大长岭突厥墓的面东迥异。

言大长岭墓为西突厥可汗阿史那倭子之墓，或许有人会说，突厥贵族墓前不是都有“杀人石”吗？此诚不虚。突厥丧葬习俗继承了草原游牧民族的许多传统，如大多数墓是石堆墓，墓前立石人像、列杀人石[⑤]。不管在蒙古国和内蒙古境内所发现的东突厥故地，还是在新疆与中亚的西突厥故地，都常可见到石人墓。有单石圈、双石圈以及多石圈等，石圈中间竖立一石人，号为“杀人石（balbal）”。目前发现的突厥石人已达1000个左右，堪称突厥墓葬的一个显著标志[⑥]。在蒙古国哈喇和林遗址附近发现的

---

①（唐）李延寿：《北史》卷九九《突厥传》，北京：中华书局1974年版，第3288页；（唐）令孤德芬：《周书》卷五〇《突厥传》，北京：中华书局1971年版，第910页。

②（宋）欧阳修、宋祁：《新唐书》卷二一五上《突厥传上》，北京：中华书局1975年版，第6028页。

③韩儒林：《读阙特勤碑札记》，林幹编《突厥语回纥历史论文选集》，北京：中华书局1987年版，第518页；王小甫：《“弓月”名称考》，李铮、蒋忠新主编《季羡林教授八十华诞纪念论文集》，南昌：江西人民出版社1991年版，第355页。

④ 周伟洲：《武威青咀喇嘛湾出土大唐武氏墓志补考》，《丝路访古》，兰州：甘肃人民出版社1982年版，第202页。

⑤ Ю. С. Худяков, Древнетюркские омятники на Монголии (по матриалам МИКЭ в 1979–1982гг), *Древние кульмуры Монголии*, Новосибирск, 1985, стр. 168–184；[苏]胡佳科夫：《蒙古地区的古突厥葬后遗存》，申屠榕译，《蒙古学信息》1993年第1期，第15—20页。

⑥ 陈凌：《突厥汗国与欧亚文化交流的考古学研究》，上海：上海古籍出版社2013年版，第57页。

突厥卢尼文《毗伽可汗碑》有言："我把黠戛斯可汗立作［墓前］杀人石""为纪念我父可汗，首先把边兹（baz）可汗立作杀人石（balbal）。"[①]然观归顺唐廷的突厥朝臣如阿史那社尔、阿史那忠、阿史那思摩等人的墓葬，都不见"杀人石"，与一般的中原墓葬没有太大区别[②]。大长岭墓葬形制与归顺唐朝的突厥首领墓葬几无二致，试想，阿史那俀子作为废汗，战败后流亡吐谷浑之中，其墓葬本身都是草草而就，何来"杀人石"可言？

以上诸端，可互相参证，皆有助于证明该墓主人为西突厥可汗阿史那俀子的推论。

六、结论

前贤对墓葬的民族属性有不同的认识，一方面是墓室没有出土墓志或文书等文字资料，不能直接表明墓主人的身份；另一个方面，从该墓葬的形制、葬式和出土文物来看，肃南大长岭墓地文化成分极为复杂，既有吐蕃文化元素，也有吐谷浑文化元素，更有中原汉文化元素和漠北突厥文化元素。七八世纪之交，吐蕃统治下的吐谷浑有不少人陆续迁入河西，与当地汉人杂居，所以，大长岭墓呈现出吐蕃、吐谷浑、汉文化因素毫不足怪，唯其中出现大量精美且规格非常高的突厥文物引人深思。揆诸我国古代北方民族史，尤其是与墓葬相关的吐蕃、吐谷浑、突厥历史，最能符合墓葬诸多条件者只有西突厥可汗阿史那俀子，墓葬呈现突厥文化特点，而且具有可汗身份，此正与阿史那俀子被吐蕃册封的"十姓可汗"身份相当。大长岭墓出土银器采用的手工艺来自中亚，那里正是西突厥的中心区域。

肃南大长岭墓之所以会呈现出如此多元的文化特征，当与大长岭墓地所处的河西走廊的地理位置与民族文化交往频繁息息相关，这里既是东西方文化交往的孔道，也是多民族文化交汇的坩埚。历史上不同民族在这里迁徙、流动、贸易、征战，南来北往、东进西去的人群不仅带来了物质的流动，而且也开启了文化的交融会通。

将大长岭墓之墓主推定为西突厥可汗阿史那俀子，虽有迹可循，但史无明载，尚

① 耿世民：《古代突厥文碑铭研究》，北京：中央民族大学出版社2005年版，第157、154页。

② 昭陵陪葬墓中突厥贵族的墓制形式与其他的汉族墓葬基本相同。参见英卫峰：《唐代帝陵陪葬墓研究》，西北大学博士学位论文，2011年。

需进一步坐实。这个墓葬所体现的文化融通现象应引起高度重视，可以视作多元文化在河西地区交流的一个典型。墓葬所在的河西走廊作为“丝绸之路”和“西北民族走廊”的组成部分和枢纽地区，与这一地区“来自中国境内之不同民族文化以及来自境外的世界各地异质文化在敦煌和谐相处、水乳交融、取长补短、共同发展”[①]的敦煌文化同样，是一个区域性“多元一体”格局形成的典型例证，中华文化就是由无数这样的区域共生文化组合、互动、交融之后形成。大长岭墓葬对认识中华民族共同体的形成，可以提供具有形象性、典型性和启示性的历史例证。

（本文的撰写得到肃南县民族博物馆李晓斌馆长在资料上的帮助，特志此鸣谢。）

（杨富学，敦煌研究院人文研究部部长，研究员。）

① 杨燕、杨富学：《论敦煌多元文化的共生与交融》，《世界宗教文化》2019年第6期，第7—16页。

粟特会稽康氏与唐代西北边防
——《唐康忠信墓志铭并序》考释

刘复兴　冯培红

2020年，刘子凡发表《从西北援军到京西北藩镇——新见〈唐康忠信墓志〉研究》一文，揭出了一方《唐康忠信墓志铭并序》拓本，并据之释录墓志文字，探讨康忠信的出身及履历，其父康缄所任安西、北庭、河西等军节度留后之官职，康忠信至凤翔之背景等问题，指出安史之乱以后西北边军入援并最终成为京西北藩镇的重要力量①。笔者两人也曾分别获得这方墓志（含志盖）的拓本，作过录文及考释工作，然因未睹原石，也没有见到墓志图版公开刊布，所以一直未敢发表相关研究成果。今见刘氏大作发表在先，故作续貂，略有所论；且刘氏对墓志录文尚有疏误，其关注点主要是康缄、康忠信父子以西北边军入援及后者定居凤翔之事，墓志中另外有待阐发之处尚多。因此，本文在刘氏研考的基础上，对此方墓志作更进一步的全面深入的解读，兼考辨墓志之真伪，并最大程度地抉发其学术价值，以推动粟特人与唐代西北及吐谷浑、吐蕃历史的研究。

一、墓志校录

康忠信墓志的出土地点不详，从墓志拓片来看，由志盖、志身两部分组成，两者边长几乎等大。刘子凡称“志盖阙”，未确。据墓志拓片可知，志盖呈盝顶，四刹减地

① 刘子凡：《从西北援军到京西北藩镇——新见〈唐康忠信墓志〉研究》，《河北师范大学学报》2020年第5期，第27—33页。

浮雕牡丹纹，四刹线刻四神纹，为周天四宫之象，意在表达生死轮回、人神沟通等特定含义①。盖面在交错绳纹相间形成的界格内，从右至左篆刻“大唐故/康府君/墓志铭”3行9字。

志身四周刻有几何形折线纹，左下角残缺，残损5字。志文共23行，行7—28字不等②，共残存513字，行楷书写。刘子凡对此墓志作过录文，但有些文字释录欠准，故此重新校录于下：

1 唐故凤翔蕃落十将、云麾将军、左金吾卫大将军、试殿中监、

2 上柱国、蓟县开国公会稽康府君墓志铭并序

3 府君讳忠信，其先西凉府人也。曾祖逵，皇岷[1]州都督。祖令直，

4 皇洮州司马。考缄，皇赤水军使，安西、北庭、河西等军节度留后、

5 兼御史大夫。府君即大夫之元子也。建中四年（783年），来兹岐

① 张盈袖：《辽宁省博物馆藏唐代墓志盖拓片概论》，《辽宁省博物馆馆刊（2010）》，沈阳：辽海出版社2013年版，第385页。

② 刘子凡称“满行最多为26字”，不确。第16行即有28个字。

（岐）[2]陇。天资勇

6 锐，劲节高标。星剑含霜，长怀报国。贞元八年（792年），原州狂寇，侵掠为

7 虞。府君擐[3]甲从征，戎夷丧败。原州既定，旋讨秦州。余勇方兴，妖

8 氛顿灭。塞垣独步，往复如飞。捕逐擒生，无非深入。每获戎口，皆

9 献 王庭。几对天颜，策勋累转。自云麾将军守左金吾卫大将

10 军、试殿中监，封蓟县开国公，充当军蕃落十将。贞元十七年（801年），原州

11 烟埃又起，府君提戈再举，异域尘销。方期巨振雄名，将登上列，何

12 图神明未祐，寝疾于躬。医术徒施，竟无瘳退。开成元年（836年）七月二十

13 一日，倾于凤翔府布泽里私第，享龄七十五。令弟忠义，守左内率府

14 率。夫人杨氏、陈氏，皆已先殁。有三子：长重瑛，充节度子弟；次重琼，

15 右门枪散子将；季重珪，充雄毅官。女子三人：长适陈氏；次适蒋氏；幼

16 适寇氏。至孝等卜宅兆，问良辰，以其年丙辰岁十月丁酉朔十三日己酉

17 安厝于天兴县里仁乡之原，礼也。于是追攀罔极，命载前修。呜

18 呼哀哉！乃为铭曰：

19 府君雄冽[4]， 河岳挺生。 从戎历宦[5]， 八事双[6]旌。 秦原二地，

20 几定搀枪。 于今塞上， 烽烟罢警。 功闻 天阙，身贵门□[7]。

21 代承勋绪， 嘉[8]猷永清。 剑沉幽壑， 太华将倾。宏谋□[9]□，

22 旋弃遐龄。 高岗既择， 俄掩松扃。 云深垅[10]陌，月暗□[11]□。

23 令[12]德更传千载后， 悲风长此韵芳声。

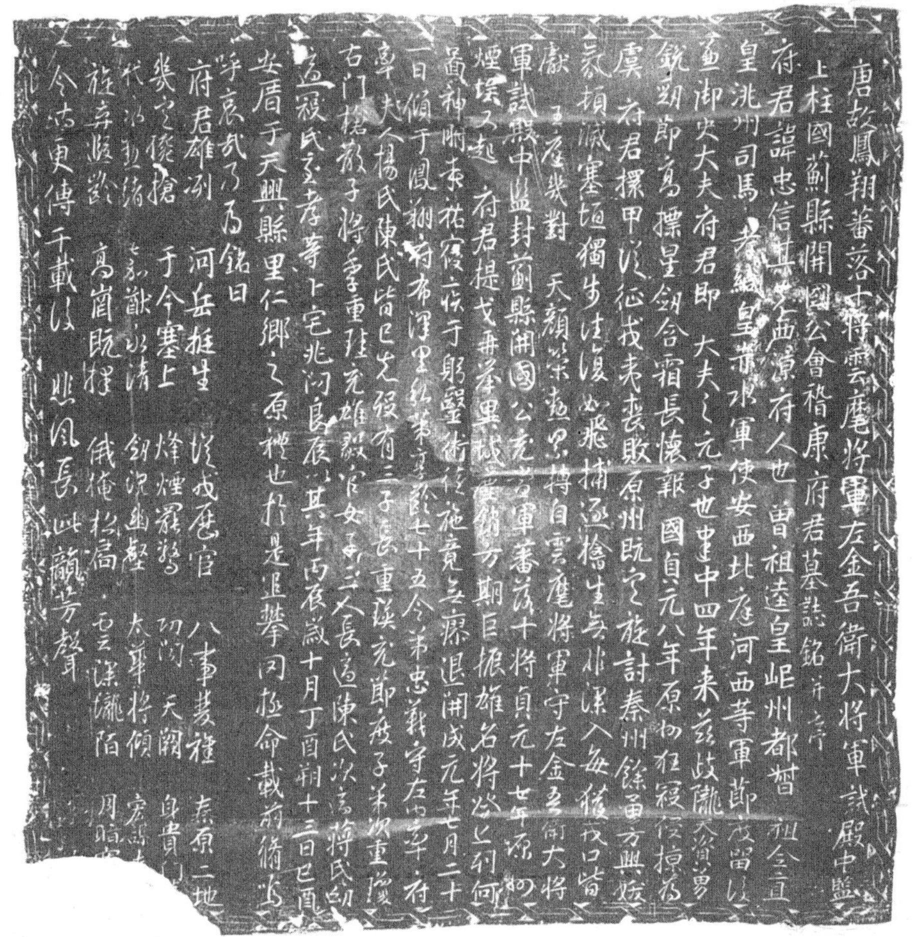

校注：

【1】“岷”：原写作“岷”，缺末笔，当为避唐太宗李世民之讳。

【2】“歧（岐）”：“歧”为“岐”之误，当校改。刘子凡（以下简称“刘”）径作“岐”。

【3】“擐”：刘误作“环”。

【4】“冽”：刘作“洌”，两字可通。

【5】“宦”：刘误作“官”。

【6】“双”：刘误作“旗”。“双”的这一字形，参《五体字类》第568页[①]。

【7】“□”：此字残存右上角极少笔画，难以识读，刘作“□”。

① 法书会编辑部：《五体字类》，日本：西东书房2004年改订第3版，第568页。

【8】“嘉”：刘误作“献”。

【9】“□”：此字残存上部较少笔画，刘作“未”，从残剩笔画及上下文意来看，可从。

【10】“垅”：刘误作“陇”。

【11】“□”：此字残存上部较少笔画，刘作“塞”，从上部残剩笔画及上下文意来看，或可从。

【12】“令”：刘误作“今”。

二、西凉府粟特人与河西会稽康氏

据墓志记载，志主康忠信的祖先为“西凉府人”，刘子凡认为“即凉州人”，并从凉州历来是粟特人重要的聚居地这一点，判断康忠信是来自康国的粟特人[①]。

需要注意的是，西凉府有广义与狭义之分。广义的西凉府指整个河西走廊，原本为魏晋十六国时期的凉州范围[②]，不过隋唐时代的文献中也存在广义西凉府的称法，如《唐裴识墓志铭》云：“天子以河西新收，西凉府以归，帅张议潮欲强盛边事，择其人。”[③]狭义的西凉府有两种指称：一种指今张掖地区，北魏时武威地区曾被称为东凉

① 刘子凡：《从西北援军到京西北藩镇——新见〈唐康忠信墓志〉研究》，《河北师范大学学报》2020年第5期，第28页。

② 李延寿：《北史》卷四四《崔光传》记崔子元上奏，称其父崔鸿撰写《十六国春秋》，“乃刊著赵、燕、秦、夏、西凉、乞伏、西蜀等遗载，为之赞序，褒贬评论”，北京：中华书局1974年版，第5册，第1628页。此处之“西凉”指五凉，因地处西部而名之，并非仅指五凉中李暠建立的西凉国。房玄龄等：《晋书》卷七四《桓彝附子桓冲传》记载“既而苻坚寇凉州”，桓冲上表曰：“氐贼自并东胡，丑类实繁，而蜀汉寡弱，西凉无备”，北京：中华书局1974年版，第6册，第1949页。从时间来看，此处之“西凉”指五凉中的前凉。

③ 中国文物研究所、河南省文物研究所编：《新中国出土墓志·河南》第壹卷，北京：文物出版社1994年版，图版见上册，第361页；录文见下册，第328页。敦煌文献BD9343《张议潭撰宣宗皇帝挽歌五首》中的第二首亦云：“忆别西凉日，来朝北阙时。”参徐俊：《敦煌诗集残卷辑考》，北京：中华书局2000年版，第921页。

州[①]，到西魏时又在张掖地区设置西凉州（旋更名为甘州）[②]，但为时甚暂，鲜受关注；另一种指今武威地区，即西魏析出西凉州（甘州）以后的凉州辖区，在唐宋时期的史籍中最为常见[③]。康忠信的祖籍西凉府属于以上哪一种？还需要根据其郡望、父亲康缄的任职等相关信息来帮助判断。

这方墓志的标题中，志主姓康，姓前冠有“会稽”一词，为其郡望。关于会稽康氏，学界有过讨论，桑原骘藏、福岛惠、荣新江皆认为是粟特人[④]。康忠信担任凤翔蕃落十将，官职名中带有“蕃落”一词，也证实了这一点。史载李锜为润州刺史，“乃增置兵额，选善弓矢者聚之一营，名曰‘挽硬随身’；以胡、奚杂类虬须者为一将，名曰

① 魏收：《魏书》卷二六《尉古真传》记其族玄孙尉聿，“寻出为平西将军、东凉州刺史”，北京：中华书局1974年版，第2册，第659页。

② 令狐德棻等：《周书》卷二《文帝纪下》记载，魏废帝三年（554年）正月，“改置州郡及县”，其中改“西凉为甘州”；卷三七《韩褒传》记载，大统“十二年（546年），除都督、西凉州刺史”，北京：中华书局1971年版，第1册，第34页；第3册，第661页。

③ 如欧阳修、宋祁：《新唐书》卷二二《礼乐志十二》云：“《凉州曲》，本西凉所献也。”北京：中华书局1975年版，第2册，第477页；司马光：《资治通鉴》卷二五〇唐懿宗咸通四年（863年）条记载，左拾遗刘蜕上疏曰：“今西凉筑城，应接未决于与夺；南蛮侵轶，干戈悉在于道涂（途）。”胡三省注曰：“西凉，即凉州，盖此时谋进筑也。”北京：中华书局1956年版，第17册，第8103页；脱脱等：《宋史》卷四九〇《外国六・回鹘传》记载，大中祥符八年（1015年），甘州回鹘“可汗王夜落隔上表言宝物公主疾死，以西凉人苏守信劫乱，不时奏闻”，北京：中华书局1977年版，第40册，第14116页。

④ 桑原骘藏指出，两汉魏晋南北朝时期的康氏几乎都是外国人，汉人康氏即或有之，势力也很微弱。见其《隋唐時代に支那に來往した西域人に就いて》，《桑原騭藏全集》第2卷，日本：岩波书店1968年版，第321—326页。福岛惠对7种昭武九姓墓志作了定量分析，发现康氏占据比例最高，达85%，认为康氏基本上可以判断为粟特胡人；在她统计的35例康氏人物中，会稽康氏有6例（含1例带会稽郡封爵者），其中4例与粟特史、康、安、何氏通婚，且墓志所见地名多在今甘肃省，故也倾向于粟特说。见其《唐代ソグド姓墓誌の基礎的考察》，《学习院史学》第43号2005年版，第149—150页。荣新江也说“康姓是地道的粟特康国人入华后取的汉姓”；“康氏不是中国古代固有的姓氏，其祖先必然来自粟特”，分别见其《北朝隋唐粟特人之迁徙及其聚落》，《中古中国与外来文明：修订版》，北京：生活・读书・新知三联书店2014年版，第57页；《新获吐鲁番文书所见的粟特人》，《中古中国与粟特文明》，北京：生活・读书・新知三联书店2014年版，第123页。但有些学者则认为会稽康氏是汉人，或者绝大多数是江南汉人，如王睿：《唐代粟特人华化问题述论》第一章第一节《康姓族源与郡望》，北京：社会科学文献出版社2016年版，第65—72页；尹波涛：《粟特康氏会稽郡望考论》，《敦煌学辑刊》2017年第1期，第156—164页。

'蕃落健儿'"[①]。这里的"蕃落健儿"以胡、奚杂类虬须者担任，蕃落十将康忠信显然也是一位粟特胡人军将。一些学者对十将之职做过专门考证，揭出唐五代各级军事系统中的十将[②]，但唯独未见蕃落十将，康忠信墓志填补了这一空白。

在广义的西凉府境内，河西走廊的西端恰有一个地名叫会稽，李并成考证在今甘肃省瓜州县小宛破城，位于瓜州城东36里[③]。笔者赞同这一说法，但同时指出，河西会稽这一地名在历史上曾多次发生变动，不同时期的建制也不相同，如西凉时一度将会稽从晋昌（今瓜州县）东迁至酒泉，且各个时代有郡、县、镇之别，即使同为会稽郡或会稽县，不同时代的治所与管辖范围也有不同[④]。康忠信的郡望会稽，当源自北魏会稽郡，治今小宛破城，这个河西会稽属于广义的西凉府。当然，墓志中"会稽康府君"这样的表达，只是说康忠信以会稽为郡望，并非必为会稽人，即便他是狭义的西凉府人，也可以以会稽为其郡望。因此，仅从郡望角度还难以确定康忠信究竟是广义抑或狭义的西凉府人，难以确定是河西会稽抑或凉州武威，甚或河西其他地方的人。但无论如何，康忠信为河西粟特人，郡望为河西会稽，则无疑义。康忠信之父康缄官任赤水军使，任职于凉州武威；康忠信卒于开成元年（836年），享年75岁，故知其生于762年，而凉州在两年后陷于吐蕃，至少可以判断康忠信出生在凉州武威。

就狭义的西凉府而论，若说康忠信是凉州武威人，粟特康氏确实也是当地的大姓。武威出土《唐康阿达墓志铭》记其为"西域康国人"，祖父康拔达被萧梁任命为凉甘瓜

---

① 刘昫等：《旧唐书》卷一一二《李国贞附子锜传》，北京：中华书局1975年版，第10册，第3341页。

② 渡边孝：《唐藩鎮十將攷》，《東方学》第87辑，1994年，第73—88页；杨铭：《吐蕃"十将"（Tshan bcu）制补证》，《中国藏学》1996年第2期，第44—49页；齐陈骏、冯培红：《晚唐五代宋初归义军政权中"十将"及下属诸职考》，敦煌研究院编《段文杰敦煌研究五十周年纪念文集》，北京：世界图书出版公司北京公司1996年版，第397—402页；贾志刚：《从唐代墓志再析十将》，韩金科主编《98法门寺唐文化国际学术讨论会论文集》，西安：陕西人民出版社2000年版，第408—412页；陆离：《关于吐蕃统治敦煌时期的基层组织——十将、将》，《中国边疆史地研究》2015年第2期，第111—125页。

③ 李并成：《归义军会稽镇考》，《敦煌吐鲁番研究》第3卷，北京：北京大学出版社1998年版，第223—228页。

④ 冯培红：《河西走廊上的会稽与建康》，冻国栋、李天石主编《"唐代江南社会"国际学术研讨会暨中国唐史学会第十一届年会第二次会议论文集》，南京：江苏人民出版2015年版，第264—270页。

三州诸军事、凉州萨保，死后诏赠武威太守；父康莫鼻也是典型的胡人名字[①]。2019年，武威还出土了一方《唐康府君墓志》[②]，很可能也是一位武威康氏粟特人。敦煌文献S.2052《〈新集天下姓望氏族谱〉一卷并序》列有“凉州武威郡出六姓：索、石、贾、安、廖（康）、阴”[③]。廖氏在武威及河西历史上基本无闻[④]，颇疑“廖”字为“康”之讹，两者当属形近致误。康、石、安三个粟特姓氏，与索、贾、阴三个汉族姓氏，共同构成了武威的六大郡姓。由此可见，粟特胡人与汉人在凉州武威各占三姓，平分秋色；在三个粟特胡姓中，康氏家族有人担任过凉州萨保，甚至组织武装对抗北朝政府，是当地颇有实力的著姓大族。

笔者曾经推断，西魏之所以设置西凉州，就是因为自北魏中期以来有大量粟特人从西域东迁至张掖[⑤]。西凉州（甘州）的康氏势力在西魏、北周、隋代颇为强大，引人注目。《北周康业墓志》记“其先康居国王之苗裔也”，父亲在西魏时被推举并任命为大天主，康业也袭任大天主，北周时去世后“诏增（赠）甘州刺史”[⑥]，这有点类似于上举康拔达死后诏赠武威太守，康业家族在东迁长安的途中可能曾居停于甘州。《唐康敬本墓志铭》记其为“康居人也”，其可信的世系可以追溯到曾祖父康默，为北周甘州大中正[⑦]。唐代柳芳说：“其州大中正、主簿，郡中正、功曹，皆取著姓士族为之。”[⑧]康默能够担任甘州大中正，表明其家族是当地的著姓士族，在北周时已经形成了张掖郡望。《唐史诃耽墓志之铭》记其“夫人康氏，甘州张掖人也。父阿孩，随上开府、右

---

① 王其英主编：《武威金石录》，兰州：兰州大学出版社2001年版，第62页。

② 承蒙武威市文物局王树华局长发来墓志照片，特表感谢！

③ 沙知主编：《英藏敦煌文献（汉文佛经以外部份）》第3卷，成都：四川人民出版社1990年版，第210页。

④ 陈有顺：《敦煌遗书与凉州著姓》上卷06.《世采堂高，武威望重：廖姓述略》（北京：团结出版社2020年版，第128—150页）所谈武威廖氏，不仅时代较晚，而且多属外地人物，无法说明中古武威廖氏的情况。

⑤ 冯培红：《北朝至唐初的河西走廊与粟特民族——以昭武九姓河西诸郡望的成立为出发点》，刘进宝主编《丝路文明》第1辑，上海：上海古籍出版社2006年版，第62—63页。

⑥ 西安市文物保护考古所：《西安北周康业墓发掘简报》，《文物》2008年第6期，第25、34页。

⑦ 周绍良主编：《唐代墓志汇编》咸亨二〇九，北京：中华书局1992年版，上册，第530页。又，《唐康武通墓志铭并序》云“祖默，周任上开府仪同大将军”，见同书咸亨051，上册，第545页。

⑧《新唐书》卷一九九《儒学中·柳芳传》，第19册，第5677页。

御卫合黎府鹰扬郎将”[①]，康阿孩是隋代张掖郡合黎府的鹰扬郎将，是当地军府的最高长官，其女与粟特人史诃耽结婚，属于粟特人内部的联姻。隋末各地纷纷割据自立，义宁元年（617年）十一月“乙亥，张掖康老和举兵反”[②]。吴玉贵认为“康老和其人应该也是拥兵甘州的粟特胡人”[③]。以上这些都反映了西魏、北周及隋代西凉州（甘州）康氏家族的势力与地位，确实不可小觑。

关于河西会稽康氏，尹波涛持否定意见，他认为传世文献与石刻史料中的会稽康氏均属江南会稽，并云：“在现存关于会稽康氏的传世文献和石刻史料中，未见到任何让我们能够将其与河西会稽相联系的信息。”[④]荣新江在考察北朝隋唐粟特人聚落时，于“常乐/瓜州”一节列出9位会稽康氏人物，除了康希铣属江南山阴会稽外，其他人均活动在河州、灵州、六胡州、长安等北方地区，从中虽然可以推断他们是粟特人[⑤]，但确实未及河西走廊。不过，关于河西会稽康氏也并非像尹氏说的那么绝对，在敦煌文献、墓志中仍然可以发现一些蛛丝马迹的例证。敦煌文献P.4660《唐康使君邈真赞并序》记其为“使持节瓜州诸军事、守瓜州刺史”，赞文开篇云：“伟哉康公，族氏豪宗。”[⑥]该邈真赞的撰写者是河西都僧统唐悟真，他于869—895年间担任此职[⑦]，可知康某刺理瓜州的时间是在晚唐归义军时期，当时瓜、沙二州长官皆由本地人担任[⑧]，瓜

① 罗丰：《胡汉之间——“丝绸之路”与西北历史考古》十九《隋唐史氏墓志》，北京：文物出版社2004年版，第457、462、484页。

② 魏徵等：《隋书》卷五《恭帝纪》（点校本二十四史修订本）第1册，北京：中华书局2019年版，第114页。

③ 吴玉贵：《凉州粟特胡人安氏家族研究》，荣新江主编《唐研究》第3卷，北京：北京大学出版社1997年版，第297页。

④ 尹波涛：《粟特康氏会稽郡望考论》，《敦煌学辑刊》2017年第1期，第156—164页。又参尹波涛：《唐代粟特康氏的祖先记忆与族群认同——以出土墓志为中心》，杜文玉主编《唐史论丛》第33辑，西安：三秦出版社2021年版，第229页。

⑤ 荣新江：《北朝隋唐粟特人之迁徙及其聚落》，《中古中国与外来文明：修订版》，第55—58页。但将会稽等同于瓜州常乐，在地理上略有偏差。

⑥ 上海古籍出版社、法国国家图书馆编：《法藏敦煌西域文献》第33卷，上海：上海古籍出版社2005年版，第31页。

⑦ 齐陈骏、寒沁：《河西都僧统唐悟真作品和见载文献系年》，《敦煌学辑刊》1993年第2期，第5—15页。

⑧ 郑炳林：《晚唐五代敦煌归义军行政区划制度研究（之一）》，《敦煌研究》2002年第2期，第11—19页。

州刺史康某极可能就出自瓜州境内的会稽，在当地极有势力，是个豪宗大族之家，所以才能出任瓜州刺史[①]；而“族氏豪宗”这一模糊叙述，再加上康氏聚落所在的瓜州会稽，也表明他是当地的一位粟特人。除了瓜州刺史康使君外，本文所探讨的出自西凉府的会稽康忠信，又为河西会稽粟特康氏添一旁证。

三、康忠信家族与唐代河陇边防

康忠信墓志记述了其家族5代、16人（含女眷及出嫁者的丈夫），曾祖父康逵为岷州都督，祖父康令直为洮州司马，父康缄为赤水军使、安西北庭河西等军节度留后，康忠信为凤翔蕃落十将，两位夫人为杨氏、陈氏，弟康忠义为左内率府率，三子分别为节度子弟康重瑛、右门枪散子将康重琼、雄毅官康重珪，三女分别嫁给陈、蒋、寇三氏。其中，康忠信祖上三代皆任职于河陇地区，是唐代抗御吐谷浑、吐蕃的边防将领，而康忠信父子则定居于凤翔，均任职于凤翔、陇右节度使府。

康忠信家族世系表

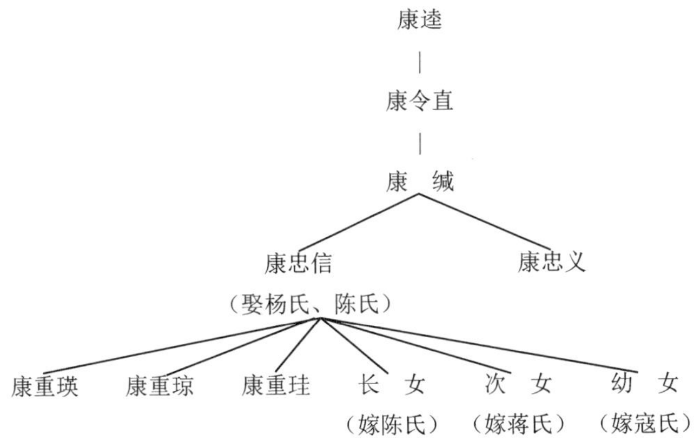

刘子凡的论文重点研究了康缄所任何安西、北庭、河西等军节度留后，以及墓主人康忠信来到凤翔的背景，而对康逵、康令直及康缄所任赤水军使，以及康忠信的生平事迹则考论甚简。兹先对康忠信祖上三代与唐代河陇边防进行考察，以窥探粟特人

① 郑炳林认为康使君即康秀华，见其《晚唐五代敦煌康氏家族与归义军瓜州刺史康秀华考》，《敦煌研究》2018年第3期，第9—18页。但这一人物的比定，证据未足，缺乏说服力。

康逵、康令直、康缄三代在唐代西疆边防中扮演的角色与作用。

（一）岷州都督康逵

墓志所记康忠信家族的最早一代是其曾祖父康逵，官至唐朝岷州都督。《旧唐书》卷四〇《地理志三》记岷州建置甚详：

> 岷州下　隋临洮郡之临洮县。义宁二年（618年），置岷州。武德四年（621年），为总管府，管岷、宕、洮、叠、旭五州。七年，加督芳州。九年，又督文、武、扶三州。贞观元年（627年），督岷、宕、洮、旭四州。六年，督桥、意二州。十二年，废都督府。神龙元年（705年），废当夷县。天宝元年（742年），改为和政郡。乾元元年（758年），复为岷州。

唐初武德年间（618—626），在陇右地区设置了两个州级总管府，即秦州总管府、岷州总管府，后者是唐朝管控西陲边疆与防御吐谷浑的前沿重镇。据该地理志记载，秦州总管府设于武德二年（619年），原辖12州，但后来析置和省废了一些州，最后统管5州[①]。岷州总管府就是在武德四年（621年）从秦州总管府中独立出来，从岷州升格为岷州总管府，初管岷、宕、洮、叠、旭5州。唐朝“至武德七年（624年），改总管府为都督府”[②]，岷州总管府也在此年更名为岷州都督府，加督芳州；九年（626年）又加督文、武、扶3州，共达9州。岷州总管府与吐谷浑相毗邻，唐朝自621年将岷州升格为总管（三年后改为都督）府，所管州数不断增加，甚至超过了秦州总管（都督）府的所管州数，表明唐朝为了加强西御吐谷浑，西部防线向西扩移，不断提升岷州的地位。

隋末大乱，原来被隋朝击灭的吐谷浑趁机复国，“伏允悉收故地，复为边患”[③]，对新建国的唐朝西部边境产生威胁。吐谷浑一方面向唐朝派遣使节，进贡方物，仅唐

---

①《旧唐书》卷四〇《地理志三》“秦州都督府”条记其初管12州，后来析置和省废为6州；“兰州”条又记武德八年（625年）置都督府。如此，则武德年间秦州最后统管5州。

②《旧唐书》卷三八《地理志一》，第5册，第1384页。

③《旧唐书》卷一九八《西戎·吐谷浑传》，第16册，第5298页。

高祖武德年间，9年之中至少朝贡了7次[①]，特别是武德六年（623年）八月“丙寅，吐谷浑内附”[②]，两年后双方在承风戍开通互市[③]；另一方面则不断发动进攻，侵扰包括岷州在内的唐朝西境。周伟洲据《两唐书》《资治通鉴》《册府元龟》等史籍，胪列了武德三年（620年）至贞观八年（634年）吐谷浑对唐朝的进攻，多达24次，涉及岷、鄯、洮、叠、芳、旭、扶、兰、凉、松、河等11州[④]。

史载，窦轨于武德三年（620年）迁益州道行台左仆射，“时党项引吐谷浑之众，其锋甚锐……轨复军于临洮，进击左封，破其部众”[⑤]。窦轨率领唐军从益州北上，一直打到陇右临洮。“四年（621年）七月，吐谷浑寇洮、岷二州，遣岐州刺史柴绍救之，为其所围。虏乘高射之，矢下如雨，绍遣人弹胡琵琶，二女子对舞。虏怪之，相与聚观。绍察其无备，潜遣精骑出虏阵后击之，众大溃”[⑥]。《旧唐书》卷五八《柴绍传》也记载了这场战事，尤其是所附《马三宝传》明确记载这场战争的发生地是在岷州：“复从柴绍击吐谷浑于岷州，先锋陷阵，斩其名王，前后虏男女数千口。”前引621年岷州从秦州总管府中独立并升格为岷州总管府，并让其统管岷、宕、洮、叠、旭5州，极可能是在该年七月岷州之战以后。唐朝提升了岷州的地位，形成以岷州为核心的总管府体制，加强了对吐谷浑的防御力量。

从周伟洲胪列的进攻史例来看，武德五至九年（622—626），吐谷浑攻入唐朝边境诸州的次数如下：岷（7次）、叠（4次）、松（3次）、洮（3次）、河（2次）、旭、洮、芳、扶、鄯、合州（以上各1次）。由此可以清晰地看到，吐谷浑最主要的进攻目标确实是岷州，除了岷州自身之外，岷州总管（都督）府所辖9州中的洮、叠、旭、芳、扶5州也受到吐谷浑的攻扰。武德五年（622年）六月“癸丑，吐谷浑寇洮、旭、叠三州，

---

① 王钦若等《册府元龟》卷九七〇《外臣部·朝贡三》，北京：中华书局1960年版，第11396—11397页。

②《旧唐书》卷一《高祖纪》，第1册，第14页。

③《旧唐书》卷五七《刘文静附李安远传》记其“使于吐谷浑，与敦和好，于是吐谷浑主伏允请与中国互市，安远之功也”，第7册，第2302页；王钦若等：《册府元龟》卷九九九《外臣部·互市》云：“唐高祖武德八年（625年），吐谷浑款承风戍，各请互市，并许之。”第11726页。

④ 周伟洲：《吐谷浑史》，桂林：广西师范大学出版社2006年版，第80—82页。

⑤《旧唐书》卷六一《窦威附兄子窦轨传》，第7册，第2365—2366页。

⑥ 王溥：《唐会要》卷九四《吐谷浑》，北京：中华书局1955年版，下册，第1699页。又参《旧唐书》卷五八《柴绍传》，第7册，第2314页。

岷州总管李长卿败之”[①]，典型地反映了岷州在所辖诸州中的核心地位。只有位置较远的宕、文、武3州未受波及[②]。

岷州自古山川险隘，东连秦陇，西控河湟，内屏蜀门，外制边境，自古是西北边防重镇。吐谷浑向东进攻唐朝以岷州为核心的西部边疆，以及唐朝的防御措置，进一步凸显了岷州的战略地位，它在唐与吐谷浑的边境中占有举足轻重的地位。李新贵认为，唐朝建立岷州总管（都督）府的重要战略举措，就是将洮河流域分散的各州联系起来，“部署成一个以岷州为中心的弯月形防御圈”[③]，以此来抵御吐谷浑的入侵。

进入贞观年间（627—649）以后，随着唐与吐谷浑之间的势力消长，唐朝对岷州的建置又适时地进行调整，如627年从岷州总管府原督9州中裁撤叠、芳、文、武、扶5州，仅督岷、宕、洮、旭4州；六年又加督桥、意2州；但到贞观十二年（638年）撤废岷州都督府，成为一个普通的下州。岷州都督府的撤废，显然是跟三年前唐朝彻底击垮吐谷浑有关。635年，唐太宗派遣西海道行军大总管李靖率领唐军，并联合突厥、契苾军队，大举进攻吐谷浑，可汗慕容伏允死之，子慕容顺继立，向唐称臣内附。这是唐朝与吐谷浑之间最重要的战争，唐胜浑败，吐谷浑从此一蹶不振。这样，以岷州为中心的防范吐谷浑的防线也就消除了，岷州的中心防御作用逐渐降低。在此背景下，岷州都督府遂于638年被废除。

不过还需注意到，《旧唐书》卷四〇《地理志三》在“叠州下都督府”条记载，“十三年，置都督，督叠、岷、洮、宕、津、序、壹、枯、嶂、王、盖、立、桥等州。永徽元年（650年），罢都督府”。在这段话之前，全都是在叙说武德年间之事，而武德仅有九年，无十三年，故此处的“十三年”当为贞观十三年（639年）。唐太宗在该年设置叠州都督府，督管包括叠、岷、宕等州在内的至少13个州。638年岷州都督府被撤废后，翌年岷州都督府原辖的岷、叠、洮、宕4州被移隶于叠州都督府。这表明，唐太宗调整陇右行政区划，以叠州为核心，而岷州的地位则降低了。

岷州都督的设置时间为624—638年，存续了15年。据郁贤皓考证，有李道彦

---

① 《新唐书》卷一《高祖纪》，第1册，第14页。

② 本文写完后，读到李新贵于2023年新刊的论文《岷州总管府辖区盈缩与唐和吐谷浑关系考察》，对岷州总管府有更详细的考论，见《历史地理研究》2023年第2期，第1—12页。敬请作者参阅之。

③ 李新贵：《唐前期陇右节度使属州整合过程研究》，《历史地理》第27辑，上海：上海人民出版社2013年版，第24页。

（628年、634—635年）、刘师立（约631年、632年）、高甑生（635年）三人担任过岷州都督，另外还列有岷州总管李长卿（622年）①，但他在两年后是否续任岷州都督，则不得而知。康逵担任岷州都督，应在武德、贞观时期的这15年间除以上诸人任职年份之外的时间。按照唐朝制度，岷州为下都督府，设都督一员，从三品，康逵是唐朝陇右边防抗御吐谷浑的重要将领。有赖于康忠信墓志的出土，其曾祖父岷州都督康逵可补郁氏《唐刺史考全编》之缺②。岷州为都督府建制期间，是唐朝毗邻吐谷浑的西疆地区的核心枢纽，为所辖各州的总部，康逵能担任岷州都督，其能力、地位可见一斑。

顺带提及，626年唐太宗即位后，吐谷浑可汗慕容伏允派遣洛阳公来朝，并为其子尊王求婚，但尊王称疾不肯入朝，于是太宗“有诏停婚，遣中郎将康处直谕以祸福”③。粟特人的一个重要特征是充当使节，这位唐朝派往吐谷浑的使节康处直应当就是一位粟特人④。康处直出使吐谷浑，很可能经过岷州，如果康逵刚好也在那时担任岷州都督，两位康姓粟特人在岷州相遇，会是怎样的一幅历史场景啊！

---

① 郁贤皓：《唐刺史考全编》第三编《陇右道》卷三五《岷州（和政郡）》，合肥：安徽大学出版社2000年版，第1册，第453—454页。

② 笔者曾撰文考察陇右粟特人的踪迹，揭出秦、渭、兰、河、成、鄯、廓等州粟特人居住或活动状况，但岷州尚缺，康逵也可补其空白。见冯培红：《丝绸之路陇右段粟特人踪迹钩沉》，《浙江大学学报》2016年第5期，第54—70页。另外，编号为敦研341的敦煌文献《唐景云二年（711年）张君义勋告》亦记有“岷州曹思贞等贰”，见段文杰主编：《甘肃藏敦煌文献》，兰州：甘肃人民出版社1999年版，第2册，第99页。

③《旧唐书》卷一九八《西戎·吐谷浑传》，第20册，第5298页。

④ 粟特人作为使节往来于中原王朝与吐谷浑之间的例子很多，如《魏书》卷一〇〇《吐谷浑传》提到一位吐谷浑使节康盘龙：可汗拾寅败于魏将长孙观，“于是思悔，复修藩职，遣别驾康盘龙奉表朝贡”，第6册，第2238页；唐朝使节康承献出使吐蕃，在炳灵寺石窟第148窟留有题名：“□州金□府别将康思睐、品子康胡子、云□（骑）□（尉）绯鱼袋康承献”，见甘肃省文物工作队、炳灵寺文物保管所：《中国石窟 永靖炳灵寺》，北京：文物出版社、平凡社1989年版，第238页；从《唐康令恽墓志铭并序》可知，他曾任积石军副使，其祖父康慈感为西平郡掾曹，祖孙均在唐朝西疆任职，见王育龙《唐长安城东出土的康令恽墓志跋》，《唐研究》第6卷，北京：北京大学出版社2000年版，第395—405页。

（二）洮州司马康令直

康忠信的祖父康令直官至唐朝洮州司马。洮州位于岷州之西180里[①]，更加靠近吐谷浑。《旧唐书》卷四〇《地理志三》云：

> 洮州下　隋临洮郡。武德二年（619年），置洮州。贞观五年（631年），移州治于洪和城，后复移还洮阳城，今州治也。永徽元年（650年），置都督府。开元十七年（729年）废，并入岷州。临潭县置临州。二十七年（739年），又改为洮州。天宝元年（742），改为临洮郡。管密恭县，党项部落也，寄治州界。乾元元年（758年），复为洮州[②]。

如前所述，621年岷州设总管府，洮州为其所管5州之一；到638年岷州罢都督府，洮州遂脱离岷州的管辖。翌年，原岷州都督府所辖的洮、岷、叠、宕4州被移隶于新设置的叠州都督府。永徽元年（650年），唐高宗罢叠州都督府，将洮州升格为都督府；但到唐玄宗开元十七年（729年），又裁废洮州都督府，将洮州并入岷州；二十年（732年）于原洮州治所临潭县置临州；二十七年（739年）复名为洮州[③]。

从619年始置洮州到650年升格为洮州都督府，洮州存在了31年，前19年（619—638）隶属于岷州总管（都督）府，后11年（639—650）改隶于叠州都督府。在这整个时间段中，洮州的地位比总管（都督）府级别的岷州、叠州要低，为其所管辖。前期，唐朝主要防御吐谷浑，以岷州为中心；后期，主要防御新崛起的吐蕃，以叠州为中心。但不管总管（都督）区如何调整，洮州只是边境前沿地带，仅以普通的下州面貌呈现。

从650年起，历经高宗、武后、中宗、睿宗，到玄宗前期的729年，洮州升格为洮州都督府，存在了79年。而岷州都督府、叠州都督府分别于638年、650年废罢，洮州

---

① 李吉甫：《元和郡县图志》卷三九《陇右道上》“洮州”条，北京：中华书局1983年版，下册，第997页。

② 需要说明的是，对比《元和郡县图志》卷三〇《陇右道下》、《新唐书》卷四〇《地理志四》“洮州”条的记载，“临潭县置临州”分别被记作“二十年于临潭又置临州”或“二十年复置，更名临州”，可知《旧唐书》有脱字，易被理解为开元十七年（729年）在废洮州都督府时设置了临州，实际上临州的设置年代要迟至开元二十年（732年）。

③《旧唐书》卷九《玄宗纪下》记载，开元二十七年（739年）“夏四月丁丑，废洮州隶兰州，改临州为洮州”，第1册，第211页。

成了前期抗御吐谷浑、后期抗御吐蕃的核心区。洮州西连九曲，东接秦陇，南通巴蜀，北抵河湟。它位于岷州之西，是青藏高原少数民族进入内地的要冲，也是唐朝抵御吐谷浑及后来的吐蕃入犯的前沿阵地。龙朔三年（663年），吐蕃击灭吐谷浑，成为唐朝西面的强敌，经常进攻唐朝河陇、西域，唐蕃之间进入战争常态化状态。洮州的州治临潭是九曲周边几个州中吐蕃进攻的重点所在，而且是吐蕃经常进犯的边城[①]。安史之乱爆发以后，唐玄宗征调哥舒翰领河陇兵入靖国难，西北边防空虚，吐蕃趁机蚕食唐土，广德元年（763年）陷洮州，很快陇右全部沦陷。

由上可知，唐朝设置洮州的时间，有619—650年、739—742年、758—763年三个阶段。康忠信生于762年，可以推知其祖父康令直担任洮州司马不可能在650年之前，否则祖孙两人的年龄差距过于悬殊。758—763年处于安史之乱期间，763年洮州陷于吐蕃，其父康缄为赤水军使，安西、北庭、河西等军节度留后，事在安史之乱前后，因此其祖父康令直也不太可能在758年出任洮州司马。这样一来，最有可能的是在739—742年间。唐代洮州的等第为下，下州司马为从六品下[②]。尽管当时洮州已不再是都督府建置，隶属于陇右节度使，但仍是唐朝西御吐蕃的前沿阵地，洮州司马一职亦颇重要。

（三）赤水军使，安西、北庭、河西等军节度留后康缄

康忠信的父亲康缄官至唐朝赤水军使，安西、北庭、河西等军节度留后，御史大夫。御史大夫为其宪衔，亦即作为使职所带的朝廷御史台的官衔。至于赤水军，《元和郡县图志》卷四〇《陇右道下》“凉州”条云：“武德二年（619年），讨平李轨，改为凉州，置河西节度使，备羌胡。统赤水军、大斗军、建康军、宁寇军、玉门军、墨离军、新泉军、豆卢军、张掖守捉、交城守捉、白亭军。”其中赤水军条下注曰：“在凉州城内。管兵三万三千，马万三千匹。本赤乌镇，有青赤泉，名焉。军之大者，莫如赤水，幅员五千一百八十里，前拒吐蕃、北临突厥者也。”[③]李文才通过对全国超过万人的各军兵马、人数进行比较，指出河西赤水军与河东天兵军、范阳经略军在兵员人

① 刘满：《唐洮州治所位置考》，《敦煌学辑刊》2011年第1期，第17—41页。

② 王颜、任斌杰：《唐代府州司马考论》，《唐史论丛》第11辑，西安：三秦出版社2009年版，第46—48页。

③ 李吉甫：《元和郡县图志》卷四〇《陇右道下》，下册，第1018页。

数上相差不多，但赤水军的马匹数量远超另外两军，是名副其实的“军之大者”[①]。关于赤水军的设置，《唐会要》卷七八记载：“武德二年（619年）七月，安修仁以其地来降，遂置军焉。”[②]安修仁是隋末唐初武威的粟特人首领，拥有一支强大的粟特武装，废立河西大凉国主李轨易如反掌。归顺唐朝以后，其部族军队被唐高祖设置为赤水军，成为天下最大、最有实力之军。《新唐书》卷六七《方镇表四》“河西”条记景云元年（710年），“置河西诸军州节度、支度、营田、督察九姓部落、赤水军兵马大使”；《杨执一神道碑》云：“诏征为凉州都督、兼左卫将军、河西诸军州节度、督察元（九）姓、赤水军等大使。”[③]这里的“督察九姓（部落）”，指的就是以安修仁为代表的粟特昭武九姓部落，以及从漠北迁入河西凉州的铁勒九姓。李文才搜辑出16位赤水军（大）使、6位赤水军副使，以及7位赤水军支度营田大使、兵马使、防御使、节度判官、长史、司马；此后，黄成运又根据碑刻资料补考出4位赤水军使[④]。康忠信墓志记载其父康缄为赤水军使，又可补缺1人，而且康缄就是出自西凉府的昭武九姓粟特人。

至于康缄所任安西、北庭、河西等军节度留后，刘子凡在其论文第二部分以“兵出河西：康缄之‘安西、北庭、河西等军节度留后’”为题，进行专门考论。关于康缄担任节度留后的时代，刘氏从康忠信的生年及为康缄长子进行推测，认为“康缄出任节度留后的时间应该不会早于安史之乱前后”。所言甚是。康缄同时兼领安西、北庭、河西三军，必是三镇军队东向勤王以后之事。刘氏提出，康缄担任此职“或许与第二批入援的西北边军有关”，亦即759年相州战役失败后，“以安西、北庭军队和陇右神策军为主体”，由卫伯玉率领，此后他被任命为四镇、北庭行营节度使，旋迁神策军节度使，而此时神策军的兵源“可能涵盖了安西、北庭、河西、陇右的兵员”。761年

---

① 李文才：《试论赤水军的军事地位及其成因》，《唐史论丛》第14辑，西安：三秦出版社2012年版，第359—374页；《试论唐代赤水军指挥系统之构成及其特点——兼对〈试论赤水军的军事地位及其成因〉一文的补正》，《乾陵文化研究》第8辑，西安：三秦出版社2014年版，第210—228页。

② 王溥：《唐会要》卷七八《节度使（每使管内军附）》，下册，第1428页。王永兴称赤水军成立于619年“恐不可信”，为李文才所驳，甚是。参王永兴：《论唐代前期河西节度》，《唐代前期西北军事研究》，北京：中国社会科学出版社1994年版，第14—21页。

③ 李昉等：《文苑英华》卷八九五张说《赠户部尚书河东公杨君神道碑》，北京：中华书局1966年版，第6册，第4714—4715页。

④ 黄成运：《唐代赤水军使考》，《河西学院学报》2020年第6期，第40—44页。

卫伯玉外出征讨叛军，“史书未载其留后为谁，康缄或正当其任”[1]。卫伯玉担任四镇、北庭行营节度使的时间，史籍中没有明确记载，刘氏亦未具体指出，《旧唐书》卷一一五《卫伯玉传》系于乾元二年（759年）十月以后、上元二年（761年）二月以前，比较宽泛。胡耀飞对安西、北庭行营作过系统考察，列表共举出至德二载（757年）前至兴元元年（784年）八月之间的14位节度使或留后、副元帅，其中将卫伯玉系于乾元二年（759年）十二月[2]。果若如此，则依刘氏所论，康缄担任安西、北庭、河西等军节度留后亦当在759年年底左右。

然而，康缄兼领的三镇军队中，除了安西、北庭之外，还有河西。刘子凡仅以卫伯玉所任神策军节度使的兵源可能涵盖安西、北庭、河西、陇右的兵员，而推断康缄为安西、北庭、河西等军节度留后，证据较为薄弱。从胡耀飞所列14位安西、北庭行营长官来看，皆以安西（或镇西、四镇）、北庭（或伊西庭）为名，而无一涉及河西。因此，对康缄的终官任职时间应予重新考虑。

安史之乱爆发以后，陇右、河西、安西、北庭四个藩镇陆续陷落，但其军力则以行营的形式活跃于内地，平定安史之乱，抵御吐蕃入侵。胡氏所列14位安西、北庭行营长官中，与河西有交集关联的首推马璘。据《旧唐书》卷一五二《马璘传》记载，经历761年北邙山之战后：

> 明年（762年），蕃贼寇边，诏璘赴援河西。广德（763—764）初，仆固怀恩不顺，诱吐蕃入寇，代宗避狄陕州，璘即日自河右转斗戎虏间，至于凤翔……永泰（765—766）初，拜四镇行营节度，兼南道和蕃使，委之禁旅，俾清残寇。俄迁四镇、北庭行营节度及邠宁节度使，兼御史大夫，旋加检校工部尚书。以犬戎浸骄，岁犯郊境，泾州最邻戎虏，乃诏璘移镇泾州，兼权知凤翔陇右节度副使、泾原节度、泾州刺史，四镇、北庭行营节度使如故。

马璘于762年赴援河西，这一年正好康忠信出生，其父康缄为赤水军使，自当与马

---

① 刘子凡：《从西北援军到京西北藩镇——新见〈唐康忠信墓志〉研究》，《河北师范大学学报》2020年第5期，第28页。

② 胡耀飞：《行营之始：安西、北庭行营的分期、建置及其意义》，《新疆大学学报》2019年第1期，第86—93页。

璘一起抗御吐蕃。吴廷燮《唐方镇年表》卷八《河西》列762年节度使为吕崇贲，但未举出史料；763—765年节度使为杨志烈，763年条未举出史料，764年条举出《新唐书》卷六《代宗纪》所记该年十一月“河西节度使杨志烈及仆固怀恩战于灵州，败绩”之史料[①]。事实上，763年杨志烈为河西节度使也有史料可证，即《旧唐书》卷一九六上《吐蕃传上》记广德元年（763年）十月后，“吐蕃退至凤翔，节度孙志直闭门拒之，吐蕃围守数日。会镇西节度、兼御史中丞马璘领精骑千余自河西救杨志烈回，引兵入城”。这里的“镇西节度”，即上引《马璘传》中的“四镇行营节度使”[②]，但那是永泰元年（765年）所授之职，而非762—763年赴援河西的官职。《唐马璘墓志铭并序》记其赴援河西：“知五道兵马使事，连拜执金吾、卫尉、殿中监。其后戎犯凉郊，公屯雍畤。圣君思解悬之授，以公有敢往之奇，遂加御史中丞，远授方略，军渡湟水，声光白亭。”[③]亦可见当时马璘尚非镇西节度。由于吐蕃军队实力强大，马璘最终无力解救凉州之围，加上凤翔被围，遂于763年秋退回凤翔；翌年，“虏围凉州，河西节度使杨志烈不能守，跳保甘州，而凉州亡”[④]。

马璘率军赴援河西，与赤水军使康缄一道抗御吐蕃，双方关系自然相当密切。上引《马璘传》记其于765年为四镇行营节度使，而“俄迁四镇、北庭行营节度及邠宁节度使，兼御史大夫”，则发生在翌年，这见于马璘墓志：

> 永泰二年（766年），特加御史大夫，四镇、北庭、邠宁等节度使，邠州刺史[⑤]。

《旧唐书》卷一一《代宗纪》记作：永泰二年二月壬子，“以四镇行营节度使马璘兼邠州刺史”，新授官职中除了邠州刺史外，其实还有北庭、邠宁节度使，其中四镇、北庭为行营，寄理在邠州。上引《马璘传》末记“兼权知凤翔陇右节度副使、泾原节度、泾州刺史，四镇、北庭行营节度使如故”，四镇、北庭行营节度使为原来官职，故

① 吴廷燮：《唐方镇年表》卷八《河西》，北京：中华书局1980年版，第3册，第1224—1225页。

② “四镇”即安西四镇，又称“安西”“碛西”“镇西”。

③ 王育龙：《唐马璘墓志铭述考》，《文博》1997年第6期，第94页。

④《新唐书》卷二一六上《吐蕃传上》，第20册，第6088页。

⑤ 王育龙：《唐马璘墓志铭述考》，《文博》1997年第6期，第94页。

称“如故”；而凤翔、陇右节度副使为新兼领，再参照《代宗纪》所记大历三年（768年）十二月“己酉，以邠宁节度使马璘为泾原节度，移镇泾州”，可知从邠宁移镇泾原是768年底之事。

综上所考，765—768年间马璘的任官可列作下表：

任职起始时间	官　　职
永泰元年（765年）	四镇行营节度使
永泰二年（766年）二月	四镇、北庭行营节度及邠宁节度使、邠州刺史
大历三年（768年）十二月己酉	四镇、北庭行营节度使、兼权知凤翔陇右节度副使、泾原节度、泾州刺史

康缄的官职为安西、北庭、河西等军节度留后，与马璘官衔中的四镇、北庭行营节度使有相合之处，但马璘没有兼领河西节度使。如上所论，764年凉州陷于吐蕃，河西节度使杨志烈西逃甘州，康缄极可能是在凉州失守后，带着赤水军部队东撤到关中，投奔此前一起抗蕃的马璘，在杨志烈西逃并于次年765年为沙陀人所杀的情况下①，被任命河西节度留后；同时，康缄投奔马璘，而马璘先后镇守邠、泾二地，在担任邠宁或泾原节度使的同时，还身兼四镇、北庭行营节度使，乃至权知凤翔、陇右节度副使，一身多任，非常需要人来分担众务，所以任命康缄为安西（四镇）、北庭行营节度留后，成为马璘的副手，这也就是康忠信墓志中记载其父康缄为安西、北庭、河西等军节度留后的原因，其任职起始时间当在764年以后。

综上所考，康忠信的曾祖父岷州都督康逵、祖父洮州司马康令直均在陇右地区任官，父亲康缄为赤水军使、安西北庭河西等军节度留后，先任职于河西凉州，后来东向进入关中。出自西凉府的粟特人会稽康氏，其家族三代均在河陇为官，为唐朝驻守边疆、抗御吐谷浑及吐蕃立有功劳。至于康忠信本人，则在河陇沦陷于吐蕃以后来到关中，后来担任凤翔蕃落十将，定居在凤翔府天兴县布泽里。

① 《新唐书》卷六《代宗纪》记载，永泰元年（765年）“十月，沙陀杀杨志烈”，第1册，第172页。

四、建中四年（783年）康忠信“来兹岐陇”考

墓志记载：“府君即大夫之元子也。建中四年（783年），来兹歧（岐）陇。”康忠信是康缄的长子，墓志中还叙及其弟康忠义，守左内率府率，为正四品上的东宫武官。前述康忠信生于762年，当时河陇地区仍属唐朝管辖，其家族原本出自西凉府，父亲康缄为赤水军使，屯驻于凉州，因此他极可能出生在凉州武威。然而就在他出生的这一年，“吐蕃陷我临、洮、成、渭等州”，特别是到翌年七月，“吐蕃大寇河、陇，陷我秦、成、渭三州，入大震关，陷兰、廓、河、鄯、洮、岷等州，盗有陇右之地”[①]，由此切断了关中通往河西之路。同年，吐蕃围凉州，764年陷之。当时康忠信年仅3岁，他很可能是764年凉州失陷前在襁褓中被抱着东行的。从783年康忠信“来兹岐陇”来看，其父康缄并非是在763年秋随马璘一起东撤到凤翔，而可能是在764年凉州失陷前东撤到邠宁，768年又随马璘移镇泾原。

康忠信在783年来到“岐陇”，时年22岁。“岐”指岐州（凤翔府），早在永泰元年（765年）正月“癸丑，罢岐州之凤翔县，并入天兴县”[②]，墓志记载康忠信“倾于凤翔府布泽里私第”，“安厝于天兴县里仁乡之原”。“陇”指陇州（汧阳郡）。他来到岐陇之地，是指783年来到以凤翔为首府的凤翔、陇右节度使，定居在凤翔府布泽里，死后葬在天兴县里仁乡，天兴县为凤翔府的治所附郭县。从墓志记载来看，康忠信的三个儿子均在凤翔、陇右节度使府中任职，三个女儿应当也在当地出嫁成婚。由此可见，其家族至少有两代人已经定居在凤翔了[③]。从康忠信及其三女的通婚对象看，女方杨、陈、蒋、寇诸氏属于汉姓，亦可见粟特人与汉人联姻已渐普遍。

康忠信来到凤翔的这一年，凤翔、陇右节度使有两位，先后为张镒、李楚琳。《新唐书》卷七《德宗纪》记载该年十月，“凤翔后营将李楚琳杀其节度使张镒，自称留后”，《资治通鉴》卷二二八建中四年（783年）条又记“楚琳自为节度使”，旋被唐德

---

① 《旧唐书》卷一一《代宗纪》，第2册，第271、273页。

② 《旧唐书》卷一一《代宗纪》，第2册，第278页。

③ 李鸿宾在研究唐后期藩镇时，提出“地著化”之概念，见其《墓志所见唐朝的胡汉关系与文化认同问题》第三章第二节《墓志映印下的唐朝河北粟特人“地著化”问题——以米文辩墓志为核心》，北京：中华书局2019年版，第196—228页。

宗正式任命为节度使[①]。康忠信是在该年张镒或李楚琳主政时来到凤翔的。张镒在前一年四月戊寅，以宰相身份兼任凤翔尹、陇右节度使，出镇凤翔，以代朱泚[②]；而到此年十月，凤翔后营将李楚琳发动兵变，杀害张镒。《旧唐书》卷一四〇《韦皋传》记作："凤翔兵马使李楚琳杀张镒，以府城叛归于朱泚。"可知他原先实际上担任的是凤翔后营兵马使，兵变后自称留后，叛归朱泚。由此观之，783年康忠信来凤翔时，无论是张镒抑或李楚琳主政，康忠信都不是跟随他俩，而是自己前来的。

那么，康忠信是如何来凤翔的呢？刘子凡在论文中专设"来兹岐陇：康忠信至凤翔之背景"一节进行考论，值得注意的是他对墓志所记建中四年（783年）提出质疑，而认为：

> 康忠信来凤翔，很可能不是在建中四年，而是在次年的兴元元年七八月间。这是诸军云集凤翔以及神策军行营节度使李晟出任凤翔节度使的时间。考虑到前文提到的康缄与神策军的关系，康忠信此时随李晟进驻凤翔的可能性显然是非常大的。

不过这一说法只是出于推测，我们不能轻易否定墓志对"建中四年"的记载。"兴元"是建中五年（784年）正月癸酉改元后取的年号，两个年号不同，墓志的书写者不太有写错的可能。观刘氏这一推测的理由："根据凤翔的情况来看，康忠信'建中四年，来兹岐陇'的说法就很值得推敲。如前所述，康忠信的立场看来并不像是叛军。在泾源兵变发生的建中四年，岐州是在朱泚旧部李楚琳的把持之下，虽然陇州有韦皋为唐朝坚守，但并未见有勤王军队进入岐陇的记载，只见有朱泚使者往来。直到兴元元年七月德宗自汉中返回，途径（当作'经'——引者注）凤翔，各路勤王兵马才云集凤翔迎驾，德宗也就是在这个时候有了替换李楚琳的念头。"泾原兵变是在建中四年（783年）十月爆发的，唐德宗仓皇逃出长安，出奔奉天。"上以奉天隘，欲幸凤翔，壬子，凤翔军乱，杀节度使张镒，乃止。"[③]李楚琳属朱泚旧部，《旧唐书》卷一二五《张

---

①《旧唐书》卷一三九《陆贽传》云："及奉天解围，楚琳遣使贡奉，时方艰阻，不获已，命为凤翔节度使。"第12册，第3797页。

②《旧唐书》卷一二《代宗纪上》，第2册，第337、332页。

③《旧唐书》卷一二《德宗纪上》，第2册，第337页。

镒传》即云："李楚琳者，尝事朱泚，得其心。军司马齐映等密谋曰：'楚琳不去，必为乱。'乃遣楚琳屯于陇州。"陇州恰好是朱泚旧部的屯驻地，所以齐映等人才会密谋让李楚琳出屯陇州。同书卷一四〇《韦皋传》云："建中四年，泾师犯阙，德宗幸奉天，凤翔兵马使李楚琳杀张镒，以府城叛归于朱泚，陇州刺史郝通奔于楚琳。先是，朱泚自范阳入朝，以甲士自随；后泚为凤翔节度使，既罢，留范阳五百人戍陇州，而泚旧将牛云光督之。时泚既以逆徒围奉天，云光因称疾，请皋为帅，将谋乱，擒皋以赴泚。皋将翟晔伺知之，白皋为备。云光知事泄，遂率其兵以奔泚。"朱泚先为幽州卢龙节度使，大历八年（773年）八月，先派弟朱滔率领五千骑兵到泾州行营防秋，次月亲自来朝；十二年（777年）十二月"庚子，以幽州节度使朱泚兼陇右节度副大使，权知河西、泽潞行营兵马事"；建中元年（780年）二月"癸亥，朱泚兼四镇北庭行军、泾原节度使"[①]，控制了京西北的凤翔、泾原两大藩镇，以及陇右、河西、泽潞、四镇、北庭行营兵马，势力极大。到建中三年（782年）四月，唐廷以宰相张镒为凤翔、陇右节度使；八月，泾原节度留后姚令言为泾原节度使，代替朱泚。773年朱泚从幽州（范阳）来时，以甲士自随；782年罢凤翔、陇右节度使时，留范阳500人戍陇州，以旧将牛云光督统。朱泚也留了部分将士在凤翔，由旧部李楚琳督统。783年秋李楚琳杀害张镒后归投朱泚，牛云光谋擒韦皋事泄后也投奔朱泚。《旧唐书》卷一二五《萧复传》云："凤翔将李楚琳杀节度使张镒以应朱泚，镒判官韦皋先知陇州留后，首杀豳叛卒数百人，不应楚琳。"这里的"豳"字应为"幽"之讹，属形近致误，"幽叛卒数百人"指的是牛元光督统的陇州五百幽州兵，为韦皋所杀。

李楚琳为朱泚旧部，杀害凤翔、陇右节度使张镒，归投于老上司朱泚。泾原兵变与凤翔兵变在时间上仅隔3天，均由朱泚曾任过藩帅的凤翔、泾原两大藩镇发动，显然是出于同谋。

特别需要注意的是，康忠信后来的爵位为蓟县开国公。其家族出自西凉府，他为什么会被授予唐朝东北部的蓟县开国公呢？蓟县为幽州所辖诸县之首，即治所附郭县。以蓟县入爵名，或许意味着康忠信与幽州蓟县有着某种关联。墓志记载康忠信祖上三代的任官，均在河陇地区，但这只是他们的终官，此前是否曾到幽州效力不得而知，但也并非毫无可能。唐朝在东北、西北两大军区之间经常移防调动，如康太和、康承

① 《旧唐书》卷一一《代宗纪》、卷一二《德宗纪上》，第2册，第302—313、325页。

献就是这样的例子，尤其是福岛惠在考察粟特人康承献时，对陇右与范阳（幽州）的联动关系做过精彩的分析[①]。曾任幽州节度使的朱泚在777—782年间节度凤翔（其间在780年一度兼四镇北庭行军、泾原节度使），当其旧部李楚琳发动兵变、杀害节度使张镒的783年，康忠信来到了凤翔。我们不知道康缄在780年在世与否，但他及其长子康忠信与朱泚可能存在某种联系，原本出自西凉府的康缄、忠信父子与来自幽州的朱泚有着非常微妙的联系，而这两地正是粟特人的两大中心，也正因此，他才会授予蓟县开国公的爵位。

还应当注意，凤翔也是东迁粟特人的一个重要聚落[②]。兴元元年（784年）四月，“李楚琳遣其将石锽将卒七百从（浑）瑊拔武功，庚戌，朱泚遣其将韩旻攻武攻，锽以其众迎降”[③]。这位石锽很可能与康忠信一样，均在凤翔节度使府任职，都是粟特人后裔。如果说石锽是否必为粟特人尚有怀疑的话，那么俗姓石的凤翔僧人神会则真的出自西域粟特石国。《宋高僧传》卷九《神会传》云：“释神会，俗姓石，本西域人，祖父徙居，因家于歧（岐），遂为凤翔人矣……以贞元十年（794年）十一月十二日示疾，俨然加趺坐灭，春秋七十五，法腊三十六。”[④]神会的祖父徙居凤翔，他本人在794年去世，距离石锽活动的784年才晚10年，与康忠信也属同时代而略早。自从765年泽潞节度使粟特人李抱玉兼领凤翔、陇右节度使，前后镇守凤翔长达11年[⑤]；继之朱泚又率领粟特人聚集的幽州兵镇守凤翔5年，必然对凤翔、陇右节度使军队中的民族构成产生影响，粟特人自然不在少数。唐穆宗时，王承元为凤翔节度使，当时“凤翔城东，商旅

① 冯培红、冯晓鹃：《唐代粟特军将康泰和考论——对敦煌文献、墓志、史籍的综合考察》，《敦煌研究》2021年第3期，第40—56页；福岛惠：《丝绸之路青海道上的粟特人——从〈康令恽墓志〉看鄯州西平康氏一族》，荣新江、罗丰主编《粟特人在中国：考古发现与出土文献的新印证》，北京：科学出版社2016年版，上册，第116—131页。

② 荣新江：《北朝隋唐粟特人之迁徙及其聚落》（载《中古中国与外来文明：修订版》，第34—105页）、《北朝隋唐粟特人之迁徙及其聚落补考》（载《中古中国与粟特文明》，第22—41页）二文中未及之。

③《资治通鉴》卷二三〇唐德宗兴元元年（784年）条，第16册，第7422页。

④ 赞宁：《宋高僧传》卷九《唐成都府净众寺神会传》，北京：中华书局1987年版，上册，第209—210页。

⑤ 吴廷燮：《唐方镇年表》卷一《凤翔》，第1册，第4—5页。李抱玉镇守凤翔的年份为765—770、771—777年。李抱玉一度调任山南西道节度使，770—771年由皇甫温、李忠臣暂时镇凤翔。

所集，居人多以烽火相警，承元奏益城以环之”[①]。凤翔城东形成商业中心，疑与擅长经商的粟特人有关[②]，敦煌、吐鲁番的城东也同样有粟特人聚落，如敦煌城东1里的从化乡、高昌（今新疆吐鲁番）城东的胡天[③]。王承元对凤翔城东的商业中心“益城以环之”，加强保护，营造更加安全的商业环境，事实上这个商业中心很可能在唐德宗时就已如此，神会（俗姓石）、石锽本来就居住在凤翔，783年来到凤翔的康忠信定居于此，也就不足为怪。

康忠信在凤翔兵变之后，依旧生活在凤翔，居住在凤翔府布泽里，直到836年去世，葬在当地，他的三个儿子也都在凤翔节度使府中任职。也就是说，康忠信在李楚琳发动兵变后仍然在其手下任职。不过，李楚琳很会审时度势，当奉天解围之后，他一看形势不对，马上又改而归顺唐朝，被唐德宗正式任命为凤翔节度使。《旧唐书》卷一三九《陆贽传》云：“及奉天解围，楚琳遣使贡奉，时方艰阻，不获已，命为凤翔节度使。”虽然德宗对此愤愤不平，想要改任浑瑊，但当时他出逃在外，形势危急，在汉中听了陆贽的劝谏，不得已强行咽下这口恶气。与康忠信一样，石锽也仍然效力于凤翔李楚琳手下[④]。

五、康忠信与原州、秦州吐蕃之战

墓志记载康忠信一生中最辉煌的战绩，是两次对“原州狂寇”、一次对秦州戎族的战争，均发生在唐德宗贞元年间（785—805），具体是在贞元八至十七年间（792—801）。刘子凡在考证康忠信墓志时对这些战役未置一词，此处的讨论可补其缺。

---

① 《旧唐书》卷一四二《王武俊附孙承元传》，第12册，第3884页。

② 《旧唐书》卷一九八《西戎・康国传》，第16册，第5310页；《新唐书》卷二二一下《西域・康传》，第20册，第6244页。又参É. de la Vaissière, *Histoire des Marchands Sogdiens*, Paris: Collège de France, Institut des Hautes Études Chinoises, 2002.

③ 池田温：《8世紀中葉における敦煌のソグド人聚落》，《ユーラシア文化研究》第1号，1965年，第49—92页。

④ 直到五代，凤翔节度使府中仍有粟特军将，如《后周会稽郡康公墓志铭并序》记其“次子进德，充凤翔牢城都指挥使”，见史家珍、余扶危主编：《洛阳市文物考古研究院藏石集萃.墓志篇》〇九〇，郑州：中州古籍出版社2020年版，第270—272页。

(一) 792年对“原州狂寇”之战

对于此次战役，墓志中仅有简短数语：“贞元八年（792年），原州狂寇，侵掠为虞。府君擐甲从征，戎夷丧败。”至于“狂寇”“戎夷”为谁，墓志并未明言，但阅读《两唐书》《资治通鉴》等书，可知是占领原州的吐蕃军队，当时正侵犯唐朝，康忠信参加了抗御吐蕃的战争。

《旧唐书》卷一三《德宗纪下》贞元八年（792年）条有以下4条吐蕃进攻唐朝的记录：

> （1）夏四月……是月，吐蕃寇云（灵）州。
>
> （2）六月，吐蕃寇泾州。
>
> （3）九月丁巳，韦皋攻吐蕃之维州，获蕃将论莽热以献。
>
> （4）十一月……严震奏破吐蕃于芳州。

《新唐书》卷七《德宗纪》及《两唐书·吐蕃传》《资治通鉴》亦记此4条，后两种资料所记细节较详。以上三书记载792年吐蕃进攻唐境，均提及灵、泾、维、芳4州，形成一条很长的战线。康忠信墓志的价值就是告诉我们：在北方战线，吐蕃大军主要屯驻在原州。

安史之乱以后，唐朝西北边兵东调勤王，吐蕃趁机蚕食剑南、陇右、河西、西域等唐朝领地。早在至德二载（757年）就已经攻陷西平郡，宝应元年（762年）“吐蕃陷我临、洮、成、渭等州”，广德元年（763年）七月“吐蕃大寇河、陇，陷我秦、成、渭三州，入大震关，陷兰、廓、河、鄯、洮、岷等州，盗有陇右之地”，“九月，吐蕃陷泾州”，十月“吐蕃入京师”，一度占领唐都长安半个月，唐代宗东奔陕州。唐军收复长安后，吐蕃军队西撤，“又复居原、会、成、渭之地”①。另据《新唐书》卷三七《地理志一》记载，原州于“广德元年没吐蕃，节度使马璘表置行原州于灵台之百里城”。因此，吐蕃军队在从长安西撤后居住在原、会、成、渭等州，其中原州最近唐境，是最重要的前沿阵地。

---

①《旧唐书》卷一〇《肃宗纪》、卷11《代宗纪》、卷一九六上《吐蕃传上》，第1册，第247页；第2册，第271、273页；第16册，第5237—5239页。

然而，吐蕃虽然控制了原州，但军事战争却毁坏了原州城，成为一片废墟，这里成了唐、蕃边境的空闲隔离地带。也正因此，唐代宗及德宗初期，宰相元载、杨炎先后上奏请求修筑原州城。大历八年（773年），宰相元载上奏曰："今国家西境极于潘源，吐蕃防戍在摧沙堡，而原州界其间。原州当西塞之口，接陇山之固，草肥水甘，旧垒存焉。吐蕃比毁其垣墉，弃之不居。其西则监牧故地，皆有长濠巨堑，重复深固。原州虽早霜，黍稷不艺，而有平凉附其东，独耕一县，可以足食。请移京西军戍原州，乘间筑之，贮粟一年。戎人夏牧多在青海，羽书覆至，已逾月矣。今运筑并作，不二旬可毕。移子仪大军居泾，以为根本。分兵守石门、木峡、陇山之关，北抵于河，皆连山峻岭，寇不可越。稍置鸣沙县、丰安军为之羽翼，北带灵武五城为之形势。然后举陇右之地以至安西，是谓断西戎之胫，朝廷可高枕矣。"元载还"密使人逾陇山，入原州，量井泉，计徒庸，车乘畚锸之器皆具"，绘制地形图献给唐代宗，但不久因元载获罪而止①。杨炎任宰相后，又于"建中二年（781年）二月，奏请城原州"，为泾原节度使段秀实所阻，泾州士兵也怒言："吾曹为国西门之屏，十余年矣！始治于邠，才置农桑，地著之安；而徙于此，置榛莽之中，手披足践，才立城垒；又投之塞外，吾何罪而置此乎！"泾州裨将刘文喜不仅抵抗朝命，而且"闭城拒守，令其子入质吐蕃以求援"。后来刘文喜虽然为泾州别将刘海宾所斩，但"原州竟不能城"②。翌年，唐、蕃双方商议783年初在清水会盟，入蕃计会使樊泽"诣（尚）结赞复定盟会期，且告遣陇右节度使张镒与之同盟，泽至故原州，与结赞相见，以来年正月十五日会盟于清水西"。从"故原州"之语来看，原州城自从被毁坏以后，一直在两国边境交界处闲置。

唐朝未能修筑原州城，到贞元三年（787年）十月，吐蕃却开始修筑原州城了。《旧唐书》卷一二《德宗纪上》云："冬十月，吐蕃修原州城，屯据之。"卷一九六下《吐蕃传下》所记更加准确："贼又修故原州城，其大众屯焉。"可见集结屯聚了吐蕃重兵。吐蕃修筑原州城以后，更方便了对唐朝领地的进犯，如翌年五月，吐蕃军队三万多人"分入泾、邠、宁、麟等州"，九月又进攻宁、麟、坊等州③。以上诸州均位于原州的东南和东北方向，原州在筑城之后成了吐蕃大军屯集之地，是发动东侵唐境的最

① 《旧唐书》卷一一八《元载传》，第10册，第3411—3412页。

② 《旧唐书》卷一一八《杨炎传》，第10册，第3422—3423页。又参卷一二一《李怀光传》、卷一二八《段秀实传》，第11册，第3492、3586页。

③ 《旧唐书》卷一九六下《吐蕃传下》，第16册，第5256—5257页。

重要的基地。

至贞元八年（792年），前述吐蕃在四月进攻灵州，六月进攻泾州，从原州分别向北、东南两个方向进军。康忠信墓志所言“原州狂寇，侵掠为虞”，就是指屯集在原州的吐蕃军队发动侵唐战争。康忠信当时在“岐陇”，服务于驻节凤翔的凤翔、陇右节度使府，所以他应当是奉凤翔、陇右节度使邢君牙之命[①]，北上抗击从原州进攻泾州的吐蕃军队。

（二）792年后对秦州戎族之战

墓志接着记述到秦州之战，文字较多，内容丰富：“原州既定，旋讨秦州。余勇方兴，妖氛顿灭。塞垣独步，往复如飞。捕逐擒生，无非深入。每获戎口，皆献王庭。几对天颜，策勋累转。自云麾将军守左金吾卫大将军、试殿中监，封蓟县开国公，充当军蕃落十将。”与“原州狂寇”类似，墓志对秦州之战也未交代讨伐的对象是谁，仅云“妖氛”“戎口”。当时占据秦州的戎族是吐蕃，康忠信应当是去讨伐秦州吐蕃。关于战争发生的时间，墓志中用了一个“旋”字，表明距离792年抗击原州吐蕃之战的时间很近。

志文描述康忠信讨平秦州，俘虏戎人，亲自献给唐廷，多次得到唐德宗的接见，其官职升迁为当军蕃落十将、云麾将军、守左金吾卫大将军、试殿中监、蓟县开国公。所言“当军”，是指“岐陇”之地的凤翔、陇右节度使。从康忠信所任的武散官、职事官、试官均为三品，以及从二品的爵位来看，其官爵品级甚高。可以推想，在792年抗击原州吐蕃的侵犯之前，他应该已经经历了多次官职升迁。铭文所言“从戎历官，八事双旌”，是说他参军从戎，升迁官职，“双旌”指节度使拥有双旌双节[②]，意思是说康忠信8次在节度使幕府中任职，只不过除了凤翔、陇右节度使之外，他还曾在哪些节度使幕府中任过职，已不得而知。康忠信担任凤翔蕃落十将，张国刚曾对藩镇军将的职级进行考证，得出结论为：“唐代藩镇主兵军将大约可划分为都头（都知兵马使）、兵马使、副兵马使、都虞候、十将、副将等职级。”[③]尽管十将的职级比都头、正副兵马

---

① 吴廷燮：《唐方镇年表》卷一《凤翔》列邢君牙于789—798年为凤翔、陇右节度使，第1册，第6—8页。

②《新唐书》卷四九下《百官志四下》，第4册，第1309页。

③ 张国刚：《唐代藩镇军将职级考略》，《学术月刊》1989年第5期，第75页。

使、都虞候要低，但也具备一定的职级。《唐冯广清墓志铭并序》云："去长庆（821—824）之初，廉使乌公拥旄横海，察其忠孝，悉其功劳，累迁职为十将。"[①]从"累迁"一词可知，十将的职级、地位也并不低。康忠信"八事双旌"，也同样经历了多次迁转，才升任为蕃落十将。

秦州地属陇右道，与凤翔相邻，关系密切。陇右道早在717年就设置节度使，治鄯州，秦州为其属州之一[②]。757年吐蕃攻陷西平郡（鄯州），763年又陷秦州等地，陇右之地全部覆没。在陇右节度使治所失陷以后，唐朝曾将秦州移隶于凤翔，乾元三年（760年）二月癸丑，即"以太子少保崔光远为凤翔尹、秦陇节度使"[③]，当时秦州仍在唐朝控制之下，直到三年后才终于沦陷。此后，这个名义上兼跨陇山东西的凤翔、秦陇节度使（后称"凤翔、陇右节度使"）仅保有陇山以东区域。

《旧唐书》卷一三《德宗纪下》记载，贞元十年（794年）"二月丙午，以瀛州刺史刘澭为秦州刺史、陇右经略军使，理普润县，仍以普润军为名"；卷一四三《刘怦附子刘澭传》亦记其率部西捍陇塞，"德宗宠遇，特授秦州刺史，以普润县为理所"。秦州刺史寄理于普润县，属凤翔府。《新唐书》卷三七《地理志一》记载，凤翔府所辖9县中有普润县，下有小字注曰："有陇右军，贞元十年置，十一年以县隶陇右经略使。"王凤翔指出："在统治形式上，陇右节度使虽然被凤翔节度使兼领，但在很长一段时间内仍然保持着自己的节镇编制，与凤翔镇形成了一体二元的特殊格局。只不过元和之后陇右镇就变得名存实亡，逐渐归入凤翔藩镇体系之中了。"[④]

（三）801年第二次对原州之战

墓志又记载："贞元十七年（801年），原州烟埃又起，府君提戈再举，异域尘销。"这里同样没有明确说到作战对象为谁，从"异域"一词来看显然是指外族，结合当时的历史情况，当属吐蕃无疑。查阅《旧唐书》卷一三《德宗纪下》贞元十七年条，有以下5条唐、蕃战争的相关记录：

---

① 周绍良主编：《唐代墓志汇编》大中〇一七，下册，第2264页。

② 《新唐书》卷六七《方镇表四》，第6册，第1863页。

③ 《旧唐书》卷一〇《肃宗纪》，第1册，第258页。

④ 王凤翔：《唐代西北藩镇与地域社会》，《唐都学刊》2010年第5期，第30页。

（1）秋七月戊寅，吐蕃寇盐州。

（2）己丑，吐蕃陷麟州，杀刺史郭锋，毁城垒而去。

（3）时诏韦皋分遣偏将勒步骑合二万，出成都西山，南北九道并进，逼栖鸡、老翁、故维州、保州、松州诸城，以纾北边故也。

（4）九月壬戌，韦皋奏大破吐蕃于雅州。

（5）冬十月，加韦皋检校司徒、中书令，封南康郡王，赏破吐蕃功也。

（6）戊午，盐州刺史杜彦先委城奔庆州。

《新唐书》卷七《德宗纪》新增加1条：

（7）二月……乙巳，韦皋及吐蕃战于鹿危山，败之。

另外，上列第（4）条则记作“九月乙亥，韦皋败吐蕃于雅州，克木波城”，缺第（3）、（5）条。两《唐书·吐蕃传下》亦皆未记第（5）条，又无第（6）、（7）条，《资治通鉴》卷二三六未记第（7）条。第（2）条后面，两传及《资治通鉴》均记唐朝落蕃将领徐舍人私放延州僧延素。关于第（4）条的雅州，《旧唐书》卷一九六《吐蕃传下》写作“维州”，而《新唐书》卷二一六《吐蕃传下》及《资治通鉴》在破吐蕃于雅州之后，皆记韦皋围维州之事。尤其是《新唐书·吐蕃传下》记述最详，其中关于唐、蕃战争的记录又新增2条：

（8）吐蕃以下屡叛，大侵灵州。

（9）时皋围维州，赞普使论莽热没笼乞悉蓖兼松州五道节度兵马都统、群牧大使，引兵十万援维州。皋率南诏兵薄险设伏以待，才使千人尝敌，乞悉蓖见兵寡，悉众追，堕伏中，兵四合急击，遂禽之，献京师。

《资治通鉴》具体记述韦皋屡破吐蕃，拔7城、5军镇，焚150堡，斩首万余级，捕虏6000，降3000户，围维州、昆明城。

以上史籍记载到西北的盐、麟、灵、庆4州与西南的雅、维、保、松4州，皆未及原州。因此，“原州烟埃又起”似乎颇有些费解，但从上列801年吐蕃进攻唐朝西北边境诸州可以看出，它们均位于原州的北、东、东北部，也就是说，原州是吐蕃军队的大本营。从原州向东或南进犯唐境，主要是侵略泾州，进而威胁到邠州、凤翔等地；向北进犯，则侵略灵州、盐州，乃至向东北深入到麟州。这次吐蕃军队的进攻是北上进犯盐、麟、灵3州，杀害麟州刺史郭锋，毁坏麟州城，当地居民及党项部落遭到掠夺；盐州在七月遭吐蕃军队进攻，至十月刺史杜彦先被迫弃城而走，逃奔庆州。吐蕃的这些军事行动，应该说是以原州为基地发动的。康忠信为凤翔蕃落十将，他“提戈再举”，进击原州，实际上是从南面牵制原州吐蕃，使其不能尽力北进。类似的战例见于大历八年（773年），吐蕃在黄菩原击败浑瑊后，进一步侵犯汧、陇，盐州刺史李国臣说“虏乘胜，必扰京师，我趋秦原，彼当反顾”，率军从安乐山西进，“吐蕃闻之，自百里城回军，逾险，瑊因击败之”[①]。只不过李国臣的牵制策略发挥了作用，而康忠信的南线牵制所起作用十分有限，这从麟、盐2州损失惨重可以证明。尽管墓志所言战争的结果是“异域尘销”，但显为谀辞，自我粉饰，最多也只是起到比较有限的作用而已。801年第二次对原州吐蕃之战时，主政凤翔的节度使是接替邢君牙的张敬则。《旧唐书》卷一四四《张敬则传》云：“初助刘玄佐，累有军功，官至凤翔节度使。常有复河湟之志，遣大将野诗良辅发锐卒至陇西，番戎大骇。”张敬则镇守凤翔，志在抗御吐蕃，当原州吐蕃进犯泾州之时，他便派遣蕃落十将康忠信率军北上抗击。如前所述，792年之后康忠信在秦州之战中因立功劳而获升迁，但到801年第二次对原州吐蕃之战后仍居此职，可见唐军在此战中确未获得胜利。

当时唐朝的行原州设在灵台县百里城，经历801年之战以后，贞元十九年（803年）“夏四月乙未，泾原节度使刘昌奏请移行原州于平凉城，从之”[②]。由此看来，当时原州被吐蕃牢牢地掌握在手中，而唐朝只能在平凉设置“行原州”；到元和三年（808年）“十二月庚戌，以临泾县为行原州，命镇将郝玼为刺史。自玼镇临泾，西戎不敢犯塞”[③]。此后直到元和十三年（818年）十月“甲子，平凉镇遏兵马使郝玼奏收复

① 《新唐书》卷一三六《李光弼传》，第15册，第4593页。

② 《旧唐书》卷一三《德宗纪下》，第2册，第398页。《资治通鉴》卷三三六唐德宗贞元十八年（802年）条记作：“夏四月，泾原节度使刘昌奏请徙原州治平凉，从之。”第7601页。

③ 《旧唐书》卷一四《宪宗纪上》，第2册，第427页。

原州，破吐蕃二万”[①]。但此后又多次易手[②]，唐、蕃双方争夺激烈，亦可见原州地位的重要性。

六、结语

《唐康忠信墓志铭并序》虽然只看到拓片，但从内容来看，记事丰富，且与史籍相印证，甚至补充了史籍未载之事。其真实性当无疑义，学术价值极高。

该志文叙说粟特人康忠信家族的世系，上及曾祖康逵、祖父康令直、父康缄，中及杨、陈二位夫人与弟康信义，下及三子、三女及夫家，时代从唐初到开成年间，跨越了两个世纪之久。康忠信是西凉府的粟特人，望称会稽，也位于河西走廊，为河西会稽粟特康氏提供了重要的案例。其祖上三代皆任职于河陇地区，是唐朝抗御吐谷浑、吐蕃的边防将领，直到764年凉州失陷后，赤水军使康缄才被迫东撤关中，担任安西、北庭、河西等军节度留后。需加注意的是，来自西北凉州的粟特康氏与来自幽州（范阳）的朱泚还存在微妙的联系，康忠信于783年来到凤翔后，投靠朱泚的旧部凤翔、陇右节度使李楚琳，并且定居在凤翔，继续为唐朝抗蕃效力，升任为蕃落十将，也正好与他是粟特军将家族相合。

通过康忠信家族可以看到，唐朝西部边陲防御重点和防御范围的变化，生动展现了蕃将家族在西北防御体系中的努力和作用，可以说这是一个十分典型的唐代蕃将与西北边防的家族个案。

（刘复兴，天水市博物馆副研究员；

冯培红，浙江大学历史学院教授、凉州文化研究院兼职研究员。）

①《旧唐书》卷一五《宪宗纪下》，第2册，第464页。

②《新唐书》卷三七《地理志一》原州平凉郡条云：“大中三年（849年）收复关、陇，归治平高。广明（880—881）后复没吐蕃，又侨治临泾。”第4册，第968页。

亡僧遗物所见中古寺院的知识、艺术世界

陈志远

意大利学者艾柯在他的名著《无限的清单》中，搜集了诗性和实用的各类清单，带领读者领略了西方古代的知识世界[①]。人们总是对古代驳杂古怪的物品清单感到着迷，不仅可以通过其中的物品触摸遥远时代的生活质地，也可以通过独特的分类方式和知识秩序，窥见古人思想世界的一隅。

在中国古代，同类的清单也是史不绝书。其中一件颇具异彩的文献，是道宣所撰《量处轻重仪》。这是一份亡故僧人遗物的清单，也是一件物质文化史的记录。本文对中古寺院知识、艺术生活的考察，就从这份清单开始。

一、概说

（一）关于标题

《量处轻重仪》一书，在道宣本人和后世诸家引用时，标题存在一些出入。笔者曾经考察过道宣作品的著录情况。大体说来，道宣生前所撰《大唐内典录》（664年成书），在卷五、卷十两处著录了自己的作品。卷五"皇朝传译佛经录"著录有"《释门亡物轻重仪》"，卷十"历代道俗述作注解录"则没有著录[②]。道世撰《法苑珠林》

① 翁贝托・艾柯著，彭淮栋译：《无限的清单》，北京：中央编译出版社，2013年。

② 《大唐内典录》卷五，T55, no. 2149, p. 282, a18. 参见拙文《〈律相感通传〉文本形态的变迁》，《唐研究》第27卷，北京：北京大学出版社，2023年。笔者曾推测卷五中《行事删补律仪》《释门亡物轻重仪》等4部作品，或许对应卷十著录的《删补律相杂仪》。

（668年成书）卷一百“传记篇·翻译部”著录道宣作品22部117卷，主体部分全部继承了《大唐内典录》卷五，此书标题亦同。智升撰《开元释教录·入藏录》（730年成书），只著录了道宣作品8部81卷，此书未获入藏。此下《贞元录》及历代藏经目录承之。

在道宣撰《四分律删补随机羯磨》小字注中，引作《量处重轻物仪》①。敦煌遗书P. 2215龙朔三年（663年）写本尾题亦同，详见下文。唐代僧人大觉的《四分律行事钞批》引作《重轻仪》或《轻重仪》②，五代僧人景霄的《四分律行事钞简正记》则作《轻重仪》③。

日本入唐僧目录中，圆仁的《慈觉大师在唐送进录》著录：“《量处重轻仪》一卷（沙门道宣述）。”④《日本国承和五年入唐求法目录》则著录：“《量处轻重仪》一卷（道宣缉集）。”⑤圆珍的三种目录，皆著录《四分重轻仪》一卷⑥。

佛教目录之外，世俗史书《旧唐书·经籍志》著录了道宣作品6部88卷，未见此书。《新唐书·艺文志》则著录“《释门亡物轻重仪》二卷”⑦。同一时期，北宋僧人元照撰《芝园遗编》著录道宣作品多至百余部，其中并非皆为实见，而是从各书记载摘引而来。其中著录：“《量处轻重仪》一卷。有云《处量轻重仪》，贞观十一年（637

---

①《四分律删补随机羯磨》卷二：“必欲广知，具如《量处重轻物仪》中。”(T40, no. 1808, p. 506, a3)

②《四分律行事钞批》卷四：“广如《重轻仪》记释也。”(X42, no. 736, p. 715, a2—3 // Z 1:67, p. 219, d13—14 // R67, p. 438, b13—14) 同书《四分律行事钞批》卷八：“可将此义破《轻重仪》。”(X42, no. 736, p. 831, a17—18 // Z 1:67, p. 335, d11—12 // R67, p. 670, b11—12) 此外用例不烦枚举。

③《四分律行事钞简正记》卷二：“又《轻重仪》云。”(X43, no. 737, p. 23, a20 // Z 1:68, p. 76, a2 // R68, p. 151, a2)

④《慈觉大师在唐送进录》，T55, no. 2166, p. 1077, b18。

⑤《日本国承和五年入唐求法目录》，T55, no. 2165, p. 1075, b9—10。

⑥《福州温州台州求得经律论疏记外书等目录》：“《四分重轻仪》一卷（南山。已上含以和上舍与）”(T55, no. 2170, p. 1093, c28—29) 《日本比丘圆珍入唐求法目录》：“《四分重轻仪》一卷。”(T55, no. 2172, p. 1100, b21) 《智证大师请来目录》：“《四分重轻仪》一卷（南山）。”(T55, no. 2173, p. 1106, a15—16)

⑦《新唐书》卷五九《艺文志》，北京：中华书局1975年版，第1527页。

年）制，乾封二年（667年）重修。见行。”[①] 南宋时期，天台僧人志盘撰《佛祖统纪》，著录“《亡物轻重仪》”[②]。

此书题名虽然诸家著录、引用时文字略有出入，但大体意思是清晰的。所谓“释门亡物”，是指僧人亡故以后留下的物品。所谓“重物”，是指归属四方僧团所有的财产；“轻物”，则可分与亲近比丘等，属于私人可支配的财产。作为动词的“量处”，是裁量、处置之意。至于“仪”，陈怀宇先生英译作“ritual”[③]，似有未安。道宣撰作以“仪”字标题者甚众，《释门章服仪》《释门归敬仪》等等，“仪”有“仪范”，规范之意，大概对应英文的“Standard”。

（二）主要内容

《量处轻重仪》是《四分律删繁补阙行事钞》的补充读物。《行事钞》三卷，卷下关于僧衣的讨论亦即“衣法”的部分，分为十门：初、制入僧意门；二、分法差别门；三、同活共财门；四、嘱授成不门；五、负债还拒门；六、断割重轻门；七、分物时处门；八、捡德赏劳门；九、正分轻重门；十、物之所属门。《量处轻重仪》全书则是对第六门“断割重轻门”的进一步解释。

第一部分，根据《四分律·衣揵度》分别轻重物的律文，将亡僧财物分为十三章。《四分律》云：

> 尔时舍卫国有多知识比丘死，有（1）多僧伽蓝、（2）多有属僧伽蓝园田果树，（3）有多别房、（4）多属别房物，（5）有多铜瓶、铜瓮、斧凿、灯台，（6）多诸重物，（7）多有绳床、木床、卧褥、坐褥枕，（8）多畜伊梨延陀、耄罗、耄耄罗、氍氀，（9）多有守僧伽蓝人，（10）多有车舆，（11）多有澡罐、锡杖、扇，（12）多有铁作器、木作器、陶作器、皮作器、剃发刀、竹作

①《芝园遗编》卷三，X59, no. 1104, p. 649, a16—18 // Z 2:10, p. 286, a13—15 // R105, p. 571, a13—15。

②《佛祖统纪》卷二九《诸宗立教志》“南山律学”条，T49, no. 2035, p. 297, b9。

③ 陈怀宇先生将标题译作“Ritual for Measuring and Handling Light and Heavy Property”，参见 Chen Huaiyu, *The Revival of Buddhist Monasticism in Medieval China*, Peter Lang International Academic Publishers, 2006, p. 134。

器，（13）多衣钵、尼师坛、针筒[①]。

以上是律文原文，换言之，其中所涉及的物品反映了印度僧团的日常生活。道宣以此13项作为组织框架，对汉地僧人的日常用品又进行了细分（参见附录科段），从而生动地展现了中古时期汉僧的日常生活。

第二部分，将亡僧财物分为四科：局限常住僧物（当寺僧团所有之常住物）、四方常住僧物（四方僧团理论上皆可所有，但实际操作中在场的僧人才能享用的常住物）、四方现前僧物（四方现前僧团能受用之物）、当分现前僧物（可以分配的现前僧物）四类。分科之外，还对偷盗僧物的罪过等级进行了判释。

第三部分，将亡僧财物分为三类：制令畜物（戒律允许拥有的修行生活的必需品）、制不听畜物（戒律禁止拥有的妨碍修行生活的物品）、听开畜物（戒律没有明确规定，亦未明确禁止拥有的物品）。

第四、五部分，分别将重物、轻物分为三类，再做解说，即：性重之物、事重之物、从用重物；性轻之物、事轻之物、从用轻物。

我们按以上介绍，将《量处轻重仪》文本做了科段，参见附录一。

（三）成立过程

关于《量处轻重仪》的成立时地，道宣在该书后序中记载得非常明确："大唐贞观十一年（637年）岁在丁酉春末，于隰州益词谷中撰次。"[②]在前序中，道宣也追述了在智首门下学律，远游关表，求教于相州法砺的经历。这里结合道宣贞观初年的生平行迹，对其撰述的过程做一些考论。

记载道宣早年事迹的史料，最广为人知的是《宋高僧传》卷一四《道宣传》（988年成立）、《释门正统》卷八（1237—1240年成立）、《佛祖统纪》卷二九（1269年成立）等宋代佛教史传。这些文献因为成书时间距离道宣生存的年代较远，不可避免地存在一些错谬之处。近年研究者逐渐注意利用道宣亲撰的序文或后批，作为考证的一手史料，其中的核心材料是宋僧元照《四分律含注戒本疏行宗记》末尾所收道宣的《后批》

① 《四分律》卷四一，T22, no. 1428, p. 859, b12—19。

② 《量处轻重仪》卷下，T45, no. 1895, p. 853, c24—25。

（以下略称《含注戒本疏批文》）[①]。

《量处轻重仪》前序叙述了远游寻访北齐故境律僧的经历：

> 至大唐贞观四年（630年），发愤关表，四出求异，传见者多。并部诵语守文，河阳准疏约断，繁词琐语，结轸连衡。有魏郡砺律师者，即亦一方名器，撰述文疏，独步山东。因往从之，请询疑滞。而封文格义，语密竟沈。学士守句而待销，外听披章而绝思。亦以轻重难断，别录疏文，而前后乱繁，事义淆紊，乃是一隅之慧，犹未通方共行。今约先旧钞，更引所闻，科约事类，录成别件，名为《量处轻重仪》也[②]。

道宣自武德四年（621年）起，师从智首学律，前后“听二十余遍，时经六载”[③]。此后的几年，也就是贞观初，行迹没有明确的记录[④]。直到贞观四年，道宣决定走出潼关，到《四分律》学奠立的北齐故境寻访[⑤]。《含注戒本疏批文》也自述说：“贞观四

① 代表性的研究有藤善真澄《道宣伝の研究》，京都：京都大学学術出版会2002年版；池丽梅《道宣传的研究——以其早年河东行脚为中心》，浙江大学东亚宗教文化研究中心等编《佛教史研究》第一卷，台北：新文丰出版公司2017年版，第125—145页。后者在前者研究基础上做了若干重要的修正，本节内容主要引述池丽梅先生的研究成果。

②《量处轻重仪》卷上，T45, no. 1895, p. 840, a4—13. 以上对序文的解说，参考了大内文雄编《唐・南山道宣着作序文訳注》，京都：法藏馆2019年版，第97—104页。

③《含注戒本疏批文》，X40, no. 714, p. 174, c24 // Z 1:62, p. 513, a4 // R62, p. 1025, a4. 智首传记见《续高僧传》卷二二，并有显庆元年（656年）造立的“大唐弘福寺上座故首律师高德颂”碑现存。此碑图版见余华青、张廷皓主编《陕西碑石精华》，西安：三秦出版社2006年版，第48页。关于智首碑及与《续高僧传》关系的研究，参见王建中《唐〈弘福寺首律师碑〉考释》，《碑林集刊》第10辑（2004），第29—35页、曹旅宁《读唐〈弘福寺碑〉论隋唐戒律的成立》，《碑林集刊》第12辑（2006），第9—17页；倉本尚德《『続高僧伝』智首伝と「故首律師高徳頌」の関係について》，《印度學佛教學研究》67 (2), 2019，第226—231页。

④ 池丽梅推测道宣在贞观初年曾随智首在长安周边讲学，但没有走出潼关。依据是《续高僧传・道宗传》有智首在同州大兴国寺讲学的记载，以及慧颙贞观初提出希望道宣留在身边，而遭到拒绝的记载。池丽梅《道宣传的研究——以其早年河东行脚为中心》，第129—131页。

⑤ 关于《四分律》学在北朝后期的兴起，参见拙文《从〈慧光墓志〉论北朝后期的戒律学》，《人文宗教研究》，《人文宗教研究》第八辑2016年版，第80—104页。

年，远观化表，北游并晋，东达魏土。”[①] 池丽梅根据《续高僧传》散见的道宣自述，复原了从潼关东行到达邺城的经行路线，大致经过雍州—蒲州（以上630年）—慈州（631年）—隰州（633年）—沁州—潞州—相州（以上635年）。

道宣东行最重要的收获，是到邺城面见法砺律师。法砺，《续高僧传》卷二二有传。其人生活在隋唐之际的相州，武德年间撰《四分律疏》十卷，此后相承不绝，称为“相部律宗”。道宣在长安获悉法砺的声名，盖因其弟子满意、道成从相州来到长安弘法[②]。道宣自述云：“有厉律师当时峰岫，远依寻读，始得一月，遂即物故。抚心之痛，何可言之。”[③] 法砺圆寂，时在贞观九年十月[④]。

道宣似乎对法砺门徒的学术格外不满，从“学士守句而待销，外听披章而绝思”一句推测，似乎是指师从法砺学习的弟子，只知恪守章句，而无思辨判别。这或许和道宣拜访法砺之时，已是后者弥留之际有关。但从“亦以轻重难断，别录疏文”一句判断，法砺也曾就亡僧轻重物的判别这一问题，单独撰写过注释作品。

此下《含注戒本疏批文》的记载颇可为《量处轻重仪》前序作注：

> 返沁部山中，为择律师又出《钞》三卷，乃以前本，更加润色，筋脉相通。又出《删补羯磨》一卷，《疏》两卷，《含注戒本》一卷，《疏》三卷。于时母氏尚存，屡遣追唤，顾怀不已，乃返隰列（=州）。同法相亲，追随极众，乃至三十。达于河滨，一夏言说。又出《尼注戒本》一卷，遂尔分手，唯留《钞》本，余并东流[⑤]。

由此可知，道宣从相州返回关中的路线是相州—沁州—隰州。有证据显示，道宣在沁州绵上县停留了一年多，亦即从贞观九年（635年）末，到贞观十一年（637年）

① 《含注戒本疏批文》，X40, no. 714, p. 175, a2—3 // Z 1:62, p. 513, a6—7 // R62, p. 1025, a6—7。

② 关于法砺弟子在唐初长安的传承，参见王磊《唐代两京地区的相部律宗》，《世界宗教研究》2019年第3期，第27—37页。

③ 《含注戒本疏批文》，X40, no. 714, p. 175, a3—4 // Z 1:62, p. 513, a7—8 // R62, p. 1025, a7—8。

④ 《续高僧传》卷二二《法砺传》。

⑤ 《含注戒本疏批文》，X40, no. 714, p. 175, a4—9 // Z 1:62, p. 513, a8—13 // R62, p. 1025, a8—13。

春[①]。在此期间，他撰写了《四分律删繁补阙行事钞》等若干重要作品，奠定了南山律学的规模。上文引《量处轻重仪》后序，道宣在隰州撰写此书，时在贞观十一年（637年）春末。可知当年春天，道宣与沁州同求佛法的三十位僧人一起动身前往隰州，最终渡过黄河，西归长安。分手之前，道宣将《行事钞》以外的其他作品，留给沁州僧人在河东地区流传。从内容上看，《量处轻重仪》是《行事钞》的补充读物，已如上述；从成立时地来看，此书也是在《行事钞》撰成次年完稿，是道宣在批判智首、法砺等前辈律学僧人的基础上完成的著作。

《量处轻重仪》的文本在道宣最晚年，还经历过一次改订。此事在该书后序和《律相感通传》中都有记载。乾封二年（667年）春，道宣在终南山清官精舍冥感天人，受教重订《量处轻重仪》，主要的改动是将王者下赐的贵重僧衣改重从轻，氍毹三衣改轻为重。幸赖敦煌写本存世，可与藏经本对校，其中细节本文限于篇幅，暂不展开。

二、现存诸本叙录

（一）日本刻本

今日最便于利用的《大正藏》No.1895，乃承袭自《卍续藏经》本No.1092[②]，该本所据底本，为日本贞享五年（1688年）刊大谷大学藏本。全书分本、末两卷，题作“量处轻重仪”，“唐贞观十一年神州遗僧释迦道宣缉叙（干封二年重更条理）”[③]。

卷首有《新刻量处轻重仪序》，云：

> 猗乎！属有鸠峰乘春律师，是律海之长鲸也。深慨其书虽存，而传世之不弘，乃为对挍，锲梓流通。余今秋偕在南京西大寺光明真言会场，忽遇其成绪，顶奉熏开……春公征余为序……时贞享五年岁在戊辰仲秋望旦，终南

---

①《集神州三宝感通录》卷二：“余昔贞观九年，曾游沁部左绵上界，周历三年。”(T52, no. 2106, p. 422, c5—6) 案，此处“三年”当理解为一年首尾各多出一段时间。

②《卍续藏经》，台北：新文丰出版公司1983年版，第105册。

③《量处轻重仪》卷上，T45, no. 1895, p. 839, c12—15. 由于《大正藏》本忠实覆刻了《卍续藏经》本，本文在引用时，如无特别说明，则统一引用《大正藏》的页码，简称“今本”。

山圆律宗后裔苾刍慈光慧门谨书于京北朝日山华严方丈[①]。

卷末又有校订者乘春律师所撰《后序》：

> 於戏！天不丧此文与。偶于石清水神宫律寺书库得之。义虽若无巨害，文少缺，可谓危矣。窃惟仪主依命，晚住于西明，则后人邂逅律策；国师兴正菩萨，依命绍兴于宫寺，则今时邂逅此文。斯知圣贤不苟来游。余又恐祖教时逸，有负信大士，辄写焉。然鱼鲁益以网罗，句读不无墙壁，斯乃赘倭字于傍，以应剖劂氏请之由耳。冀有必然事之时，判断立得，免假人于胡救溺之侮。贞享五年八月十五日，石清水大乘律院小苾刍实长春谨记于摩尼宝珠殿[②]。

可知文本得自石清水神宫律寺。又道宣《中天竺舍卫国祇洹寺图经》亦有跋语，云“日本天和元年（1681年）十月下旬六日重受。比丘乘春记石清水神宫律寺”[③]。是则乘春校订道宣作品的活动持续了七八年之久。石清水神宫，当指石清水八幡宫，位于京都府八幡市，是日本的国家宗庙，地位仅次于伊势神宫。神宫中的律寺，当指善法律寺、信奉律宗，是奈良唐招提寺的下属寺院。这也可以解释为何道宣的作品在此传承不断。

此外，京都藏经书院文库刊布了另一件贞享五年（1688年）和刻本（请求记号：藏/4/リ/7），注记云：“贞享五年跋 洛阳山本忠左卫门刊本。”[④]这件刻本开头缺少慈光慧门所撰《新刻量处轻重仪序》，其余部分内容及分卷与《卍续藏经》所据本相同。文字傍有训点，符合长春所述“赘倭字于傍”的特点。卷末牌记云：

---

①《量处轻重仪》卷上，T45, no. 1895, p. 839, b24—c9。

②《量处轻重仪》卷下，T45, no. 1895, p. 854, b17—28。

③《中天竺舍卫国祇洹寺图经》卷下，T45, no. 1899, p. 896, a21—22。

④ https://rmda. kulib. kyoto—u. ac. jp / item / rb00015917#? c=0&m=0&s=0&cv=0&r=0&xywh=—4509%2C—241%2C15497%2C4800。

优婆塞慈镜损资敬刻

南山大师量处轻重仪一卷流行

愿以此善根普回施一切同法菩

提心俱生安养界

贞享五年桂仲谷旦谨识

落款："洛阳书肆山本忠左卫门寿梓。"值得注意的是，此本卷末第15叶正、背版片有残存，而《卍续藏经》本亦残，而《大正藏》本全。综合这些特征，可以判断藏经书院本当为《卍续藏经》所据底本，而《大正藏》本则大谷大学藏刻本补全[①]。大谷大学刻本多出了书首序言。

《卍续藏经》本唯一一处校勘记，"二谓三古字书"（谓三苍、古文、篆籀、隶皆、真草诸迹等也）[②]，藏经书院本"皆"字旁有墨书小字"具本无"，又用朱笔删去，眉批"一本无'皆'"。此处的"具本"当如何理解，是否为《卍续藏经》编纂时参校的版本，情况不详。

最后一个和刻本，著录信息见于日本的全国汉籍数据库，著录佐贺县图书馆莲池锅岛家文库藏有贞享五年（1688年）本，"栂井藤兵卫刊"。笔者并未经见，情况不详。

（二）敦煌写本

敦煌本一共2件。第一件是法藏敦煌遗书P. 2215，首残尾全。尾题"量处重轻物仪 京兆崇义寺沙门释迦道宣述。龙朔三年（663年）写讫记"。

署名处道宣的属寺"京兆崇义寺"，这是道宣贞观年间在慧頵门下求学所在的寺院。今存道宣作品如此自称者，有《四分律删繁补阙行事钞》《四分律删补随机羯

---

①《佛书解说大词典》第十一卷"量处轻重仪"条，记录龙大、谷大、京大、哲四处藏本，第252页。

②《量处轻重仪》卷上，T45, no. 1895, p. 842, c3—4。

磨》[①]，以及敦煌遗书BD14522《行事钞中分门图录》[②]。其他作品或称“终南山沙门”“西明寺沙门”等，这是根据道宣在贞观十九年（645年）后隐居终南山的经历以及显庆三年（658年）西明寺落成，道宣担任上座的称呼。例如《释门归敬仪》题署“沙门释道宣大唐龙朔元年于京师西明寺述”，《集古今佛道论衡》序下小注：“唐龙朔元年于京师西明寺实录。”[③]据此可知，P.2215“龙朔三年”只是写本的抄写年代，而非撰述年代。

卷首起始于“齐流五部之辉”一句，与今本相比只缺开头几句。卷末“大唐贞观十一年岁在丁酉春末”，直到“用上诸诲。可不信欤”两段后序[④]，叙述的是道宣晚年冥感天人修改此书的经过，写本无。敦煌本在A—8.伊梨延陀·毳罗·毳毳罗以及D—2.4白衣之服两处，与今本文字存在较大差异，反映了道宣修订《量处轻重仪》的思想变化。

第二件藏于旅顺博物馆，登录于《第三批国家珍贵古籍名录》编号06919，写本共25纸，正面抄写《肇论》，背面抄写《量处轻重仪》《因缘心论开决记》《六门陀罗尼经论广释》等[⑤]。笔者尚未得到机会到博物馆调查原卷，待考。

（三）吐鲁番写本

旅顺博物馆藏吐鲁番文献，其主体是大谷探险队20世纪初在新疆所获的写本。其中编号LM20—1468—25—01的写本残片，存6行，录文如下：

---

①《四分律删繁补阙行事钞》卷一，T40, no. 1808, p. 492, a6；《四分律删补随机羯磨》卷一，T40, no. 1804, p. 1, a5。

② 图版参见任继愈主编《国家图书馆藏敦煌遗书》（北京：北京图书馆出版社2007年版）第128册第406页；录文见方广锠主编《藏外佛教文献》第一辑，北京：宗教文化出版社1995年版，第101—168页。

③《释门归敬仪》，T45, no. 1896, p. 854, c5；《集古今佛道论衡》卷甲，刘林魁点校《集古今佛道论衡校注》，北京：中华书局2018年版，第1页。宋·元本作“唐释道宣撰”。

④《量处轻重仪》卷下，T45, no. 1895, p. 853, c24—p. 854, b6。

⑤《第三批国家珍贵古籍名录》，第4页。图版参见《第三批国家珍贵古籍名录图录》第一册，北京：国家图书馆出版社2012年版，第40页。

（前缺）

01　　　］书［

02　］者乐世法故若［

03　］抄录者则［

04

05　］绣装校并余杂色禽兽［

06　］欲白壁［

（后缺）[1]

可比定为《量处轻重仪》D—2.2“图画饰字”部分。“杂色”下，今本有“人”字，敦煌本与吐鲁番本则无。

三、先行研究

学界关于《量处轻重仪》的研究不算很多。何兹全先生在《佛教经律关于寺院财产的规定》和《佛教经律关于僧尼私有财产的规定》两文，分别对《量处轻重仪》中的B. 四科、C. 三类、D. 三重之物、E. 三轻之物做了详细的解说，并结合《行事钞》对亡僧遗物分配的仪式做了讨论[2]。

陈怀宇在其英文专著《中古中国佛教寺院主义的复兴》中，花费一章的笔墨重点讨论《量处轻重仪》。书中详细分析了寺院农奴、动植物、书籍、财宝、医药、衣服等物品分类，大致对应于《量处轻重仪》A. 十三章部分。在各类别的讨论中，作者格外关注道宣义学的南方来源，以及其所生活的北方地区物产情况，认为其分类思想融合了印度和汉地的知识体系。在结论部分，作者回应了谢和耐对汉地佛教僧人放弃苦行生活的论断，指出僧人个体生活的清苦，与寺院拥有大量财产，是中古寺院经济的一

① 王振芬、孟宪实、荣新江编：《旅顺博物馆藏新疆出土汉文文献 总目所引》，北京：中华书局2020年版，第613页；图版据《旅顺博物馆藏新疆出土汉文文献》第11册，第94页。

② 何兹全编：《五十年来汉唐佛教寺院经济研究》，北京：北京师范大学出版社1986年版，第141—181页。

体两面，道宣依据戒律所做的轻重物区分，是考察中古佛教社会史的重要视角①。在之后发表的论文中，陈怀宇又着重讨论了D. 三重之物、E. 三轻之物中涉及的“性”“事”“用”等术语所反映的义理来源，指出其与“性相”“理事”“体用”等观念的渊源关系②。不难看出，陈怀宇先生关注的重点，乃在道宣分类思想与知识构成。

近年，日本学者大内文雄组织读书班，将道宣全部作品的序文翻译为日语，并加注释。其中《量处轻重仪》及与之相关的《律相感通传》序文，对阅读《量处轻重仪》是有益的参考③。

值得一提的是，以上诸家研究都是基于《大正藏》所收本，而未能考察写本与刻本间的文字差异，及其所反映的道宣思想的前后变化。

四、中古寺院的知识、艺术世界

前文谈到，《量处轻重仪》A. 十三章的部分，是展现中古汉僧日常生活的窗口。其中，与僧院知识构成和艺术素养直接相关的段落，集中于6.4内外经籍、6.5诸杂乐具、6.6杂庄饰具三类物品。本节略做讨论。

（一）写本书籍

关于寺院的写本书籍，有内、外之别，亦即与佛教修行直接相关的书籍、世俗知识的书籍，此外还加入了测量计算工具。

佛教书籍中，包含6.4.1.1中土经部、6.4.1.2此方集录、6.4.1.3二方杂纪三类，分别指具有中土译经性质的经典，中土僧人结纂的类书，中印僧人撰述的注释书和传记等。世俗书籍中，包含6.4.2.1九流史籍、6.4.2.2三古字书。其中字书的部分，包括“三苍古文、篆籀隶楷、真草诸迹等也”，一方面涵盖了上古到当时的全部书体变化，一方面“诸迹”一语也可看出，寺院所藏颇多真迹，因此在字书的查阅功能之外，也

① Chen Huaiyu, *The Revival of Buddhist Monasticism in Medieval China*, Chapter 4 "Property and Buddhist Monasticism", pp.132—179.

② 陈怀宇：《以〈量处轻重仪〉为例略说道宣律师之义学》，收入氏著《景风梵声：中古宗教之诸相》，北京：宗教文化出版社2012年版，第228—239页。

③ 大内文雄编：《唐・南山道宣著作序文訳註》，第97—104，215—227页。

兼有审美鉴赏之用。

对古代书体的兴趣，当与抄经活动有关。抄写佛经类皆用正书，而少用行草。抄写章疏，则多用章草[①]。从僧传记载来看，中古汉僧多工书者，主要用于抄经。东晋“康法识亦有义学之功，而以草隶知名。尝遇康昕，昕自谓笔道过识，识共昕各作右军草，傍人窃以为货，莫之能别。又写众经，甚见重之”[②]。刘宋“有释慧生者，亦止龙光寺。蔬食，善众经，兼工草隶”[③]。梁朝洪偃“又善草隶，见称时俗。纤过芝叶，媚极银钩。故貌义诗书，号为四绝。当时英杰，皆推赏之”[④]。隋代“子史篆隶，模楷于今。世论剧谈，颇有承绪”[⑤]。晚唐高闲“弟子鉴宗敕署无上大师，亦得闲之笔法。闲常好将霅川白纻书真草之踪，与人为学法焉”[⑥]。

此外，《量处轻重仪》在内、外书籍的分类中都开列了书写和容纳工具，分别是6.4.1.4拟写经具、6.4.1.5所盛经具、6.4.2.3所盛书器。原文如下：

> 四、拟写经具（谓纸墨笔砚、案机枕则、治纸界具、装潢帙轴等也）。
>
> 五、所盛经具（谓厨箱匮簏、函案架阁、巾袋帊幞等也）。
>
> 三、所盛书器（即上内经所列者，并余纸笔墨砚等）。

所谓“治纸界具”，当指在纸上施划界格的工具，如墨线、直尺等[⑦]。所谓“巾袋

① 史睿指出，日本正仓院所藏经师书样中收有写经生书写的各类书体，其中有连续书写的章草字体，旁注楷书，这说明章草的识读与书写成为日本中世写经生的日常训练，由此推测唐代寺院亦有如此设置。参见《旅顺博物馆藏〈俱舍论颂释序〉写本考》，《旅顺博物馆学苑》2016年，第74—87页，特别是第77页。

② 慧皎撰，汤用彤校注：《高僧传》卷四《竺法潜传》，北京：中华书局1992年版，第157—158页。

③ 慧皎撰，汤用彤校注：《高僧传》卷七《竺道生传》，第257页。

④ 道宣撰，郭绍林点校：《续高僧传》卷七《洪偃传》，北京：中华书局2014年版，第221—222页。

⑤ 道宣撰，郭绍林点校：《续高僧传》卷一〇《靖嵩传》，第339页。

⑥ 赞宁撰，范祥雍点校：《宋高僧传》卷三〇《广修传》，北京：中华书局1987年版，第742页。

⑦ 武绍卫指出，敦煌写经的栏格“应该是靠工匠经验制作而成，并没有成熟的固定宽度的工具（即使有也只是充当参考的辅助性工具）”。从《量处轻重仪》的记载来看，恐怕还是存在相应的工具。

帊幞”，当指包裹写卷的经帙。对于这类书写和容纳工具，道宣的处理是认为凡写经所用，可以列入轻物，由僧人自由处置，而多余笔墨，则列入重物，收归僧团。

（二）音乐演艺

音乐演艺活动所涉及的名物，包括6.5.1 八音之乐、6.5.2 所用戏具、6.5.3 服饰之具、6.5.4 杂剧戏具四类。这类事物的处置方法是“宜准论出卖得钱，还入僧中，随常住杂用”，亦即拍卖换钱，归入僧团。其中值得注意的是第二类：

> 二、所用戏具（谓傀儡、戏面、竿桡、影舞、师子、白马、俳优传述众像、变现之像也）。

傀儡是演剧所用的人形玩偶，戏面是演剧佩戴的面具，竿桡是爬竿登高的杂技所用的高竿，影舞是类似皮影的在幕布上表演的道具，师子、白马，当指戏剧中扮演人物坐骑的道具，俳优传述众像，含义不明[①]。

“变现之像”，即是后世所说的“变相”。根据梅维恒（Victor H. Mair）的研究，认为“变”是指“叙事作品中神的呈现、显现或现实化”，“变相”可以翻译为transformation tableaux，是对变现的图画表现，而“变文”则是与图像相配合的文字[②]，其文体特征还包括诗前套语、文字韵散结合等。

梅维恒举出证明转变存在的文献记载中，年代最早的两条是郭湜《高力士外传》：

> 每日上皇与高公亲看扫除庭院，芟薙草木，或讲经论义，转变说话，虽不近文律，终冀悦圣情。

① 此处的解说参考了石井公成《酒・芸能・遊びと仏教の關係》，村田みお・石井公成《教えを信じ、教えを笑う》，京都：臨川書店2020年版，第173页。石井先生在“俳优”之下断句，似不妥。因为此处涉及的是亡僧遗物，俳优只是剧中角色，俳优传述之像才是演剧的物品，但究竟应该怎样理解，尚待考察。

② 梅维恒（Victor H. Mair）著，陈引驰、杨继东译：《唐代变文：佛教对中国白话小说及戏曲产生的贡献之研究》，上海：中西书局2011年版，第74页。

和胡璩《谭宾录》：

> 杨国忠为剑南召募使，远赴泸南，粮少路险。韦先回者，其剑南行人，每岁令宋昱、韦儇为御史，迫促郡县征之。人知必死，郡县无以应命，乃设诡计，诈令僧设斋，或于要路转变，其众中有单贫者即缚之，置密室中，授以絮衣，连枷作队，急遞赴役①。

即使不考虑文献成立年代与所述事件的年代差异，两条记载所涉及的人物，都在公元8世纪。相比起来，《量处轻重仪》的这一条目可以证明“变现之像”作为演剧道具，早在7世纪以前就已经是寺院生活的常态了②。

（三）美术书法

美术书法领域所涉及的名物，包括6.6.1采画之具、6.6.2好玩众具两类。这类事物的处置方法是“宜拥入常住，具饰僧堂”，亦即归入僧团常住物，用以装饰寺院殿堂。具体的分类如下：

> 六、杂庄饰具（其例有二）。初、谓采画之具（谓俗中画样，丹青朱绿杂色，及絣绳直尺、专具规矩，所须之物也）。后、玩好众具（谓屏风障子、山水人物、游仙古贤传纪、书隶及杂书异画之具也）。

为了理解僧人日常生活中拥有的图画用具和艺术品，不妨观察一个具体的案例。晋王杨广《受菩萨戒疏》：

> 王併戒师衣物等：圣种纳袈裟一缘、黄纹舍勒一腰、绵三十屯、鬱泥南

---

① 郭湜：《高力士外传》，收入李剑国辑校《唐五代传奇集》第一编卷一二，北京：中华书局2015年版，第391—392页。胡璩《谭宾录》，收入李昉等编《太平广记》卷二六九《酷暴三·宋昱韦儇》，北京：中华书局1961年版，第2109页。

② 曹凌博士在2019年的私人交谈中最早提示笔者变现之像这条关键记载，谨此致谢。对这段文字的分析和解说由笔者独自完成。

布袈裟一缘、黄丝布袜一具、绢四十匹、麝泥丝布偏袒一领、黄绸卧褥一领、布三十禅、麝泥丝布坐褥一具、乌纱蚊帱一张、纸二百张、麝泥丝布裙一腰、紫鋋靴一量、钱五十贯、麝泥云龙绫被一缘、龙须席一领、蜡烛十挺、麝泥罗头帽一领、须弥毡一领、铜砚一面、高丽青坐布一具、乌皮履一量、墨二挺、黄丝布背裆一领、南榴枕一枚、和香一合、铁锡杖一柄（见在）、象牙管一管、麈尾一柄、乌油铁钵一口（并袋）、斑竹笔二管、铜七筋一具、犀角如意一柄（并匣）、白檀曲几一枚、铜重碗三口、鍮石香垆奁一具、山水绳床一张、铜搔劳一口、铜香火七筋一具、白檀支颊一枚、铜澡灌一口、、楠榴夹膝一枚、桃竹蝇拂一柄、铁剪刀一口、蒲移文木案并褥、犀装爪刀一口、铁剃刀一口、黄丝布隐囊一枚、紫檀巾箱一具、铁镊子一具、白瓦唾壶一口（并笼巾）、柿心笔格一枚，铜烛擎一具，鍮石装柿心经格一具，犀装书刀一口，白团扇一柄。师严教尊（右四字爪）、喜舍供养（右四字龙）、习恼余气（右四字悬针）、缘觉侵断（右四字垂露）、咸登常乐（右四字飞）、岂如菩萨（右四字倒薤）、能施所受（右四鱼）、声闻是证（右四字科斗）、戒定慧满（右四字篆）、苦集灭道（右四字大篆）、谷皮屏风一具（爪篆、龙鱼、科斗、飞白、垂露、倒薤等书）、净人善心，年十一。

右牒开皇十一年十一月二十三日（王禀戒名总持菩萨，书疏即用法讳，弟子总持和南）①

这是开皇十一年（591年）晋王杨广受菩萨戒后，向作为戒师的天台智𫖮𠏉施物品的清单。除僧衣、冠履等日常服用之物，尚有笔墨、几案，这里的“笔格”“经格”，似当指毛笔和经卷的架子。《续高僧传·法宠传》云：“普通四年，忽感风疾，不能执捉，舒经格上，昼夜不休。”② 中大通五年（533年）的讲经会上，皇太子萧纲“奉𠏉玉经格、七宝经函等，仍供养经”③。这些物品恰好可以对应到上举6.4.1.4 拟写经具、6.4.1.5 所盛经具两类。

① 《国清百录》卷二，T46, no. 1934, p. 803, c6—p. 804, a3。

② 道宣撰，郭绍林点校：《续高僧传》卷五《法宠传》，第152页。

③ 萧子显：《御讲金字摩诃般若波罗蜜经序》，《广弘明集》卷一九，T52, no. 2103, p. 237, b22。

最后“谷皮屏风一具”，也是一件精美的艺术品。谷树皮富于韧性，古代常以做纸。陆机《毛诗疏》云：“今江南人绩其皮以为布，又捣以为纸，谓之穀皮纸，絜白光泽，其里甚好。”[①] 上书爪篆、龙鱼等书体，如前引“师严教尊”等字，可见是杂体法书的集成，对应于上举6.6.2玩好众具中的“屏风障子”。

杂体法书的集成，日本京都毗沙门堂藏有《篆隶文体》抄本一卷，后归京都国立博物馆保存。写本凡24纸，卷首署名“侍中司徒竟陵王臣萧子良序”[②]。这件抄本集合了龙爪、倒薤等五十二种书体，与智𫖮所获屏风书体略同，可以作为实物的旁证。

五、结语

从人们的一般印象出发，佛教是禁欲苦修的宗教，佛教寺院也是清净肃穆的所在。然而略略翻检《历代名画记》《寺塔记》等艺术史文献，便可了解当时的寺院琳琅满目地布置了一流画家的壁画，新疆等地的佛教石窟，直至今日尚存当日之规制。从僧传、笔记小说等零星记载中，也可看到僧人讲经、节庆活动的热闹场景，甚至语杂俳谐，声乐喧嚣。因此有学者提出，寺院是中古时期社会上的文化中心[③]。《量处轻重仪》这一文献的存在，为我们考察寺院的知识构成和艺术活动，提供了珍贵的线索。

（陈志远，中国社会科学院古代史研究所副研究员。）

① 《十三经注疏·毛诗正义》卷第一一《鹤鸣》，北京：中华书局2009年版，第927页。

② 相关研究参见童岭：《〈篆隶文体〉旧钞本考——兼论南齐建康皇室学问的构成》，《域外汉籍研究集刊》第十三辑，北京：中华书局2016年版，第271—286页。

③ 谢重光：《中古时代寺院为社会文化中心说》，《探索与争鸣》1988年第3期，第32—34页。

附录一 《量处轻重仪》科段表[1]

前序

A. 十三章

1. 僧伽蓝

2. 属僧伽蓝园田果树

2.1 园圃所种菜蔬

2.1.1 现植五生种

2.1.2 离地菜茹

2.1.3 余留种子

2.1.4 治园调度

2.2 栽种五果之树

2.2.1 现树五果

2.2.2 离地果子

2.2.3 树枝皮壳

2.3 田农产植

2.3.1 水陆田具

2.3.2 现种五谷

2.3.3 离地五谷

2.3.4 萁蒿等

2.4 贮积仓廪

2.4.1 所贮库藏

2.4.2 量准之器

2.5 造食众具

2.5.1 转生食具

2.5.2 熟食之具

① 画线部分与刻本、敦煌写本存在较大出入，当为道宣晚年改动之处。

2.5.3 盛食之具

2.6 现成五熟

2.7 现在四药

3. 别房

4. 属别房物

5. 铜瓶・铜瓮・斧凿・灯台

6. 多诸重物

6.1 宬衣众具

6.1.1 成衣众具

6.1.2 裁衣众具

6.1.3 成衣机具

6.1.4 纺绩众具

6.1.5 缫抽之具

6.2 服玩之具

6.3 治病所须

6.4 内外经籍

6.4.1 内法经部

6.4.1.1 中土经部

6.4.1.2 此方集录

6.4.1.3 二方杂纪

6.4.1.4 拟写经具

6.4.1.5 所盛经具

6.4.2 外俗书纪

6.4.2.1 九流史籍

6.4.2.2 三古字书

6.4.2.3 所盛书器

6.4.3 数算众具

6.5 诸杂乐具

6.5.1 八音之乐

6.5.2 所用戏具

6.5.3 服饰之具

6.5.4 杂剧戏具

6.6 杂庄饰具

6.6.1 采画之具

6.6.2 好玩众具

6.7 宝璧诸货

6.7.1 重宝

6.7.2 轻宝

6.6.3 钱宝

6.7.4 所余残物

6.8 诸杂重物

7. 绳床・木床・卧褥・坐褥

8. 伊梨延陀・毷罗・毷毷罗

9. 守僧伽蓝入（=人）

10. 车舆

10.1 常所乘御

10.2 送终凶器

10.3 祭祀器具

11. 水瓶・澡罐・锡杖・扇

12. 诸杂作器具

12.1 铁作器

12.2 陶作器

12.3 皮作器

12.4 竹作器

12.5 木作器

13. 衣钵・坐具・针筒・盛衣贮器，及俱夜罗器

B. 四科

1. 局限常住僧物

2. 四方常住僧物

3. 四方现前僧物

4. 当分现前僧物

C. 三类

1. 制令畜物

2. 制不听畜物

3. 听开畜物

D. 三重之物

1. 性重之物

1.1 房舍所有

1.2 诸杂作具

1.3 开畜器皿

1.4 助身之物

1.5 庙祀诸相

2. 事重之物

2.1 内外经籍

2.2 图画饰字

2.3 皮毛重服

2.4 白衣之服

2.5 外道之服

2.6 文像绮服

3. 从用重物

3.1 以诸衣帛严饰房宇

3.2 以诸衣帛庄严饰车乘

3.3 以诸衣帛盛裹重物

3.4 以诸衣帛随身所障

E. 三轻之物

1. 性轻之物

1.1 十种衣财

1.2 所成之缕

1.3 绵絮纴绕

2. 事轻之物

2.1 身所服衣

2.2 庋衣之物

2.3 宅身之具

2.4 漉水袋

3. 从用轻物

3.1 随衣之物

3.2 钵器

3.3 随物所属

3.4 屣屦之属

3.5 剃发之器

3.6 助身众具

后序

“天道无亲，契者恒存”：人类契约文明的地理起源
——王斐弘《敦煌契约文书研究》阅读悟要

王 勇

王斐弘教授在其新著《敦煌契约文书研究》（以下简称《敦煌契约》）及前期相关敦煌法学研究成果尤其是《敦煌法论》等作品中①，从文化内涵和历史价值两个方面切入，对敦煌文献中的“五契四书”即借贷契、买卖契（包括一般买卖、土地交易）、租佃契、雇工契、养男立嗣契和放妻书、放良书、分家析产文书（又称“分书”）、析产遗嘱文书（又称为“遗书”）进行了系统而深入的解读，深刻揭示了其中所蕴含的善契智慧及其“长时段”生命活力之谜。在敦煌法学的同类主题的研究中，本书具有无可争议的开拓性和原创性。

《敦煌契约》除了在导论部分特别关注敦煌的地理气候禀赋之外，作者还整理出了“主要历史时期敦煌地区大事件”，将其作为附录列在著作末尾。正文部分是全书的重点，作者着重从儒、释、道三学合一的法文化视角和规范法学与社科法学相结合的专业视角，对多种类型的敦煌契约文书进行细致解剖、深度阐述和价值重估。对敦煌契约的深度法文化解释，是《敦煌契约》一书最为显著的学术贡献和方法论亮点，在我看来，《敦煌契约》已经隐约地揭示出了人类契约文明的地理起源之谜，对于我们确立中国文化自信，传承和弘扬中华优秀传统法律文化，建构中国自己的历史法学，具有重要的现实意义和理论价值。

我想从以下四个方面来具体谈一谈拜读《敦煌契约》一书的所悟和所感，如有不

① 王斐弘：《敦煌契约文书研究》，北京：商务印书馆，2021年；王斐弘：《敦煌法论》，北京：法律出版社，2008年。

当之处，敬请学界同人批评指正。

一、天契与人合的统一：敦煌契约中的智慧

在敦煌“五契四书”中，集中体现出了中古时期的敦煌民众及行走在丝绸之路上的人们（丝路行者）“善分亦善合”“善结亦善解”的“善契”智慧，这些智慧能够将“人人契约”（人事约定）与“天人契约”（顺应天时或顺时趋吉），或者说，将“合契”与“符契”完美地结合起来。比如，粮食借贷契约中的“春借秋还”“借济两便”的原则和“债时择吉”的意识，使“君子善契”的故事真实可信；“钱货兼用”“以货为本”的通货原则，也使借贷的“便物”功能得以释放[①]，使“通功易事”“羡补不足”名副其实，使“农有余粟，女有余布”的理想有了实现的可能。敦煌契约中实行“冬闲工作”“农忙农作”以及“农牧有别”的缔约习惯，既符合农牧时节，又便于双方结算。而敦煌买卖契约强调“交易机缘”，履行多采用“即时交接”，这与节气转承无缝对接，一切顺其自然的原理，似有异曲同工之妙[②]。敦煌土地租典契中的典佃两便，尽显“典”之原旨，积淀着农牧互济的历史背景和情境理性——贫困牧民将草场出典于农民，在同一块土地上，可以夏农冬牧，谷畜双丰，正所谓“冬牧麦茬粪肥田，夏秋五谷自丰收”；一地二主，地权叠加，两可之间，正是最优契约，否则，农驱牧或牧挤农的冲突便会发生[③]。另外，以“请射”方式获得耕牧之地，显然是经由缔约方式的神圣性——“箭中标地，犹日射地”——来保证契约预期的安全性，这与近代西方出现的将安全契约风险化的“射幸契约”（赌博协议）有着本质上的区别。历史上中国的最优契约，多发生于农牧交错地带。高智契约，皆有原生情境！敦煌养男立嗣契约，所以“孝养为重”，多有变通于制定法者，是因为“先世不种，获果不圆”，嫁接外男，亦可“香火永续”，这又与生生不息之理是完全通约的[④]。

如果说敦煌民众和丝路行者的“善合”是在“营”契，那么，“善分”则在“生”契。契者，气也，枢机所由生也。关系要靠营造，生命要让出生。善契的终极表现就

① 王斐弘：《敦煌契约文书研究》，北京：商务印书馆2021年版，第77页。

② 王斐弘：《敦煌契约文书研究》，北京：商务印书馆2021年版，第108页。

③ 王斐弘：《敦煌契约文书研究》，北京：商务印书馆2021年版，第252页。

④ 王斐弘：《敦煌契约文书研究》，北京：商务印书馆2021年版，第326页。

是：物活而有人活，人活而使物活，从而使人与物都活起来。因此，敦煌放良书，论理多用“从良之后，如鱼得水，任意沉浮，如鸟出笼，高飞云外，宽行南北，大步东西”“放而使生”“放伊从良，为后良世之善”等意旨①，大乘佛教的“三世二重因果”信仰尽含其中。缘生缘灭，缘聚缘散，皆源于自然天道。春种则秋收，夏生必冬藏，所谓三冬、三伏、三古、三季、三秋、三时、三世，皆指三时临界相变，这与老子揭示的“道生一，一生二，二生三，三生万物”②的道理都是相通的。孟冬经由仲冬而季冬，初伏经由中伏而末伏，过去经由现在而未来，先天经由后天而将来，左时经由中时而右时，注重把握中时转承的节点，极为重要。现在主观能动性始终很重要，临界转承是关键，掌握得好，就是“符契”——天契与人合的完美统一。因此，佛教的“三世二重因果”，就是“三时二重因果”，三世即三时，过去经由现在而未来，掌握好“现在”很重要！明此大义者，放奴为良，“放而使生”，即让一个生命出生，就是功德圆满。所以，敦煌不容主奴关系，而是崇尚平等关系和主从伦理——“知其主而听其从”。

同理，敦煌放妻书，之所以要放妻，要和离，要分别，是由于“天地相合”“阴阳合和”的前提不存在了，是“伉俪情深，夫妻义重”的基础不存在了，“今已不和，相（想）是前世怨家”“宿缘庆会”。好合好散，犹如冬去春来，就是双方获得解放。至于敦煌分家析产文书的目的，也是多用“开枝散叶”“树大枝散，叶落情疏”“恒山四鸟，亦有分飞”，以及“鸟将两成，分飞四海。堂烟习习，冬夏推移。庭前荆树，犹自枯觜。分离四海，中归一别”等天道之理论分家之理、析产之因；多用“同胎共气，昆季情深”“玉叶金枝，分形连气”“兄弟者，分形连气之人”“城隍欢念”，以及“莫使荆条枯悴，堂燕分飞”“和光同尘，无乖反目”等人伦之理论和气之理，在缔约之时就开始预防争讼的发生③。这就意味着分家析产的目的，是分户不分家，分别不分裂。分家不是弃家，更不是毁家，而是为了兴家④。由此可见，完整的敦煌契约精神，实质上是一个“契—讼互济”结构，是“立契止讼”与“借讼修契”的辩证统一，其中，契是重心，讼是辅助。这与近代以来西方法治中的“以讼为契”“司法主治”的精神是有

① 王斐弘：《敦煌法论》，北京：法律出版社2008年版，第364—368页。

②（春秋）老子：《道德经》第42章。

③ 王斐弘：《敦煌契约文书研究》，北京：商务印书馆2021年版，第436页。

④ 王斐弘：《敦煌契约文书研究》，北京：商务印书馆2021年版，第438—439页。

根本区别的。

在大部分敦煌“五契四书”中，都有“山河为誓，日月证盟”的誓词习语，“画指为记”“署名为信”的画押习惯[①]，以及“具注历日”的常识性要求。尤其需要留意的是，以画“十”或画“七”等符号代表画押的习惯性做法，或许隐藏着契约神圣的最早起源及其原生含义。契尾画“十”的含义是什么，画“十”到底在画什么？这个问题或许有多种解释，但是，我认为，参与契约的两造及中人等当事人，在契约上画“十”字，就是在心中画东西和南北相交，四方与中央齐备[②]，是天地在共同见证着他们的缔约过程。或者说，这就是在“为天地立心”。这与明清契约文书篇末画绝止符号“行”字形是通约的[③]，因为“行”字表达的就是东西南北这个“十”字路的意象，也就是太阳神每年在大地上走过的“足迹”。这与中国文化中的天地信仰即“祓禊”（符契）信仰是高度吻合的，人类正是在天时节律与人事节奏完美无缝地契合下被造化出来的。契尾画“十”就意味着人人契约与天人契约是完整统一在一起的，是紧密不可分割的，是神圣而不可违背的。这与历代民间文学作品中常见的“天地作证，山河为盟，有违此誓，天地诛之，人和一心”的誓语是一脉相承的。归根而言，“十”字符代表的是人类早期对自然力的崇拜，尤其是对日月星辰的崇拜。以天契之道来言说人契之理，既能说明契的善性之源，也能说明契的神圣之源，正所谓“春夏恩泽不谢，秋冬肃杀无怨”“天道无亲，常与善人”。

今天，我们常常能够看到基督教教徒在胸口或额头画十字，以祈求上帝保佑或信守神人契约这样一个动作。在我看来，这应该是一个次生信仰，是在天人契约这个原生信仰的基础上建构起来一种神人契约或信仰。当然，胸口画十字这个西方信仰意象也提示我们，在源起意义上，话呷与画押实为一体两面，即手里画着十字，口里念着十字。据吴正中先生考证，“叶”（yā）即古“呷”（yā）字，“十”（甲）是甲骨文中的“甲”字，“十”与“甲”、“叶”与“呷”，是两对相应的异体简繁字，又是两对相应的古今字。“十”是“甲”的古字简字，“叶”是“呷”的古字简字[④]。因此，敦煌契约中在契尾画“十”这个情景，很可能既是话呷，也是画押，二者是同一不二的。胸口画

① 王斐弘：《敦煌契约文书研究》，北京：商务印书馆2021年版，第79页。

② 姜亮夫：《“东西”臆断》，《中国文化》1990年第2期。

③ 郭敬一：《明清契约文书篇末绝止符号研究——以“行”形为中心》，《文献》2021年第1期。

④ 吴正中:《“叶”字考》，《甘肃社会科学》1991年第5期。

十字这个西方信仰的源头似乎也是可以追溯到这里的。

二、天契与人合的统一：敦煌的人文地理之谜

我们常说“一方水土养一方人”，敦煌先民和丝路行者的善契智慧与敦煌的人文地理环境一定有密切的联系。李正宇先生指出，敦煌文化是在敦煌历史地理这个“苗床”上孕育出来的。敦煌学以地名学，地域基因塑造了它的主要品质和特征[①]。《敦煌的博物学世界》中有一句话是这样说的：“中国传统宇宙论中岁时之变换，世上万事万物生长消息，无不受神明节制。”[②]杨秀清先生更是系统地指出：“术数中包含的以阴阳五行为核心的宇宙观念，及由此产生的天人感应说，在唐五代已成为敦煌大众生活中的一般常识，影响其思维及行为取向。”[③]敦煌契约中的落款即时间标识，之所以成为一个常识性要件，是因为具注历日所依据的阴阳五行宇宙法则已成为敦煌大众心目中天经地义的知识与思想。

早期敦煌及其周边地区的绿洲、沙漠及戈壁地形地貌特征，也为多元化的“板块式社会结构”的形成，以及重复型人际交往网络的“涌现”提供了条件。“华戎所交，一都会也”的枢纽位置也为敦煌契约的高频率发生和技术性完善创造了条件。相关研究已经发现，当时的少数民族尤其是羌人，熟悉当地的地理与人文环境，既善于四方和四时之间的沟通，也善于山区和平原之间的沟通，有些羌人甚至还同时担任车夫、邮吏和翻译的社会角色，身兼多职。另外，沙漠绿洲地带还常常孕育出“内俭外慷”型的人格特质和风土民俗；不同国家的商人等丝路行者，尤其是粟特人及其“善贾”的天赋，也在以敦煌为关键节点的丝绸之路上发挥着互通有无的商贸文化交流作用。这些人正是敦煌契约高度发达与完善的人才条件和智识保障，敦煌的地域基因和枢纽位置之独特禀赋，塑造了敦煌民众普遍善契的文化环境和制度条件。

在《敦煌契约》一书中，王斐弘教授研究发现，相对中原腹地，在唐王朝时期的

---

① 李正宇：《敦煌历史地理研究百年回眸》，敦煌研究院编《2000年敦煌学国际学术讨论会论文集——纪念敦煌藏经洞发现暨敦煌学百年（1900—2000）》（历史文化卷上）。

② 余欣：《敦煌的博物学世界》，兰州：甘肃教育出版社2010年版，第110页。

③ 杨秀清：《数术在唐宋大众生活中的意义》，《南京师大学报》（哲学社会科学版）2012年第2期。

敦煌地区，达官显贵大量占田、官家子弟横行无忌的现象相对少见[①]。这也证明了一个重要的法经济学原理：过渡地带或生态相对脆弱地区的人们，通常消费不起无效的制度安排这种奢侈品。敦煌还是一个能够长期保存书面记忆和历史智慧的地方，这里的人们更容易明白这个道理：普遍善契就是普遍共赢。姜亮夫先生就认为："中国历代皇帝费很大的力收集起来的书籍到最后往往经过一个大的兵乱灾难，全部毁掉。几千年许许多多文献就这样子毁掉了。然而敦煌保存得很好，完完整整的。这在中国历史上是第一次的。第一次这样大规模地保存着，中间主要原因有两点：一点，敦煌不是京师，不是灾难所一定要达到的地方，它躲在僻远之处，因此它的东西可以完全保存。这就是敦煌文物所以能保存的地域上的条件。还有一个条件就是敦煌这个地方很特别……莫高窟好像是天生来——这是迷信话呀——保护我们文物的地方。这些洞干燥，书籍绝不会被水伤，潮气是没有的。"[②]老子说："居善地，心善渊，予善仁，政善治，事善能，动善时。"[③]这似乎正是对敦煌先民善契文化和本土宇宙观的最好诠释。在中国传统文化的语境中，"宇宙"的本义就是"往古来今谓之宙，四方上下谓之宇"[④]。广义上的善契（禊）就是治宇与建宙的内在统一，空间秩序建构与时间秩序建构是不可分离的。

三、天契与人合的统一：敦煌的自然地理之谜

从更为深入的视角来看，敦煌民众善契的人文地理基础，归根到底是由敦煌的自然地理基础所决定的。然而，关于敦煌契约或敦煌文化的自然地理基础，却极少有相关研究成果进行直接深入而富有想象力的阐释。令人欣慰的是，王斐弘教授对敦煌"五契四书"中的"善契"智慧的描述和阐释，实质上已经为揭示敦煌契约文明的自然地理基础打开了一扇窗口。敦煌的自然地理孕育了中古乃至上古时代敦煌先民的"天契"意识，进而塑造了人事约定中高超的缔约艺术和普遍的"结信"精神。

王斐弘教授经仔细考释后发现，作为地名的"敦煌"一词，在史书中，另有"焞

① 王斐弘：《敦煌契约文书研究》，北京：商务印书馆2021年版，第138页、第181页。

② 姜亮夫：《敦煌学概论》，北京：北京出版社2004年版，第43页。

③（春秋）老子：《姬氏道德经》，姬英明译注，北京：朝华出版社2017年版，第101页。

④（汉）刘安：《淮南子·齐俗训》。

煌”“燉煌”两种写法，字面含义兼有“明光”之地、“旺光”之域或“聚光”之境的意思[①]。沙漠戈壁围拢的敦煌，在常年充足的日照下，就是一方阳光彻照、火热明亮之域。敦煌就是太阳神眷顾的地方！事实上，有学者研究已发现，早期敦煌民众具有“三光”即日月星辰同拜的习俗。这样看来，“敦煌”的原始字面含义，莫不就是祭拜“三光”的圣地？当然，祭日和祭月应该处于更为重要的地位，尤其是祭日。如果“敦煌”的原始字面含义，真的就是祭拜“三光”的圣地，这与王斐弘教授的最新考释，等于是惊人地耦合了。无独有偶，今日的天山走廊—敦煌—河西走廊北纬40度线[②]，也是地球上最优越的光伏发电区域。历史条件与现实机遇之间，居然连绵至今，从未中断！顺着王斐弘教授的解释思路，不难发现，东汉应劭将“敦煌”解释为“大”与“盛”，唐人李吉甫所云“敦，大也，以其广开西域，故以盛名”，应是对上述本义的引申和阐发，强调的是“敦煌”一词的次生含义或人文政治内涵，而并非其原生含义。

王斐弘教授对“敦煌”一词的新解，以及对敦煌“五契四书”的法文化解读，让我脑洞大开，豁然开朗。从“敦煌”一词原生的、天地自然的含义切入，也许最有可能揭示人类契约文明的地理起源及其神圣本色。地理环境与气候因素，才是决定人类文明演化的终极因素。将地理因素和经学传统结合起来进行思考，似乎也让我找到了参悟《敦煌契约》核心要旨的钥匙。敦煌地区处于北纬41度、东经94.7度左右，位于雪域与草原之间，西域与东土（loess）之间，天山走廊—敦煌—河西走廊的南高北低的地理特点，自然形成了早期敦煌先民农牧互济的生计模式。史料这样记载了它的位置：“雪山为城，青海为池，鸣沙为环，党河为带，前阳关而后玉门，控伊西而制漠北，全陕之咽喉，极边之锁钥。”（《肃州・沙州卫志》）敦煌地形，南北二山夹峙，中间低陷形成凹槽，故河流皆流向中部低地，在河流、湖泊、沼泽、泉渠等处形成小片绿洲，其余皆为山陵、戈壁和沙漠。昆仑山—阿尔金山・敦煌—祁连山一线，太阳阴影的南北移动之长宽幅度，乃是世界之最。这意味着，早期先民可以冬至北山阳坡，夏至南山阴坡，使逐日而生且阴阳平衡成为可能，这里无疑是人类最早与天地四时无间契合的地方，是“看得见的”文明发生的地理机会！如下图所示：

---

① 王斐弘：《敦煌契约文书研究》，北京：商务印书馆2021年版，第10页。

② 近年来，许多学人已开始关注北纬四十度线的历史地理文化意义这个重大而有趣的问题，最有代表性的是陈福民的新著《北纬四十度》，此书已由上海文艺出版社于2021年出版。

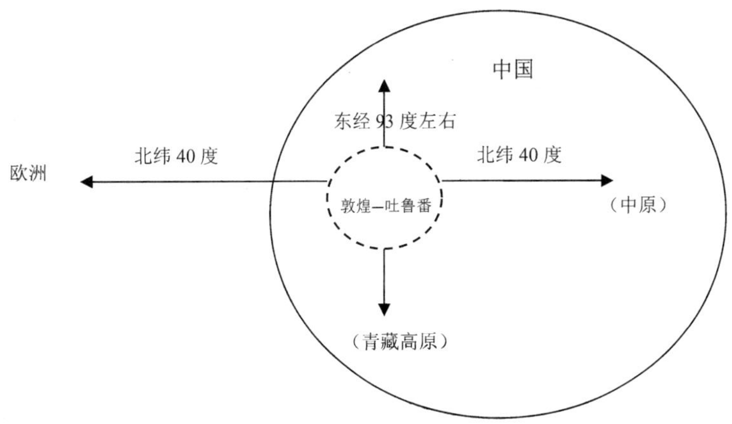

说明：上图为亚欧旧大陆上的契约地理："亚大欧小""亚重欧轻"——以敦煌—吐鲁番区域为枢纽（一个抽象示意图）

日本学者森安孝夫在其《丝绸之路与唐帝国》中写道："在欧亚非大陆，最大的生态环境的边界线乃是农业—游牧分界地带。其中最大的带状地区长度超过一万公里，东西横贯，位于北纬四十度前后。从整个地球规模上来看，该带状地区似乎呈现出东西线走向，然而在欧亚大陆东部，其南北宽度则达一百到三百公里。当然，由于受地球年平均气温波动的影响，加上游牧民的南下、农耕民的北上等因素，这条境界线在历史上往往以南北数百公里的幅度上下移动。所以，上述模式图只是一个参考。就前近代欧亚大陆多数都市的选址而言，大多选择建在生态环境上划分南北的'农业—游牧境界地带'的南缘地带，并坐落于南缘地带里用水方便的地区。自古以来，'农业—游牧境界地带'加上其南缘地区，便是东西和南北物产交易商业化极高的区域。在这一区域内发展起来的诸城市之间有一条东西向连接起来的陆路，这条陆路就是相当于欧亚大陆干线的丝绸之路。"①从亚欧旧大陆的历史地理文化位置来看，东土西洋，融汇于此，世界"四大文化体系中，所谓东方文化，实际上占了三个，是世界文化的四分之三"②，唯其如此，"中国史在世界历史发展进程中是大头"③。由此可见，历史文化的重头在亚洲，小头在欧洲，形成"亚大欧小""亚重欧轻"的格局。这里是欧亚大

① [日]森安孝夫：《丝绸之路与唐帝国》，石晓军译，北京：北京日报出版社2020年版，第67页。

② 颜廷亮：《季羡林先生对敦煌文化研究的一大理论贡献——从敦煌文化的历史定位问题谈起》，《甘肃社会科学》2008年第6期。

③ 苏秉琦：《中国文明起源新探》，北京：生活·读书·新知三联书店2019年版，第202页。

陆真正的“大中之道”，也是名副其实的“六合之地”——上下兼有四方，更是最为典型的“三交之地”——民族交融地区、东西交会地带、农牧交错地域。

敦煌—吐鲁番地区，既是东西南北的交通枢纽，也是地球上海拔落差最大的区域，有艾丁湖和罗布泊之极低区域，也有阿尔金山、天山乔格里峰及昆仑山之最高雪峰。吐鲁番，意指“最低地”，天山、昆仑则是“最高地”的意象。这里的立体空间即海拔落差与平面空间加起来的面积之大，超乎想象。一日四季感与一年四季感的叠加体验无他能比。因此，从这里孕育的宇宙观能包纳全世界！东西延绵千里的祁连山北麓——南山之阴，秋冬积雪，春夏融雪，加上北山（广义）阳坡秋冬之沛光，使河西走廊成为南牧北农，夏凉冬暖，东西互通，春秋接济之地。文明原生的形胜之地，莫过于此！一方面，是基于儒、释、道三学合一的法文化的涵养；另一方面，就是敦煌及其周边的地理气候环境因素的塑造。故此，是敦煌及其周边的自然地理条件，才使天契与人合的统一成为可能。

四、“天道无亲，常与善人”——从敦煌发现人类契约文明的共同源头

“和大怨，必有余怨，以德报怨，焉可以为善？是以圣人执左契，而不以责于人。故有德司契，无德司彻。夫天道无亲，常与善人。”[①]这是《姬氏道德经》中一段关于契约意义的惊世之论，哲理极为深湛，也是《道德经》中最为艰涩难懂的论句之一。其中，“执左契”争议最大，至今学界未有定论。但是，从敦煌善契发生的历史实践与地理机会中，可以推测，从“立契用中”的经验看，说圣人善契以用中，较为可信；从敦煌借贷多用单契来看，说君子执单契而不责于人，较为可信。“草不谢荣于春风，木不怨落于秋天”，这样的说法，实在是一个明智的提醒，“有德司契”的要义，不正是“善与天契”吗！事实上，这样的理解思路，在王斐弘教授的《敦煌契约》中已经呼之欲出了，书中已经隐约地揭示出了人类契约文明的地理起源之谜。总之，从敦煌契约文书切入，探索人类契约文明的历史地理起源，也许是最有可能成功的一个学术方向。这是由敦煌所处的历史地理文化位置所决定的，是不以任何一个学人的主观意志为转移的。唐晓峰教授曾说过，善于“脚踏实地”思考问题的人，都会明白，历史

① （春秋）老子：《姬氏道德经》，姬英明译注，北京：朝华出版社2017年版，第125—126页。

发展没有地理机会是不可能的。英文的"发生"一词写作take place，直译是"得一个地方"，很有地理意味[①]。人口流动速度适中，经济地理单元隔而不连，多元文化板块分而不闭且有"相邻可能"，这正是绿洲地带孕育善契文化的一个地理机会。

其实，对类似这样能够打开想象空间的思路，已有多位敦煌学研究的权威学人给出了明确的提示。姜亮夫先生说过："借助敦煌卷子，有的民族才发现自己的古文字是什么样子。敦煌学在全世界为什么会引起这样大的关心来？我想这恐怕是个因素。每个人都愿他祖先的文化有个好的历史记载，他们找不到这种材料，但是，中国有，这样一来，中国的材料就至贵了。所以，外国人现在天天想办法购买敦煌卷子，现在北京，它们的价钱高得不得了。这是最贵的文物，没法子估价的。整个人类的历史都在敦煌，它为什么不至贵？敦煌卷子里存在外国民族的文字，是我们很宝贵的一样东西。"[②]因此可以说"整个中国文化都在敦煌卷子中表现出来"[③]。季羡林也评价道："世界上历史悠久、地域广阔、自成体系、影响深远的文化体系只有四个：中国、印度、希腊、伊斯兰，再没有第五个；而这四个文化体系汇流的地方只有一个，就是中国的河西走廊敦煌和新疆地区，再没有第二个了。"[④]甘肃省法学会敦煌法学研究会会长李功国先生也同样指出："敦煌学和敦煌法学是在汉唐以来敦煌、河西、西域、亚欧联通的史地环境、区位优势、战略布局、文化交往的广阔背景下形成的。"并且"敦煌表现为多元一体、多族一国。它以中原文化为主体，又吸收融化国内外多种文化于一体，形成新型地域文化，即敦煌文化……成为多民族文化交汇之地，农耕文化、游牧文化、绿洲文化、工商文化交汇之地，三大宗教、四大文明独一无二的融汇之地。"[⑤]敦煌研究院马德研究员也发现："经过与西方契约精神的比较，敦煌契约体现出丰富多彩的民族精神，已经远远超出了西方契约精神的内容，成为民族优秀传统文化的一部分，展示了中华民族的民族精神。"[⑥]

---

① 唐晓峰：《新订人文地理随笔》，北京：生活·读书·新知三联书店2018年版，第30页。

② 姜亮夫：《敦煌学概论》，北京：北京出版社2004年版，第49—50页。

③ 刘鉴唐、杜文平：《敦煌居民·生活·组织与敦煌卷子·成因·封藏》，《文史杂志》1995年第6期。

④ 李并成：《敦煌：世界四大文化体系汇流之地》，《中国社会科学报》2014年2月28日。

⑤ 李功国主编：《敦煌法学文稿》，北京：中国社会科学出版社2021年版，导言。

⑥ 马德：《敦煌契约与民族精神》，源自"讲信修睦——西域契约文书研究"学术研讨会发言内容，https://fxy.lixin.edu.cn/xwdt/107475.htm(2021年11月29日访问)。

循着王斐弘教授对敦煌“五契四书”照出的深邃而又明亮的理论烛光，我异常兴奋地发现，在敦煌契约中，身份与契约、对等与互惠、公法与私法、神圣与世俗，以及私力救济（“一任掣夺”）与公力救济（严禁“契外掣夺”）这几个今天看来是显而易见的二元对立的概念和范畴，在当时的敦煌，却是统一的，而不是分裂的，是和谐的，而不是冲突的[①]。这不正是人类原生契约的完整精神吗？基于王斐弘教授和以上前辈学人的启示，我大致确信，从敦煌契约中能够寻觅到东西方契约共通的精神因子。近代欧洲文明进步的历史，并非如梅因所说的是“从身份到契约”的历史，而是“契约丢失身份”的历史，梅因是把西方进步的特殊历史逻辑，视为人类文明演进的普遍历史逻辑了。同理，从“天道无亲，契者恒存”切入，中华文明的长周期韧性之谜，应该能够管窥大略。如果人类契约文明的东西分岔和分殊演化也同样起始于敦煌，而原生契约文明的历史底色还在中国，这一定是一个激动人心的发现。这等于为人类契约文明的重归共识找到了一线希望，也为中国契约文明的制度自信和主体性自觉找到了文化根性！

（王勇，西北师范大学法学院教授。）

① 王斐弘：《敦煌契约文书研究》，北京：商务印书馆2021年版，第121页。

凉州金山石佛崖石窟初探

赵大泰

在甘肃省武威市凉州区，除了有天梯山石窟、亥母洞石窟两个较大的石窟，还有石佛崖石窟、观音山石窟等小型石窟。依托甘肃省文物局组织的“甘肃省中小石窟调查”项目，有关部门对石佛崖石窟进行了调查。但截至目前，因对石佛崖石窟没有进行过系统的考古和研究，许多情况还不甚了解。

石佛崖石窟位于今武威城西南60公里处的金山镇小口子村的南山之巅。这座山为东西走向，是祁连山的一条支脉，石窟西北为永昌县南坝乡，东北为凉州区金山镇。现存石窟12个，多数开凿在半山腰，无法攀登。石窟坐西朝东，分上下两层，大窟有6个，其中一大窟高4米、深3米、宽4米，窟内遗存佛座，泥塑彩绘一佛二弟子像和供养人像。窟前有一平台，平台东西长8米，南北宽6米，经调查核实为当时寺院的一座大殿。六个大窟内其中下层有一窟为方门中心柱窟。

一、石佛崖古名“第五山”的来历

凉州石佛崖，在古代叫作“第五山”，因与天梯山连绵一脉，也叫“天梯第五山”。其得名来历可以追溯到东汉，直至清代才有“石佛崖”之名的记载。武威文史专家王宝元先生认为，“第五山”的名字，来自于东汉时期的循吏“第五访”。这里的“第五”，并非“第一、第二、第三、第四、第五”的序数，而是一个复姓，就像“东方、欧阳”一样。因第五访这位贤良的太守曾临此山，为纪念他的功德，取其复姓“第五”作山名。

在《后汉书》卷七十六《循吏列传》第六十六有第五访的传记：

第五访字仲谋，京兆长陵人。司空伦之族孙也。少孤贫，常佣耕以养兄嫂。有闲暇，则以学文。仕郡为功曹，察孝廉，补新都令。政平化行，三年之间，邻县归之，户口十倍。

迁张掖太守。岁饥，粟石数千，访乃开仓赈给以救其敝。吏惧谴，争欲上言。访曰："若上须报，是弃民也。太守乐以一身救百姓！"遂出谷赋人。顺帝玺书嘉之。由是一郡得全。岁余，官民并丰，界无奸盗。

迁南阳太守，去官。拜护羌校尉，边境服其威信。卒于官。

第五氏家族其先为齐国诸田，后因诸田繁衍，迁出园陵的人多了，改以次第为姓氏。第五访，字仲谋，京兆长陵人，司空第五伦的同族孙子。第五访小时候失去父亲，家贫。为供养兄嫂，他经常受雇于人耕田种地。一有空闲，就学习文化。他出任郡府功曹，被选拔为孝廉，并补任新都令。他施政平允，推行教化，三年之内，邻县的百姓来投奔他，户口比过去增加了十倍。

后升任张掖太守。年成饥荒，一石粮食的价格涨到几千钱。第五访就打开粮仓救济百姓渡过难关。官员们害怕被追究，争着上报朝廷。

第五访说："若是上书再等到答复，就是丢下老百姓不管。我情愿用自己的性命来救百姓！"于是拿出粮食分给百姓。

汉顺帝刘保（125—144年在位）下诏书褒奖第五访。全郡的百姓由此得到了保全。一年多后，官员百姓一并丰足，郡内没有发生奸邪盗贼的事情。

后调任南阳太守。永寿元年（155年），护羌校尉张贡去世，已经辞官的第五访被再度起用，代为校尉，西部边境地区的人都信服他的威信，汉羌两方相安无事。延熹二年（159年），第五访在任上去世，以中郎将段颎代为校尉。

《后汉书·西羌传》有记载：

永寿元年，校尉张贡卒，以前南阳太守第五访代为校尉，甚有威惠，西垂无事。延熹二年，访卒，以中郎将段颎代为校尉。

二、前凉时期的“第五山”

在《晋书》卷八十六中记述了前凉第二位君主、张轨的儿子张寔被害的过程，与客居天梯第五山的左道刘弘有关：

> 初，寔寝室梁间有人像，无头，久而乃灭，寔甚恶之。
>
> 京兆人刘弘者，挟左道，客居天梯第五山，然灯悬镜于山穴中为光明，以惑百姓，受道者千余人，寔左右皆事之。帐下阎沙、牙门赵仰皆弘乡人，弘谓之曰：“天与我神玺，应王凉州。”沙、仰信之，密与寔左右十余人谋杀寔，奉弘为主。寔潜知其谋，收弘杀之。沙等不之知，以其夜害寔。
>
> 在位六年。私谥曰昭公，元帝赐谥曰元。子骏，年幼，弟茂摄事。

西晋末年，相继爆发八王之乱和永嘉之乱，中原战火熊熊，百姓流离失所，唯独西北的凉州偏安一隅。民谣唱道：“永嘉中，血没腕，惟有凉州倚柱观。”大批的难民从陕西、山西、河南投避凉州。当时的凉州刺史张轨尊儒重教，轻徭薄赋，深得州郡百姓爱戴，张轨以开阔的胸怀收留逃难的百姓，分武威郡新设武兴郡，给难民以田谷、牛马，令其耕作。

张轨时期，流寓到凉州的中原文化人不但有儒士、道士，还有杂家、术算家，这些人都得到优待，令其自开讲席，宣言教化。这些人中难免鱼龙混杂、良莠不齐。

刘弘正是这个时候寄籍武兴郡的难民。刘弘是京兆人，擅长旁门左道，他客居在天梯第五山，在山穴中派人安置灯烛和镜子，念动咒语后让山穴大放光明，以此迷惑百姓，跟随者达到千余人。

张轨去世后，长子张寔继位。张寔的手下也有多人被刘宏蛊惑，尤其是刘弘的同乡阎沙、赵仰。刘弘鼓吹说：“天与我神玺，应王凉州。”阎沙、赵仰深信不疑，谋划刺杀张寔，拥立刘弘为王。

张寔得到密报，立刻派兵前往第五山，砍了刘弘的首级。阎沙、赵仰却不知情，当晚二人潜入张寔住所，一顿乱刀，把张寔劈死在床，趁混乱逃了出去。

后来，张寔的弟弟张茂继任凉州刺史，发动州郡官兵对刘弘组织进行清剿，“诛阎涉及党与数百人”。

三、前秦时期的“第五山”

《前秦录》记载：

> 处士张忠隐于第五山中，凿石为釜，容六斗四升。

前秦（350—394），由氐族人苻洪建立。376年，前秦苻坚派兵消灭了前凉，凉州之地归于前秦管辖。处士，为古代有德才不愿做官，隐居山林的名士，得到世人的尊崇。在1600多年前，名士张忠选择了武威第五山作为他隐居讲学之处，凿成的石釜能容六斗四升，其弟子之多，可以想见。

四、清朝时期的“第五山”

清朝时期，盛行编撰方志，而且大多保存完好、流传后世。方志中对于武威第五山的记载也比较详细。

张澍编著的《凉州府志备考》引《一统志》：

> 第五山：姑臧（今武威市）界有第五山，青泉茂林，悬崖有石室，自昔为隐士所居。

《凉州府志备考》祥异古迹共卷一里记载：

> 《寰宇记》姑臧第五山，夏函霜雪，有泉茂林，悬崖修竹，自古多为隐士所居，尤多窟穴。

《文渊阁四库全书·甘肃通志》：

> 第五山，在武威县西一百二十里，上有清泉茂林修竹，悬崖石室，昔为隐士所居，今名石佛崖。

《甘肃通志》是现存第一部甘肃省级旧地方志书，清甘肃巡抚许容监修，进士李迪、张能第、甄汝翼、郑铎、樊初荀等于雍正十三年（1735年）撰出，乾隆元年（1736年）刊刻成书，同年进呈皇帝，后抄入《四库全书》史部地理类都会郡县属。昇允、长庚编撰，清宣统元年（1909年）出版的刻本形式的地方志《甘肃新通志》中关于“第五山”的记载与《甘肃通志》中相同。

《五凉考治六德集全志·武威县志》中记载：

> 第五山：县西一百三十里，炭山堡西南，清泉茂林，悬崖石室，昔隐士所居，尚有石床石几诸遗迹。

综上所述，武威第五山，清代又称石佛崖，青泉茂林，悬崖有石室，自古就是隐士居住之所，尚有石床、石几诸遗迹，在省、府、县志书的地理山水篇都有记载。

武威县进士张美如，字尊五，号玉溪。嘉庆十二年（1807年）中举人，次年连捷中进士，入选翰林院庶吉士，曾任户部主事、户部员外郎。后辞官回乡治学，他自号“第五山樵”。

五、金山镇周边的石佛崖石窟

金山镇因境内原有古刹“金山寺”而得名，地处凉州区最西端，东临凉州区康宁镇，西接金昌市永昌县南坝乡，南连张掖市肃南县皇城镇，北靠凉州区丰乐镇。全镇辖炭山、金山、营盘、崖湾、大口子、小口子6个行政村，镇政府驻炭山村。

金山镇地处三市交界之地，境内有石佛崖石窟，在周边永昌县则称之为南坝乡石佛崖石窟。在肃南县皇城镇也有石佛崖石窟，这不能武断地说纯属巧合，其中估计有深厚的历史渊源。

皇城镇的石佛崖石窟，位于大湖滩村。石窟群修凿在崖壁上，海拔高度约2750米，现存8个洞窟，残存唐代塑像与壁画遗存，以及西夏或元代重修的壁画遗存。

在南坝乡境内，石佛崖石窟五华里之外有云庄寺和云庄寺石窟。云庄寺原名云转禅寺，据考证初建年代为晋初，先凿石窟后建寺院，明朝正统六年（1441年）重建。云庄寺屡遭天灾人祸毁坏，现存清代乾隆年间永昌县进士南济汉撰写的残碑一座，以及石刻“松涛涌云”“云庄铺翠”、天桥遗址等文物。每年农历六月六日，云庄寺举办“朝山节”，是当地著名的民俗节会，游人如织，热闹非凡。

云庄寺石窟，今存大小洞窟21个，分布在云庄山主峰之下一个长约180米，高约60米的整体石壁的阳面。清《五凉考治六德集全志》和《永昌县志》记：“晋僧刘摩阿栖云庄山寺石窟中。”“摩阿，俗姓刘，栖云庄山。山腰有石洞，疑即其挂锡处也，北凉时西游至酒泉殁，而荼毗（指僧人死后火化）骨化为珠，血化为丹。”又记云庄山：“县东南七十里，曰云庄山，其麓近河，云气翁郁因名，上多松。始置传为晋僧摩阿。北岩有石房，中有石榻，其故居也。佛寺道观，高下参差。虽鲜壮丽，而幽洁可玩。盘道有石，斜与寺对，天然一碑，上镌‘松云涌翠’四字彦之。”

六、东晋高僧刘萨诃在河西的活动

刘萨诃（360—436），俗名刘窣和，法号慧达，又称利宾菩萨。稽胡族（匈奴的别种），并州西河离石（今山西省吕梁市离石区）人。中国历史上第一代赴古印度取经，并最早归国弘法度生的高僧，不仅被神化为观世音菩萨假形化俗，更与佛陀释迦牟尼并比齐肩，被尊称为刘萨诃、刘摩诃、刘师佛。佛教第二十二代宗师，被视为佛教彻底中国化的重要标志性人物之一。他的预言神翼超群，引人入胜，深受家乡及河西人民的拥护与爱戴。

刘萨诃，生于东晋穆帝升平四年（360年），圆寂于北魏太武帝太延二年（436年），享年七十六岁，弘法四十余年。

刘萨诃少年放荡，曾从军为将，镇守襄阳。三十一岁因酗酒昏死七日，醒后觉悟，毅然于五台山出家，法号慧达。390—397年间，刘萨诃在江南地区云游巡礼，因礼拜阿育王寺佛塔基时放光，感佛舍利、牙齿、头发涌出，轰动了江南大地。

江南巡礼数年后，刘萨诃踏上了赴天竺（古印度）取经求法的漫漫西行路。刘萨诃只身行至于阗（今新疆和阗县）时遇到高僧法显、慧景及道整等，便一同前行。历经千辛万苦，刘萨诃等到达了北印度（今阿富汗境内）的小石岑佛影窟参礼了“佛齿和佛顶骨”，后取得了多部梵文佛经。409年，离乡十年后刘萨诃与宝坛，僧景回到故土，成为历史上西行取经最早的归国弘法者，先于法显等三年回国，比唐玄奘更是早了230年。409—415年间，刘萨诃在家乡弘法度生六年，一时官民云集，普为感化，并争绘其像，以为供养。

415—436年，刘萨诃再度西行敦煌、凉州等地直至圆寂，在河西弘法度生22年。其中流传他以手推山、导洪救民等大量传说故事，以及酒泉城西古寺塑像，祁连山云转寺坐禅窟等诸多遗迹。而最为神奇的，莫过于刘萨诃对凉州瑞像的预言，武威发现的《凉州御山石佛瑞像因缘记碑》对此事亦有记述。

北魏太延元年（435年），刘萨诃到凉州番禾郡（今永昌县焦家庄水磨关），向御容山礼拜，大家不明所以，他就预言御容山的山崖将出现大佛像，若佛像完整，则天下太平，如其有缺，天下大乱。说完继续西行，并于次年（436年）圆寂于酒泉城西七里涧。

86年后的一天，雷电大作，山崖震动，只听一声天崩地裂之巨响，石壁间居然真的出现一尊高丈八的无头天然大佛像。人们想起刘萨诃的预言，为了阻止天下大乱，立即为无头大佛安装石佛头，但都是每放必落，不能成功。当时正是中国历史上天灾人祸最为横行的南北朝时期。

又过了30多年，凉州七里涧（刘萨诃涅槃之地）出现发光的石佛头，被送入佛寺供奉，再辗转送到二百里外的御容山。佛头安装在无头佛像上，竟身首璧合，俨然一体。即时灵光遍照，且一时国泰民安，百姓无不称庆，便在此修建瑞像寺。

北周时期，佛头又无故跌落，无法安上，是574年北周武帝灭佛和北周灭亡的凶兆。果然不久，北周武帝下令禁止佛教，没收佛寺，充公寺产，强迫僧尼还俗。直至隋文帝开皇初年提倡佛法，佛教再度复兴，佛像于是又能身首合一。

609年，隋炀帝到河西巡视，亲临瑞像寺烧香拜佛，下旨增修此寺，赐名为“感通寺”，又御笔题额“圣容道场”，通令全国各地派人到御容山摹写大佛真容，这就是凉州瑞像。

到了唐代，凉州瑞像的故事被绘制在了莫高窟的多个洞窟中。唐太宗、中宗复不断加封，为纪念刘萨诃的瑞像预言，赐改寺名为圣容寺。大唐贞观十八年（644年），名闻中外的三藏法师唐玄奘于取经归国途中，为仰慕先贤，曾专程赴圣容寺谒拜并讲经三日。

刘萨诃对于莫高窟的开凿也做出了重大的贡献，是继乐僔、法良二大师首开（共一窟）之后，大规模策划兴建莫高窟的最重要人物之一，为莫高窟最终成为世界艺术宝库奠定了坚实的基础。唐代第203、300、323号窟，五代第61、72、98号窟等壁画，就广泛涉及大师从出家、印度取经到河西弘法等各个时期，共达30多个方面的重要活动。又宋代第72窟西壁上除在显著位置绘其独身画像外，还特别标明“圣者刘萨诃大和尚”字样。从藏经洞文献中，用绢画、绣画等艺术形式对他做了生动描绘，更用大量文字，几乎记录了大师一生的全部事迹。

七、结语

凉州石佛崖，古名“第五山”或者“天梯第五山”，因为纪念曾经任“张掖太守”和“护羌校尉”的东汉循吏第五访而得名。前凉时期，左道刘弘客居“天梯第五山”，蛊惑门徒杀害了前凉国主张寔。前秦时期，处士张忠隐居第五山，收徒讲学。到了清代，省、府、县的方志中对第五山多有记载。

如今一提到石窟，一般认为是佛教石窟。然而在东晋十六国时期的河西走廊，石窟中儒士可以隐居讲学，道士可以传道施法，僧人也可以弘扬佛法，呈现出兼容并存、互相借鉴又互相竞争的局面，颇有“百家争鸣”的古风。佛教从古印度经由西域传入河西走廊，中原文化也随着大量的战争难民传入河西走廊，多种文化在河西大地交往、交流、交融，形成了灿烂辉煌的五凉文化，并最终反哺中原，成为隋唐文化的重要一源。

凉州金山石佛崖石窟，在永昌县被称作南坝乡石佛崖石窟，在周边还有肃南县皇城镇石佛崖石窟。这应该不是巧合，而是有着深厚的历史渊源。南坝乡石佛崖石窟附近的云庄寺石窟曾经是佛教第二十二代宗师，被视为佛教彻底中国化的重要标志性人物之一的刘萨诃的驻锡之地。分析刘萨诃在河西走廊的经历，尤其是他对凉州瑞像的预言、对敦煌莫高窟的贡献，我们有理由断定三地的石佛崖石窟有着密切的联系，与刘萨诃可能有着莫大的因缘。

（赵大泰，武威市凉州文化研究院副研究员。）

北魏“神部”问题研究

刘　凯

引　言

自三代以降，祭祀之礼便在古人心目中占有极重要之地位[①]，北魏虽起自朔漠，为拓跋鲜卑建极，然关注礼制，尤重祭祀，史籍所载，屡有征见。孝文帝征马圈时，执散骑常侍兼祠部尚书宋弁手曰：“国之大事，在祀与戎，故令卿绾摄二曹，可不自

① 作为儒家经典之一的《礼记》，《祭统》篇开篇即言：“凡治人之道，莫急于礼。礼有五经，莫重于祭。”郑注云：“礼有五经，谓吉礼、凶礼、军礼、宾礼、嘉礼也。莫重于祭，谓以吉礼为首也。大宗伯职曰以吉礼事邦国之鬼神祇。”（《十三经注疏·礼记正义》，北京：中华书局1980年版，第1602页下）《左传》成公十三年“三月公如京师”条所谓：“国之大事，在祀与戎。祀有执膰，戎有受脤，神之大节也。”（《十三经注疏·春秋左传正义》，北京：中华书局1980年版，第1911页中、下）同样反映出“治出于一”时代对祭祀之礼的崇奉。“治出于一”之论出自《新唐书》卷十一《礼乐志一》：“由三代而上，治出于一，而礼乐达于天下；由三代而下，治出于二，而礼乐为虚名。古者，宫室车舆以为居，衣裳冕弁以为服，尊爵俎豆以为器，金石丝竹以为乐，以适郊庙，以临朝廷，以事神而治民。其岁时聚会以为朝觐、聘问，欢欣交接以为射乡、食飨，合众兴事以为师田、学校，下至里闾田亩，吉凶哀乐，凡民之事，莫不一出于礼。由之以教其民为孝慈、友悌、忠信、仁义者，常不出于居处、动作、衣服、饮食之间。盖其朝夕从事者，无非乎此也。此所谓治出于一，而礼乐达天下，使天下安习而行之，不知所以迁善远罪而成俗也。”（北京：中华书局1975年版，第307页），阎步克先生《服周之冕》（北京：中华书局2009年版，第159页）及杨英先生《祈望和谐——周秦两汉王朝祭礼的演进及其规律》（北京：商务印书馆2009年版，第26—29页）对此有所论述，可以参看。

勉。”[①]其时又有“国之大事，唯祀与戎，庙配事重，不敢专决”[②]“臣闻国之大事，莫先郊祀，郊祀之本，实在审位”[③]“臣闻国之大事，唯祀与戎”[④]等言论见诸史册。即便是孝文帝改革，礼制改革“如单就细目划分，几乎要占到百分之七十以上”，“而在礼制改革中，有关祭典的变革与措施则又占了大半，可见祭典的兴革一直是孝文帝礼制改革的核心”[⑤]。孝文帝太和十三年所言“详定朝令，祀为事首”当是对“尤重祭祀”的绝好说明。祭祀之事既重，执掌祭祀事物之机构及其职官便不可不详查。然于北魏祭祀相关之机构、职官，历来研究者主要着眼于“祠部”，鲜有论及“神部”者[⑥]。严耕望先生《北魏尚书制度考》一文在考述北魏尚书制度方面有集大成之功，对“神部”之职亦有涉及，惜因先生文章非着重于此，使得相关论述稍嫌简略；且于论述“神部长”“神部令”时仍然留有疑问，“则此长、令或即祠部长、令欤？然亦可能祠部神部各为曹并属于一尚书也”[⑦]。严耀中先生在《北魏前期政治制度》一书中提出了神部和祠部“很可能是内外朝相对应的部门”的假设[⑧]，颇有创建，憾于目前无相关史料

---

①《魏书》卷六十三《宋弁传》，北京：中华书局1974年版，第1416页。

② 出自《魏书》卷一百零八《礼志二》熙平二年（517年）三月癸未太常少卿元端上言，第2762页。

③ 出自《魏书》卷五十五《刘芳传》刘芳转太常卿后论“五郊及日月之位，去城里数于礼有违，又灵星、周公之祀，不应隶太常”的表疏，第1223页。

④ 出自《魏书》卷七十二《路恃庆传》路思令转尚书右民郎后的上疏，第1619页。

⑤ 康乐：《从西郊到南郊：拓拔魏的“国家祭典”与孝文帝的“礼制改革”》，收入氏著《从西郊到南郊：国家祭典与北魏政治》，台北：稻禾出版社1995年版，第184页；又见于《台湾学者中国史论丛·政治与权力》，北京：中国大百科全书出版社2005年版，第220页。

⑥ 对“神部”之职有所论述的主要文章（包含著作中对此有相关论述的）有：严耕望《北魏尚书制度考》，载《中央研究院历史语言研究所集刊》第18本，1948年，第251—360页；严耀中《北魏前期政治制度》中相关章节，长春：吉林教育出版社1990年版，第64页；俞鹿年《北魏职官制度考》部分章节，北京：社会科学文献出版社2008年版，第34—47页。

⑦ 严耕望：《北魏尚书制度考》，第341页。

⑧“神部和祠部，选部和吏部，很可能是内外朝相对应的部门，而不是一个部有两个名称。”（严耀中：《北魏前期政治制度》，第64页）对于此论点，俞鹿年先生提出相反意见，认为“这只是一种猜测。北魏前期固然以内省控制外朝，外朝有秘书省，内省有内秘书曹，但不是所有外朝机构在内省都有一个对应的机构，神部与祠部、吏部与选部则只是互名罢了，都是尚书省的属曹，内省并不设选部与神部。”（俞鹿年：《北魏职官制度考》，第39页）本文认为对于“内外朝都有对应的机构”的观点，俞鹿年先生的论述具有更充分的史料依据；神部和祠部“很可能是内外朝相对应的部门”的观点颇有创建，但因为目前所知史料有限，不能充分地支持此论点，故于此不取。

支持，严先生的观点无法得到印证。

钩沉史料，可以发现“神部”所冠名之职官见于北魏前期，目前可见者三，分别为“神部尚书”“神部长”“神部令”。此三职官均为目前史籍仅见，且存在以“神部”命官的尚书一职，故本文试图以此三职官为突破点，对其隶属机构——神部——的存在时间、执掌典守、设官分职、《资治通鉴》胡注所涉及“八部”问题、后来去向及其与祠部关系等问题进行考察，冀窥“神部”之一斑。

一、“神部”所见三职官蠡考

目下可见以“神部”冠名之北魏职官有三，分别为“神部令”“神部长”与“神部尚书”。谨先结合史料依次考证其出现时间及相关问题：

（一）“神部令”辛绍先

《魏书》卷四十五《辛绍先传》：“辛绍先，陇西狄道人……父渊……以义烈见称西土。世祖之平凉州，绍先内徙，家于晋阳。明敏有识量，与广平游明根、范阳卢度世、同郡李承等甚相友善……自中书博士，转神部令。皇兴中，薛安都以彭城归国，时朝廷欲绥安初附，以绍先为下邳太守，加宁朔将军。”[①]又，《册府元龟》卷六百七十一《牧守部·选任》载：“辛绍先为神部令。献文皇兴中，薛安都以彭城归国，朝廷欲绥

---

①《魏书》，第1025页。《北史》卷二十六《辛绍先传》所载略同，唯辛绍先父作“深”，当是避唐高祖李渊讳改。又中华书局1974年版《北史》此段校勘记云：“诸本‘承’下衍‘昭’字，‘友’下无‘善’字，据《魏书》删补。李承，李宝之子，见《魏书》卷三九《李宝传》……李氏称陇西狄道人，故与绍先为同郡。”此论确然。《北史》，北京：中华书局1974年版，第968页。

安初附，以绍先为下邳太守，加宁朔将军。”[①]按，辛绍先由中书博士转神部令，考《魏书》卷八十四《儒林传》序云：“太宗（明元帝嗣）世，改国子为中书学，立教授博士。”[②]可知中书博士设置是在明元帝时期。又，《魏书》所见最早的中书博士担任者为李顺，卷三十六《李顺传》载：“神瑞中，中书博士，转中书侍郎。”[③]观此，则中书博士之职当起于明元帝神瑞年间（414—415）[④]。辛绍先与广平游明根、范阳卢度世都曾在中书[⑤]，故能相识、“友善”。“世祖之平凉州”当是指太武帝亲率大军灭亡北凉一事，时在太延五年（439年）九月丙戌[⑥]。

又，薛安都以彭城归魏时在宋泰始二年末三年初，即魏天安元年末皇兴元年初，《魏书》卷六《显祖献文帝纪》：“（天安元年九月）刘彧徐州刺史薛安都以彭城内属，

---

① 王钦若等编：《宋本册府元龟》，北京：中华书局1989年影印宋刻本，第2269页下；亦见于王钦若等编：《册府元龟》，北京：中华书局1960年影印明刻本，第8022页。关于明刻本《册府元龟》可参看日人宇都宫清吉《明板冊府元龜に就いて》，刊於《東洋史研究》1936年第2卷第2號。又，《册府》之史料价值学界认同多有变化，“前人每重《御览》而轻《册府》……明末诸儒如顾炎武等对《册府》尚不断引用，其后致力者遂稀。”（陈垣先生《影印明本册府元龟序》之语）然，其一诚如陈垣先生所言：“其（《册府元龟》）所见史，又皆北宋以前古本，故可以校史，亦可以补史。”其二，“神部令”辛绍先及下述“神部长”奚买奴的记载除《魏书》《北史》两正史所载外，目下管见所及实只在《册府》之中矣；且“神部长”奚买奴之材料亦只见于中华书局1960年影印明刻本中，而中华书局1989年影印《宋本册府元龟》则阙此文所在卷，是《册府》相关“神部”记载自有其不可忽视之价值，故于此引之。

② 《魏书》，第1842页。

③ 《魏书》，第829页。关于中书博士，梁满仓先生《北魏中书学》（收入氏著：《魏晋南北朝五礼制度考论》“五礼制度的学术文化背景”之“附录”，北京：社会科学文献出版社2009年版，第107—125页）一文有详细考证，可参看。

④ 本文涉及年份参考陈垣：《二十史朔闰表》，北京：古籍出版社，1956年；及方诗铭：《中国历史纪念表》，上海：上海辞书出版社，1980年。

⑤ 游明根，《魏书》卷五十五《游明根传》：“和龙平，明根乃得归乡里。游雅称荐之，世祖擢为中书学生。”（第1213页）《北史》卷三十四《游雅附从祖弟明根传》：“年十六，辞雅归乡里……雅称荐之，太武擢为中书学生。”（第1251页）卢度世，《魏书》卷四十七《卢玄传》：“子度世……为中书学生，应选东宫。”（第1045页），《北史》卷三〇《卢玄传》所记相同。

⑥ 《魏书》卷四上《世祖太武帝纪》：“（太延五年）六月甲辰，车驾西讨沮渠牧犍……八月……丙申，车驾至姑臧，牧犍兄子祖逾城来降，乃分军围之。九月丙戌，牧犍兄子万年率麾下来降。是日，牧犍与左右文武五千人面缚军门。”（第89—90页）后记有“冬十月辛酉……徙凉州民三万余家于京师”（第90页），但绍先内徙之后，“家于晋阳”，当非在此迁于京师的三万余家之中。

彧将张永、沈攸之击安都……皇兴元年春正月癸巳，尉元大破张永、沈攸之于吕梁东……永、攸之单骑走免……刘彧遣使朝贡。”[①]又，《魏书》卷一百一十四《释老志》：“是年（天安元年），刘彧徐州刺史薛安都始以城地来降。明年（皇兴元年），尽有淮北之地。”[②]考《资治通鉴》卷一百三十二《宋纪十四·明帝泰始三年》：“五月……尉元以书谕徐州刺史王玄载，玄载弃下邳走，魏以陇西辛绍先为下邳太守。”[③]宋泰始三年当魏皇兴元年（467年）。从此可知辛绍先迁下邳太守在皇兴元年（467年）五月。

故，辛绍先任“神部令”时间当限定在太延五年（439年）九月丙戌之后，皇兴元年（467年）五月之前。此时期存在年号有太武帝焘之太平真君（计十一年）、正平（计一年零十个月：元年六月太武帝薨，二年十月高宗即位改年），文成帝濬之兴安、兴光、太安、和平，献文帝宏之天安元年。考《魏书》卷一百一十三《官氏志》在上述时期，与此相关的记载有“（真君五年）又选诸曹良吏，给事东宫”及文成帝兴安二年正月“置驾部尚书、右士尚书”[④]，无神部或相近的祠部任何记载。于此可以肯定的是在献文帝初（天安元年及皇兴元年，即466至467年）存在“神部令”一职。

（二）“神部长”奚买奴

《魏书》卷二十九《奚斤传》：“（奚斤子他观弟拔）子买奴，有宠于显祖，官至神部长。与安成王万安国不平，安国矫诏杀买奴于苑内。高祖赐安国死，追赠买奴为并州刺史、新兴公。”[⑤]《魏书》卷三十四《万安国传》：“万安国，代人也。祖真，世为酋帅……父振，尚高阳长公主……赐爵冯翊公。安国少明敏，有姿貌。以国甥，复尚河南公主，拜驸马都尉。迁散骑常侍。显祖特亲宠之，与同卧起，为立第宅……超拜大司马、大将军，封安城王。安国先与神部长奚买奴不平，承明初，矫诏杀买奴于苑中。高祖闻之，大怒，遂赐安国死。年二十三。”[⑥]《册府元龟》卷四百四十九《将帅部·专杀》载：“后魏万安国，孝文时为大司马、大将军。先与神部长奚买奴不平。承

① 《魏书》，第127页。

② 《魏书》，第3037页。

③ 《资治通鉴》，北京：中华书局1956年版，第4139页。

④ 《魏书》，第2975页。

⑤ 《魏书》，第702页。

⑥ 《魏书》，第804页。《北史》卷二十五《万安国传》所记基本相同。

明初，矫诏杀买奴于苑中。帝闻之，大怒，遂赐安国死。”①

《魏书》卷七上《高祖孝文帝纪》较为详细地记载了万安国矫诏杀奚买奴的时代背景：“（承明元年）六月甲子，诏中外戒严，分京师见兵为三等，第一军出，遣第一兵，二等兵亦如之。辛未，太上皇帝崩。壬申，大赦，改年。大司马、大将军、安城王万安国坐矫诏杀神部长奚买奴于苑中，赐死。戊寅，征西大将军、安乐王长乐为太尉；尚书左仆射、南平公目辰为司徒，进封宜都王；南部尚书李䜣为司空。尊皇太后为太皇太后，临朝称制。”②时属孝文帝承明元年（476年）夏，则在孝文帝承明元年仍有“神部长”之职，自此后史书不复见。李凭先生《北魏平城时代》第四章“太后听政”之“文明太后临朝听政”节引用了上述《魏书·万安国》传的记载，指出：“万安国是献文帝的男宠，他以‘姿貌’获得献文帝的‘亲宠’，从而取得了最高层次的职位、将军称号和爵位……此时献文帝已经禅位七个月了。可见，献文帝当太上皇后依然掌握着最高统治权力……此处称万安国因矫诏杀奚买奴而激起孝文帝的‘大怒’，于是被杀。按，此时正是文明太后再次临朝听政之时，而孝文帝却年仅十岁，此‘大怒’恐非发自孝文帝，而是发自文明太后……上述这些人（指李惠、李䜣等）都死于文明太后听政后不久……总之，献文帝的势力很快就被消灭光了。”③万安国与神部长奚买奴不平之事由，限于史料阙如已无法详考，但结合《魏书·奚斤传》和《魏书·万安国传》记载，二人或“有宠于显祖”，或“显祖特亲宠之”，可能与“争宠”有关；而文明太后借万安国矫诏杀买奴事诛杀万安国，当为清除献文帝势力之政治博弈中一环节。

又，《资治通鉴》卷一百三十四《宋纪十六·苍梧王元徽四年》云：“（魏承明元年）魏大司马、大将军代人万安国坐矫诏杀神部长奚买奴，赐死。”胡注云：“神部，八部之一也。”④按，胡三省将神部作为“八部”之一，其生活于宋元之际（1230—1302），上据北魏（386—557）已有极远间隔，则胡氏所云“八部”具体当何指？窃以

① 第5324页。中华书局1989年影印《宋本册府元龟》阕卷四百四十九。此记载可见王钦若等编：《册府元龟》，北京：中华书局1960年影印明刻本，第5324页上；亦见于王钦若等编纂：《册府元龟（校订本）》，周勋出等校订，南京：凤凰出版社2006年版，第5057页。

② 《魏书》，第142页。

③ 李凭：《北魏平城时代（修订版）》，上海：上海古籍出版社2011年版，第202—206页。

④ 《资治通鉴卷》，第4187页。

为考察此问题，最为可靠的方法即是仅就《资治通鉴》北魏时段胡注涉及的“八部”记载进行相关考释。谨按时间先后将北魏时段胡注涉及的“八部”注释排比如下：

1.《资治通鉴》卷一百一十《晋纪三十二·安帝隆安二年》：“十二月，己丑，魏王珪（魏道武帝拓跋珪）即皇帝位，大赦，改元天兴……徙六州二十二郡守宰、豪杰二千家于代都，东至代郡，西及善无，南极阴馆，北尽参合，皆为畿内，其外四方、四维置八部师以监之。”胡注“八部师”云：“《魏书》作‘八部帅’。八部帅劝课农耕，量校收入，以为殿最。”①

按，胡注所云《魏书》“八部帅”记载当即《魏书》卷一百一十《食货志》所记：“太祖定中原……自五原至于棝阳塞外为屯田……天兴初，制定京邑，东至代郡，西及善无，南极阴馆，北尽参合，为畿内之田；其外四方四维置八部帅以监之，劝课农耕，量校收入，以为殿最。”②

2.《资治通鉴》卷一百一十一《晋纪三十三·安帝隆安三年》：“二月……甲子，珪（魏道武帝）分尚书三十六曹及外署，凡置三百六十曹，令八部大夫主之。”胡注“八部大夫”云：“八部大夫，恐当作‘八部大人’。魏王珪天兴元年，置八部大人于皇城，四方、四维一面置一人，以拟八座，谓之八国，各有属官，常侍、待诏直左右，出入王命。”③

按，“八部大夫”见于《魏书》卷一百一十三《官氏志》：“（道武帝天兴元年）十二月，置八部大夫、散骑常侍、待诏等官。其八部大夫于皇城四方四维面置一人，以拟八座，谓之八国常侍。待诏侍直左右，出入王命。”④

3.《资治通鉴》卷一百一十四《晋纪三十六·安帝义熙二年》：“六月……魏主珪（魏道武帝拓跋珪）规度平城，欲拟邺、洛、长安，修广宫室……于是发八部五百里内男丁筑灅南宫。”胡注“八部”云：“魏先有八部大人，既得中原，建平城为代都，分布八部于畿内。”⑤

4.《资治通鉴》卷一百一十七《晋纪三十九·安帝义熙十一年》：“魏比岁霜旱，

① 《资治通鉴》，第3483—3485页。

② 《魏书》，第2849—2850页。

③ 《资治通鉴》，第3488页。

④ 《魏书》，第2972页。

⑤ 《资治通鉴》，第3591页。

云、代之民多饥死……（明元帝嗣）乃简国人尤贫者诣山东三州就食，遣左部尚书代人周几帅众镇鲁口以安集之。”胡注“左部”云：“魏初，四方四维置八部大人，分东、西、南、北、左、右、前、后，后又置八部尚书。”①

按，周几官职此处作“左部尚书”，《北史》卷二十五《周几传》与此记基本相同，周几官职亦为“左部尚书”②。然考《魏书》卷三十《周几传》：“周几，代人也……太宗即位，为殿中侍御史，掌宿卫禁兵，断决称职。迁左民尚书。”③此处周几官职作“左民尚书”；又，据《魏书》卷一百一十二下《灵征志下》：“太宗神瑞二年（415年）十一月，右民尚书周几获白雉一于博陵安平以献。”④更出现了“右民尚书”。

考《魏书》卷一百一十三《官氏志》：“（太武帝焘）始光元年（424年）正月，置右民尚书。”⑤早于此的“太宗神瑞二年”当无“右民尚书”之职，则《魏书·灵征志下》所记太宗年间的“右民”当为“左民”或“左部”，首先排除。又，严耕望先生指出“（《北史·周几传》之左部）想应作左民”。⑥严氏“案：《宋书》有《官志》：‘魏世有吏部、左民、民曹、五兵、度支五曹尚书。’《晋志》，民曹作客曹。当以《晋志》为正，则仅有左民也⑦”，又“其时，燕为魏所灭，燕亦有民部尚书……程肇为吕光民部尚书……稍前，姚兴有左户尚书薛强……盖即左民之职也”⑧。其说可从。则周几官职当作“左民尚书”为是。胡注“左部尚书”当是“左民尚书”，《北史》卷二十五《周几传》书“左民”为“左部”，当是避唐太宗讳之故⑨。由此推论，则胡注所云“魏

---

①《资治通鉴》，第3680页。

②“周几，代人也……明元即位，为左部尚书，以军功封交趾侯。”《北史》，第912页。

③《魏书》，第726页。

④《魏书》，第2964页。

⑤《魏书》，第2975页。

⑥ 严耕望：《北魏尚书制度考》，第292页。

⑦ 笔者按，如前引《魏书》卷一百一十三《官氏志》：“（太武帝焘）始光元年（424年）正月置右民尚书。”当亦有右民尚书，非仅有左民也，而左民尚书自周几以后不复见于记载；又《通典》卷二十二《职官四》：“后魏有左民、右民等尚书，多领工役，非今户部之例。”然左民尚书、右民尚书仅见于魏初，孝文帝太和中又有左、右民曹，其主官为郎中而非尚书，当是左、右民曹为尚书郎曹而非尚书曹了。

⑧ 严耕望：《北魏尚书制度考》，第292页。

⑨ 中华书局1974年版《北史》卷二十五《周几传》校勘记（七）云：“明元即位为左部尚书。《魏书》卷三〇《周几传》‘部’作‘民’。《北史》避唐讳改。”第932页。

初，四方四维置八部大人，分东、西、南、北、左、右、前、后，后又置八部尚书”当存在值得商榷处。

5.《资治通鉴》卷一百三十四《宋纪十六·苍梧王元徽四年》：“魏大司马、大将军代人万安国坐矫诏杀神部长奚买奴，赐死。”胡注“神部”言：“神部，八部之一也。”①

若仅就第4中胡注“魏初，四方四维置八部大人，分东、西、南、北、左、右、前、后，后又置八部尚书”，按文意极易理解为“八部尚书”也是依照前面的“八部大人”四方四维各一的模式建立的。但此处胡注以为“神部”为“八部”之一，则此“八部”非是四方四维各置一部了；又，神部可考见之职官有神部令、神部长及神部尚书，神部令在献文帝初年已有，万安国坐矫诏杀神部长奚买奴时在孝文帝承明元年（476年）夏，而神部尚书可见于孝文帝太和十五年（491年）（下有论及），据此亦不为远，则胡注之“八部尚书”更不可理解为四方四维设置了八个方向的尚书。窃以为此处“分东、西、南、北、左、右、前、后，后又置八部尚书”，其中的“，”改为“。”当更合文意。如此则是说先是按照四方四维各一的模式设立了“八部大人”，此后“又置八部尚书”非必是按四方四维各一的模式设立的；质言之，“八部大人”非是后置之“八部尚书”的前身，至少在设立模式方面存在差异。

---

①《资治通鉴卷》，第4187页。

今日学者关于“八部”的研究成果颇丰，可资借鉴①。窃以为李凭先生在《北魏平城时代》中结合历史地理相关方法对八部大人和八部帅的考证更具说服力：

因为与自然地理上的区域不同，四方四维原本就是人为设定的一种方位概念，所以它既可以用来划分畿外，也能适用于畿内。《食货志》所言应是畿外的四方四维，而《官氏志》所言则是畿内的四方四维……如此说来，《食货志》与《官氏志》不仅不矛盾，而且两者可以互为补充地帮助我们了解经更选屯卫和计口受田后的京畿内外的情况。那就是：北魏建国之初将大同盆地及其周围山区划分为畿内与畿外两个区域。在畿内，安置的是内徙新民和经“离散”后的部民，他们在那里主要从事农业生产；在畿外，安置的是未被“离散”的游牧部落，他们继续从事游牧活动。无论是畿内还是畿外，都被划分为四方四维，畿内的四方四维归八部大夫管理，畿外的四方四维归八部帅监督……我以为，八部大夫和八部帅并不是一回事，前者的职权范围限于畿

---

①“八部”问题之焦点在于“八部大人”（见上2所引《魏书·官氏志》）和“八部帅”（见上1所引《魏书·食货志》）是否为一，按《食货志》及《通鉴》胡注八部帅所在为畿外，而《官氏志》所载之八部大夫则明确是在皇城四方四维，且“待诏侍直左右，出入王命”，当在畿内。日本学者内田吟风主张八部帅即八部大夫（参见内田吟風：《北朝政局に於ける鮮卑及諸北族系貴族の地位》，《東洋史研究》1936年第1卷第3號），国内学者何兹全先生亦认为二者“是一回事”（参见何兹全：《府兵制前的北朝兵制》，收入氏著《读史集》，上海：上海人民出版社1982年版，第323页）；山崎宏则提出相反看法，其据“其外”字样认为“八部帅”与“八部大夫”当是不同之职（参见山崎宏：《北魏の大人官に就いて(下)》，《東洋史研究》1947年第10卷第1號），黄惠贤先生指出八部帅管甸服之事，并随着地方行政的变化，“畿外八部大概已经不存在了”（黄惠贤：《中国政治制度通史·魏晋南北朝卷》，北京：人民出版社1996年版，第219页）；严耕望先生的观点是：“‘八国’决不限于京城，可能即《食货志》所称畿内之地，所谓‘其外’或亦误也”（严耕望：《中国地方行政制度史》，台北：台湾商务印书馆1990年版，第422页）；日本学者窪添庆文保守提出：“一般认为八部帅监管畿外之事，但究竟在参合陂‘北侧’是否设帅督管农业一点尚属疑问”（参见窪添庆文：《关于北魏前期的尚书省》文后注第8，《日本中青年学者论中国史·六朝隋唐卷》，上海：上海古籍出版社1995年版，第49—50页）；俞鹿年先生所著《北魏职官制度考》一书部分引用了卢开万先生的《代迁户初探》（参见卢开万：《代迁户初探》，《武汉大学学报》1980年第4期）一文的观点并给予肯定：“这里（指《食货志》）所说的‘四方四维’地区，并不能理解为‘畿内之田’的‘其外四方四维’。所谓‘其外’，是指皇城的‘其外’。”俞先生据此得出“八国即畿内八部，而八部大夫即八国帅”的结论（俞鹿年：《北魏职官制度考》，第18页）。

> 内，后者的职权范围限于畿外……又由于畿内和畿外都按四方四维划分，所以在“大夫”和“帅”前均冠以“八部”二字。以往将二者混淆的原因就在于将畿内与畿外的四方四维视为一体了。不过，由于畿外的地形很难严格地按照方位划分，所以八部帅各自监督的范围很可能只是一种笼统的划分……畿内则不同，由于新民已经计口受田，部民也已经分土定居，因此可以将他们活动的区域按照方位进行划分，便于北魏王朝实现直接的统治[①]。

今从此说。八部大人在畿内，史载其按四方四维设置且地理条件允许其如此设置。那么胡三省所谓“神部，八部之一也”，其中的“八部”当非是按四方四维设置的八部大人了；安置未被“离散”的游牧部落的八部帅在“其外四方四维”同样可以排除。那么胡注“神部，八部之一也”当是指上引通鉴材料之4“后又置八部尚书”中的“八部尚书”。

然而，关于“八部尚书”，笔者迄今未见任何直接论及之史料。“前史述北魏尚书分部与执掌之唯一史料”[②]是《南齐书》卷五十七《魏虏传》：“佛狸置三公、太宰、尚书令、仆射、侍中，与太子共决国事。殿中尚书知殿内兵马仓库，乐部尚书知伎乐及角史伍伯，驾部尚书知牛马驴骡，南部尚书知南边州郡，北部尚书知北边州郡。”[③]

---

① 李凭：《北魏平城时代（修订版）》，第53—57页。

② 严耕望：《北魏尚书制度考》，《严耕望史学论文选集》，北京：中华书局2006年版，第340页；文章附记言明此文只是发表在《中央研究院历史语言研究所集刊》第18本上《北魏尚书制度考》之一综述，非原文，故下引出自《严耕望史学论文选集》此篇时标注《选集》二字，以与《集刊》第18本上文章区别；出于《集刊》者则不标示。

③《南齐书》，北京：中华书局1972年版，第985页。

《南齐书·魏虏传》所记有殿中[①]、乐部、驾部、南部[②]、北部五尚书，但考核史料，此时绝非仅此五尚书，见诸史料者尚有选部尚书[③]、右民尚书[④]、仪曹尚书[⑤]、太仓尚书[⑥]，又有增设的西部尚书[⑦]。又，严氏认为“此时殿中盖为殿中之一部，其他诸部恐亦有此类者”，则八部尚书非是按四方四维设官执掌明矣，神部即是胡注所谓“神部，八部之

① 1987年山西灵丘出土的北魏《皇帝南巡之颂》碑（即文成帝《南巡碑》），所记时代稍后于拓跋焘，其上记有“宁南将军殿中尚书日南公斛骨乙莫干”，大致可佐证史籍记载。相关考证参见张庆捷《北魏文成帝<南巡碑>碑文考证》，《考古》1988年第4期。

②《汉魏南北朝墓志汇编·北魏》有《魏故使持节平北将军恒州刺史行唐伯元（龙）使君墓志铭》，铭文载其夫人洛阳纥干氏之“祖和突，南部尚书新城侯”。（赵超：《汉魏南北朝墓志汇编》，天津：天津古籍出版社1992年版，第45页）严耕望先生《北魏尚书制度考》“尚书分部”节之“南部尚书”条未载。按元龙为平文皇帝六世孙，卒于正始元年（504年），且据严耕望先生考证“南部尚书皆在太和十七年迁都改制以前”（《北魏尚书制度考》，第283页）。由此推算其夫人之祖任南部尚书之年代当大致在拓跋焘之时。又，《汉魏南北朝墓志汇编·北魏》有《故司空城扃参军陆（绍）君墓志铭》，铭文云其“曾」祖大羽真南部尚书使持节散骑常侍都督诸军事定」州刺史酒泉公”。（第235页）此曾祖当是陆丽，严氏《北魏尚书制度考》（第281页）对陆丽任南部尚书有所论述，自太武帝至文成帝时任职，此墓志可佐证之。

③ 如《魏书》卷十四《神元平文诸帝子孙·长乐王寿乐传》：“长乐王寿乐，章帝之后也。位选部尚书，南安王，改封长乐王。”（第346页）《魏书》卷二十九《奚斤传》：“和观弟拔，太宗时，内侍左右。世祖即位，稍迁侍中、选部尚书、镇南将军，赐爵乐陵公。”（第701页）《魏书》卷五十一《皮豹子传》：“皮豹子，渔阳人……世祖时……又拜选部尚书，余如故。”（第1129页）《魏书》卷九十四《阉官·赵黑传》：“世祖使进御膳，出入承奉，初无过行……转选部尚书，能自谨厉，当官任举，颇得其人。”（第2016页）

④ 如前引《魏书》卷一百一十三《官氏志》：“（太武帝焘）始光元年正月置右民尚书。”

⑤ 见《魏书》卷三十三《谷浑传》：“世祖即位，为中书侍郎，加振威将军。从征赫连昌，为骁骑将军。迁侍中、安南将军，领仪曹尚书，赐爵濮阳公。”（第781页）

⑥ 见《魏书》卷二十七《穆崇传》：“翰弟顗……出为北镇都将，征拜殿中尚书。出镇凉州，所在著称。还加散骑常侍，领太仓尚书。”（第675页）

⑦ 见《魏书》卷四十六《窦瑾传》：“迁秘书监，进爵卫国侯，加冠军将军，转西部尚书……征为殿中、都官尚书，仍散骑常侍。世祖亲待之，赏赐甚厚。”（第1035页）笔者按，此处严耕望先生以为：“太武一代任都官尚书之可考者仅得四人六任，其中二人四任皆云‘殿中都官尚书’，而观其行文尤足知为殿中之都官尚书，非由殿中尚书迁都官尚书也。”按严氏意“殿中盖为殿中之一部”，故此处窦瑾后被征任的“殿中、都官尚书”可归于《南齐书·魏虏传》所述“殿中尚书”。

一”中的一个；而此处“八部”当是指官制之有“八部”，确指“八部尚书”[①]；神部长、神部令当都是“神部”中的官职[②]。

（三）“神部尚书”王谌

《魏书》卷一百〇八《礼志三》：

唯高祖太和十四年文明太后崩……（太和十五年）九月丙戌，有司上言求卜祥日……丁亥，高祖宿于庙。至夜一刻，引诸王……令仆已下，奏事中散已上，及刺史、镇将，立哭于庙庭，三公、令仆升庙……质明荐羞……高祖荐酌，神部尚书王谌赞祝讫，哭拜遂出[③]。

又有：

十月，太尉丕奏曰：“窃闻太庙已就，明堂功毕，然享祀之礼，不可久旷。至于移庙之日，须得国之大姓，迁主安庙。神部尚书王谌既是庶姓，不宜参豫。臣昔以皇室宗属，迁世祖之主。先朝旧式，不敢不闻。”诏曰：“具闻所奏……先王制礼，职司有分。移庙之日，迁奉神主，皆太尉之事，朕亦亲自行事，不得越局，专委大姓。王谌所司，惟赞板而已。”[④]

---

① 不可否认，此时存在着以方位命令的尚书，诸如前叙南部尚书、北部尚书及增设的西部尚书，然此处所论者是《通鉴》胡注所云之“神部，八部之一也”中的“八部”，以明晰“神部”一名。胡注既云神部为八部之一，则此“八部”必不以方位明之则是可肯定者，故以方位命名之诸尚书当应在胡注“八部”所云之外。

②《通典》卷二十二《历代尚书》云：“后魏初有殿中、乐部、驾部、南部、北部五尚书。其后亦有吏部、兵部、都官、度支、七兵、祠部、民曹等尚书。又有金部……仪曹、右民、宰官……祈曹、神都、仪同曹等尚书。”注云：“自金部以下，但有尚书之名，而不详职事。”（杜佑：《通典》，王文锦、王永兴等点校，北京：中华书局1988年版，第602—603页）其中值得注意者当是“祈曹”“神都”两曹尚书，由字意推断此两职以宗教信仰相关字眼命名，似与祭祀之职事相关；尤可注意者是与本文所论“神部”相近之“神都”。按下文所论，“神部”设有“神部尚书”一职，而此处则有“神都尚书”，二者是其实本异？还是因书写之讹误分为二呢？窃以为书写讹误的可能性极大，但因史料所限，真实情况目前尚无法详考，谨于此提出，妄备一说。

③《魏书》，第2777—2789页。

④《魏书》，第2789页。

时在太和十五年，即491年，称“神部尚书”；又前考“‘神部’为‘八部’之一；神部长、神部令乃‘神部’中的官职”，则“神部”之中又有神部尚书一职。此点与严耕望先生论述北魏尚书制度的“重建及发展期——世祖太武帝至高祖孝文帝改制以前时代”特点之三相吻合，即“文以宗周秦汉之制，构成尚书、大夫、长、令、主书郎之纵的体系”[①]。九月，神部尚书在文明太后葬礼中掌“赞祝”；十月，太尉丕奏神部尚书王谌既是庶姓，不宜参豫移庙，孝文诏答以“移庙之日，迁奉神主，皆太尉之事……王谌所司，惟赞板而已”，对太尉之意表示赞成，予以批准，则“神部尚书”一职亦唯有“赞板”之份，“迁主安庙……不宜参豫”。此尚书职务可由汉人庶姓充任，反映出鲜卑汉化之趋势；但其职能在鲜卑大姓的威逼下多有局限，尚不能预拓跋统治集团之郊庙重事，则其一此职非为极重要职可见，其二保守拓跋贵族对汉化趋势有明显的抵触情绪，排斥中原习俗熏染鲜卑旧俗，权贵以奏议为形式，明先朝之旧式，劝谏君王禁止汉人庶姓参与“迁主安庙”之祭事折射出拓跋鲜卑对汉人某种程度上的戒备心理以及当时汉化的局限。康乐先生以为孝文帝在太和十五年（491年）至十七年（493年）虽然有较多的礼制改革，但“基本仍局限在强化中原系统祭典的层面上，北亚祭典固然也触动一些，还谈不上大事更张。这一点说明了当时他虽然已成为帝国唯一的统治者，然而在平城地区保守氛围的笼罩下，他显然还不敢放手施为”[②]。孝文帝对此事的处理印证了康乐先生的论断，亦从侧面反映出北魏前期胡化与汉化之斗争。

又，查《魏书》卷九十三《恩幸·王叡传》载王叡有弟名谌，史载：“叡弟谌，字厚诚。为给事中、安南将军、祠部尚书，赐爵上党公。加散骑常侍，领太史事。例降为侯。迁太常卿。”[③]此处记载王谌曾担任“祠部尚书”，其与“神部尚书”王谌是否为同一人？如果答案是肯定的，又为何同一人同一事件，在同一书中却既记为“神部尚书”，又书为“祠部尚书”？这是否又能证明“神部尚书”即是“祠部尚书”呢？再往后推论，是否可以佐证“神部”与“祠部”为同一机构呢？若是同一机构，为何书有不同名称呢？问题接踵而至，但起点只有一个，即从现有史料出发，论证解决“神部尚书王谌”（《魏书》卷一百〇八《礼志三》所载）与“祠部尚书王谌”（《魏书》卷

① 严耕望：《北魏尚书制度考》，第256页。

② 康乐：《从西郊到南郊：拓拔魏的“国家祭典”与孝文帝的“礼制改革”》，《从西郊到南郊：国家祭典与北魏政治》，第184页；又见于《台湾学者中国史论丛·政治与权力》，第220—221页。

③《魏书》，第1994页。

九十三《恩幸·王叡传》所载）是否为同一人；然后再以此个案为依据，对“神部”及其与“祠部”关系问题进行论证。

窃以为《魏书》卷九十三《恩幸·王叡传》与卷一百〇八《礼志三》所载王谌为同一人；之所以出现王谌官职在同一书中既记为“神部尚书”，又书为“祠部尚书”之现象，当是由于“神部尚书”与“祠部尚书”异名同体，本为一职之缘故。相关考述如下：

第一，《魏书》卷九十三《恩幸·王叡传》载“祠部尚书”王谌兄王叡：“叡少传父业，而姿貌伟丽。恭宗之在东宫，见而奇之。兴安初，擢为太卜中散，稍迁为令，领太史。承明元年，文明太后临朝，叡因缘见幸，超迁给事中……太和二年，高祖及文明太后率百僚与诸方客临虎圈，有逸虎登门阁道，几至御座。左右侍御皆惊靡，叡独执戟御之，虎乃退去，故亲任转重。三年春，诏叡与东阳王丕同入八议，永受复除。四年，迁尚书令，封爵中山王，加镇东大将军……及疾病，高祖、太后每亲视疾，侍官省问，相望于道……寻薨，时年四十八。”[①]则王叡活跃于高祖孝文帝时期；又，叡死后“高祖、文明太后亲临哀恸”其时当在文明太后崩的太和十四年九月癸丑之前[②]，则，叡弟谌生活在高祖时期是有极大可能的，这与神部尚书王谌所生活的年代相近。

第二，观王谌的官职变动，其于“例降为侯”后，有“迁太常卿”的经历。查《魏书》卷十九中《景穆十二王·任城王云附长子澄传》：“后高祖外示南讨，意在谋迁，斋于明堂左个，诏太常卿王谌，亲令龟卜，易筮南伐之事，其兆遇《革》。”[③]此中“王谌”所任职即是“太常卿”，惜《魏书》《北史》所记时间皆不甚明确，只云“后高祖外示南讨，意在谋迁”。检《魏书》卷七下《高祖孝文帝纪》[④]，知高祖“外示南讨，

---

①《魏书》，第1988—1990页。

② 见《魏书》卷七下《高祖孝文帝纪》：“（太和）十有四年……九月癸丑，太皇太后冯氏崩。”（第166页）

③《魏书》，第464页。《北史》卷十八《景穆十二王下·任城王云附长子澄传》所记相同（第655页）。

④“（太和十有七年）六月丙戌，帝将南伐，诏造河桥……丁未，讲武……乙巳，诏曰：‘……事迫戎期，未善周悉……须待军回，更论所阙，权可付外施行。’……秋七月……戊午，中外戒严……八月……丙戌，车驾类于上帝……丁亥，帝辞永固陵。己丑，车驾发京师，南伐，步骑百余万……九月……丙子，诏六军发轸。丁丑，戎服执鞭，御马而出，群臣稽颡于马前，请停南伐，帝乃止。仍定迁都之计。”《魏书》，第172—173页。

意在谋迁”之举当在太和十七年（493年）六月丙戌帝将南伐诏造河桥之前不久；《通鉴》将此事系于齐武帝永明十一年（即魏孝文帝太和十七年）五月条下，云：“魏主以平城地寒，六月雨雪，风沙常起，将迁都洛阳；恐群臣不从，乃议大举伐齐，欲以胁众。斋于明堂左个，使太常卿王谌筮之。”[①]因此，“诏太常卿王谌，亲令龟卜，易筮南伐之事”当是发生在孝文帝太和十七年（493年）五月左右，换言之，太和十七年（493年）五月左右“祠部尚书”王谌任太常卿之职。

又，《魏书》卷一百一十三《官氏志》载：“旧制，诸以勋赐官爵者子孙世袭军号。（太和）十六年，改降五等，始革之，止袭爵而已。”[②]则《恩幸・王叡传》所载“祠部尚书”王谌当是在太和十六年（492年）“改降五等”中“例降为侯”的，然后，至少在太和十七年（493年）五月已经是太常卿了，这与《魏书・礼志三》所载在太和十五年（491年）文明太后葬礼及迁主仪式中被论及的“神部尚书”王谌已不存在时间上之冲突，相反，出现了时间方面顺承联系的可能。

第三，《礼志三》所载“神部尚书”王谌是“庶姓”，而《恩幸・王叡传》所载“祠部尚书”王谌符合此条件。其兄王叡本传载家世云：“王叡，字洛诚，自云太原晋阳人也。六世祖横，张轨参军。晋乱，子孙因居于武威姑臧。父桥，字法生，解天文卜筮。凉州平，入京，家贫，以术自给。历仕终于侍御中散。天安初卒……叡少传父业。”[③]则其一，王叡家世划入庶姓可以成立，其弟王谌亦是庶姓了；其二，“叡少传父业”，“父业”当是指“天文卜筮”之术，且世祖太武帝拓跋焘时便有“百工伎巧、驺卒子息，当习其父兄所业，不听私立学校”的诏令[④]，因此，王谌为叡弟，当亦精通天文卜筮之术，适与上述“神部尚书”“太常卿”所主之事务如祭祀、占卜相关联、呼应了。

第四，我们可以将孝文帝时期可考之“祠部尚书”“神部尚书”进行任职时序的排比考察，如果时间上“祠部尚书”与“神部尚书”没有冲突且有顺承之联系，则至少可说明二者不存在对立。

在此之前，需先对“祠部”由来、发展做一论述，以清晰北魏“祠部”之制的“渊源”及其同时代之状况。顾名思义，“祠部”之执掌当与礼制尤其是宗庙祭祀有关。

---

① 《资治通鉴》，第4329—4330页。

② 《魏书》，第2976页。

③ 《魏书》，第1988页。

④ 《魏书》卷四下《世祖太武帝纪》，第97页。

《通典》卷二十三《职官五·礼部尚书》“唐虞之时，秩宗典三礼。《周礼·春官》，大宗伯掌建邦之天神、人鬼、地祇之礼”[①]，较为简洁地记载了祭祀典礼的执掌“机构”。迄至东汉尚无“祠部”，祭祀事务由吏部兼掌，《晋书》卷二十四《职官志》云：“后汉光武……改常侍曹为吏部曹，主选举祠祀事。”[②]后成书之《唐六典》卷四《尚书礼部》“礼部尚书”条注曰：“光武分六曹，吏部曹主选举、斋祀事。然则夷狄、斋祀，皆今礼部之职。”[③]曹魏时期设祠部曹郎以主斋祀宗庙礼仪之事，西晋沿其置[④]。至典午南渡，始置祠部尚书，与尚书右仆射通职，不恒置[⑤]。刘宋仍有祠部尚书，下领祠部、仪曹二曹，即《宋书》卷三十九《百官志上》所云：“宋高祖初……若有右仆射，则不置祠部尚书……祠部尚书领祠部、仪曹二曹。”[⑥]东晋讫于南朝，祠部尚书与右仆射通职，不恒置之制已成常规，《宋百官阶次》所谓：“自东晋以来，祠部尚书多不置，以右仆射主之。若左、右仆射并阙，则置尚书仆射以掌左事，置祠部尚书以掌右事。”[⑦]《南齐书》卷十六《百官志》亦云：“祠部尚书。右仆射通职，不俱置。”[⑧]《通典》卷二十三《职官五·礼部尚书》云“宋祠部尚书领祠部、仪曹二曹。齐梁陈皆有祠部尚书”，同时叙述了北齐、北周及杨隋之制：“北齐祠部尚书统祠部[⑨]、主客、虞曹、屯田、起部五曹……后周置春官卿，又有礼部，而不言职事。后改礼部为宗伯。又春官之属有

---

① 杜佑：《通典》，第638页。

② 《晋书》，北京：中华书局1974年版，第730—731页。

③ 李林甫等：《唐六典》，陈忠夫点校，北京：中华书局1992年版，第108页。

④ 《晋书》卷二十四《职官志》：“至魏，尚书郎有殿中……祠部……凡二十三郎……及晋受命，武帝罢农部、定课，置直事、殿中、祠部……为三十四曹郎。”（第732页）；《通典》卷二十三《职官五·礼部尚书》：“魏尚书有祠部曹。”（第638页）

⑤ 《宋书》卷三十九《百官志上》：“江左则有祠部、吏部、左民、度支、五兵，合为五曹尚书。”（《宋书》，北京：中华书局1974年版，第1235页）；《晋书》卷二十四《职官志》：“及渡江，有吏部、祠部、五兵、左民、度支五尚书。祠部尚书常与右仆射通职，不恒置，以右仆射摄之，若右仆射阙，则以祠部尚书摄知右事。”（第731页）；《通典》卷二十三《职官五·礼部尚书》：“及晋江左，有祠部尚书，掌庙祧之礼。常与右仆射通职，不常置，以右仆射摄之。”注云：“历代皆与右仆射通职。”（第638—639页）

⑥ 《宋书》，第1235页。

⑦ 《唐六典》卷一《尚书都省》“尚书左丞相一人，右丞相一人，并从二品”条注引，李林甫等：《唐六典》，第6—7页。

⑧ 《南齐书》，第320页。

⑨ 注云：“掌祠祀、医药、死丧、赠赙。”

典命，后改典命为大司礼，俄改大司礼复为礼部，谓之礼部大夫。至隋，置礼部尚书，统礼部、祠部、主客、膳部四曹，盖因后周礼部之名，兼前代祠部、仪曹之职。”①

北魏时期亦有祠部尚书之职，始见于文成帝时期，此时作“祠曹尚书”，即祠部尚书也（详见后文论述），常喜时任此职②；孝文帝时期，可考见有祠部尚书、祠部郎（中）、祠部中大夫③，又可能有郊庙下大夫④。此处先取其时任职祠部尚书者，据史传所载按时间先后排比如下：

1.《魏书》卷三十七《司马楚之传》：“金龙弟跃……跃表罢河西苑封，与民垦殖……跃固请宜以与民，高祖从之。还为祠部尚书、大鸿胪卿、颍川王师。以疾表求解任。太和十九年卒。”⑤按，“河西苑封”即《魏书》卷一百一十《食货志》“世祖之平统万，定秦陇，以河西水草善，乃以为牧地。畜产滋息，马至二百余万匹，橐驼将半之，牛羊则无数”⑥中所言河西，是为拓跋焘平统万到拓跋宏太和十七年（493年）以前北魏的国有牧场。据康乐先生考证，此河西最有可能指“陕北、绥远南境”⑦。孝文帝迁都洛阳后，牧苑的中心逐渐南移至河阳（今河南孟县西）。《魏书》卷一百一十《食货志》言：“高祖即位之后，复以河阳为牧场，恒置戎马十万匹，以拟京师军警之

---

① 杜佑：《通典》，第639页。

②《魏书》卷八十三上《外戚·闾毗传》：“兴安二年，（保）太后兄英……赐爵辽西公。弟喜，镇东大将军、祠曹尚书、带方公。”（第1817页）

③ 俞鹿年先生《北魏职官制度考》一书中论述太武帝至孝文帝末的尚书省于“祠部（神部）尚书”一节增有“祠部曹”一职，按其所据材料是《魏书》卷四十五《裴骏传》载：“子修……高祖嘉之，征为中部令。转中大夫，兼祠部曹事。”此处史载是“兼祠部曹事”，祠部曹当非官职，只是郎曹；又按裴修以中大夫身份兼祠部曹事，而此时期尚书官制的一特点“文以宗周秦汉之制，构成尚书、大夫、长、令、主书郎之纵的体系”，那么裴修的官职的确切表述当是“祠部中大夫”。

④《魏书》卷三十九《李宝传》：“（李）韶弟彦……寻行主客曹事，徙郊庙下大夫。时朝仪典章咸未周备，彦留心考定，号为称职。”（第888页）严耕望先生认为：“孝文初，见有郊庙下大夫，职典礼仪……如是尚书省职，当属仪曹尚书，或祠部尚书。”（《北魏尚书制度考》，第347页）窃以为观其执掌为“朝仪典章”，属于“仪曹尚书”的可能性更大一些；俞鹿年先生《北魏职官制度考》没有作考证，直接将其划归“祠部尚书”，窃以为不取。因非特别关涉本文，故于此处存疑。

⑤《魏书》，第859—860页。

⑥《魏书》，第2857页。

⑦ 康乐：《北魏的“河西”》，《从西郊到南郊：国家祭典与北魏政治》，台北：稻禾出版社1995年版，第283—287页。

备。每岁自河西徙牧于并州，以渐南转……而河西之牧弥滋矣。”[①]今人考证可参看马长寿《乌桓与鲜卑》第一章第一节中相关论述[②]，其时当在太和十七年左右。排查《魏书·高祖孝文帝纪》关于罢苑的记载只有一处：“（太和十一年）八月壬申……辛巳，罢山北苑，以其地赐贫民。”[③]然此处为“山北苑”，跃所奏罢为“河西苑”，是否为一处，未能考证清晰。又，《北史》卷二十九《司马楚之传》记司马躍还为祠部尚书后的经历云：“（金龙弟跃）还为祠部尚书、大鸿胪卿、颍川王师，卒。”[④]观《北史》所记，似跃“还为祠部尚书、大鸿胪卿、颍川王师”后便卒，与《魏书》所记似乎矛盾。但结合二者来看，《魏书》已言“以疾表求解任”，并且是获得准许了，则此时司马躍之疾当是比较严重了，故刚还为祠部尚书等职便上表求解任，其疾既重，不久后卒也是情理之中之事了。因此可以认为在太和十九年（495年）之前不久朝廷任命还内的司马躍担任祠部尚书，但因疾病原因，跃表请辞职并获得批准，不久死去。

2.《魏书》卷九十三《恩幸·王叡传》：“睿弟谌，字厚诚。为给事中、安南将军、祠部尚书，赐爵上党公。”[⑤]

按，先假设“神部尚书”王谌与“祠部尚书”王谌为同一人。如前所考，任职“神部尚书”时在太和十五年（491年）左右，其后“加散骑常侍，领太史事”此为“加”“领”，无法确定是否已解祠部尚书，不解的可能性更大一些；“例降为侯”在太和十六年（492年）；太和十七年五月左右王谌任太常卿之职。是太和十五年（491年）至太和十七年（493年）五月前王谌担任“祠部尚书”。

3.《魏书》卷四十《陆俟传》：“（陆馛子）琇……迁黄门侍郎，转太常少卿、散骑常侍、太子左詹事、领北海王师、光禄大夫，转祠部尚书、司州大中正。会从兄睿事免官。”[⑥]

按，所谓“从兄睿事”即是《魏书》同卷所载“时穆泰为定州刺史……请恒州自效，高祖许之。乃以睿为散骑常侍、定州刺史，将军如故。睿未发，遂与泰等同谋构

① 《魏书》，第2857页。

② 马长寿：《乌桓与鲜卑》，上海：上海人民出版社1962年版，第22—23页。

③ 《魏书》，第162页。

④ 《北史》，第1045—1046页。

⑤ 《魏书》，第1994页。

⑥ 《魏书》，第905页。

逆，赐死狱中，听免孥戮，徙其妻子为辽西郡民”一事[①]，《魏书》卷七下《高祖孝文帝纪》记此事在太和二十年（496年）十二月："恒州刺史穆泰等在州谋反，遣行吏部尚书任城陵王澄案治之。"[②]又，同书卷一百一十二上《灵征志上》亦载："（太和）二十年……十二月，恒州刺史穆泰等在州谋反，诛。"[③]则至太和二十年（496年）十二月仍然存在"祠部尚书"一职。

4.《魏书》卷六十三《宋弁传》："（高祖）车驾征马圈，留弁以本官兼祠部尚书，摄七兵事。"[④]

按，高祖征马圈之际，当太和二十三年（499年），《魏书》卷七下《高祖孝文帝纪》："（太和二十三年二月癸酉）显达攻陷马圈戍。三月庚辰，车驾南伐……丁酉，车驾至马圈。"[⑤]则孝文帝太和二十三（499年）年仍有祠部尚书一职，时为宋弁以本官兼职；太和二十年（496年）十二月陆睿事发，随后，其弟祠部尚书陆琇免官，其时当已至太和二十年（496年）十二月之后了；二十三年（499年）二三月间孝文征马圈前未有人任职，留宋弁以本官兼祠部尚书。

排比以上史料记载，我们大致可以作出如下时间排列：先是《魏书》卷九十三《恩幸·王叡传》所载"祠部尚书"王谌任职于太和十五年（491年）左右；太和十七年（493年）五月左右王谌迁任太常卿之职，对于空缺的祠部尚书朝廷本来打算由还内的司马躍担任，但因疾病缠身，不久跃表请辞职，其时当太和十九年（495年）前；随即由"北海王师、光禄大夫"陆琇转任祠部尚书；太和二十年（496年）十二月发生穆泰谋反事，陆琇受其兄牵连免官，祠部尚书职缺；后，孝文征马圈让宋弁"以本官兼祠部尚书"。上述虽为推论，但时间、事理上之承接尚可，则《魏书》卷九十三《恩幸·王叡传》所载"祠部尚书"王谌与《魏书》卷一百〇八《礼志三》的"神部尚书"王谌当为同一人，也正因为"神部尚书"与"祠部尚书"异名同体，本为一职，故《魏书》"志""传"对王谌的官职记了不一样的名称。

周一良先生《魏晋南北朝史札记·魏书》"祠、神、祀"条言："地形志上汲郡北

① 《魏书》，第913页。

② 《魏书》，第180页。

③ 《魏书》，第2895页。

④ 《魏书》，第1415—1416页。

⑤ 《魏书》，第185页。

修武县下云，有丁公神。此外言有某神者甚多。全祖望谓每县下皆载有祠，但直作神字，疑是北人竟以神字当祠字。案：志中亦用祠字，如朝歌县有伏牺祠，东燕县有尧祠、伍子胥祠等，亦不乏其例。”①全祖望“疑”北朝人将神字当祠字，虽是推测，可能性却极大。此处《魏书》中王谌所任官职，《传》中既作“祠部尚书”，《志》中作“神部尚书”，可能亦是“以神字当祠字”之习俗所致，若此论可证将为北人此可能之习惯又添一证据。

二、神部长、令即祠部长、令

王谌所任之职在《传》中为“祠部尚书”，在《志》中作“神部尚书”，似乎可以据此认定“祠部”与“神部”为同一机构。严耕望先生认为：“文成帝时已有祠部尚书……职主礼乐，尤重祭祀，故又称神部尚书。”②先生所据者即是王谌此例。然，确切而论，严氏所言当止于“神部尚书”可能为“祠部尚书”，未言及“祠部”即是“神部”，这一点在后文中可以得到证明，“孝文初见有祠部曹，当属祠部尚书……又有神部长（孝文初见）、神部令（献文时见）……前考，孝文改制以前，祠部尚书亦称神部尚书，则此长、令或即祠部长、令欤？然亦可能祠部神部各为曹并属于一尚书也”③。则“神部”之中，除尚书之外的长、令归属同样关涉“神部”与“祠部”关系问题。窃以为严氏前一种推测或更可从。

首先，我们来破“然亦可能祠部神部各为一曹并属于一尚书”的推测。诚然，我们可以在史料中找到“祠曹尚书”的记载，即前所举《魏书》卷八十三上《外戚·闾毗传》：“兴安二年，（保）太后兄英，字世华……弟喜，镇东大将军、祠曹尚书、带方公。”④时在文成帝兴安年间，称为“祠曹尚书”，据此祠部为曹似是有史料提供支持的。然据《魏书》卷一百一十三《官氏志》：“神䴥元年（428年）三月，置左右仆射、左右丞、诸曹尚书十余人，各居别寺……真君五年（444年）正月……又选诸曹良吏，给事

① 周一良：《魏晋南北朝史札记》，北京：中华书局1985年版，第390页。

② 严耕望：《北魏尚书制度考》，第294—295页。

③ 严耕望：《北魏尚书制度考》，第341页。

④《魏书》，第1817页。《北史》卷八十《外戚·闾毗传》所载相同，亦为“祠曹尚书”（第2675页）。

东宫。正平元年（451年）七月，以诸曹吏多，减其员。兴安二年（453年）正月，置驾部尚书、右士尚书。”[①]兴安二年（453年）正月方置驾部尚书、右士尚书，结合“兴安二年（453年）……弟喜，镇东大将军、祠曹尚书、带方公”的记载，则“祠曹尚书”在此之前已然存在。《魏书·官氏志》与此时最近之记载，即“正平元年（451年）七月，以诸曹吏多，减其员”，可见此前诸部为曹；稍前之“真君五年（444年）正月……又选诸曹良吏，给事东宫”；更早至“神䴥元年（428年）三月，置左右仆射、左右丞、诸曹尚书十余人，各居别寺”，则神䴥元年（428年）已有“诸曹尚书”之称。又，严耕望先生指出：“此重建及发展期中（笔者按：即世祖太武帝至高祖孝文帝改制以前时代），尚书分部之重要特点有二。其一，部名繁多，可考者至有二十余部。大抵因事立名，分职甚细，不具常格……其所以如此者：魏晋南朝之制度，各部尚书所掌大抵为政策性之职务，故分部以五六为度，不必繁琐；至于事务执行仍在九卿。而观北朝此期尚书制度，分部至繁，或亲执事务……以其亲执事务，故至分部烦细耳。”[②]此论确然。世祖太武帝至高祖孝文帝改制以前时代，北魏尚书分部“大抵因事立名，分职甚细，不具常格”，“诸曹尚书”之称反映了这一特点，则此“祠曹尚书”当是由“诸曹尚书”的称呼中化出，其即是“祠部尚书”。因此，此条仅可一见的“祠曹尚书”史料并不能充分支持祠部为曹，从而亦不可能证明“祠部神部各为一曹并属于一尚书”的推测。

其次，我们来论述神部令、长即祠部令、长。笔者以为可以在时间上找寻到突破点。严耕望先生将北魏尚书组织演变划分为前期和后期（即定型期——高祖孝文帝改制以后）[③]。而关键之前期分为三段，分别为（一）创始期——太祖道武皇帝皇室元年至太宗明元皇帝初；（二）中废期——太宗明元帝神瑞元年至世祖太武帝初；（三）重建及发展期——世祖太武帝至高祖孝文帝改制以前时代。以“神部”冠名的官职出现时间皆在重建及发展期，即世祖太武帝至高祖孝文帝改制以前时代，严氏以为“本期尚书部名繁多，分职甚细，大抵因事立名，不具常格……尚书以下之组织名官略仿秦汉卿署之制，且以上混宗周之法，与前代及南朝之曹郎组织尤绝不相类。大抵此期之制有三特点：（1）保存旧俗。（2）分部分曹，因事制宜，不具常格。（3）文以宗周秦

① 《魏书》，第2975页。

② 严耕望：《北魏尚书制度考》，《选集》，第342页。

③ 参见严耕望：《北魏尚书制度考》之“北魏尚书组织演变表”，第255—258页。

汉之制，构成尚书、大夫、长、令、主书郎之纵的体系”。而定型期——高祖孝文帝改制以后阶段则言：“尚书分部近准南朝之制，兼存本国之旧。郎中分曹近复太祖之法，远绍西晋之绪。至于纵的体系，尽废大夫、长、令之制，一以郎中主务，此历代尚书制度之通规也。”严说可从。以孝文帝太和年间两定官品为分界线，尚书制度在纵的体系上有极明显之变化，此变化是朝汉化方向发展的：此前是尚书、大夫、长、令、主书郎，其后转为“历代尚书制度之通规”——一以郎中主务。案查史料，笔者未能找到重建及发展期，即世祖太武帝至高祖孝文帝改制以前时代关于“祠部长”“祠部令”的任何记载，所能见者只有“神部长”“神部令”，若“祠部神部各为一曹并属于一尚书”，则二者各自之长、令都应出现，而不是只出现任神部长、令者而不见祠部长、令之官名及任职者。此为其一。

其二，我们所能见到的关于祠部除尚书以外最确切的官职即是祠部郎（中），而其职最早见诸史料在《魏书》卷四十八《高允传》：“（高怀）子绰，字僧裕……太和十五年拜奉朝请、太尉法曹行参军，寻兼尚书祠部郎。以母忧去职。”[①]《北史》所记基本相同，时当太和十五年（491年）稍后；因史书作“寻”字，具体稍后多久，不可详知，严耕望先生以为“时在太和十五年，或稍后一二年”[②]。按，《魏书》卷七下《高祖孝文帝纪》：“（太和十五年）十有一月……乙亥，大定官品。”[③]即前《职员令》，此中已见有尚书郎中、尚书郎之职，则祠部郎初见于太和十五年（491年）稍后，极有可能在大定官品之后不久。又有《魏书》卷三十六《李顺传》：“（李冏）子佑……历位给事中、尚书祠部郎……博陵太守”[④]。其时“最早在太和末”[⑤]，此时“诸曹各置郎中。位正六品下阶（《官氏志》），主判曹务”[⑥]。祝总斌先生认为北魏尚书机构有“具体执行政务之诸曹尚书及所属曹郎的渐趋完备”的特点[⑦]。自兹以后，宣武帝时可

① 《魏书》，第1090—1091页。

② 严耕望：《北魏尚书制度考》，第317页。

③ 《魏书》，第168页。

④ 《魏书》，第842页。

⑤ 严耕望：《北魏尚书制度考》，第317页。

⑥ 严耕望：《北魏尚书制度考》，第310页。

⑦ 祝总斌：《两汉魏晋南北朝宰相制度研究》，北京：中国社会科学出版社1990年版，第250页。

见崔鸿、宋世景、宗景[①]。《魏书》卷一百零八《礼志四》："（神龟元年）十一月，侍中、国子祭酒、仪同三司崔光上言：'被台祠部曹符，文昭皇太后改葬，议至尊、皇太后、群臣服制轻重。'"[②]则孝明帝神龟元年（518年）仍有祠部曹。《新出魏晋南北朝墓志疏证》载有《元悫墓志》，志文云"帝嘉才彦，寻除尚书祠部郎中"。案，此句前衔接"车骑齐王，作牧徐藩，辟为长流参军，加襄威将军。非其所好"[③]，即入魏后得封齐王的萧宝夤"作牧南藩"时辟元悫为参军，而萧宝夤得封车骑将军"作牧南藩"时在孝明帝神龟年间[④]，然长流参军之职非元悫所好，不久即被孝明帝"除尚书祠部郎中"，从"寻"字可见元悫自长流参军转祠部郎中当在神龟年间或其后不久，此亦可证孝明帝时有祠部郎。不过元悫任此职同样未久："又以母忧去职。"[⑤]讫于东西魏，仍见有任祠部郎中者，东魏可考有杨元让、元长和、源文宗[⑥]；西魏有杨敷[⑦]。则可考见之祠部郎皆在太和十五年（491年）改定官品之后，加之此前亦无相应的祠部长、令承接此职，其所承接者当是神部长、令之体系无疑。至此我们可以认为神部令、长即是祠

①《魏书》卷六十七《崔光传》："（崔光弟敬友）子鸿，字彦鸾……迁给事中，兼祠部郎，转尚书都兵郎中。"（第1501页）《魏书》卷八十八《良吏·宋世景传》："世景明刑理，著律令，裁决疑狱，剖判如流。转尚书祠部郎。"（第1902页）《魏书》卷一百〇七上《律历志上》载正始四年（243年）冬公孙崇上表有言："尚书祠部郎中宗景博涉经史。"（第2660页）

②《魏书》，第2808页。

③ 罗新、叶炜：《新出魏晋南北朝墓志疏证》，北京：中华书局2005年版，第115页。

④《魏书》卷五十九《萧宝夤传》："宝夤志存雪复，屡请居边。神龟中，出为都督徐南兖二州诸军事、车骑将军、徐州刺史。"（第1317—1318页）《北史》卷二十九《萧宝夤传》记作："神龟中，为都督、徐州刺史、车骑大将军。"（第1052页）未言明都督具体之职，当是"《北史》于元魏纪传则但有删减耳"（《陔余丛考》卷八《〈北史〉删〈魏书〉太简处》，北京：中华书局1963年版，第155页）。周一良先生论说更详："《北史》……对于《魏书》……有删节，也有增补。删略不当之处，如'都督某几州诸军事某州刺史'省为'都督某州刺史'，其误与《南史》同。"此处即为此误且甚之，直接省为"都督"，不关"某州"了。白寿彝主编《中国通史》第五卷《中古时代·三国两晋南北朝时期（上）》"甲编·序说"之第一章第一节，上海：上海人民出版社，1995年。

⑤ 罗新、叶炜：《新出魏晋南北朝墓志疏证》，第115页。

⑥《魏书》卷五十八《杨播传》："（杨炜）子元让，武定末，尚书祠部郎中。"（第1302页）《魏书》卷一百〇七下《律历志下》载有："尚书祠部郎中臣元长和。"（第2696页）《北史》卷二十八《源贺传》："彪字文宗……及齐文襄摄选，沙汰台郎，以文宗为尚书祠部郎中。"（第1032页）

⑦《周书》卷三十四《杨敷传》："杨敷字文衍……历尚书左士郎中、祠部郎中、大丞相府墨曹参军。"（《周书》，北京：中华书局1971年版，第599页）

部令、长的异称。

前已证“在献文帝初（天安元年及皇兴元年五月）存在“神部令”一职”，而“神部长”（承明元年夏，即476年）、“神部尚书”（太和十五年，即491年）与其相隔不远，接踵而至；且现已证实神部与祠部“异名同体”，本为同一机构（神部尚书即是祠部尚书；神部长、令乃祠部长、令的异称；此为“疑是北人竟以神字当祠字”提供又一证据），则“神部令”见于史籍所载（目前可见）之时当是“神部”作为一独立机构出现（或已经存在）之时：若单从“神部令”“神部长”与“神部尚书”目前可见时间及其相距不远一点看，尚不能说明“神部令”见诸史籍之时便已经存在“神部”这一机构了，因为同样存在一种可能，即“祠部神部各为一曹并属于一尚书”假设成立的话，“神部令”虽已“神部冠名”，但其可能隶属于祠部或祠部上之尚书，不一定即是“神部”；但现在可以证实神部与祠部“异名同体”，本为同一机构，那么“‘神部令’见于史籍所载（目前可见）之时当是‘神部’作为一独立机构出现（或已经存在）之时”的说法也就获得更充分的史料及理论支持了。

三、“北魏后期仪曹综并祠部”说商榷

上面我们据现有传世史料论证了孝文帝改制前神部与祠部之关系，考证以为神部尚书即是祠部尚书；神部长、令即是祠部长、令的异称，而非“可能祠部神部各为一曹并属于一尚书也”；据现有史料基本可以说明北魏孝文帝改制之前神部即是祠部，神部与祠部是“异名同体”的。但不可否认，因相关史料阙如过甚，仍有许多疑点未能明晰，如胡注所谓八部尚书，郊庙下大夫的归属等，因此尚待进一步考释。又，既然神部与祠部“异名同体”，那么在孝文帝改制后神部/祠部的情况如何呢？于此谨对神部/祠部的历史去向进行些许考察。

我们可以先看“祠部尚书”。严耕望先生《北魏尚书制度考》中认为：“自宣武帝以后不复见有任此职（祠部尚书）者，据《唐六典》注及《通典》，其官已省，并职仪曹尚书。”[①]严先生所据即是《唐六典》卷四《尚书礼部》“礼部尚书”条注：“东晋始置祠部尚书，常与右仆射通职……宋、齐、梁、陈皆号祠部尚书。后魏称仪曹尚书。

① 严耕望：《北魏尚书制度考》，《中央研究院历史语言研究所集刊》第18本，第295页。

北齐亦为祠部尚书，掌祠祭、医药、死丧、赠赙等事。后周依《周官》，置春官府大宗伯卿一人。隋更为礼部尚书。”[①]《通典》卷二十三《职官五·礼部尚书》所载基本相同：“后魏为仪曹尚书。”[②]同时严先生据此材料亦认为：“据《唐六典》及《通典》，北魏后期仍有仪曹尚书，且并综祠部之职。则二十三年重定《职员令》亦未省废也。惟传中迄未一见有任职者，盖如南朝祠部之制，常与右仆射通职欤？”[③]然而，此种观点存在可商榷之处。

第一，孝文帝太和十五年（491年）改制，十七年（493年）颁行前《职员令》，其中有相关“列曹尚书”一职，在从一品下；二十三年复次，宣武帝即位颁为永式之后《职员令》，亦只载“列曹尚书”，列第三品。未言明列曹具体所括。前已证陆俟转祠部尚书时在太和二十年（496年）十二月或稍后，宋弁任祠部尚书当在太和二十三年（499年），则孝文帝太和二十三年（499年）仍有祠部尚书一职，以“祠部”为名的尚书职务存在，则可以说明在太和改制后“祠部”未废。

《魏书》卷一百一十三《官氏志》载：“二十三年，高祖复次职令，及帝崩，世宗初颁行之，以为永志。”[④]既然前已证明孝文帝太和二十三年（499年）仍有祠部尚书一职，相关史料[⑤]未明确记载“高祖复次职令”在太和二十三年（499年）何月何时，但高祖在征马圈之前已然有疾[⑥]；“（三月）丁酉，车驾至马圈……庚子，帝疾甚”[⑦]，其间戎服征讨，不在庙堂，且有疾，复次职令当不太可能；夏四月丙午朔，帝崩，其间忙于“顾命宰辅”，复次职令之事亦不太可能在此。若《官氏志》所载不错，则“复次职令”最大之可能当在征马圈之前，窃以为对应《魏书》卷七下《高祖孝文帝本纪》二月辛亥条记载可能性最大：“二月辛亥，以长兼太尉、咸阳王禧为正太尉。癸亥，以

---

① 李林甫：《唐六典》，第108页。

② 杜佑：《通典》，第639页。

③ 严耕望：《北魏尚书制度考》，第294页。

④《魏书》，第2993页。

⑤《魏书》卷七《高祖孝文帝纪》未载此事，只《魏书》卷一百一十三《官氏志》载，且未言二十三年何时；其他相关记载可见者有《魏书》卷五十七《崔挺传》：“挺弟振，字延根……太和二十年，迁建威将军、平阳太守……后改定职令，振本资惟拟五品……河内太守陆琇与咸阳王禧同谋为逆，禧败事发，振穷治之。”亦未有准确日期。

⑥《魏书》卷六十三《宋弁传》：“高祖在汝南不豫，大渐，旬有余日。”（第1415页）

⑦《魏书》，第185页。

中军大将军、彭城王勰为司徒，复乐陵王思誉本封。”[①]如此封加官爵，当是在新的官品有雏形的前提下，故在二月的可能性较大。而在三月仍然存在“祠部尚书”。如此，则能于“世宗初颁行之，以为永志”，其中的“列曹尚书”仍然包括“祠部尚书”，并且成为永制了[②]。

第二，祠部尚书最晚见于记载的时间在太和二十三年（499年），以后尚不复见有任此职者；然，仪曹尚书明确见于记载在《魏书》卷四十七《卢玄传》：“初，（卢玄子）渊年十四，尝诣长安……未几，拜仪曹尚书。高祖考课在位，降渊以王师守常侍、尚书，夺常侍禄一周。”[③]严耕望先生考证时在太和十七年（493年）七月以后至十八年，其后便不见有任此职者。那么在仪曹尚书见诸正史之后，祠部尚书的最晚记载仍然出现在官方正史中。如此看来，在北魏官方正史可以同时看到“祠部尚书”与“仪曹尚书”，且前者见诸史料的时间要长于后者的情况下，据后世之人所记一句“后魏称仪曹尚书”便断定“北魏后期仍有仪曹尚书，且并综祠部之职”似有突兀之嫌了。况且，《唐六典》《通典》《文献通考》等未言北魏有“祠部尚书”之职，已与《魏书》记载冲突，《魏书》成书早于前三者，其间真伪虽不可断言，但据矛盾之处而下肯定之结论，窃以为不可。

第三，仅就传世史料记载而言，在宣武帝后皆不见担任“祠部尚书”与“仪曹尚书”者，但其下属之郎中仍见诸记载。前已论证了祠部郎在北魏后期、东西魏情况及所见任职者。仪曹郎中始于道武帝初建台省，董谧任职，严耕望先生以为“其后职废。至孝文帝时又置之”，史传多所见者[④]。则孝文改制后，“祠部尚书”与“仪曹尚书”已然不见有任此职者，史传中所出现者是“祠部郎”与“仪曹郎”，是此时二者已经为曹，同属于一尚书之下了，此点应无大疑问。然据以为仪曹综并祠部，证据仍然不够充足。《隋书》卷二十七《百官志中》云：“后齐制官，多循后魏。”[⑤]《通典》卷二十

---

①《魏书》，第185页。

② 虽然《魏书》卷八《世宗宣武帝纪》有载：“（景明）二年春正月……庚戌，帝始亲政……（三月）壬戌，诏曰：‘治尚简静，任贵应事。州府佐史，除板稍多，方成损弊，无益政道。又京师百司，僚局殷杂，官有闲长者，亦同此例。苟非称要，悉从蠲省。’”我们没有材料可以证明“苟非称要，悉从蠲省”的“京师百司”之中有“祠部”。

③《魏书》，第1049页。

④ 详情可参看严耕望：《北魏尚书制度考》“列曹职官上”节之“仪曹郎中”条，第316—317页。

⑤《隋书》，北京：中华书局1973年版，第751页。

三《职官五·礼部尚书》云："北齐祠部尚书统祠部、主客、虞曹、屯田、起部五曹。又有仪曹，主吉凶礼制，属殿中尚书。"①可见北齐祠部与仪曹分开，其"制官"多所因循的北魏如此设置当有极大可能；即便是严先生所引《唐六典》卷四《尚书礼部》"礼部尚书"条注文，其中"后魏称仪曹尚书"后句"北齐亦为祠部尚书"有一"亦"字，其意当是承上，按其云的执掌"掌词祭、医药、死丧、赠赙等事"推论，《唐六典》的著者所着重的是北魏"仪曹尚书"与北齐"祠部尚书""功能、执掌"上的相同或相似，而非名称的同异。因此，不能简单地据此推断祠部之机构及职能已然为仪曹所综并。

第四，严耕望先生已然注意到"唯传中迄未一见有任职者"，然没有留意《魏书》卷一百一十三《官氏志》所载的"世宗初颁行之，以为永志"的记载当可说明祠部尚书依然存在，只据史传不见有任此职者，再加上《唐六典》卷四《尚书礼部》"礼部尚书"条注文中文字上的区别，便认为仪曹综并祠部。但同样的仪曹尚书自太和十七年（493年）、十八年以后亦"唯传中迄未一见有任职者"，这又如何解释呢。综上所论，严先生认为北魏后期仪曹综并祠部的论断存在可商榷之处。

结　语

在北魏尚书制度"重建及发展期（即世祖太武帝至高祖孝文帝改制以前时代）"，保守而言，至迟在献文帝初期（天安元年及皇兴元年五月）出现（或已经存在）"神部"这一机构；《通鉴》胡注"神部，八部之一"中的"八部"当是指官制之有"八部"，确指"八部尚书"。"神部"可考见之职有神部尚书、神部长、神部令，又存在可能之神部中大夫及郊庙下大夫。此种纵向职官体系与严耕望先生考证的此时期"文以宗周秦汉之制，构成尚书、大夫、长、令、主书郎之纵的体系"特点相合契。通过王谌的考察，可知神部尚书即是祠部尚书；据目前可见之史料可以论证神部长、令即祠部长、令的异称，而非"可能祠部神部各为一曹并属于一尚书也"；故，神部与祠部是"异名同体"，二者本为一机构；此为"疑是北人竟以神字当祠字"提供又一证据。至尚书制度"定型期（即高祖孝文帝改制后）"，废大夫、长、令之纵的体系，但仍然保

① 杜佑：《通典》，第639页。

留尚书；远绍汉晋之制，改以郎中主务，“此历代尚书制度之通规也”。

神部所掌，“职主礼乐”，尤重祠祀。长官尚书在宗庙祭祀中有“赞祝”“赞版”（迁主安庙之时）之职；尚书职务可由汉人庶姓充任，反映出鲜卑汉化之趋势；但其职权在鲜卑大姓的威逼下多有局限，尚不能预拓跋统治集团之郊庙重事，则其一此职非为极重要职可见，其二拓跋上层保守势力对汉化趋势有明显的抵触情绪，排斥中原习俗熏染鲜卑旧俗，折射出拓跋鲜卑对汉人某种程度上的戒备心理以及当时汉化的局限。由部落联盟进入国家政权阶段，拓跋鲜卑统一华北，立足平城，而孝文行礼制改革，强化中原系统祭典的同时，开始清理拓跋鲜卑遗留下来的旧俗。文明太后死后，孝文礼制改革与保守拓跋鲜卑贵族的矛盾凸显，以帝室十姓为代表的后者，反对孝文礼制改革的，并非是吸收华夏典制，而是其中对鲜卑旧俗的革除；而革除旧俗，绝非仅仅是表面形式上的仪式消亡，最为关键的是仪式背后代表的“国之丧葬祠礼，非十族不得与也”的特权的被剥夺。本文重点关注的是神部尚书王谌迁主安庙中为守旧贵族代表拓跋丕阻挠的史例，虽然安排神部尚书王谌行迁主安庙只是孝文的一个试探，但已表明孝文已有意革除十姓特权；而拓跋丕等所谓的“保守”，不仅仅在于表面上反对孝文革除鲜卑旧俗，更关键的着眼点是担忧革除旧制背后所牵扯的部落联盟时期帝室十姓、部落酋长等支配层特权的削弱乃至消失，拓跋丕反对汉族庶姓王谌参与移庙，其目的便是保持帝室十姓祭祀特权的纯洁性。虽然试探未果，但孝文已经表明了自己的理由与态度——“先王制礼，职司有分”，只是奈何在平城保守氛围势大的情形下，暂时让步。太和十七年（493年）定下迁都之计，随后迁洛，以“先王制礼，职司有分”为纲领的汉化礼制改革全面铺展开来，宗周旧制与汉家故事交相辉映，但绝非“拿来主义”，而是在加强皇权的终极目标下，镀上了拓跋鲜卑自己的特色。

（本文原刊于《历史研究》2013年第3期，于此略作补充、完善。）

（刘凯，中国社会科学院古代史研究所副研究员。）

敦煌本新罗僧慧超《往五天竺国传》研究史述要

杨宝玉　杨晓梅

新罗僧人慧超（有时亦被写作“惠超”），传世史籍中无传。因唐代高僧慧琳《一切经音义》卷一〇〇曾提及慧超著有三卷本《往五天竺国传》，其人其书遂受后世关注。但是，《往五天竺国传》原书早在五代时期既已佚失，传世文献中仅《一切经音义》存有该书书名及所释85个词汇。

所幸，举世闻名的文化宝藏敦煌藏经洞中存留了相关残本。该文书今藏法国国家图书馆，馆藏编号为P.3532，上海古籍出版社、法国国家图书馆编《法藏敦煌西域文献》第25册刊布有黑白图版①，英国国家图书馆主办的国际敦煌项目网站②公布了彩色图版。

P.3532长卷一经发现，即引起了学界的高度重视，中国、日本、法国、韩国、美国等多国学者纷纷参与整理研究，百余年来已刊发了大量成果，将有关慧超和《往五天竺国传》的讨论不断推向细化和深化，同时也为相关领域学者提供了极其难得的研究资料。由于相关研究成果数量众多，刊发分散，寻检不易，本文拟分专题择要梳理，并于介绍前辈时贤研究成果的过程中，偶或陈述对该残卷内容特性、学术价值等问题的一点思考，不当之处，敬请专家学者教正。

① 上海古籍出版社、法国国家图书馆编：《法藏敦煌西域文献》第25册，上海：上海古籍出版社2002年版，第162—166页。

② 国际敦煌项目网站，网址为http://idp.bl.uk。

一、P.3532残卷内容性质的考定

法藏敦煌文书P.3532首尾均残，上下亦时有残损，今存卷首的下部残损尤甚，未存文题，故从数万件敦煌汉文文书中拣选出该卷需要一定的学养，推断其内容性质更是学界需要首先面对的问题。

法国学者伯希和因是敦煌文书的盗劫者，有近水楼台之便，并且，伯希和在看到敦煌本之前的1904年即据慧琳《一切经音义》摘引文字研究过《往五天竺国传》①，故能最先注意到P.3532残卷。参照慧琳《一切经音义》，伯希和于《在甘肃新发现的一个中世纪藏书室》一文中率先提出P.3532抄存内容可能是《一切经音义》所引《慧超往五天竺国传》②。1909年，我国学者罗振玉得见P.3532，立即将其与《一切经音义》仔细核对，发现《一切经音义》所引与P.3532所存有15条词语相合，且各条出现于《一切经音义》和P.3532中的先后次序一致，遂于《敦煌石室书目及发见之原始》《慧超往五天竺国传校录札记》等文中最终判定P.3532所抄即《往五天竺国传》。

考慧琳《一切经音义》完成于唐宪宗元和初期（有元和二年、五年，即807年、810年两种说法），五代、北宋之际已不见于中原文献，故未入宋藏，后却随辽藏传入日本，于19世纪后期被清朝驻日本公使馆随员杨守敬（1839—1915）发现并传回国内。据慧琳摘引《往五天竺国传》词汇并为之做音义时所做说明可知，《往五天竺国传》原书应由上、中、下三卷组成。比对以P.3532，该文书不分卷，现存文字涉及原书三卷，但《一切经音义》所引却又比P.3532多出不少。因而，罗振玉判定P.3532乃《往五天竺国传》的不分卷节略本而非完本。此说为相关学者普遍接受。近年日本学者高田时

---

① 详参 Paul Pelliot, *Deux itinéraires de Chine en Inde à la fin du Ⅷ^e siècle*, Bulletin de l' École française d' Extrême-Orient, Tome 4, No.1-2, janvier-juin 1904. 冯承钧节略中译本题为《交广印度两道考》，北京：中华书局，1955年。

② Paul Pelliot, "Une bibliothèque médiévale retrouvée au Kan-sou", Bulletin de l' École française d' Extrême-Orient, 8, 1908.（伯希和《在甘肃新发现的一个中世纪藏书室》，《法兰西远东学院学报》，1908年）。详情可参王冀青《法藏敦煌本〈慧超往五天竺国传〉题名系由伯希和首定说》（《敦煌学辑刊》2012年第4期）。说明：由于本文最后附有《慧超〈往五天竺国传〉主要研究论著目录》，集中揭示各研究论著出版信息，为节省篇幅，本文下文行文一般仅说明相关论著作者与题名，其他出版信息请参阅该附录。

雄《慧超〈往五天竺国传〉之语言与敦煌写本之性质》通过对敦煌本中介词、量词、被动结构等的相当精细的语言学考察，及与《一切经音义》所引内容的对照，又提出敦煌本抄存的不是定稿本，而是草稿本，可能是慧超在东归途中暂居敦煌期间留下的，或被当地僧徒传抄而成。

无论如何，敦煌本是今见《往五天竺国传》的唯一存本，特殊而又重要。

二、对敦煌本慧超《往五天竺国传》的文献学整理

P.3532所抄《往五天竺国传》节略本，通计尚存字227行，满行行约25—36字，字迹较为工整清晰，但俗讹字略多，文法亦时有特异独行之处，加之残损严重，故识读不易。

因而，百余年来曾有多位学者陆续刊发关于该卷的文献学整理成果或探讨此方面问题的论文，从最初的过录，到越来越详尽的校录、注释、解说等，力度不断加大，为深入研究提供了更好的文献基础。罗振玉、高楠顺次郎、羽田亨、郑炳林、王仲荦、杨建新、玄幸子等，皆对该卷的整理做出了重要贡献，其中藤田丰八《慧超往五天竺国传笺释》、张毅《往五天竺国传笺释》、桑山正进《慧超往五天竺国传研究》等尤其被相关学者认可重视和长期引用。

除进行古文献学整理外，还有学者将《往五天竺国传》译成外文，如Walter Fuchs（福克司）所译德文本、定方晟所译日文本、Yang Ham-Sung（梁翰承）与Jan Yun-Hua（冉云华）合作编译的英译本等即是。这些译本使得P.3532这件敦煌文书受到了国际学界的广泛关注。

三、慧超生平事迹与往返五天竺路线

敦煌本《往五天竺国传》的揭出，首先引发了学界对该书作者慧超的关注，百余年来已从多个角度进行考证，从而勾勒出了其生平事迹的大致轮廓。

（一）慧超的国籍

最初辨别P.3532内容性质时，伯希和、罗振玉仅指出该卷所抄与慧琳《一切经音

义》摘引的《慧超往五天竺国传》应该是一书，并未涉及慧超的籍贯与生平，后来的整理者，如张毅先生等，方结合传世文献中的零星记录，指出慧超应为新罗人。进入21世纪后，高田时雄《慧超〈往五天竺国传〉之语言与敦煌写本之性质》、玄幸子《关于〈往五天竺国传〉里面出现的语言特征》等文从语言学角度，对《往五天竺传》的行文方式进行了研究，认为其确实显现出了新罗语特征，可证慧超的确为新罗人士。目前慧超系入唐求法的新罗僧人这一点，早已成为了学界共识。

可附此一提的是，张文德《慧超〈往五天竺国传〉笺释拾遗》援引多种材料，对慧超的身份及社会关系进行了深层次的探析解读。

（二）慧超的出生年与师承关系

史籍中并无慧超生卒年的明确记录，研究者需通过其他途径予以考证。如：张毅《往五天竺国传笺释》推测其可能出生于武周圣历三年（700年）或武周长安四年（704年），所据似为“慧超之师金刚智三藏于玄宗开元七年（719年）抵达广州”“慧超在该处与金刚智相遇并成为他的弟子”“其时慧超约16岁”等记述。

是知慧超年少时即入唐求学，曾拜于中国密宗创始人之一金刚智门下。关于慧超与金刚智，据前揭张毅先生论著和崔正森《唐代五台山乾元菩提寺高僧慧超》等文考证，慧超巡礼五天竺归来后，又随金刚智三藏在长安荐福寺从事佛经翻译工作，笔录金刚智亲演的《大乘瑜伽金刚性海曼殊室利千臂千钵大教王经》（以下简称《千臂千钵曼殊室利经》）梵文本等。

在参照前贤相关研究成果的基础上，崔先生亦提及不空三藏曾在《代宗朝赠司空大辨正广智三藏和尚表制集》卷四《请于兴善当院两道场各置持诵僧制》文中称赞慧超等人堪为“法门标准”。2000年，张文德《慧超〈往五天竺国传〉笺释拾遗》指出，《大正藏》所收《不空三藏和尚遗书》中，不空自言弟子中有六人非常优秀，其中之一即是“新罗慧超”。张先生又查考出《全唐文》所收《千臂千钵曼殊室利经》的序言中也记有一位僧人慧超，谓其先后师承金刚智三藏与不空三藏，并长期在五台山乾元菩提寺从事佛经翻译，两次参与《千臂千钵曼殊室利经》的翻译及整理，且此人与慧琳同为不空三藏弟子。是知慧超又曾师事与善无畏、金刚智同为开元三大士的不空三藏。

据上举前贤研究成果，不空三藏圆寂后，慧超在五台山乾元菩提寺再次刊录《千臂千钵曼殊室利经》使其最终成书[1]。此后，慧超仍然留在五台山修行，直到圆寂。

如所周知，不空三藏曾在唐代宗和宰相王缙的支持下于五台山开辟了密宗道场，并借助皇权令天下寺宇普建文殊阁，使五台山成为了文殊信仰的中心。慧超长期驻锡五台山，正是继承其师衣钵的表现，这位密宗高僧为五台山影响的扩大做出了重要贡献。而唐五代宋初敦煌地区文殊信仰与五台山信仰炽盛，莫高窟中绘制了多幅《五台山图》，敦煌文书中更保存了大量与五台山有关的文献，这或许也是慧超这位与五台山渊源甚深的高僧的著作得以留于敦煌的原因之一吧。

（三）慧超的汉文写作能力与《往五天竺国传》的成书时间及散佚缘由

关于《往五天竺国传》的成书时间与成书过程，学界观点不一。因敦煌本中有“开元十五年（727年）十一月上旬至安西”语，罗振玉《慧超往五天竺国传残卷及校录札记》认为“殆在玄宗朝”，陈士强《新罗慧超〈往五天竺国传〉一卷》具体推测成书时间为开元十六年（728年），朱蕴秋、申美兰《〈往五天竺国传〉中的印度人形象》主张成书时间是慧超于开元十六年回到长安后的五六年间，林基中《关于〈大唐西域记〉和〈往五天竺国传〉的文学特性》则将成书时间提前至慧超旅行途中。

至于慧超的汉文写作能力，文学史研究者和历史学者的观感迥异。例如，阳清《敦煌写本残卷〈慧超往五天竺国传〉中的五言诗——兼论中世纪佛教行记情感书写及其诗笔》称赞慧超所撰五首律诗相当精妙，而对《往五天竺国传》进行过专门整理与研究的张毅先生则认为慧超的汉文水平差强人意，并推测“文辞不工，可能是慧超书流传不广的原因”。

（四）慧超往返五天竺的路线

慧超巡礼五天竺的路线也是学者们关注的焦点之一。

研究者一般都同意慧超系经海路到达五天竺，然后从陆路返回的说法。前已言及，伯希和在看到敦煌本之前即据慧琳《一切经音义》摘引《往五天竺国传》的文字研究

① 张毅、崔正森、张文德论著均指出《千臂千钵曼殊室利经》及其经序中有多处自相矛盾。崔先生文更提及现存该经是南唐报恩禅寺恒安和尚于元宗李璟保大三年（945年）在升元寺寻得，很可能是恒安的托古伪作，我国当代佛学家吕澄《新编汉文大藏经目录》即将其列入疑伪经。

过慧超的行进路线，所撰《8世纪末从中国入印度的两条线路》即谓："慧琳的注解顺序，显示出一条用三卷篇幅记载的已消失不用的线路，从中国去印度时取道南海，从印度返回中国时取道突厥斯坦。"

关于赴印经由海路，前已提及的慧超行经广州时拜金刚智为师等记述即可为证。至于慧超在五天竺的的行迹，敦煌本基本可以还原其巡礼过程，是以研究者能据之探讨印度历史地理问题。慧超返程走陆路亦无疑义，敦煌本所记各地点之间的方向、路程都十分清晰。学界争论的热点主要是慧超东归时在西域地区绕行的缘由、是否确曾深入已伊斯兰化地区，以及因后一问题伴生的《往五天竺国传》的可信程度问题。

据敦煌本，慧超东归到达吐火罗后，并没有直接返回长安，而是绕行至波斯、大食的势力范围，又经骨咄国返回吐火罗，进入大唐境内。关于这一有悖常理的行进路线，丁笃本《旅唐新罗僧人慧超西域巡礼述略》等文认为，慧超绕行时所经诸国已伊斯兰化，非常排斥异教徒，甚至有屠杀佛教信众等极端事件发生，慧超没有冒险巡游的必要，故并未亲身前往，而只是在自己的游记中转述了其他人的叙述，以求广博。丁先生还佐以旁证，谓法显、玄奘等先行者为使自己的行记更加完整地展现诸国风貌，也曾借用间接材料而不明言，慧超效仿前人不足为奇。张文德《慧超〈往五天竺国传〉笺释拾遗》指出，慧超确有从他处获得间接材料的可能。但张先生通过分析《旧唐书》《资治通鉴》等史籍中的相关记载，认为西域长期处于大唐、大食、吐蕃、突厥四方力量的较量拉锯之中，慧超途经该地时，唐与吐蕃关系日益紧张，与大食之间反而趋于缓和，因此慧超避开吐蕃势力范围内的吐火罗局部地区，从大食辖区进入大唐境内也是合理的，如此绕行还可考察沿途各国的自然特产、民族人种、社会面貌等等，确有巡行价值。

我们认为，从现有材料来看，西行求法高僧皆具宏大誓愿和坚韧不拔的性格，视巡礼求法为修行，慧超亦不例外，并且，目前我们看到的乃是节略本，在没有可信材料支撑的情况下，似不宜贸然否定《往五天竺国传》为亲历行记。

四、其他问题的探讨

除以上围绕慧超进行的各项研究外，有关敦煌本《往五天竺国传》蕴含的丰富的历史地理、佛教史、文学史、语言学、中外文化交流史等方面的学术价值，学者们也从不同角度进行了讨论，其中历史地理方面的成果最为突出。例如，森安孝夫等执笔，广中智之、尹磊摘译《〈往五天竺国传〉记载的西域史料研究》对该行记涉及到的史料进行了详细的枚举分析。再如，王向远《"五天竺""国—城—村"概念与中国古代的印度社会研究》据慧超《往五天竺国传》，从东方学角度对古代印度社会结构进行了认真剖析，为学界提供了新的研究视野。

还值得一提的是，学者们也对《往五天竺国传》中某些失实描述或不妥提法进行了辨析，如对古印度的刑罚规定、物产种类，以及"五天竺"及"五印度"概念的使用欠安等问题即多有讨论。

以上扼要回顾了慧超《往五天竺国传》研究史。尚可补充的是，学界流行一种观点：慧超的天竺之行并没能完成最初心愿，因为慧超西行时，佛教在其发源地已不再兴盛，敦煌本《往五天竺国传》中并无慧超在五天竺拜师、学法、修行等方面记录即可为证。我们认为，此一问题或应从两方面考虑。根据慧超赴印巡礼时印度的社会文化发展状况，该说或有一定道理，彼时印度的佛教氛围的确不如法显、玄奘、义净等西行时浓郁。但另一方面，敦煌文书中保存的《慧超往五天竺国传》仅为节略本，所记多为各类见闻或行进路线的原因或许与抄写目的有关：敦煌本充分展示了一条精心挑选的行进路线，有可能是抄录者有意为之，即视《往五天竺国传》为旅行指南，特意选录见闻与线路部分而删减其他。据敦煌文书中保存的其他记述，如英藏敦煌文书S.5981《同光贰年鄜州开元寺僧智严巡礼圣迹后记》、S.529所存多件同光二年定州开元寺僧归文书状等，不仅唐代，五代宋初赴印度研习佛法的僧侣仍然络绎不绝，《往五天竺国传》等僧人行记的指导意义遂历久弥新。

总之，敦煌本《往五天竺国传》为后人研究8世纪上半叶南亚、西亚等地的自然物产、社会民俗、宗教信仰等留下了宝贵材料，是学界的一大幸事，也是敦煌文书可极大促进世界古代文化史研究向纵深发展的典型例证。

附录：

慧超《往五天竺国传》主要研究论著目录

【说明：为便于展示相关研究史，本目录略依各论著发表时间先后排序】

Paul Pelliot, *Deux itinéraires de Chine en Inde à la fin du Ⅷe siècle*, Bulletin de l' École française d' Extrême-Orient, Tome 4, No.1-2, janvier-juin 1904. 冯承钧节略中译本题为《交广印度两道考》，北京：中华书局，1955年。

Paul Pelliot, *Une bibliothèque médiévale retrouvée au Kan-sou*, Bulletin de l' École française d' Extrême-Orient, 8, 1908.（伯希和：《在甘肃新发现的一个中世纪藏书室》，《法兰西远东学院学报》，1908年）。

罗振玉：《敦煌石室书目及发见之原始》，1909年10月4日诵芬室刊印，1909年11月1日刊出之《燕尘》、1909年11月刊出之《民吁日报》、1909年11月7日刊出之《东方杂志》第6卷第10期等均曾转载。

罗振玉：《莫高窟石室秘录》，《东方杂志》第6卷第11期，1909年12月7日。

罗振玉：《敦煌石室遗书》第四种《五天竺国记》（包括录文《慧超往五天竺国传残卷》和考证札记《慧超往五天竺国传校录札记》两部分），1910年1—2月诵芬室刊印，又收载于《罗雪堂先生全集》三编（六），台北：大通书局有限公司，1989年。

〔日〕藤田丰八：《慧超往五天竺国传笺释》，汉文本，北京排印，1910年；订正再版之日文本，东京，1911年；钱稻孙中译本，北平，1931年。

〔日〕高楠顺次郎：《慧超往五天竺国传に就て》，《宗教界》11/7，1915a。

〔日〕高楠顺次郎：《惠超往五天竺国传笺释》，佛书刊行会《大日本佛教全书》史传部《游方传业书第一》，东京：东京印刷株式会社，大正六年（1917）。

Walter Fuchs: *Huai-ch' ao' s Pilgerreise durch Nordwest-Indien und Zentral-Asien um 726*, Sitzungsberichten der Preubischen Akademie der Wissenschaften, Philhist. Klasse. 1938. XXX, Berlin,1939.

〔日〕羽田亨：《慧超往五天竺国传迻录》，《纪元二千六百年纪念史学论文集别册》，京都：1941年。

〔日〕定方晟：《慧超往五天竺国传和译》，《东海大学文学部纪要》16，1971年。

王重民：《慧超往五天竺国传》，氏著《敦煌古籍叙录》，北京：中华书局，1979年。

Yang Han-Sung and Jan Yun-Hua，*The Hye Ch' o Diary*：*Memoir of the Pilgrimage to the Five Regions of India*, No.2,ed. Lancaster, L.R. and J.L. Shastri, Berkeley/Seoul, 1984.

郑炳林：《慧超往五天竺国传》，氏著《敦煌地理文书汇辑校注》，兰州：甘肃教育出版社，1989年。

〔日〕桑山正进：《慧超往五天竺国传研究》，京都：京都大学人文科学研究所，1992年。

王仲荦：《慧超〈往五天竺国传〉残卷考释》，氏著、郑宜秀整理《敦煌石室地志残卷考释》，上海：上海古籍出版社，1993年。

张毅：《往五天竺国传笺释》，北京：中华书局，1994年初版，2000年修订再版。

何鸢：《一位朝鲜古代诗僧的故事》，《东疆学刊（哲学社会科学版）》1994年第1期。

〔韩〕林基中著，文英译《关于〈大唐西域记〉和〈往五天竺国传〉的文学特性》，《韩国学论文集》1994年第2辑。

董志翘：《评介两部研究〈往五天竺国〉的新著》，王元化《学术集林》卷9，上海：远东出版社，1996年。

杨建新：《往五天竺国传》（节录），《古西行记选注》，银川：宁夏人民出版社，1996年。

崔正森：《唐代五台山乾元菩提寺高僧慧超》，《五台山研究》1998年第4期。

张文德：《慧超〈往五天竺国传〉笺释拾遗》，《徐州师范大学学报》（哲学社会科学版）2000年第1期。

荣新江：《慧超所记唐代西域的汉化佛寺》，《冉云华先生八秩华诞寿庆论文集》，台北：佛光出版社，2003年。

朱蕴秋、申美兰：《〈往五天竺国传〉中的印度人形象》，《沈阳大学学报》2005年第3期。

〔日〕广中智之：《慧超所见于阗大乘佛教的戒律》，《敦煌学辑刊》2005年第4期。

〔日〕高田时雄：《慧超〈往五天竺国传〉之语言与敦煌写本之性质》，氏著、钟翀等译《敦煌·民族·语言》，北京：中华书局，2005年。

〔日〕森安孝夫等执笔，广中智之、尹磊摘译《〈往五天竺国传〉记载的西域史料研究》，《新疆师范大学学报（哲学社会科学版）》2006年第3期。

余小平：《论慧超旅行巨著〈往五天竺国传〉》，《浙江师范大学学报》（社会科学版）

2008年第3期。

陈士强：《新罗慧超〈往五天竺国传〉一卷》，氏著《大藏经总目提要文史藏二》地志部第一门游记，上海：上海古籍出版社，2008年。

丁笃本：《旅唐新罗僧人慧超西域巡礼述略》，《韶关学院学报（社会科学版）》2008年第2期。

田卫疆：《释慧超〈往五天竺国传〉里“西胡”习俗的记载》，耿升、刘凤鸣、张守禄主编《登州与海上丝绸之路：登州与海上丝绸之路国际学术研讨会论文集》，北京：人民出版社，2009年。

王冀青：《法藏敦煌本〈慧超往五天竺国传〉题名系由伯希和首定说》，《敦煌学辑刊》2012年第4期。

杨玉君：《〈往五天竺国传〉研究》，中央民族大学硕士学位论文，2013年。

〔韩〕朴庸镇、朴柄灿、朴智淑：《〈往五天竺国传校勘〉（2）》，《2015年中国语言文学研究暨汉语教学国际学术研讨会摘要集》，兰州，2015年7月。

王思佳、刘静烨：《唐代新罗僧人慧超西行及其〈往五天竺国传〉考略》，《兰台世界》2015年第36期。

阳清：《敦煌写本残卷〈慧超往五天竺国传〉中的五言诗——兼论中世纪佛教行记情感书写及其诗笔》，《清华大学学报》（哲学社会科学版）2017年第4期。

〔日〕玄幸子：《关于〈往五天竺国传〉里面出现的语言特征》，《汉语史学报》2017年第2期。

杨昭全：《新罗名僧慧超的〈往五天竺国传〉研究》，《东疆学刊》2018年第3期。

阳清、刘静：《唐宋佛教行记及其相关文献叙录》，《大学图书馆学报》2018年第4期。

王向远：《“五天竺”“国—城—村”概念与中国古代的印度社会研究》，《兰州大学学报》（社会科学版）2020年第6期。

薛克翘：《从法显的“五天竺”到玄奘的“五印度”》，《北方工业大学学报》2021年第6期。

〔美〕唐纳德·洛佩兹（Donald S. Lopez Jr.）：《慧超的旅行》，北京：社会科学文献出版社，2022年。

（杨宝玉，中国社会科学院古代史研究所研究员；

杨晓梅，中国社会科学院大学地理科学与资源研究所研究员。）

浅谈前凉时期姑臧城的几次营建
——兼述武威古城的保护

柴多茂

精致凝练、饱满遒劲、铺张扬厉或是充满玄象和智性的建筑是蚌中的珍珠。1600年前，前凉张氏营建的姑臧城就是中国建筑史上最耀眼的一颗珍珠，它的营建思想与布局模式影响了北魏旧都平成、新都洛阳及隋、唐长安城的营建。史学家陈寅恪先生在《隋唐制度渊源略论稿》中赞誉："姑臧本为凉州政治文化中心，复经张氏增修，遂成河西模范标准之城邑，亦如中夏之有洛阳也"。

一、张轨"大城姑臧"

永宁元年（301年）正月，西晋朝廷任命张轨为凉州刺史，兼领护羌校尉。永兴二年（305年），张轨派司马宋配攻打南山之敌鲜卑，这次战役宋配杀死了鲜卑首领若罗拔能，俘获了十余万鲜卑人。晋惠帝派遣使者封张轨为安西将军、安乐乡侯，还有数千户百姓。于是，张轨"大城姑臧"。其实，张轨到凉州后制定了"尊晋攘夷"的政治方针和"保宁域内"的指导思想，在一系列轻徭薄赋、劝课农桑等施政举措下，短短四五年时间，前凉经济社会出现了繁荣局面，百姓富裕，国库渐趋充盈，有足够的人力、物力、财力营建姑臧城。

《水经注》引王隐《晋书》说："凉州有龙形，故曰卧龙城，南北七里，东西三里，本匈奴所筑也。"张轨此次"大城姑臧"只是在匈奴所筑的旧址上进行了增修。"张轨称制，□凉治建宫室，适当遗址"（见《凉州重修护国寺感应塔碑》）。可见，张轨是在现今城内东北隅大云寺遗址处修建了宫室。

二、张茂“复大城姑臧”

320年，张茂摄位。这年岁末，他修筑了灵均台。自魏晋以后，帝王所住的地方称“台”，其住地宫城亦称“台城”。《晋书》记载，灵均台“周轮八十余堵，基高九仞”。由于工程浩大，民怨纷起，有一个叫阎曾的武陵人半夜假托是张轨派来的，问为何要劳民伤财修筑灵均台。314年农历五月，张轨病重，曾立遗令“务安百姓”。所以，张茂停止了修筑灵均台的工程，灵均台成了“半拉子”工程。

太兴四年（321年），河西发生了一件大事：刘曜派大将刘咸攻打冀城，“临洮人翟楷、石琮等逐令长，以县应曜，河西大震”。虽然，前凉大将陈珍率领的氐羌兵打败了刘曜，但这次意外的战役给前凉的统治敲响了警钟。所以，不久之后，张茂不纳别驾吴绍的谏言，依“王公设险，武夫重闭”的政治和战略原理，“复大城姑臧，修灵均台”。姑臧城由此迎来了一场大规模的营建，一座座富丽堂皇的宫殿楼阁亭台出现在这座河西政治文化中心。

三、张骏修“四时殿”

姑臧城最大规模的修建和姑臧城平面图构成要素大多在张骏时完成。324年，张茂病死，张寔之子张骏继位。张骏继位不久，便修缮了南宫。史称张骏：“厉操改节，勤修庶政，总御文武，咸得其用，远近嘉咏。”张骏在位22年，是前凉鼎盛期。前凉军力强盛，经济雄厚，“虽称臣于晋，而不行中兴正朔。舞六佾，建豹尾，所置官僚府寺拟于王者，而微异其名”。后来张骏依王都的营建思想和方位布局在“姑臧城南筑城，起谦光殿，画以五色，饰以金玉，穷尽珍巧。殿之四面各起一殿，东曰宜阳青殿，以春三月居之，章服器物皆依方色；南曰朱阳赤殿，夏三月居之；西曰政刑白殿，秋三月居之；北曰玄武黑殿，冬三月居之。其傍皆有直省内官寺署，一同方色”。

古代都城方位布局极重视“礼”制，最核心一点是将宫殿置于都城中央显赫位置，以烘托宫殿的重威。《荀子·大略篇》说：“欲近四旁，莫如中央。故王者必居天下之中，礼也。”可见，“辨方正位”、以“中”为尊是礼制的要求。谦光殿是前凉最宏伟的建筑物，是前凉举行国家盛典的地方，所以在规划、营建中恪守了这一点，张骏在谦光殿的四面各筑造了一座宫殿。姑臧城的营建不仅遵循“礼”制，还取法于天象。《三辅黄图》记载：“苍龙、白虎、朱雀、玄武，天之四灵，以正四方；王者制宫阙殿阁取法焉。”古人用青、红、白、黑代表东、南、西、北四个方向，所以，从张骏在谦光殿四周建造的这四座宫殿的命名可以看出姑臧城的营建与阴阳五行有密切关系。此外，还有天龟观（天龟：《周礼·春官·龟人》：“龟人掌六龟之属，各有名物。天龟曰灵属。”《星经》卷下：“天龟六星，在尾南，汉中。”）、神雀观、飞鸾观等的命名也与天象有密切关系。

四、开创“宫北市南”新格局

作为“模范城市”的姑臧城最为耀眼的就是，在中国都城宫与市的布局上开创了“宫北市南”的新格局。《周礼·考工记》云：“面朝背市。”这是说宫在正中，朝在其南，而市在其北。据王隐《晋书》记载：“及张氏之世居也，又张骏增筑四城，箱各千步。东城殖园果，命曰讲武场；北城殖园果，命曰玄武圃，皆有宫殿。”可见，张氏增筑的北城里修建有不少王宫，故其间再不能修建市场，并且与经典传统“背市之说”不合。由于匈奴修筑的盖臧城南北长、东西窄，所以张骏在此基础上增筑的东西城的范围也小，而增筑的南城则面积比较广阔。所以，张骏时，姑臧城的市场就在增筑的南城。由于地形的缘由而改变了千年来《周礼》所强调的“面朝背市”，姑臧城开创了中国古代都城营建史上“宫北市南”的先河，是对传统礼制的绝对挑战。

439年，北魏军攻占了姑臧城，北凉亡国。是年冬季，北魏徙姑臧城吏民三万户到平成。《南齐书·魏虏列传》记载：“什翼珪始都平城，犹逐水草，无城郭，木末始土著居处。佛狸破梁州（指北凉沮渠氏）、黄龙（指北燕冯氏），徙其居民，大筑郭邑，截平城西为宫城。”所以，“平城新建郭城拟凉州都会”。太和十七年（493年）冬十月，北魏孝文帝命司空穆亮、尚书李冲与将作大匠董爵修筑京都洛阳。据《魏书·李冲列传》记载：“（李）冲机敏有巧思……及洛都初基，安处郊兆，新起堂寝，皆资于冲。”可见洛阳新都之规划营建均出自李冲之手。李冲为西凉李暠之曾孙，受姑臧城营建和规划思想及方位布局影响，在建造洛阳时，将市场布局在城南。陈寅恪因而感慨：“遂致北魏洛都一反汉制之因袭，而开隋代之规模欤。”

五、姑臧城内的主要建筑

前凉时期，姑臧城内的主要建筑物有：谦光殿（《资治通鉴》胡注：“谦光殿，张骏所起；自以专制河右而世执臣节，虽谦而光，故以名殿。”《读史方舆纪要》：“太元初，苻秦灭凉，改谦光堂曰宣德。十年，吕光据有姑臧，复曰谦光。”）、闲豫堂、闲豫池、东苑（讲武场）、玄武圃、西苑、南宫、永训宫、永寿宫、正德殿、平章殿、辟雍明堂（辟雍明堂是一座建筑，但它包含两种建筑名称的含义，它是中国古代最高等级的皇家礼制建筑之一。明堂是古代帝王颁布政令、接受朝觐和祭祀天地诸神以及祖先的场所。辟雍即明堂外面环绕的圆形水沟，环水为雍，圆形像辟。“张骏立辟雍、明堂以行礼”）、宾遐观、天龟观、神雀观、飞鸾观、灵均台、万秋阁、灵泉池、端门、西昌门、青角门、广夏门、洪范门、凉风门、青阳门等。

六、武威古城的保护

汉唐时期的姑臧城是矗立在北部中国的一座模范城市，引领了那一时期城市修建的新风尚。在今天武威市建设文化旅游名市的步伐中，要继续加强城市文化建设，做好文化遗产保护。新一轮城市总体规划把武威市的城市性质定位为“国家级历史文化名城，河西走廊的区域性中心城市”。这个定位尊重历史，立足现实。城市文化作为城市发展的根基和脉络，应充分体现在城市规划和建设中。

一是城市文化的根基在于其“年轮”。没有历史感的城市，谈不上文化的传承。城市建设如同书写城市历史，城市文化是在尊重历史发展的城市建设进程中形成的。武威有悠久的历史、灿烂的文化。早在四千年前的新石器时代，中华民族的祖先就在这里繁衍生息，创造了恢宏灿烂的远古文化。自汉代张骞“凿空”西域，开通“丝绸之路”，绵延万里的丝绸古道孕育了惊心动魄、波澜壮阔的历史风云。目前，13处全国重点文物保护单位、160多处可供游览观瞻的文物景点、4万多件珍贵的馆藏文物，构建成武威恢宏壮观的历史文化长廊，不断涵养、壮大着这座古城的文化根脉。

近年来，在城市建设中，武威市把城市规划作为管理城市的龙头和保护历史文化名城的重要手段，先后编制了《武威市历史文化名城保护规划（2002—2020）》《武威历史文化名城保护规划（2016—2030）》，提出了更加符合武威城市特点的保护目标，明确了历史文化名城的保护内容，确定了各类历史文化资源保护重点，以及兼顾发展利用的保护措施。

二是城市文化的活力在于其“特色”。特色是城市的活力和魅力所在，否则就难有知名度。城市建设要善于挖掘、利用、发挥和体现特色，从而培育特色城市文化。武威市历史悠久，勤劳智慧的先民创造了辉煌的五凉文化、西夏文化等，这些多姿多彩的文化形态都可作为其城市建设的文化根基，渗透于城市建设的各个方面。一个城市只有从历史文化、自然环境和经济基础出发，才能因地制宜地做出科学定位，确立正确的发展方向和模式，形成独一无二的特色，更好地展示自身的竞争力。

在武威市的规划和建设中，要坚持历史文化名城特色保护和现代化城市建设相统一的原则，找准历史文化与现代文化、传统文明与现代文明、武威特色与先进理念的结合点，既能够延续历史文化名城的特色与文脉，又能够展示武威新的文化内涵和精神风貌。“书城不夜”“武威莫道是边城，文物前贤起后生。不见古来盛名下，先于李益有阴铿”。在城市规划和市政建设上，让凉州多些书卷味，把武威建成一卷打开的书，使武威人爱书、读书、写书、用书的美德名满天下。

三是城市文化的落脚点在于其“细节”。城市文化不仅体现于城市的宏观规划，更体现于其具体的、精心的细节设计。大到城市规划制定、完善和实施，小到城市公园、广场、雕塑、道路以及每个具体建筑，都要体现其文化内涵，即通过对城市历史文化资源的挖掘和利用，让城市文化的个性和特点覆盖城市建设的各个细节。

要把武威市建设成河西走廊经济社会高质量发展的桥头堡、丝绸之路经济带黄金旅游目的地城市，在城市规划和建设中就必须要把城市文化建设与文化遗产保护作为一项重要工程，同时还要树立“城市文化品牌”的理念，并将这种城市文化品牌理念贯穿于武威市城市建设的各个环节。只有这样，武威市才会成为一个有个性、有活力、有竞争力的区域中心城市，才能使武威市成为西北一颗璀璨的明珠。

（柴多茂，武威市凉州文化研究院副研究员。）

第四辑

西北地区灿若星河的历史文化中，吐谷浑文化堪称一颗璀璨明珠。吐谷浑在其350余年的历史进程中，活动区域由东北转向西北，在我国历史上影响深远。甘、青、宁地区吐谷浑文化遗存极为丰富，特别是甘肃武威是全国发现唐代吐谷浑王族墓葬群及出土吐谷浑文物最多、最早的地区之一，是吐谷浑文化富集区。

本辑收录来自西南大学、兰州大学、华南师范大学、青海师范大学、河西学院、青海省文物考古研究院、甘肃省博物馆以及武威本地专家学者的论文12篇，对吐谷浑政权受封、吐谷浑西迁后的文化变迁、吐谷浑出土文物所彰显的多元融合、唐代吐谷浑在河西地区的活动、吐谷浑王族墓志雕刻纹饰以及对吐谷浑文化研究的展望、国家考古遗址公园与河西走廊新旅游目的地的构建等方面都进行了深入的研究阐释。这些文章史论结合、观点新颖，不仅还原了吐谷浑与多民族之间交往交流交融的史实，也提出了下一步吐谷浑文化挖掘、整理、研究的路径建议。

近年来，武威市通过成立吐谷浑文化保护研究中心，举办学术研讨会、座谈会等方式，极大地推动了吐谷浑文化的挖掘研究工作。这些措施，不仅促进了学术交流，汇聚了学术人才，对加快吐谷浑文化的创造性转化和创新性发展步伐，讲述吐谷浑文化故事，打响吐谷浑文化品牌，促进武威市文旅产业高质量发展具有十分重要的作用。

浅论吐谷浑西迁后的文化变迁

丁柏峰

公元4世纪初，吐谷浑率其部跋涉万里，从辽河流域来到了西北的甘青地区。迁徙到西北以后，吐谷浑部征服了当地四分五裂的羌族部落，在与当地羌、氐、汉、匈奴（铁弗）等族长期共同生活、互相交往的过程中逐渐融合形成为吐谷浑族。“作为中国古代西北民族的吐谷浑，事实上应为原慕容鲜卑的一支与羌、氐、汉、匈奴、西域胡、高车等一些氏族、部落，经过长期历史发展融合而成。”①吐谷浑部虽然与留居辽河流域的慕容鲜卑同根同源，但在其西迁以后，双方所处地区的自然环境与人文环境迥然相异，走上了截然不同的发展道路。地理环境是人类活动的大舞台，人类的生存、社会的发展都离不开一定的地理环境。吐谷浑民族万里跋涉，由东北出发，在西北扎根，其赖以生存发展的自然环境和人文环境都发生了翻天覆地的变化，吐谷浑文化自然也就呈现出迥然不同的面貌。可以说，吐谷浑民族文化的形成过程，就是与鲜卑文化发生历史分野的过程，这些慕容鲜卑的子孙在新的故乡创造出了新的文化。

一

秦汉魏晋时期，鲜卑民族是中国北方政治舞台上的一支重要力量。东汉末一度“南抄汉边，北据丁令，东却夫余，西击乌孙，尽据匈奴故地，东西万二千余里，南北七千余里，网罗山川、水泽、盐池甚广”。西晋永嘉以后，鲜卑拓跋部、慕容部、宇文部、乞伏部（陇西鲜卑）、秃发部（河西鲜卑）“分拒地险”“分镖起乱”。五胡十六国

① 周伟洲：《吐谷浑史》，南宁：广西师范大学出版社，2006年。

中，由鲜卑民族所建立的政权为数最多，分别是拓跋部建立的代、北魏，慕容部建立的前燕、后燕、西燕、南燕，乞伏部建立的西秦，秃发部建立的南凉。加上十六国之外的吐谷浑，鲜卑族共建立了大大小小九个割据政权。其中，吐谷浑所属的慕容鲜卑主要活动在东北特别是辽西地区，吐谷浑西迁以后，留居故地的慕容鲜卑先后建立了前燕、后燕、西燕和南燕共四个政权，与鲜卑化的汉族建立的北燕并称为“五燕”。五燕之中，前燕前期、后燕后期和北燕慕容部及宇文部为主体的东部鲜卑最初的居住地在鲜卑山，即今大兴安岭北段东麓[①]。在公元1世纪中期时主要生活在饶乐水流域，即西拉木伦河流域。早期社会的主要经济生活是狩猎和游牧，前燕慕容儁就曾经说过：“吾本幽漠射猎之乡。”[②]《后汉书·乌桓鲜卑传》以及《三国志·魏志·乌桓鲜卑传》等史料均记载，牲畜是鲜卑人最主要的财产，他们的婚丧嫁娶、祭祀、刑罚等等，无不与牲畜有关。公元3世纪上半叶，在吐谷浑与慕容廆的曾祖莫护跋时期，慕容鲜卑开始进入辽西。《十六国春秋·前燕录》记载：

（吐谷浑与慕容廆的）曾祖莫护跋，魏初率其诸部落入居辽西，从司马宣王讨公孙渊有功，拜率义王，始建国于棘城之北。

棘城亦记载为大棘城，在今锦州附近，位于小凌河流域，慕容部建国在棘城之北，其地则应在大、小凌河之间。据史籍记载，慕容部在吐谷浑父涉归时已经“渐慕诸夏之风矣”[③]。但从以后吐谷浑与慕容廆二部马斗最终导致吐谷浑率部西迁可以看出，慕容部在进入辽西以后，在相当长的一段时间里依然以游牧为主。在吐谷浑西迁以后，慕容廆开始“教以农桑，法制同于上国”[④]。慕容廆之所以教授鲜卑部民耕种和养蚕的技术，并效法西晋的法令制度，与辽西地区的特殊自然条件与地理区位密切相关。

辽西地区，泛指辽河以西、燕山山脉以北、内蒙古大草原以东和以南地区，包括今辽宁省朝阳、阜新、锦州、葫芦岛，内蒙古赤峰及河北省北部的承德部分地区。这里是蒙古草原与松辽平原的过渡带，也是典型的农牧皆宜地区，独特的自然地理环境，

① 米文平：《鲜卑石室的发现与研究》，《文物》1981年第2期。

②（唐）房玄龄：《晋书》卷一百十《慕容儁载记》。

③（唐）房玄龄：《晋书》卷一百八《慕容廆载记》。

④（唐）房玄龄：《晋书》卷一百八《慕容廆载记》。

使得多种经济类型都可以在这一地区存在与发展。随着乌桓、鲜卑等少数民族南下和中原汉族人民的内迁，这里自然成为了一个民族融合的舞台。

慕容部进入辽西以前，就已经有大批中原汉族进入这一地区开荒垦殖，发展农业。如东汉末年黄巾起义爆发，中原大乱，当时刘虞任幽州牧，“青、徐士庶避黄巾之难归虞者百余万口”[①]。辽西地区的郡县当时均属幽州统辖，这“百余万口”中，必有相当部分迁入辽西。辽西本身具有农牧皆宜的自然基础，加之与汉族交流融合，发展农业的趋势愈加明显。慕容廆充分认识到了发展种植业的重要性，正如他自己所说的“稼穑者，国之本也，不可以不急”[②]。在慕容廆的推动下，辽西地区的种植业获得了长足的发展。晋永宁年间（301—302），幽州一带发生大水，慕容廆下令“开仓振给，幽方获济”。慕容廆开仓赈济灾民的事甚至传入了晋惠帝耳中，“天子闻而嘉之，褒赐命服”[③]。到西晋永嘉之乱时，涌入辽西的中原汉人络绎不绝，史籍记载：

> 廆刑政修明，虚怀引纳，流亡士庶多襁负归之[④]。

> 故九州之人，塞表殊类，襁负万里，若赤子之归慈父，流人之多旧土十倍有余，人殷地狭，故无田者十有四焉[⑤]。

> 廆乃立郡以统流人，冀州人为冀阳郡，豫州人为成周郡，青州人为营丘郡，并州人为唐国郡[⑥]。

慕容廆统治时期，辽西农业有了突飞猛进的发展，慕容鲜卑基本完成了由畜牧经济向种植业经济的根本性转变。所以，后人对慕容廆有着非常高的评价，说“劝农桑，

---

①（南朝·宋）范晔：《后汉书》卷七十三《刘虞传》。

②（唐）房玄龄：《晋书》卷一百八《慕容廆载记》。

③（唐）房玄龄：《晋书》卷一百八《慕容廆载记》。

④（唐）房玄龄：《晋书》卷一百八《慕容廆载记》。

⑤（唐）房玄龄：《晋书》卷一百九《慕容皝载记》。

⑥（唐）房玄龄：《晋书》卷一百八《慕容廆载记》。

敦地利，任贤士，该时杰，故能恢一方之业，创累叶之基焉”[①]。

在慕容廆部的生产方式由畜牧业向种植业发生根本性转变的同时，远徙万里的吐谷浑部则因为到了与辽西地理环境迥然相异的青海地区，走上了另外一条发展道路。

青海省位于青藏高原的东北部，是青藏高原的重要组成部分。全省东西长约1200公里，南北宽约800公里，面积72万平方公里。这里地域辽阔，地势高峻，除湟水、黄河谷地和柴达木盆地海拔为2000—3000米外，大部分地区海拔在3000—4500米。青海省内部自然条件复杂多样，地域差异十分明显著，自然资源分布也极不均衡。在青海高原独特的自然地理环境中，存在着许多不利于人类生存的制约因素。这里海拔高，气温低，绝大部分地域年平均温度低于0℃，而且有些区域在高原上最热的月份内，极端最低气温也在摄氏零度以下，因此霜冻在任何月份都有可能发生，基本没有绝对无霜期。对此，康敷镕所撰《青海志》中有详细记述和精辟分析：

> 青海因地势崇高四周又围以山脉，完全为大陆气候。少暑多寒，且寒暑变迁甚剧，夏日午热而早晚仍寒，冬夏两季多烈风。因冬季寒冷空气密集形成最高气压，风势遂烈。春季空气渐疏至夏季改变低气压之际，风力绝猛，沙石飞舞，昼晦日冥，即为黑风。雨量极少，夏季始有，冬季绝无，六月多雨雹。唯因境内地势高低不一，各地气候亦因之殊异。西宁附近黄河上流及海东一带气候温和，寒暑适中，雨量亦较多。柴达木一带夏季非常干燥，其热甚热，甚于江南秋季，温度常较海东为高，严冬始有积雪，十一月方始结冰，来春即释，夏多雨雹，其大如常，或有黑霜厚积，草木即枯。黄河上源及西部一带，四月仍有积雪不消，河流多被冰封，五月始释，秋季空气干燥，七月即雪，晴时亦沙砾飞扬，黄尘蔽天，严冬冻指裂肤，既在六月盛夏早晚仍需衣裘。东南谷及玉树一带，因据横断山脉之北端得由滇康引入南海之水汽，夏季降雨稍多，唯亦多冰雹[②]。

众所周知，热量条件是生物繁衍的最重要的环境因子之一，栽培作物的生长发育

①（唐）房玄龄：《晋书》卷一百十一《慕容暐载记》。

②（清）康敷镕：《青海志》卷四《气候》。

就是在一定的温度条件下开始的，而且需要一定的热量积累才能完成其生命周期。因此，在很大程度上，一个区域社会的农业生产类型和水平要取决于气候环境。受寒冷气候条件的制约，农业生产的产生与发展在青海高原上受到很大的局限。吐谷浑进入青海以后，在其占据的大部分地区内，畜牧经济是唯一选择。

吐谷浑辖境之内“乏草木，少水潦，四时恒有冰雪，唯六七月雨雹甚盛。若晴则风飘沙砾，常蔽光景”[①]。甚至“地常风寒，人行平沙中，沙砾飞起，行迹皆灭。肥地则有雀鼠同穴，生黄紫花；瘦地辄有障（瘴）气，使人断气，牛马得之，疲汗不能行”[②]。严酷的自然环境迫使吐谷浑一直以畜牧业为其主要生计，这一点史籍记载非常清晰。《晋书》记其“有城郭而不居，随逐水草，庐帐为屋，以肉酪为粮”[③]。《宋书》记其“逐草依泉，擅强塞表，毛衣肉食，取资佃畜”[④]。《北史》云其“虽有城郭而不居，恒处穹庐，随水草畜牧”，又云其“好射猎，以肉酪为粮”。[⑤]《新唐书》则记载“有城郭，不居也，随水草，帐室、肉粮”[⑥]。《魏书》对吐谷浑的经济曾有一个简略而全面的概述：

> 国无常赋，须则税富室商人以充用焉……好射猎，以肉酪为粮。亦知种田，有大麦、粟、豆，然其北界气候多寒，唯得芜菁、大麦。……青海周回千余里，海内有小山，每冬冰合后，以良牝马置此山，至来春收之，马皆有孕，所生得驹，号为龙种，必多骏异……世传青海骢者是也。土出牦牛、马，多鹦鹉，饶铜、铁、朱沙[⑦]。

由于吐谷浑统治的地区广大，其内部的氏族、部落组成也十分复杂。而作为最主要的一个民族，当地羌族也是“所居无常，依随水草”“以产牧为业”[⑧]。吐谷浑人作

---

①（唐）姚思廉：《梁书》卷五十四《诸夷·河南传》。

②（南朝·梁）萧子显：《南齐书》卷五十九《河南传》。

③（唐）房玄龄《晋书》卷九十七《四夷·西戎·吐谷浑传》。

④（南朝·梁）沈约：《宋书》卷九十六《鲜卑吐谷浑传》。

⑤（唐）李延寿：《北史》卷九十六《吐谷浑传》。

⑥（宋）欧阳修《新唐书》卷二百二十一《西域·吐谷浑传》。

⑦（北齐）魏收：《魏书》卷一百一《吐谷浑传》。

⑧（南朝·宋）范晔：《后汉书》卷八十七《西羌传》。

为游牧民族迁居青海高原，不仅与当地土著民族的生产生活方式相一致，而且带来蒙古高原比较先进的生活方式。两者经济方式的相同，使得彼此很容易融为一体，促进当地生产技术的发展，提高当地畜牧业生产的水平。吐谷浑主要牲畜品种有马、牦牛、骆驼和羊等，其中尤以养马业最为突出。

马的饲养与培育在其畜牧业体系中占有非常重要的地位，吐谷浑从辽西万里跋涉到达西北，起因就是马斗相伤，导致兄弟失和。吐谷浑人刑律规定“杀人及盗马者死”[①]，把杀人和盗马同等量刑，可见马匹对吐谷浑人的重要性。史籍上屡屡有中原封建王朝讨伐吐谷浑后“获骆马二十余万”“获六畜三十余万”等记载，也从一个侧面反映出吐谷浑养马业的兴盛。吐谷浑人不仅养马数量多，而且以擅长培育名马而著称于世。以上《魏书·吐谷浑传》中提到的“青海骢”就是吐谷浑培育出的奇骏，《北史》《周书》《隋书》等均有相类似的关于吐谷浑人引进波斯优良畜种，在今环湖地区培育出宝马“青海骢”的记载。这种马风骨骏秀，奔走如风，成为吐谷浑向中原王朝朝贡的重要方物。《宋书》中记载：

> 慕延死，拾寅自立。二十九年（452年），以拾寅为使持节，督西秦、河、沙三州诸军事，安西将军，领护羌校尉，西秦、河二州刺史，河南王。拾寅东破索虏，加开府仪同三司。世祖大明五年（461年），拾寅遣使献善舞马、四角羊。皇太子、王公以下上舞马歌者二十七首[②]。

这段史料说明，吐谷浑为了表达对南朝宋王朝的忠顺之意，把具有灵性、闻乐起舞的骏马作为主要贡物上纳。宋帝刘骏观览之余，命王公大臣献舞马歌，以表达其欢欣之情。《梁书》中也有“十五年（516年），又遣使献赤舞龙驹及方物”的记载。《梁书·张率传》记载赤龙驹“有奇貌绝足，能拜善舞”，可见吐谷浑所献赤龙驹深得梁朝君臣的赞赏。

牧业之外，青海湖北部以及青海东部的吐谷浑人也经营农业，农业经济在吐谷浑的整个经济体系中占有一定的比重。诸部正史的《吐谷浑传》中屡屡出现“地宜大麦，

① （北齐）魏收：《魏书》卷一百一《吐谷浑传》。

② （南朝·梁）沈约：《宋书》卷九十六《鲜卑吐谷浑传》。

而多蔓菁，颇有菽粟”[①]“有大麦、粟、豆”[②]“亦知种田，有大麦、粟、豆。然其北界气候多寒，唯得芜菁、大麦”[③]的记载。但在青海严酷的气候条件之下，可以种植的农作物品种受到极大限制，只有大麦、粟、豆、蔓菁寥寥数种。而且，适宜农业生产的青海河湟地区，在绝大多数时间内并不在吐谷浑的控制之下，农业生产很难成为主业。吐谷浑的农业生产，与留居辽西故地的慕容廆部不啻天壤之别。

二

吐谷浑与留居辽河流域的慕容鲜卑另一个显著区别是，商业在吐谷浑经济中占有重要地位，它依托控制丝绸之路青海道的优势，创造了独特的商业文化。

西晋永嘉之乱以后，在河西走廊及其附近地区相继出现了前凉、后凉、前秦、后秦、西凉、北凉、南凉、西秦、高昌等割据政权。这些政权相互敌视，竞相对其他政权进行军事掠夺和经济封锁，最终导致丝绸之路河西道几近瘫痪。吐谷浑政权在伏连筹时期有效控制西域若羌、且末地区以后，其辖境内的丝绸之路青海道便与西域通道顺利连接。过往的使团、商旅在吐谷浑辖境内横穿柴达木盆地向西，不经河西走廊便可通达西域。这条通道的主要干道，西通西域，东与传统的丝绸之路陇右道（由长安沿渭河西行，过天水、临洮，经临夏过黄河到河西的路线）相衔接，由东到西，大致走向为：由临夏过黄河，西北方向行至乐都，再沿湟水西行至西宁，由西宁继续西行，进入柴达木盆地。在柴达木盆地形成了三条通往西域的道路：其一是由伏俟城经今海西都兰，西北至今小柴旦、大柴旦到达敦煌，由敦煌向西至今若羌；其二是由伏俟城经白兰地区，西至今格尔木，再向西北经尕斯库勒湖，越过阿尔金山至若羌；其三是从伏俟城经白兰、格尔木一带，往西南的布伦台，溯今楚拉克阿干河谷进入新疆。

吐谷浑存国期间，一直充当着丝绸之路青海道上中西客商的向导、保护者以及贸易中继人的角色。《魏书》中记载“蠕蠕（即芮芮）、嚈哒（即滑国）、吐谷浑所以交通者，皆路由高昌，掎角相接”[④]。《梁书》中也记载，当时嚈哒、波斯、龟兹、于阗均

①（唐）房玄龄：《晋书》卷九十七《四夷·西戎·吐谷浑传》。

②（唐）魏徵：《隋书》卷八十三《西域·吐谷浑传》。

③（唐）李延寿：《北史》卷九十六《吐谷浑传》。

④（北齐）魏收：《魏书》卷一百三《高车传》。

遣使与梁通好，“与旁国通，则使旁国胡为胡书，羊皮为纸……其言语待河南人译然后通”[①]。说明这些国家通使贸易需要由吐谷浑人担任向导及翻译。

对于国内各割据政权而言，吐谷浑也是一个联络塞北与江南的中继站。在南北对峙的状态下，吐谷浑人游离于南北朝的三大势力——长江流域的南朝、黄河流域的北朝和塞北的柔然之外，占据沟通东西的西北“形胜之地”。南朝与塞北之间的互相交往，需要吐谷浑从中为双方开路引道。南朝使者从建康溯长江而至益州，进入吐谷浑境内，由吐谷浑人送到鄯善，再经高昌达柔然之地。柔然使者同样地由高昌、鄯善国，经吐谷浑地而至益州，再顺江而下安全到达建康。

吐谷浑所控制之地以游牧经济为主，这种经济结构决定了它必须与发达的农业地区进行长期的、持久的、稳定的经济交往。吐谷浑人一方面充分利用丝路南道青海路的优越条件，与西域各国展开贸易交往，获得巨大财富，另一方面在同南北诸政权政治交往的同时，进行“以献为名，通贸市买”的商业活动。《梁书》中记载：“其（吐谷浑）地与益州邻，常通商贾，民慕其利，多往从之，教其书记，为之辞译，稍桀黠矣。”[②]无论是与西域还是与中原贸易，吐谷浑的商业交换规模都是很大的。西魏恭帝二年（555年），吐谷浑夸吕通使于北齐，回返时经过凉州，“凉州刺史史宁觇知其还，袭之州西赤泉，获其仆射乞伏触状、将军翟潘密、商胡二百四十人，驼骡六百头，杂彩丝绢以万计”[③]。其规模之大，可见一斑。由于吐谷浑政权非常重视商业，甚至所有国赋开支都需依赖向商人抽税——文献对此有非常明确的记载：“国无常赋，须则税富室商人以充用焉。”[④]因此，崔永红先生在其著作《青海经济史》中指出：

> 由于商业的兴盛，吐谷浑人积累的财富较多，他们富藏金银财宝，还曾引起北朝统治者的垂涎和觊觎，甚至成为北魏北周多次发动以掠夺财物为目的的战争的诱因[⑤]。

---

①（唐）姚思廉：《梁书》卷五十四《诸夷·滑传》。

②（唐）姚思廉：《梁书》卷五十四《诸夷·河南传》。

③（唐）李延寿：《北史》卷九十六《吐谷浑传》。

④（北齐）魏收：《魏书》卷一百一《吐谷浑传》。

⑤ 崔永红：《青海经济史》，西宁：青海人民出版社1998年版，第68页。

三

吐谷浑进入青海以后，其文化变迁的另一个重要表现就是对佛教的接受，但其辖境内佛教的兴盛程度远不及辽河流域。

宗教信仰和仪式是民族文化的基本特质，宗教文化的变迁反映出民族文化心理的变动。慕容鲜卑和古代欧亚大陆北部的其他游牧民族一样，但史籍中缺乏关于鲜卑族萨满教信仰具体情况的记载，只是有一些痕迹可寻。《魏书》记载：

> （北魏）遣中书侍郎李敞诣石室，告祭天地，以皇祖先妣配。……敞等既祭，斩桦木立之，以置牲体而还。后所立桦木生长成林，其民益神奉之。咸谓魏国感灵祇之应也[①]。

《三国志》在介绍鲜卑族情况时曾说“其言语习俗与乌丸同”，说明鲜卑族的原始宗教与乌桓相类似。对于乌桓的萨满信仰，史籍中有明确记载。《三国志》中称：

> （乌丸）敬鬼神，祠天地日月星辰山川，及先大人有健名者，亦同祠以牛羊，祠毕皆烧之。饮食必先祭[②]。

> 始死则哭，葬则歌舞相送。肥养犬，以彩绳婴牵，并取亡者所乘马、衣物、生时服饰，皆烧以送之。特属累犬，使护死者神灵归乎赤山。……至葬日，夜聚亲旧员坐，牵犬马历位，或歌哭者，掷肉与之，使二人口诵咒文，使死者魂神径至，历险阻，勿令横鬼遮护，达其赤山，然后杀犬马衣物烧之[③]。

两晋时期正是佛教在中国广泛传播和迅速发展时期，吐谷浑与留居辽西的慕容鲜卑通过不同渠道都受到佛教的影响和渗透。但由于所处环境的差异，佛教对二者所产

① （北齐）魏收：《魏书》卷一百八十一《礼志四》。
② （西晋）陈寿：《三国志》卷三十《乌丸传》。
③ （西晋）陈寿：《三国志》卷三十《乌丸传》。

生的具体影响迥然相异。

慕容鲜卑何时接触佛教，相关史籍中并无明确记载。根据现有史料分析，早在慕容廆时期，慕容鲜卑就已开始受佛教的影响，至迟到其子——前燕开国君主慕容皝时期就已开始迎佛建寺。

永嘉以后，“二京倾覆，幽冀沦陷，廆刑政修明，虚怀引纳，流亡士庶多襁负归之”[①]，这些流亡之人中，就有很多佛教的信徒。常理推测，他们进入慕容鲜卑控制区域以后，与当地人不断进行交流与融合，也把自己所执的信仰传递给他们。与此同时，也有一些鲜卑人因各种原因进入中原汉地，在崇法礼佛的氛围中也极有可能受佛教熏染。咸康四年（338年），慕容皝与后赵石虎联合进攻同处辽西的段部鲜卑，著名高僧佛图澄随石虎前往辽西。段部鲜卑覆灭以后，石虎想乘机进攻慕容皝的国都棘城。佛图澄进言曰：“燕福德之国，未可加兵[②]。”及时劝阻了石虎的军事行动。他作为首位踏足辽西的高僧，使慕容皝治下黎庶避免了一场大的涂炭，这在当时影响颇大，“百姓因澄故多奉佛，皆营造寺庙，相竞出家”“弟子遍于郡国”[③]。这是史料中最早关于慕容鲜卑与佛法接触的明确记载。

咸康八年（342年），慕容皝迁都于龙城。永和元年（345年），“有黑龙白龙各一，见于龙山，皝亲率群僚观之，去龙二百余步，祭以太牢。二龙交首嬉翔，解角而去。皝大悦，还宫，赦其境内，号新宫曰和龙，立龙翔佛寺于山上”[④]。这是有确切记载的东北地区首座佛寺，标志着慕容皝的前燕政权正式接受了佛教，并意图推动它的发展。与前燕情形相类似，后燕、西燕和南燕等慕容鲜卑所建政权都在其统治区内广建佛寺，播扬佛法。由于统治者的信仰与提倡，佛教在其辖境内广泛传播，各阶层皈依佛教，出家为僧者越来越多。这一时期，辽西地区名僧辈出，仅见诸《高僧传》的就有昙无竭、释昙弘、释慧豫、释僧诠、释法度、昙顺、昙无成等多位，足以说明佛法之盛。

佛教在辽西慕容鲜卑所建诸燕政权中传入时间早，传播速度快，对其政治及社会生活的影响广泛而深刻。正如汤用彤先生所言：“当时北方佛法稍盛之地，想为西北之

① （唐）房玄龄：《晋书》卷一百八《慕容廆载记》。

② （唐）房玄龄：《晋书》卷一百六《石季龙载记》。

③ （唐）房玄龄：《晋书》卷九十五《艺术传·佛图澄》。

④ （唐）房玄龄：《晋书》卷一百九《慕容皝载记》。

凉与东北之燕。”[①]

在辽西慕容鲜卑广兴佛法的同时，远徙西北的吐谷浑也与佛教有了接触。由于当时南北对峙，中西交通孔道上的河西走廊因战火而阻塞，吐谷浑所控制的柴达木地区成为东晋、南朝与西域交往的要道。西域与中原的使者、商人、僧侣频繁往来其间。随着僧侣和信徒的经过，吐谷浑控制地区或多或少要受到佛教文化的浸染。吐谷浑王国存在期间与内地王朝始终保持着密切交往，这使吐谷浑有机会接触并学习汉文化，自然也会受到当时在中原广为传播的佛法的影响。西方学者慕勒在其所著《北魏至五代时期的吐谷浑》一书中指出：“汉文史籍未给我们提供有关吐谷浑原始宗教的详细情况。起初，他们可能与中亚诸游牧民族一样信仰萨满教。但当佛教分别从汉地和作为佛教文化及宗教信仰中心之塔里木盆地诸绿洲国传入吐谷浑中后，很快便流行起来。”[②]

慕勒的推论基本符合历史实情，吐谷浑辖境内有佛法的传布在史籍当中记载非常明确：

> 慕延，宋元嘉末又自号河南王。慕延死，从弟拾寅立，乃用书契，起城池，筑宫殿，其小王并立宅。国中有佛法……天监十三年（514年），遣使献金装马脑钟二口，又表于益州立九层佛寺，诏许焉[③]。

> [梁武帝大同六年（540年）五月] 已（己）卯，河南王遣使朝，献马及方物，求释迦像并经论十四条。敕付像并制旨《涅槃》《般若》《金光明》讲疏一百三卷[④]。

这两条史料，第一条明确告诉我们吐谷浑国中有佛法，第二条则记载了吐谷浑在与南朝交往过程中对佛经、佛像的求取。《宋高僧传》中有一条史料可以与之互相印证：

> 昔梁武世，吐谷浑夸吕可汗使来求佛像及经论十四条，帝与所撰《涅槃》

① 汤用彤：《汉魏两晋南北朝佛教史》，北京：北京大学出版社1997年版，第348页。

② 慕勒：《吐谷浑文化概况》，郭向东、荣真译，《西北民族研究》1989年第2期。

③（唐）姚思廉：《梁书》卷五十四《诸夷·河南传》。

④（唐）李延寿：《南史》卷七《梁本纪中》。

《般若》《金光明》等经疏一百三卷付之。原其使者必通华言，既达音字，到后以彼土言译华成胡，方令通会。彼亦有僧，必展转传译，从青海西达葱岭北诸国。不久均行五竺，更无疑矣①。

以上史料证明，佛教在吐谷浑辖境内有传播、流布，并对其文化产生了影响当属确凿无疑。但与辽西地区佛法兴盛的状况相比，吐谷浑辖境内虽然也植下了佛法的种子，却并未收获丰硕的果实。目前，史籍当中尚未发现对具体寺院以及本地僧侣活动的记载。青海省迄今为止的考古发现中，具有佛教因素的南北朝时期遗存只有屈指可数的寥寥几处，而且均分布在吐谷浑控制范围之外的河湟地区。种种迹象表明，吐谷浑的信仰内核仍然主要是原始的萨满教，史籍中关于吐谷浑人遇事占卜，敬鬼神，祭祀天地、山川、日月等方面的记载可以说明这一问题。吐谷浑在率部西迁时就曾对慕容廆派来追赶他的乙那楼说过："我乃祖以来，树德辽右，又卜筮之言，先公有二子，福胙并流子孙。"②可见，每遇大事进行卜筮是慕容鲜卑的传统。吐谷浑西迁以后，一直保持着萨满教的信仰，直到诺曷钵时期，天地山川的祭祀仍是吐谷浑人政治生活中的大事。

十五年（641年），诺曷钵所部丞相宣王专权，阴谋作难，将征兵，诈言祭山神，因欲袭击公主，劫诺曷钵奔于吐蕃，期有日矣。诺曷钵知而大惧，率轻骑走鄯善城③。

吐谷浑丞相宣王阴谋袭击弘化公主，并将国主诺曷钵劫持到吐蕃。但这一阴谋的实施却要通过"诈言祭山神"来实施。可见，对于吐谷浑而言，祭祀山神是一件极为重要的事情。也说明，即便是接触到佛教以后，萨满教仍一直在吐谷浑人的信仰中占有重要地位。最主要的原因就是，吐谷浑人一直没有改变游牧的生产方式，自然很难改变适应于这种生产方式的宗教信仰。与原始宗教的简单易行相比，佛教的传播需要

---

①（宋）赞宁：《宋高僧传》卷二十七《唐京兆大兴善寺含光传》。

②（南朝·梁）沈约：《宋书》卷九十六《鲜卑吐谷浑传》。

③（后晋）刘昫等：《旧唐书》卷一百九十八《西戎·吐谷浑传》。

相当数量的佛寺与僧侣作为必要的外在条件。辽西慕容鲜卑的定居农业生产方式，提供这种必要的外在条件不会存在太大的问题。而吐谷浑所处的地理位置及本身游牧经济为主的特点决定了提供这种必要的外在条件有着难以克服的困难，这就直接决定了吐谷浑国内虽有佛法但并不兴盛的状况。

地理环境是人类社会历史发展的基础，1845—1846年，马克思、恩格斯合著了《费尔巴哈——唯物主义观点和唯心主义观点的对立》一文，他们在书中论述道：

> 任何人类历史的第一个前提无疑是有生命的个人的存在。因此第一个需要确定的具体事实就是这些个人的肉体组织，以及受肉体组织制约的他们与自然界的关系。……任何历史记载都应当从这些自然基础以及它们在历史进程中由于人们的活动而发生的变更出发[①]。

吐谷浑部虽然与留居辽西的慕容鲜卑同根同源，但在其西迁以后，双方所处地区的自然环境与人文环境迥然相异，走上了截然不同的发展道路。自西迁之日，吐谷浑就开始了与辽西慕容鲜卑的历史分野。正如吕建福先生在评述吐谷浑文化时所指出的："就当时的几个鲜卑国家而言，只有吐谷浑汗国继承和发扬了鲜卑族的传统文化，并将它一直传承下来。北朝鲜卑接受汉化，同化于汉文化。柔然、嚈哒鲜卑随国家的灭亡和民族的解体，其文化亦随之消亡。吐谷浑鲜卑以其民族的绝对优势、国家的长期存在，保证了鲜卑文化的世代传承，并使它得到进一步的发展。"[②]

（丁柏峰，青海师范大学历史学院院长、教授。）

① 《马克思恩格斯选集》，北京：人民出版社1972年版，第24页。

② 吕建福：《土族史》，北京：中国社会科学出版社2002年版，第93—94页。

考古所见青海地区汉唐时期文化的多元融合

李国华

青海地处青藏高原东北部，地域辽阔，西部通藏连疆，南接川北高原，祁连山脉横跨东北，东部河湟谷地连贯甘青，地势由西向东倾斜，大部分地区的海拔在2000—4500米之间。由于具有交会区的特征，自古以来，青海就是多民族聚居地，是古代东西交通和文化交流要冲。特别是汉唐时期，民族的迁徙、往来、冲突频繁，中原汉文化北移西进，西北少数民族文化东进南下，东西方文化交流繁荣，不同的文化在这里交流、发展和融合。诸多重要考古发现，为研究汉唐时期青海地区的文化因素、民族融合、东西方文化交流等提供了珍贵的实物资料。

一、汉晋南北朝时期的重要考古发现及反映的多文化因素

汉初，青海主要是羌的活动地区，其间杂居着匈奴、月氏等民族。西汉中期，随着“北却匈奴，西逐诸羌”战略行动的开展，汉文化逐步进入河湟流域，通过移民迁徙、屯田戍边、设郡置县等，青海东部正式纳入中央王朝管治范围，成为汉、羌、匈奴、月氏等民族交流融合之地。魏晋南北朝时期，鲜卑族不断迁徙演变，并建立多个政权，其中从慕容鲜卑分离出来的吐谷浑，公元3世纪末至公元4世纪初，西迁至青海，建立吐谷浑王国，政权长达350年；从拓跋鲜卑分离出来的秃发鲜卑，公元397年建南凉，公元399年建都乐都后迁至西平（今青海西宁）。这一时期，青海地区成为东西方文化交流和贸易往来的重要纽带。

青海汉晋南北朝时期的遗存，主要分布在西宁、乐都、大通、湟中、互助、民和等东部河湟地区，多为墓葬，还有部分古城遗址。经粗略统计，发掘40余处200余座

墓葬，重要的有大通上孙家寨，西宁陶家寨、山陕台、南滩、砖瓦厂，互助汪家庄、高寨、泽林，民和胡李家，平安东村、北村、大槽子，乐都马家台，共和合洛寺等墓地，出土了大量文物，另外还有西海郡、伏俟城、虎台等重要遗址。这些重要遗存集中分布在汉晋时期所建的县、城、亭驿的区域，主要以汉文化因素为主，同时表现有羌、匈奴（卢水胡）、鲜卑文化以及外来文化的因素。

（一）汉文化因素为主，土著羌文化因素并存

青海东部地区所发现汉晋时期墓葬主体表现为汉文化的因素：墓葬形制可分为三大类：土圹墓、木椁墓、砖室墓，墓葬形制的演变基本上是沿着中原墓葬的变化轨迹而行的——由简单的长方形木椁墓向象征着地上宅院形式的砖室墓发展，砖室顶部的修砌技术亦是由并列券顶向纵连券顶再向穹隆顶发展，但新形制的产生及其发生变化的时间要晚于中原一个阶段。随葬器物中的汉式陶器、釉陶器、车马器、五铢铜钱、汉式铜镜、漆木器、印章等，都具有典型的中原地区的风格和传统，反映了在这一段时间汉人的迁入与汉文化在河湟地区的强力推行。上孙家寨汉晋墓M115内出土400多枚木简牍①，记载了汉代兵法、军法、军令，是研究汉代军事制度的一批重要资料，墓内出土阴刻篆文“马良私印”铜印，为确定墓主人身份提供了难得信息，墓主人应是当地的汉人军事首领。乐都出土的三老赵掾（赵宽）碑，记录了汉代名将赵充国河湟屯田的业绩及其子孙继承祖志的事迹，同时也涉及军事、政治、历史和社会状况，是汉王朝在河湟地区进行戍边屯田政策的有力证明。西海郡故城及其出土的虎符石匮、“西海安定”和“长乐未央”瓦当、陶钱范，反映了王莽时期中原汉文化的影响。

另一方面，墓葬中依时代早晚不同程度地保留着与青铜时代本地卡约、辛店、诺木洪等古羌文化相似的二次葬、二次扰乱葬，殉牲等葬俗，带有强烈的地方色彩，属本土羌文化因素。个别墓葬随葬品中反映出了一个重要现象，即汉式陶器与土著文化陶器，汉式铜镜与卡约文化铜镜共出，存在汉式葬俗与本地文化葬俗并存现象。这说明墓葬中反映的与中原文化的共性是明显的、主要的，这种共性是接受汉文化影响的结果，而个性的存在则是民族习俗差异和早期地方文化传统的遗留。这种情况一般出现在西汉中晚期墓葬，至东汉末晋初墓葬中地方文化已不见，说明土著文化逐步融入

① 陈公柔、徐元邦等：《青海大通马良墓出土汉简的整理与研究》，《考古学集刊》第5期。

中原汉文化中。

体质人类学方面的研究，以科技的手段验证了民族的融合。其中对陶家寨汉晋墓古代居民骨骼标本进行的综合性研究，显示陶家寨居民属于蒙古人种，某些体质特征上的土著因素，应与该地区青铜时代卡约文化居民最为相近。汉晋时期，随着中原文化的介入，河湟地区甚至整个青海地区的羌人与大量迁入的汉人发生了融合同化，这种融合表现为以文化上同化为主，即土著文化逐步融入了汉文化之中，而人种上的同化相对缓慢，且表现出与文化同化方向上的不一致，即汉晋时期，羌人仍是青海地区的主体民族，在主要的体质特征上仍表现为土著特点，但也可以看出，基因融合给土著居民带来了形态学上新的变化①。

（二）北方草原文化因素和外来文化因素

北方草原文化因素，主要有匈奴文化因素和鲜卑文化因素，因青海地区汉晋时期墓葬主体文化表现为汉文化，这些民族文化因素是通过种族特征和带有明显特征的金属器物、装饰品、纹饰、葬俗与其他地区对比分析甄别而出，表明了草原游牧民族文化逐步融入汉文化的过程。

东汉晚期墓中，出土了一些具有匈奴文化特征的遗物，大通上孙家寨乙M1出土的“汉匈奴归义亲汉长”铜印②，方印、驼钮，边长2.3厘米，高2.9厘米，此印是东汉中央政府颁给河湟地区匈奴别部卢水胡首领的官府印信。长方形透雕网状铜牌状带扣③，具有斯基泰文化风格，类似铜牌在内蒙古二兰虎沟南匈奴墓中也曾发现过。墓葬中存在一些毁镜现象，可能为匈奴习俗。

通过与内蒙古及河西走廊地区具有鲜卑文化因素的墓葬对比分析，西宁陶家寨汉晋墓、共和合洛寺墓地部分墓葬埋葬习俗和梯形葬具、颈部饰有蜷曲纹的侈口长腹壶（简称“八”字壶），以及大通上孙家寨、西宁陶家寨、西宁砖瓦厂、互助泽林等墓葬中出土的金花饰、金叶饰、兽形金饰、双马形铜牌饰等，具有鲜明的鲜卑特征④，其中

① 张敬雷：《青海省西宁市陶家寨汉晋时期墓地人骨研究》，吉林大学博士论文，2008年。

② 青海省文物考古研究所：《上孙家寨汉晋墓》，北京：文物出版社1993年版，第150页。

③ 青海省文物考古研究所：《上孙家寨汉晋墓》，北京：文物出版社1993年版，第135页。

④ 肖永明：《青海魏晋十六国墓葬的鲜卑文化因素》，《青海师范大学学报》（哲学社会科学版）2014年第3期；李国华：《青海出土鲜卑动物形牌饰研究》，《北方文物》2018年第4期。

西宁砖瓦厂墓葬中出土一枚凌江将军章，结合同出的兽形金饰和文献记载，此墓主人可能为南凉军事将领。

伏俟城，为吐谷浑遗存，“伏俟”为鲜卑语，意为“王者之城”。遗址位于青海湖西的湖滨大草原上，由内城、外城及周边十余处古城、寺院、高台建筑等遗存组成，分布范围达6.35平方公里。内城平面呈长方形，东面开门。外城横跨切吉河，南北长1948—2240米，东西宽1446—1666米，其中隔墙和外城东墙上开有门道。伏俟城内外城及周边遗迹发现的遗物基本相同，有绳纹、四叶纹、几何纹板瓦及绳纹、几何纹、水波纹、菱形方格纹陶片，其中在内城发现的模印“天”字纹瓦件最具特色[①]。据文献记载，吐谷浑王夸吕（531—591）即位称汗后，定都于此。该城结构完整，外城规模宏大，周边遗存丰富，沿用时间长，是古代连接东西交通的重镇，是丝绸南路上的重要枢纽。虎台遗址是东晋十六国时期南凉（397—414）在西宁立都时的重要遗迹。该遗址为覆斗式夯土建筑物，平面呈正方形，底部边长138米，顶部边长40米，高32米。《西宁府新志》记载：“虎台西去县治五里，有台九层，高九丈八尺，相传南凉王秃发辱檀子名虎台，或是其所筑也。或曰将台，极盛时曾陈兵十万检阅。”这两处遗址是比较重要的鲜卑文化遗存。

外来文化因素。墓葬出土有中亚、西亚等西方传来的物品，是丝绸之路青海道中西交流的物证。在出土有“汉匈奴归义亲汉长”的乙M1附近的乙M3出土了一件单耳银壶（乙M3：43），高15.8厘米，口径7厘米，腹径12厘米，底径5.4厘米，直口，长颈，鼓腹，平底，腹侧置单耳，器身系由整块银片切割、捶揲而成，装饰三组镀金纹带，口沿、腹部、底部分别装饰有波浪纹、卷草纹和雉堞纹。这件银壶根据器形纹饰基本可以确定其为异域风格，具体来源有多种意见，俞伟超先生认为这件银壶应当是安息（波斯）制品，墓主人极有可能是匈奴人，《上孙家寨汉晋墓》报告沿用了此观点[②]。仝涛先生通过其纹饰及制作工艺分析，认为这件器物并非制作于帕提亚或黑海草原，而更有可能是黑海草原和蒙古高原之间某处的仿制品，但毋庸置疑的是，银壶的装饰和制作工艺受到了这些地区的影响，甚至可能是来自帕提亚或者黑海地区的金属

① 《吐谷浑伏俟城钻探调查取得突破性新发现》，《文物鉴定与鉴赏》2021年第2期。

② 青海省文物考古研究所：《上孙家寨汉晋墓》，北京：文物出版社1993年版，第220页。

工匠参与或影响了其制作[①]。汉晋时期墓葬中有较多琉璃（玻璃）器出土，主要有珠子和耳珰，琉璃珠的成分与西方古代钠钙玻璃相似，很可能是从国外输入的；而耳珰形琉璃器成分与中原地区制造的铅钡玻璃的含量较为接近，可能来自中原地区[②]。波斯银币、古罗马金币出自西宁、乌兰、都兰等地，在一定程度上反映了公元4—6世纪丝绸之路青海道文化交流和贸易往来的情况[③]。

民和胡李家墓地M1的三具骨骼，经鉴定体质特征为欧洲人种，这是目前青海首次发现的唯一欧洲人种材料，也是迄今发现的在汉代及汉代以前位置最东的欧洲人种遗骸。关于族属，根据文献记载，汉代的湟中地区是羌人、小月氏（羌中胡）、汉人的杂居区，从时间和地望来看，符合欧洲人种特征的应是小月氏[④]。在汉晋南北朝时期，随着汉政权控制河湟地区，匈奴、鲜卑、小月氏等草原游牧民族有的向西迁徙，有的留在河湟地区与汉羌杂糅共处，羌中胡人也参与到本地区民族融合的过程。同时作为丝路上重要活跃者，他们以多种形式与汉王朝和西方文明接触，对东西方文化交流起着至关重要的作用。

二、唐（吐蕃）时期的墓葬和多元文化交融

唐朝时期，吐蕃崛起于青藏高原南部地区，统一了西藏本部，建立吐蕃王朝，其势力不断东扩，进入青海地区。地处唐蕃之间的吐谷浑，因其特殊的地理位置，成为唐蕃争夺的对象。公元663年，吐蕃攻灭吐谷浑，吐谷浑可汗诺曷钵携弘化公主及数千帐逃入凉州，留在青海的吐谷浑“故地皆入吐蕃”，被纳入吐蕃统治之下。柴达木盆地东南缘，是吐蕃最早征服和控制的吐谷浑故地，这个地区经考古发掘的墓葬主要有都兰热水墓群、哇沿、哈日赛，乌兰泉沟，德令哈郭里木夏塔图等墓地，这批墓葬大多

① 仝涛：《论青海大通上孙家寨汉晋墓出土银壶的异域风格》，《考古》2009年第1期。

② 史美光、周福征：《青海大通县出土汉代玻璃的研究》，《上孙家寨汉晋墓》，北京：文物出版社1993年版，第250页。

③ 夏鼐：《青海西宁出土的波斯萨珊朝银币》，《考古学报》1958年第1期；青海省文物考古研究所：《青海乌兰县大南湾遗址试掘简报》，《考古》2002年第12期。

④ 青海省文物考古研究所、民和回族土族自治县博物馆：《青海民和县胡李家汉墓2001 年至2004 年发掘简报胡李家汉墓简报》，2019年第5期。

缺乏系统资料公布，一些重要考古和历史信息不明确，导致族属认定成为争论最为激烈的问题，通常认为是吐蕃统治下的吐谷浑的遗存。吐谷浑灭国时内附唐朝的诺曷钵及弘化公主的部族，在墓葬制度上表现出明显的汉化因素，而青海地区这一时期墓葬形制以及随葬品，反映的文化因素构成较为复杂，带有鲜明的吐蕃文化特征，鲜卑吐谷浑文化因素仍有保留和继承，同时由于处于东西方文化交流的重要节点，呈现多元文化交融并存的现象。

（一）吐蕃文化因素与鲜卑吐谷浑文化因素交融并存

吐谷浑与吐蕃关系密切，吐谷浑在灭亡前，已受到吐蕃文化因素的渗透和影响，同时吐蕃文化也受到吐谷浑文化的影响，两个民族在交往和冲突中融合发展，这在墓葬中得到充分体现。

青海吐蕃时期墓葬多依山面河，位于山前台地，墓葬中呈现吐蕃文化与吐谷浑文化因素并存的现象。墓上起封土，是吐蕃文化因素的一个重要特征，其封土结构复杂多样，规模大小与墓主人身份等级相关。都兰热水墓群中大中型墓地均有封土或封土痕迹，大型吐蕃墓葬封土平面多呈梯形或方形，立面形状为覆斗形，中小型墓则多圆形或椭圆形，这一点与西藏地区的吐蕃时期墓葬封堆形制基本相同，拉萨当雄墓地封土立面呈覆斗形，平面呈圆形或圆角形，说明吐蕃文化的影响。都兰热水2018血渭一号墓、乌兰泉沟墓、都兰哈日赛墓地，墓葬形制为东向“甲”字形墓，即带长方形斜坡墓道，墓道带台阶，墓道朝东，“甲”字形墓这种形制吐蕃墓中少见，可能是吐谷浑吸收中原文化或吸收河湟地区汉晋墓葬基础上形成的[①]，墓道朝东应是吐谷浑人葬俗，甘肃慕容智墓、长岭M1等吐谷浑贵族墓道皆朝向东南[②]，《后汉书》记载鲜卑“以穹庐为舍，东开向日”，吐谷浑城门、墓道朝东应是鲜卑习俗，另外梯形棺、彩绘棺也是鲜卑文化因素的重要标志。

殉牲习俗，是吐谷浑与吐蕃等许多游牧民族共有的丧葬习俗。青海吐蕃时期墓葬的殉牲形式多元，主要有以下几个特点：殉葬动物有马、牛、羊、狗、鹿等，以马为

---

① 郭婧、夏艳平：《青海海西地区吐蕃时期墓葬中的鲜卑因素辨析》，《北方文物》2023年第4期。

② 甘肃省文物考古研究所：《甘肃武周时期吐谷浑喜王慕容智墓发掘简报》，《考古与文物》2021年第2期；仝涛：《甘肃肃南大长岭吐蕃墓葬的考古学观察》，《考古》2018年第6期。

主；大型墓葬常在墓道、墓葬前方、墓葬封土内专门设置殉祭坑；多将零散的动物骨骼置于墓室，特别是耳室或侧室内；存在烧殉、烧葬现象。殉马现象非常普遍，在很大程度上受到吐蕃苯教丧葬习俗的影响，如都兰热水一号墓、2018血渭一号墓、哇沿墓地在墓前、墓道以及封土内设置殉葬坑的习俗，以及整马殉葬的情况，与西藏吐蕃大中型墓的殉牲形式非常相似，如朗县列山墓地，最多一座墓前有5条殉马坑，最长一条达42米，殉马数量9匹之多[①]，琼结藏王陵前发现有大量成排分布的条状石带[②]，应该就是殉马坑，这种在大墓周边或墓前设置殉牲坑可能是吐蕃时期形成的一套殉牲制度，可以作为吐蕃文化因素的一个重要方面。而墓葬中烧殉、烧葬等葬俗，在西藏吐蕃墓中未发现，这在很大程度上可能是受到鲜卑传统丧葬观念的影响[③]。墓葬的殉牲习俗应是吐谷浑在延续鲜卑族传统的基础上，同时受到吐蕃文化和土著文化影响而逐渐形成的，其中吐蕃对吐谷浑所产生的影响较大。

文字是文化因素的重要表现，随葬品中有古藏文墨书的卜骨、木简牍、印章等，这些反映了较浓厚的吐蕃文化因素，但通过文字释读，说明与吐谷浑文化、河西地区汉文化也有密切关系。2018血渭一号墓中出土一枚印章，银金合金，是典型的吐蕃风格方形印章，印面是由阴刻的双峰骆驼线条和古藏文组成，经有关专家释读，印文是“外甥阿柴王之印”，该印当为吐谷浑王族的私印，基本认定墓主人是吐蕃占领下的吐谷浑邦国之王[④]。据吐蕃文书记载，吐谷浑与吐蕃之间的甥舅关系早已存在，这一件重要的印章出土，反映了两个民族间密切的关系。哇沿墓葬出土卜骨M23：12正面的古藏文文字初步释读为一件关于马匹买卖的卜骨，当中有关于马的毛色、价格、交易双方及证人等内容，其书写格式曾见于敦煌西域一带出土的古藏文文献[⑤]。用古藏文书写在卜骨表面并随葬入墓，一方面具有浓厚的吐蕃占卜文化的特点，另一方面也和当时

① 西藏文管会文物普查队：《西藏朗县烈山墓地殉马坑与坛城形墓试掘简报》，《西藏考古》第1辑，成都：四川大学出版社1994年版，第41—48页。

② 夏吾卡先：《琼结藏王墓总地形与建模图》，《西藏人文地理》2017年第6期。

③ 沙琛乔，陈国科，刘兵兵：《甘肃武威唐代吐谷浑王族墓葬群殉牲习俗初探》，《敦煌研究》2022年第4期。

④ 韩建华：《青海都兰热水墓群2018血渭一号墓墓主考》，《中国土族》2022年第4期。

⑤ 青海省文物考古研究所等：《青海都兰哇沿水库2014年考古发掘报告》，北京：科学出版社，2022年。

河西走廊、吐鲁番一带各民族之间贩卖马匹等交易活动的繁盛情况有着密切的关系[①]。

（二）东西方文化交流与丝绸之路青海道

青海省海西地区作为古丝绸之路青海道核心地段，独特的地理位置促进了东西方文化在此地的广泛交流与融汇。墓葬中出土文物有丝织品、金银器、铜器、铁器、陶器、骨器、木漆器、古藏文木简牍等。以金银器、丝织品为代表的出土文物所含文化元素既有浓烈的吐蕃及吐谷浑游牧民族色彩，又带有中原汉文化影响的痕迹，更有来自于中亚、西亚的文化遗痕，反映了文化交流融合的繁荣现象。

都兰地区出土金银器数量较多，制作技艺高超，器形精美多样，主要有各种马具饰物（鞍桥、雁翅板、金杏叶、金铃、金节约等），装饰性饰片、牌饰、容器（錾指杯、瓶、盘等），以及可能使用于丧葬的明器（面具等），工艺有铸造、捶揲、镶嵌、鎏金、镀金、贴金、包金、錾刻、掐丝、编丝、焊缀金珠等，装饰风格上喜用狮、羊、鹿、立鸟、立凤、有翼神兽等各种动物纹，忍冬、卷草、缠枝花草等植物纹、人物纹（半人半神）等，多镶嵌宝石（绿松石居多），造型生动，纹饰丰富多彩，体现了吐蕃时期吐谷浑对金银器的加工尤为擅长，也反映了与周边和异域文化联系紧密。马具饰物以及装饰性饰片中塑造动物形象多具有欧亚草原文化风格，有翼人身鱼尾金饰片带有强烈的伊朗色彩，鎏金银盘体现了希腊装饰元素，可能是来自东罗马帝国或者巴克特里亚的舶来品[②]。乌兰泉沟墓出土的珍珠冕旒龙凤狮纹鎏金王冠[③]，主体部分由四片银质鎏金冠面组合为方斗形，三侧冠面不同程度受损，左侧冠面保存较好，王冠前后各饰一对翼龙，两侧各饰一对立凤，后侧护颈饰双狮，周身镶嵌绿松石、蓝宝石、石榴石、天青石珠等，内衬以丝绸，冠前檐缀以珍珠冕旒，造型别致，装饰精美华丽。这种冠帽式样应该是基于本地文化传统并杂糅包括中原内地、北方草原以及中亚等地多元文化的结晶[④]。海西地区是鲜卑吐谷浑的故地，鲜卑文化对吐蕃金银器的发展有巨大推动作用，鲜卑族在隶属匈奴时期就已经掌握熟练的冶金技术，伴随着吐谷浑迁入

① 霍巍：《从青藏高原新出土吐蕃墓葬看多民族的交流融合》，《中国藏学》2022年第4期。

②〔意〕康马泰：《青海新见非科学出土奢华艺术品：吐蕃统治区域的伊朗图像》，李思飞译，《敦煌研究》2020年第1期。

③ 中国社科院考古研究所：《青海乌兰县泉沟一号墓发掘简报》，《考古》2020年第8期。

④ 李帅、祝铭：《青海乌兰泉沟一号墓出土鎏金银冠初探》，《中国藏学》2022年第4期。

青海的同时，也把先进的金属制作技术引入到了青海地区，至吐蕃时期，金银器的制作工艺和风格在继承自身文化传统的基础上加以创造，广泛吸收唐、粟特、波斯等文化因素，逐步形成了极具特色的金银器系统。

作为丝绸之路重要载体，丝织品与国内同时期出土的相比，数量居多、品种齐全、图案精美、织造技艺精湛、时间跨度大（6世纪末至8世纪后半叶）。丝织品的种类有织锦、绫、罗、缂丝、绢、纱等，图案纹饰多为团窠状，有联珠团窠、花瓣团窠，纹样有动物（对鸟、对马、对狮、对羊、大象等）、植物（宝相花、忍冬、葡萄）、几何纹、人物纹等，从样式风格来看大多可分为东方织锦和中亚织锦，东方织锦主要为宝花图案或写生折枝花纹样，纹样具有绘画和写实风格，部分具有“陵阳公样”样式，应为蜀锦。中亚织锦多用联珠纹团窠，内含绶鸟、对马、对狮等纹样，造型几何化，轮廓鲜明。

在多元文化的冲击下，丝织品中不乏中西合璧的风格，如都兰热水一号大墓出土的太阳神狩猎纹织锦，主要纹饰由三个圈连接而成，太阳神圈居中，狩猎圈分属两侧，太阳神圈为一组六马拉车的群像，还有汉字“吉”“昌”、动物纹等，驾马出行的太阳神形象源于西方，最早出现在欧洲青铜时代艺术品中，后经中亚传播至新疆地区，在这一件织锦上，可以看出太阳神经过丝绸之路沿途的各种影响，如其形象为交脚坐于莲花座上，并且头带背光，应是印度佛教的影响，其马生双翅，并有联珠纹圈，与萨珊波斯艺术有关，但此织锦的技法是中国传统的平纹经锦，“吉”“昌”等汉字，是中原地区常用的表现手法，表达了吉祥美好的祝愿，产地应是中国，因此这是一件融东西方多种文化因素于一体的风格独特的丝织品艺术珍品。郭里木夏塔图墓地出土联珠对龙纹绫，以双层联珠作团窠环，环外以十样花作宾花，环内主题纹样是中国特色的对龙。龙躯弯曲得非常夸张，后两足顶天，前两足腾起，形态十分矫健。双龙之间用直条的联珠柱相隔，柱中饰以莲花及绶带，柱两头为莲花柱础。联珠纹为萨珊波斯艺术风格，联珠对龙纹是联珠纹中国化的表现，联珠圈由单层变为双层，纹样主体双龙，是典型的华夏灵瑞，吐鲁番阿斯塔那226号墓出土的同类织物在背面有“双流县……景云元年折调细绫一匹”的题记[①]，说明产于成都地区，流行于711年前后。青海出土的丝织品产地为何地，还需进一步研究，但肯定的是吐蕃以及吐谷浑本土不具备生产的

① 王炳华：《吐鲁番出土唐代庸调布研究》，《文物》1981年第1期。

条件，这些丝织品应是通过唐王朝赏赐、丝绸之路上的交换、商贸或者战争等不同方式传入，是东西方文化交流的历史见证，丝织品纹样的传入和转变的过程是文化融合的过程。

青海海西地区既是吐谷浑故地，又被吐蕃统治长达百年，从考古材料可以看出唐代吐蕃时期“以吐蕃、吐谷浑为主体，多民族多文化在青海地区交往、交流、交融的历史场景，从青海向北、向东、向西、向西南，都有着畅通的交通路线，联系着中原与漠北、西域、青藏高原、印度等地的交往”①，这条丝绸之路青海道成为中西贸易和文化交流的大通道，以丝织品、金银器为代表的出土文物是丝绸之路青海道繁盛时期最为直接的考古实证。

综上所述，青海地区重要考古发现揭示了自汉晋至唐吐蕃时期，青海高原上本土文化、中原汉文化、北方草原文化、外来文化等多元文化相互交织相融，汉、羌、匈奴、鲜卑、吐谷浑、吐蕃等不同族群交往、交流、交融，共同开创和建设丝绸之路青海道，逐步融入中华文明体系的史实，青海古代各民族对于深化中华文明多元一体格局、建构统一的多民族国家做出了重要历史贡献。

（李国华，青海省文物考古研究院副研究馆员。）

① 周伟洲：《吐谷浑史》，桂林：广西师范大学出版社2006年版，第144页。

青海都兰血渭一号、甘肃天祝岔山村吐谷浑大墓与唐代中期丝绸之路

曹旅宁　李少波

1979年唐长孺先生发表的《北凉承平七年（449年）写经题记与西域通往江南的道路》对丝绸之路的河南道进行了探讨[①]。这只是唐先生《南北朝期间西域与南朝的陆道交通》六节中的第五节，该篇论文共包括：高昌沮渠政权遣使刘宋与毗婆沙论的写送、沮渠政权第四次遣使刘宋与北魏鄯善镇之设置、齐梁时期的河南道、求法僧人在河南道上的来往、吐鲁番所出佛经题记中的迹象、后论[②]。1982—2021年青海省海西州都兰吐谷浑大墓的抢救性考古发掘不仅证实了唐先生的宏论，也解开了若干延续千年之久的历史疑团。另外，朱悦梅、康维《吐谷浑政权交通地理研究》为吐谷浑历史地理研究力作，对研究都兰、岔山村王陵等亦有参考意义，但该书主体撰写得比较早，没有涉及吐谷浑二王陵相关内容[③]。

一、都兰大墓墓主身份的重新解释

青海海西都兰、乌兰“吐蕃”墓葬举世闻名。先师黄永年先生指出，中唐吐蕃对唐战争的前进基地应在今青海地区，而非藏北或拉萨，因而进兵神速，在唐代宗时期

① 唐长孺：《北凉承平七年（449年）写经题记与西域通往江南的道路》，《魏晋南北朝隋唐史资料》第1辑，1979年5月。

② 唐长孺：《南北朝期间西域与南朝的陆道交通》，《魏晋南北朝史论拾遗》，北京：中华书局1983版，第168—195页。

③ 朱悦梅、康维：《吐谷浑政权交通地理研究》，北京：中国社会科学出版社，2021年。

还占领过长安，唐王朝相对应建立防秋制度。20世纪80年代以来，青海海西都兰、乌兰所谓“吐蕃”墓葬的发掘证明了这一观点。黄先生眼光相当敏锐。

都兰古墓葬发现后，学术界曾有墓主族属的争议。周伟洲先生即推测为吐谷浑[①]。1988—1992年间曾任职青海海西蒙古族藏族自治州方志办的笔者之一多年前在参与修撰青海海西方志时也持同样观点，唯当时只是据常理讲说，现已得到新出重大考古发现证明。《人民日报》报道称，2018年热水血渭一号墓发掘出土的银质印章，属于吐蕃文字，释读为“外甥阿柴王之印”。“阿柴（A—Za）”是吐蕃人对吐谷浑的称呼。吐蕃为了对吐谷浑进行控制，长期保持王室的联姻，从而形成了特殊的“甥舅关系”。这枚印章不仅印证了其他出土文献的记载，而且表明了墓主人的身份与族属[②]。此足以补王贞平《多极亚洲中的唐朝》之不足[③]。笔者之一曾参与编写海西地方志，当时主要是搜集资料，只写了大事记、建置沿革等，因为中途调走，都是别人定稿。古墓早已为世人所知，并非20世纪50年代才发现，1949年前马家军阀的部队就已盗掘古墓，据说挖出的金器大都熔为金条。

新发表的发掘简报有云：“银金合金印章1件（2018DRXM1ZD1：178）。方形，鼻钮，钮穿呈圆形，穿内残存印绶痕迹。印面边长1.8厘米，高3.5厘米。印文阴刻，由双峰骆驼图像和藏文组成，藏文可译为‘外甥阿柴王之印’。……根据遗物的形制特征，结合出土木材的树木年轮测定年代为744±35年，可以推断2018血渭一号墓的年代大致为公元8世纪中期，为吐蕃赞普赤德祖赞统治时期（704—755）。印章的出土，为墓主人身份的认定提供了重要信息。根据印文释读可知，墓主人可能是阿柴王，‘阿柴’是吐蕃人对吐谷浑的称呼，阿柴王即是吐谷浑王。根据印章的内容，结合敦煌文书《阿柴纪年》（残卷）记载，初步推定墓主人可能是吐蕃统治下的吐谷浑王莫贺吐浑可汗，他的母亲就是吐蕃的墀邦公主。2018血渭一号墓是热水墓群乃至青藏高原地区发现的布局最完整、结构最清晰、形制最复杂的高等级墓葬之一，其墓园、祭祀建筑、殉牲坑、一主室四侧室布局的墓室等墓葬结构，是热水墓群考古研究的重要发现，也

---

① 周伟洲：《青海都兰暨柴达木盆地东南沿墓葬主民族系属研究》，《史学集刊》，2013年第6期。

② 王瑨：《“考古中国”不断探索未知——访国家文物局副局长宋新潮》，《人民日报》，2021年1月9日；热水联合考古队：《“外甥阿柴王之印”血渭一号墓主族属和身份确定！专家论证：青藏高原划时代的历史发现!》，“文博中国”，2021年2月3日。

③ 王贞平：《多极亚洲中的唐朝》，贾永会译，上海：上海文化出版社，2020年。

是首次揭示出吐谷浑陵墓形制的基本特征，为研究中国古代陵墓制度提供了重要资料。整个墓葬经过精心的规划设计，营建过程遵循了比较成熟的施工方法，墓圹有施工通道和防盗设施。墓室为木石混合的多室结构，各墓室的功能有一定的划分，并依据其功能差异进行结构设计。主墓室内白墙彩画，红色斗拱木构，俨然如一座地下宫殿建筑。南1侧室发现有石磨盘、漆器、陶器，陶器中盛有炭化植物颗粒，还发现有木案，其上有羊骨，推测为庖厨场所。北2侧室有为防潮而特制的木床，结合出土的大量丝织品和皮革，推测为放置服饰的场所。”①

现在2018血渭一号墓发掘后知道是吐蕃属下吐谷浑在起作用。其实当时吐蕃已并吞青藏高原许多部落，这和铁木真统一蒙古诸部大致相仿。只是吐谷浑毕竟源自东胡，差异较大，融入时间长点罢了。看看历史，大致可以逆推当时的吐蕃王国。在唐、吐蕃两大政权的运作下，吐谷浑分裂为若干政治势力，凉州吐谷浑王族汉化依附唐朝，都兰则为藏化的吐谷浑人加上吐蕃贵族，加上若干驻防吐蕃兵，如后世各地满洲驻防旗兵。新发表的血渭一号墓发掘简报有“贴金骑射人物银饰片（2018DRXM1ZD1：712）。出土于主墓室盗洞的扰土内。银饰片贴金，錾刻人物骑射形象。人物作回首射箭状，头戴毡帽，身着胡服，脚踩马镫，拉弓搭箭作骑射状。马四肢伸展，飞身驰跃，头戴笼头，身披马鞍弓韬。长23.9厘米，残高16厘米”。2019年年底国家博物馆展出青海公安机关追缴315血渭一号盗掘的文物也有类似人物骑射的金饰片，比较真实地反映了此时此地吐谷浑人的形象。

1999年北京大学齐东方教授参加都兰热水“吐蕃”墓葬发掘时曾有如下发现与疑问：“桦树皮是值得注意的发现。古人利用桦树皮制作各种各样的器物，但一定是就地取材。桦树是顽强的树种，主要分布于北温带或寒带。用桦树皮制作器物，在以往的考古发现主要见于东北地区，那里直到近代，还用桦树皮制造各种生活器具，甚至制

---

① 中国社会科学院考古研究所、青海省文物考古研究所：《青海都兰县热水墓群2018血渭一号墓》，《考古》2021年第8期。按：2023年1月31日获读《江汉考古》2022年第6期刊出刘勇、韩建华、梁宏刚（通讯作者），中国社会科学院考古研究所；许琼、李默涵，中国科学院高能物理研究所、北京市射线成像技术与装备工程技术研究中心；白文龙，青海省文物考古研究所《热水墓群2018血渭一号墓出土印章的科学分析与相关研究》推翻了考古报告的鉴定意见：本研究采取形貌观察、X射线微束荧光光谱分析、X射线成像检测、160千伏X射线显微CT分析和450千伏X射线工业CT分析等科学测试手段，分析了印章的腐蚀状况与化学成分，最终识读出热水墓群2018血渭一号墓出土印章印文为阴刻的骆驼和古藏文，古藏文汉语为“外甥阿柴王之印”，其材质属性为“金印”。

作携带方便、能容一两人的独木船，以及盖造简易房屋。在青藏高原我们发掘墓地的周围，目前没见到一棵桦树，而墓葬中却有桦树皮器物，也着实令人费解（吐蕃墓出土桦皮囊照片）。”[①]现在随着2018血渭一号墓葬的最新考古发现墓主为吐谷浑王莫贺吐浑可汗，吐谷浑源自东胡，迁徙自东北，出现桦树皮器物如桦皮囊是再自然不过的事情。

二、考古最新视野中的中印文化交流

2021年2月3日央视节目播出2020年10月9日青海都兰血渭一号吐谷浑阿柴王大墓出土金象饰片[②]。其中解说还联系了甘肃武威天祝吐谷浑大墓（出土慕容智墓志、最早马扎实物、最早毛笔实物、玉兔高角杯饮酒壁画）出土的大象图案，可为美国学者薛爱华名著《康国的金桃》“大象”条只涉及中国印度支那文化交流提供了更为宽广的新例证[③]。新发表的血渭一号发掘简报有云：“镶绿松石金象饰片1件（2018DRXM1MD：33）。出土于墓道台阶上。纯金饰片，完整象形。象身上有錾刻的花草纹，象脚位置还有细线刻画的毛发，臀部及尾部被挤压变形翻折到背后，沿背脊有一排镶嵌的绿松石珠，在身体中间及右前腿根部位置镶嵌有两颗较大的绿松石珠，因暂未修复。后腿情况不详，大象左前腿前伸作行走状，象鼻垂直于地面，整体神态祥和。錾刻工艺精湛。长21.1厘米，宽13.9厘米。”国家博物馆2019年12月26日开幕的“众志成城　守护文明——全国打击防范文物犯罪成果展”中，亦有2017年盗掘自青海血渭一号大墓的象纹金饰片展出。黄心川先生指出，敦煌莫高窟第285窟就有印度教象头神等画像，这种画像出现于敦煌的背景或许与莫高窟北周窟中有印度商胡题名有关[④]。

1940年，夏鼐先生曾在青咀湾、喇嘛湾清理过几座吐谷浑王族墓。2019年发现的岔山村慕容智墓再往高处一些。入选考古中国项目。笔者原以为这一组大象好像画在

---

① 齐东方：《青海都兰“吐蕃”大墓发掘记》，北京：中华书局亚洲考古，2021年9月25日。原刊《我在考古现场——丝绸之路考古十讲》第五讲，北京：中华书局，2021年。

② CCTV科教频道《2018血渭一号大墓发掘纪实》，2021年2月3日21时。

③ 薛爱华：《撒马尔罕的金桃：唐代舶来品研究》，吴玉贵译《唐代的外来文明》，北京：中国社会科学出版社1995年版，第183—189页。

④ 黄心川：《印度教与中国文化》，《中国文化》第五辑，上海：复旦大学出版社，1987年。

拱形棺盖上面，承甘肃文物考古所张俊民先生指教，是画在丝绸蒙在棺上。联系青海都兰其他吐谷浑墓葬出土丝绸中有“对象”图案，其间关系值得探讨。只是这幅大象图案的丝绸是胡锦、印度锦还是粟特锦或是汉地锦，一时还无法确定。但无疑为丝绸之路经柴达木盆地至新疆南路的研究提供了最新史料。日本正仓院藏有唐代蜡缬数种，其中如蜡缬象纹屏风和蜡缬羊纹屏风，都是此类精品[①]。都兰血渭一号大墓出土的丝织品也表明，唐代中期不管干戈云扰，丝绸之路南路的丝绸贸易仍在继续，凉州—都兰—西域仍然贯通无阻。

柳洪亮详细考察了从高昌国时期到明代以来吐鲁番地区的吐谷浑人的活动情况，指出：“公元460—640年，吐鲁番盆地为高昌国时期。吐谷浑与高昌，隔着库鲁克塔格荒漠、丘陵南北为邻。在吐鲁番所出高昌国时期的文书中，发现有接待吐谷浑使者的资料，可以看到两者之间的来往；不仅如此，在这一时期的文书中还见到若干生活定居在高昌的吐谷浑人，他们有的充当作人，有的承担官府的配马、役作等赋役，已成为高昌王国的编民。这些人有可能就是沿孔雀河北上经焉耆来到吐鲁番盆地的。唐西州时期（640—792），吐鲁番盆地仍有吐谷浑人的活动，就目前资料看，他们中有不少人定居在西州的柳中县、蒲昌县，有的担任健儿甚至主帅，有的担任征收户税的‘刾头’，承担官府的差役；他们中不少属均田制下的农民，有的还具有较高的知识文化水平，他们在很大程度上已经汉化了。这些人除部分属高昌国时期吐谷浑人的后裔外，还有部分可能是龙朔三年（663年）吐谷浑灭亡后迁入吐鲁番盆地的。唐朝末年，原生活于漠北地区的回鹘人南下进入吐鲁番盆地，在盆地建立高昌回鹘政权。在此过程中，盆地又有不少新迁入的大小众熨人，就其族源而言，他们是原居于盆地南面的吐谷浑人与吐蕃人的混合体，又名‘仲云’，这部分人在高昌回鹘时期或称为‘众熨’，或称为‘磨榆’，‘磨榆国’即为他们所建，之所以如是称，可能就是对该部种落的夸大。在西辽国即哈刺契丹国统治西域时，这部分吐谷浑人投靠西辽，其首领被封为交河郡王。他们主要生活在交河、安乐城一带，虽然在语言、习俗上逐步回鹘化了，与盆地东部的畏兀儿却常处于对立状态。13世纪后半叶，由蒙古贵族海都、都哇发起的战乱，使高昌长期沦为战场。以火赤哈儿的斤为首的高昌回鹘统治集团为了躲避战争，于至元十四年（1277年）秋天主动放弃火州，率众东迁，最终在远离战火的甘肃永昌定居

① 吴淑生、田自秉：《中国染织史》，上海：上海人民出版社1986年版，第161页。

下来。至元十八年（1281年）夏天，火赤哈儿的斤在元朝的支持下，统率本部兵马西进复国，结果战死哈密，具体时间在这一年的夏天五月之后。此次复国行动失败后，高昌回鹘势力从此退居永昌，未再返回盆地。海都、都哇之乱，使高昌回鹘势力受到沉重打击，而定居于交河、安乐城一带的吐谷浑人则巧妙地保持着中立。高昌回鹘的举国东迁，为他们的迅速崛起提供了绝好的历史机遇。他们进据火州，填补了回鹘人东迁后形成的势力真空。在至元十七年（1280年）二月元朝的诏教中，吐鲁番盆地已被称为‘合剌所部和州’。‘合剌所部’一称的出现，表明盆地已非回鹘人的天下，而是另一股势力的兴起。该势力正是曾经投靠哈剌契丹的吐谷浑人。元朝中央政府在高昌回鹘举国东迁后，曾于盆地设置提刑按察司、宣慰司、总管府等行政军事机构，加强对该地区的管辖和统治。从此，火州直接纳入元朝中央政府的有效管辖之下。元朝覆灭后，其在西域的统治也随之瓦解。原居于吐鲁番盆地的‘合剌所部’势力逐渐强大，成为盆地的实际统治者，并建立了吐鲁番地方王国。强盛起来的吐鲁番地方王国，多次抢夺哈密，虏哈密王陕巴，并且一度锋指河西走廊，与明王朝直接发生战争，制造了一起起震惊全国的政治事件。吐鲁番王国与明朝通贡后，每一次入贡，都要留数十人于甘肃，并称‘瓜、沙二处系彼祖宗故地’，一定程度反映了吐鲁番王国人可能就是来自瓜、沙两地吐谷浑人的后裔。‘吐鲁番’这一汉文名称，最早出现于明代，其义有三：王国名称、地名、民族名称。作为地方王国的称号，是由明朝廷确认和定名的，当是源于吐谷浑民族的名称。日本学者藤田丰八、大谷胜真等人认为吐谷浑的‘谷’，应读作‘鹿’，其读音可还原为‘tu lu hun’，这与‘吐鲁番’的读音较为接近。但吐鲁番的‘番’字取汉字本意，乃‘番国’之意。这实际上是一个由鲜卑语和汉语组合而成的名词，其意可能为‘吐谷浑地方王国’。明代吐鲁番又称为‘哈剌怀’，说明二者可以等同，只是译写不同而已。而‘哈剌怀’显然与元代‘合剌所部和州’或‘合剌和州’有一定的关联，二者之间存在着前后相承的痕迹。在公元10世纪以来的少数民族文献中，吐鲁番曾被译作‘turfana’‘turpa’‘turupan’‘turfan’等。因此，可以据以推测，‘吐鲁番’一名可能即源于‘吐谷浑’这个名称。就历史长河而言，吐鲁番盆地的政权有吐谷浑、磨榆国、交河郡王、合剌部、吐鲁番王国等。哈剌和卓，是至元十四年（1277年）吐谷浑人占据火州后兴起的地名；哈剌是哈剌怀、哈剌灰的略译，和卓为火州、高昌的辗转音译；哈剌和卓就是哈剌火州，似乎就是‘吐谷浑火州’‘吐谷浑高昌’的意思。”①

血渭一号墓发掘简报公布了鋬指金杯、金胡瓶、覆面等文物照片，国家博物馆“众志成城　守护文明——全国打击防范文物犯罪成果展”中青海“3·15”盗掘古文化遗址古墓葬案追缴的出土于血渭一号墓的相似器物，都反映了这一地区中西文化交流的实况。

罗新《昆仑玉与吐谷浑》一文指出：“发现于吐鲁番的一件粟特语地名录（T.ii.D.94）记载了公元9—10世纪粟特人在欧亚大陆的经商路线，这些地名自西而东分别是：扶菻、苫国、波斯、安国、吐火罗、石国、粟特、拔汗那、朅盘陀、佉沙、于阗龟兹、焉耆、喀喇沙尔、高昌、萨毗、吐蕃、吐浑、弥药和薄骨律。其中萨毗、吐蕃、吐浑都在今青海境内，吐浑即吐蕃治下的吐谷浑民族。大量考古学证据也显示，唐代的青海境内仍然是中西文化交流的热点。1982—1985年，青海省考古工作者在海西州都兰县的热水乡和亘日哈乡，发掘了一批唐代的吐蕃墓葬，出土大量丝织品、陶器、木器、金银器、铁器、铜器、珠饰、皮革制品和木简牍等。根据许新国先生对出土文物中粟特系统金银器、波斯风格丝织物的研究，可以肯定地说，外来文化特别是中亚地区各民族的文化，对青海境内的吐蕃，或吐蕃治下的吐谷浑等民族，存在着很深的影响，也直接证明了丝路青海道的持续繁荣。”②

三、东、西两座吐谷浑大墓间的丝绸之路

天祝吐谷浑墓是武则天时代，墓主慕容智享年42岁，卒于大周天授二年（691年）。血渭一号墓应是唐玄宗时代，从其母吐蕃公主下嫁年代可推知，血渭一号墓主如果也活42岁，那就是玄宗开元二十年（732年）。血渭一号殉马坑只有六匹殉马，又用银印，可

---

① 柳洪亮：《迁居吐鲁番盆地的吐谷浑人历史研究》，武汉大学2002年博士学位论文。

② 罗新：《昆仑玉与吐谷浑》，《王化与山险——中古边裔论集》，北京：北京大学出版社2019年版，第119页，原载《中国史研究》2001年第1期。W．B．Henning，Sogdian List，Sogdica，London，1940, pp .8-11. 这些地名中包括高昌、吐浑在内的五个，是由林梅村识别的，见林梅村《粟特文买婢契与丝绸之路上的女奴贸易》，《西域文明——考古、民族、语言和宗教新论》，北京：东方出版社1995年版，第68—79页。许新国：《都兰吐蕃墓中镀金银器属粟特系统的推定》，《中国藏学》1994年第4期，第31—45页；《都兰吐蕃出土含绶鸟织锦研究》，《中国藏学》1996年第1期，第3—26页；《青海都兰吐蕃出土太阳神图案织锦考》，《中国藏学》，1997年第3期，第67—82页。

能是小王而非大王，血渭一号树轮碳14测量是744年，跟笔者之前的推测差不多。

唐太宗之所以拒绝松赞干布的求婚，是因为怕松赞干布利用唐朝女婿这个身份，提高他在青藏高原各部落中的地位。松赞干布贞观八年（634年）求婚被拒，贞观十二年（638年）攻打吐谷浑、发兵松州，贞观十五年（641年）文成公主和亲。从发兵松州今松潘来看，松赞干布并未控制吐谷浑。

至于吐谷浑武德年间助唐攻打割据凉州的李轨，后为图发展不断侵扰唐州县；贞观八年、九年，唐发兵击破吐谷浑，当时即有凉州都督李大亮出兵一路，伏允被部下杀死，唐以慕容顺（伏允与隋光化公主之子）代领其众；贞观十四年（640年）弘化公主和亲吐谷浑，后吐谷浑内讧，末代吐谷浑可汗诺曷钵可汗出奔凉州内附。由于是吐谷浑内讧，唐并未责备吐蕃。

天祝大墓陶罐中有青稞、粟米、帷帐、铁甲、马具、箭箙。吐谷浑较为凶悍，隋炀帝时期未能真正平定，吐谷浑遇外敌深入本国，或北走西域，或西南走雪山（今青海果洛阿尼玛卿山）湖沼湿地以逸待劳，外敌无向导不敢深入，隋炀帝后翻越祁连山经扁都口至张掖退兵。但此墓葬埋得浅，只有1.5米深。比血渭一号朴素，且更为汉化。

岔山村吐谷浑墓棺木上覆盖团窠联珠双龙纹、宝相花瓣纹、反向队象纹织锦。确切数量尚待公布。

岔山村慕容智墓中所见棺长2.59米，宽0.9米，高1—1.1米。织锦有两种单位：匹的单位为长四丈，宽尺八寸。张的单位为长约8—9.5尺，宽约4—4.5尺。唐尺为30厘米。从视频所见有多层织锦覆盖于其上，其中“反向队象纹”织锦覆于整个棺盖及下垂幅度，应与“张”的单位比较吻合，而“张”的单位主要流行于中亚地区，最初是区分西方织锦与东方织锦的重要区别标志，但后来逐渐趋于混同。墓中出土有野外行帐的构件，那么这些整张织锦有可能为装饰慕容智行帐之用①。

---

① 郑炳林、朱建军：《海外藏对鹿纹挂锦所见丝绸之路多元文化交融》，《中央民族大学学报》（社会科学版）2020年第5期。笔者撰写此队象图案锦一节时，尚未获读甘肃省文物考古研究所、武威市文物考古研究所、天祝藏族自治县博物馆《甘肃武周时期吐谷浑喜王慕容智墓发掘简报》，《考古与文物》2021年第2期，15—38页。按：本文完成后始获读发掘简报，涉及墓中丝绸织锦多语焉不详。东周时期的西戎文化中有成列行进的动物纹。2006年甘肃张家川马家塬出土的成列行进动物纹是大象，首尾相接向前行进的。它是怎么获取这个大象图案的信息来源不得而知。此类动物成列行进纹图案在西伯利亚巴泽雷克、西亚巴比伦也有发现。参见哔哩哔哩《东周时期的西戎文化：从宝鸡益门村二号墓说起》，复旦大学王辉演讲，2022年2月9日。

血渭一号出土丝织品照片有联珠纹、葡萄唐草纹丝织品等。新发表的发掘简报有云："此墓出土纺织品残片共计863片，共编号697个。纺织品种类十分丰富，包括纱、绮、罗、绫、绢、织锦。其中，绮、织锦约占纺织品种类的90%；图案多为团窠状，即以中线为轴左右对称的环状构图结构，一圈或多圈联珠围绕形成圆环，其中的纹样可分为植物、动物、几何形三类，可见狮子、飞鸟、腾龙、葡萄、卷草等，部分带有浓重的粟特风格。出土的平纹织物主要为绢、纱。密度稀疏者为纱，有孔，孔呈方形，多为土黄色。绢的颜色种类繁杂，有淡黄、土黄、朱红蓝、深棕色，按技法可分为两类，一类织物上有泥金奔兽、花草图案，带有装饰性特征，该类型绢的颜色为深棕色，纱线支数较小，织物编织密度高，织物强度较低；另一类织物边缘有较为均匀的针孔痕迹，应为缝纫所致，其中一部分应来自服饰，推测为内衬，依其材料可分为长丝、短纤维。出土的罗织物为四经绞罗，花本可见两种，均为几何形纹。一种由九个矩形组成菱形图案。此墓葬出土纺织品的工艺精湛，已知工艺有织造、彩绘、泥金、刺绣、染缬、拼贴六种。织造以扎经染色工艺为最。泥金织物可分为两种：一种将金屑（箔）附着于深褐色方形绢布表面，表现奔兽穿梭于植物之间的场景，该题材织物尺寸多为15厘米×20厘米，距布边0.7厘米处有针孔；另一种以金屑（箔）附着于较大绮织物残片之上，图案为花卉、奔兽主题。泥金技术的应用是此次绮织物的重大发现，表现为泥金图案与绮纹图案不同，还有以泥金作为装饰线条，沿着绮纹图案边缘进行装饰。另外还有夹缬，仅发现两件残片，图案轮廓清晰。"1985年在青海省都兰县热水斜处草场古墓中，发现8世纪前有粟特文字织锦，以及登录随葬品的吐蕃文木简，由此说明粟特锦在当地的流行[①]。

都兰其他吐谷浑墓出土的丝织品有许新国、赵丰先生的细致探讨，纹饰亦有相对应之处[②]。在2020年6月14日召开的吐谷浑王族墓葬群考古工作专家咨询会上，青海省文物考古研究所许新国研究员指出，一直以来人们对都兰古墓的一些问题存有较大争议，此次吐谷浑喜王慕容智墓的发现，对于都兰地区墓葬的研究具有重要借鉴意义。该墓出土丝绸上的纹饰，能够为都兰地区出土丝绸的断代工作提供坚实依据，出土的金银器也与都兰地区出土金银器，在捶揲技术上存有一定的继承关系。但是都兰热水

① 唐研究基金会编：《都兰吐蕃墓》，北京：科学出版社2005年版，第208页。

② 许新国、赵丰：《都兰出土丝织品初探》，《国家博物馆馆刊》1991年上。

墓葬群更多地表现出强烈的吐蕃风格，而慕容智墓多文化交融的倾向则更加明显，两者似乎在文化内涵上存在分歧，因此在以后的研究过程中，要注意不同地区吐谷浑墓葬所表现出的内在差异。

凉州为唐前期丝绸之路一大中心都会，远胜彼时的敦煌。《大慈恩寺三藏法师传》称："凉州为河西都会，襟带西蕃、葱右诸国，商侣往来，无有停绝。"[①]在2020年6月14日召开的吐谷浑王族墓葬群考古工作专家咨询会上，陕西省考古研究所研究员、西北大学文化遗产学院张建林教授在发言中提到，由于其他地区高等级唐墓的保存状况较差，且多数被盗，所以保存相对完整的慕容智墓，对于高等级唐墓墓葬形制、明器制度等专题的深入研究，会起到至关重要的作用。该墓中出土的毛笔，是中国境内出土唐笔的唯一实例，出土的木质栅栏模型，则是对中古时期列戟制度的实物表达。张教授还指出在下一步的田野考古工作中，要注意对墓葬整体结构，包括陵园、寝殿、神道等配套遗址的调查、勘探。资料整理方面，要制订一个周密的计划，一项一项完成，也可以将现有的资料先汇总起来，出一个资料集，以供学界参考。西北大学文化遗产学院罗丰教授认为，慕容智墓虽然从墓葬形制上来说是一座唐墓，但是其等级较低，并非依山为陵。墓葬中出土的六曲屏风、铁铠甲、弓箭、毛笔、丝织覆面、银胡瓶等文物，保存完整，非常难得，为同类器物的深入研究提供了实物依据。墓志侧面所刻的不知名文字，一定是在汉字的基础上演变而来的，可以从文字造字系统的角度去挖掘其中价值。总之，慕容智墓出土文物丰富，保存相对完整，且具有一定的政治内涵，可以将其作为唐代墓葬的标杆进行研究。这为唐代墓葬等级规格、明器摆放、墓葬形制等方面的研究，都提供了很好的借鉴，要尽快将发掘成果分批公布，并同步推进相关研究。

四、丝绸之路南路与血渭一号墓葬柏木

重走南北朝期间西域与南朝的陆路交通线，从成都经甘南至尖扎、贵德到西宁，再从西宁至格尔木至阿克苏这条铁路走一趟可能比较有学术价值。南疆这一路是一路平坦，个别地方翻山，地广人稀，戈壁沙漠景观。笔者于2006年10月去过一次新疆。

① 释慧立、释彦悰：《大慈恩寺三藏法师传》卷一，北京：中华书局1983年版，第11页。

空中看是红色戈壁基调，去吐鲁番则到处是土坯房，跟以前的西宁差不多。大名鼎鼎的交河郡古城也都是土夯出来的。

北方古城（如吐谷浑伏俟城）也多是土夯，最多加些砾石，因地制宜，也很结实。陕北统万城至今仍存，秦汉长城也是土夯。地主塞堡、农家庄廓过去也多是土夯，砖墙罕见。青海农村至今依然如此。连西安城墙的也是土夯，包砖也是后来加的。古代用兵人数，清朝用兵的人数较具体，几千兵就是大仗。过去研究历史喜欢改订数据，唐时来广州贸易的海外商船一年只有四十余舵，因为古代帆船要靠季风为动力，清代沈德潜校勘《新唐书》时认为太少，认为十为千之讹误。

血渭一号中的柏木可能是就近砍伐的。海西的森林，马步芳统治时期可能有不少采伐，但是柴达木当地没有大的河流，运输也成问题。海西山上有圆柏，但不是很多，木质差，且交通不便。民国时主要当地人利用，砍伐量不会太大。1949年后利用也主要是当柴烧，做家具及民用建筑用木，多由外运来的松木。而柴达木河流不少，但水量不稳，深浅不一，且均为内流河，无法用于航运货物，这些事为当地人所熟知。

从武威到西宁二百六十多公里，从张掖到西宁三百四十多公里。历史上法显则从西宁至张掖再赴印度。唐代丝绸之路要经过小勃律、大勃律。唐代小勃律、大勃律就是今天克什米尔巴控区吉尔吉特、巴尔蒂斯坦，为丝绸之路的必经要津。

五、游牧部族与商品贸易的关系

我们注意到，北京大学历史系王小甫教授1988年曾在《论古代游收部族人入侵农耕地区问题》一文中指出：主要原因是贸易受阻。并引台湾蒙元史专家萧启庆教授观点——贸易的必要性有三：①游牧民的生活需要；②贵族对奢侈品的追求；③倾销过剩产品。产生这些必要性的原因有二：①草原游牧经济高度依赖自然，草原畜载量随气候增减的幅度很大；②草原经济结构单一。众所周知，剩余产品的生产、财富的积累和占有是社会发展的必要条件。但动物活畜和草原载畜量的矛盾显然不利于财富在游牧社会内部积累起来。因此，对外交换是游牧社会发展的必然条件，当交换不能以和平方式进行时，必然会产生暴力行为。当然，除了直接交换以外，还有中介贸易一条途径。因此，游牧民从初期扩张争夺牧场开始，往往同时争夺对贸易通道的控制[①]。

司马迁《史记·货殖列传》："百里不贩樵，千里不贩糴。"2018年12月28日笔者在中山大学历史系聆听波兰华沙大学考古所玛塔·祖秋薇斯卡博士所作《罗马城市帕尔米拉出土的地中海与亚洲纺织品》讲演，该讲演指出，由于通过丝绸之路东来的丝绸过于珍贵，位于今叙利亚的罗马城市帕尔米拉只舍得用丝绸为袍袖或靠枕镶边。这也具体印证了姜伯勤教授在1994年文物出版社出版的大著《敦煌吐鲁番文书与丝绸之路》一书的著名观点——丝路贸易中实行的"丝本位制"[②]。姜先生在这本书中还探讨了丝绸之路上流通的萨珊波斯金币、银币的流通功能。但是恐怕只有市场交易税收文书中反映的金、银钱使用是真实的；至于随葬衣物疏中动辄金银钱数百、两千、两万文恐为虚妄之词。青海西宁1956年在西宁城内城隍庙出土过装在小罐内的萨珊波斯银币76枚，直径2.5—3厘米，重量近4克一枚。笔者用天平秤称了一下，5分美元硬币也将近4克，直径也接近，可见古今规格差不多。由此可见，西亚不愧是硬币起源地。

吐谷浑除了以丝绸交易为大宗商品外，吐谷浑黄河九曲及青海湖所产良马也输入南朝。还有吐谷浑控制南疆昆仑山所产于阗玉也为中原南朝所必需。由此可见，唐中期以来吐谷浑与内地的丝绸贸易，一方面既满足自身的需要，另一方面也为维系东西方的丝绸贸易持续进行发挥了功用。

附录：

东西问——韩建华：世界唯一确证的八世纪波斯文字锦，为何出现在中国青海？

原创 中国新闻社 中国新闻社 2021-12-27 21:13

即使在"世界第三极"青藏高原，物产、技术、思想的交流也从未断绝，更加证明每种文化都不是孤岛。

---

① 王小甫：《唐吐蕃大食政治关系史》，北京：北京大学出版社1992年版，第289—292页。

② 姜伯勤：《敦煌吐鲁番文书与丝绸之路》，北京：文物出版社1994年版，第2—3页。

中新社记者：潘雨洁

“公元4世纪至7世纪，中原战乱，河西走廊阻塞不通，吐谷浑成为联系中原与漠北、西域、青藏高原、印度等地的中心，丝绸之路青海道开始兴盛，东西商旅多取道于此，在贸易往来中促进文化交流。”中国社会科学院考古研究所副研究员韩建华近日接受中新社“东西问”专访时表示，经过近40年考古发掘，青海都兰热水墓群发掘墓葬近百座，出土了目前世界上唯一确证的8世纪波斯文字锦，许多文物的形制及装饰图案具有浓郁的萨珊波斯、粟特及中亚风格，证明都兰是丝绸之路青海道上的重要节点与东西方贸易的中转站。

热水墓群中的文物包含何种文化内涵？丝绸之路青海道对共建“一带一路”、深化各国合作有何启示？韩建华对此作深入解读。

现将访谈实录摘要如下：

中新社记者：8世纪波斯文字锦有何独特价值？热水墓群还出土了哪些“宝藏”文物，承载什么文化内涵？

韩建华：青海都兰热水墓群最早在1982年被青海省文物考古队发现。在对“血渭一号墓”进行发掘时，考古人员发现一件文字锦残片，经德国哥廷根大学古文字学家确认，锦上为波斯萨珊朝的婆罗钵文字，系目前世界上唯一确证的8世纪波斯文字锦。

与波斯文字锦同时出土的对马锦，上面的翼马形象在莫高窟第249窟窟顶狩猎图上也能见到，带翼神兽源自古代亚述地区，也见于塞种、大夏及希腊和印度的艺术，在丝绸之路上广泛传播。“血渭一号墓”中，出土的丝绸残片达350余件，分别来自中原汉地、中亚、西亚，其织造工艺和纹样具有多源性，实证都兰是丝绸之路上的重要中转站。

“2018血渭一号墓”考古新发现中，出土的人首鱼尾纹金饰片，人物脖颈饰后方飘浮的绶带，是典型的波斯萨珊王朝装饰纹样。此外，在主墓室棺板周边及祭台发现海螺、未曾炭化的葡萄籽，玻璃、玛瑙、珍珠、珊瑚，它们从康国、吐火罗国、波斯、狮子国甚至更远的地中海地区传来，见证了中国与中亚、西亚、欧洲源远流长的文化交流史。

中新社记者：历史上，丝绸之路青海道曾对东西方经贸文化交流起到什么作用？

韩建华：《史记》记载，张骞出使西域时在大夏看到邛竹杖和蜀布，能够证明早在“凿空”以前，东西方已经通过青海一带进行“点对点”的交流，只是尚未形成固定路线。

自魏晋以来，中原战乱，河西走廊阻塞不通，而此时吐谷浑国在甘、青交界草原上崛起、壮大，成为联系中原与漠北、西域、青藏高原、印度等地的中心，向东、南、西、北都有畅通的交通路线，“青海道”开始兴盛，东西商旅往来多取道于此。

吐谷浑人在“青海道”上扮演“中介”，用马换回中原货物、蜀地丝绸，又跟西域各国交换。文献记载，以北魏官吏宋云和僧侣惠生为首的入竺使一行，在进入西域时曾依靠吐谷浑的保护、翻译和向导。到南朝梁时期，以吐谷浑为中继站，与西域龟兹、波斯、于阗等国相继遣使通贡，青海道趋于成熟。

公元663年，吐蕃灭吐谷浑，统一青藏高原。7世纪末，唐、吐蕃、大食三个帝国由东向西对峙在欧亚大陆上，“青海道”的作用从迎来送往的“中介”，转变为对外扩张的“依托”——吐蕃利用青海地区农牧资源作为军事保障，不断扩大势力范围，一度控制河西走廊，卡断唐朝对外交通的“动脉”，继而扩张到中亚、南亚。

中新社记者：与传统丝绸之路相比，青海道为何鲜为人知？

韩建华：首先，青海道是现代提出的概念。基于文献资料和考古发现，不同历史时期在青海地区形成的、连接东西方的多条区域交通道路逐渐被认知，学界将这些道路统称为“青海道”。

具体来说，《史记》记载，张骞返回长安时，本“欲从羌中归”，“羌中”即指青海一带羌人所居地区。魏晋南北朝时期，河西走廊受阻，凸显了青海道的重要作用：以吐谷浑建立的伏俟城为中心，东连西平（今西宁）和金城（今兰州）；向西北有三条道路，分别通往张掖、敦煌和若羌，其中到达若羌的线路，途经都兰、格尔木、茫崖；还有经过益州（今成都）一路沿长江抵达建康（今南京）的“河南道”；在湟水流域，还有四通八达的“湟中道”。吐蕃时期，经都兰南下可与唐蕃古道衔接，到达拉萨。

可以看出，青海道并非如传统丝绸之路般连贯东西，而是由多段不同时期的区域交通道路共同构成。

张骞“凿空”后，开辟了以长安为起点，经河西走廊抵达中亚、西亚的传统丝绸之路，此时国家处在大一统时期，中央集权高度发达，为道路的完整、顺畅、稳定提供外在保障；而青海道是在河西走廊受阻后才凸显，当国家统一后，东西交通干道仍回到河西走廊，政府有意识地削弱青海道的作用，像隋炀帝在征服吐谷浑后西巡，从青海到张掖，举行万国博览会，扩大河西走廊的作用。

所以，相对河西走廊来说，青海道是地方割据政权的产物，地位显而易见，但其作用却并不亚于河西走廊。1956年，西宁城隍庙出土76枚波斯银币，考古学家夏鼐先生在当时指出，5世纪时青海道的作用是超出河西走廊的。

中新社记者：国外学者对丝绸之路青海道有哪些研究?

韩建华：早在19世纪20年代，德国、俄国探险家已经在青海道上留下足迹。20世纪20年代，德国人在都兰附近的考肖图地区发现装有丝绸、金器的洞穴。此外，法国学者沙畹、瑞士阿米海勒博士都曾从文物角度对青海道展开研究。

日本学者松田寿南基于中国古代历史文献，曾在《吐谷浑遣使考》中对青海道做了比较详尽地论述：“在公元5世纪至7世纪，以青海地区为中心的吐谷浑国，曾经向关中，或河西，或通过后者向鄂尔多斯和蒙古，或者是向蜀，或是经过这些地方向南朝频繁地转送过队商，同时并与西藏高原和塔里木盆地保持着很深的交往，作为西域贸易的中转者在东西交通中起了重要的作用。”他认为，“青海路”与“河西路”是平行存在的，并将两者的作用相提并论，这些观点都为国内的研究提供了一定的参考和帮助。

中新社记者：您认为，丝绸之路青海道的历史演变和考古成果，对续写东西方文明古国“丝路新友谊”有何启示?

韩建华：历史上青海道发挥重要作用时，正是西北各民族融合的高峰，吐蕃、吐谷浑、羌、狄、戎等多个部落、民族频繁交往联姻，逐渐变得“你中有我、我中有你”，自然形成的文化认同为中华民族多元一体、血脉相承奠定基础，深厚的历史积淀是文化自信的来源。

正如当年，吐谷浑人并非刻意开辟一条连接东西的路线，西域与中原的文化在商旅往来、互市交易中渐渐相融；如今，中华优秀传统文化也通过“一带一路”经贸合作向外传播，在潜移默化中与各国文化融会贯通，增强彼此认同。

考古发掘让青海道从文献研究走向实证，文物作为一种物质表现，见证了丝路各国源远流长的友谊，更让人们跨越国界、唤起共同记忆。即使在“世界第三极”青藏高原，物产、技术、思想的交流也从未断绝，更加证明每种文化都不是孤岛，都需相互理解包容、求同存异、和平共处。

（曹旅宁，华南师范大学法学院教授；李少波，青海师范大学历史系教授。）

吐谷浑政权受封和应用中原王朝官爵考论

李文学　潘小吹

吐谷浑是东晋南北朝时期在我国西北地区发展起来的一个民族政权。其王族源出东北辽河流域的鲜卑慕容部，在3世纪末4世纪初因兄弟不和而远徙西北。其时恰值西晋末中国大一统分裂局面的开始，这为其政权和民族的发育、发展提供了契机。吐谷浑政权的盛期大约在4世纪中叶到6世纪末，即东晋中期至隋前期。在这近一个半世纪的时间里，吐谷浑政权一度以今青海中东部为中心，建立起东南起自今四川西北部、甘肃南部，西北至今新疆东部古鄯善地区的广阔疆域，并与其东部中原地区和南方的宋、齐、梁各政权频繁互动。

吐谷浑首领们接受十六国、南北朝、隋、唐各政权封授官爵达40余次，是秦汉以来文献记录封授单个政权的首领次数最多的民族政权之一。吐谷浑王族所受中原政权的官爵封号分为两个时期，一是作为独立政权时期所受中原官爵，二是663年为吐蕃灭国以后，先后迁到唐凉州、安乐州和代北等地的吐谷浑王族所受的官爵封号。其所受中原各政权的官爵封号，每一个、每一组都表达特定的意涵，各时期所受封号又形成一个体系。这些封号除了表达其与中原各政府关系定位的基本意义外，也有中原政府对吐谷浑地位的确认、未来作为的期许等内涵。而且历代中原政府所封官爵名号的变化也反映双方关系、地位和期许的变化。

吐谷浑人不只是被动地接受这些官爵名号，而是在其历史发展过程中不断将这些官爵封号选择性内化，并以之为契机更大量地学习、吸收中原官爵制度，再结合自身情况进行创新和改造。这些改造和创新有的又传回中原，成为后代中原王朝制度改革创新的文化资源。以下本文在详细考察吐谷浑所受官爵和应用创新官爵的基础上，将探讨这一复杂生动的制度文化交流交融过程。

一、十六国政权对吐谷浑的封授

（一）前秦的封授

根据史料记载，前秦是最早与吐谷浑发生关系的十六国政权。它发生于371年，时值吐谷浑第四代王碎奚当政。此时吐谷浑人主要活动于白兰、西部漒川地区，即今天青海黄南州南部、甘肃甘南西南部一带，势力较弱，基本处于休息生聚阶段。而苻坚统治下的前秦却处于开疆拓地的盛期。370年之前，苻坚在与前凉张天锡在金城一带的争夺中已攻下前凉控制的大夏、武始郡，又占据枹罕一带。370年，苻坚攻灭曾强大于己的前燕慕容暐政权，拓土至东海之滨，与东晋形成鼎峙之势。371年，苻坚又在西南武都一带扶植杨统与亲东晋的氐王杨纂展开争夺，遣将苻雅、杨统统兵七万进军仇池，并图东晋之宁、益两州。此事件最终以杨纂投降被解送长安而告结束。苻坚遂“以杨统为平远将军、南秦州刺史，加杨安都督，镇仇池”[①]。由于地近仇池，苻坚势盛，同年，“吐谷浑碎奚以杨纂既降，惧而遣使送马五千匹、金银五百斤。坚拜奚安远将军、漒川侯”[②]。

这一事件确立了前秦和吐谷浑宗主与藩属的关系。但这一关系为期短暂，随着前秦的迅速衰落而告结束。

（二）近邻西秦的封授

《晋书·四夷传》载西秦封吐谷浑为最早，共有三次，第一次是在吐谷浑的第五代王视连时期：

> 视连既立，通聘於乞伏乾归，拜为白兰王[③]。

① （唐）房玄龄：《晋书》卷一百十三《苻坚载记上》。

② （唐）房玄龄：《晋书》卷一百十三《苻坚载记上》。

③ （唐）房玄龄：《晋书》卷九十七《四夷·吐谷浑》。

第二次是在第五代王视罴时期：

> 乞伏乾归遣使拜为使持节、都督龙涸已西诸军事、沙州牧、白兰王。视罴不受[①]。

关于这两次封授的具体情况，《资治通鉴》也有记载：

> 吐谷浑视连遣使献见于金城王乾归，乾归拜视连沙州牧、白兰王。……冬，十月，金城王乾归遣使拜视罴沙州牧、白兰王，视罴不受[②]。

可知乞伏乾归第一次封拜视连不仅仅是白兰王，还有沙州牧一职。而到了视罴时又加拜使持节、都督龙涸已西诸军事。但是，视罴并没有接受这一封拜，而是选择与西秦成为敌国，遭到西秦的讨伐，结果吐谷浑大败。

第三次是在八代王树洛干时期：

> 树洛干大败，遂降乾归，乾归拜为平狄将军、赤水都护，又以其弟吐护真为捕虏将军、层城都尉[③]。

此时的吐谷浑，刚刚完成从阿尼玛卿山东南地区进入青海黄南地区的拓展，与西秦相接的边境线加长。不受封拜并受到西秦讨伐的吐谷浑，恰好碰到西秦复国后的强盛时期，失败投降实在情理之中。但这一经历也使得其受西秦封拜的官职级别大幅度降低为“平狄将军”“赤水都护”，州牧、王被取缔，而成为西秦边境地区的“都护”。吐谷浑树洛干之弟也同时受封“捕虏将军”“层城都尉”。

（三）赫连夏国的封授

吐谷浑与赫连夏之间发生封授关系，发生于吐谷浑中期第十代王慕璝在位时。其

---

①（唐）房玄龄：《晋书》卷九十七《四夷·吐谷浑》。

②（宋）司马光：《资治通鉴》卷一百七《晋纪二十九》。

③（唐）房玄龄：《晋书》卷九十七《四夷·吐谷浑》。

时，“慕璝招集秦、凉亡业之人，及羌戎杂夷众至五六百落，南通蜀、汉，北交凉州、赫连，部众转盛”[①]。“交赫连”当是慕璝继位之后的外交行为。慕璝继续执行此前通蜀汉、交凉州的政策，并扩而大之，远交赫连。这些政策实施的一个核心目的恐怕就是远交近攻，针对西秦。由此也可以看出，吐谷浑到了阿豺后期、慕璝时期确实已经转盛，在西北地区的区域政治局势中已经成为举足轻重的力量。

虽未见“交赫连”具体时间的记载，但是它最大可能发生在426年。这一年，“秦王炽磐伐河西，至廉川，遣太子暮末等步骑三万攻西安，不克，又攻番禾。河西王蒙逊发兵御之，且遣使说夏主，使乘虚袭枹罕。夏主遣征南大将军呼卢古将骑二万攻苑川，车骑大将军韦伐将骑三万攻南安。炽磐闻之，引归。九月，徙其境内老弱、畜产于浇河，及莫河仍寒川，留左丞相昙达守枹罕。韦伐攻拔南安，获秦秦州刺史翟爽、南安太守李亮”[②]。此役对西秦打击甚大，之后国内不断发生叛乱，国势转衰。但对于夏国来说，却是首次耀兵上邽之西，取得南安，大获全胜。声威西北，吐谷浑慕璝称藩入贡，为夏主赫连昌封为征南大将军、白兰王[③]，确立了羁縻、附属的关系。

但是不久后的428年，夏国又为北魏所攻，赫连昌政权被灭，赫连定西走平凉称帝。“（赫连）定遂率遗众数万据平原，僭称皇帝，大赦，改承光四年为胜光元年，进征南大将军、白兰王吐谷浑莫璝为开府仪同三司、河南王。”[④]从“白兰王”到“河南王”的封授，可以看出赫连夏对吐谷浑实行继续羁縻政策的企图。但是由于赫连氏已偏保平凉一带，实力严重衰落，且对吐谷浑利益增进已经毫无意义，通过进爵的方式羁縻吐谷浑就变成徒有虚名之举。不久，夏又为北魏进逼，迁十万余口北渡黄河，欲攻占北凉以立足，终因直接威胁到吐谷浑的战略利益，为吐谷浑慕璝袭灭，夏国灭亡[⑤]。吐谷浑亦借此机会开始了与北魏的交往。

若从慕璝426年即位算起，吐谷浑与夏国交往不到七年的时间，即从和平转入战

① （唐）李延寿：《北史》卷九十六《吐谷浑传》。

② （宋）司马光：《资治通鉴》卷一百二十《宋纪二・太祖文皇帝上之上》。

③ 参见后段《十六国春秋辑补》卷六十六《赫连定》“进征南大将军、白兰王吐谷浑莫璝为开府仪同三司、河南王”之引文，说明在此前的赫连昌时期曾经为慕璝封爵。这也是慕璝“北交赫连”的表现之一。

④ （北魏）崔鸿：《十六国春秋辑补》卷六十六《赫连定》。

⑤ 参见李文学：《吐谷浑史研究》，北京：科学出版社2020年版，第134—143页。

争，两者关系以夏国为吐谷浑所灭而告结束，夏国也是被吐谷浑所灭的唯一的十六国政权。这一事件也是十六国晚期瞬息万变的政治军事形势的一个缩影。

二、南北朝政权对吐谷浑的封授

（一）刘宋和北魏政权的封授

在整个吐谷浑政权的三个半世纪的历史中，南北朝时期所接受的官爵封号最有特点。尤其是在刘宋和北魏时期，吐谷浑两属于宋、魏，同时受两者的封授。对宋、魏来说，对吐谷浑的封授存在着竞争关系，官爵封号级别节节攀升。从封号变迁中可以生动地看出吐谷浑在南北朝时代是如何周旋于几大政权之间的。

吐谷浑受刘宋官爵，始于423年，宋少帝下诏封阿豺“安西将军、沙州刺史、浇河公”[①]。其时，吐谷浑阿豺刚刚从南凉手中争得黄河河曲重镇浇河（今青海贵德）。遂慕义称臣，获封安西将军、沙州刺史、浇河公。此时的将军已经是仅具名号的意义，州刺史一般皆授将军。可以看到，阿豺所受官爵模式是完全按照刘宋王朝内部官爵来封授的。

然而，吐谷浑阿豺并没有等到宋帝的封授即去世。《宋书》云：

> 少帝景平中，阿豺遣使上表献方物。诏曰：“吐谷浑阿豺介在遐表，慕义可嘉，宜有宠任。今酬其来款，可督塞表诸军事、安西将军、沙州刺史、浇河公。”未及拜受，太祖元嘉三年，又诏加除命。未至而阿豺死，弟慕璝立[②]。

尽管如此，但这次封授的意义重大。它是基于吐谷浑王主动入附为臣的封授，是南北朝政权封授吐谷浑王的开始，也为后来南朝封授吐谷浑首领、与吐谷浑保持长时间密切关系奠定了基础。此后，阿豺之弟慕璝开始全面接受宋魏官爵，并趁北魏讨伐西部的夏、凉之际，向东拓展其势力范围至今甘肃一带。

---

①（南朝·梁）沈约：《宋书》卷九十六《鲜卑吐谷浑传》。

②（南朝·梁）沈约：《宋书》卷九十六《鲜卑吐谷浑传》。

（元嘉）七年，诏曰："吐谷浑慕璝兄弟慕义，至诚可嘉，宜授策爵，以甄忠款。可督塞表诸军事、征西将军、沙州刺史、陇西公。"①

慕璝所受刘宋官爵与其兄阿犲一致，不同之处是由浇河公变为陇西公。爵位的变化反映了吐谷浑此时的势力范围所及。此时，慕璝已趁西秦衰落之机取得了其原来在今甘肃中南部的陇西部分地区，史云"炽磐死，子茂蔓立。慕璝前后屡遣军击，茂蔓率部落东奔陇右，慕璝据有其地"②。因此，刘宋的确认式封授需跟上吐谷浑向东拓土的步伐。

吐谷浑与北魏发生直接的封授关系也是在此时。"是岁，赫连定于长安为索虏拓跋焘所攻，拥秦户口十余万西次罕开，欲向凉州。慕璝距击，大破之，生擒定。焘遣使求，慕璝以定与之。"③《北史》云：

太武时，慕璝始遣其侍郎谢大宁奉表归魏。寻讨禽赫连定，送之京师。太武嘉之，遣使者策拜慕璝为大将军、西秦王④。

应该说，北魏外封其他政权的封号，其起点较高。吐谷浑受封西秦王与北凉等的受封王爵是一致的。但是，慕璝并不满足，要求北魏政府不仅确认其已控制的金城、陇西之地，还要增其领土。这一要求遭到了北魏的拒绝。

自是慕璝贡献颇简，又通于刘义隆，义隆封为陇西王⑤。

刘宋封吐谷浑王为陇西王一事，《宋书》记：

（元嘉）九年，慕璝遣司马赵叙奉贡献，并言二万人捷。太祖加其使持

---

①（南朝·梁）沈约：《宋书》卷九十六《鲜卑吐谷浑传》。

②（南朝·梁）沈约：《宋书》卷九十六《鲜卑吐谷浑传》。

③（南朝·梁）沈约：《宋书》卷九十六《鲜卑吐谷浑传》。

④（唐）李延寿：《北史》卷九十六《吐谷浑传》。

⑤（北齐）魏收：《魏书》卷一百一《吐谷浑传》。

> 节、散骑常侍、都督西秦河沙三州诸军事、征西大将军、西秦河二州刺史、领护羌校尉，进爵陇西王。弟慕延为平东将军，慕璝兄树洛干子拾寅为平北将军，阿豺子煒代镇军将军①。

关于此事发生的时间，诸书记载不太一致。《通鉴》记为432年6月乙未事，而《宋书·文帝纪》记为432年壬午事，在乙未封事之前。

可以发现，宋元嘉九年（432年）的封拜并不只是对吐谷浑首领慕璝禽赫连定之功的表彰，还有羁縻并使之对抗北魏的深意。随着西秦的衰亡，吐谷浑的东进势必会与北魏的西进相遇，而刘宋作为北魏的敌国，趁北魏与吐谷浑不谐之际，崇慕璝以官爵羁縻之可更好地为宋所用。所以，才有进爵为王，并大封慕璝兄弟子侄的举动。

慕璝死后，其弟慕利延继续接受宋魏册封。

> 太延二年，慕璝死，弟慕利延立。诏遣使者策谥慕璝曰惠王。后拜慕利延镇西大将军、仪同三司，改封西平王。以慕璝子元绪为抚军将军。时慕利延又通宋，宋封为河南王②。

宋封慕利延河南王一事，《宋书》记载详细：

> 慕璝死，弟慕延立，遣使奉表。十五年，除慕延使持节、散骑常侍、都督西秦河沙三州诸军事、征西大将军、领护羌校尉、西秦河二州刺史、陇西王。十六年，改封河南王。其年，以拾虔弟拾寅为平西将军，慕延庶长子繁暱为抚军将军，慕延嫡子瑍为左将军、河南王世子。十九年，追赠阿豺本号安西、秦沙三州诸军事、沙州刺史、领护羌校尉、陇西王③。

河南王本为刘宋封西秦乞伏氏的专用爵号，此时用于吐谷浑，是因为西秦灭亡之后，吐谷浑已经取得了西秦的部分领土，而这些领土又大多在今黄河甘肃段以南。

① （南朝·梁）沈约：《宋书》卷九十六《鲜卑吐谷浑传》。

② （唐）李延寿：《北史》卷九十六《吐谷浑传》。

③ （南朝·梁）沈约：《宋书》卷九十六《鲜卑吐谷浑传》。

慕利延死后，拾寅继位，宋、魏竞相封授的格局没有变化。

> 慕延死，拾寅自立。二十九年，以拾寅为使持节、督西秦河沙三州诸军事、安西将军、领护羌校尉、西秦河二州刺史、河南王（按：《宋书》卷五《文帝纪》为安西将军、秦河二州刺史）。拾寅东破索虏，加开府仪同三司（《宋书》卷六《孝武帝纪》记453年6月进拾寅号为镇西大将军、开府仪同三司）。世祖大明五年，拾寅遣使献善舞马，四角羊。皇太子、王公以下上《舞马歌》者二十七首。太宗泰始三年，进号征西大将军（《宋书》卷八《明帝纪》记为泰始二年十月事）。五年，拾寅奉表献方物，以弟拾皮为平西将军、金城公（《宋书》卷八《明帝纪》记为泰始六年五月事，无“金城公”）。前废帝又进号车骑大将军（《宋书》卷九《后废帝纪》记为元徽三年九月事）[①]。

《魏书·吐谷浑传》记载：

> 拾寅奉修贡职，受朝廷正朔。又受刘义隆封爵，号河南王。世祖遣使拜为镇西大将军、沙州刺史、西平王[②]。后拾寅自恃险远，颇不恭命。通使于刘彧，献善马、四角羊，彧加之官号[③]。

从吐谷浑方面来说，刘宋所赐的封号要优于北魏封号。尤其是北魏的西平王之封实际是对吐谷浑既有领土的肯定，而刘宋的“河南王”到了慕利延、拾寅时代已经是名不副实，北魏已经将吐谷浑此前短暂控制的金城等地蚕食掉，逼迫吐谷浑退回今青海地区。但是，在拾寅时代的选择中，却是“奉修贡职，受魏正朔。又受宋封爵，号河南王”[④]，并没有像其从兄慕璝一样依然倒向刘宋，这主要还是因为北魏国力走向兴

---

①（南朝·梁）沈约：《宋书》卷九十六《鲜卑吐谷浑传》。

②《资治通鉴》记为452年9月事，并记“拾寅为安西将军、西秦河沙三州刺史、河南王”，“三州刺史”之说当误。

③（北齐）魏收：《魏书》卷一百一《吐谷浑传》。

④（唐）李延寿：《北史》卷九十六《吐谷浑传》。

盛，并且已经开始全面挤压吐谷浑的东部、北部边境。

拾寅后期，还是没有逃脱北魏征伐的命运，吐谷浑受到打击，“遣子诣军，表求改过。观等以闻，显祖以重劳将士，乃下诏切责之，征其任子”[①]。其后，刘宋为萧齐取代，宋、魏对吐谷浑的竞争性封授结束。北魏鉴于魏吐形势，也适当改革了对吐谷浑的封授，在官爵封号方面做了大的调整。

> 子伏连筹立。高祖欲令入朝，表称疾病，辄修洮阳、泥和城而置戍焉。文明太后崩，使人告凶，伏连筹拜命不恭，有司请伐之，高祖不许。群臣以其受诏不敬，不宜纳所献。……伏连筹乃遣世子贺鲁头朝于京师，礼锡有加，拜伏连筹使持节、都督西垂诸军事、征西将军、领护西戎中郎将、西海郡开国公、吐谷浑王，（按：《资治通鉴》系于492年即太和十六年七月，仅言《魏书·帝纪》系于太和十七年，魏书记曰：“十有七年春正月壬子朔，帝飨百僚于太极殿。乙丑，诏曰：‘夫骏奔入觐，臣下之常式；锡马赐车，君人之恒惠。今诸边君蕃胤，皆虔集象魏，趋锵紫庭。贡飨既毕，言旋无远。各可依秩赐车旗衣马，务令优厚。其武兴、宕昌，各赐锦缯纩一千；吐谷浑世子八百；邓至世子，虽因缘至都，亦宜赉及，可赐三百。命数之差，皆依别牒。’诏兼员外散骑侍郎刘承叔使于萧赜。乙亥，勿吉国遣使朝献。丙子，以吐谷浑伏连筹为其国王。”）麾旗章绶之饰皆备给之[②]。

可以看到，北魏政府对吐谷浑的官爵封授主要变化是在去“刺史”，授“西海郡开国公、吐谷浑王”。去刺史一定程度上是对吐谷浑州级领地的否定，这一点“郡开国公”的爵位也可以佐证。而其爵位的封授也很讲究，去代表内朝爵制系列的（西平）王爵，授以“西海郡开国公”爵是大大的降级。吐谷浑王一爵仅是代表其统治的地域部落的意义，而非进入中原王朝序列的爵位。综合来看，北魏从拾寅以后，对吐谷浑首领所封官爵大大降级，不再进行竞争性攀授，而是进入了较为正常的轨道。

---

①（北齐）魏收：《魏书》卷一百一《吐谷浑传》。

②（北齐）魏收：《魏书》卷一百一《吐谷浑传》。

（二）南朝齐、梁的封授

南齐封授吐谷浑，基本继承了刘宋的封号体系，然后稍加增封而已。以下为《南齐书·河南传》的封授记录：

> 宋初始受爵命，至宋末，河南王吐谷浑拾寅为使持节、散骑常侍、都督西秦河沙三州诸军事、车骑大将军、开府仪同三司、领护羌校尉、西秦河二州刺史。建元元年，太祖即本官进号骠骑大将军。
>
> 寅卒，三年，以河南王世子吐谷浑易度侯为使持节、都督西秦河沙三州诸军事、镇西将军、领护羌校尉、西秦河二州刺史、河南王。永明三年，诏曰："易度侯守职西蕃，绥怀允缉，忠绩兼举，朕有嘉焉。可进号车骑大将军。"
>
> 易度侯卒，八年，立其世子休留茂为使持节、督西秦河沙三州诸军事、镇西将军、领护羌校尉、西秦河二州刺史。（按：《资治通鉴》仅记为490年8月，"以其世子伏连筹为秦河二州刺史"，《南齐书》则记为"以行河南王世子休留代为秦河二州刺史"。《梁书·诸夷传》也未记封河南王爵。）

值得注意的是休留茂的受封封号，没有了"河南王"的爵位，这一点实际上应该是诸书记载的疏忽，我们在《梁书·武帝纪》中可以看到"河南王吐谷浑休留代"的名字，当即上文"休留茂"①。

萧梁对吐谷浑的封授，大致依然沿袭宋、齐，但是对宋、齐逐渐复杂化的封号结构做了简化，主要封以将军、刺史和河南王。梁朝的封授主要集中在梁武帝时期，共有五次。

（1）《梁书》卷二《武帝纪中》记502年4月，"镇西将军河南王吐谷浑休留代进号征西将军"。

---

① 关于休留茂，周伟洲先生认为当为伏连筹。但根据后引南朝梁武帝502年和504年的两次清晰封授来看，当是先后两位吐谷浑王，且从"世子"的表述来看，休留茂为伏连筹之父。

（2）《梁书》卷二《武帝纪中》记504年“九月壬子，以河南王世子伏连筹为镇西将军、西秦河二州刺史、河南王”。

（3）《梁书》卷三《武帝纪下》记529年，“三月丙辰，以河南王阿罗真为宁西将军，西秦、河沙三州刺史”。（按：此例《梁书》卷五十四《诸夷传》作“西秦河二州刺史”，并有护羌校尉之封。）

（4）《梁书》卷三《武帝纪下》记530年，“壬申，以河南王佛辅为宁西将军、西秦河二州刺史”。

（5）《梁书》卷三《武帝纪下》记534年，“三月己亥，以行河南王可沓振为西秦河二州刺史、河南王”。

从《梁书·诸夷传》的表述来看，在中原政权看来，藩属国之受封的系列官爵中爵位为重，且爵位可袭，官号不可袭，往往新君继位会重封。这项改革可谓精致，它使得内朝官号体系不至于无法容纳外封官号的节节递升，成为一个自然调节的手段。

三、隋唐政府对吐谷浑的封授

（一）隋朝政府的封授

吐谷浑在隋朝有两人受封，皆非吐谷浑王。隋朝封授的目的是分化和控制吐谷浑。

a.上（隋文帝）以其高宁王移兹裒素得众心，拜为大将军，封河南王，以统降众，自余官赏各有差①。

b.顺，即伏允之嫡子也。初为侍子于隋，拜金紫光禄大夫，久不得归，伏允遂立他子为太子，及得返国，意常怏怏②。

c.炀帝立其质子顺为王，送之本国，令统余众，寻复追还。大业末，伏

① （唐）魏徵：《隋书》卷八十三《西域·吐谷浑》。

② （后晋）刘昫：《旧唐书》卷一百九十八《西戎·吐谷浑》。

允悉收故地，复为边患。高祖受禅，顺自江都来归长安。时李轨犹据凉州，高祖遣使与伏允通和，令击轨以自效，当放顺返国。伏允大悦，兴兵击之，战于库门，交绥而退。频遣使朝贡，以顺为请，高祖乃遣之。……（贞观九年，即635年唐军征吐谷浑）两军会于大非川，至破逻贞谷，伏允子大宁王顺穷蹙，斩其国相天柱王，举国来降①。

吐谷浑高宁王受封“大将军、河南王”，为“勋官+外爵”的模式。隋朝目的是让他统治投降隋朝的吐谷浑人。“河南王”爵号袭自南朝宋、齐、梁，即黄河以南地区之王，最先受封者为西秦乞伏氏。后主要封授吐谷浑王；慕容顺，作为质子首先受拜“金紫光禄大夫”，后受封“大宁王”，为“散官”和“外爵”。

（二）唐朝政府的封授

唐朝建立以后，初期与吐谷浑为敌国，不久即加以讨伐。讨伐之后，吐谷浑称臣内属。唐政府正式建立起对吐谷浑的宗主国地位，并对吐谷浑首领加以册封。其册封先从入隋为质的慕容顺开始。

（1）然其建国西鄙，已历年代，即从废绝，情所未忍，继其宗祀，允归命胤。可封顺为西平郡王，仍授趉胡吕乌甘豆可汗。

（2）诺曷钵既幼，大臣争权，国中大乱。太宗遣兵援之，封为河源郡王。仍授乌地也拔勒豆可汗，遣淮阳王道明持节册拜，赐以鼓纛。

（3）高宗嗣位，以其尚主，拜驸马都尉，赐物四十段②。

（4）高宗立，以主故，拜驸马都尉。……十一月，及诺曷钵至京师，帝又以宗室女金城县主妻其长子苏度摸末，拜左领军卫大将军。久之，摸末死，主与次子右武卫大将军梁汉王闼卢摸末来请婚，帝以宗室女金明县主妻之③。

---

①（后晋）刘昫：《旧唐书》卷一百九十八《西戎·吐谷浑》。

② 以上均引自（后晋）刘昫：《旧唐书》卷一百九十八《西戎·吐谷浑》。

③（宋）欧阳修、宋祁：《新唐书》卷二百二十一《西域·吐谷浑》。

唐政府对吐谷浑王的封授与南北朝都不同，主要封以郡王和可汗，取消了名号将军和刺史。“郡王”可以看作对北魏开国郡公地位的稍加提高，而“可汗”则是在天可汗体制之下的因其俗而封。除此之外，以上记录中还有因尚主而获拜驸马都尉，以及吐谷浑王二子苏度摸末和闼卢摸末获拜左领军卫大将军、右武卫大将军职。应当明确，诸卫将军用于外封实际上是“员外将军”，而非唐朝内部十二卫实职大将军。

四、吐谷浑受封官爵分析

总结以上，我们可以按时间顺序将政权时期的吐谷浑王族所受官爵列表如下：

封授政权和封授者	受封官爵	受封者	备注
前秦苻坚	安远将军、漒川侯	吐谷浑四代王碎奚	
西秦乞伏乾归	白兰王	吐谷浑五代王视连	
西秦乞伏乾归	使持节、都督龙涸已西诸军事、沙州牧、白兰王	吐谷浑六代王视罴	未接受导致战争
西秦乞伏乾归	平狄将军、赤水都护，	吐谷浑七代王树洛干	战败受封
	捕虏将军、层城都尉	视罴弟吐护真	
夏主赫连昌	征南大将军、白兰王	吐谷浑	
夏主赫连定	开府仪同三司、河南王		
南朝宋少帝	安西将军、沙州刺史、浇河公	吐谷浑九代王阿豺	封拜未至而阿豺死
南朝宋太祖	督塞表诸军事、征西将军、沙州刺史、陇西公	吐谷浑十代王慕璝	
北魏太武帝	大将军、西秦王	吐谷浑十代王慕璝	
南朝宋太祖	使持节、散骑常侍、都督西秦河沙三州诸军事、征西大将军、西秦河二州刺史、领护羌校尉，进爵陇西王	吐谷浑十代王慕璝	
	平东将军	慕璝弟慕延	
	平北将军	树洛干子拾寅	
	镇军将军	阿豺子炜代	

续表

封授政权和封授者	受封官爵	受封者	备注
北魏太武帝	镇西大将军、仪同三司，改封西平王	吐谷浑十一代王慕利延	
	抚军将军	慕璝子元绪	
南朝宋	使持节、散骑常侍、都督西秦河沙三州诸军事、镇西大将军、领护羌校尉、西秦河二州刺史、陇西王。	吐谷浑十一代王慕利延	
	十六年，改封河南王	吐谷浑十一代王慕利延	
	平西将军	树洛干子拾寅	
	抚军将军	慕利延庶长子繁暱	
	左将军、河南王世子	慕利延嫡子瑍	
	安西、秦沙三州诸军事、沙州刺史、领护羌校尉、陇西王	吐谷浑九代王阿豺	追赠
	使持节、督西秦河沙三州诸军事、安西将军、领护羌校尉、西秦河二州刺史、河南王	吐谷浑十二代王拾寅	
	进号为镇西大将军、开府仪同三司	吐谷浑十二代王拾寅	
	进号征西大将军	吐谷浑十二代王拾寅	
	平西将军、金城公	拾寅弟拾皮	
	进号车骑大将军	吐谷浑十二代王拾寅	
北魏太武帝	镇西大将军、沙州刺史、西平王	吐谷浑十二代王拾寅	
南朝齐	使持节、散骑常侍、都督西秦河沙三州诸军事、骠骑大将军、开府仪同三司、领护羌校尉、西秦河二州刺史、河南王	吐谷浑十二代王拾寅	
	使持节、都督西秦河沙三州诸军事、镇西将军、领护羌校尉、西秦河二州刺史、河南王	吐谷浑十三代王易度侯	
	使持节、督西秦河沙三州诸军事、镇西将军、领护羌校尉、西秦河二州刺史、河南王	吐谷浑十四代王伏连筹	

续表

封授政权和封授者	受封官爵	受封者	备注
南朝梁武帝	使持节、督西秦河沙三州诸军事、领护羌校尉、西秦河二州刺史、河南王，镇西将军进号征西将军	吐谷浑十四代王伏连筹	
北魏孝文帝	使持节、都督西垂诸军事、征西将军、领护西戎中郎将、西海郡开国公、吐谷浑王	吐谷浑十四代王伏连筹	
南朝梁武帝	镇西将军、护羌校尉、西秦、河二州刺史、河南王。	吐谷浑十四代王伏连筹	
	宁西将军、护羌校尉、西秦河二州刺史、河南王	吐谷浑十五代王呵罗真	
	宁西将军、西秦河二州刺史、河南王	吐谷浑十六代王佛辅	
	西秦河二州刺史，河南王	吐谷浑十七代王可沓振	
隋朝炀帝	大将军、河南王	吐谷浑高宁王移兹裒	率部降隋
	金紫光禄大夫、大宁王	吐谷浑王之子慕容顺	入质于隋
唐朝太宗	西平郡王、趉胡吕乌甘豆可汗	吐谷浑二十一代王慕容顺	
	河源郡王、乌地也拔勒豆可汗	吐谷浑二十二代王诺曷钵	
唐朝高宗	驸马都尉	吐谷浑二十二代王诺曷钵	
	左领军卫大将军	诺曷钵长子苏度摸末	
	右武卫大将军、（梁汉王？）	诺曷钵次子闼卢摸末	“梁汉王”可能为吐谷浑自身爵号

从图表和上文中，可以发现有几个问题值得我们注意：

1.吐谷浑王所受爵号表征吐谷浑疆域的发展历程和稳定程度。从代表偏远局部地区的白兰王到陇西王，再到河南王等，是吐谷浑疆域逐渐发展的过程。而河南王在南朝时期的稳定封授则一定程度上表征吐谷浑疆域的整体稳定。

2.南朝宋、齐、梁对吐谷浑的封授是连续的。对吐谷浑封授政策的稳定是南朝宋、齐、梁与吐谷浑发展关系的基础。这种关系的稳定主要体现在封授吐谷浑王族核心官爵名号、结构不变以及品级跨越时代逐渐加码。

3. 南北朝时期，南北竞争使得封号用滥，但“滥”中是有序的。我们看到，只要是内朝所用重要的官爵名号基本都要施诸藩属国，将藩属国首领的封号推到了无以复加的繁琐程度。这种册封体制实际上是对吐谷浑一类的羁縻式藩属国实行管控的无奈之举，由于未能有实际的控制（如汉朝对西域的驻军控制、属国控制等），只好借助官号的不断加封以示羁縻。由于封号按照内朝品阶，所封名号往往起步较高。如南朝所封将军之号一旦加封次数稍多，就会使得“将军”等号品级达至顶点。南朝的措施是在新王刚立之时，使其封号的一部分回落至起点。如当吐谷浑王易代时，体现其臣子地位的“将军”号要降级，然后再逐步晋升。

4. 南朝所封吐谷浑官爵，“将军”号是最能表达南朝政府对吐谷浑王族态度的符号。关系亲近时，拜“大将军”，并不断进号（镇西、征西、车骑、骠骑）。关系一般时，仅拜“将军”，并不予进号。这与南朝逐渐发展的“将军”号成为表征品阶的散职紧密相关。到梁武帝第二次封授吐谷浑王阿罗真时，梁已完成对于职官制度特别是将军号制度的厘定，所封之“宁西将军”成为专设“正施外国”的将军号，为一品二十二班。按班阶来看，其为第三等级。此前封授的“征西将军”“镇西将军”则为其内部官阶的二十三班和二十二班①。平级的施于内的“镇西”将军在官制改革后改为施于外的“宁西”将军，本属正常。但是，它打破了刘宋以来以内官封授吐谷浑王的传统，这很可能是吐谷浑与萧梁渐行渐远的原因之一。到佛辅之后，即梁武帝中后期以后，再无南朝封授吐谷浑的记录。

5. 在刺史、爵号和都督等更表征辖域范围的官爵上，可以看出，南朝虚实并重，北朝则重以实。南朝通过刺史、爵号（河南王、金城公等）的象征意义来实现对吐谷浑的虚封，以及自身的象征性遥领，表征其大一统的追求；而北魏则不封任何象征性名号，都是采用确认式官爵名号，如吐谷浑王、沙州刺史、西秦王等。

6. 东西魏和陈与吐谷浑之间无封授关系。北魏分裂为东西之后，实力大大衰弱，无力维持对吐谷浑的优势和哪怕象征意义的宗藩关系。吐谷浑对东西魏、齐周虽频繁朝贡，但后者并无对吐谷浑的封授。它们之间实际上是清晰的敌国关系和外交关系。

7. 从历代封授的官爵名号来看，大一统的隋唐王朝实现了对吐谷浑的进一步藩属国化。隋炀帝在对吐谷浑郡县化和藩属国化之间摇摆，表现在既设置郡县，又扶植封

① 参见《隋书》卷二十六《百官上》。

授慕容顺、高宁王等傀儡势力。到了唐太宗时期，借助大规模征伐，唐朝廷对于吐谷浑这样的藩属国的控制大大加强（如诺曷钵内属，吐谷浑请颁历、奉行年号等），封号已简化，且封授官品、爵级的起点也大大降低。

五、吐谷浑对中原官爵的选择性接受和能动性改造

吐谷浑王族由于长期受到中原政府的官爵册封和习染中原制度，在不同的历史时期程度不等地接受了中原官爵制度并加以创新创造。其表现主要体现在两个方面：

一是直接接受中原政府的官爵，而加以应用。如河南王、西秦王、陇西王、诸将军号等是在与南北朝交往过程中主动使用过的。

二是受中原官爵制度的影响而以此为蓝本创造自己的官爵制度。如吐谷浑政权首领前期沿袭曹魏封授其辽东祖先的故事，而主动自称王，此外吐谷浑政府内部还曾设置有车骑将军、长史、司马、博士、侍郎等官职。到了后期，最高统治者的称号不再采用中原册封的官爵，而是采用“可汗”。但对可汗之下的官爵，则更多样化地选采中原官爵名号，如王、公、仆射、郎中、尚书、将军、公主等。

在后一方面，特别值得注意的是伏连筹以后的吐谷浑政权与阿那瑰（520—552）时期的柔然政权大量学习应用中原官爵制度文化，从而不自觉地在中原、吐谷浑、柔然几个政权之间，建立起一套共同认证认可的官爵体系，建立起一个共享的官爵名号平台。以下我们以其对“将军”和“公主”号的创新和应用为例加以说明。

2014年年底，西安长安区大兆街办郭庄村发掘了一座西魏夫妻合葬墓。墓主人为吐谷浑晖华公主与茹茹将军乞伏孝达。乞伏孝达墓志文字大部分脱落，剩余部分也模糊不清，晖华公主墓志志文则比较清晰和完整。志文如下：

> 茹茹骠骑大将军俟利莫何度支尚书金城王乞伏/孝达妻晖华公主吐谷浑氏墓志铭/
>
> 公主讳库罗伏，字尉芮文，吐谷浑主明元之第四女/也。乃祖乃考，世君西域。……主茹茹可敦之妹，/即 悼皇后之姨也。公主之称，始自本国。金城初仕/于吐谷浑，为车骑大将军、中书监。浑主重其器望，遂/以妻之……又/从夫至于茹茹，亲戚礼遇，莫之与先。悼皇后来归/也，金城以姨婿之

重，作上宾于魏。时主及三子亦从/此行，婉若春风，皦如秋月，光仪容止，式谐典度。方调/琴瑟，永训闺庭，而偕老之愿未申，朝露之危奄及。春/秋卅有九，以大统七年正月甲午卒于苌〔长〕安。皇帝/悼之，葬以公主之礼。……[①]

墓志主要提到的吐谷浑公主及其丈夫乞伏孝达，其官爵名号主要来自吐谷浑和柔然政权，属于吐谷浑政府所封册的有晖华公主、车骑大将军、中书监，属于柔然政权所封册者是骠骑大将军、俟利莫何、度支尚书、金城王。其中大部分来自中原官爵名号。

结合当时吐谷浑与柔然的历史状况和相关官爵名号的发展历史，我们注意到：

首先，“晖华公主”名号不同于以往中原王朝任何一个公主名号，是吐谷浑民族的创造。吐谷浑吸收了“公主”号，但由于游牧社会无法食封的限制，“公主”号不再具有表达食封的含义。亦即“晖华”并非表达食邑和封地的名号，而是去除食封含义的纯粹美号。这是中国历史上第一例“美号”性的公主名号。第二例则出现于同时期的阿那环可汗执政的柔然，学习和大量应用中原官爵制度的阿那环可汗为其女起名“邻和公主”，以担当和亲重任。此后，隋唐正式采用了公主册封的美号制度，宋、元、明、清代代相沿[②]。而此吐谷浑“公主”无论到柔然居住，还是后来迁入西魏，都受到了公主的礼遇，去世时在西魏，仍以其本国公主号作为墓志题名。

其次，吐谷浑公主之夫乞伏孝达在吐谷浑受官“车骑大将军”，迁到柔然国后，又受封柔然“骠骑大将军”。“将军”号是魏晋南北朝时期应用最为广泛的官号，也是此时期在性质上变动幅度较大的官号。它从被广泛使用的武官称号逐渐演变为标识官品等级标志，是这一时期中原王朝官爵制度变迁最值得注意的一点。随着“将军”号在内臣的应用愈加普遍，中原王朝对周边民族首领们的封授也往往必带“将军”号。到了梁武帝时期，不仅从制度上将“将军”号官品官阶化，还设置了专门封授周边民族首领的各级将军号系统。这一系列的制度设计和实践，极大地影响了包括吐谷浑在内

① 墓葬形制等具体细节，参见陕西省考古研究院、陕西历史博物馆、长安区旅游民族宗教文物局：《陕西西安西魏吐谷浑公主与茹茹大将军合葬墓发掘简报》，《考古与文物》2019年第4期。

② 关于公主名号制度的发明和制度变迁问题，笔者已有专文探讨，此处不赘述。

的周边民族政权。其中受到南北朝影响最大的是吐谷浑和柔然。乞伏孝达在吐谷浑和柔然受拜的“车骑大将军”与“骠骑大将军”同样具有标示职官品阶的意义。在汉代已降的中原官爵制度体系中，“骠骑”之号一直在“车骑”之上。《后汉书》云：“比公者四：第一大将军，次骠骑将军，次车骑将军，次卫将军。”[①]汉晋时期，“骠骑”地位一直在“车骑”之上。到了南北朝时期，“骠骑”与“车骑”往往品秩相同，但两者地位差异一仍汉晋时期[②]。从代表品秩和地位的将军号封拜来看，乞伏孝达到了柔然之后，职官地位稍有提高。这说明阿那环时期的柔然、伏连筹时期的吐谷浑和西魏能象征性和名义上共享一套职官体系，这实在是中原政权和草原民族政权在制度交流融合上的一大突破。

从公主号和将军号来看，吐谷浑和柔然吸收了中原官爵制度文化，并将部分官爵名号应用于国内，甚至结合自身情况进行能动性创新改造，从而与中原政府一道建立起了一个跨国的、可以互相认证的官爵制度平台，官爵名号及其等级成了各国之间共同认可的语言符号。

六、结语

通过吐谷浑王族受封、吸收、改造和应用中原官爵制度的史实，我们可以观察到魏晋南北朝、隋唐时期中原王朝与周边民族政权制度文化互动的模式：一方面是中原王朝在自身官爵制度基础上进行相对独立的设计并将其推广到民族地区，另一方面是民族地区政权学习中原制度文化加以选择性地改造、创新和应用，甚至反哺到中原王朝的制度改革发展进程中。这种复杂的互动交融过程生动展示了中华民族共同体发展过程中各民族是如何进行交往、交流、交融的，中华共有文化又是如何在各民族的交往、交流、交融中生成、创新和发展的。

（李文学，西南大学历史文化学院教授，民族历史文化保护与传承实验室主任；

潘小吹，西南大学历史文化学院硕士研究生。）

① 参见（南朝・宋）范晔：《后汉书》志第二十四《百官・将军》。

② 参见《魏书・官氏志》。

唐代慕容曦轮墓志考释

濮仲远

自20世纪初，西北等地陆续出土了10余方吐谷浑慕容氏墓志。学界对此进行了较为充分的研究，在慕容氏王室世系和唐吐关系等方面取得了突破性进展①。近日坊间流传唐代慕容曦轮墓志和拓片照片。由于该志石具体的出土时间、地点等基本信息多已缺失，而且从墓葬情境中抽离，对研究整个墓葬文化有很大的负面影响。据志文记载“寄瘗於京兆长安县高阳原”。唐代“高阳原”在今西安市长安区郭杜街道一带，是长安城南的主要居民墓葬区之一，该墓志应即出土于此。鉴于曦轮墓志目前尚无人研究，并且为研究吐谷浑王室世系构成及相关问题提供了新的史料，故而笔者著文求教于先贤。为行文方便，先将志文释录如下：

唐故中郎将开国伯慕容府君墓志铭并序

公讳轮，字曦轮，昌黎棘城人也。燕文明皇帝煌之后。紫蒙之野，始其邑焉；鲜卑之山，发其原也。家承簪绂，姓氏因冠；门习干戈，英威勋晋。备乎国史，可得而详。祖忠，右卫大将军。列在王庭，则人臣之首；退居河朔，为异方至尊。父宣超，赠骠骑大将军兼范阳郡大都督。出自高峰，偏当秀气。恭承玉册，保寿金章。公兰桂之下，芳香自然。幼志夙成，风神早慧。年十一，则治兵合门，横行瀚海。留情三略，独运六奇，遂得宠入勋司，位高勇将。开元七载，解褐左武卫郎将兼閤门府都督，借紫金鱼袋。甘罗上卿

① 濮仲远：《唐代吐谷浑慕容氏王室墓志研究述评》，青海民族大学学报2013年第3期。

之岁，然在青襟；张强侍中之年，虽无弱冠。方之早仕，彼而有惭。公以明略佐时，雄图务赞，参谋武帐，洞晤兵机。事君荣君，则为官族；将门有将，还入公臣。廿二载，迁左武卫中郎将。其少也，以智谋见拔；其壮也，以雄才入选。伏石为虎，无以拟其弯弧；竹林逢猿，不足当其舞剑。加以钟鼎世袭，廊庙相传。公侯子孙，必复其始。廿七载，有诏册封为乌地野拔勒豆可汗兼安乐州都督、吐谷浑使。命将用于昭阳，欲苞卷于六合；登坛取于韩信，拟清平于天下。公之此授，君有心焉。实深抚御之能，不无身手之用。西山盗贼，秋尘不飞；北塞匈胡，不敢论战。所部偏僻，地实崎岖。多不训之人，有无君之政。公示之以德，威之以刑，莫不向日而倾，从风而偃。名振四海，声闻六夷。公往岁在桑乾用兵，与王忠嗣同为禅将，用交契洽，忽尔开怀。聚石图营，浇沙结垒。加临向背一时，尽申彼惭，谋短智穷，不能屈色下问。恶居其上，苞藏祸心。及秉节制，飞言害德。天宝元年，贬授播川郡牂牁镇将。江东八千子弟，从项藉而不归；海岛五百军人，为田横而俱死。公麾下亡叛，拟于其伦，达人知命，曾无愠色。背阙怀楚，扁舟入吴，镇山静江，乐得其性，诗礼化俗，歌咏犹传，君子至之名不朽也。天子上凌烟之阁，先忆旧臣；闻鞞鼓之音，实思良将。八载，除房陵郡志成府别将。既备边鄙之才，方委爪牙之任。霸陵渐近，词气逾高；朝端有期，冲冠弥勇。直以鸺入其舍，桑生井中，不遂夙心，奄然过隙。其载八月十七日遘疾薨於房陵郡之宾馆，春秋卌有三。荆衡流涕，如祠武侯之庙；老幼掩泣，似望羊公之碑。十载辛卯岁二月十九日寄瘗於京兆长安县高阳原之，礼也。游魂羁旅，足伤温序之心；玄夜思归，终有苏韶之梦。抚孤修葬，同气尽心；训子承家，孀妻刬意。胤子政等至性居丧，泪久松枯，声哀鸟集。式旌泉壤，乃述铭云：

鲜山别岭，馀水分流。率部归汉，拥骑凌周。幽赵二国，传誉千秋。山川雄壮，美孋优柔。乃祖乃父，为王为侯。其一 。晋初度陇，唐元入宠。婚纳帝系，卓荦龙种。金柯暐晔，玉叶森耸。海内振威，河朔贾勇。灵武十将，异方一统。其二。迁镇大江，名留越乡。房陵萎命，宾馆停丧。栋梁摧折，志士沦亡。明主痛惜，亲友哀伤。柩归北里，魂往西凉。其三。风光催促，旌旐引速。衰抑寒亭，残花空谷。周勃□悲，田横歌哭。孀妻誓寡，胤子继族。封土植柏，刻石铭德。其四。

一、显贵身世与早慧少年

志文云："公讳轮，字曦轮，昌黎棘城人也。燕文明皇帝煌之后。紫蒙之野，始其邑焉；鲜卑之山，发其原也。"吐谷浑原属辽东慕容鲜卑，在三国时期，鲜卑慕容部的首领莫护跋率领族人迁居辽西地区，建国于辽河西昌黎郡棘城（今辽宁锦州）之北。莫护跋之孙慕容涉归时，又"迁邑于辽东北"[①]。太康十年（289年），涉归之子慕容廆又率部由辽东北迁往辽西徒河县（今辽宁义县）境的青山。元康四年（294年），慕容廆又从徒河迁至棘城，开始了定居的农业生活，故吐谷浑后代一般称其祖"始自昌黎"[②]。"燕文明皇帝皝"即慕容廆第三子慕容皝，十六国时期前燕的建立者。"紫蒙之野"即老哈河上游支流，一说即今老哈河中下游，为东胡鲜卑族活动中心之一。4世纪初，慕容廆继为单于，与慕容吐谷浑不和。吐谷浑率部西迁到枹罕（今甘肃临夏）一带，后来逐步将其势力范围扩展到今甘肃、青海地区，建立了自己的政权。唐龙朔三年（663年），吐谷浑被吐蕃所灭，可汗诺曷钵率众内附，吐谷浑王族不断通过子弟入侍以及和唐联姻，维持双方的友好关系。

志文又云："祖忠，右卫大将军。列在王庭，则人臣之首；退居河朔，为异方至尊。"慕容忠即诺曷钵之子，为曦轮祖父，据慕容忠墓志记载，其早年入侍唐朝，官至"左豹韬卫大将军"，后卒于"灵州城南浑牙之私第"[③]。可见慕容忠最后是在灵州生活，与曦轮志文中"退居河朔"的记载不谋而合。但是，以上志文对慕容忠任职有"右卫大将军"和"左豹韬卫大将军"的两种说法，笔者以为应以慕容忠墓志为准。曦轮"父（慕容）宣超，赠骠骑大将军兼范阳郡大都督"。《交河郡夫人慕容氏墓志》也记载宣超"任骠骑大将军，赠持节都督"[④]，二者可相互印证。笔者曾认为宣超死后被赠持节凉州都督官衔[⑤]，今曦轮墓志可证，应为范阳郡大都督。

---

① （唐）房玄龄：《晋书》，北京：中华书局1974年版，第2803页。

② （唐）房玄龄：《晋书》，北京：中华书局1974年版，第2539页。

③ 周绍良：《唐代墓志汇编》，上海：上海古籍出版社1992年版，第945页。

④ 周伟洲：《甘肃榆中出土唐交河郡夫人慕容氏墓志释证》，《西北民族论丛》，北京：中国社会科学出版社 2002年版，第85页。

⑤ 濮仲远：《唐代吐谷浑慕容氏研究札记》，石河子大学学报2014年第6期。

志文形容曦轮“幼志夙成，风神早慧”“年十一，则治兵合门，横行瀚海”。閤门府是唐王朝为归唐的吐谷浑部落设置的羁縻府，仪凤年间，由凉州（今武威）迁至延州（今延安）[①]。可见志主孩提时代聪明早慧，在延州开始军旅生活。由于“留情三略，独运六奇”，在兵略方面的独特的才能，得以“宠入勋司”。开元七年（719年），任“左武卫郎将兼閤门府都督”。根据曦轮于天宝八载（749年）“薨於房陵郡”“春秋卌有三”等推断，开元七年，当时志主只有13岁。志文又云：“甘罗上卿之岁，然在青襟；张强侍中之年，虽无弱冠。”显然上文用秦国甘罗12岁任上卿和汉代张辟强（张良之子）15岁任侍中的典故，来进一步强调慕容曦轮少年有为的特质。

二、封袭与世系

开元二十二年（734年），志主由左武卫郎将（正五品上）迁左武卫中郎将（正四品下）。开元二十七年（739年），“诏册封为乌地野拔勒豆可汗兼安乐州都督、吐谷浑使”。可见慕容曦轮曾袭吐谷浑可汗。但志文这一内容，传世文献不仅没有记载，而且还与之矛盾。《旧唐书·吐谷浑传》记载：

> 垂拱四年，诺曷钵卒，子忠嗣。忠卒，子宣赵嗣。圣历三年，授宣赵左豹韬卫员外大将军，仍袭父乌地也拔勒豆可汗。宣赵卒，子曦皓嗣。曦皓卒，子兆嗣。及吐蕃陷我安乐州，其部众又东徙，散在朔方、河东之境。今俗多谓之退浑，盖语急而然。贞元十四年十二月，以朔方节度副使、左金吾卫大将军同正慕容复为袭长乐州都督、青海国王、乌地也拔勒豆可汗。未几，卒，其封袭遂绝[②]。

上述文字与《新唐书》《册府元龟》等文献记载大致相同，故而传世文献对吐谷浑王统世系记载如下：

---

① 张国刚：《唐代的蕃部与蕃兵》，《唐代政治制度研究论集》，台北：文津出版社1994年版，第99页。

② （后晋）刘昫：《旧唐书》，北京：中华书局1975年版，第5300页。

诺曷钵→慕容忠→慕容宣超（赵）→慕容曦皓（光）→慕容兆→慕容复

显然在上面世系中并无慕容曦轮，关于这一矛盾暂不论述。由于慕容曦光、慕容曦皓、慕容曦轮、慕容相四人墓志先后在西北出土，我们先来理清以上四者之间的关系。下面根据墓志摘出他们的简要信息：

名字	身份与任职	生卒年	葬地	资料来源
慕容曦光	慕容宣超嫡子。朔方军节度副使兼知部落使、金紫光禄大夫、行光禄卿员外置同正员。五原郡开国公、燕王、上柱国。	690—738	卒于朔方军本衙，归葬凉州先茔。	《慕容曦光墓志》
慕容曦皓	慕容宣超次子。大同军使、云麾将军、左武卫大将军、宁朔县开国伯。	707—762	卒于大同军使任上（太原），葬于长安县高原阳。	《慕容曦皓墓志》
慕容曦轮	慕容宣超次子。乌地野拔勒豆可汗兼安乐州都督、吐谷浑使、左武卫中郎将、开国伯。（后播川郡牂牁镇将，除房陵郡志成府别将。）	706—749	卒于房陵郡宾馆，葬于长安县高原阳。	《慕容曦轮墓志》
慕容相	慕容宣超次子。太仆少卿，赠扬州大都督。	？至广德年（763—764）	卒原州，葬于长安义阳乡南姜里。	《慕容环墓志》

根据墓志记载，以上四者都是慕容宣超的儿子。但由于曦光和曦皓墓志出土较早，学界已得出相关结论：曦光和曦皓是兄弟关系①。如用曦轮和以上二者的生卒年相比较，长幼顺序即为：曦光——曦轮——曦皓。慕容环墓志没有记载慕容相生年，根据卒年判断，应是宣超次子。又根据其单名“相”与以上三者双名完全不同等判断，他可能为庶子。

① 夏鼐：《武威唐代吐谷浑慕容氏墓志》，《夏鼐文集》，北京：社会科学文献出版社，2000年；靳翠萍：《唐与吐谷浑和亲关系始末考》，《敦煌学辑刊》，1998年第1期；杜林渊：《从出土墓志谈唐与吐谷浑的和亲关系》，《考古》2002年第8期；孙瑜：《唐慕容曦皓墓志考释》，《山西师范大学学报》2010年第5期；李鸿宾：《慕容曦光夫妇墓志铭所反映的若干问题》，《唐史论丛》第14辑均认为曦光和曦皓是兄弟关系。

据研究，正史记载的“曦皓”应是“曦光”之误[①]。换言之，作为嫡长子的慕容曦光应是慕容宣超的继承者。杜林渊认为虽然曦光墓志并未铭记其袭封青海国王，但是根据其祖、父、子都是嫡长子继承王位的事实看，其应袭封青海国王[②]。那曦光之后是否是按传世文献中的记载，由慕容兆承袭王位呢？我们认为中间有缺漏。因为慕容曦光卒于738年，慕容曦轮承袭王位的时间是739年。以上两个时间点说明：慕容曦轮的王位是在他兄长慕容曦光去世后继任的，二人先后成为国王或可汗。综上，《旧唐书》的记载有误，正确的吐谷浑国王世系应为：

诺曷钵→慕容忠→慕容宣超→慕容曦光→慕容曦轮→慕容兆→慕容复

从诺曷钵到慕容曦光，继统形式都是父死子继，但是从曦光到曦轮，却变为兄终弟及。如果从更长时间观察吐谷浑王统继承，除乌纥提、阿豺、慕璝、慕利延、慕容伏允等是兄终弟及外，父死子继占了大多数，可见曦轮继承王位应是特例。以上继统形式的变化，其原因尚不清楚。但从曦轮志文中还是能看到一些端倪，如前文所述，志文作者毫不吝惜笔墨对曦轮少年时期特禀异质和青年时期过人才华进行了夸耀。这和曦光志文质朴的行文特点形成鲜明对比。曦光墓志相关内容如下：

> 生于灵州之南衙，年甫以三岁，以蕃嫡孙，号观乐王。年十岁，以本蕃嫡子，号燕王。年十四，去长安四年十月廿九日，授游击将军、守左豹韬卫翊府左郎将。至唐神龙二年（706年）七月廿六日，转明威将军、行左屯卫翊府左郎将。……至开元十一年（723年）五月廿八日，加紫金光禄大夫、行光禄卿。至开元十八年（730年），敕差充朔方军节度使[③]。

曦光志文中既无典故，也无夸耀之词，但是在以上短短几行文字中，“嫡”字出现了两次，足见曦光在家族中地位。曦光14岁始任左豹韬卫翊府左郎将，曦轮13岁任职

---

① 靳翠萍：《唐与吐谷浑和亲关系始末考》，敦煌学辑刊1998年第1期。

② 杜林渊：《从出土墓志谈唐与吐谷浑的和亲关系》，《考古》2002年第8期，第76页。

③ 吴钢：《全唐文补遗》(第四辑)，西安：三秦出版社1997年版，第432页。

左武卫郎将，二者相较，年龄相差无几，按理曦光也是少年有为。但与曦轮墓志刻意渲染少年早慧相比，曦光志文却从无这方面的描述。因为他“嫡孙”和“嫡子”的特殊身份就是继承王位的资本，因而无需其他解释。而身为次子的曦轮从兄长那里继承王位，打破了嫡长子继承王位的原则，因此也就要为继承王位的合法性找出依据，其所具有天赋和能力成了最好的理由。

但是，曦轮的王位只维持了三年，接任者是曦光嫡子慕容兆。据《旧唐书》记载：“曦皓（光）卒，子兆嗣。及吐蕃陷我安乐州。”[①]慕容兆继承王位后，吐蕃就攻陷安乐州。又《唐会要·州县改置上》卷七十：“威州，咸亨三年，以灵州之鸣沙县置吐谷浑部落，号安乐州。至德中，没吐蕃。”[②]既然安乐州是至德（756—758）年间没入吐蕃，慕容兆继位至少是在756年之前，而曦轮被贬为742年，慕容兆接替曦轮继承王号的可能性非常大。

三、仕宦转折

志文云：“公往岁在桑乾用兵，与王忠嗣同为裨将，用交契洽。”王忠嗣唐代名将，查之史传，天宝元年（742年），王忠嗣的确用兵桑乾河。《旧唐书·王忠嗣传》云：“天宝元年，（忠嗣）兼灵州都督。是岁北伐，与奚怒皆战于桑乾河，三败之，大虏其众，耀武漠北，高会而旋。”[③]天宝元年（742年），王忠嗣为朔方节度使，权知河东节度事，兼灵州都督。他已不是裨将，而是独当一面的地方军政大员，故史传记载并非志文所指。又《王忠嗣碑》记载：“乃试守代州别驾、大同军戎副，干法大豪，闭门自敛；卖功老将，俯伏听令。凉秋八月，桑乾草腓，方佯白登外，驰突长城下。”[④]由于王忠嗣父王海宾战死，幼年的王忠嗣被收养宫中，后初任“大同军戎副”。按《元和郡县图志》卷十四朔州马邑县条云：“本鄯阳县地，开元五年，分鄯阳县于州东三十里大同军城内置马邑县。……桑乾河，在县（马邑）东三十里。”[⑤]大同军设在马邑县，而

① （后晋）刘昫：《旧唐书》，北京：中华书局1975年版，第5300页。

② （北宋）王溥：《唐会要》，北京：中华书局1955年版，第1247页。

③ （后晋）刘昫：《旧唐书》，北京：中华书局1975年版，第3198页。

④ 徐伟、吴景山：《王忠嗣碑》校正，敦煌学辑刊2015年第2期。

⑤ （唐）李吉甫：《元和郡县图志》，北京：中华书局1983年版，第408页。

桑乾河离马邑县只有三十里。作为大同军将领的王忠嗣才可能置身“桑乾草腓”的环境。志文所言曦轮“桑乾用兵”应是指王忠嗣任“大同军戎副”的时候。进一步推测，曦轮也应该在大同军任副手。因为曦轮之弟曦皓也曾任“大同军使”。

曦轮和王忠嗣在大同军任职时“用交契洽”，关系融洽。但是此后“加临向背一时，尽申彼慚，谋短智穷，不能屈色下问。恶居其上，苞藏祸心”。两人关系恶化。所言“及秉节制”，可能指开元二十八年（740年）后，王忠嗣兼任河东节度、朔方节度之事。成为节制的地方军政大员后，王忠嗣对曦轮不满，向朝廷进言，以至于“飞言害德”。二者之间的是非曲直，由于史传和墓志缺载，我们还无法做出判断。但结果是天宝元年（742年）慕容曦轮被“贬授播川郡牂牁镇将”。播州“天宝元年，改为播川郡”[①]，今贵州遵义。牂牁镇为军镇，镇将品级随军镇级别置为六品下到七品下，慕容曦轮官品从四品降至七品（六品下），又被贬谪到千里之外黔北，这是他人生一重大转折。由于这一变故，“公麾下亡叛”。后“天子上凌烟之阁，先忆旧臣；闻鞞鼓之音，实思良将”。实际曦轮先祖并无一人被图像于凌烟阁[②]，倒是曦轮曾祖诺曷钵被刻石像，列于昭陵、乾陵之下[③]。由于玄宗念及其祖上的军功业绩，天宝八载（749年），曦轮“除房陵郡志成府别将”。房州“天宝元年，改为房陵郡”[④]，今湖北房县。志成府为折冲府，不见史传和其他墓志记载，可补史书之阙。折冲府别将为七品。曦轮从播川镇将调任房陵别将，官职并未升高，但是任所更加靠近京畿，志文云“霸陵渐近”，这也让曦轮充满再次被朝廷重用的希望。但是，是年八月病逝于房陵郡宾馆。天宝十载（751年），归葬于长安县高原阳。最后志文提到“孀妻剋意。胤子政等至性居丧”。慕容曦轮病逝之后，其妻仍健在，留有嗣子慕容政。

曦轮既然袭可汗，为什么史书漏载呢？我们认为与曦轮所袭封号时间过短有关。按惯例，封号是伴随袭封对象终生。但是，曦轮被贬职时，可能同时封袭也被褫夺。因为志文记载他被贬为镇将时，“公麾下亡叛”，意味着他失去了对流散于河朔等地吐谷浑部落的统治力。如果曦轮仅仅是官职的谪降，而袭封的可汗号依然被保留，那么

---

①（后晋）刘昫：《旧唐书》，北京：中华书局1975年版，第1625页。

② 古晓凤：《凌烟阁功臣研究》，陕西师范大学2008年硕士学位论文，第10页。

③ 陈国灿：《唐乾陵石人像及其衔名的研究》，《突厥与回鹘历史论文选集》，北京：中华书局1987年版，第377页。

④（后晋）刘昫：《旧唐书》，北京：中华书局1975年版，第1547页。

他对吐谷浑部落还有一定的号召力，是不会出现“麾下亡叛”的情况。曦轮袭封“乌地野拔勒豆可汗”，兼“吐谷浑使”。诺曷钵、慕容忠、慕容宣超均袭封此可汗号。慕容曦光封号虽然目前不见记载，但“兼知部落使”，部落使即“吐谷浑使”简称，和曦轮兼职相同，可见吐谷浑可汗一般都兼部落使，负责整个投附朝廷分布诸州的吐谷浑部落。曦轮的封号从封袭到被褫夺仅维持了三年多的时间（739—742），加之曦光、曦轮、曦皓三者名讳相近，这可能导致唐王朝史官记录时出现错误和遗漏。

四、小结

慕容曦轮墓志分志文和铭文两部分，志文部分叙述墓主人姓氏、籍贯（郡望）、先祖冠冕、世系；本人为官情况和卒、葬时间，以及子嗣等。其中使用了大量的典故。铭文部分采用唐人墓志中惯用的四字韵文，内容多为赞颂、溢美以及亲人的哀痛之词，基本是对志文总括，如“晋初度陇，唐元入宠”，分别指吐谷浑率部西迁到枹罕（今甘肃临夏）和诺曷钵附唐。然后又从“灵武十将”，一直叙述到“名留越乡，房陵萎命”，概括了曦轮成为吐谷浑国王到房陵病卒的一生。总之，曦轮墓志虽无明确的出土信息，但从整个内容而言，基本与有关的历史事实相符合。另外，从行文方式、行文习惯考查，该志文反映了唐人墓志的格调。尤其该墓志填补了吐谷浑王族世系的空白，对研究吐谷浑亡国后的历史，提供了非常珍贵的史料。

（濮仲远，河西学院历史文化与旅游学院教授。）

唐代吐谷浑王族墓志雕刻纹饰探讨

黎　李　黎大祥

吐谷浑出自辽东慕容鲜卑，《晋书·吐谷浑传》中记载："吐谷浑，慕容廆之庶长兄也，其父涉归分部落一千七百家以隶之。"吐谷浑是慕容涉归之子、前燕政权开创者慕容廆的庶长兄。因吐谷浑所率部落遭到排挤，约在283—289年，吐谷浑率部出走，最初内迁至内蒙古河套北部的阴山山脉，后又西迁经河套南、陇山到陇西枹罕县西北的罕幵原一带，之后，再"出枹罕"向西、向南迁徙，最后在西宁、甘松岭以西即今天的甘南、青海一带游牧发展。吐谷浑是丝绸之路青海道的缔造者，在魏晋南北朝时期，青海道曾经经历了一度的辉煌，大有可能取代丝绸之路河西道的之势，成为沟通南朝与西域的重要通道；隋唐时期在中西贸易和文化交流中发挥着重要作用。

近代以来，各地屡有吐谷浑墓志出土，累计已达20余方，并且相关墓志仍在持续发现。由于吐谷浑政权绵延于中古时期，这些墓志也分散在魏晋、隋唐各个朝代。尤其是唐代吐谷浑王室的墓志铭发现得最多，仅甘肃武威南营青咀喇嘛湾及天祝祁连岔山村一带出土的唐代吐谷浑慕容氏墓志多达11合（块），同甘肃榆中、宁夏灵武、陕西西安近郊等地出土的与慕容诺曷钵和弘化公主有血统关系的唐代吐谷浑王族成员的墓志铭就有16合（块）之多。这些墓志的主人大多是嫁到吐谷浑的公主或已经在中原王朝任职的吐谷浑人，墓志铭的撰写方式也多以记述墓主人生平事迹、为官经历以及家族世系为主，但这些墓志铭上所留存下来的诸多史料多为第一手史料，不仅可以与正史史料记载相互佐证，而且对吐谷浑王族世系以及唐朝中晚期的政治、社会、经济、军事、文化等有不同的记述和展示，是研究吐谷浑国灭亡后迁入唐朝境内的吐谷浑族人的重要史料，也对研究我国古代少数民族交往、交流、交融具有重要意义。本文拟对吐谷浑王族墓志的雕刻纹饰及艺术价值略作探讨。

一、墓志的雕刻装饰

在唐代墓志的雕刻形式中，艺术装饰达到了顶峰，不但书法精美，而且雕刻的纹饰繁缛华丽。墓志装饰纹样是墓志雕刻的重要组成部分，这一时期的墓志雕刻装饰花纹有各种花草、瑞兽、流云等。经过工匠精雕细琢的花纹，布局缜密，动静适宜，繁简得当，给志石增添了神秘的艺术色彩。在装饰花纹中，以忍冬、牡丹、莲花为代表的花卉类，以及以四神、十二生肖为代表的仙人瑞兽类占据了较大的比例。从已经出土的众多墓志雕刻装饰的整体状况来看，吐谷浑王族的墓志已经吸收了7—10世纪唐代墓志装饰的艺术风格和特点；同时，也反映了吐谷浑本民族装饰花纹图案的独特风格，是研究这一时期唐与吐谷浑民族文化、工艺美术的宝贵史料。

（一）志盖文字雕刻

墓志铭志盖盝顶式，中间平面一般雕刻墓主人的官衔和姓氏。吐谷浑王族成员墓志铭，墓志铭盖为盝顶式，在中间平面上雕刻文字：文字雕刻均为篆书，形式为竖刻3行，每行3字，共9字。如“大周故青海王墓志铭”“大唐慕容府君墓志铭”等。但也有极个别不同刻法的，如武威南营青咀湾出土的代乐王慕容明墓志铭盖，盝顶式，中间平面雕刻其真楷书体，即“大唐故代乐王上柱国慕容明墓志之铭”，雕刻形式4行16字，每行4字；宁夏灵武出土的大唐故左领军卫大将军慕容神威墓志是目前发现的吐谷浑王族成员最大的一块墓志，志长81厘米，宽87厘米，厚15厘米，未发现志盖（应该无盖），情况不明。除此以外，其余已出土的吐谷浑王族成员志盖的雕刻形式，均为篆书竖雕刻3行9字，每行3字。由此可以看出，该阶段，吐谷浑王室成员墓志盖上的文字雕刻已经形成基本的固定格式。

（二）花纹图案装饰

1. 丰富多彩的花草纹

花草纹暗示四季的交替变化，展示了自然界的多姿多彩、盎然生机，吐谷浑王室慕容氏家族墓志铭较常见的花草纹，主要有以下几种：

（1）卷草纹

卷草纹，中国传统图案之一。多取忍冬、荷花、兰花、牡丹等花草，经处理后作

“S”形波状曲线排列，构成二方连续图案，花草造型多曲卷圆润，通称“卷草纹”。因盛行于唐代，故名“唐草纹”。

汉代图案中已有卷草纹。南北朝时期，卷草纹大量运用于碑刻边饰，风格简练朴实，节奏感强，在波状组织中以单片花叶、双片花叶或三片花叶对称排列在主干两侧，形成连续流畅的带状花纹。敦煌莫高窟的北朝壁画中多绘有卷草纹，其素材多取忍冬。唐代卷草纹广泛流行，多取牡丹的枝叶，采用曲卷多变的线条，花朵繁复华丽，层次丰富；叶片曲卷，富有弹性；叶脉旋转翻滚，富有动感。总体结构舒展而流畅，饱满而华丽，生机勃勃，反映了唐代工艺美术富丽华美的风格，并成为后世卷草纹的范模。

吐谷浑成月公主志盖刻以莲枝卷草纹，慕容智志盖饰以缠枝卷草花卉纹，慕容忠志盖饰以缠枝卷叶纹，武氏志盖四边杀面上雕刻缠枝卷叶花纹。这些墓志雕刻的图案均称为卷草纹。从卷草纹纹样的发展演变来看，汉代称之为卷云纹，魏晋南北朝为忍冬纹，唐代称为卷草纹。虽名称各异，但大体呈波浪形，向左右或上下延伸枝蔓，并配以叶片、花卉，以后各代亦常用其作为边饰。忍冬是一种蔓生植物，其花长瓣垂须，黄白相半，俗称“金银花”，凌冬不凋，故有“忍冬”之称。据《本草纲目》记载：“忍冬久服轻身，长年益寿。”多为佛教装饰，应是取其益寿的寓意。以上四合墓志均雕刻为卷草纹饰，深受汉文化的影响。从墓志记载其墓主人的年龄来看，成月公主23岁，慕容智42岁，慕容忠51岁，武氏夫人33岁，其去世年龄均有些偏小，因此雕刻这样的花纹，有要其“长年益寿”的寓意，深受汉文化影响。另从吐谷浑成月公主墓志可知，其为弘化公主所生，次女。生于贞观二十年（646年），卒于总章元年（668年），享年23岁，幼时即入唐代长安的兴圣寺修习，卒于寺内；武氏墓志记载，其也是一个虔诚的佛教徒。雕刻这样的花纹，亦深受佛教文化之影响。卷草纹包含着中国人的审美取向，代表着祥云之气；人们对它寄予了茂盛、长久、益寿的吉祥寓意。

（2）宝相花纹

宝相花，指的是以莲花或牡丹为母体，经过艺术加工的一种花纹，它吸取了众多花卉的形象特征，并简化提炼，使之程式化、样式化，因而有很强的装饰效果。它的花瓣形似如意，外形非常工整，结构严谨，已成定式，是魏晋南北朝以来伴随佛教的盛行而流行的纹饰，其原型是这一时期就开始流行的忍冬纹，以及后来在隋唐时期被皇室与民间广为使用的云气纹、石榴纹、莲花纹等。随着时代的发展，忍冬纹、石榴纹等逐步演化，融合了当时的社会审美发展趋势，形成了应用较为广泛的宝相花纹。

慕容宣彻、慕容宣昌、慕容曦皓志盖周围饰以团花及朵云纹；慕容明饰以石榴纹。这些志盖上的花纹归纳起来是唐代宝相花纹的一种。唐代墓志上的“朵云纹”和“如意云纹”则代表了生生不息、缓缓升腾的祥瑞之气，应是对美好生活的向往和追求。朵云纹造型变化多样，有缠枝云纹、如意云纹、流云纹等。它们既可独立进行装饰，也可与其他纹样穿插组合运用，常与龙、鹤等神兽飞禽组合，代表助其升腾、飞翔之气势。宝相花是一种抽象的模式化花卉图形，所谓“宝相”即象征佛、法、僧三宝的“庄严相”，宝相花则是圣洁端庄的理想花形。

宝相花纹饰可以把现实中的某种或者几种花卉作为原型，不拘泥于原来的造型，为了寓意的吉祥丰富、装饰与实用的需要，进行变形、想象、抽象、综合，使花卉理想化。在唐代之后，历代都均有应用，大体已成固定模式，不论牡丹、宝相、莲花、石榴，只以花心不同作为区别。吐谷浑王室墓志的这种花纹装饰深受中西文化的影响，是中西文化及民族文化融合的历史时代产物，具有重要的研究价值。

（3）牡丹花纹

牡丹是我国古代传统的花纹图案之一，她以富丽饱满的形态和艳丽夺目的色泽，享有特殊的地位，是中华民族精神象征。在唐代社会中，牡丹被视为尊贵、高雅、吉祥的象征，是皇家宫廷和富贵人家的重要装饰和礼物。牡丹花纹，逼真传神，盛唐时期无论官方还是民间都十分喜爱，非常器重，广泛使用。

弘化公主志盖四周杀面饰以牡丹纹，侧四面饰以忍冬纹。弘化公主葬于唐圣历二年（699年），正是唐代牡丹纹的流行和盛兴时期。至唐开元年间，刘禹锡《赏牡丹》：“唯有牡丹真国色，花开时节动京城。”可知赏牡丹习俗之盛。牡丹纹乘朝野趋尚全面进入绘画与装饰领域，它的突出特点是花形丰满、花瓣繁复，体现出世人所赋予的“富贵”内涵。唐代墓志盖上出现最多的是牡丹、莲花、石榴花草变形图案，它们既可以独立进行装饰，也可与神怪、禽兽组合，或疏或密，或简或繁。在狭长的空间里多采用“~”形构图，花叶藤蔓可长可短。这种风格既有铁线描挺拔劲健的力量感，又有游丝描细密绵长的韵律，是唐代墓志雕刻纹饰的主要特征，成为中国传统文化中不可或缺的一部分。弘化公主是唐王朝下嫁给少数民族的第一位公主，志文称：“即大唐太宗文武圣皇帝之女也。”“贞观十七年（643年），出降于青海国王勒豆可汗慕容诺曷钵。”弘化公主入吐谷浑，辅佐吐谷浑王国50多年后，“于圣历元年（698年）五月三日寝疾死于灵州东衙之私第，春秋七十有六”。其第二年葬于武威南营青咀湾先茔。墓志装饰的牡丹、忍冬纹，深受汉文化的影响，具有唐代墓志雕刻纹饰的特征，当为唐早期的牡丹花纹图案，具有高雅、尊贵、吉祥的寓意，是研究唐与吐谷浑文化融合、雕刻艺术、丧葬习俗的珍贵实物资料。

2.驱邪祥瑞的神兽纹

（1）四神图案

四神图案，是以青龙、白虎、朱雀、玄武四神组成的纹饰。汉代多用作瓦当、铜镜、墓室和葬具上的装饰。两晋、南北朝至隋唐墓志铭雕刻上甚为流行。唐朝长安及其关中地区墓志上的四神纹饰不仅具有丰富的思想内涵和寓意，还是中国传统图案的代表，为美术、历史、考古等研究提供了宝贵的资源。从美学与艺术学角度来看，唐代墓志上的四神图像装饰纹样在我国古代影响深远。

在唐代墓志雕刻装饰中，花草纹与动物纹穿插交错、相辅相成，构成了一种全新的纹样。四神、十二生肖、神兽、鸳鸯、白鹤等在繁花蔓草间或振翅欲飞，或引颈长啸，或昂首阔步，或跳跃奔跑。在这方寸间的青石之上，昂扬着跃动的生命，英姿勃发，生生不息，对墓志主人极乐往生的祝福与祈盼尽在其中。墓志花纹装饰体现了这一特点，志盖四周，花纹密布，四神之像（青龙、白虎、朱雀、玄武）各占一方，杂厕于花纹图案中。盖石四侧，为云气纹。志盖雕镂花纹，颇为精致，有如组绣。在墓志盖上以四神兽定位四方，南朱雀，北玄武，左青龙，右白虎，主要刻于四杀之上。“四神”最早见于《曲礼》《楚辞》，原用于天文和军事方面，到汉代淮南王刘安正式以四神配四方，这种观念直延至明清时期。慕容曦光是青海国王慕容忠的长孙，他与武则天的侄孙女太原郡夫人成婚，曾参与平定六州胡等叛乱，抵御吐蕃进攻，破敌有功，颇有功勋，授左威卫将军、冠军大将军、行右金吾卫将军、金紫光禄大夫行光禄卿、朔方军节度副使、上柱国等，封燕王。唐玄宗开元二十六年（738年）七月薨于灵州本衙，享年49岁，赠持节、凉州都督，后归葬于凉州南山吐谷浑王族先茔（今武威南营喇嘛湾）。慕容曦光志盖的纹饰又是盛唐时期的遗物，深受汉文化的影响，体现了唐与吐谷浑民族文化融合发展的特色。

（2）十二生肖图案

十二生肖是中国古老的民间文化符号之一。十二生肖，又叫属相，是与十二地支相配以人出生年份的十二种动物。它的起源与动物崇拜有关。据湖北云梦睡虎地和甘肃天水放马滩出土的秦简可知，先秦时期即有比较完整的生肖系统存在。最早记载与现代相同的十二生肖的传世文献是东汉王充的《论衡》。

隋唐时期的墓志铭多见有十二肖生形象，但仅见动物形象的生肖图案、半人化的人身兽首生肖形象，以后者居多且修饰纹饰变化多样。唐之后，生肖图像进一步拟人化。

金城县主志盖饰以十二地支，周围篆书十二地支，唯“午”字作“马”，四隅有花卉图案各一。十二生肖图案，多在墓志侧出现，每边三个图形，布于四侧，也有少数刻在墓志盖的侧边。它们代表十二地支（子、丑、寅、卯、辰、巳、午、未、申、酉、戌、亥），以十二种动物标记人的出生年份，即鼠、牛、虎、兔、龙、蛇、马、羊、猴、鸡、狗、猪。永徽三年（652年），诺曷钵和弘化公主亲自到长安为其子慕容忠请婚，唐高宗李治将交州大都督、会稽郡王道恩第三女封为金城县主，嫁与吐谷浑国王慕容诺曷钵男成王忠为妻。金城县主入吐谷浑，辅佐吐谷浑王国54年后，于开元六年（718年）正月十七日薨于部落，时年76岁。十二地支深受汉文化的影响，但这种图案雕刻装饰形式不曾多见，当为唐代吐谷浑墓志雕刻图案中的独特纹饰，反映了吐谷浑文化的特色习俗，是研究唐与吐谷浑文化融合的珍贵资料。

元王慕容若夫人李深志盖杀面饰以十二生肖的形象，为动物形象的生肖图案，每边三个图形，布于四侧；四隅有花卉图案各一。唐代墓志十二生肖的形象，一种是写实的，自然界的动物在花草间穿行跳跃；另一种是神化的，拟人的形象颇具意趣。兽面人身着交襟长袍，或拱手站立，或执笏板端坐，每尊肖像以龛形或复龛形罩之，也有呈固定的云形，内部皆以云纹补白。这种神化十二生肖的形式一直影响到五代和宋，并且在不断地变化。李氏封大唐陇西郡夫人，父亲李志贞，曾任朝议大夫、延州司马。22岁嫁吐谷浑元王慕容若为妻，唐景云元年（710年）五月五日去世。此墓志雕刻十二生肖，采用的是一种写实的装饰图案，其雕刻的图案深受汉文化的影响。

唐代墓志铭雕刻纹饰图案，主要起到装饰作用。精美的纹饰要保持长久，首先要选择优良的可供刊刻墓志的石材。一块质地细润而且坚硬的石材，加上名家撰文、书丹、高手雕刻，已经是实为难得的一件珍品。如果配上图案纹饰，就更显富贵奢华。吐谷浑王族墓志的石质选用的是一种灰黑色的细质砂岩，石质上佳；志文及花纹雕刻装饰既吸收了大唐文化传统精华艺术，又具有本民族文化的特色，雕刻制作精美，纹饰图案丰富多彩，是中华民族优秀文化的重要组成部分。

（黎李，甘肃省博物馆副研究馆员；黎大祥，武威市博物馆原馆长。）

吐谷浑研究的回顾与展望

王其英

吐谷浑源于辽东慕容部鲜卑，是我国古代建立于黄河河源到洮水流域的一个少数民族政权，从建国至灭亡，共存在了约350年时间。由于地处中西陆路交通要道及国内北方与西南方各民族交往的通道上，从公元5世纪中叶至7世纪初，吐谷浑一直是中西陆路交通的桥梁、南北民族交往的纽带。虽然一度驰骋西北，称雄甘青，在中古时期扮演了重要的历史角色，但鲜少文字记载，以至于其历史多湮灭无闻。清同治年间以来，考古学家陆续在甘肃武威、榆中和宁夏灵武、陕西西安、青海等地，发现了吐谷浑墓葬，出土了不少墓志及相关文物，史学界由此逐步展开对吐谷浑历史的研究。

以夏鼐、周伟洲等为代表，以墓志资料为重点，学术界对吐谷浑相关问题进行了深入探讨，涉及吐谷浑历史的诸多方面。但是，由于墓葬在早期的发现多非科学考古与发掘，加上墓内文物被盗严重，学术界对这批墓葬的诸多信息并不十分清楚。2019年10月，甘肃武威南山吐谷浑喜王慕容智墓的考古发现，因该墓保存完好，没有被盗痕迹，考古信息完整而准确，为吐谷浑的研究打开了信任之门，开启了人们认识吐谷浑历史的新篇章。

一、武威吐谷浑墓葬与碑志的发现

清同治以降，弘化公主墓葬被偶然发现，开启了近代吐谷浑历史谜底的大幕。1915年4月，公主墓再度被当地居民打开，墓志及大量随葬品流入社会，闪现出大幕背后的隐秘。时任武威县县长康敷镕吩嘱县商会会长贾坛将墓志寻回并保存于武威文庙，成为构建吐谷浑历史文化大厦的第一块奠基石。

唐贞观十四年（640年），年仅18岁的弘化公主与吐谷浑可汗慕容诺曷钵成婚，开辟了唐朝和亲的先河。弘化公主入吐谷浑58年，76岁去世，用自己的一生成就了一段民族团结的佳话。公主墓葬的发掘与文物整理，特别是公主墓志的释读，有力地推动了吐谷浑史的研究。

此后，武威南山相继出土了慕容明、慕容忠、慕容宣彻、慕容曦光、金城县主、慕容宣昌、李深、武氏墓志。2019年9月，在武威南山天祝藏族自治县祁连镇岔山村，又发现一座墓葬，出土了慕容智墓志，并以“甘肃武威唐代吐谷浑王族墓葬群”成功入选2021年度全国十大考古新发现。至此，武威南山出土的10方吐谷浑王族墓志及其大量文物，成为国内规模最大、数量最多、保存最完整、最具权威性的研究吐谷浑历史的实物资料和文献资料，对研究吐谷浑及其与中原王朝的关系，特别是唐吐关系、唐蕃关系、北方民族史、丝绸之路与中西交通史提供了非常重要的史料，揭开了吐谷浑的神秘面纱，为中华文明发展、统一的多民族国家历史进程提供了生动诠释。

二、武威最早识别并保护吐谷浑文物的功臣

在构建吐谷浑历史文化大厦中，康敷镕和贾坛功不可没，成为武威最早识别并保护吐谷浑文物的功臣；之后，武威文物文史工作者党寿山、宁笃学、黎大祥、李占忠等，在武威吐谷浑墓葬的发掘、整理、研究与宣传中，利用自身优势，大显身手，取得了显著成就。

（一）西川名士康陶然，最早识别并保护吐谷浑文物的功臣

康敷镕，字陶然，四川礼州（今四川西昌）人。早年师从巴蜀文坛领袖刘景松，学识渊博，精于书画，著述丰富，于光绪二十九年（1903年）中举。因四川少有职缺，又没上级赏识重用，多年赋闲在家。后主动要求转官青海，历任青海丹噶尔厅（时属甘肃省西宁府）同知、湟源县知事。据《湟源县志》记载，任职期间，着力维护社会治安，恢复和发展地方经济，整修道路、平抑粮价、兴办教育、建县立规，深受百姓爱戴。同时，他还走访河湟大地，深入了解研究青海历史，编纂了《青海志》《青海地方志略》《青海调查事略》三部志书，系统介绍了青海的历史沿革、山川风物、民族宗教等内容，记载了明代以后青海发生的重大历史事件，成为后世研究青海历史的重要

典籍。

1915年，康敷镕任甘肃省武威县县长。他为官清廉，关注民生，发展经济，兴办教育，为地方建设尽心竭力，任内多有政绩，尤其是协调各方免除武威更名地粮赋一事，深得士民感念；而保护弘化公主等碑刻与墓葬，尤为后世所称道。武威百姓感戴康公恩德，自愿捐资为他建祠立碑，塑其肖像，永久纪念。他也因政绩突出，被中华民国政府授予四等嘉禾奖章。今存武威雷台的《四等嘉禾章国务院存记简任职武威县县长康公生祠记》碑，即载其事。离开武威后，曾任甘肃省靖远县县长、省民政厅厅长等职，后辞官回川。

康敷镕任武威县县长期间，为保护弘化公主墓葬及碑刻做出了重大贡献，是名副其实的弘化公主墓葬与碑刻的第一位保护者。

1915年4月，他听说武威南营有一户人家藏有一通唐代墓志，便派酷爱金石的商会会长贾坛访得。曾在青海任职并谙熟青海历史的康县长认为，这通“大周故西平公主墓志”的主人就是唐代和亲吐谷浑的弘化公主。

在他的介绍下，人们这才第一次听说了“吐谷浑”这个词，第一次知道了远嫁青海的弘化公主。之后，他和当地百姓又用青砖填补了盗墓者留下的盗洞，避免公主墓再次被盗，使墓内的公主遗骨及文物得以保存。老百姓知道了当地有一位公主长眠于此，便在山岗上修建了一座娘娘庙（公主庙），绘公主像，四时祭祀。在康县长的大力支持下，贾坛四处寻访，又访得许多珍贵文物，陆续收藏于武威文庙。

（二）西凉名士贾杏卿——最早保护吐谷浑文物的功臣之一

贾坛（1862—1941），字杏卿，武威县人。出身于商贾之家。清末秀才，民国年间，曾任甘肃省众议院议员，武威县参议会参议员、县商会会长、教育馆馆长等。能书善画，酷爱金石文物，在经商和关注社会民生方面表现出色。原武威城区北大街中心巷34号（今甘肃武威鸠摩罗什寺对面）有其故居，始建于1915年；2002年因城市建设需要，政府整体、原貌搬迁于武威古钟楼东侧。

贾坛一生最为亮点的地方是抢救、保护地方文物古迹。成就贾坛功业的是两位“知音”上司，一位是民国前的凉州知府王步瀛，一位是民国初的武威县县长康敷镕。他俩懂文化、爱文化、护文化，在职能职责范围内全力支持贾坛的公益事业。王步瀛、康敷镕与贾坛，共同的追求与爱好，使之在各自的岗位上发出耀眼的光彩，受到百姓的敬仰，历史的喝彩。

保护多方墓志碑刻，留名千古。1915年4月，武威南山的弘化公主墓又一次被当地群众掘开，墓志被人藏匿的消息不胫而走。谙熟青海历史的康县长认为，凉州为西陲重镇，埋藏于地下的先朝石刻必定很多，应多方保护为要。他派贾坛前去寻访。贾坛酷爱金石文物，知晓其中就里，很快访得弘化公主墓志保存于文庙。

在康县长的大力支持下，贾坛四处寻访，又访得许多珍贵文物，如慕容明墓志、毛佑墓志、康阿达墓志等陆续收藏于武威文庙，又嘱从事教育工作的唐发科将大云寺古刹功德碑、武徵君李孝廉传碑、西夏碑等移置于武威文庙保存。之后，又在发现并保护张兆衡墓表、高昌王世勋碑中不遗余力。

修缮保护武威文庙，功德无量。1927年，武威发生8级大地震，古迹文物破坏空前。之后，贾坛被武威绅缙推举为维修文庙主事。他积极倡导动员绅缙士庶，多方协调筹资，使文庙修复工程顺利开展。在他主持文庙修复工程的14年间，虽然兵荒马乱，"民穷财尽，筹款维艰"，但他经营有方，庙产收入可观，为文庙的保护维修提供了充足的资金保障，为恢复文庙旧观（1948年）打下了坚实的基础。修缮保护武威文庙的同时，自然保护了包括弘化公主墓志在内的一大批文物。

贾坛不仅是一位儒商，也是一位义商，同时还是一位富有远见卓识的社会贤达，在他一生中，抢救、保护了许多文物古迹。如今，放眼凉州古城，瞻怀贾坛故居，你一定会感慨万千！这位八十老翁早已远去，历史又迎来了又一个八十年。唯愿百年故居永存，精神家园永在！

三、国内研究吐谷浑的主要学人

在国内，对吐谷浑进行专门研究，大致开始于20世纪40年代。

20世纪初，在甘肃武威陆续发现了弘化公主、慕容明、慕容忠和慕容宣彻四通墓志，学者们展开了对以上墓志的研究，先后由陈万里、罗振玉、张维、慕寿祺等进行释录和考证。陈万里先生《西行日记》1925年2月20日条载，他在武威游览东岳庙归途中得到了弘化公主、慕容明、毛祐三方墓志和大云寺古刹功德碑拓片；夏鼐先生于1945年赴武威喇嘛湾调查，得到金城县主和慕容曦光两通墓志。据此，他们才有研究成果问世。随着吐谷浑遗址和墓志等文物的多次出土，研究也在不断深入，逐步廓清了吐谷浑及唐吐、唐蕃、唐突及和亲等方面的问题。

（一）夏鼐先生对武威吐谷浑墓葬的考古发掘与研究

夏鼐（1910—1985），字作铭，浙江温州人。考古学家、历史学家，中国科学院院士，新中国考古工作的主要指导者和组织者、中国现代考古学的奠基人之一。毕业于清华大学历史系。早年留学英国，期间参加了当时代表世界先进水平的英格兰梅登堡山城遗址、埃及艾尔曼特遗址和巴勒斯坦杜布尔遗址的考古发掘。回国后先后任职于中央博物院、北京大学、中央研究院、中国科学院，曾任中国科学院考古研究所所长兼考古学会理事长、中国社会科学院副院长等职，曾主持并参加了河南等地商代遗址和殷墟、北京明定陵、四川彭山汉代崖墓、长沙马王堆汉墓的挖掘工作，对中国考古学贡献巨大。著有《考古学论文集》《考古学与科技史》《中国考古学研究》《中国文明起源》等，主编并参编了《新中国的考古收获》等报告。因其在考古学方面的巨大成就和杰出贡献，先后被英、德、瑞典、美、意等国和第三世界科学选为院士或通讯院士。

1944—1945年，夏鼐先生在甘肃武威、兰州、敦煌、民勤等地，对新石器时代、青铜时代、汉代至唐代的遗址和墓葬进行调查发掘，发表了一系列论文，特别是他亲自对唐代吐谷浑墓葬的考古发掘及其论文，对吐谷浑研究具有开创性意义。

20世纪40年代，以甘肃河西走廊为中心，展开了当时中国最重要的考古活动和文化、艺术、科学、实业考察活动，比较著名的有1942年的西北史地考察团、1943年的西北建设考察团、1944年的西北科学考察团等，吸引了当时许多中国最著名的专家、学者和社会名流参与，催生了许多考古成果和学术思想，对西北史地及简牍、碑刻等研究贡献颇大，有些则成为中国学术界的标志。夏鼐等两次到武威，对弘化公主及吐谷浑王族墓葬、天梯山石窟、大云寺、西夏碑等做了考察，提出了独到见解。

1944年4月，以向达、夏鼐、阎文儒等北京大学学者为主体组成的西北科学考察团，在河西地区开始历时两年的考察活动。在武威文庙考察时，他们看到了弘化公主、慕容明、慕容忠、慕容宣彻四通吐谷浑王族成员墓志，便询问陪同的武威名士段永新。当他们得知以上墓志出土于武威南山时，武威南山吐谷浑王族墓地引起了考察团的格外关注。

在西北科学考察即将结束之际，夏鼐与阎文儒又于1945年10月再次返回武威，在与当地政府取得联系后，于10月7日前往武威南山吐谷浑王族墓地。这一次，夏鼐一行对两座墓葬进行考古发掘，新获慕容曦光、金城县主两通墓志及大量文物。新获两通墓志和大部分文物均运往南京，保存于中央研究院历史语言研究所，今藏南京博物院。

阅读《夏鼐西北考察日记》，可以详细了解到慕容曦光墓志和金城县主墓志的发掘过程。

1944年10月8日："至上喇嘛湾，住一萧姓者家中。屋在山腰间，其南为村庄，冰沟河由西向东流，经过村中，对岸为变质岩之石山，稍西有一径南通干沟，屋之背后即背面即为黄土之土山，唐墓即在此山上。"

虽然现在人们在山岗上所能看到的只是回填后的深坑，但通过夏鼐日记对当年的详细记录，可以了解这间砖墓的有关情况。因墓室已被盗过，余物不多，先生有一种"食之无味，舍之可惜"的纠结。

10月9日至14日："如果此墓有墓志，由吾人此次一停工，此志不知何日始能出土……"经过一个晚上的"辗转不能入眠"，他决定"仍拟继续工作，掘完此墓为止"，并因此添雇人工达14人，将整个墓室向下开掘达6米余……14日早晨天未亮即起身，继续清理二号墓，在平台之外，发现"有砖砌成小祭台……祭坛上乱堆之遗物甚多，木屐底一双，木俑头部及上身颇多，小琵琶及小琴，棋盘，残绢，镶嵌螺钿之木片残片，乱堆一起。小祭坛之西，地上亦有木俑头部，又有木马二，一白一红，颜色不同。"

10月15日："今晨开工较前两日为早""中午发现墓志一方，始知为金城县主之墓。""掘得此墓志时，阎君（文儒）适以中午收工，由一号墓前来参观，见及大喜，忽失笑云：'真掘出墓志来。'""余以半日之工夫，始清理完毕，绘画提取，完毕时已暮色苍茫矣。"虽然又困又累，因得到珍宝，他的兴奋之情溢于言表："然精神方面极愉快。"

很快，10月16日，他们又在一号墓发掘到慕容曦光墓志："志盖取开后，见志石已裂，上铺淤土上有绢纹，似原来铺有一层细绢，淤土似为后来所积，不见朱红格。"除墓志外，又得漆碗数个。"其中一碗，以螺钿镶嵌成纹，最为美观，与日本正仓院之唐物比较，绝不逊色，惜口部稍残破。漆碗保存不佳。此二墓中之漆器，因提取后未能立即加以处置，取回舍后即已损毁，为余最痛心之事。"

之后，夏鼐先生查阅大量文献，详细考证了新出土的金城县主和慕容曦光两通墓志，结合已出土的四通墓志，详列吐谷浑入唐后的历史年表，写出了在吐谷浑历史研究中具有开创性的《武威唐代吐谷浑慕容氏墓志》一文，1948年发表于《中央研究院历史语言研究所集刊》第20本上册。他的研究推翻了不少前人旧说，论述精辟，创见迭出。之后，他又根据武威新发现的慕容氏墓志，不断修订、更新吐谷浑年表及论文。

夏文开头叙述了写作的来龙去脉：

> 吐谷浑，发迹东北，徙居西陲，永嘉之乱，乘机兴起，当其盛时，东抵洮水，西兼鄯善、且末，辖境广袤数千里，及贞观中，唐太宗大举兵戎，战败之，其势始衰。割据凡350年。龙朔三年，吐蕃遂取其地。然其后徙居凉州、灵州，犹袭可汗号，为唐蕃屏，百有余年。至贞元后，其封嗣始绝。历时虽久，惜史传记述，殊嫌疏略。1944年考古西北，于武威文庙获观近年出土之吐谷浑慕容氏志石四方，颇有足以补订两《唐书·吐谷浑传》之阙失者。翌年秋，与友人阎文儒赴武威南山，从事发掘，得金城县主及慕容曦光二志，如获瑰宝，并得殉葬珍品多种，洵为考古发掘之奇遇。归来后，乃将二志写影精拓，以飨当世，并参稽史传，略加考证。又综合前后六志，作为年表，俾言吐谷浑失国前后之史事者考焉。

这段文字叙述言简意赅，内容详备，读来很是亲切入味，亦为先生的考古成果由衷高兴。

夏先生对新获两志做了详细、精辟的论述，指出了其中的疑误，并结合武威之前出土的四志及两《唐书》等文献，详列唐太宗贞观十四年（640年）至唐德宗贞元十四年（798年）吐谷浑的历史年表，基本梳理清了不同志主之间的前后亲缘承继关系，堪称历史学与考古学结合的典范。

夏先生当年在文后预言："异日志石更有续出者，当再理而董之。"20世纪80年代他的文集出版之时，先生又在文后补记了两次，一是新中国成立后出土的慕容宣昌墓志，一是1958年出土的慕容若妻李氏墓志。

（二）周伟洲先生对吐谷浑历史的研究

周伟洲（1940—），生于广东开平。当代著名历史学家，博士生导师。1962年毕业于西北大学历史系考古专业，同年考取该校民族史专业研究生，师从著名民族学家马长寿教授。研究生毕业后，先后在陕西省博物馆及西北大学从事中国民族史的教学与科研工作，现任陕西师范大学西北民族研究中心主任、教授、博士生导师，曾兼任中国魏晋南北朝史学会会长、中国中亚文化研究协会副理事长、中国中外关系史学会副会长等。学术专长为中国民族史研究，主要论著有《吐谷浑史》《中国中世西北民族关系史研究》《边疆民族历史文物考论》《西北民族史研究》《赤勒与柔然》《汉赵国史》《南凉与西秦》《唐代党项》等；在《历史研究》《民族研究》《中国史研究》《文物》等杂志上发表学术论文近百篇。其著作曾获陕西省、教育部多个奖项，1993年被评为陕西省有突出贡献专家并获得政府特殊津贴。

周伟洲先生在吐谷浑历史研究方面成果斐然，主要著作《吐谷浑史》《吐谷浑史入门》《吐谷浑资料辑录》等，是当代吐谷浑历史研究的扛鼎之作，且论文较多，影响较大，是当之无愧的民族学家、吐谷浑历史专家。

四、国内吐谷浑研究方面的主要著述

（一）《武威唐代吐谷浑慕容氏墓志》

夏鼐著，《中央研究院历史语言研究所集刊》第20本上册，1948年。

（二）《吐谷浑史》

周伟洲著，2006年广西师范大学出版社，2021年商务印书馆出版增订本。由于我国史籍中有关吐谷浑的资料十分缺乏，作者在收集、整理吐谷浑史资料的基础上，吸收中外研究成果，首次全面、系统地论述了吐谷浑的历史，用较大的篇幅论述了吐谷浑与邻近各民族及其所建政权的关系，并以此作为本书探讨的重要课题。

（三）《吐谷浑资料辑录》（增订本）

周伟洲著，2017年商务印书馆。对汉、藏文史籍所载吐谷浑资料进行多方位辑录、整理与校释，上起西晋，迄于北宋，以二十四史中有关资料为主，兼收史学论著、文集、文物考古数据及敦煌、新疆发现的汉藏文书、简牍等，所录资料，按其性质分专传，人物传志，散见资料编年录，敦煌、新疆古藏文写本、简牍内的吐谷浑资料，其他散见资料五卷，另有附录，对研究吐谷浑历史学术价值颇大。

（四）《吐谷浑史研究》

李文学著，2020年科学出版社。通过对吐谷浑民族自我塑造过程及其与周边民族区域互动过程中一些细节问题进行考察，探讨吐谷浑民族过程的一些重大转折及其发生机制。一方面从宏观层面揭示吐谷浑民族产生、发展和消亡的过程；另一方面从微观层面探索和澄清吐谷浑历史的若干具体问题，充分展现吐谷浑的民族过程。

（五）《吐谷浑政权交通地理研究》

朱悦梅、康维著，2021年中国社会科学出版社。由于吐谷浑特殊的地缘政治关系，交通格局不仅是其生存环境制约的结果，也是其发展过程中与周边关系不断调整的结果。在十六国南北朝这一特殊的历史时期，其活动范围始终受到邻国的强力挤压，虽然限制了其在河洮流域的发展，却又促进了其在“吐谷浑路”上的发展。

（六）《吐谷浑大传》

古越著，2013年8月江苏人民出版社。以吐谷浑、吐延、叶延三位首领的西迁、建国作为叙述引子，以视罴振兴吐谷浑王国为重点表现内容，展现了吐谷浑王国发展、壮大的历史过程，填补了长篇历史小说创作领域中有关吐谷浑题材的空白，具有极高的文学价值。

五、吐谷浑研究展望——吐谷浑学的诞生

甲骨学、敦煌学、西夏学、简牍学并称20世纪四大显学，除甲骨学外，武威以其在其他三大显学中丰富的文物文献资料和巨大的学术价值，赢得了崇高的学术地位，大大丰富了人类文化宝库。新世纪，关于吐谷浑历史文化研究能否形成一门专门的学科？答案是肯定的。

（一）吐谷浑历史研究现状

从20世纪20年代以来，西北地区特别是甘肃省武威市陆续出土的唐代吐谷浑墓

志，引发了国内外学者的研究兴趣。从弘化公主墓到喜王慕容智墓，再到青海吐谷浑王阿柴王墓，随着这些墓葬、古城遗址及考古发掘与文物的大量出土，相关文物与史料不断涌现。研究队伍不断壮大。他们通过整理文物、考释文献、研究墓志、调查遗民、探讨历史，使吐谷浑历史从早期的河湟地区拓展到甘、青、宁全境，进而扩大至陕、藏、新、蒙、川等地，形成了对吐谷浑民族及政权的全方位研究。我们有理由相信，吐谷浑史研究将成为北方民族史研究的一大热点。

（二）武威的吐谷浑文化遗存

自1915年弘化公主墓志出土至1980年前后，武威南山一带已有多座吐谷浑王族墓葬及墓志被发现，墓志多记载为“阳晖谷”，学术界也将这一区域称为“阳晖谷陵区”。根据2019年新出土的慕容智墓及其墓志记载，考古项目组对武威南山冰沟河与大水河流域约400平方公里范围进行了系统的考古调查和勘探工作，确认吐谷浑墓葬23座，并廓清了武威吐谷浑王族墓葬群的基本布局，进一步认定武威南山一带另有相对于阳晖谷陵区的大可汗陵区和白杨山陵区。大可汗陵区和白杨山陵区的被记载或被发现，冲破了百年以来学界关于阳晖谷陵区的固有认识，为寻找大可汗陵及吐谷浑墓葬指明了路径。三大陵区的墓葬均以唐代葬制为主，兼有吐谷浑文化、吐蕃文化、北方草原文化因素。墓葬内随葬品（文物）丰富，做工精美，装饰华丽。从出土的唐开元二十七年（739年）的《冯翊郡太夫人党氏墓志》说明，吐谷浑王族墓葬周边地区可能还有更多吐谷浑氏族墓地分布。

目前，全国出土吐谷浑墓志约20通，其中武威11通；武威出土的其他文物也遥遥领先。随着考古发掘新进展，武威南山吐谷浑墓葬的考古发掘肯定还有重大收获。

（三）武威以外的吐谷浑文化遗存

吐谷浑是在甘青地区建立的国家，其政权存在了350多年，鼎盛时期其疆域东西达4000里，南北达2000里，散落在甘青大地上的吐谷浑文化遗产如满天星斗。如，丝绸之路青海道（或称吐谷浑道）曾经对中西经济文化交流产生过重大作用，创造了几个世纪的辉煌；甘青大地遗留的吐谷浑墓葬超过2000多座，已出土众多珍贵文物，其中织有波斯萨珊王朝钵罗婆文字的织锦、吐谷浑墓棺版画、东罗马金币及波斯萨珊王朝的银币等；还有高原“金字塔”之称的都兰热水一号大墓，号称吐谷浑“王者之城”

的伏俟城古城遗址，等等。另有墓志若干：

成月公主墓志，刻于唐高宗总章元年（668年），西安出土；

慕容轮（曦轮）墓志，刻于唐玄宗天宝十载（751年），西安出土；

慕容仪墓志，约刻于唐玄宗天宝年间，1973年甘肃榆中县出土；

慕容神威墓志，刻于唐肃宗乾元元年（758年），1974年宁夏同心县出土；

慕容威墓志，刻于唐肃宗乾元元年（758年），1974年宁夏同心县出土；

慕容曦皓墓志，刻于唐代宗大历四年（769年），20世纪90年代西安出土；

慕容瑰墓志，刻于唐宪宗元和十四年（819年），出土时间、地点不详；

……

（四）武威在吐谷浑历史研究中的地位

清嘉庆十五年（1810年），武威籍学者张澍在武威大云寺封闭已久的碑亭中，开掘出天祐民安五年（1094年）的《凉州重修护国寺感应塔碑》（西夏碑），揭开了西夏文化研究的大幕。之后二百多年间，大量西夏遗书与文物出土，研究成果丰硕，使昔日几成“绝学”的西夏学变为“热学”，并成为国际化的学科。西夏碑问世百年后，公主碑（《弘化公主墓志》）在凉州南山出土，树起了吐谷浑学诞生的一个标杆。吐谷浑学当年的路径基本上就是西夏学所走的路径。

吐谷浑是一个以本民族为主体的多民族政权，境内有羌、氐、吐蕃、突厥、鲜卑等众多民族，在长期的交往交流交融中，形成了以吐谷浑文化为核心，杂糅多民族文化成分的吐谷浑文化，成为辉煌灿烂中华文化中的重要组成部分。随着大量文物文献的出土和研究工作的深入，可以说，一个完整意义上的吐谷浑学正在形成当中。武威是吐谷浑文化的重要发源地之一，不久的将来，抑或是吐谷浑学的重要诞生地之一。

吐谷浑学将是一门研究吐谷浑文献和历史的学科，将在未来20年间兴起于学术界。即将诞生的吐谷浑学涵盖面广泛，涉及古代吐谷浑与吐谷浑政权的政治、经济、军事、历史、地理、民族、宗教、文献、文物、语言文字、文化艺术、社会风俗等诸多领域。吐谷浑学将在语文、考古、历史、民族、社会、中西交通（丝绸之路）等基础性板块学科的建设方面取得积极的成就，成为深入阐释中华民族共同体发展路向与中华民族多元一体演进格局中的重要组成部分。吐谷浑学时间上起魏晋，下迄唐末，历经数百年，将是凉州文化中最为耀眼的一颗明珠。

（五）对未来吐谷浑研究的展望和建言

未来吐谷浑史研究将成为北方民族史研究的一大热点。

一是科学规划，分步分层实施。将位于武威南山的阳晖谷陵区、大可汗陵区、白杨山陵区作为一个整体，进行科学规划，划定保护范围和建设控制地带，明确重点保护区区域，确定保护区目标定位与保护利用格局，制定保护区管控要求与保护措施，提出保护区文化旅游价值、生态价值转化推动可持续发展指引。陵区面积大、墓葬多，地形复杂，应整体统筹，分步实施，分层落实。

二是成立机构，加强考古研究。丰厚的历史文化资源是学术研究的基础，而学术研究又是历史文化资源开发利用的先导。文物考古、科研机构、文博单位和高校不仅是优秀文化传承的重要载体，更是学术研究和文化创新的力量之源。要加大考古发掘与研究，为吐谷浑学提供科学支撑。要尽快成立吐谷浑大遗址博物馆，设立吐谷浑研究中心，使之成为全新的吐谷浑文化征集、典藏、陈列中心和研究基地。要通过项目支持、政策扶持和政府投入、企业（民间）赞助、市场引导相结合的方式，提供基本的人员、经费保障，普查文物资源，建立文物资源库和项目库。要加强多学科攻关，密切考古学与历史学、人文科学和自然科学的联合攻关。甘青地区和宁夏、陕西、西藏、新疆、内蒙古等省区具有丰富的吐谷浑历史文化资源和较强的研究力量，要善于交流借鉴。认真梳理归集吐谷浑文化资源，建设吐谷浑文化传承体系，打造国际“吐谷浑文化圈”。

三是开辟阵地，拓宽研究领域。开展地域文化研究，是文化与文化史研究的重要内容。吐谷浑文化是西部地域文化、民族文化的重要组成部分，武威市是吐谷浑文化的重要发祥地和核心区，在吐谷浑文化的形成、发展和演变中具有其他地区不可替代的作用。地方媒体和高校学报，应开辟吐谷浑文化专栏，为专兼职研究人员提供发表论文的平台，同时为吐谷浑文化的研究营造舆论氛围。充分利用现有历史文化学刊，作为吐谷浑研究的学术载体，加强协调协作，整合文史资源，约请专家学者撰写文章。通过激励机制，或高薪聘请专业人员，创作反映吐谷浑重大历史题材的文学艺术作品；依托现代传媒、出版发行、文艺演出、学术讲堂等形式，通过一些喜闻乐见、易于接受的内容，拓宽宣传视野，使吐谷浑文化走向大众，走向生活，走向市场。加强研究工作及其成果与宣传、文史、媒体、社科、文艺界的联系沟通，发挥综合效益。

四是举办论坛，召开学术会议。论坛和学术会议是交流和展现研究成果的平台，也是官方和民间支持的形式，更是推动学术研究的载体，同时也是吐谷浑文化走向全国、面向国际的催化剂。要通过必要的活动形式，组织专家学者对吐谷浑文化进行专题考察、资源宣传、项目推介、研讨论证，在广泛深入宣传、研讨、论证和争论中达成共识，推动吐谷浑文化确立命题、展开研究、取得成果。同时要大力支持并奖励成绩卓著的文史工作者和优秀学术成果，积极培养文史人才，建立专兼职结合的人才队伍，推动吐谷浑文化的纵深研究。

五是积极推进，抓好成果转化。大力推进文物保护利用和文化遗产保护传承，推动区域文化旅游价值可持续发展，充分展示辉煌灿烂的凉州文化，讲好中国故事，传播中华文明，坚定文化自信。

（王其英，武威市文史专家。）

唐代吐谷浑在河西地区活动问题研究

李文平

一、引言

中华民族具有悠久的历史，在灿若星河的历史长河中，我国各民族人民共同构建了中华民族这一具有共同心理、共同政治、共同经济、共同文化的历史命运共同体，促成了各种形式的民族交流和交融活动，形成了既有独特“多元并存”，又有“一体统筹吸纳”的新局面。河西地区地处“丝绸之路”要冲，自古以来生活着许多少数民族，是体现我国民族交流融合最频繁和最具有典型代表意义的地区，各民族人民在不同的历史时期都曾为我国这个多民族国家的巩固和发展做出过自己的贡献，并形成了你中有我、我中有你的独特局面。吐谷浑及各族人民生活其间，不但见证和书写了各民族曾经发展的历史脉络，也为今后加深和再现中华民族共同历史记忆提供了丰富的材料。

吐谷浑研究历时弥久，从20世纪30年代起步至今，已近90年，成果丰硕。特别是河西地区吐谷浑王族墓葬文物的出现，不仅从实物角度补证了历史文献所记吐谷浑历史，而且对于中国中古时期西北民族关系及历史研究也多有匡益。吐谷浑在河西地区活动问题，已有学者从不同角度展开讨论，首先是吐谷浑灭国后内附部落的安置问题，认为吐谷浑灭国之后，余部被唐政府有计划地安置在甘、凉、瓜、沙诸州，直至唐五代时期，归义军政权中亦存有吐谷浑人，河西地区所谓“南山族”当由吐谷浑为主要构成部分[①]；其次讨论了吐谷浑内迁带来的影响，认为吐谷浑人大量离开故土是时代变化发展的必然结果，促进了河西地区经济发展，在不同层面形成了民族交流融合[②]。然唐代吐谷浑在河西地区活动详情作为一直是困扰学界的重要问题，仍有诸多问题值得探讨，本文将在前人基础之上，以唐、吐蕃统治河西地区时间为界线，对吐谷浑内迁人数、时间、地点、原因等做出进一步分析。

二、唐朝治下吐谷浑在河西地区的活动

隋唐之初，吐谷浑虽常寇掠河西，但往来迅疾，并不久驻，大规模迁徙当为灭国之后。唐朝初年，吐谷浑屡屡寇边，沿边十一州备受其扰，河西地区亦在此列。贞观八年（634年）十一月，吐谷浑再袭凉州，拘行人赵德楷，引发唐吐战争。十二月，唐太宗下《讨吐谷浑诏》，历数其罪。贞观九年（635年），遣李靖、候君集等征伐其地，慕容顺归降，两者政治关系由名义上的“臣属”转为“藩属”，关系趋于稳定。至吐蕃兴起，势力范围逐渐北扩，吐谷浑故地没于吐蕃（唐龙朔三年，663年），河源郡王、吐谷浑可汗诺曷钵携部出走凉州，其余驻留原地者，纳入吐蕃治理体系，以吐蕃小邦形式存在。唐咸亨元年（670年），大非川之战唐军战败，吐谷浑复国失败，吐蕃进一步加强了对青海吐谷浑的统治。咸亨三年（672年），吐谷浑诺曷钵部由凉州南山迁至鄯州浩门河之南，后因地形狭小不利生产，且地近吐蕃而转徙于灵州，唐置安乐州与长乐州以供其部。此后吐谷浑散居各地，今甘肃河西、青海、宁夏、新疆东部、陕西

① 齐东方：《敦煌文书及石窟题记中所见的吐谷浑余部》，北京大学中国中古史研究中心编《敦煌吐鲁番文献研究论集》第5辑，1990年，第270页；郭锋：《慕容归盈与瓜沙曹氏》，《敦煌学辑刊》1989年第1期，第90—106页；冯培红：《从敦煌文献看归义军时代的吐谷浑人》，《兰州大学学报》2004年第1期，第22—30页；尹雁：《唐五代敦煌地区的吐谷浑人和慕容家族》，《兰州学刊》2010年第6期，第5—7页；周倩倩：《吐蕃统治敦煌时期的新旧吐谷浑人》，《敦煌研究》2022年第3期，第131—138页。

② 邵文实：《唐代后期河西地区的民族迁徙及其后果》，《敦煌学辑刊》1992年第1期，第25—35页；陆庆夫：《敦煌民族文献与河西古代民族》，《敦煌学辑刊》1994年第2期，第80—89页；陈斯雅：《唐蕃之间：试论唐代河陇地区吐谷浑的“吐蕃化”进程》，《西安文理学院学报》（社会科学版）2013年第16期，第5页、第69—72页；黄兆宏：《吐谷浑人迁河西及其影响浅析》，《宁夏师范学院学报》2017年第4期，第72—76页；袁志鹏、陈学勤：《唐代吐谷浑迁徙原因新论》，《兰州教育学院学报》2018年第10期，第5—6页、第9页。

北部、山西、河北等地皆有其活动痕迹，直至北宋时期，活动才基本不见于中国史籍。可以说，隋唐之初至吐谷浑灭国内附，吐谷浑与河西地区一直有着密切联系，唐朝治下的吐谷浑，不但作为唐朝抵御吐蕃侵扰河西地区的重要屏障，还促进了河西地区经济发展与民族融合。

（一）唐早期散居于此

吐谷浑大规模内迁河西虽在灭国之后，但在唐初并非没有相对较小的吐谷浑部落游牧于此。鉴于吐谷浑在丝绸之路上的重要作用，及对河西鲜卑的吸收融合，近年来有学者提出猜想，诺曷钵内迁河西时，当地应有吐谷浑部落存在。《晋书·秃发乌孤载记》云："秃发乌孤，河西鲜卑人也。其先与后魏同出。八世祖匹孤率其部自塞北迁于河西。"[①]《元和姓纂》载："神元时率其部众徙河西。"[②]除此之外，早在曹魏邓艾都督陇右诸军事时，就曾安置鲜卑降众数万人于雍、凉之间，对此胡三省注曰："此河西鲜卑也"[③]。可见吐谷浑迁徙此地之前，已有鲜卑人迁至河西，此后不少河西鲜卑融入吐谷浑，此部或为吐谷浑了解河西之肇始。

（二）诺曷钵携部内附

《新唐书》载龙朔三年（663年），"吐谷浑大臣素和贵奔吐蕃，言其情，吐蕃出兵捣虚，破其众黄河上，诺曷钵不支，与公主引数千帐走凉州"[④]。咸亨元年（670年），"王师败于大非川，举吐谷浑地皆陷，诺曷钵与亲近数千帐才免"[⑤]。这两次迁徙，虽时间相左，但应为同一部族往返甘青。663年诺曷钵首次"走凉州"，670年随薛仁贵大军返回青海故地，大非川战败后再次返回凉州，因此才有了数千帐两次迁徙凉州的记载。中国古籍常以家、户、落为家庭单位，黄烈在《中国古代民族史研究》中认为，

---

①（唐）房玄龄：《晋书》卷一百二十六《秃发乌孤载记》，北京：中华书局1974年版，第3141页。

②（唐）林宝：《元和姓纂》卷十《秃发》，北京：中华书局1994年版，第1478页。

③（宋）司马光：《资治通鉴》卷七十九《晋武帝泰始五年二月条》，北京：中华书局1956年版，第2509页。

④（宋）欧阳修、宋祁：《新唐书》卷二百二十一《西域传上》，北京：中华书局1975年版，第6227页。

⑤（宋）欧阳修、宋祁：《新唐书》卷二百二十一《西域传上》，北京：中华书局1975年版，第6227页。

三者名称不同而内涵一致，吐谷浑迁徙初期每户人口大致在九至十人左右。孙进已、李文学亦持此种观点，将西迁之初记录人口的“骑”与之对比研究。而唐人多用“帐”作为游牧族群家庭计量单位的称呼，韩琮《京西即事》诗云：“豺狼毳幕三千帐，貔虎金戈十万军。”《册府元龟》载：“开成元年二月，天德军奏：‘生退浑部落三千帐来投丰州。’”[①]吐谷浑部落组成结构前后期并未见明显变化，那“帐”在此处应与家、户、落概念相似。以每帐九至十人来算，诸曷钵内附凉州时的人数大约在数万人。

（三）凤仪年间内附

《新唐书·地理志一》“延州”条云：“又仪凤中，吐谷浑部落自凉州内附，置二府于金明西境，曰羌部落，曰阁门……”[②]府即羁縻府，此吐谷浑部为凉州迁来。《旧唐书·地理志》载，河西地区有吐谷浑部落和阁门府两个羁縻府州[③]。《武经总要》记载：“延州延安郡，古白翟地，唐置州，升为总管府。徙吐谷浑部落，立浑州、宽州、浩（音诰）亹（音门）府，寄治州界（凉州有浩亹河六谷，吐浑所居。唐初迁部族在州界，乔立浑州、宽州，即浑州、宽州川也）。迄今蕃汉杂处。”[④]由此视之，说明除诸曷钵部外，至少还有两个吐谷浑部落曾生活在河西地区。

（四）吐蕃噶尔·赞婆及论弓仁内附

吐蕃论氏家族长期驻扎青海吐谷浑故地，为唐朝边患三十余年。随后吐蕃王室与论氏家族矛盾日益突出，并派兵攻伐。此事件导致圣历二年（699年）钦陵自杀，其弟赞婆和子论弓仁率所辖吐蕃和吐谷浑部内附。《资治通鉴》圣历二年十月条云：“丁亥，论赞婆至都，太后宠待赏赐甚厚，以为右卫大将军，使将其众守洪源谷。”胡三省注曰：“洪源谷在凉州昌松县界。”[⑤]可见此部被安置在河西地区。而关于此部人数，《资

① （宋）王钦若：《册府元龟》卷九百九十七《外臣部·降附》，北京：中华书局1960年版，第11483页。

② （宋）欧阳修、宋祁：《新唐书》卷三十七《地理志一》，北京：中华书局1975年版，第971页。

③ （后晋）刘昫：《旧唐书》卷四十《地理志三》，北京：中华书局1975年版，第1641页。

④ 刘统：《唐代羁縻府州研究》，西安：西北大学出版社1998年版，第178页。

⑤ （宋）司马光：《资治通鉴》卷第二百六《唐纪二十二》，北京：中华书局1956年版，第6542页。

治通鉴》云："夏四月，赞婆帅所部千余人来降，太后命左武卫铠曹参军郭元振与河源军大使夫蒙令卿将骑迎之，以赞婆为特进，归德王。钦陵子弓仁，以所统吐谷浑七千帐来降，拜左玉钤卫将军、酒泉郡公。……丙辰，吐谷浑部落一千四百帐内附。"①《拨川郡王神道碑》记载："圣历二年，以所统吐浑七千帐归于我。是岁，吐蕃大下，公勒兵境上，纵谍诏之，其吐浑以论家世恩，又曰：'仁人东矣。'从之者七千人，朝嘉大勋，授左玉钤卫将军，封酒泉郡开国公，食邑二千户。"②结合以上资料，此次内附人数除论弓仁所统七千帐外，尚有赞婆所统千余人及当年七月内附的一千四百帐。

《新唐书・吐谷浑传》云："宣超立，圣历三年，拜左豹韬员外大将军，袭故可汗号，余部诣凉、甘、肃、瓜、沙等州降。"③周伟洲认为此中或包含前一年两批共八百多帐归降的吐谷浑人。对于如何安置这批投降的吐谷浑人，唐朝内部存有分歧，宰相张锡等主张徙于秦、陇、丰、灵四州之间，凉州都督郭元振上《安置降吐谷浑状》云："臣昨见唐休璟、张锡等，众议商量，其吐谷浑部落，或拟移就秦陇，或欲移近丰灵，责令渐去边隅，使居内地，用为防闲之要，冀免背叛之虞。……今吐谷浑之降者，非驱略而来，皆是渴慕圣化，冲锋突刃弃吐蕃而至者也。臣谓宜当循其情以为制，勿惊扰之，使其情地稍安，则其系恋心亦日厚。当凉州降者，则宜于凉州左侧安置之；当甘州、肃州降者，则宜于甘、肃左侧安置之；当瓜州、沙州降者，则宜于瓜、沙左侧安置之。但吐浑所降之处皆是其旧居之地，斯辈既投此地，实有恋本之情。若因其所投之地而便居之，其情易安；因数州而磔裂之，则其势自分。顺其情、分其势，而不扰于人，可谓善夺戎狄之权矣。"④此主张因较为符合归降吐谷浑实际情势，故为武后所采纳，同时也奠定了此后吐谷浑在河西地区的分布格局。

此次吐谷浑部落归唐事件，多被讨论，不同学者各抒己见，但仍然留下不少困惑之处。如圣历三年（700年）所降之吐谷浑部，是否与慕容宣超相关。一种观点认为，慕容宣超中间叛逃，后重新归朝并袭"青海国王"称号。另一种观点认为此事当与慕容宣超无关，是将耽尔乙句贵部归朝复叛事件与之相混淆。比对史料不难发现耽尔乙句贵部归朝复叛时间与噶尔・赞婆及论弓仁内附时间相左，且郭元振上《安置降吐谷

① （宋）司马光：《资治通鉴》卷第二百六《唐纪二十二》，北京：中华书局1956年版，第6540页。

② 董诰：《全唐文》，北京：中华书局1982年版，第2297页。

③ 欧阳修：《新唐书》卷二百二十一《西域传上》，北京：中华书局1975年版，第6224页。

④ 杜佑：《通典》卷一百九十《边防・吐谷浑》，北京：中华书局1988年版，第5166—5167页。

浑状》中明言王孝杰主张迁耽尔乙句贵部至灵州，复叛后穿监牧，掠马群，大损州县，造成了较大的损失。故圣历三年（700年）所降之吐谷浑部，为赞婆及论弓仁所统无误，至于其与慕容宣超之关联，并无史料能够证明。慕容宣超为吐谷浑内附王族成员，向来为唐朝重视，从其沿袭封号时间、岁往河西安抚、巡视当地吐谷浑部落等情况来看，慕容宣超叛逃后随赞婆等返回的观点还有待进一步的考证。

此外，1972年新疆吐鲁番阿斯塔那225号墓中出土一批来自敦煌的文书，其中一部分便是豆卢军军府文书。文书记载，一位落蕃瓜州百姓贺弘德，向瓜州陈都督报告，吐谷浑可汗十万众欲归唐，唐朝因此派军队前往接应，豆卢军、墨离军、健康军等参与了此次行动，并沿苦水河行军[①]。有学者据此认为，文书所记反映了赞婆及论弓仁内附事件。但将两者对比可知，两次事件的策划主体明显不同，前者为噶尔·赞婆及论弓仁，后者为不知名的吐谷浑王。也有学者认为文书所记归唐计划并未真正实行，此前史书所记安置于河西诸地者，应与之没有关系。比对汉藏史料，吐谷浑可汗携十万之众归朝，事关重大，古藏文文献《大事纪年》《吐谷浑纪年》与汉文典籍却均无明确记载，于理不合。故圣历三年（700年）前后内附的吐谷浑，当是赞婆及论弓仁治下所统领吐谷浑部落。

（五）开元年间吐谷浑诣沙州内属

《册府元龟·外臣部》云："（开元）十一年九月吐谷浑率其众诣沙州内属，诏张敬忠安存之，降书吐浑曰：'卿北被吐蕃收留，阻我声教，自弃沙塞，于今数年。彼蕃每肆侵凌百姓，闻甚辛苦，今远申诚款，朕甚嘉焉。'"[②]吐蕃统治青海时期，吐谷浑部落不但要定期上交"贡赋"、军马粮草等，还需随吐蕃一起出征，自身负担较重，因此多有迁往河西以避吐蕃者。濮仲远认为："这批迁往沙州的吐谷浑可能来自于沙州西境鄯善、且末一带。"[③]周伟洲就此分析后认为，这部分归降的吐谷浑，也有可能被安

① 齐东方：《吐鲁番阿斯塔那225号墓出土的部分文书的研究——兼论吐谷浑余部》，北京大学中国中古史研究中心编《敦煌吐鲁番文献研究论集》第2辑，北京：北京大学出版社1983年版，第595页。

② 王钦若：《册府元龟》卷九百七十七《外臣部》，北京：中华书局1960年版，第11481页。

③ 濮仲远：《唐前期吐谷浑归朝事迹考述》，《河西学院学报》2017年第6期，第38页。

置在了河西[①]。只是随着吐蕃占领河西地区，这一部分吐谷浑人又成为吐蕃治下的组成部分。

综述之，作为“旧居之地”，河西地区始终作为吐谷浑内附和生活的首选，这些吐谷浑部落的迁徙，不仅为本地区带来先进的畜牧、冶金技术，还在丝绸之路商贸活动中发挥了重要作用，促进了河西地区经济发展水平。随着吐谷浑与其他各民族的交流交往活动持续深入，在历经岁月洗礼之后，最终融合在华夏共同体之中。

三、吐蕃治下吐谷浑在河西地区的活动

唐龙朔三年（663年），吐蕃灭亡吐谷浑国，吐谷浑故地尽失，所辖部落大多陷落吐蕃。咸亨元年（670年），唐军败于大非川，吐蕃进一步加强了对青海等地的控制。直至安史之乱爆发前，双方对于青海控制权的争夺仍十分激烈。其间河陇尚在唐朝掌控之中，除原先迁徙、驻牧于此的吐谷浑部落，有陷于吐蕃的青海吐谷浑部投归唐朝，大多被安置于河西诸地。天宝十四载（755年），安史之乱导致唐朝尽抽陇右驻军平叛，河西防务空虚，为吐蕃侵占。广德元年（763年）吐蕃进入陇右地区，继而攻占河西诸州，凉州、甘州、肃州、瓜州、沙州等地相继陷落，吐蕃尽收河陇之地，而先前居住于此的吐谷浑也归于吐蕃统治。直至公元9世纪40年代，吐蕃王朝式微，青海、河西地区的吐谷浑才趁机摆脱吐蕃统治，其间跨度达百年之久。由于此间历史汉文史籍记载较少，对于吐蕃统治河陇地区时，治下吐谷浑的活动情况，很大程度上只能依靠敦煌、新疆古藏文写本等去了解。而这些文本之中，对于吐谷浑在敦煌地区的活动记载得尤为细致，故本文以此为中心展开讨论。早在公元5世纪，吐谷浑就曾涉足敦煌地区，但大规模迁居此地当在吐谷浑灭国之后。如齐东方认为“吐谷浑灭国后，有相当多的吐谷浑人迁到瓜、沙二州，张议潮统治时期也有不少吐谷浑人归入”[②]，周伟洲在谈及吐蕃治下的吐谷浑时亦认为“吐蕃兼并河陇之后，又统治了该地的吐谷浑部，势力更为强大”[③]。

---

① 周伟洲：《吐谷浑史》，北京：商务印书馆2021年版，第131页。

② 齐东方：《敦煌文书及石窟题记中所见的吐谷浑余部》，北京大学中国中古史研究中心编《敦煌吐鲁番文献研究论集》第5辑，1990年，第270页。

③ 周伟洲：《吐谷浑史》，北京：商务印书馆2021年版，第150页。

（一）敦煌地区的吐谷浑来源

1.久居于此

吐谷浑在公元6世纪初至7世纪30年代，曾长期统治鄯善、且末，较早涉足丝绸之路贸易，敦煌地区作为丝路贸易重要节点，必然存有吐谷浑活动的痕迹。但较大规模的流入，应在唐初吐谷浑灭国之后，唐朝采取“因数州而磔裂之，则其势自分”[①]的政策，将大量归唐吐谷浑人安置在河西诸地，其中就包括敦煌地区。这一部分吐谷浑在河西陷落吐蕃之前，便已居住于此，人数较多，也是敦煌地区吐谷浑部落的主体。如新疆吐鲁番阿斯塔那225号墓出土有关豆卢军文书载，唐圣历二年（699年），有大批吐谷浑人自墨离川及甘泉东西水源归降。对于这批吐谷浑人的安排，郭元振建议将他们分散安置在包括瓜州、沙州在内的河西诸州，使其生活于“旧居之地”，以安其心。开元十一年（723年），有吐谷浑部众诣沙州降，为河西节度使张敬忠所接纳。天宝五载（746年），河西节度使王忠嗣讨伐原迁居在沙州墨离军，“虏其全部而归”[②]。

2.河陇陷落之后由河西其他地方迁徙至此

吐蕃入主河西之后，敦煌地区迎来吐谷浑人的再一次迁徙高峰。这些吐谷浑部落中，一部分由河西诸地迁至，一部分从青海而来。唐朝初、中期，大批吐谷浑内附，为便于管理，唐朝将其星罗棋布分散安置在河西沿线，并派居于安乐州的吐谷浑王族成员前去巡视、安抚。这些部众在河西陷落之后，或东迁，或驻留，或前往敦煌地区。除此之外，更有不少吐谷浑人由青海吐谷浑故国迁徙至此，或由此转向西域或东部。这些吐谷浑部落人口，不但需要上缴赋税，还需完成兵役，为吐蕃所驱使。

3.随吐蕃军队前来

安史之乱爆发后，河陇空虚，“因此居于河西、陇右的吐谷浑、党项、突厥的奴剌部、契苾、沙陀等向东的迁徙，往往变成了对陇右及长安以西诸州的寇扰”[③]。至吐蕃控制陇右、河西，这些散居于此的部落又成为吐蕃东进的重要力量。由此可见，河西地区的吐谷浑部已逐渐脱离唐朝政府掌控，参加到吐蕃主导的军事活动之中。前文已述，吐蕃对于青海地区的吐谷浑严密掌控，使其承担较重的兵役，在需要时与吐蕃军

---

① 杜佑：《通典》卷一百九十《边防·吐谷浑》，北京：中华书局1988年版，第5166—5167页。

② 吴松弟：《唐代吐谷浑和吐蕃的民族迁徙》，《河北学刊》1996年第2期，第71页。

③ 周伟洲：《吐谷浑史》，北京：商务印书馆2021年版，第150页。

队一起出征。那么，在吐蕃侵入河西的过程中，是否有原属青海地区的吐谷浑人参与其中，是否有河西陷落之后为吐蕃驱使的吐谷浑人随军西进，此中问题应值得思考。依据目前出土文物及文献可知，吐谷浑慕容氏家族曾在敦煌地区活动，并逐渐成为当地不可忽视的力量，敦煌文献S.8443 A-H《甲辰至丁未年（944—947）李阇梨出便黄麻麦名目》中便有“退浑慕容略罗”的记载。P.3633中“慕容胆壮拔山力，突出生擒至马前”的称赞对象慕容归盈更是在归义军政权中具有举足轻重的地位。齐东方认为，河西慕容氏大多属于吐谷浑所部[①]。作为吐谷浑共同体中的核心成员，慕容氏在灭国之后，一部随诺曷钵迁至凉州，后转至安乐州与长乐州，另一部留在青海故地。那敦煌文献中所记载的吐谷浑慕容究竟来自何处，大抵有两种可能：从青海或凉州地区辗转而至此地。

吐谷浑在敦煌地区的活动具有明确记载，迁入原因比较复杂，主要人口为久居河西的吐谷浑旧部，河西陷落之后加入吐蕃政权，参与了较多吐蕃军事行动。其次为河陇陷落之后由河西其他地方迁徙至此和随吐蕃军队一同前来，这一部分吐谷浑人数尚未有明确史籍记载，但应不在少数，需要继续深入研究。

（二）吐谷浑在敦煌地区的活动

河西地区民族成分复杂，文化多元，既具有自身独特性，又相互影响。作为丝路重镇的敦煌地区，生活着大量吐谷浑人并形成了以慕容氏为名的村庄。从已有敦煌文献来看，生活于此的吐谷浑不仅作为吐蕃、归义军政权军事力量的组成部分存在，还从事各类经济、文化活动。这些吐谷浑人较为深入地参与到了当地社会生产活动之中，与各民族一同促进了本地的发展。

1.参与吐蕃、归义军政权的军事活动

杨作山认为，随着河西地区的吐谷浑部落被编入吐蕃军队体系，作为军户部落得承担相应军事义务，提供兵员。但与吐蕃本部略有不同的是，吐谷浑部落“拥有较大的独立性，自成指挥系统，且保留着原有的内部组织”[②]。通过汉文史籍能够看到，吐

① 齐东方：《敦煌文书及石窟题记中所见的吐谷浑余部》，北京大学中国中古史研究中心编《敦煌吐鲁番文献研究论集》第5辑，1990年，第270页。

② 杨作山：《吐蕃统治河陇时期的民族政策》，《宁夏大学学报》2007年第6期，第95页。

谷浑与党项等多次参与吐蕃对外军事活动。如广德二年（764年）及永泰元年（765年），吐蕃入关中，曾以吐谷浑及党项兵二十万进攻武功。大历九年（774年），郭子仪上书唐代宗时云："今吐蕃兼吞河、陇，杂羌、浑之众，岁深入畿郊，势逾十倍，与之角胜，岂易得邪？"[①]上元元年（760年），唐凤翔节度使崔光远在泾州、陇州击破吐谷浑、党项诸部十余万人。对于这些吐谷浑部，周伟洲认为他们大多是从河西向东渗透。及至瓜、沙诸州陷落，被纳入吐蕃治理体系下的吐谷浑人，也应同河西其他地区的部落一样，需要完成纳税与兵役任务，并参加吐蕃与周边政权之间展开的军事活动。关于他们在吐蕃政权中的政治地位，据P.t.1089《大蕃官吏呈请状》"吐蕃、孙波的千户长，通颊（mThong khyab）与吐谷浑的千户长……通颊与吐谷浑的小千户长"[②]推断，"吐谷浑与通颊部落属于独立军事部落，地位高于被吐蕃征服的河陇汉人，而在吐蕃与孙波部落之下"[③]。新疆米兰出土简牍，王尧编号53文书云："河东菊慕之口粮，吐谷浑军坐哨之干粮连一顿也没有。"[④]也充分说明有吐谷浑人参与到了吐蕃军事活动之中。

公元9世纪40年代，吐蕃政权逐渐衰弱，吐蕃赞普热巴金被刺身亡，统一的吐蕃政权开始出现裂隙。随着河陇一带吐蕃将领之间的相互攻伐，唐朝趁机收复失地。唐宣宗大中二年（848年），张议潮起兵夺取瓜、沙二州；大中五年（851年），遣使赴京，献河陇十一州地图，唐置归义军于沙州，张议潮为防御使；咸通二年（861年），凉州收复。当地民族关系复杂，汉、吐谷浑、吐蕃、羌、回鹘等多重势力盘踞，归义军政权控制力较弱，故多与之积极联合，形成政治共同体。如慕容归盈因与回鹘作战时的杰出表现，备受曹氏归义军政权重视，出任瓜州刺史先后达26年之久，并兼任墨离军使，与归义军政权一同多次入贡中原，献马五十匹。P.3633《龙泉神剑歌》中"慕容胆壮拔山刀，突出生擒至马前"所凸显的正是吐谷浑人从军作战、充当行人的历史。

2.从事畜牧业及农业

吐谷浑本以游牧为主，迁居青海之后，随着共同体内民族成分的增加，开始出现农业生产活动。河西地区地理环境多样，不仅能够为游牧部落提供优质草场，同时还具备发展畜牧业和农业的先决条件。这里长期生活着汉、羌等民族，向来十分重视畜

① （宋）欧阳修、宋祁：《新唐书》卷一百三十七《郭子仪列传》。

② 拉露：《公元八世纪大蕃官吏诉情形》，《亚洲学报》第243卷第2期，第177—187页。

③ 杨铭：《吐蕃统治敦煌与吐蕃文书研究》，北京：中国藏学出版社2008年版，第42—43页。

④ 王尧、陈践：《敦煌本吐蕃历史文书》，北京：民族出版社1992年版，第36页。

牧业及农业生产活动。因此，吐谷浑部迁至河西诸地后，相关生产方式应当有所延续。敦煌藏文文书P.t.1095《兔年购牛契》记：“兔年仲冬，王广兴从吐谷浑玛界多坚部落之森奴贵风处，购得黄牛一头。”①文中所记是一个叫作王广兴的人，在兔年仲冬从一个活动在敦煌一带的玛界多坚吐谷浑部落成员处，购买了一头黄牛。S.6233《年代不明（9世纪前期）诸色斛斗破历》称：“出麦壹石肆斗，还吐浑放羊价。”②则是记录有人卖出了自己的麦子，用来支付从吐谷浑人处购买羊的欠款。这两份文书所记载的经济活动都与牲畜买卖有关，牛羊的所有者皆为吐谷浑人，说明吐谷浑人在从事畜牧业活动。除自身从事畜牧业，还有不少吐谷浑人以给敦煌当地私人及寺院放牧为生，“这些人应当来自吐谷浑玛界多坚部落、吐谷浑台地等邻近敦煌的吐谷浑部族居住地区，这些邻近敦煌的吐谷浑部族以畜牧业为主”③。

前文已述，吐谷浑政权建立之初，域内便有农业活动，河西又为游牧、农耕交织地带，农业较为发达，与汉族等民族的交流势必促进吐谷浑自身农业发展水平，因此敦煌文献中存有相关记录当在情理之中。S.4472v《辛酉年十一月廿日张友子新妇身故聚赠历》记“慕容营田粟併”，P.2049v《后唐同光三年（925年）正月沙州净土寺直岁保护手下诸色入破历算会碟》记“麦伍斗，退浑营田利润入”，表明开始定居的吐谷浑人不但从事农业生产活动，而且担任管理农业生产的营田使。冯培红据P.4783《癸卯年九月廿三日施牛两头出唱如后》、S.SO48v《庚子年（940年）数破历》、5.5937《庚子年（940年）十二月廿二日都师愿通沿常住破历》、P.2482《常乐副使田员宗启》、P.215v5《归义军曹元忠时期驼马牛羊皮等领得历》认为，吐谷浑不但在此从事农业活动，还参与林业活动，并逐渐成为畜牧业管理者。“祭祀斋日布施一头耕牛、一头乳牛，说明这位出任刺史的慕容氏吐谷浑人的私家财产中有耕牛，也暗示了他拥有田地并从事农业耕种”④无误。

3. 从事林业生产及经营

关于吐谷浑人从事林业生产及经营，据S.5937《庚子年（940年）十二月廿二日都

① 陈践：《敦煌吐蕃文献选辑·社会经济卷》，北京：民族出版社2013年版，第11—12页。

② 英藏敦煌文献（第10卷），成都：四川人民出版社1994年版，第206页。

③ 陆离：《英藏敦煌藏文IOL Tib J 897号吐谷浑纳粮文书研究》，《西藏研究》2018年第2期，第45页。

④ 冯培红：《从敦煌文献看归义军时代的吐谷浑人》，《兰州大学学报》2004年第1期，第26页。

师愿通沿常住破历》载："又麸两石，雇张义成车千渠暮容使君庄载木用。"[①]S.5048v《庚子年（940年）麸破历》载："三月三日麸两硕伍都，还暮（慕）容使君柽价。"[②]柽即红柳。这两处记载，明确吐谷浑慕容氏与林业相关的商业活动。但是，售卖木材此种商业行为，并不意味着自身存在种植活动，对于吐谷浑人是否参与到了林业生产活动，此间尚需其他材料予以证明方可。

4.从事宗教活动，充当卜师

吐谷浑宗教信仰呈现多元化特征，佛教影响至深。吐谷浑作为北方游牧民族，早期盛行原始宗教，多自然崇拜，祭祀日月、山川、河流。重视卜筮之言，认为能够通过法术预测未来吉凶祸福。《晋书·吐谷浑传》所称："先公称卜筮之言，当有二子克昌，祚流后裔。"[③]便是此种认知体现。迁居河西之后，吐谷浑与周边关系密切，受佛教影响日盛。时敦煌地区虽民族多元，但在吐蕃控制与影响下，佛教依然是主要宗教信仰。彼时吐谷浑人中除给寺院提供供奉者，还有不少人参与了寺院经济生活。受此浓厚宗教气氛影响及传统习俗，吐谷浑人充任卜师、阿师者众多。S.3074v《吐蕃占领时期某寺白面破历》记："出白面壹硕伍斗，付张履玖，充窟设吐浑阿师。"P.4640v《己未至辛酉年（899—901）归义军军资库司布纸破用历》记："又支与退浑卜师纸伍张。""五月二日，都押衙罗通达传处分，支与卜师悉兵略等二人各细布壹匹。"P.2040v《后晋时期净土寺诸色入破历算会稿》记："褐捌尺，看卜师人事入。"等四条记载，皆与吐谷浑人从事相关宗教活动有关。吐谷浑宗教信仰及其活动，在历史发展过程之中，曾深受不同文化影响，既有鲜卑传统宗教影响，又有佛教、苯教、道教等因素混于其间，如都兰99DRNM3就曾出土有关"媚道"的道符。此种较为开放的宗教观念，使其在吸收不同宗教仪轨之后，更适合充任这项工作，并为本地区不同民族的人提供服务。

吐蕃统治时期，河西地区吐谷浑部落人数众多，活动频繁，从事多种经济、文化活动。敦煌文书及新疆米兰简牍所记，多为河西陷落之后。此部分吐谷浑人除自隋、唐初"旧居"此地者，还有不少随着吐蕃军队迁徙至此。归义军时期，瓜州作为吐谷浑聚居地，在瓜州政局变化中具有较深影响力，慕容归盈及其家族便是此种代表。除

---

① 郝春文编著：《英藏敦煌社会历史文献释录》第2卷，北京：社会科学出版社2003年版，第250—251页。

② 冯培红：《从敦煌文献看归义军时代的吐谷浑人》，《兰州大学学报》2004年第1期，第26页。

③（唐）房玄龄：《晋书》卷九十七《吐谷浑传》，北京：中华书局1974年版，第2537页。

此之外，沙、凉、甘、肃等州也有不少吐谷浑部落存在，其中有参与归义军政权者，也有从河西返回青海者。S.389《肃州防戍都状》云：“退浑、达票拱偷昔、达票阿吴等细小共柒拾贰人，旧通颊肆拾人，羌大小叁拾染人，共计贰伯伍拾染人，今月九日并入肃州，且令逐根。”“其退浑王拨乞狸，妻则牵驼，夫则遮驱，眷属细小等廿已来随往，极甚苦切，余者百余奴客并不听去。”“甘州吐蕃三百、细小相兼五百余及退浑王拨乞狸等，十一月一日并往归本国。”①拨乞狸或是吐蕃之下吐谷浑国小王，周伟洲引唐长儒考证，退浑王拨乞狸于唐中和四年（884年），由祁连山南部的吐谷浑国攻入甘州，失败后又携家小与吐蕃人一同退回本国。而嗢末的出现，更是表现了河西地区吐谷浑、吐蕃及其他民族之间的再次融合。可以说，敦煌文本及木兰简牍的出现，有效地解决了吐蕃统治时期，吐谷浑史料不足的问题。深刻地反映了吐谷浑在河西地区活动的痕迹，为厘清吐谷浑在河西地区的分布情况及职业等问题提供了宝贵资料，也为当前铸牢中华民族共同体意识研究工作提供了史料凭证。

四、唐代吐谷浑内迁河西的原因

河西地区因位于黄河以西，地处南北两山之间，地势狭长，又被称作河西走廊。河西地区作为丝绸之路交通线上的重要孔道，地理环境特殊，东西相距一千多公里，南北宽窄不均，中间为长条堆积平原。汉唐时期各地客商往复不息，经济繁荣程度较高，域内经济生活形态复杂，农、商、牧皆有涉及。且胡汉杂处，各民族人民在此繁衍生息，为历代中央统一政权的经略要地。西汉时于此地设置河西四郡，隶属于凉州，至唐时归陇右道节制，随后历代中央政府皆加强管理，将其纳入核心范围。因此，对于河西地区的研究需从它所具有的双重意义入手，将地理交通与民族交流置于同等地位。既要看到河西地区作为丝路要道发挥的作用，也要重视它作为游牧与农耕交错区所具有的独特性。地理交通的便利，与生产方式的多元化，为不同民族入迁此地提供了经济基础与可能性。龙朔三年（663年），吐蕃相侵，“诺曷钵既不能御，脱身及弘化

① 转见周伟洲：《吐谷浑史》，北京：商务印书馆2021年版，第144页。

公主走投凉州”[①]，是为吐谷浑灭国内附之始。至咸亨三年（672年）迁至灵州境内，此间9年（663—672）便生活于河西地区。武威南山地区在河西陷落吐蕃之前，曾长期充当吐谷浑归葬先茔所在，《大周故西平公主墓志》《大周故青海王墓志铭》《大唐故政乐王墓志铭》《大唐故代乐王上柱国慕容明墓志铭》所载“凉州南阳晖谷冶城之山岗”[②]“凉州城南之山岗”[③]“凉州神鸟县天梯山野城里阳晖谷之原”[④]“凉州先茔”[⑤]即在此地青咀湾和喇嘛湾。2019年以来，随着甘肃唐代吐谷浑王族墓葬群考古工作的深入开展，相关文物及墓志的出土不但证实了史籍所记，更让我们对吐谷浑王族内迁河西后的政治、经济、文化活动有了初步了解。故将在前人研究基础之上，对隋唐时期吐谷浑在河西地区活动的主要原因进行论述。

（一）地理环境相似

河西地接青海，为游牧与农耕交错地带，胡汉杂处已久，两地环境气候差异不大，经济生活方式较为相似，汉唐以来一直被视作重要畜牧基地之一。此前融于吐谷浑内的河西鲜卑、羌族等，皆曾长期生活于此。吐谷浑灭国之后，诺曷钵部奔走凉州，除寻求唐朝军事庇护之外，与青海相似的地理环境也是重要考量。此前，吐谷浑作为部落联盟政权，共同体内民族成分多样，各自生活环境与发展路径大相径庭，导致农耕与畜牧活动并存。吐谷浑境内，农业生产主要集中在黄河河曲以北一带，这里气候适宜，适合农作物生长，其余地区则受高原环境影响，多为畜牧业。《魏书》《北史》内《吐谷浑传》载，树洛干子拾寅立，“其居止出入窃拟王者”[⑥]，既“受魏正朔，又受宋封爵”[⑦]，导致北魏两次出征，从“获驼马二十余万”“刍其秋稼”[⑧]之语，便可一窥吐谷浑复合型经济模式。故生产方式多元化的河西地区经济，能够满足吐谷浑自身多种

---

①（后晋）刘昫：《旧唐书》卷一百九十八《西戎·吐谷浑》，北京：中华书局1975年版，第5300页。

② 周伟洲：《吐谷浑资料辑录》（增订本），北京：商务印书馆2017年版，第63页。

③ 周伟洲：《吐谷浑资料辑录》（增订本），北京：商务印书馆2017年版，第65页。

④ 周伟洲：《吐谷浑资料辑录》（增订本），北京：商务印书馆2017年版，第67页。

⑤ 周伟洲：《吐谷浑资料辑录》（增订本），北京：商务印书馆2017年版，第72页。

⑥（北齐）魏收：《魏书》卷一百一《吐谷浑传》，北京：中华书局1974年版，第2237页。

⑦（唐）李延寿：《北史》卷九十六《吐谷浑传》。

⑧（北齐）魏收：《魏书》卷一百一《吐谷浑传》，北京：中华书局1974年版，第2238页。

需求。而不似地狭且近吐蕃的鄯州浩门河南，使原居凉州南山的诸曷钵部迁徙之后只能再次转往灵州。因此，在审视吐谷浑北迁河西的原因时，除与故国接壤，地理环境因素也应纳入其中。

（二）地处丝路要道

作为丝绸之路上的重要媒介，吐谷浑一直积极参与丝路经济活动，所采取的政策和措施也多与丝路贸易相关，目的是维护和发展中西交通道路的通畅。早在南北朝时期，吐谷浑政权便已涉足河西，故诺曷钵部迁居河西时，有吐谷浑人在本地活动与接应当不足为奇。420年后，南北政权对立，从江南前往漠北或西域的主要道路均为北魏占据，南方政权及吐谷浑与漠北柔然的交往，只能选择横切河西后北上，这也间接促进了吐谷浑对河西地区的认识与了解。534年北魏分裂，吐谷浑再度选择经河西，假道柔然往复东魏、北齐。《魏书·吐谷浑传》云："夸吕乃遣使人赵吐骨真假道蠕蠕，频来东魏。"[①]相较于早期零散的穿越河西的行为，如今此种频繁来往的背后，所透露的正是吐谷浑对此地的高度了解。除此之外，吐谷浑人还充当了西域胡商与东魏、北齐间的贸易向导。《周书·吐谷浑传》云："魏废帝二年（553年），太祖勒大兵至姑臧，夸吕震惧，遣使贡方物。是岁，夸吕又通使于齐氏。凉州刺史史宁觇知其还，率轻骑袭之于州西赤泉，获其仆射乞伏触扳、将军翟潘密、商胡二百四十人，驼骡六百头，杂彩丝绢以万计。"[②]周伟洲据此分析，吐谷浑与东魏、北齐通使贸易，所走路线依旧经凉州北入柔然，然后再至东魏、北齐。这种相互交往名为通使，实则为贸易关系，"吐谷浑作为中西贸易中继者和向导的作用是名副其实的""这些胡商显系西域商人，他们在吐谷浑人的引导下，从西域到吐谷浑一段必定走的青海路，然后冒着风险横切河西走廊"[③]。隋唐时期，河西地区作为丝路经济中心之一，往来客商繁杂，许多民族客商聚集于此，作为长期参与"丝路之路"贸易活动的吐谷浑，也有可能活跃在此。且吐谷浑统治鄯善、且末一个多世纪之久，共同体内本就有原属西域的胡人，在很长时间内都是作为中西陆路交通的中继者和向导出现。故而将河西地区作为迁徙的目的地之一，符合吐谷浑自身发展的需求。

---

① （北齐）魏收：《魏书》卷一百一《吐谷浑传》，北京：中华书局1974年版，第2239页。

② （唐）令狐德棻：《周书》卷五十《吐谷浑传》，北京：中华书局1971年版，第913页。

③ 周伟洲：《吐谷浑史》，北京：商务印书馆2021年版，第115页。

（三）战争因素

战争作为推动民族迁徙、融合原因之一，在吐谷浑迁徙河西地区的活动中表现得十分明显。沙武田、陈国科援引周伟洲、李文学研究成果，认为自北魏始，“已有许多吐谷浑人作为战俘或降附者入迁魏境。这批内附的吐谷浑人数量很大，仅见于记载的有七万人左右，其中一部分被安置于西北沿边诸郡，凉州自然是其入迁的目的地之一”[①]。隋、唐初时，吐谷浑时常联合其他民族寇扰河西诸地，一是此地与青海接壤，二是两相交界处，或有吐谷浑部族在此生活，便于策应北上。武周时期有吐谷浑部内附，郭元振认为“但吐浑所降之处，皆是其旧居之地，斯辈既投此地，实有恋本之情。若因其所投之地，而便居之，其情易安”[②]，明确提出河西地区为吐谷浑“久居之地”，可见吐谷浑灭国内附之前，河西地区已有吐谷浑部落活动。这些吐谷浑部落除少数由青海等地迁徙，其余当为南北朝时被安置于此者。故唐初诺曷钵引千余帐奔凉州一事，当是经过审慎考虑。吐谷浑灭国之后，不同时期皆有吐谷浑人迁徙至河西地区，整个过程历时较久，原因复杂，一定程度上展现了战争对于民族迁徙与融合的巨大影响。

除此之外，吐谷浑还通过招募及战争手段吸纳人口，相当一部分入迁河西地区。如慕璝时“招集秦凉亡业之人及羌戎杂夷众至五六百落”[③]，伏连筹“内修职贡，外并戎狄，塞表之中，号为强富”[④]，均是意图通过人口兼并，扩充自身实力。如“西秦灭亡后，有一部分鲜卑人投归北凉和夏国，夏国被吐谷浑所灭后，乞伏鲜卑一部分融合于吐谷浑”[⑤]。《资治通鉴》载：“夏主畏魏人之逼，拥秦民十余万口，自治城济河，欲击河西王蒙逊而夺其地。吐谷浑王慕璝遣益州刺史慕利延、宁州刺史拾虔，帅骑三万，乘其半济，邀击之，执夏主定以归，沮渠兴国被创而死。”[⑥]经此一役，夏国灭亡，原属西秦凉州六郡之治城亦被收入其中。这也从另一方面印证了吐谷浑通过战争手段来

① 沙武田、陈国科：《武威吐谷浑王族墓选址与葬俗探析》，《考古与文物》2021年第2期，第80页。

②（唐）杜佑：《通典》卷一百九十《边防·吐谷浑》，北京：中华书局1988年版，第5166—5167页。

③（北齐）魏收：《魏书》卷一百一《吐谷浑传》，北京：中华书局1974年版，第2235页。

④（北齐）魏收：《魏书》卷一百一《吐谷浑传》，北京：中华书局1974年版，第2239页。

⑤ 李吉和：《鲜卑族在西北地区的迁徙活动》，《黑龙江民族丛刊》2003年第3期，第79页。

⑥（宋）司马光：《资治通鉴》卷第一百二十二《宋纪四》，北京：中华书局1976年版，第3832页。

增加人口，扩大统治区域的史实。对此，北魏太尉长孙嵩等认为，吐谷浑乃“塞外之人，因时乘便，侵入秦凉，未有经略拓境之勋，爵登上国，统秦、凉、河、沙四州之地，而云‘土不增廓’”[①]，其行多有不当。此间言辞虽有夸大，但吐谷浑彼时已进入河西地区却是不争事实。而对于如何安置在战争获得的人口，除迁徙至青海，吐谷浑极有可能遵循他们原来的生活习惯，使其在能够掌控的范围之内，继续生活在河西地区。

（四）“兴灭继绝”为核心的唐朝政治伦理

汉唐以降，中原王朝虽几经更迭，出现短暂割据局面，但建立在藩属体制下的“天下观”观念和“大一统”理想，直至清代依旧是中央王朝及边疆族群政治观念的主流。因为，“尽管古代中国用于指称近代意义国家的概念，多数情况下是含糊的‘天下’而非‘中国’，但‘中国’为天下中心，据有‘中国’可以成为号令四夷的正统王朝的观念深刻影响到了中国历史上的众多王朝或政权”[②]。在此政治体系之下，“大一统”成为证明政权合法性的来源之一，而宗藩观念又成为维持藩属体制运行的伦理道德规范。这就不难理解，为何南北朝时期，逐鹿中原的少数民族政权纷纷构建自身华夏正统属性，积极维护“大一统”与宗藩观念。

从公元前3世纪始，直到19世纪末期，以中原王朝为核心的等级制网状政治秩序体系开始出现和发展。这种具有浓厚儒家政治伦理色彩的“德治”体系，在处理与周边少数民族政权关系时，常以“天朝上国”自居，强调自身政治行为的合理性。“普天之下莫非王土，率土之滨莫非王臣”，藩属体制下的政治伦理认为，作为宗主国应抱有胸怀天下的气魄，处理与藩国乃至化外之邦政权的关系，并对藩属国负有“兴灭继绝”的道德义务。在此视域之下，唐太宗《原吐谷浑制》中“吐谷浑擅相君长……草窃疆场，虐割兆庶，积恶既稔，天亡有征。朕君临四海，含育万类，一物失所，责深在予。所以爰命六军，申兹九伐，义存活国，情无黩武”[③]的政治叙述，生动地体现此种政治伦理。

“兴灭继绝”意为“灭绝的重新振兴起来，延续下去”。在政治领域常常被看作复

① （北齐）魏收：《魏书》卷一百一《吐谷浑传》，北京：中华书局1974年版，第2236页。

② 李大龙：《从“天下”到“中国”：多民族国家疆域理论解构》，北京：人民出版社2015年版，第66页。

③ （后晋）刘昫：《旧唐书》卷一百九十八《西戎传》，北京：中华书局1975年版，第5299页。

兴灭亡国家，延续断绝的世代。它不仅是“天朝上国”政治道义的体现，也是宗主国与藩属国之间所达成的政治契约。从唐太宗“伐罪吊人，前王高义，兴亡继绝，有国令典。……然其建国西鄙，已历年代，即从废绝，情所未忍，继其宗祀，允归令子，封顺西平郡王，食邑四千户，仍授趉胡吕乌甘豆可汗”①“文德怀远，列圣之弘规；兴亡继绝，至仁之通训”②“不欲因彼危乱，绝其宗祀，乃立伪主之子大宁王慕容顺，抚招余烬，守其旧业”③，到唐高宗年间诺曷钵亡国内附，由凉州转灵州之地，置安乐州，子孙袭封乌地也拔勒豆可汗、青海国王近乎百年，以延其宗嗣，其中逻辑十分明了。《论语·尧曰》强调“兴灭国，继绝世，举逸民，天下之民归心焉”，可以说“兴灭继绝”才是藩属体制中的核心政治伦理。

作为具有儒家政治伦理特点的藩属体制与以儒家家族伦理为基础的差序格局之间存在高度相似性，只不过藩属体制是将其由“治家”推向了更高层面的“治国”。差序格局视域下的家族成员，往往依据血缘关系的远近亲疏确立行为准则。国家层面的差序格局则将此种由近到远的排序外化为“天朝上国”“藩属国”与“化外各邦”。三者之间，权利、义务关系边界清晰，远近亲疏秩序明确，共同构成藩属体制运行的内在逻辑。在此体制之下，以“兴灭继绝”为政治核心伦理，去保障藩属国成员政治需求，既能体现宗主国的政治担当，也能据此弹性处理对外关系，进而更好地维护宗主国的政治权益。以唐初吐谷浑灭国内附为例，当基于差序格局形成的传统政治秩序被外力打破，“藩属国”吐谷浑因“化外各邦”吐蕃相侵覆亡，这就意味着，唐朝无论是出于政治伦理要求，还是出于维护藩属体制顺利运行，势必都要对此做出回应。可以说，唐朝以军事手段护送诺曷钵返回故地复国和子孙沿袭册封的行为，都是以“兴灭继绝”为理论依据，来昭示其对藩属体制政治伦理的践行。

河西地区地接河湟，吐谷浑灭国之后，唐朝曾将吐谷浑降部安置于此，并使内附王族成员仍以乌地也拔勒豆可汗、青海国王之名统帅指挥，此种政治安排正是“兴灭

---

① 王钦若：《册府元龟》卷九六四《外臣部·封册二》，上海：上海人民出版社2013年版，第11337—11338页。

② 王钦若：《册府元龟》卷九六四《外臣部·封册二》，上海：上海人民出版社2013年版，第11338页。

③ 王钦若：《册府元龟》卷一六四《帝王部·招怀二》，上海：上海人民出版社2013年版，第1982页。

继绝”政治伦理的现实实践。但是，在此过程之中，尚需注意现实利益对于政治行为的影响。杨文荣以“法”与“礼”在中国社会扮演的作用为切入点，指出中西思维的不同，强调中国创造的是一个有高度凝聚力但与外界隔开的社会，它清楚地意识到内外之分，并把焦点放在内部发展与社会关系上。相关政治决策逻辑，往往更加关注内在需求。诺曷钵亡走凉州之初，吐蕃尚未触及唐朝核心利益，故唐朝统治集团内部对于是否以军事行动介入吐谷浑、吐蕃之争意见相左。直至吐蕃入残羁縻十八州，率于阗取龟兹拨换城，迫使唐朝放弃安西四镇，并对河西地区形成巨大压力，才使得唐朝下定决心，以“兴灭继绝”为名采取行动。

由此观之，“兴灭继绝”的实践并非单纯的理论问题，它的实施与应用需要考虑现实政治环境与政治利益。但总体来说，正是基于“兴灭继绝”政治伦理的推动，为以诺曷钵部为主的吐谷浑人入迁河西地区创造了良好的政治环境。此种政治安排虽主要针对灭国后的吐谷浑王族成员，但其产生的政治影响与号召力已波及慕容氏以外的其他吐谷浑部族。

（五）吐蕃扩张

唐代吐谷浑人大量出现在河西地区，其频率和数量明显有别于前朝，超过了正常的民族间交往和往来。作为推动吐谷浑入迁河西的重要力量，吐蕃在此过程之中发挥了至关重要的作用。可以说，吐蕃北上和蒙古西征及南下，奠定了近现代西北少数民族分布格局[①]。

吐蕃政权的建立，一方面形成了比较稳定的政治共同体，促进了域内社会经济的快速发展；另一方面受经济因素驱动，需要通过扩张走出封闭的内陆高原，积极向外拓展生存空间。吐蕃作为新兴经济体，由于快速发展，人口开始呈现增长趋势，与之相匹配的生产资料却没有发生显著变化。这就意味着，单位面积内草场和耕地将不足以承载与满足新增人口和牲畜的需求。在人口增加，牧场没有增加的情况下，牛羊过度繁衍只会极大地增加牧场负荷，从而导致单位内粮食产量下降，影响整体发展。这也是为何诸多游牧民族建立的政权，虽然曾盛极一时，却随着时间推移最终消失在历

---

① 周伟洲：《西北少数民族多元文化的历史与现状》，《西北民族论丛》第三辑，2004年12月，第12页。

史的长河之中，究其原因还是环境与生产方式制约了他们的发展。面对此种困境，吐蕃除了提高域内生产效率，最为直接的方式便是对外扩张。吐蕃地处青藏高原，向东受自然环境限制，高山河流密布，向南为喜马拉雅山脉阻隔，向西是帕米尔高原，唯有北方吐谷浑所据甘青之地水草丰美，自古为优质牧区，地理位置优越，据此向西可直抵西域诸国，向南可经陇山而直达关中，自然是其外扩的不二之选。

贞观十年（636年）吐蕃松赞干布遣使请婚，唐婉言谢绝，使者返回言："天子（唐太宗）遇我厚，几得公主，会吐谷浑王入朝，遂不许，殆有以间我乎？"[①]松赞干布由此迁怒吐谷浑，发兵击之。吐谷浑被迫迁至青海湖北，后重返其地。关于此段历史，《新唐书·吐蕃传上》载："弄赞（松赞干布）怒，率羊同共击吐谷浑，吐谷浑不能亢，走青海之阴，尽取其资畜。"[②]此为吐蕃对吐谷浑早期试探性进攻，其间吐蕃不得不考虑唐朝态度。此后吐谷浑内部形成两派，一派主张依附唐朝，反对吐蕃北上，如诺曷钵；一派主张联合吐蕃，反对唐朝，如宣王、素和贵。两派势力相互牵制拉扯，前后期力量此消彼长。松赞干布去世后新赞普年幼，权力实际控制在大论禄东赞手中，吐蕃再次北上。唐高宗显庆元年（656年），以十二万兵力击白兰，为进攻吐谷浑之前奏。《敦煌本吐蕃历史文书》记，唐显庆四年（659年）至乾封元年（666年），"大论禄东赞在吐谷浑境，这似与吐蕃与吐谷浑征战有关"[③]。唐高宗显庆五年（660年），吐蕃以吐谷浑内附唐朝，关系密切为由出兵进攻。双方遣使入唐请求出兵援助，高宗均未应许。对此，周伟洲认为，唐朝虽然倾向吐谷浑，却未采取实质性措施，导致局势不利，不得不说是失策[④]。唐高宗龙朔三年（663年），吐蕃进攻吐谷浑，亲吐蕃派大臣素和贵逃奔吐蕃，尽述吐谷浑虚实。吐蕃遂顺利攻入吐谷浑境内，并于黄河边处击溃吐谷浑军队，诺曷钵及弘化公主率数千帐逃至凉州。是年十一月，吐谷浑全境陷于吐蕃，吐谷浑政权覆亡。综上，吐蕃扩张当为吐谷浑内迁河西地区的主要原因。

①（宋）欧阳修、宋祁：《新唐书》卷二百一十六《吐蕃传上》，北京：中华书局1975年版，第6073页。

②（宋）欧阳修、宋祁：《新唐书》卷二百一十六《吐蕃传上》，北京：中华书局1975年版，第6073页。

③ 周伟洲：《吐谷浑史》，北京：商务印书馆2021年版，第85页。

④ 周伟洲：《吐谷浑史》，北京：商务印书馆2021年版，第85页。

五、结论

作为多元文化的接受者与实践者，吐谷浑在不同时期迁入河西地区，人口众多，且分散在河西诸州，不但推动了本地区多民族融合历史进程，还有效促进了多元文化的发展。迁入后的吐谷浑与各族人民交往密切，积极参与各项政治、经济活动，有力地促进了河西地区的政治、经济、文化发展。随着武威市天祝藏族自治县吐谷浑王族墓葬群与青海都兰热水墓群2018血渭一号墓考古工作的深入开展，一批极具学术价值的文物资料面世，将有效补充文献典籍记载不足之处，为吐谷浑与周边民族政治、经济、文化交流活动提供实物证明。

（李文平，兰州大学历史文化学院博士。）

武威唐代吐谷浑墓葬研究的历史意义和时代价值

李元辉

“甘肃武威唐代吐谷浑王族墓葬群”入选“2021年度全国十大考古新发现”，同时还被列入“中国社会科学院考古学论坛·2021年中国考古新发现”公布的六项重大考古新发现之一。吐谷浑王族墓葬葬俗和出土文物是中华民族多元一体格局的重要实证，开展吐谷浑历史以及葬俗、出土文物研究，是中华民族共同体史研究的重要一环。

吐谷浑是古代少数民族政权，原为辽东鲜卑慕容部的一支，后西迁。唐初，吐谷浑统治着今青海、甘南和四川西北地区。635年，成为唐朝属国。640年，唐太宗为加强与吐谷浑的关系，将宗室之女弘化公主嫁给吐谷浑首领诺曷钵。663年被吐蕃攻灭，其部分王族成员逃奔到凉州。从663年到672年，亡国后的吐谷浑王族成员在凉州留驻了9年时间。在这9年的时间里，吐谷浑王族每天都在失望与希望中煎熬，希望有朝一日能借助大唐的力量收复失地，恢复故国。但最终希望破灭，于672年离开凉州，徙居灵州。从此，吐谷浑部族散居到青海、甘肃、宁夏、陕西等地，分属吐蕃、唐朝统治。部分又迁居到朔方、山西、河北北部等地。

一、吐谷浑墓葬是吐谷浑民族融入中华文明体系的重要实证

从武威吐谷浑王族墓葬葬俗和出土文物来看，墓葬兼具中原、吐谷浑、吐蕃、北方草原等多种文化元素，显示了我国古代丝绸之路沿线，各民族交往、交流、交融的历史进程，是中华民族多元一体格局的重要实证。

（一）吐谷浑葬俗受到多元文化的影响

从已发现的吐谷浑王族墓葬中出土的墓志铭以及大量的随葬品，墓葬的结构、形制等等，可以看出吐谷浑民族的丧葬制度。吐谷浑葬俗源自古老的鲜卑族传统，到达青藏高原后，受到吐蕃、突厥等民族的影响而有变化，归附唐朝后受到中原文化的影响又有许多变化。武威发现的吐谷浑王族墓葬均在唐早中期，具有中原地区高等级墓葬的基本特征，以唐代葬制为主，兼有吐谷浑、吐蕃等文化因素[①]。武威发现的吐谷浑王族墓葬均是唐早中期墓，具有中原地区高等级墓葬的基本特征，以唐代葬制为主，兼有吐谷浑、吐蕃等文化因素，显示了我国丝绸之路沿线多民族交流融合的历史进程，是中华民族多元一体格局的重要实证。

（二）吐谷浑墓葬出土文物见证文化交流融合

如慕容智墓葬中发现唐代数量最多、保存最完整、种类多样的丝织品。墓葬出土的丝织品不仅纹样种类丰富，而且工艺先进，十分精美，样式有团窠纹、对狮纹、翼马纹、对鹿纹、孔雀纹、麒麟纹等多种，运用了夹缬、扎染、刺绣等当时中原最先进的丝织品制作工艺。从中不仅可以反映出唐代精湛的丝织水平，也可见吐谷浑人在着装、打扮等方面已经完全效仿和融入中原汉族，特别是一些王族在着装方面非常讲究，完全接受了中原贵族的服饰装扮。又如慕容智墓葬中首次发现国内年代最早的唐代白葡萄酒等完整实物遗存，既可说明墓主人生前喜饮白葡萄酒，饮白葡萄酒也是吐谷浑上层人物的生活喜好和家庭时尚；又可佐证，唐代葡萄酿酒技艺经不断改进，在当时已相当熟练、发达。同时从另一个侧面印证，唐代的凉州作为河西都会，商业贸易繁荣，葡萄酒交易活跃。再如首次发现并确认吐谷浑文字。史籍记载，吐谷浑“颇识文字”或“颇识书记”“乃用书契”。由于吐谷浑大量吸收中原文化，国内汉语十分流行。在新发现的慕容智墓甬道正中出土的《慕容智墓志》左侧面刻有两行利用汉字偏旁部首合成的文字，初步判断为吐谷浑据汉字创造的本民族文字。

该墓群的发现，从文字和实物层面，揭示了吐谷浑民族自归唐以后近百年间逐渐融入中华文明体系的历史史实，并反映出吐谷浑人的物质生活、思想观念、文化认同等历史细节的变迁。这些发现，为进一步提高对该墓群文化内涵的认识、推动武威吐

---

① 沙武田、陈国科：《武威吐谷浑王族墓选址与葬俗探析》，《考古与文物》2021年第2期。

谷浑王族大遗址群的可持续发展和文物保护利用奠定了重要基础，为丝绸之路历史文化提供了新的内容，为增强民族文化自信、铸牢中华民族共同体意识提供了典型实例[①]。

二、吐谷浑史是中国古代史的重要组成部分

吐谷浑政权促进了当地经济文化发展，加强了当地与内地的联系，为其纳入隋唐中原王朝的大一统奠定了基础。吐谷浑是古代少数民族政权，原为辽东鲜卑慕容部的一支，后西迁，在晋永嘉年间建国。唐初，吐谷浑统治着今青海、甘南和四川西北地区，663年，立国350余年的吐谷浑被吐蕃攻灭后，吐谷浑王族先后迁凉州、灵州又留驻了100余年，都是其历史的延续。前后500多年的吐谷浑的历史是中国古代史、民族关系史、丝绸之路交通史的重要组成部分，发挥过重要的历史作用。

吐谷浑统治今青海、甘南和四川西北地区，客观上促进了上述地区民族的团结，促进了与内地的联系，推动了当地的经济文化发展，奠定了其纳入隋唐大一统的基础。吐谷浑入驻上述地区之初，与当地的羌族等民族矛盾尖锐，如《晋书·吐谷浑传》记载，东晋咸和四年（329年），吐谷浑部落首领慕容吐延与昂城羌族酋长姜聪争夺草场时，被其用剑刺伤，后伤重而亡。吐延临终前托孤大将纥拔泥，“吾死之后，善相叶延，速保白兰”[②]，让他辅佐自己十岁的长子叶延保卫白兰（今青海巴隆河流域布兰山一带），以巩固其统治。此后，叶延继位，在沙洲（今青海贵南木格滩一带）建立慕克川总部，以祖父吐谷浑为其族名及国号，并置百官，建立了政权。后来随着吐谷浑的势力不断壮大，再加上吐谷浑笼络羌族上层，吐谷浑政权就形成了以吐谷浑为中心、与羌族上层联合的政权。吐谷浑与诸羌成为合作关系。正是有了吐谷浑的统一，青海、甘南和四川西北地区的畜牧业、农业、手工业、商业才发展起来。而且，正是因为统一，吐谷浑才与周边政权及中原王朝开展政治、经济、文化等各方面的联系交往，加强了吐谷浑统治地区与内地的联系，推动了经济文化的交流、发展，也为日后纳入隋

① 张国才：《唐代吐谷浑墓实证中华民族文化交融与历史自信》，中国社会科学网2022年11月4日。

②（唐）房玄龄：《晋书》卷九十七《西戎·吐谷浑》。

唐中原王朝的大一统奠定了基础[①]。

吐谷浑政权开辟了青海到西域的丝绸之路新通道，为中西交通、商贸往来做出了积极的贡献。吐谷浑有着对外贸易的传统，吐谷浑人在青海高原、河西走廊、西域于阗等交错地带从事畜牧的同时，也经商贸易，利用自己控制的交通发达、商业繁荣的青海等地，形成的丝绸之路“青海道”，成为东西方贸易的通道。“青海道”作为丝绸之路的一部分，与西域文明有着十分密切的关系[②]。《周书·吐谷浑传》记载，553年“（吐谷浑王）夸吕又通使于齐氏。凉州刺史史宁觇知其还，率轻骑袭之于州西赤泉，获其仆射乞伏触扳、将军翟潘密，商胡二百四十人，驼骡六百头，杂彩丝绢以万计”[③]。这段史料侧面印证了从西域中亚运送来的金银制品以及各种高级奢侈品，受到吐谷浑王室贵族喜好，并将其作为贡品或经济交流的重要物品。同时也说明，通过吐谷浑开辟的新通道，西域与中国南方实现了直接的经济交往。

南北朝至隋唐时期，由于南北分裂局面，北方战乱四起，吐谷浑境内相对安定，“青海道”发挥了东西方陆路交通主干道东段主线的作用，成为其最为繁盛、活跃的时期。青海吐谷浑大墓曾出土众多精美文物，如异域货币、纺织品、金银器、金银饰片、宗教用品和玻璃杂物等，见证了青海道的商业贸易繁荣。

三、吐谷浑墓葬研究对于中华民族共同体史研究意义重大

通过从文字和实物层面分析武威吐谷浑慕容智墓葬葬俗表现出的多元文化，以及文化交流的各种特征，从中探寻和思考归唐吐谷浑人思想观念、物质生活、文化认同等历史细节的变迁，生动揭示吐谷浑民族逐渐融入中华文明体系的历史史实，为人们进一步了解中华民族多元一体形成过程、铸牢中华民族共同体意识研究提供了典型案例。

武威吐谷浑慕容智墓葬群的发现，进一步反映了吐谷浑悠久的历史文化。武威市凉州区、天祝藏族自治县是吐谷浑文化的富集区，原因就是自1915年弘化公主墓志发

① 王俊杰：《吐谷浑在历史上的积极作用》，《西北师大学报》（社会科学版）1986年第3期。

② 葛承雍：《从“青海道”丝路文物看历史上的吐谷浑》，《光明日报》2022年6月25日。

③（唐）令狐德棻：《周书》卷五十《吐谷浑传》。

现以来，武威陆续发现了大量的唐代吐谷浑王族墓葬。从目前出土文物所见，吐谷浑王族墓葬群的下葬时间段为从663年吐谷浑政权被吐蕃灭亡至安史之乱前，主要分布在凉州区青咀喇嘛湾至天祝县祁连镇一带。

要把武威发现的吐谷浑墓葬群与青海、宁夏、陕西、河南、河北等地发现的吐谷浑墓葬结合起来开展综合研究。顺着吐谷浑的脚步，从整体上去梳理吐谷浑与其他民族及中原文化的交流交融，深入提炼吐谷浑在中华民族多元一体形成过程中的特殊地位。

吐谷浑在几百年的历史进程中，有力地推进了多民族的交流交往、融合演进过程，其政权存在期间，在中西商贸交流方面发挥着的纽带作用和桥梁作用，有力地开拓了西北地区多元文化兼容共存的格局，其后裔逐渐散布并融入青海、武威、宁夏、河北、河南等地。在历史的变迁过程中流传至今，以及在新发现的墓葬中保存并展示出来的吐谷浑文化，在中华传统文化构建中扮演着重要的角色，并经历史的涤荡终成鲜明的地方特色。吐谷浑和历史上的其他民族共同书写了波澜壮阔的中华民族共同体历史。

（李元辉，武威市凉州文化研究院副研究员。）

武威出土吐谷浑墓志研究综述

杨琴琴

墓志，又称为埋铭、圹志、圹铭等，一般放在墓中并镌刻墓主人生平事迹。魏晋以来，墓志的形制、大小等逐渐成形，至刘宋年间，墓志的形制和文体也相对稳定下来。墓志为方形，并出现志盖，盖刻标题，底刻志铭。志铭分志和铭两种文字体。志即传，以散文写成，内容一般包含墓主人的世系、名讳、乡邑、族别、爵位、寿年、卒葬年月、墓葬地及子孙大概、重要的生平事迹等。铭用韵文，用以表达对墓主人功德的褒扬，表示对墓主人的怀念和赞颂。自20世纪四五十年代以来，武威先后出土了《大周故西平公主墓志》《大周故青海王墓志铭》《大唐故政乐王墓志铭》《大唐故辅国王慕容忠》《大唐慕容府君（曦光）墓志铭》《大唐故武氏墓志之铭》《太原郡夫人武氏墓志》《大周故慕容府君（喜王）墓志》等8合志、铭共同出现的吐谷浑墓志。2019年以来，随着“甘肃武威唐代吐谷浑王族墓葬群”的考古发掘，再次将吐谷浑研究推向一个新的高潮。该文旨在以时间先后为序，系统归纳梳理近年来学术界对吐谷浑出土墓志的研究观点。

一、新中国成立前后至20世纪末

1944年，夏鼐与西北科学考察团的向达、阎文儒等在甘肃境内进行考古调查，期间也对武威南营青咀湾、喇嘛湾的吐谷浑墓葬进行了考古发掘，先后出土了弘化公主、慕容曦光、金城县主等墓志。

1948年，夏鼐发表了《武威唐代吐谷浑慕容氏墓志》一文，该文以慕容曦光、金城县主墓志为中心，结合之前发现的弘化公主、慕容明、慕容宣彻、慕容忠等4块墓志，进行了综合性研究。之后，夏鼐在《历史语言研究所集刊》上对该文《武威唐代吐谷浑慕容氏墓志》[①]进行了修订，补入了武威出土的《李氏夫人墓志》和宁夏出土的《慕容威墓志》，并写了跋语收入《夏鼐文集》。

1962年将《李氏夫人墓志》移至武威文庙后，党寿山撰文《武威南山青咀喇嘛湾又发现慕容氏墓志》，介绍了墓志出土情况，并进行了考释[②]。

1978年《武氏夫人墓志》出土后，宁笃学撰《甘肃武威南营发现大唐武氏墓志》一文，对武氏夫人墓志进行详细考释研究。文章指出武氏夫人为武则天皇后侄孙女，其祖父承嗣是武则天的侄子，父延寿是承嗣的第四子。其夫慕容曦皓为唐军节度副使，并封燕王，其子为慕容兆。同年7月，参加中国唐史学会组织的丝绸之路考察活动的周伟洲，考察了武威南山青咀喇嘛湾的吐谷浑先茔墓地，并见到藏于武威的《大唐故武氏墓志》。考察结束后，撰写《武威青咀喇嘛湾出土大唐武氏墓志补考》一文，载于《丝路访古》文集中。文中考证墓主武氏（武则天侄孙女）所适之吐谷浑燕王"慕容公"，志记其子为慕容兆。据两唐书之《吐谷浑传》记"宣赵（新书作"宣超"）卒，子曦皓嗣。曦皓卒，子兆嗣"的记载，提出，此慕容公应即曦皓；夏鼐先生在《武威唐代吐谷浑慕容氏墓志》论文所云："或疑曦光即曦皓，然《志》（曦光墓志）不应漏载袭封'青海国王'事，当为两人"，两人为昆仲也；周则认为曦光、曦皓可能是同一人，并引上述两唐书文，作详细考证[③]。

1984年李延恺撰《弘化公主和亲及唐浑关系考述》，结合《大周故西平公主墓志》等出土文献和相关史籍，对唐朝与吐谷浑和亲背景、和亲年代质疑、唐浑关系加强等相关问题进行了研究[④]。

1985年由宁夏人民出版社出版陕西师范大学教授周伟洲先生撰《吐谷浑史》，书中结合吐谷浑历史，对上述出土墓志做了论述；1992年青海人民出版社出版的《吐谷浑资料辑录》一书，则著录以上出土的唐代吐谷浑墓志共10方，并做了详细考释。这是继夏鼐先生之后，步武前贤，先后出版了《吐谷浑史》《吐谷浑资料辑录》（增订本）

---

① 夏鼐：《武威唐代吐谷浑慕容氏墓志》，《考古学论文集》，北京：科学出版社，1961年。

② 党寿山：《武威南山青咀喇嘛湾又发现慕容氏墓志》，《文物》1965年第9期。

③ 宁笃学：《甘肃武威南营发现大唐武氏墓志》，《考古与文物》1981年第2期

④ 李延恺：《弘化公主和亲及唐浑关系考述》，《青海民族学院学报》（社会科学版）1984年第1期。

等，相关成果由后出转精，将吐谷浑研究推向了一个新的高度。

1995年三秦出版社出版了吴钢主编《全唐文补遗》第2辑，收录了诸多新出土隋唐墓志，值得一提的是首次公布了20世纪90年代出土于今西安长安区杜城一带的《唐故大同军使云麾将军左武卫大将军宁朔县开国伯慕容公（曦皓）墓志》。从志文可知，公讳曦皓，字曦皓，京兆长安人，为弘化公主曾孙。祖慕容忠，父慕容宣超，世袭可汗。曦皓为宣超与姑臧县主的次子，以宝应元年（762年）九月十二日终于任，春秋五十五岁。以大历四年（769年）二月十日，自太原启殡，卜于长安县高原阳礼也。

1998年靳翠萍撰《唐与吐谷浑和亲关系始末考》[①]一文中，分别论述了"弘化公主与诺曷钵""金城县主与苏度摸末""李深与慕容若""姑臧县主与慕容宣超""金明县主与闼卢摸末"等五组和亲史实，通过将出土墓志与史料相互印证的研究方法，纠正了史料记载中的部分错漏，还对唐浑和亲对民族关系的促进进行了论述。

二、21世纪的墓志研究

2000年，陈忠凯撰《三方吐谷浑族墓志之考释》，发表于《碑林集刊》，对《弘化公主墓志铭》《慕容忠墓志铭》《慕容神威迁奉墓志》三方墓志进行了研究，论述了吐谷浑慕容氏家族的谱系和汉化历程[②]。

2002年，杜林渊撰《从出土墓志谈唐与吐谷浑的和亲关系》[③]一文，通过出土墓志的研究，将唐代吐谷浑王族世系、婚配、生卒年进行梳理研究，并对部分史实进行考证，特别是因慕容曦皓墓志的出土，而提出两唐书《吐谷浑传》记载有误，并对唐朝中晚期与吐谷浑和亲的历史事实进行逐一分析，随着吐谷浑制衡吐蕃作用的逐渐削弱，唐朝出使宗族女、外戚女的身份也逐步降低，进而对唐浑关系、唐蕃关系进行了细致深入的探讨研究。

2010年，孙瑜撰《唐慕容曦皓墓志考释》[④]一文，对慕容曦皓墓志进行详细考证研究，深入分析阐释了《慕容曦皓墓志》的真实性，结合墓志与史料记载辨析了其与慕

① 靳翠萍：《唐与吐谷浑和亲关系始末考》，《敦煌学辑刊》1999年第1期。

② 陈忠凯：《三方吐谷浑族墓志之考释》，《碑林集刊》，2000年。

③ 杜林渊：《从出土墓志谈唐与吐谷浑的和亲关系》，《考古》2002年第8期。

④ 孙瑜：《唐慕容曦皓墓志考释》，《山西师范大学学报》2010年第3期。

容曦光之间的关系，将慕容曦皓及慕容曦光的世祖及子嗣情况进行梳理。

2012年，李鸿宾撰《慕容曦光墓志铭反映的若干问题》[①]一文，详细分析了慕容曦光与武氏夫人、慕容曦皓之间的关系，并对吐谷浑王族降唐之后的安置及唐浑之间的和亲进行分析，对吐谷浑在唐代的地位变迁以及唐蕃关系进行了深入研究，随后根据墓志记载及史料推断还提出“慕容曦光参与镇压康待宾叛乱”这一观点，并提出“慕容曦光充任朔方军节度副使”这一问题，对慕容曦光任副使时间与押蕃部落使进行研究探讨，一定程度上还原了吐谷浑王族在唐代中晚期扮演的历史角色和历史地位。

2013年，于志刚撰《从墓志看唐代吐谷浑诺曷钵家族的汉化》，通过对武威出土吐谷浑墓志的研究，论证了吐谷浑诺曷钵家族在汉化过程中出现了汉人的郡望观念，恢复了慕容鲜卑意识，他们普遍具有了一定的汉文化修养，并热衷与汉人通婚。在汉化进程中，他们内心已开始出现汉族人的夷夏观念，《慕容曦光墓志》就有“摧破凶胡”“胡贼再叛”的记载，显然他们开始以汉人自居。诺曷钵家族是吐谷浑内附部的上层贵族，虽然志文中所展现的其家族的汉化现象并不能完全反映整个内附部族，但任何内附族群对汉文化的吸收都需要经历一个自上而下的过程。随着诺曷钵家族汉化的加深，汉文化将会以较快的速度扩散到整个内附族群，并促进整个族群的汉化[②]。

2013年，濮仲远撰《唐代吐谷浑慕容氏王室墓志研究述评》，评述了出土的唐代吐谷浑慕容氏十一方墓志的研究概况，提出从墓志研究吐谷浑世系、与唐和亲及入侍宿卫等专题及研究概况[③]。

2014年，濮仲远在《唐代吐谷浑质子考——以唐代吐谷浑王室慕容氏墓志为中心》一文中结合甘肃武威、宁夏同心和陕西西安出土的墓志及史传系统勾勒了吐谷浑入侍唐朝质子情况，并在此基础上探讨了质子对唐吐关系的作用和影响[④]。

2018年，仇鹿鸣撰《读吐谷浑、吐蕃入唐家族碑志丛札》[⑤]，对吐谷浑内附唐朝和

---

① 李鸿宾：《慕容曦光墓志铭反映的若干问题》，《唐史论丛》第14辑，西安：陕西师范大学出版社，2012年。

② 于志刚：《从墓志看唐代吐谷浑诺曷钵家族的汉化》，《商丘师范学院学报》2013年1月第1期。

③ 濮仲远：《唐代吐谷浑慕容氏王室墓志研究述评》，《青海民族大学学报》2013年第3期。

④ 濮仲远：《唐代吐谷浑质子考》，《河西学院学报》2014年第4期。

⑤ 仇鹿鸣：《读吐谷浑、吐蕃入唐家族碑志丛札》，《纪念西安碑林930周年华诞论文集》，西安：三秦出版社，2018年。

武周时期与吐谷浑的和亲关系等进行了详细的论述，该文认为吐谷浑王族及其部落从凉州内迁至灵州是迫于吐蕃军事压力，但吐谷浑王族成员去世后大多坚持归葬凉州，其族群内部仍认为凉州为故里。该文中还从安史之乱之前吐谷浑王族成员大多归葬凉州的习俗进行分析，认为其归葬之地的选择寄托了吐谷浑王族成员的故国之思，也由此反映了安史之乱之后吐谷浑王族慕容氏的核心统领地位已不复存在。

2019年，周伟洲撰《吐谷浑墓志通考》，对21世纪出土墓志研究做了补考：关于吐谷浑世系及封爵问题，从此志文追述其先世可知，祖宣超有四子，慕容曦光、慕容曦轮、慕容曦皓、慕容相，则曦轮非姑臧县主所生，为庶出[①]。

2019年，张慧兵在《武周〈弘化大长公主墓志〉及相关问题考》中对墓志的书法进行了研究，分析了墓志书法的用字和书法风格，认为《弘化大长公主墓志》应该为武周时期典型的楷书代表之作[②]。

2020年濮仲远在《祖居之地与华夏认同——以唐代吐谷浑慕容氏家族墓志为中心》中利用武威等西北地区出土的唐代吐谷浑慕容氏家族16方墓志，对吐谷浑慕容氏家族墓志铭中祖居之地整理、祖居之地的变迁与华夏认同等进行了详细的论述，吐谷浑慕容氏家族内附唐王朝后，籍贯经历了阴山、昌黎、长安的变迁，归葬地也从凉州变为长安，二者从分离到最终统一，不仅反映了吐谷浑慕容氏家族活动重心从边疆转移到内地，更反映了族群从自我认同到华夏认同的变化[③]。

学术界除了对吐谷浑墓志在民族关系方面的研究之外，对吐谷浑墓志本身的文字内容及书法艺术也进行了深入探讨。

2020年，姚汪炯撰写《吐谷浑墓志书法研究》[④]硕士论文中以吐谷浑墓志研究来窥探唐代书法，详细分析了弘化公主及其子慕容忠两方墓志的书写者以及墓志中所反映的唐代书法艺术，通过将吐谷浑墓志与大量同时期碑帖进行对比研究，认为弘化公主墓志及其子慕容忠墓志书法深受“二王”书法影响，慕容明墓志深受褚遂良书风影响。

---

① 周伟洲：《吐谷浑墓志通考》，《中国边疆史地研究》2019年第3期。

② 张慧兵：《武周〈弘化大长公主墓志〉及相关问题考》，《中国书法·书学专题》2019年11月总366期。

③ 濮仲远：《祖居之地与华夏认同》，《西北民族大学学报》（社会科学版）2020年第3期。

④ 姚汪炯：《吐谷浑墓志书法研究》，苏州大学2020年硕士论文。

同年，周永研在《吐谷浑墓志释文献疑》[①]一文中对弘化公主墓志铭文记载进行释读，并对部分字词进行考释。

三、新出土墓志研究

2021年，刘兵兵、陈国科、沙琛乔等所撰的《唐〈慕容智墓志〉考释》一文中指出慕容智是诺曷钵与弘化公主的嫡三子，永徽元年（650年）之后出生，最初被授予左领军将军，由于永徽至龙朔年间（650—662）慕容智尚小，担任左领军将军的可能性不大，其担任左领军将军的时间应当在咸亨、光宅之间（670—684）。光宅元年以后左领军卫改名左玉钤卫，慕容智又晋级为正三品的“守左玉钤卫大将军”。于“天授二年（691年）三月二日，薨于灵府之官舍，春秋卌有二，即其年九月五日迁葬于大可汗陵”。同时，对墓主人喜王慕容智的祖籍与世袭、入侍经历，归葬之地的变迁、古吐谷浑文字做了详细的考释，填补了吐谷浑王族世系的空白。志文首次提及吐谷浑王族又一先茔“大可汗陵”的存在，明确了吐谷浑王族在武威地区至少存在两个陵区的事实。志石侧面还发现有两列未能释读的文字，初步推测应为失传已久的吐谷浑文。该墓志的发现为研究唐吐谷浑王族历史及游牧民族文字构造提供了弥足珍贵的资料[②]。

2022年，李宗俊撰写《吐谷浑喜王慕容智墓志及相关问题》[③]一文，对志文释义与志主生平、志主父祖及本人王号等方面进行研究，根据墓志记载，还对吐谷浑王室墓地及其凉州情节进行了深入分析，运用文献史料诠释了凉州在吐谷浑王族发展史上的重要地位。

随后，由甘肃省文物考古研究所、武威市文物考古研究所、天祝藏族自治县博物馆联合共同发布《甘肃武威唐代吐谷浑王族墓葬群》发掘报告，对墓葬形制与结构、壁画、随葬器物等内容均进行了详细深入的介绍，并在报告最后对墓主人的身份、墓葬年代、墓葬特征以及“大可汗陵”的初步认识进行了详细的论述。

2022年，张国才撰写《唐代吐谷浑墓实证中华民族文化交融与历史自信》一文中，

---

① 周永研：《吐谷浑墓志释文献疑》，《江海学刊》2020年9月第5期。

② 刘兵兵、陈国科、沙琛乔：《唐〈慕容智墓志〉考释》，《考古与文物》2021年第2期。

③ 李宗俊：《吐谷浑喜王慕容志墓志及相关问题》，《烟台大学学报》（哲学社会科学版）2022年7月第4期。

提出慕容智墓志首次记载了“大可汗”陵区，对吐谷浑王族墓葬群的范围进行了扩充，也为研究吐谷浑文化融入中华民族多元一体格局奠定基础。

2022年，周阿根在《吐谷浑喜王慕容智墓志校理》一文通过与史料的对比分析，对慕容智墓志文字释读提出了自己的观点[①]。

2022年，王浩旭在硕士论文《新出武威唐代墓志研究》一文中，以武威新出土8块唐代墓志为例（其中包括李深墓志、慕容智墓志），分析了墓志文化中的郡望、姓氏、宗教、典故等内容，还对墓志文字书法进行详细考证研究，认为慕容智墓志书法不仅承接了北朝遗风，也充分吸收了欧阳通的书法风格。而李深墓志则深受褚遂良书法艺术风格影响。除此之外，对志盖书写、纹饰以及墓志中出现的异体字现象也进行了考证释读。该文不仅为研究武威唐代墓志奠定坚实基础，也对墓志细节内容进行了详细考证，为吐谷浑墓志研究打开了新的想象。

2019年武威吐谷浑王族墓葬群的考古发掘和保护工作开展以来，吸引了考古学、文物与博物馆学、历史学、书法学、美术学、服装学等多学科的关注，从墓葬的形制、墓葬群分布和结构、出土文物的研究和出土墓志的考释等各方面进行了深入的研究，取得了不小的成绩，丰富和拓展了丝绸之路物质和精神文化资料，推动了对唐代西北民族史、书法史、美术史、交通史等相关领域的研究。

甘肃武威唐代吐谷浑王族墓葬群发掘项目主持人，甘肃省文物考古研究所副研究馆员刘兵兵表示：“经过对区域内冰沟河与大水河流域约400平方千米范围的调查、勘探，共计确认吐谷浑墓葬23座。”这一推断不仅揭开了吐谷浑王族“先茔”地的神秘面纱，也为研究吐谷浑历史文化奠定坚实基础。武威吐谷浑王族墓葬群是中华优秀传统物质文化和精神文化的代表，对铸牢中华民族共同体意识、传播中华优秀传统文化具有重大的作用。吐谷浑王族墓葬群以及吐谷浑史的研究还有待进一步拓展，有些研究盲点和问题还有待进一步解决。随着墓葬发掘和考古出土修复工作的逐步开展，吐谷浑王族墓葬群的保护和吐谷浑文化精华的宣传推广是接下来需要关注的内容。

（杨琴琴，武威市凉州文化研究院助理研究员。）

① 周阿根：《吐谷浑喜王慕容智墓志校理》，《江海学刊》2022年9月。

国家考古遗址公园与河西走廊新旅游目的地建构研究
——以甘肃武威吐谷浑王族墓葬群遗址为例

李　莉　把多勋

吐谷浑，也被称为吐浑，是中国古代西北重要的游牧民族之一，存在时间从魏晋南北朝至唐、宋，其政权统辖区域，强盛时期包括四川西北部、青海大部以至新疆于阗、且末。早期吐谷浑由于民族内部的马斗分裂为两支，马斗失败后，吐谷浑从辽东慕容鲜卑中带领一部分原部落人民，自公元4世纪初离开原居住地辽东一带，经阴山、陕北、陇东，后定居于今甘青河湟一带，很多史料里也对吐谷浑的西迁“西附阴山”有所记载。吐谷浑政权存在了三百多年，从吐谷浑的孙子叶延（329—351在位）建国至唐龙朔三年（663年）被吐蕃击败，至此吐谷浑亡国，其遗民徙居凉州、灵州等地，其后又经过数百年的迁徙演进，最终融入中华民族大家庭。吐谷浑王族是中国古代历史上一个非常重要的民族，长期生活在西北地区，在其发展壮大的过程中不断通过多种方式拓展自己的势力，积极开展同其他民族文化的交融，形成了独特的文化传统，在西北地区产生了重要的影响，从而赋予了这片地区珍贵的历史文化遗存。据统计，目前甘肃武威地区一共发现了10处吐谷浑王族墓葬群，占全国已发现吐谷浑墓葬数量的三分之二以上，这些发现为研究吐谷浑文化及王族谱系、葬制葬俗等提供了重要资料，是中华民族多元一体格局的重要实证。吐谷浑国家考古遗址公园的建设为进一步推动吐谷浑墓群的可持续发展和文物保护利用奠定了重要基础，为河西走廊新旅游目的地提供了新的内容，为增强民族文化自信、铸牢中华民族共同体意识提供了典型实例。

一、甘肃武威吐谷浑王族墓葬群遗址的发现及价值

（一）甘肃武威吐谷浑王族墓葬群遗址概况

甘肃武威唐代吐谷浑王族墓葬群是我国西北地区重要的文化遗产之一，也是唐代时期吐谷浑王国墓葬群重要遗址之一。该墓葬群地处祁连山北麓，位于甘肃省武威市西南地区，由一系列墓穴和墓葬设施构成，包含大量文物，如瓷器、陶器、木器、铜镜等，不仅展现了当时吐谷浑王国的文化和艺术成就，也反映了当时丝绸之路上的文化交流盛况。除了墓葬群本体，还包括一系列其他遗址遗迹与历史文化遗产，如清真寺、寺院、壁画、佛像和雕塑等，这些遗迹遗址与历史文化遗产进一步印证了当时吐谷浑王国在政治、宗教、艺术和文化等方面的成就。民国以来，凉州南山一带先后出土了丰富而珍贵的吐谷浑文物，其中有9通墓志铭，根据刻碑时间即弘化公主、青海国王慕容忠、政乐王慕容煞鬼（宣昌）、安乐王慕容神威（宣彻）、元王慕容若夫人李氏、慕容忠夫人金城县主李氏、燕王慕容曦光夫人武氏、代乐王慕容明、燕王慕容曦光墓志[①]。2019年9月，武威市天祝藏族县发现挖掘了目前国内时代最早、保存最完整的一座吐谷浑王族墓葬，即喜王慕容智墓葬及其墓志，武威由此成了我国吐谷浑历史实物资料保存最完整、最权威的文献资料基地。近三年来关于武威地区唐代吐谷浑王族墓葬群的考古发掘和研究，创造了唐代考古的多个“首次”，即首次发现唐代白葡萄酒实物遗存、木质胡床、成套铁甲胄、六曲屏风、大型木质彩绘床榻、笔墨纸砚、木列戟屋模型；首次确认吐谷浑文、吐谷浑篷子氏家族墓地；首次发现如此大量且保存完整、种类多样的唐代丝织品。根据相关文献记载，通过不断的考古挖掘，现可初步将武威吐谷浑王族墓葬群分为以慕容智墓为代表的岔山村区（“大可汗陵”区）、以弘化公主和慕容忠墓为代表的青咀—喇嘛湾区（“阳晖谷”陵区）和以党氏墓为代表的长岭—马场滩区（“白杨山”陵区）三大陵区，墓群整体呈现出“大集中、小分散”的分布特征和“牛岗僻壤、马鬣开坟、地踞龙堆”的墓葬选址特征[②]。总之，甘肃武威唐代吐

① 李国华：《吐谷浑遗存的初步探索》，《北方民族考古》（第1辑），北京：科学出版社，2014年。

② 张国才：《唐代吐谷浑墓实证中华民族文化交融与历史自信》，《中国社会科学报》2022年。

谷浑王族墓葬群是中国古代吐谷浑王国重要的文化遗产之一，伴随考古工作的不断进行，逐渐揭开了吐谷浑从小到大、由弱变强及逐渐融入中华文明体系的历史史实，再现了我国丝绸之路沿线多民族交流融合的历史进程。

（二）甘肃武威吐谷浑王族墓葬群遗址的历次考古

查阅相关文献可以发现，截至目前对于甘肃武威吐谷浑王族墓葬群遗址的挖掘考古共有六次，现对其以时间序列进行梳理。

甘肃武威城南南营乡喇嘛湾一带的民众在清同治年间（1862—1874）上山避难时凑巧挖到一处墓葬，当时无从得知墓主，直到1915年该墓葬被再次打开，后由当时的武威知县康敷镕嘱商会会长贾坛寻访，最终将墓志带回保存于武威文庙，这就是武威发现的第一座吐谷浑王族成员墓葬（弘化公主墓），弘化公主墓志也是武威出土的第一通吐谷浑王族成员墓志[①]。自此，武威开启了对吐谷浑王族墓葬与墓志长达百年的发掘历史。弘化公主墓志出土后不久，又发现了代乐王慕容明墓志，后辗转保存于武威文庙，这是武威出土的第二通吐谷浑王族成员墓志。1927年5月，由于武威八级地震，位于武威县南营乡喇嘛湾一带的多座古墓被震塌，当地民众在清理挖掘中又发现了两通墓志，目前均保存于武威文庙。其中一通为弘化公主的长子——青海国王慕容忠墓志，其与弘化公主同年同月同日去世于灵州私第，又在同年同月同日归葬于凉州南山，区别在于弘化公主归葬于今南营青咀湾；而慕容忠归葬于今南营喇嘛湾，两地相隔约5公里[②]。另外一通则为弘化公主之孙——辅国王慕容宣彻墓志，这是武威第三次出土吐谷浑王族成员墓志及其他文物。

抗战期间，我国以河西走廊为中心开展了当时最重要的考古活动和文化、艺术、科学、实业考察活动，催生了许多考古成果、考察报告和文艺作品，对西北史及简牍、碑刻、敦煌学等研究做出了巨大贡献，学者向达、夏鼐对弘化公主及吐谷浑王族墓葬、天梯山石窟、大云寺、西夏碑等进行了考察。1945年10月，夏鼐与阎文儒再次前往武威对南山喇嘛湾吐谷浑王族墓地的两座墓葬进行考古研究，当时获得了两通墓志及大

---

① 甘肃省文物考古研究所、武威市文物考古研究所、天祝藏族自治县博物馆、陕西十月文物保护有限公司：《甘肃武周时期吐谷浑喜王慕容智墓发掘简报》，《考古与文物》2021年第2期。

② 李占忠：《解读武威吐谷浑王族墓葬》，《中国土族》2014年第4期。

量文物，且于1948年发表《武威唐代吐谷浑慕容氏墓志》一文，至此，吐谷浑的研究与发掘为世人所知晓[①]。同时，这两座墓葬中还出土了大量的陶俑、马俑、瓷器、陶器、版画、服饰、皮革、金银器、马鞍、乐器等珍贵文物。两通墓志和大部分文物均运往南京，保存于中央研究院历史语言研究所，目前藏于南京博物院。这是武威第四次出土吐谷浑王族成员墓志及其他文物，也是首次由中国考古专家主持的对武威唐代吐谷浑王族墓葬进行的一次科学考古与发掘。

新中国成立后，在武威县南营乡喇嘛湾又出土3通墓志及若干文物，由武威县文管会移至武威文庙保存。其中一通为弘化公主之孙——政乐王慕容煞鬼（宣昌）墓志；一通为陇西郡夫人李彩（深）墓志，此墓志由武威县文物工作者党寿山、孔繁祯于1962年在南营乡（今属新华镇）普查文物时访得，后移至武威文庙保存；还有一通为武则天侄孙女——太原郡夫人武氏墓志，这是武威第五次出土吐谷浑王族成员墓志及其他文物[②]。

1978年9月，武威县文物普查队在南营乡青咀湾发现一座塌陷的墓葬，出土了武氏墓志及彩绘木俑、漆器等数件。1980年，武威文物工作者根据当地群众提供的信息，在南营乡青咀湾进行了抢救性清理工作，发现了7座被盗掘后残留的墓葬。其中有2座墓葬受到了严重的损毁，而其他5座墓葬中出土了彩绘木俑、木器残件以及铜、银、玉、皮、骨、漆、陶器等多种文物，还有一些象牙和丝织品等物品。这些文物共计超过100件，后经国家文物局专家组的鉴定，有数十件被确认为国家一级文物[③]。2019年9月，武威市天祝藏族自治县又发现一座吐谷浑喜王慕容智墓葬及其墓志等文物，慕容智墓葬是目前国内发现和发掘时代最早、保存最完整的吐谷浑王族墓葬。同年，武威唐代吐谷浑王族墓葬群的考古及文物保护工作被列入“考古中国”重大项目。近几年，由甘肃省文物考古研究所牵头，组建了吐谷浑考古项目组，对此墓葬群及周边地区展

① 甘肃省文物考古研究所、武威市文物考古研究所、天祝藏族自治县博物馆、陕西十月文物保护有限公司：《甘肃武周时期吐谷浑喜王慕容智墓发掘简报》，《考古与文物》2021年第2期。

② 刘兵兵：《甘肃天祝岔山村唐慕容智墓》，《大众考古》2019年第11期；黎大祥：《武威大唐上柱国翟公墓清理简报》，《武威文物研究文集》，兰州：甘肃文化出版社，2002年。

③ 黎大祥：《武威青咀喇嘛湾唐代吐谷浑王族墓葬》，《陇右文博》1996年第1期；周伟洲：《吐谷浑史》，桂林：广西师范大学出版社，2006年。

开了持续的考古调查、文物保护和研究工作，目前已确认吐谷浑王族墓葬共计23座[①]。这是武威第六次出土吐谷浑王族成员墓志及其他文物。

综上，甘肃武威吐谷浑王族墓葬群的发掘，让我们从遗迹遗址层面窥见吐谷浑民族的物质生活、思想观念、文化认同等历史细节的变迁，揭示了吐谷浑民族近百年间逐渐融入中华文明体系的历史史实，显示了我国古代丝绸之路沿线各民族交往、交流、交融的历史进程，是中华民族多元一体格局的重要实证。

（三）甘肃武威吐谷浑王族墓葬群遗址的价值

甘肃武威唐代吐谷浑王族墓葬群是“2021年全国十大考古新发现”之一，同时也是“中国社会科学院考古学论坛·2021年中国考古新发现”中公布的6项重大考古新发现之一，这一发现对吐谷浑民族从辽北不断迁徙最终定居甘青地区，又融合于中华民族大家庭的历史演化，及中华民族多元一体格局的形成研究提供了重要线索[②]。就其价值而言，首先，具有历史文化价值。甘肃武威唐代吐谷浑王族墓葬群遗址是人类社会发展史的重要见证者，是民族文化发展与传承的重要载体，能直接反映某一历史时期的社会生产力、生产关系、上层建筑、经济基础、社会生活和自然环境状况，对其进一步的挖掘研究能真实记录这些遗迹遗址所承载的历史时期中社会、政治、经济、文化和艺术等的发展情况。其次，具有科学研究价值。甘肃武威唐代吐谷浑王族墓葬群遗址是古代科学技术发展水平的真实写照，能直接反映当时人们认识自然、改造自然的能力，是记录历史时期真实事件的实体史书，能成为研究某一历史时期政治、经济、文化和社会发展水平的根本依据；再次，具有艺术价值。甘肃武威唐代吐谷浑王族墓葬群遗址能从美学角度与文物鉴赏角度给予大众艺术启迪和审美感受，通过对其的理解与感悟，进一步产生同遗迹遗址间的关联与相互渗透，且其整体布局、单体建筑及文物遗存均具有较高的艺术价值，能作为美学史研究的重要资料；最后，具有社会价值。甘肃武威唐代吐谷浑王族墓葬群遗址是我国西北地区重要的文化遗产之一，也是唐代时期吐谷浑王国的重要遗址之一，具有跨时代、跨地域、跨文化、不可替代等特点，作为民族精神和传统文化的见证者和载体，具有强大的凝聚力和激励作用，

---

① 张国才：《武威吐谷浑王族墓葬群出土文物及其习俗》，《中国社会科学报》2022年。

② 李文学：《吐谷浑部始迁人口及始迁时间考辨》，《黑龙江民族丛刊》2004年第3期。

其通过实物承载历史文化能更深刻地唤起人们对历史的尊重，增加文化认同，能通过对遗迹遗址的展示进一步提高民族自信心，彰显爱国主义情怀，增强民族凝聚力，在做好遗址开发保护工作的同时带动我国文博事业的全面高质量发展及其他相关产业的全面振兴。综上所述，甘肃武威唐代吐谷浑王族墓葬群兼顾了历史文化价值、科学研究价值、艺术价值和社会价值，“历史文化价值”立足于吐谷浑墓葬群的历史意义，鉴古观今、以史为镜；“科学研究价值”立足于遗迹遗址本身有形的物质文化基因和历史记忆，缅怀过去、激励将来；“艺术价值”立足于遗迹遗址的展示及活化利用，坚定文化自信；“社会价值”立足于遗迹遗址蕴含的民族文化精神与社会主义核心价值观，内化于神、外显于形。

二、武威吐谷浑王族墓葬群遗址建设国家考古遗址公园的意义

2009年12月，国家文物局正式印发《国家考古遗址公园管理办法（试行）》，其中国家考古遗址公园被定义为：“以重要考古遗址及其背景环境为主体，具有科研、教育、游憩等功能，在考古遗址保护和展示方面具有全国性示范意义的特定公共空间。”[①]由此可见，我国国家考古遗址公园均依托于国内古遗址的挖掘而建立，是证实中华民族历史文化的珍贵实物资料，其作用是保护并真实地传递遗址的历史信息，本质是对我国文化遗产的保护传承与发展创新。武威吐谷浑王族墓葬群作为我国唐代时期吐谷浑王国的重要遗址之一，不仅展示了当时吐谷浑王国的社会文化和艺术成就，而且反映了当时丝绸之路河西走廊上的文化交流情况。国家考古遗址公园作为国家、民族的重要历史载体，是其他文物场所不能比拟的，其包含民族的交流、交融和国家行使主权见证的历史信息，是阐释中华民族多元一体和“五个认同”的重要“实物”教材，是正确认识和深入了解我国历史、民族发展史和宗教演变史等的重要场所。因此，将武威吐谷浑王族墓葬群遗址建设成为国家考古遗址公园具有重要的历史与现实意义。

第一，建设国家考古遗址公园为武威吐谷浑王族墓葬群遗址的深入挖掘、保护、传承与利用提供了新的模式和思路。2020年9月28日，习近平总书记做出“努力建设

① 参见国家文物局于2009年发布的《关于印发〈国家考古遗址公园管理办法（试行）〉的通知》。

中国特色、中国风格、中国气派的考古学”重要指示，国家考古遗址公园作为我国重要考古学成果的集中展示方式，是深入贯彻落实习近平总书记关于发掘好、利用好丰富文物和文化资源，让文物说话、让历史说话、让文化说话，推动中华优秀传统文化创造性转化创新性发展、传承革命文化、发展先进文化等一系列重要指示精神的重要举措[①]；对于坚定文化自信、传承中华文化，推动文化旅游高质量发展、探索文物和文化资源保护传承利用新路径，都具有重要和深远的意义。吐谷浑王族墓葬群遗址的显著特点是其依托于重要的墓葬遗址，加之其与背景环境联合开发具有科研、教育、游憩等功能，能在考古遗址保护和展示方面产生全国性示范意义。在国家考古遗址公园建设中，重要考古遗址及其背景环境是基础，具有全国性示范意义的考古遗址保护和展示的特定公共空间是支撑，科研、教育、游憩等功能是其发展的抓手，同时由于遗迹遗址往往都是比较脆弱且不可再生，必须要在建设、运行遗址公园的过程中坚持文物本体安全和文物价值优先的原则。

第二，建设国家考古遗址公园是武威吐谷浑王族墓葬群遗址物质文化与非物质文化保护传承利用的新举措。国家考古遗址公园的建设旨在为悠久的中华文明提供持续发展的有力证据，并通过对古代重要遗址历史文化价值的研究与解读，展现中华文明源远流长的脉络图景，强化中华民族多元一体的精神纽带，不断唤醒中华文明永续发展的内在活力。武威吐谷浑王族墓葬群具有丰富的物质文化与非物质文化资源，种类丰富、形态完整，一系列物质与非物质文化遗产为我国研究唐代服饰、木雕艺术、工艺美术、器具风格等提供了重要依据。伴随我国工业化进程的加快，文化保护与城镇发展间的矛盾日渐凸显，同时由于中西方文化和建筑工艺的差异，我国很多遗迹遗址潜藏于厚土之下，缺乏直接的可观性，因此要想真正实现遗迹遗址的保护传承利用，就必须要将国家考古遗址公园作为中介，使其在遗迹遗址、考古研究和公众生活中发挥纽带作用，将中华民族起源演变的复杂图谱与平面遗址进一步转化为公众看得清、听得懂、摸得到、讲得明的“中国好故事”[②]。

第三，建设国家考古遗址公园是武威吐谷浑王族墓葬群遗址增强科研教育功能的

① 人民网：《让书写在古籍里的文字活起来》，载http://cpc.people.com.cn/。

② 单霁翔：《大型考古遗址公园的探索与实践》，《中国文物科学研究》2010年；单霁翔：《实现考古遗址保护与展示的遗址博物馆》，《博物馆研究》，2011年。

新载体。“国家考古遗址公园作为当代社会的文化名片，以社会主义核心价值观为引领，旗帜鲜明地回答何以中国、何为中国的核心问题”，在“凝聚社会共识、增进民族团结、维护国家统一、助力实现中华民族伟大复兴的中国梦”方面承担着自己的使命[①]。国家考古遗址公园除具有与其他公园相同的游乐、休憩功能之外，还要具备科研教育功能。诚然，其不同于传统的博物馆与课堂等教育方式，更多的是以寓教于乐、寓教于学的方式为公众提供亲近遗址、阅读遗址、感受遗址的空间，是将考古研究成果与公众共享的重要方式。有效开展科研教育是国家考古遗址公园高质量发展的重要抓手，因其具有更大的开放性，能够提供更多的活动场地、容纳更多的参观者，因此，建设吐谷浑国家考古遗址公园能使吐谷浑王族墓葬群遗址进一步成为我国考古成果展示及科研教育的新场景和新载体[②]。吐谷浑王族墓葬群遗址不仅承载着先民不断创造劳动的重要历史史实，更是中华文明多元一体的历史见证，具有内容深刻、形式多样、真实生动、感染力强等优势和特点。建设国家考古遗址公园能够进一步为吐谷浑墓葬群遗址的考古成果展示和科研教育开展等提供核心资源和重要场所，能进一步坚定文化自信，认识中华文明取得的灿烂成就，不断增强民族凝聚力与民族自豪感，充分彰显中华优秀传统文化持久影响力、社会主义先进文化强大生命力[③]。

三、吐谷浑国家考古遗址公园对构建河西走廊新旅游目的地的价值

中国丝绸之路是全球丝绸之路的主体线路，陆上丝绸之路的河西走廊尤其具有“中国丝绸之路和全球丝绸之路精华区段”的美誉，是一个集生态、文化、经济和旅游为一体的复合型廊道，是历史上存续时间最长、最古老的人类文化交互空间，是国家“一带一路”倡议的黄金路段和国家级华夏文明传承创新区的核心区域，是与全球多个国家和多个民族都有历史和现实关联的公共旅游区域[④]。这一全长1000公里左右的线路

① 参见国家文物局于2018年印发的《国家考古遗址公园发展报告》。

② 杜金鹏：《大遗址保护与考古遗址公园建设》，《杭州》（周刊），2009年。

③ 杜金鹏：《大遗址保护与考古遗址公园建设》，《杭州》（周刊），2009年；荣晓曼：《近十年我国国家考古遗址公园研究述评》，《建筑与文化》，2018年。

④ 把多勋：《河西走廊：中国新型文化空间的构建》，《甘肃社会科学》2021年第1期，第146—153页。

上文化旅游资源丰富、类型多元、遗迹集中、文化交融，具有资源区域集聚性和内部关联性，其价值既在自然地理学意义上，也在人文地理学和旅游地理学意义上，是一条对东西方文明产生重大影响的线路。传统的河西走廊旅游目的地一般基于其独特的自然景观资源与丰富的历史文化资源，如大漠、戈壁、绿洲、雅丹及长城、古道、驿站等，同时河西走廊沿线分布着藏族、裕固族、蒙古族、哈萨克族等少数民族，形成了独具一格的地域文化与民族文化，吸引着众多的游客前来观光打卡，是国家层面重点发展与推介的中国最重要的国内和国际旅游目的地。

吐谷浑考古遗址公园的建设能为河西走廊新旅游目的地建构提供新的血液，进一步重塑河西走廊新的旅游目的地形象。首先，可以丰富河西走廊文化旅游的结构，将吐谷浑民族文化与现代文化、长城文化、边塞文化、丝路文化、宗教文化、石窟文化、简牍文化和红色文化等特色文化进行贯穿融合；其次，可以完善河西走廊符合现代旅游特质和需求的旅游业态，如依托吐谷浑国家考古遗址公园发展遗址观光旅游和研学旅游等，使其与自然生态旅游、民族文化旅游、休闲度假旅游等传统文化旅游类型和新型文化旅游类型创新结合，从而将河西走廊新旅游目的地打造成甘肃旅游业发展的龙头和核心；最后，可以提升河西走廊文化旅游的品位，进一步助力其在新的社会历史发展条件和新旅游消费时代框架下具有标志性的旅游目的地IP打造，借助吐谷浑国家考古遗址公园这一新的遗址保护载体，创新河西走廊旅游目的地IP的传播和营销，提高河西走廊新旅游目的地在全国的知名度。综上，通过吐谷浑国家考古遗址公园助力河西走廊新旅游目的地的建构，要充分把握率先建设、优先发展的必要性与重要性，使“河西走廊新旅游目的地”成为“中国丝绸之路国际文化旅游廊道”建设的龙头引领型和文旅标杆型区域。基于前文对武威吐谷浑墓葬群遗址的背景分析，以及对武威吐谷浑王族墓葬群遗址建设国家考古遗址公园重要意义的阐述，充分印证了吐谷浑国家考古遗址公园建设对河西走廊新旅游目的地构建的重要价值及引擎地位。

（一）河西走廊新旅游目的地承载“新时代新的文化使命”

2023年6月，习近平总书记在文化传承发展座谈会上发表重要讲话，着眼于强国建设、民族复兴，立足于赓续中华文脉、建设现代文明，对中华文化传承发展的一系列重大理论和现实问题做了深入系统阐述，尤为值得注意的是，习近平总书记提出了“建设中华民族现代文明”和“新时代新的文化使命”两大全新命题，这势必会成为未来很长一段时期内着力探讨攻关的重大课题。党的十八大以来，以习近平同志为核心的党中央对中华文明的起源、形成、发展、特质、形态等一系列重大问题念兹在兹，持续推进中华文明探源工程等一系列重大科研项目，突破了西方英国考古学家戈登・柴尔德所提出的“城市、金属和文字的国家形成”的三要素说，提出了判断进入文明社会标准的中国方案，从而确立了从五千多年文明史的角度来把握与理解中国特色社会主义生成与发展的思路[①]。河西走廊新旅游目的地体系的建构，一是能促进深入挖掘遗迹遗址所承载的传统历史文化资源，持续推动中华文明及传统文化取得更多发展成果；二是能通过对遗迹遗址所承载传统优秀文化特质与形态的深入研究，为新旅游目的地的开发建设、多元化发展提供理论支撑；三是可以进一步推进遗迹遗址所承载传统优秀文化的创造性转化与创新性发展，为新旅游目的地注入新活力、新动能；四是可以助推文明交流互鉴，以“中国丝绸之路国际文化旅游廊道”“河西走廊新旅游目的地”为空间纽带，增强中华文明传播力、影响力；五是能基于国家考古遗址公园建设加强遗址遗迹的保护，能进一步使更多文化遗产、历史环境、文物古迹“活起来”，营造出保护、传承、发展的良好氛围。基于此，河西走廊新旅游目的地体系的建构是对地域优秀传统文化的深入挖掘和有力传承，也是对“新时代新的文化使命”发展及实践的积极响应。

（二）河西走廊新旅游目的地使文化遗产得以整体性保护传承

在漫长的人类发展历史进程中，中华文明已然成为目前世界上为数不多的存续和继承最好的文明单体之一。长期以来，中国文化业已获得了保护、传承和发展的巨大成就，但必须承认，文化在保护传承和产业发展方面还存在着极大的改进空间。河西走廊新旅游目的地体系的建构既不同于传统的、以非物质文化遗存为内核的小众文化空间，也不同于联合国教科文组织的双遗建设为标志的全球一般文化保护空间，而是要以中国优秀文化原典为内核，构建既具有历史纵深和空间宽度，又具有特定文化含量和文化浓度，并为世界高度认同和价值最大的新型文化空间，使之成为新时代中国文化保护传承和创新发展的样板。众所周知，物质文化遗产具有历史、艺术和科学价值，主要包括古遗址、古墓葬、古建筑等不可移动文物，以及具备历史环境、历史风貌、传统格局的遗址区域。武威吐谷浑王族墓葬群的文化遗产属性突出、历史环境特

① 王学斌：《“新时代新的文化使命”的实践方向》，《中国青年报》，2023年。

征明显，是河西走廊上具有代表性的、中国丝绸之路上具有典型性的物质文化空间。通过建设吐谷浑国家考古遗址公园进一步构建河西走廊新旅游目的地，从文化遗产保护的基本原则方面出发，就是要充分尊重武威吐谷浑王族墓葬群的原真性、完整性、永续性，以整体性保护传承为切入点，让文化遗产在新时代焕发青春、展示活力，使文化遗产和历史环境在发展进程中的整体性得以保护及传承①。

（三）河西走廊新旅游目的地将多元文化进行贯穿融合发展

河西走廊是丝绸之路的重要通道和战略要冲，是丝绸之路的精华区段，历史和文化选择了河西走廊，丝绸之路选择了河西走廊，这并非偶然。由于河西走廊独特的地理、资源、文化和经济价值，从而使河西走廊成为丝绸之路的重要区段，成为历史上东西方文化、经济、贸易、人文和社会交流的重要空间②。河西走廊的价值并非单纯和静态的文化存续规模大、结构丰富，其更重要的价值还在于它是东西方文化最早、也是规模最大和时间跨度最长的文化交流和文明融通的空间。众所周知，河西走廊是著名的石窟廊道、长城和烽燧廊道、彩陶廊道、民族文化廊道和西路军红色长征文化廊道等文化复合廊道，是人类四大文明交汇过的地方；生态文化、丝绸之路文化、长城文化、边塞文化、民族文化、宗教文化、红色文化、文化与相关产业跨界衍生的新文化和现代文化等多文化内容叠加融合，文化多元价值非凡；有着自然生态、文化特质和独特戈壁绿洲农业交叉存在的独特资源和景观体系。河西走廊呈现出了地域文化的多元化发展历程，保留了中国文化最正统和最原生态的文化样式，伴随武威吐谷浑王族墓葬群遗址的深入挖掘，能使这一颗河西走廊上的文化“新星”得以多角度、全方位展示，并通过吐谷浑国家考古遗址公园在“河西走廊新旅游目的地”区域范围内的辐射联动作用，呈现出河西走廊地域多元文化的贯穿融合发展，进一步回应新旅游目的地建设的实际和时代诉求，以河西走廊新旅游目的地引领区域文化的保护、传承、展示、交流和发展，进一步协调文化保护传承和文化产业发展，使优秀物质文化遗产和非物质文化遗产并存共生、相得益彰。

---

① 朱晓渭：《基于考古遗址公园的城市文化生态系统研究——以西安市为例》，《人文地理》2011年，第112—115页。

② 张金瑞、柳红波：《遗产廊道视角下河西走廊旅游开发研究》，《边疆经济与文化》2017年第4期，第25—27页。

（四）河西走廊新旅游目的地是文旅深度融合的典范空间

我国自西汉时期凿开通往西域和西方的通道形成“丝绸之路”，就开始进入了一个文化开放和互动的新的文化生成时期。生产要素和商品货物的交换，设施的连通及交通运输条件的全面贯通则是“一带一路”建设的重要内容，但文化的互认互信应当是一切融通的重要基础，只有将文化认同建构起来，才可以从产业层面大幅掘进。如果说现代旅游产业是现代服务业最具发展潜力的新兴产业，如果说旅游消费是现代生活具有“文化消费”和“生活消费”双重性质的刚性需求，如果说跨境旅游是兼具“文化融通”和经济价值双重属性的复合产业，那么建设“中国丝绸之路国际文化旅游廊道”、建构“河西走廊新旅游目的地”就必然会成为建设“一带一路”重要的文化依托和产业依托。同时，吐谷浑国家考古遗址公园建设具有物质文化遗产和非物质文化遗产的双重属性，这将会催生产业融合、产品创新、旅游服务等方面的新业态、新模式，能进一步立足区位环境及资源禀赋优势走特色化、差异化发展道路，促进文化与旅游融合发展水平的提升，不断丰富新型文化和旅游消费业态，有效推动文化旅游产业的转型升级、提质增效和高质量发展。

（五）河西走廊新旅游目的地带动沿线地区社会经济的发展

当前我国社会主要矛盾已经转化为人民日益增长的美好生活需要和不平衡不充分的发展之间的矛盾，在我国不平衡不充分的发展中，甘肃尤其处于我国在全面实现小康社会以后推动经济社会发展和现代化发展的重要位置，同时河西走廊全线“躺卧”在这一区域之中。由于历史、自然生态、发展基础以及现实等方面的原因，河西走廊全线的经济社会发展一直处于我国区域发展中的较低地位，但恰好又是多元文化共生和文化厚重且富集的区域。建设吐谷浑国家遗址公园，能使其成为当地居民的休闲娱乐空间、公共文化服务的文化场所、彰显城市历史特色的文化地标，助力美丽乡村建设和新型城镇化建设等。在此基础上联动河西走廊沿线区域建构河西走廊新文化旅游目的地，可以对这一线路中的物质文化与非物质文化资源进行整合开发，进一步带动沿线地区的就业与经济发展，使“河西走廊新文化旅游目的地”最终实现人人共建、人人共享。另外，在一些较为偏僻的地区，能够显著带动地方旅游业的发展，促进产业结构调整，创造更多的就业机会，从而实实在在地改善当地居民的生活水平。依托河西走廊新旅游目的地建构，通过重大节点社会经济发展的极化效应和辐射带动效应，进一步助力河西走廊乃至甘肃省文化旅游产业和相关产业综合协调发展实现新突破。

（六）河西走廊新旅游目的地是广域范围内旅游目的地开发的标杆

新旅游目的地不同于传统旅游较为平面的价值指向，新旅游目的地是一个能满足多元文化价值诉求，各价值和目标之间能够兼容和相互支持的新型文化旅游发展体系。新旅游目的地具有鲜明的示范性和引领性，河西走廊新旅游目的地的建构是一个在新的社会历史发展时期，在构建人类命运共同体和“一带一路”建设的背景下，在全球化和保护主义、多边主义和单边主义、一体化和民粹主义较量的严峻态势下的全新中国文化保护传承和创新发展的新途径。河西走廊北接我国内蒙古高原，南连我国青藏高原，西通我国新疆维吾尔自治区，东达我国黄土高原和中原腹地，有着地缘经济和政治的独特优势和重大战略价值。建设吐谷浑国家考古遗址公园助力河西走廊新旅游目的地体系的构建，是立足于当今中国经济社会发展和现代化建设的现实，能使新旅游目的地成为带动区域经济社会发展、全面建设小康社会、乡村振兴和城乡协调发展的一个“引擎”和“助推器”，可以在广域范围内，极大地发挥区域经济社会发展的极化效应、发散效应和辐射带动效应，带动整个西北地区以文化旅游产业为龙头和相关产业综合协调发展的新发展。同时，吐谷浑国家考古遗址公园的打造，也是对遗址类文化旅游目的地的全新探索及有力实践，在广域范围内势必能成为“先行先试”的标杆示范及引领。

四、结语

习近平总书记在2013年11月考察孔子研究院指出，“要让收藏在博物馆里的文物、陈列在广阔大地上的遗产、书写在古籍里的文字都活起来”。武威唐代吐谷浑王族墓葬群遗址是吐谷浑王族迁徙和吐谷浑文化传承发展的物质承载，是丝绸之路河西走廊上多民族交融发展的重要物证，以甘肃武威吐谷浑王族墓葬群为例，建设以墓葬群遗址及其背景环境为主体，具有科研、教育、游憩等功能的吐谷浑考古遗址公园，审视和把握河西走廊新旅游目的地建设中这一重要文化空间的民族结构、民族文化生成和存续在学理和实践中建设发展的价值与意义，能在加强吐谷浑墓葬群保护、传承、发展及利用的同时，促进河西走廊新旅游目的地文旅资源的整合，从而带动文旅产业的高质量发展及区域社会经济的全面进步。

（李莉，甘肃省文化产业与新型文化业态发展研究中心助理研究员；
把多勋，西北师范大学教授、博士生导师。）

唐代凉州姑臧契苾夫人陪葬昭陵之谜

席晓喆

陕西省礼泉县烟霞镇的昭陵博物馆，集中展示了昭陵及陪葬区出土的大量国宝级文物。馆内现陈列有《昭陵文物精华》《昭陵碑林》《昭陵唐墓壁画》三大主题。在《昭陵碑林》陈列室，有一合唐故契苾夫人墓志，记载“夫人姓契苾氏，本阴山贵族，今为凉州姑臧人也……”。契苾夫人既然是凉州人，为何陪葬昭陵？她有着怎样的身世？

一、契苾夫人出身高贵

1973年5月，在陕西省咸阳市礼泉县烟霞乡兴隆村西约100米处的契苾夫人墓中，出土了契苾夫人志盖和志石。

志盖为盝顶正方形，边长71厘米，厚13.2厘米。顶面楷书“唐故契苾夫人墓志铭”，共3行，行3字。周边及四刹刻曲枝卷花纹，四边为流云纹。志石亦正方形，边长71厘米，厚11.8厘米，周边刻十二生肖，间有曲枝卷花纹，四边为曲枝卷花纹。志文共22行，满行22字，正书。内容为：

唐故契苾夫人墓志铭并序

夫人姓契苾氏，本阴山贵族，今为凉州姑臧人也。地则二凉继轨，人则十族分源，通蒲类之大泽，接不周之天柱。父何力，镇军大将军、凉国公。料敌制胜，算无遗策，平辽之功，公乃称最。夫人即公之第六女也。幼而闲婉，长无矜贵，穆如兰蕙，骞若鸿龙。并受自天姿，非因外奖，以妙年归我右金吾将军、常山县开国公史氏。环珮有则，逌盥无懈，览彼樛木，执心以自持，于以采蘋，恭勤不失职，可谓思弘君子矣。及其比翼将雏，和鸣乎椅梧，家与其黩，宁过乎严肃，又积星岁矣。岂期府君先殒，双飞遽只，藐是诸孤，孑焉无怙。夫人以断织垂训，折蓤示严，禁其浮荡，至于成立，以开元八年五月廿二日，遘疾终于居德里私第，春秋六十有六。呜呼哀哉！夫人涓洁助容，祎褖合礼，宜尔振振，被之祁祁。老莱以童戏承颜，期于眉寿；仲由以负米兴念，遽忉风枝。痛深栾棘，茕茕在疚。仰惟同穴之义，敬遵合祔之典，即以九年二月廿五日归厝，陪于昭陵旧茔，从先礼也。女床之鸟，虽存亡而暂隔；延平之剑，竟先后而俱沉。恐虑城陷山移，故勒铭于贞石。

彼苍者悠悠，运天阙兮不休。人寓世兮如浮，世送人兮如流。何徒自矜兮固若嵩丘，曾不知有力者以负其舟。一从委质空山幽，唯闻风树日飕飕，天长地久千万秋。

从墓志可以看出，契苾夫人是凉州姑臧人氏，祖上原是阴山贵族，其父为唐太宗年间著名的镇军大将军、凉国公契苾何力，她是契苾何力的第六个女儿，其夫为右金吾将军、常山县开国公史氏。契苾夫人出身高贵、品德优秀：“幼而闲婉，长无矜贵，穆如兰蕙，骞若鸿龙”“涓洁助容，祎褖合礼，宜尔振振，被之祁祁”；忠于爱情、矢志不渝：“岂期府君先殒，双飞遽只，藐是诸孤，孑焉无怙”；教子有方、严肃有加：“夫人以断织垂训，折蓤示严，禁其浮荡，至于成立”。契苾夫人生于唐永徽六年（655年），于唐开元八年（720年）五月廿二日病逝于长安居德里家中，享年66岁。开元九年（721年）二月廿五日葬于昭陵旧茔。

二、契苾夫人家世显赫

昭陵是唐太宗李世民与文德皇后长孙氏的合葬陵墓，位于陕西省咸阳市礼泉县九嵕山上，它依山而建，气势恢宏，开创了唐代帝王陵寝制度“因山为陵”的先例。九嵕山间是昭陵的陪葬区，唐太宗嫡长女长乐公主、韦贵妃和唐朝著名的凌烟阁二十四功臣之长孙无忌、杜如晦、魏徵、房玄龄、李靖、尉迟敬德等人都陪葬于此。至目前，昭陵已确认有193座高规格的陪葬墓呈扇形分布，拱卫着大唐皇家陵寝昭陵。凉州姑臧人氏契苾夫人，能与唐朝众多的名臣武将一同葬于昭陵陪葬区，源于契苾夫人高贵的出身、显赫的家世、特殊的身份。

《唐故契苾夫人墓志铭并序》载："父何力，镇军大将军、凉国公。料敌制胜，算无遗策，平辽之功，公乃称最。"

父亲：契苾何力（？—677），武威郡姑臧县（今甘肃省武威市）人，铁勒族，是唐朝时期著名蕃将，曾先后率军讨伐吐谷浑，平灭高昌，击败龟兹、薛延陀、西突厥，安抚铁勒九姓，消灭高句丽，为维护唐朝的统一立下汗马功劳。

《新唐书·诸夷蕃将列传》载："何力九岁而孤。贞观六年，与母率众千余诣沙州内属，太宗处其部于甘、凉二州，擢何力左领军将军……"大意为，契苾何力九岁时父亲去世。贞观六年（632年），何力和母亲率领本部落一千多人到沙州归顺唐朝，唐太宗将他的部落安置在甘、凉二州，提拔何力为左领军将军。贞观九年（635年），契苾何力与薛万彻、薛万均到赤水川征讨吐谷浑。薛万均率领骑兵先行，被吐谷浑军包围，二人受伤落马，士兵伤亡惨重。何力骑骏马驰援，奋力冲杀，敌兵纷纷后退。此时吐谷浑王伏允在突沦川，何力想乘胜追击，薛万均鉴于前番兵败，拒绝出战。何力说："贼寇没有城郭，追逐水草丰美之地为生，不趁此奇袭，只怕会鱼惊鸟散，以后再无法找到他们的巢穴了。"于是他挑选精锐骑兵一千余人，直捣伏允王庭，斩杀数千人，俘获骆驼、马、牛、羊二十多万头，俘虏伏允的妻子儿女，伏允幸免脱身。皇帝下诏在大斗拔谷慰劳军队。薛万均为自己名列何力之下感到羞耻，就排挤何力，把功劳归到自己头上。何力忍无可忍，拔刀而起，想要杀掉薛万均，被众将劝阻。等到军队返回后，唐太宗责问事情的缘起，何力详细陈述了薛万均兵败的情况。太宗大怒，欲罢免薛万均的官职授于何力。何力跪说："因我而免去薛万均的官职，恐四夷听后，会说陛下重夷轻汉，那么诬告就会更多。再说夷狄无知，会认为汉将都像薛万均一样，这不合宣示远方的道理。"太宗听后作罢。贞观十四年（640年），何力跟随唐太宗征讨高丽，诏令何力任前军总管。何力驻军在白崖城（外），被贼寇用长矛刺中，伤势很重，太宗皇帝亲自为他敷药。城被攻克后，刺伤何力的高突勃被抓获，太宗皇帝命何力亲自处死，何力却说："他为他的君主，冒着白刃来刺杀我，他是个义士。犬马尚知道报答养育之恩，何况人呢？"最终高突勃被何力释放。不久何力任昆丘道总管并平定龟兹。太宗死后，何力欲以身相殉，高宗下令阻止。总章、仪凤年间，吐蕃消灭吐谷浑，并入侵鄯、廓、河、坊等州，高宗诏令周王任洮州道、相王任凉州道行军元帅，率领何力等人讨伐吐蕃。二王还没出行，何力去世。朝廷追赠何力为辅国大将军、并州大都督，陪葬昭陵，谥号为毅。

母亲：陇西李氏，唐朝宗室之女、临洮县主。贞观九年（635年）与契苾何力成婚。

关于契苾夫人兄弟姐妹，《旧唐书・契苾何力传》有简略的记载："……有三子：明、光、贞。明，左鹰扬卫大将军，兼贺兰都督，袭爵凉国公。光，则天时右豹韬卫将军，为酷吏所杀。贞，司膳少卿。"

大哥：契苾明，《新唐书》记载："孺褓授上柱国，封渔阳县公。年十二，迁奉辇大夫。李敬玄征吐蕃，明为柏海道经略使，以战多，进左威卫大将军，袭封，赐锦袍、宝带，它物蕃夥。擢嫡子三品官。再迁鸡田道大总管，至乌德鞬山，诱附二万帐。武后时，明妻及母临洮县主皆赐姓武。以左鹰扬卫大将军卒，年四十六，赠凉州刺史，谥曰靖。"大意为，契苾明年幼时由于父亲契苾何力的功勋，授任上柱国，封爵渔阳县公，担任太子李弘东宫属官。龙朔元年（661年，12岁），调任奉辇大夫。仪凤三年（678年），跟随李敬玄讨伐吐蕃，由于战功卓著，朝廷升任他为左威卫大将军，准他继承凉国公的爵位，赏赐锦袍、宝带等物，并提拔其嫡子契苾耸担任三品官。后来，升任鸡田道大总管，前往乌德鞬山（杭爱山），诱降少数民族二万帐民众。武则天时期，契苾明担任左武卫大将军，兼任贺兰州都督。证圣元年（695年），契苾明去世，享年46岁，追赠凉州都督，谥号为靖，陪葬于昭陵。其妻李氏，凉国夫人，得到武则天赐姓武氏。

二哥：契苾光，曾任冠军大将军，右威卫大将军，上柱国，封武威郡开国公，赠左威卫大将军。武周时期为酷吏所杀。

三哥：契苾贞，曾接替其兄契苾明为贺兰州都督，并任司膳少卿。

丈夫：右金吾将军、常山县开国公"史氏"。因为归化的突厥人改了姓氏，史这个姓氏，是突厥贵族阿史那氏改过来的，所以具体她的丈夫是谁，资料所限，暂无赘述。

从契苾夫人父母及兄弟等上述资料可以看出，契苾部落贞观六年（632年）内附，太宗将其安置于甘、凉二州，契苾沙门（契苾何力弟）与其母居于此，遂以武威姑臧为籍贯。契苾何力入京，受将军，尚临洮县主，籍贯遂京兆万年。又据《唐大诏令集》卷六十三《大臣・陪葬・功臣陪陵诏》载："于昭陵南左右相，封境取地，仍即标志疆域，拟为葬所，以赐功臣。其父祖陪葬，子孙欲来从葬者，亦宜听许。"契苾夫人父亲契苾何力作为番将将领，归附大唐后，驰骋疆场，以夷制夷，为大唐贞观之治建立了不朽功勋，深得李世民等明主赏识，得以膺选陪葬昭陵，可谓顺理成章。契苾何力六女契苾夫人陪葬昭陵也在情理之中。

三、契苾氏家族简介

《新唐书·回鹘传下》载："契苾亦曰契苾羽，在焉耆西北鹰娑川，多览葛之南。"

契苾亦作"解批""契弊""契苾羽"，铁勒族的部落之一，发源于鲜卑，后为高车族的一支。南北朝后期，游牧于焉耆以西的鹰娑川（今巴音布鲁克草原），原属西突厥汗国。隋朝时，其部在首领契苾歌楞率领下，东迁贪汗山（今新疆乌鲁木齐市东的博格达山），与其余铁勒部落合兵，击杀西突厥泥利可汗。西突厥泥撅处罗可汗坑杀首领六百余人。铁勒各部奋起反抗，共同推举契苾歌楞为易勿真莫何可汗，建立铁勒汗国。高昌、焉耆、伊吾皆服属之。唐贞观六年（632年），其侄契苾何力率部归唐，唐太宗把他的部众安置在甘、凉界内（甘州治所在今甘肃张掖市，凉州治所在今甘肃武威市），以其地为榆溪州，从事畜牧。自贞观十六年（642年）后，其族呈现出动荡态势，踪迹不定，直到晚唐五代，其踪迹又集中于振武（今内蒙古和林格尔西部）。

（席晓喆，武威市凉州文化研究院副院长、助理研究员。）

第五辑

武威，自汉武帝打通河西走廊设郡治县之后，一直是连通中原和西域的重要纽带，是古代中原与西域的经济枢纽，是中原文化和西域文化的融汇传播之地，是中外商贾云集的大都会。武威市下辖的民勤县历史悠久、人文荟萃，历代名人辈出，尤以围绕苏武所形成的苏武文化，最具感召力和吸引力，是不可多得的历史文化资源、思想学术资源和社会教育资源。

本辑收录了来自中国工程院院士、兰州大学草地农业科技学院任继周，兰州城市学院文学院陈尚敏，河西学院文学院吴浩军，山东大学王顺天以及武威本地李学辉、党寿山、阎德伦等专家学者撰写的相关学术论文12篇。这些文章结合文献史料和出土文物，从“苏武牧羊”故地的考证、“苏武文化”内涵的解读、苏武与金日磾人物比对研究，以及连城古城、西夏钱币、武威汉简等不同角度作了阐释论述，为进一步深入研究、系统挖掘、大力弘扬、开发利用苏武文化提供了有益启鉴。

文化是旅游的灵魂，旅游是文化的载体，二者有着天然的耦合关联性。通过对苏武文化与文旅融合的研讨，为专家学者搭建分享研究成果、交流学术观点、拓展文旅合作的平台，对坚定文化自信，讲好武威故事，彰显武威是一片文化厚地、一个资源宝地、一块生态要地、一方精神高地具有重要现实意义。

苏武牧羊北海故地是民勤的白亭海，不是贝加尔湖

任继周

我一直非常关注武威市和民勤县的发展，尤其是近年来苏武文化与当地文旅融合取得的骄人成绩。我从20世纪50年代，就在武威及河西一带考察祁连山区的草原、绿洲和荒漠自然生态系统。新世纪初，无意间发现“苏武牧羊北海为贝加尔湖”之定论，有悖自然规律和民俗学而产生怀疑。经初步研究，提出苏武牧羝的北海，应是民勤白亭海。于是从2003年以来，我就和团队成员留意民勤当地相关遗迹、国内相关领域资料的搜集，先后写了三篇论文。

第一篇是2007年，刊于《兰州大学学报》（社会科学版）的《苏武牧羊北海故地考》（以下简称《考一》）[①]，主要依据自然生态系统的科学理论。贝加尔湖地处泰加林地带，不是匈奴人赖以生存的草原带。泰加林地带冷季冻土厚达1.5—2米，苏武不可能在如此厚的冻土下掘鼠洞以补廪食之不继。征诸历史文献及地方民俗，论证了苏武牧羊地应为武威民勤白亭海。这篇文章自发表以来，得到武威当地官方与学者的关注和传播，但也引发了一些反对意见。这从正反两方面使我受到启发，萌发了进一步探讨的心愿。所幸也为地方文旅事业发展起到助力作用。

第二篇是2022年，我们在《甘肃政协》刊物上发表了《苏武牧羊的“北海”为民勤白亭海非贝加尔湖考——苏武牧羊故地考之二》（以下简称《考二》）[②]。距《考一》的发表已经过去15年。但每每想起《考一》主要从正面强调了苏武牧羊故地为民勤县

① 任继周、张自和、陈钟：《苏武牧羊北海故地考》，《兰州大学学报》（社会科学版）2007年第3期。

② 任继周、赵安：《苏武牧羊的“北海”为民勤白亭海非贝加尔湖考——苏武牧羊故地考之二》，《甘肃政协》2022年第5期。

白亭海，未从反面阐述否定贝加尔湖的理由，引发关心人士的疑虑。这十多年来虽忙于本职业务，对于这笔文章旧债萦回于胸，未曾忘却。《考二》主要是从古文献中并无北海专指贝加尔湖的确证，霍去病伐匈奴不可能到达贝加尔湖，古人对贝加尔湖的自然地理缺乏正确解读，尤其对生态系统辨识几乎全然无知；在历史方面对当时休屠泽、皇城滩的汉匈管辖权归属缺少辨析等方面进行了反证。最终得出苏武牧羊的“北海”确为民勤白亭海，绝非俄罗斯的贝加尔湖。

第三篇《苏武牧羊北海故地确为甘肃民勤白亭海考》（考三），于2023年前半年完成初稿。因为得到年轻生力军赵安博士和中国农大博士研究生任成的帮助，解决了我因视力不能检索文献的困难，对文献史料做了进一步订正和扩充，使这个拖延近20年的论题有了最后的结论。我们从《考一》肯定民勤白亭海，到《考二》对肯定民勤白亭海，否定贝加尔湖的正、反两方面加以深化升级，再到《考三》将以往的论断加以整合凝练，展现了苏武牧羊北海的历史和科学的清晰路径。

依据上述三稿，我们可以肯定地做出结论：苏武牧羊北海就是民勤的白亭海（后干涸为青土湖）。铁板钉钉，无可怀疑。

首先，根据生态系统的理论，贝加尔湖属泰加林地带，冻土深厚，没有匈奴人赖以生存的广阔草原牧野。为此我特请我国知名植被学家、东北师范大学终身教授祝廷成先生到现场考察，他回信详述了所见泰加林植被的郁闭阴暗情况。最后不无感慨地说：“这种生态环境根本不能牧羊！人们流传的‘苏武牧羊北海边’，而且传唱已久，认为北海边是贝加尔湖边，看来纯属误传！”泰加林带的气候寒冷潮湿，当然更不可能如汉代刘向《新序·节士》记载，苏武被置于“盛暑”中“暴晒”的酷刑。

其次，中国古文献中对苏武牧羊北海从未确指何处。唐诗中有咏叹苏武英烈怀古诗多篇①，唐人重视地望，他们都明确意指白亭海一带，毫无贝加尔湖的踪迹。必须强调，苏武牧羊北海贝加尔湖说初见于乾隆年间，当时知名学者齐召南在他的《汉书考证》一条注语：“北海为匈奴北界，其外即丁令也。塞外遇大水泽通称为海。”清人据此载入《大清一统志》，钦定苏武牧羊北海即贝加尔湖。后经清末民初的名儒王先谦又重复此注解，从此以讹传讹，积非成是。贝加尔湖说的错案成为主流。从学术专著、

---

① 唐诗中以温庭筠曾有《苏武庙》广为熟知：“苏武魂销汉使前，古祠高树两茫然。云边雁断胡天月，陇上羊归塞草烟。”

权威辞书到所有普及读物、画册等无不从此说。自清乾隆年间至今，流行全国长达3个世纪。

其三，“三考”各文均采取了实地考察与历史文献相结合、自然科学与民俗学相结合的研究方法，从理论上反证了苏武牧羊北海非贝加尔湖确凿证据。应予以重视的是，直到今天，仍有人旧习难脱，坚持贝加尔湖说，实为令人难以容忍的憾事！

通过以上三文，无可置疑地证明了苏武牧羊故地，就是武威市民勤县的白亭海（干涸后的青土湖）。据此，我们提出3条建议，供社会各界参考。

第一，我国各级宣传部门、各类媒体、出版单位以及旅游部门，应承担起我们这一代人的历史使命，尽早、尽快地纠正这一重大历史文化错案。

第二，建议石羊河流域管理部门保证对青土湖的水源补给，以适当规模重现苏武牧羊北海的基本图景。从20世纪80年代以后，民勤大力推行填井弃耕，大量压缩耕地面积，千方百计向青土湖补给生态用水。2020年青土湖已有季节性水面。随着青土湖水面初现，重见芦苇丛生，水鸟成群的勃勃生机，生态赤字偿还有望，令人欣慰。应在已取得初步生态成效的基础上，细心管护，使苏武牧羊北海图景流传千古。

第三，建立“苏武牧羊北海故地纪念公园”，申请国家一级历史文物。尽管古人不曾意识苏武牧羊北海故地的开发价值，但今天忠烈事迹上升为爱国教育的内涵，旅游业已成为一项富国资源。苏武牧羊北海已成为传诵久远，深入人心的爱国故事。其生态意义、文化价值、经济含量难以估量。当以较小的规模、适当的方式，建立“苏武牧羊北海故地纪念公园”，供后人凭吊游览，使苏武英烈事迹与白亭海永远焕发中华文明历史光华。

（任继周，中国工程院院士，兰州大学草地农业科技学院名誉院长。）

大汉天使与匈奴天王
——苏武与金日磾的关系考比

孙明远

西汉时期乃至整个中华民族团结融合共同发展的历史长河中，匈奴休屠王与休屠王太子金日磾的事迹、苏武牧羊的感人故事，均占有相当重要的地位，一直为后世所称道，他们为中华民族大家庭的繁荣兴旺，建立了千古不朽的功勋。民勤县的许多地方，留下了他们光耀千古的足迹。

一、匈奴王庭“祭天主”

匈奴是我国古代居住在北方的重要民族之一，是夏后氏的后代子孙，华夏民族的一个重要支派。早在唐尧、虞舜以前，匈奴的祖先就繁息在北方广袤的草原上，随畜牧活动逐水草迁徙，不从事农业生产，没有固定房屋。他们没有文字和书籍，只用口头“君子协定”来约束君王臣民的行为。儿童很小的时候就训练骑羊射猎鸟鼠，长大一些就骑马射猎狐兔，衣帛食肉，成年后的男子个个精于骑射，骁勇善战。他们敬天畏地，祭祀鬼神，宗教活动与黄老道教和北方游牧民族的萨满教相近或同源。

秦汉之际，匈奴的冒顿大单于统一了北方的各游牧部落，最后统一了东胡，建立了我国北方能够和中原王朝称兄道弟的奴隶制政权，其管辖范围，以内蒙古大草原为中心，东起东北三省，西至新疆，北至蒙古人民共和国大部地区。因此，古老的匈奴民族应该是我国北方各游牧民族长期融合、共同发展的产物。

冒顿单于统一祖国北部疆域以后，弘扬民族传统，积极对外开放，广纳贤才良将，虚心接受包括中原汉文化在内的多民族先进文化，励精图治，在军事力量迅速壮大的同时，在经济上也有了长足发展，王公贵族开始仿照中原修筑易守难攻的城池，过着舒适安逸的定居生活。城市定居生活使得商业和手工业得到了相应的发展，这些城池逐步具备了一方政治经济文化交流中心的功能。早期最为著名的匈奴城池当数匈奴王庭和休屠城。王庭远在漠北，休屠城则几乎与中原秦汉王朝的都会咸阳、长安相毗邻——在今甘肃省武威市民勤县、武威市凉州区和金昌市交界的蔡旗乡和四坝乡的地界上。(《史记·匈奴列传》)

纵观历史长河，浏览中国地图，地处河西走廊的休屠城，雄踞古代东西交流的咽喉要道，“南蔽姑臧，西援张掖，翼带河西，控临绝塞”，北控大漠，贯通东西，胡汉商旅纷繁络绎。而且祁连谷水（今石羊河水系）泽润而成的内陆湖泊——休屠泽，《水经注》称为“都野泽”，又是可耕可渔的“塞上奥区”。休屠城是重要的军队商旅粮草饮用水的生产和补给场所，它先后充当西汉、东汉的休屠县、武威郡，战略地位十分重要，位于凉州的匈奴盖臧城建成繁荣，并与魏晋时期将武威郡迁至盖臧后，其地位才渐次下降。

休屠王是一位具有远见卓识和雄才大略的匈奴政治家，他在多年的征战和畜牧业生产实践中洞悟：人类只有遵循天意，珍爱衣食之源，宁息部落间的杀伐屠戮，才能享受“上天”赐予的不尽衣食和人伦亲情，如果违背“天意”，荼毒生灵，恣意妄作，必遭天谴。他带领匈奴铁骑攻城略地，向来是网开一面，常常劝诫即将失败的敌方军民，凡愿意接受本王辖治并做顺臣良民而降服者，身家性命，秋毫无犯，只对顽固分子进行必要的军事打击。休屠王大旗所指，大多称臣归顺，人口和地域迅速扩张，致使许多非匈奴军事打击区域的北方“胡人”也纷纷前来投奔，休屠王常常用最小的伤亡或零伤亡，不战而屈人之兵。所以匈奴休屠王的国度实质上成了并非以匈奴民族占绝对优势的“杂种胡”部落。

休屠王与单于有很近的血缘关系，誓死效忠王庭大单于，多次帮助大单于走出困境，渡过难关，深得冒顿信任。特别是在关键时刻的建议和祭祀活动屡现奇功，敌方城池久攻不下，休屠王就派遣“天使”入城，晓以天地大义，放生的放生，收编的收编，兵不血刃，不战而胜；牛、羊、骡、马瘟疫流行时，他将病畜以烈火焚烧，以充天饥，以赦子民罪孽；春夏繁殖季节，在祁连山和焉支山禁猎，百鸟禽兽，便迅速恢复种群，俯仰即可得而食之……久而久之，就连狂妄自负的冒顿大单于也对休屠王产生了敬畏依赖之情。匈奴王庭干脆将“祭天圣坛”从甘泉山迁于休屠王领地休屠泽，

正式拜休屠王为匈奴“祭天主”，相当于当代一些国家的精神领袖。(《汉书·匈奴传》)

可见匈奴休屠王的领地——从金城兰州到张掖山丹一带的河西走廊地区广袤的山地草原和沙漠绿洲，在休屠王的苦心经营之下，出现了一个历史上少有的经济文化繁荣期。(《汉书·西域传》)

休屠王做了感天应地“祭天主”，他的领地在匈奴政权当中就理所当然地担当起精神壁垒和宗教文化中心的角色，休屠王的“祭天金人”便成了激发民族凝聚力的神秘法器，大型祭祀活动，便围绕休屠王以休屠城为中心隆重举行。用了中华民族的传统习惯尊称褒誉这位追求人与自然和谐、替天行道的、伟大的匈奴族部落首领为“天王”。

二、金日磾——从奴隶到“宰相”

“祭天金人”、休屠国、休屠城、休屠王，在匈奴政权中的作用是不言而喻的，但另一个层面上讲却对中原西汉王朝刘氏政权产生着巨大的负面影响。休屠城距西汉王朝长安都城只有900公里路程，汉武帝刘彻决心要“断匈奴右臂”——摧毁匈奴政权以休屠王为中心的河西统治集团。于是大胆启用少年“超人”骠骑将军霍去病，运用非常规战术，打败了休屠王，夺走了匈奴王庭的祭天法器“祭天金人”，并供在甘泉宫炫耀庆贺，沉重地打击了匈奴政权与之争雄的信心。不久，休屠王被浑邪王杀了，休屠王阏氏（王后）和王太子金日磾、小王子金伦也被浑邪王挟持了，作为见面礼，献给了汉武帝。(《史记·武帝本纪》《汉书·霍光金日磾传》)

昔日匈奴亲王休屠王的14岁的太子金日磾，一朝沦为西汉宫廷的养马奴隶，仇恨、郁闷、痛苦、彷徨，他与汉武帝刘彻有着杀父之仇，可谓不共戴天。金日磾月亮仙子一样美丽高贵的母亲同样忍受着丧夫亡国的刻骨仇恨，但是他们在成为奴隶之后做了一番深刻的反思。他们用当时盛行的黄老道家“天人合一”学说和孔孟儒家“仁政”治国安民理念重新审视匈奴各部落兼并战争的残酷和匈汉战争给老百姓带来的深重灾难。统治集团的权力欲望，寻常百姓的生命生活，美丽富饶的山河湖泽，让他们彻夜难眠。他们下决心要以自己的实际行动警示世人，并试图感化战争发动者，使他们的良心发现，停止因为权力欲望膨胀而发动的草菅人命的战争；停止因为区区局部眼前利益而焚烧美丽的草原、芦荡和森林的暴行，顺应天意，实行仁政，开创和谐发展的社会局面。

金日磾当了马奴之后，用心爱马，以身比马，向汉室宫廷养马专家学习养马经验，潜心钻研养马驯马技术，以此排遣对父亲和故乡的怀念。他喂养调教出的骏马，体格高大健壮，奔跑迅捷有力，站立英俊有神，引起了汉武帝刘彻注意。一天，皇上带领一班绝色后宫美女视察皇家骏马饲养场，饥渴难耐的众马奴借机偷窥这些女人。唯独“长八尺二寸，容貌甚严”的金日磾一个人勾着头从容走过，目不斜视。这让汉武帝非常吃惊，也感到此人非常安全。青春年少，人壮气盛，而不贪图非分之色，不觊觎帝王威仪，难得忠厚，于是汉武帝刘彻拜金日磾为“马监”，相当于皇家军马场场长。以后几年的时间，金日磾荣升侍中（皇上的贴身侍卫），继而又荣升驸马都尉、光禄大夫，跟随皇上左右。因其父休屠王“作金人以为匈奴祭天主”的缘故，赐金日磾姓金，并绘制金日磾母亲的画像《休屠王阏氏》，跟汉家众先贤一起供奉在甘泉宫，让他们享受等同于皇室宗亲的至高政治待遇，以示汉武帝的亲善大度和和解民族矛盾的诚意。汉武帝心潮难平，又做《天马歌》，抒发一代明君的政治家胸怀：天马来兮从西极，经万里兮归有德；承灵威兮降外国，涉流沙兮四夷服；太一贡兮天马下，沾赤汗兮沫流赭；骋容与兮跇万里，今安匹兮龙为友……

《天马歌》与其说是汉武帝向往天马，赞美天马，还不如说是大汉王朝对金日磾这样的优秀人才、特殊人才、兄弟民族人才的褒奖和渴望。（《汉书·霍光金日磾传》）

让人安全自己安全，以心换心心心相印。金日磾很快成长为西汉政权的异族重臣。但他仍然固守“食只求其饱，衣只取其暖”的生活准则，绝不奢侈靡费。皇上赐他宫女，他不近身；皇上赐他财宝，悉数奉还；皇上让他的女儿入宫作妃，他坚辞不允……夙兴夜眠，恪尽职守，保卫皇上，避免宫廷变故引发动乱，导致生灵涂炭，哀鸿遍野。

一日，宫廷侍卫莽何罗蓄意谋反，俟机行刺汉武帝，正好被留意多日高度警惕的金日磾发觉。金日磾不顾疾病在身，不惧刺客利刃在握，赤手空拳扑上前去，抱住刺客，大声报警“莽何罗反”，及时制止了一场宫廷流血政变。汉武帝非常感激金日磾，更加信任金日磾，在临终前将大汉江山社稷和太子一并托付给金日磾，要他当托孤大臣。金日磾诚恳地推荐了汉人霍光担此重任，自己甘居其下，并表示一定和霍光一道，辅佐好少主，让大汉王朝走向繁荣昌盛。于是霍光和金日磾就成了大汉王朝的“左右辅政宰相”，位极人臣。

朝廷重臣，自然是皇亲国戚、儿女亲家。金日磾的儿子金赏娶了刘彻的女儿为妻，曾孙子金当的母亲是王莽的姨妈。金氏后裔几经轮回，其中一支在明朝万历年间寻根问祖，千里迢迢回到先祖金日磾的发祥地民勤县，在马王爷故里休屠城东侧安家落户，形成自然村落——蔡旗乡金家庄。如今，蔡旗乡金家庄人丁兴旺，生活富裕，与时俱进，欣欣向荣。

人们出于对金日磾的崇拜敬仰和美好愿望，将金日磾进一步美化神化，尊崇为“马王爷”和“天马之父”，大江南北，长城内外，到外修庙建观，供奉祭祀，并传说马王爷金日磾有三只眼睛，能够洞察坏人的险恶用心。

至今，民勤县境内仍然有好多的地名与金日磾和休屠国有关：野马泉、天马湖、马王庙、马河城、马湖、西马湖水库、金家庄、休屠泽、休屠城、休屠国、休屠县、武威郡、武威县、宣武县……比至东汉，熔科学与艺术为一炉的另一个科学奇迹发生了，人们将爱马、养马、崇拜马、崇拜金日磾的不了情结，熔铸成了忠勇知义和财富力量的象征——“马踏飞燕”。

后来，“马踏飞燕”的金属造型，在休屠王领地、马王爷故里休屠王盖臧城的雷台观涅槃重生，光耀全球，成为中国旅游标志，为全世界仰目。

三、苏武牧羊

汉武帝时期，对匈奴展开了大规模的征战，耗费了汉朝大量的人力、物力，匈奴也人畜损失惨重，双方都想以和平的方式解决争端，就选派了年富力强、博学多才、精通多民族语言和习俗的中郎将苏武出使匈奴。（《汉书·武帝纪》）

苏武辞别了父母、妻儿、兄妹，手持代表中央政府和亲使命的汉节，一行100余人，行走了60多天，来到匈奴王庭。苏武拜会了匈奴大单于，表示了汉朝天子希望两国修好、互罢干戈的意愿。单于见苏武相貌堂堂、才华出众，便以高官厚禄相诱惑，劝他归顺匈奴，苏武严词拒绝。单于恼羞成怒，罚他到北海牧羊。

胡天朔漠，苦寒寂寞。但是，苏武不忘和亲修好使命，一边随季节转场牧羊自取其食，一边向匈奴各界宣传和亲修好的重要意义。他手持汉节，每到一处，就用先进的汉族科技文化，为当地人民解决疑难问题，或为人治病疗伤，或为牲畜防疫消灾，不论奴隶和贵族，不论汉人和胡人，总能够以诚相待，和睦相处，受到了匈奴人民的普遍爱戴。时间长了，单于的弟弟、单于的女儿也主动送给苏武衣物食品，成为知己，并且，赢得了一位美丽的匈奴姑娘的爱情，有了一位匈奴妻子。他们摈弃多年来的战争阴影，消除民族隔阂，演绎了一段感人的匈汉和亲故事。后来，他们还生下了可爱的儿子苏通国等，他们是汉匈团结的象征，是民族融合的产物。用李陵的话说苏武真可谓“扬名于匈奴，功显于汉室”，被汉匈人民奉为“天使”。（《汉书·昭帝纪》《汉书·李广苏建传》）

苏武不辱和亲修好的神圣使命，积极努力，终于赢来了汉匈重新和好，功德圆满，回到了长安。（《汉书·李广苏建传》）

四、苏武与金日磾同朝为官且关系特殊

汉武帝元狩二年（前121年），金日磾作为异族大臣，14岁开始，供职于汉室，先后在宫廷担任马监（掌管宫廷御马的长官）、侍中、驸马都尉、光禄大夫，一直留在宫中做官，伴驾两朝皇帝汉武帝、汉昭帝，官至辅政大臣，武帝遗诏封为秺侯，汉昭帝始元元年（前86年）逝世，终年50岁。

苏武，兄弟并为郎，官职是移中厩监，负责宫廷服务保卫工作，具体掌管皇上的鞍马射猎工具的维修保养和鹰犬的喂养管护工作，直接为皇上服务。汉武帝天汉元年（前100年），苏武40岁，老成持重，领命出使匈奴，昭帝始元六年（前81年）历时19年回朝。宣帝神爵二年（前60年）逝世，享年80岁。

汉武帝作为一代天骄，千古一帝，具有超乎常人的远见卓识，敢于力排众议，大胆起用异族重臣，让他们和汉族的有为青年同朝为官，让汉族和匈奴民族在密切交往中相互认同，形成胡汉一家的政治舆论攻势，一方面尽量避免战争，一方面培养具有卓越外交才能的使者，为将来进一步征战或者和亲储备人才。苏武和金日磾由于相似的生活经历和致力民族团结、和解民族矛盾的共同理想，在宫廷内，相互学习各自的礼仪，了解各自的民族风俗习惯，切磋养马、骑马、射猎、养鹰、驯犬、伴驾技巧，两人经常在一起的机会一定不少，甚至很有可能结为兄弟。另外根据汉朝时候“打仗要靠父子兵”的惯例，苏武有可能随同父亲苏建出征匈奴，这样就有机会涉足原匈奴休屠王的领地——休屠泽地区（今民勤县），金日磾委托苏武顺道看看自己的故乡，替自己给“天王”父亲休屠王扫墓祭祀。金日磾经常在汉武帝命令画家绘制的休屠王阏

氏他的母亲的画像前饮泣纪念，其情拳拳。《汉书·霍光金日磾传》）汉武帝元狩二年（前121年），14岁的金日磾新来乍到为汉武帝养马的时候，19岁的苏武已经是具有多年工作经历、经验丰富的郎了。两个志趣相同、往来密切的年轻人，自然形影不离。公元前100年，具备出使匈奴的文化素质和身体素质的苏武，水到渠成，持节出使。

苏武牧羊，先前在“北海”，为了宣传和亲，鼓吹团结，也为了与金日磾的兄弟情结，会逐渐有意无意地游牧到古休屠王领地“某泽中”即休屠泽（时为武威郡所属）。此外，这一个时期汉朝对武威郡地区的实际控制权有过一个得而复失、失而复得的过程。（《史记·武帝本纪》《汉书·西域传》）因此，不管是和平时期还是战争状态，也不管是汉朝中央政府控制，还是匈奴民族政权控制，以上事实，均能够证明苏武牧羊“某泽中”，不但具有主观方面的可能，也具备客观方面的条件。

汉朝的天使与匈奴的天王，曾在汉室宫廷、匈奴王庭以及“某泽中”的这样一段惊天地、泣鬼神的民族大义和感情纠葛，必然会引起后世的褒誉和颂扬。苏武牧羊先在“北海”，后在“某泽中”的历史谜团，如果从苏武与金日磾的特殊关系这样一个层面去寻求答案，就显得十分方便了。

我们建议，民勤县的苏武文化匈奴文化研究者、旅游文化的开发利用者，若要就此做一点相关的事情，就必须将二者联系起来，才能有所启发，有所收获。

（孙明远，民勤县党史和地方志中心主任。）

沙漠古城之谜，
隐藏在民勤大漠深处的一段“安史之乱”

王文元

民勤，石羊河消失之地，黄沙漫漫，人烟稀少，连城古城孑然而立，城内残砖遍地，城外黄沙无边……

这座古城为何出现在如此荒凉的地方？又是谁让这座古城变成废墟？

一、大漠深处

出民勤县城往北而行，沙漠和农田总是交错出现在我们的视野中，让人生出无限的感慨，“生态巨变”“风沙肆虐”这样的词句，不时从我们脑海中闪现。

正是深秋时节，满载着黄河蜜的卡车不时从我们身边驶过，而路边则常常能看到成堆的洋葱。给我们带路的毛焕俊说：“民勤人吃得了苦，受得了累，只要有水的地方，就有民勤人在劳作。再加上，民勤的土质好，一年下来，收入总是不错的。”

四十多分钟后，我们到了泉山镇，柏油路刚铺不久，路灯也很新，给这个大漠边的小镇增添了些许时尚色彩。穿小镇而过，往左而行数百米，眼前的景色忽然全变了，一座座沙丘，取代了一块块的农田，如书页一样，翻过去后，风花雪月眨眼间变成了金戈铁马。

连城古城在距离泉山镇十二公里的沙漠中，越往前走，沙丘也越密集，路也变得错综复杂，每个路口总会出现两条甚至更多的岔路让我们选择。毛焕俊在民勤县博物馆工作，因为文物普查的缘故，曾多次到过这里，遇到岔路口略一犹豫，就会为我们指准方向，沙丘越来越大，以至于四驱越野车也无能为力了。

连城古城是保存下来的为数不多的沙漠古城，也是一座鲜为人知的古城。我们爬上一座大沙丘，此时，已经能看到古城了，而沙丘依旧连绵不绝。看着远方，毛焕俊说："我们只能弃车步行，如果顺利的话，一个小时后就能到达古城。"

这里是民勤盆地的最低洼处，根系发达的沙棘、红柳长得还算茂盛，毛焕俊随手摘下一把沙棘果，递给我，酸中带甜，甚是好吃。沙丘间，忽然发现了农田遗迹。让我们惊喜不已，农田是古城存在的必要条件，这说明，我们脚下的茫茫沙海也曾经长满了庄稼。这些农田为何又被废弃了呢？真相只有在我们走进古城时才能显现。

沙漠中没有路，一阵狂风刮过，路就消失，只有盯着目标前进才不会迷路。古城是汉代武威县的故址，修建在石羊河边，沿河而下，就是石羊河积聚形成的大湖泊——潴野泽。20世纪50年代石羊河尚未改道之前，风沙虽然时刻侵袭着这座古城，但城周围还是有不少的屏障，随着石羊河改道，水越来越少了，古城也日益残破了。

沙丘渐渐小了，我们已经接近了古城边。两千多年风沙的侵袭下，当年让人仰视的城墙只剩下了残垣断壁，高大雄伟的角楼也变成了一个土台子。

二、千年废墟

毛焕俊说，"武威"一名出自汉武帝，他为了宣扬汉军武功军威，故而将这里命名为武威县，同时也因此而命名武威郡。可惜的是，武威郡郡治当时并不在武威县，而在今武威市区内，当时名叫姑臧县。否则的话，这座古城的规模会更大。人们把武威郡设在姑臧的最大原因是，它地处丝绸之路的交通干线上，被人们称之为"西汉第一国道"（从长安通往西域的交通干线），走的正好是景泰、大靖、姑臧一线。

"翻越"城墙，进入城内，我们爬上了角楼，也就是城内最高的那个土台子。古城千米见方，一切设施俱全，有兵器作坊，有陶器作坊，有首饰店铺……从城墙边散落的瓷器碎片中，我们找到了它曾有过的繁华。城外沙丘连绵，如同大海中的波涛一样滚滚而来，城墙似乎大海中的一块礁石，抵御着风沙的侵袭。城内遍地黄沙，在大自然的面前，任何的人工建筑总是异常的渺小，无论它曾经是多么的辉煌。

这座城因东西两城相连，故而人们又称连城。看来叫连城的不止一处，连城似乎也并不是永登县鲁土司衙门所在地的专有称呼。既然是汉武威县城，自然也和匈奴人、霍去病有了关系。据说在匈奴人出现之前，这里曾生活着一支名叫潴野人的部落，那时这里生态植被非常好，石羊河的来水，源源不断。后来匈奴人从蒙古高原南下，占据了这里，水草丰美的潴野泽也就成了匈奴人休屠王的游牧之地，湖泊改名为休屠泽。不久，霍去病率军攻占这里，武威县也由此而设。

这座古城的华丽大幕也由此拉开，汉唐盛世的舞台上，古城上演了近千年的悲喜剧。如今黄沙掩盖了一切，但我们依旧能感受出它的风姿。

三、天宝遗事

城墙边我们发现了一枚圆形石头。毛焕俊说，这是当年防守城市的垒石。这种石头装入游牧民族所用的抛索中，就成为一种令人防不胜防的利器。在入城之前，我们还在城外的沙土中发现了一块生了锈的铁器，铁器有大拇指粗，一头尖，一头大，中间还有孔隙，显然是一枚铁箭头，而且不是一般弓箭上所使用的。我们推测，它应该是大型弩机上所用的。

这两件器物，让我们有些兴奋，揭开古城秘密，就在它们身上。古城落幕很是突然，如同一台精彩大戏在高潮过后就戛然而止了。无疑，它是遭受了突然袭击而变成了废墟，时间应该在开元年间之后。在20世纪40年代，考古学者曾经在这座古城内发现了二十五枚开元通宝，还有一些唐三彩的图片，这说明，在开元年间这座古城还很繁华。

或许，这座古城的兴衰，和那场把大唐王朝推下巅峰的“安史之乱”有关。人们从一封粟特商人的信件中发现，安史之乱时凉州也曾发生过一起粟特商人的叛乱，这场叛乱是因安禄山而起的。武威正好在凉州通往河套平原的古道上，从民勤出发大约半个月，就能抵达今天内蒙古自治区的临河一带，再往东走则是河北。这条古道在解放前仍旧能使用，那时逃荒的民勤人赶着骆驼沿古道北上河套谋生。

武威是从西域东进长安的必经之路，安禄山叛军一旦占据此地，就会截断西域边军的东援通道，这对大唐王朝来说是致命的。或许，安禄山派军从河北走河套沿古道而下，袭取凉州（即今武威市区），谁知偷袭军队在这里被守军发现，守军还击，虽然敌人被击退，但城市却在战火中被摧毁，留下了散落在城门口的开元通宝和城内的垒石。也正是守军的坚守，凉州城内的守军才能击败了叛乱的商团，遏制了战火的蔓延。

这座古城，也由此见证大唐王朝凄然转身。

日已偏斜，沿着来时的脚印，慢慢而回。我们虽然找到了被黄沙掩埋的天宝旧事，但却无法回到过去，只能在夕阳中艰难前行，一路向前。

（王文元，文史学者。）

浅谈“苏武文化”的内涵

阎德伦

今天，在这个学术性很强的会上发言，有一种诚惶诚恐的感觉。甘肃省武威市民勤县文化体育局拟定题目让我谈“苏武文化”的内涵，说实在有点力不从心。首先，我认为，作为一种文化现象，它的形成有其历史的、社会的原因，不明白这些原因，就不会知道这种文化现象所代表的意义。更谈不上理解和把握它的精神实质和内涵。其次，对一种文化现象的命名，要有一定的公认度。我们今天研讨的“苏武文化”，实际上是一种开拓之举，过去在学术界从来就没有人提出过，也没有被谁承认过。我们今天提出来并加以研讨，说明大家对这种文化现象有了一定的认识或者把握。但就我个人而言，尚处在一知半解或者牵强附会的层面上。所以，我只能就我个人的一点粗浅认识，谈一些不成熟的看法，不妥之处，希望大家批评。

“苏武文化”的内涵到底是什么呢？我想从它形成的历史背景谈起。

在苏武以前的先秦时期，战乱迭起，强权纷争。齐、楚、燕、韩、赵、魏六国与强大的秦国之间，吞并与分立的斗争十分激烈。在这个时期，追求外交上的成功，成了各国最大的目标之一。以张仪和苏秦为代表人物，在外交上的连横与合纵，几乎成了国家政治生活最重要的部分。汉朝建立初期，大汉王朝的政权，受到匈奴的威胁。鉴于前秦时期的教训，汉王朝恩威并用，在派卫青、霍去病打击匈奴的同时，派张骞、苏武先后出使西域和匈奴。张骞取得了外交上的成功，苏武却在外交上失败。他被匈奴拘禁19年，直到汉昭帝始元六年（前81）方才回到汉地。苏武不为威胁利诱所动，甚至“引佩刀自刺”，至死不降匈奴。最艰难时，曾经以雪和毡毛充饥。他壮年出使，归汉时“须发尽白”。苏武的典型事迹，即所谓“杖汉节牧羊，卧起操持，节旄尽落”。

但是，随着大汉王朝政权的巩固，外交地位下降，对内统治不断加强。两位同样是奉命出使的使臣，在统治阶级中的地位也不一样了。班固认为苏武是实践孔子提出的“志士仁人，有杀身以成仁，无求生以害仁”“使于四方，不辱君命”的原则的典范。（《汉书・苏武传》）在汉宣帝时，苏武已经成为图画形貌彰显于麒麟阁的11位名臣之一。

苏武牧羊的形象，成为千百年来讲究“忠”与“节”的道德教育的榜样。苏武在世代传承的民族精神谱系中有着非常高的地位。历代多有以“苏武牧羊”为主题的画作传世。据戏曲史学者研究，有关苏武事迹的剧目，有《苏武牧羊记》，又称《苏武持节北海牧羊记》，又有《苏武和番》等。元杂剧有《持汉节苏武还乡》，又作《持汉节苏武还朝》《苏武还朝》《苏武持节》《英雄士苏武持节》。传奇有《白雁记》，清杂剧有《雁书记》，也记述苏武故事。然而与苏武同一个时期的张骞，尽管他功勋卓著，却没有能够在古代舞台上留下像苏武这样高大的外交使臣的形象。

民间文化所呈现的这一情形，其实是与执政阶层的政治导向和价值取向有着极大关系。据汉代以后的正史记录，“苏武”出现的频率远远超过“张骞”。看来，在中国正统意识中，所谓“张骞立功异域”（《后汉书・班超传》），是不如“苏武不失其节”（《晋书・王机传》）的；所谓“张骞怀致远之略”（《后汉书・西域传》），是不如“苏武以秃节效贞”（《后汉书・张衡传》）的。张骞和苏武在后世文化天平上位置的高下，反映了中国传统文化在价值取向上微妙的倾斜。这一现象也透露出由于秦汉以来大一统王朝的成立与巩固，国家意识得以强化，社会观念已经出现这样的倾向：就实现外交成功（如张骞“凿空”）和维护国家尊严、表现政治忠诚（如苏武“全节”）两个方面来说，后者显得更为重要，这与先秦时期的外交天才苏秦、张仪的时代所表现出来的情况有着明显的不同。

作为匈奴曾经的占领地，民勤在后来的历史岁月中，曾经历过西夏、蒙古等民族的占领，而从江南和中原大规模的移民，又带来了以儒家思想为正统的汉文化。特殊的地理位置和人民渴望国家统一、民族团结、生活安宁的心愿，就使苏武这位民族英雄的高尚品格成为一种精神，在民勤这块土地上应运而生。于是，就有了苏武山，有了关于苏武在此牧羊的许多传说。尽管苏武出使匈奴时在公元前100年左右，当时的民勤纳入汉朝版图已经有20年，有人据此认为，苏武不可能被匈奴放逐到中国的版图上牧羊，但民勤人民还是认为，在汉匈争锋的较量中，处于长城边界的民勤，有朝为汉疆、暮为匈土的可能，苏武的牧羊地就在民勤。有人认为，民勤就在长安以西3000里左右，与传说中苏武“西出长安三千里”高度契合，苏武牧羊北海边的“北海”就是民勤的白亭海。由此可见苏武在民勤人民心中占有多么崇高的位置。以至于后来的明清时期，一些杀敌立功、以身殉国的民勤子弟，才有资格配祭苏公祠。至于在民勤世代留传的关于蒙泉、苏子岩、无节芨芨等许多带有传奇色彩的传说，再加上正史记载，细加分析后可知，所有这些传说和记载，褒扬的是苏武身处逆境却思念家乡、眷恋祖国、不怕困难、不屈不挠的精神。而这些精神，正是当时的民勤人民，在“十地九沙，非灌不殖”的自然环境条件下所需要的。于是，随着时代的发展，又有了苏公祠，有了百字铭，有了苏武山上的赛驼会以及由此而兴起的民勤民俗文化风情。

因此，从苏武文化形成的历史渊源上，我们就可以得出结论，“苏武文化”的内涵就是苏武精神，即：热爱家乡，忠于祖国，自强不息，威武不屈。而它的外延，则包括关于苏武的各种历史记载、传说、故事、建筑、音乐、美术、戏曲，以及民俗风情和地方文化。

今天，我们研讨“苏武文化”，就是要大力弘扬苏武精神，并赋予其新的时代内涵。民勤生态环境脆弱，民勤人民要想得以生存和发展，就要像苏武那样热爱自己的家乡，把所有的智慧和力量，集中到治理生态环境，建设美好家园的行动中来，为维护绿洲永续生存和促进经济可持续发展，做出自己应有的贡献。民勤处在中国西北风沙线上的桥头堡位置，民勤的生态环境状况，直接影响着甘肃省会城市兰州、河套平原、华北平原的大气环境，我们要像苏武那样，胸怀祖国，热爱祖国，为祖国西北部荒漠化防治而矢志不渝，不懈努力。民勤经济条件薄弱，是经济欠发达地区，要实现建设幸福美好新民勤的光辉目标，就要像苏武那样，自强不息，发奋努力，不达目标誓不罢休。民勤风大沙多，干旱缺水，面对严酷的自然环境条件，我们要像苏武那样，不怕困难，百折不挠，迎难而上，挑战风沙，最终改变自己的命运，走向理想的道路。从而使“苏武文化”在民勤大地上发扬光大，成为我们不断前进的精神力量，鼓舞和激励着我们去建设一个生产发展、生活富裕、生态良好的和谐民勤。

（阎德伦，武威市文体广电和旅游局四级调研员。）

书院、游学与清代武威科举之盛

陈尚敏

一、引言

清代武威文风之盛，前人多津津乐道。虽是一鳞半爪的观感，但吉光片羽，弥足珍贵。“武威文风甲于秦陇。”①“自乾嘉以降，彬彬多文学士矣！”②其“人文之盛，向为河西之冠”③。嘉庆十三年（1808年）戊辰科乡试，姚元之典试陕西，他说：“甘省文风，初为宁夏最盛，今则莫盛于凉州之武威。”④在道光朝任古浪知县的陈世镕也说：“陕甘分省，闱场在陕，中额不分。甘肃文风以皋兰、武威、伏羌、秦安为盛。”⑤

清代武威科举人才的时间分布

功名	顺治	康熙	雍正	乾隆	嘉庆	道光	咸丰	同治	光绪	合计
进士	0/8	1/19	1/15	7/52	14/40	5/42	5/32	2/22	6/113	41/343
举人	1/36	8/127	5/63	43/342	51/205	62/309	18/122	5/78	37/596	230/1878
贡生	2/63	1/101	8/59	18/179	12/116	16/162	3/84	4/63	9/218	73/1045

资料来源说明：宣统《甘肃新通志》卷39—40《学校志·选举》，并参考朱保炯、谢沛霖主编：《明清进士题名碑录索引》，上海古籍出版社，1980年。

① 容海：《武威兴文社当商营运生息碑记》，甘肃省武威市市志编纂委员会编《武威市志》，兰州：兰州大学出版社1998年版，第944页。

② 《潘挹奎传》，李鼎文校点《李于锴遗稿辑存》，兰州：兰州大学出版社1987年版，第18页。

③ 民国《甘肃省乡土志稿》第22章《重要都市》。

④ 姚元之：《竹叶亭杂记》卷二，北京：中华书局1982年版，第42页。

⑤ 陈世镕：《求志居集》卷二二《古浪魁星阁记》，“清代诗文集汇编”本第557册，上海：上海古籍出版社2010年版，第587页。

在上表中，“/”前为武威各功名的中式人数，后为甘肃全省的总数。甘肃在康熙初年从陕西析出，独立建省，其辖境包括今甘肃省全境、青海省东部地区和宁夏回族自治区大部分地区；另外，新疆建省前，天山北路实行府县地区采取双重归属体制，一方面在建置上就近划入甘肃省，令陕甘总督辖制，另一方面在行政上命乌鲁木齐都统管理[①]。光绪元年（1875年）之前，陕甘合闱，甘肃和新疆文教统由陕甘学政管理，乡试在陕西省会西安举行。光绪元年，陕甘分闱，新疆文教改由甘肃学政管理，乡试在甘肃省会兰州举行，这一状况即使在光绪十年（1884年）新疆建省之后也未有变化。有关新疆士人的朱卷和齿录在介绍自己的籍贯时，也注明是“甘肃省某州某县”。如李俊之为光绪二十七年（1901年）辛丑补行庚子（二十六年，1900）恩正并科举人，其齿录所载的籍贯为“甘肃迪化府迪化县”；蒋举清为光绪二十九年（1903年）癸卯恩科举人，其朱卷所载的籍贯为“甘肃新疆迪化府昌吉县”。因此，就本文所论述的地理范围而言，实际包括了今甘宁青新4个省区，总共包含83个县级行政单位[②]。

在清代甘肃各县的科举人才统计中，皋兰人数最多，其次就是武威。传统社会基本上是以政治为主导型的社会，正如皇权所在地既是政治、文化中心，也是经济中心一样，聚集着更多的公共资源。如皋兰县，作为甘肃省会兰州府府治所在地，清代陕甘总督，藩、臬二司以及兰州府、皋兰县的衙署均建于此。光绪元年（1875年），陕甘分闱后又增设提督学政衙署。当时建有书院四所，其中兰山、求古为省级大书院，五泉和皋兰分别为兰州府和皋兰县属书院。作为全省首善之区，拥有着经济文化等各方面的优越条件。

清代科举实行分区取录政策，究其实质，是将竞争限制在一定区域范围内。学额决定一个县的科举人才数量。乡试中额不仅决定着一个省的举人数量，而且还与其他类科举人才的数量，如进士，五贡当中的优、拔、副贡具有相关性。因此，清代科举人才的地理分布若以省为单位进行比较是没有意义的；同时在进行一省范围内县域之间的科举人才数量比较时，应将基于学额而产生的生员以及以论资历而非考选的岁、恩贡剔除。上表中的“贡生”数量是指优、拔、副三贡的总和。

计量史学在20世纪50年代的西方，特别是在美国相当流行。20世纪80年代后，

① 马大珩、马大正主编：《清代的边疆政策》，北京：中国社会科学出版社1994年版，第337页。

② 这里的县包括“散州”和“散厅”。散州、散厅与县平级，是地方三级政区。

我国史学界开始引入这一方法，逐步应用到历史学的诸多分支学科中，比如在探究历史上的人文变迁时，往往以人才的时空分布为视角。计量史学方法的运用使得这一研究趋于精确。不过，数量统计是结果，探寻其背后的致因才是应该注意的重点。

二、天梯书院与武威科举人才的养成

书院之名始于唐代，是中国古代独特的文化教育组织形式，兼具藏书、刻书、祭祀、育才等多种职能。纵观书院的发展，它与地方官学存在着一个此消彼长的关系。当地方官学衰微之时，往往是书院兴盛的时期，此时的书院是作为地方官学的补充而存在的。清代书院即其显例："各省书院之设，辅学校所不及""儒学浸衰，教官不举其职，所赖以造士者，独在书院"[①]"士子不居于学宫，则讲艺论道，胥为书院。"[②]武威文风的兴起，是与本籍的书院教育密不可分的。

武威的前身为凉州卫，是凉庄道的道治所在地[③]。康熙四十三年（1704年），凉庄道武廷适创建成章书院。乾隆十二年（1747年），由凉庄道张之浚倡议，凉州知府朱佐汤暨凉州府所属五县知县增修书院[④]。乾隆三十七年（1772年），顾光旭出知凉州府，武威知县请求修复书院。"凉州旧有天山书院，岁久致圮。"书院修复后，更名为天梯书院[⑤]。由上述零星的载记拟作如下推断：其一、天梯书院的初名为成章书院，后曾更名为天山书院；其二、天梯书院原初应为凉庄道属。书院初建，陇西进士宋朝楠撰写创建碑记："延师友、萃诸生，群聚肄业。阖属之士，莫不望风褰裳。"[⑥]"阖属之士"应指凉庄道所属士子。雍正二年（1724年）时，凉州卫被裁，新置凉州府，置府之附

---

① 赵尔巽：《清史稿》卷一〇六《选举一》，北京：中华书局1976年版，第3119页。

② 民国《甘肃通志稿》卷四四《教育二·书院》。

③ 凉庄道设于康熙二年（1663年），领镇番、永昌、凉州、庄浪四卫，古浪一所；乾隆三十七年（1772年），析甘肃道领之甘州府来属，寻改道名为甘凉道，辖甘、凉二府。参见牛平汉主编：《清代政区沿革综表》，北京：中国地图出版社1990年版，第461页。

④ 乾隆：《五凉全志校注》，张克复等点校，兰州：甘肃人民出版社1999年版，第43页、第57页。

⑤ 顾光旭：《响泉集》卷八《天梯书院》，"清代诗文集汇编"本第375册，第433页。

⑥ 宋朝楠：《凉庄道宪武廷适创建书院碑》，甘肃省武威市市志编纂委员会编《武威市志》，第933—944页。

郭武威县；裁镇番卫置镇番县（治今甘肃省武威市民勤县），裁永昌卫置永昌县，裁庄浪所置平番县（治今甘肃省永登县），裁古浪所置古浪县，一并来属[①]。乾隆十二年（1747年），凉州府所属五县知县参与增修书院，可见当时的书院应为凉州府属。无论凉庄道属还是凉州府属，其辖境变化不大。但当书院更名为天梯之后，书院就成为武威县属了。

另外，光绪元年（1875年），凉庄道成定康捐俸修建雍凉书院，在武威县城内西北隅[②]。有关雍凉书院的资料，现在能见到的不多，因而无法置评。

书院是“私学发展到高级阶段的产物，是种制度化的私学”[③]。书院的属地特点也是由其私学性质决定的。具体言之，清代书院从兴建缘起、经费筹措以及建筑维修等都有民间力量的参与。书院教育的属地特点，即是谁出资出力、谁享受的逻辑结果。在笔者收集到的自嘉庆以降镇番、永昌、平番、古浪四县士人的近百份朱卷和会试同年齿录[④]的师承关系中，未见有肄业天梯书院的例子，这也可以作为天梯书院仅为武威县属的一个旁证。

“武威自明季李锐登甲榜，官汀州太守，至方伯再成进士。故吾乡入国朝来，方伯为甲科开先云。”[⑤]有明一代，武威只有李锐一人成进士。引言中的“方伯”，即孙诏，康熙五十一年（1712年）壬辰科进士，获馆选，曾历官至湖北布政使。明清“布政使”向有表率一省府州县官之义，故尊称为“方伯”。清政权建立将近70年时，武威才有了第一位进士。

武威文风丕变，由衰转盛，始自王化南、刘作垣二人先后主讲本籍书院。王化南，

① 参见牛平汉主编：《清代政区沿革综表》，第457页。

② 清季新政时期，清廷谕令各省书院，在省城者改设大学堂，各府及直隶州改设中学堂，各州县改设小学堂。参见《德宗景皇帝实录》卷486“光绪二十七年八月乙未”条，《清实录》第57册，北京：中华书局1987年版，第419页。光绪三十三年（1907年），雍凉书院改设为凉州府中学堂。参见宣统《甘肃新通志》卷38《学校志·学堂》。由此也可以判断，雍凉书院为府级书院。天梯书院的改设情况未见记载，原因很可能是在同治回民起义期间，天梯书院就已经被毁了。

③ 朱汉民：《湖南的书院学研究》，《湖南大学学报》1999年第3期，第1—3页。

④ “同年齿录”是指各级各类科举中式者按年龄长幼编纂的名录，其中也附有中式者履历，大多只包括中式者的个人简介和家族谱系，只有少部分会试同年齿录有师承关系内容。同年齿录和朱卷一样，也没有刊刻时间，一般认为是在考试后不久。

⑤ 潘挹奎：《武威耆旧传》卷一《孙方伯传》，“中国西北文献丛书”本第99册，兰州：兰州古籍书店1990年版，第163页。

字荫棠，乾隆四年（1739年）己未科进士，获馆选，曾官至山东平度州知州，后引疾去。当道“延主书院讲席，教法即淳且备”“矻矻孜孜，俾不得斯须嬉，士风为之一变”[①]。刘作垣，字星五，乾隆二十六年（1761年）辛巳科进士。自安徽舒城县知县罢归后，主讲书院。“一时从学之士，文章皆有程式可观”“吾乡所以文教日上，不乏绩学之士者，山长诱掖之力实多”[②]。

天梯书院变为县属之后，可以说其教育长盛不衰，一个重要原因就在于山长选聘得人。从笔者收集到的相关朱卷和齿录来看，任职天梯书院山长者有相当一部分来自本籍的进士，如郭楷（乾隆六十年乙卯科）、杨增思（嘉庆七年壬戌科）、张美如（嘉庆十三年戊辰科）、王于烈（嘉庆二十四年己卯科）、张兆衡（嘉庆二十五年庚辰科）、陈作枢（道光二十四年甲辰科）、张诏（咸丰六年丙辰科）、袁辉山（咸丰六年丙辰科）、张景福（咸丰六年丙辰科）、周光炯（咸丰九年己未科）等，他们当中大都曾受教于天梯书院，进士中式后，又有讲授天梯书院的经历。进士刘开第（同治元年壬戌科）、伦肇纪（光绪六年庚辰科）、李于锴（光绪二十二年丙申科）也曾主讲雍凉书院。在清代甘肃府、县两级的书院中，有如此多的进士作为山长，武威为仅见。

清代科举考试，名为三场，但应试者能否中式，看重的实际上是首场八股文的写作水平。八股文写作的立意是“代圣立言”，这就要求考生具有丰富的经史知识以及对其的理解。在形式上，八股文更是有着诸多限制，写作时须先破题、承题、起讲；正文部分须用有声律要求的四个有逻辑关联的对偶段落来层层深入地阐发题旨，即所谓的“体用排偶”；文字要清真雅正；结构要起承转合。八股文作为考试文体，其程式化的写作就需要掌握相关的技法。因此，作为应试者，若无名师指拨，全凭自我摸索，成功的概率不会太高。进士作为科举的顶端，他们才称得上是科举真正的成功者。长期在科场的摸爬滚打，进士们拥有自己的成功经验，他们主讲书院，就有着其他功名获得者所不具备的优势。

在清代历史上，人们熟悉的吴敬梓、蒲松龄等富于文学才华，但在科场上却是悲剧性人物。他们的文学气质和文学才华，不仅不能为八股文写作增色，而且还有可能适得其反，带来更多负面的影响。武威张栋，“凡十五入秋闱无所遇，穷厄以死”“其

① 潘挹奎：《武威耆旧传》卷二《王荫棠传》，“中国西北文献丛书”本第99册，第174页。

② 潘挹奎：《武威耆旧传》卷三《刘山长传》，“中国西北文献丛书”本第99册，第183页。

为文，时而恣纵、时而高简、时而光怪陆离，不乐揣摩场屋风尚为熟软格调”“不乐揣摩场屋风尚”其实就是他“每见摒于有司”的真正原因[①]。试想，若有熟知科场经验者的指导，再若张栋能够虚心听取，他的命运或许会发生转机。

传统士人与故土的联系往往受制度和观念的影响，如父母故去，必须辞官回籍守丧的“丁忧制”。清代虽然没有致仕归籍的规定，但是基于孝亲观念，他们依然要回归故土。进士乡居期间，主讲书院自然也是一个体面的选择，但其前提是书院能够提供丰厚的修金。因为依进士的声望，他们有着宽广的社会流动途径，书院山长之于他们也绝不是唯一的选择。不过，主讲天梯书院的武威籍进士，大都也曾是该书院的受教者，他们后来又成为书院的主讲，其中当有一种回馈意味。

三、游学与武威科举人才的养成

所谓“游学”，其本义为“在外地求学”，“外地”是相对于本籍而言。从朱卷和同年齿录的履历来看，本籍是指个人出生的县。因此，凡是离开了本籍的求学行为都应视为“游学”。就清代武威籍士人的举业而言，除了在甘肃省会兰州外，陕西和京师是他们最主要的两个游学目的地。另外，一些清代地方官尚保留着传统循吏讲学的流风余韵，衙署即学署，身兼官师两重身份。传统时代，士人往往转益多师，师之所在，即学之所在，游学最能反映这一点。

（一）游学省会兰州

雍正十一年（1733年），世宗谕令各省建立省级书院，并给每所书院赐银千两。兰山书院就是在此次谕令下建立的甘肃省级书院。“书院之大者在省会，当道校诸郡县士而拔其尤。延名师董教之，日饩月廪，费在出公帑，泽甚渥也。”[②]围绕兰山书院，清代甘肃遂形成了一个教育中心。“兰山书院为陇右人文荟萃之所。”[③]“士之文秀者，则往往聚于省城”，肄业兰山书院[④]。光绪九年（1883年），总督谭钟麟、学政陆廷黻在省

① 潘挹奎：《武威耆旧传》卷四《张松生先生传》，“中国西北文献丛书”本第99册，第191页。

② 黄时：《创建云川书院记》，见宣统《甘肃全省新通志》卷三五《学校志·书院》。

③ 祁韵士：《兰山书院添增课额记》，见道光《皋兰县续志》卷十《艺文》。

④ 张兆衡：《兰山书院加增膏火碑记》，见道光《皋兰县续志》卷十《艺文》。

会兰州创立求古书院。至此，甘肃就拥有两所省级书院。“省城兰山书院，督臣为政；求古书院，学臣为政。”[①]也就是说，兰山书院由陕甘总督主持，求古书院由甘肃学政主持。学政为清代掌管一省学务的官员，晚清时，非翰林不得出为学政。学政虽为临时差委性质，而且所带官阶也如原品级，一般不是很高，但其职事关一省风化，地位优崇，权力不小。学政与督抚等疆臣平行往来，因此，学政一般也被认为是省级官员。

清代省级书院的设立具有划时代的意义，它改变了传统时代省一级无学校建置的历史，地方教育生态也随之发生变化，士人寻师访友不再局限于狭小的县域，而是扩大到省区。因兰山书院由陕甘总督主持，不仅书院建筑规模宏敞、藏书丰富，而且还能给肄业士子提供丰厚的膏火，更为重要的是，兰山书院山长的选择是在全国范围。“自初设至今所延院长，率皆名宿。最著者为（浙江）钱塘胡烑、（江苏）常熟盛元珍、（山东）滋阳牛运震、（陕西）武功孙景烈。四十年来，肄业诸生成科名、贡成均者指不胜屈。”[②]因此可以说，兰山书院的设立也为引入文教发达地区士人讲学甘肃提供了平台，这大大推动了甘肃科举教育的水准。

乾隆间吴镇主讲兰山书院，“其教人也，务崇实学，士多成立”，其中进士中式者有秦维岳、周泰元、李方苞、郭楷四人[③]。其中周泰元、郭楷皆武威人。刘开第为同治元年（1862年）壬戌科进士，其会试朱卷的“业师”中就有兰山书院山长的题名：“蔚峪田老夫子，讳树桢，巩昌伏羌县人，辛丑进士，翰林院编修，前兰山书院山长。”这表明刘开第在其举业阶段有到兰山书院的肄业的经历。他如赵元普，同治九年（1870年）庚午科带补丁卯科举人，其乡试朱卷的“业师”中亦有兰山书院山长的题名：“徐杨小梅夫子绪，举人，兰山书院山长。”张铣为光绪二十九年（1903年）癸卯科进士，其会试朱卷的师承关系部分载：“年伯张敦五夫子国常，皋兰人，丁丑进士，刑部主事，特赏员外郎衔，主讲兰山书院；刘远峰夫子光祖，秦州人，丙戌进士，刑部主事，主讲求古书院。”

① 叶昌炽：《缘督庐日记》（第7册），南京：江苏古籍出版社2002年版，第3978页。

② 乾隆《皋兰县志》卷七《学校》。

③ 李华春：《皇清诰授朝议大夫湖南沅州知府吴松厓先生传略》，见吴镇：《松花庵全集》卷一，“中国西北文献丛书”本第163册，第383页。

（二）游学陕西

甘肃作为独立的行省，始于康熙初年，当时是从陕西析出，但陕甘两省的关系却又有着特别的地方。关陇并称，远远早于甘肃行省建立之前，说明两地有着独立的地理单元意味；分省之后，这一称呼依旧延续，又说明两地多有一体之意。在文教方面，光绪元年（1875年）之前，陕甘合闱，共有一个学政。有清一代，在陕西境内有两所书院可以招收甘肃士人读书。“关中、宏道两书院为陕甘两省士子肄业之区。关中督抚主之，宏道学政主之。”[①]关中书院设于西安，始建于明万历三十七年（1609年），关学大师冯从吾、李颙曾主讲于此，是明清西北最著名的书院。宏道书院位于三原县，始建于弘治七年（1494年），原是陕西三原学派的讲学之处。

龚玉堂，嘉庆三年（1798年）戊午科举人，其乡试朱卷师承关系部分就有关中书院山长的题名：“路老夫子，讳谈，辛未科进士，翰林院编修，关中书院山长，宁夏府人。”陈作枢，道光十七年（1837年）丁酉科举人，二十四（1844年）甲辰科进士。其乡试朱卷师承关系部分有两位关中书院山长的题名：“张玉溪夫子，讳美如，甘肃武威县人，嘉庆戊辰进士，翰林院庶吉士，户部广西司员外郎；路闰生夫子，名德，陕西盩厔县人，嘉庆己巳进士，翰林院庶吉士，户部湖广司兼河南司主事，军机章京，方略馆协修。”郝永泉，道光十九年（1839年）己亥科举人，其乡试朱卷有一宏道书院山长题名：“闰生路老夫子，印德，宏道书院山长”；一位关中书院山长题名：“桐舫程老夫子，印仪凤，关中书院山长”。咸丰二年（1852年）壬子科进士王之英的会试同年齿录也见有关中书院山长的题名，表明他们都曾有肄业关中书院的经历。上述均是成功的例子。

据张澍讲，他父亲有位朋友名叫刘文洵，其父曾做过直隶任丘县知县、易州知州，家饶资财。刘文洵立志博取功名，远赴关中书院学习。但历经十年，未能如愿，等他回来时，“田宅荡然，二子乞食村野间，依墟墓以居”。刘文洵悲愤交加，一月多时间双目失明，只得随其子行乞于城。张澍父亲见到这位落魄的朋友，时在嘉庆十年（1805年）[②]。由此可见，武威士人游学关中绝非个案，而是带有一定的普遍性。

---

① 刘光蕡：光绪《陕甘味经书院志·经始第一》，见赵所生、薛正兴主编：《中国历代书院志》（第6册），南京：江苏教育出版社1995年版，第2页。

② 张澍：《养素堂文集》卷三五《先府君行述》，“中国西北文献丛书”本第167册，第381页。

（三）游学京师

清代甘肃士人在学术上取得成就最高的无疑是张澍。张之洞《书目答问》附录《国朝著述诸家姓名略》中，张澍列名于经学家、史学家和金石学家。张澍入《清史稿·儒林传》。梁启超说："甘肃与中原窎隔，文化自昔朴僿，然乾嘉间亦有一第二流之学者，曰武威张介侯（澍）。善考证、勤辑佚，尤娴熟河西掌故。"[①]这里的问题是，既然"甘肃与中原窎隔，文化自昔朴僿"，为什么会在乾嘉间挺生出一位第二流的学者？

张澍七岁受业于本籍进士刘星五，"先生奇慢之，病其笔端纵横"，才佳而文法不符时艺。但时官陕甘学政的章桐门看中的正是这一点，又怜其年幼，遂以童试第二的名次甄选入凉州府学[②]。时为乾隆五十九年（1794年）。章桐门，即章煦，桐门为号，浙江钱塘人，乾隆三十七年（1772年）进士。张澍进学之年，又恰逢恩科乡试举行。张澍参加了此次乡试并中式，也就是说，乾隆五十九年，张澍实现了由童生到生员再到举人的跨越。乡试中式后，张澍即随章煦来到京师。"澍自甲寅登乡荐以后，即在京师肄业。"[③]先后从邵晋涵学习经史、管世铭学习时文[④]。张澍游学京师，学业精进，其同乡李于锴翰林对此有着甚为精彩的描述：

> 十四为诸生，学使章桐门携上京。乾隆甲寅，举乡试第四人。嘉庆己未，成进士，选庶常。京师书籍海，人才渊薮，以先生游期间数年，尽师魁硕，尽友群雅，尽窥中秘。由是声气骤广，记览骤博，援笔伸纸，如天马驰风，不可羁絷；剧谈今古，如海河四溢，不可堤障。一时巨公，自朱文正、阮文达而降，皆交口荐誉之[⑤]。

---

① 梁启超：《乙丑重编饮冰室文集》卷六六《近代学风之地理的分布》，"清代诗文集汇编"本第796册，第286页。

② 张澍：《养素堂文集》卷二四《刘星五先生传》，"中国西北文献丛书"本第167册，第266页。

③ 张澍：《养素堂文集》卷三五《先府君行述》，"中国西北文献丛书"本第167册，第380页。

④ 冯国瑞：《张介后先生年谱》，"中国西北文献丛书"本第99册，第427页。邵晋涵，浙江余姚人，乾隆三十六年(1771年)进士，曾充四库馆纂修官，史部之书，多由其最后校定，提要亦多出其手；管世铭，江苏阳湖人，乾隆四十三年进士，累官至户部郎中。

⑤《张介后传》，李鼎文校点《李于锴遗稿辑存》，第15页。

朱珪、阮元分别为嘉庆四年（1799年）己未科的正、副主考官。该科中式者除张澍外，尚有姚文田、王引之、郝懿行等，“诸人皆一时朴学之选，人才之盛，空前绝后”[①]。邵、管、朱、阮诸氏皆为朴学大家，乾嘉时期正是此学如日中天之时，张澍京师游学对他日后的学术活动的影响自可想见；同时他得中高第也应与这段经历相关。

唐代，应试举子落第后往往寄居京师过夏，课读为文，是为“京师夏课”。“夏课”后来成为一词，专指外地落第士人在京师攻读举业，以待下科再考。这样既可节省盘费，又可避免舟车劳顿。京师人才济济，既方便问学，又可交流应试心得。居留京师期间，在绅宦之家觅一馆地以维持生计，也是当时滞留京师举子不错的选择。张澍居留京师期间，两度“馆钜公家”[②]。“武邑每科赴礼闱试者百余人，榜后留者十余辈”，潘挹奎便要为他们“谋馆谷，俾资旅费”[③]。潘挹奎为嘉庆十三年（1808年）戊辰科进士，时官吏部考功司主事。“挹奎性伉爽，能救人急难。”[④]

（四）其他

余英时先生认为：“汉代的循吏便早已重视‘教化’，往往在朝廷所规定的‘吏职’之外，主动地承担起儒家的‘师’的责任。所以他们所至‘讲经’并建立学校。”这一传统一直影响到清代的毕沅、阮元，乃至晚清的曾国藩、张之洞等[⑤]。在清代宦甘的州县官中，其实也不乏其例。

牛运震，字阶平，号木斋，山东滋阳人，雍正八年（1730年）庚戌科进士。乾隆三年（1738年）出知秦安县。“运震择士之俊者，亲授之业。又买官署旁民宅，别设陇川书院。自署内穿牖相属，旦夕亲往训诸生，以读书缀文之法。秦安科第始盛。”[⑥]乾隆十年（1745年），牛运震调平番县（治今甘肃省兰州市永登县）。因“秦校诸生恋不能舍，因携来平署，续讲旧业。平邑尚有一二人，少可指示，并皋兰、武威二邑就学者颇多，皆收置署中，一体不拒。现在开圃筑室以为讲肄之所，冀于簿领之暇，自图

① 徐世昌：《清儒学案》（第2册），北京：中国书店2002年版，第555页。

② 冯国瑞：《张介后先生年谱》，“中国西北文献丛书”本第99册，第428页。

③ 张澍：《养素堂文集》卷二五《潘石生考功传》，“中国西北文献丛书”本第167册，第279页。

④ 张维：《甘肃人物志》，赵荧校点，西北师范大学学报增刊（1988年），第320页。

⑤ 余英时：《士与中国文化·新版序》，上海：上海人民出版社，2004年。

⑥ 宣统《甘肃全省新通志》卷五八《名宦传下》。

休息，并可开诱后学，益广其传，亦未知果能有成不也”①。牛运震在平番时的受业弟子中，有秦安的吴墱、狄道（治今甘肃省临洮县）的吴镇、武威的吴懋德，三人皆负俊才，善诗文，有“三吴”之称②。吴墱后中式乾隆十六年（1751年）辛未科进士；吴镇、吴懋德也先后乡试中式。其时，尚有武威的孙俌，“时山左牛运震宰平番，俌丧既除，往从之学。”③孙俌也中式乾隆十六年辛未科进士。

陈世镕，字雪炉，安徽怀宁人。道光十五年（1835年）乙未科进士，分发甘肃，曾署理陇西知县、岷州知州，后铨古浪知县。武威李铭汉曾受知于陈世镕，据李铭汉哲嗣李于楷讲：“府君连不得志于有司，而己亥房师怀宁陈雪炉于闱中得府君卷独赏异之。先生负海内重名，所著经说、诗、古文可数尺许。后调任古浪，手书招府君，先大母命君往从之学。”④“房师”为“同考试官”的别称。乡试的正、副考试官由清廷临期任命，均需翰林出身。因乡试在各省举行，“同考试官”一般由该省具有进士、举人功名的州县官充任。引文中的“己亥”即为道光十九年（1839年），当时陕甘乡试合闱，同考试官在陕甘两省的地方官中拔取。乡试取录要经过同考试官的阅卷、荐卷再到正、副考试官取中这样一个过程。同考试官将自己认为优秀的试卷推荐给正、副考试官，正、副考试官互阅商酌，最后取定。同考试官“荐卷”，当时称作“出房”，是应试者能否中式的关键一步。正、副考试官与同考试官之间的观点不尽一致，当属正常现象，如房师陈雪炉对李铭汉的考卷“独赏异之”，但最终还是未被取中，说明正、副考试官并不认同陈的推荐。后来，陈雪炉将李铭汉招致衙署教读，在他看来，李铭汉显然是可塑之才。另一位受知于陈世镕的甘肃士人，是伏羌（治今甘肃省甘谷县）的王权。“十六应童试，为古浪令怀宁陈雪炉先生所欣赏，旋入庠食饩，招至署中肄业”“陈海内巨儒，精汉学。先生乃学陈所学，不屑屑于举子文。力务暗修，一祛近世讲学家虚矫之弊”⑤。安徽是清代汉学“皖派”的发祥地，王权在追忆于陈世镕门下读

① 牛运震：《空山堂文集》卷二《与刘苏村启》，“清代诗文集汇编”本第305册，第93页。

② 潘挹奎：《武威耆旧传》卷三《孙韦西先生传》，“中国西北文献丛书”本第99册，第177页。

③ 宣统《甘肃新通志》卷六九《人物志·群材四》。

④《先大夫云章府君行述》，李鼎文校点《李于锴遗稿辑存》，第28页。

⑤ 张世英：《心如先生墓志铭》，王权《笠云山房诗文集·附录》，吴绍烈等校点，兰州：兰州大学出版社1990年版，第339页。

书的情景时说："文探班马奥，经抉郑王心。"[①]王权、李铭汉是晚清甘肃有影响的学人，两人治学主张汉宋融会，其学术风格的形成与其师陈雪炉不无关系。

四、余论

张澍《五凉旧闻序》称：

> 凉州为金天奥区，自汉武开辟，刺史宣化，名贤鹊起。洎五代割据，张氏四世忠晋，多士翳荟，郁若邓林，往籍可桉。已隋唐之际，尚多伟人。迨宋元，则荒伧已甚。我朝文教覃敷，玉关以西，黉序莘莘。凉州甲科鳞次不绝，人文蒸上[②]。

汉武帝开凿西域，在河西走廊设四郡，凉州居其一。武威的人文在汉唐时兴盛，宋元以降趋于衰落。元代学者马端临曾慨叹道："然则凉州之地入中国版图，始于汉，而殷富者数百年；其陷入吐蕃也，始于唐，而伧荒者复数百年。"[③]这与"陇右"在历史上的人文变迁基本上是一致的。陇右由盛转衰，唐安史之乱是其拐点。安史之乱爆发后，守卫河陇地区的唐朝边兵精锐征发入援，吐蕃乘机占领河陇地区。两宋时期，政权中心东移；同时，伴随着回鹘西迁、党项北上，甘肃遂成为少数民族政权割据地区。所谓"陇坂以西，划为异境"[④]。此时的陇右，在组织形式上表现为部落化，经济形式上表现为游牧化，在文化形态上是各少数民族文化的混合。明王朝鼎革后，残元势力如百足之虫，死而不僵，一直威胁着明政权。明沿长城一线设置九边以抵御蒙古骑兵南下，九边当中有三边在清代甘肃的辖境内。明代政区大面积内收，在西北，其实际统治仅及嘉峪关以东。为因应变局，当时的河西地区在行政建制上实行带有军事

---

① 王权：《笠云山房诗文集》卷一《闻雪炉师避乱入关》，吴绍烈等校点，第14页。

② 张澍：《养素堂文集》卷四《五凉旧闻序》，"中国西北文献丛书"本第167册，第42页。

③ 马端临：《文献通考》卷322《舆地考八》，"四库全书"本第616册，台湾：商务印书馆1986年版，第403页。

④ 张维：《还读我书楼文存》，王希隆整理，北京：生活·读书·新知三联书店2010年版，第380页。

性质的卫所制。作为边防重地，重武轻文，势所必然。因此，清代武威科举之盛绝非历史的自然延续。

有清一代，清廷通过尊崇黄教、满蒙联姻等手段大大降低了甘肃来自北方和西南方向的战略压力。康熙二十九年（1690年），伴随着三藩平定和台湾收复，清廷剑指新疆的准噶尔叛乱。乾隆二十五年（1760年）准噶尔部的叛乱被平定，新疆收复，西北边防线大大向西推进。乾隆帝就说："陕甘自展拓新疆以来，伊犁已驻将军，乌鲁木齐、巴里坤久成腹地。"[①]乾隆三十四年（1769年），新疆东路实行府县地区设立儒学，与中原腹地一道同风。这就是张澍所谓的"玉关以西，黉序莘莘"。

清廷安定西陲、统一新疆历经康雍乾三朝，费时数十载。在此期间，河西地区始终发挥着军事前沿阵地的作用，如提供兵源、转挽粮饷等，承受与战争相关的侵扰是不可避免的；但另一方面，基于河西地区战略地位的提高以及清政权在中原统治地位的渐次稳固，自康熙朝始，清廷也重视了河西地区的经营，实施了一系列重要措施，诸如民族隔离、扶助生产、蠲免粮草和救济灾荒等。武威在康熙、雍正朝已有进士和举人产出，这与一个相对稳定的政局密不可分。但必须看到，稳定的政局之于地方教育只是一个外部条件，其决定性因素，还在于教育本身的内生动力。

传统中国，以农立国，有限的财力无法支撑起一个庞大的教育规模。这反映在教育制度设计上，就表现为重取士而轻养士的特点，所谓"就已有人才而甄拔之，未尝就未成之人才而教成之"[②]。只求收获，却不务耕耘。因此，负有真正教育之责的主体是家庭和社会。正是基于传统教育的民间性质，地方教育生态的培植和维系在很大程度上倚赖于地方社会所拥有的科举人才数量，特别是作为高级功名者的数量。在清代的科举人才结构中，唯有进士能保证出仕为宦；举人和贡生虽说具有做官资格，但铨选迟滞；生员若无捐纳和军功，几乎没有入仕的可能。另外，清代士人做官，事实上大都相当短暂，其生平的大部分时间还是在自己的故土度过的。换言之，正是由于地方社会沉淀着相当数量的士人，传统教育才得以延续。成书于道光年间的《武威耆旧传》，其60余位传主生活当在清初至嘉庆朝，在地方从教是他们普遍性的经历。如苏

---

①《清高宗实录》卷七〇四，"乾隆二十九年二月癸未"条，《清实录》第17册，第862页。

② 何炳松：《三十五年来中国之大学教育》，刘寅生、房鑫亮主编：《何炳松文集》（第2卷），上海：商务印书馆1997年版，第506页。

暻，雍正八年（1730年）庚戌科进士，曾知山西文水县。“以不习吏事罢归，设教于家，说诗习礼，一时文学彬彬。”[①]孙俌，乾隆十六年（1751年）辛未科进士，曾知广东翁源县。“性坦率，不能事上官，未几罢去”“归而从学者日众，先生随其材之高下而导之文，各就乎范”[②]。另外，在武威士人乡会试朱卷和部分会试同年齿录的师承关系中，还能见到翰林张澍（嘉庆四年己未科）、尹世衡（嘉庆十六年辛未科）、牛鉴（嘉庆十九年甲戌科）等人的题名。就现有资料看，上述三人既未主讲过本籍书院，也未曾设帐授徒，但可以肯定的是，他们都曾指导过家乡子弟的读书。

至少在乾隆以前，武威是不具有教育内生能力的。那么，士人，特别是高级功名士人的教育养成就需要依靠其他途径和手段来实现，如前已述及的游学。除此之外，还有两点值得注意：其一、书院聘请外籍人士作山长，以提升当地教育质量；其二、地方官培植。清代官员铨选有严格的回避制，自督抚乃至州县官，一律不许在本省担任。回避制的实施，使得来自文教发达地区的官员任职落后地区就成为可能。清代地方官参与地方教育也是其吏职范围内的事，如知县和知府分别是童试首场县试和二场府试的主持者，地方书院的官课也是由地方官主持等。基于政教相维[③]的传统，地方官往往视倡学兴教为头等大事。有些地方官甚至扮演起师的角色，亲自指点士子读书，如前述的牛运震之在秦安、平番（今甘肃省永登县）。这类例子在地方志书中并不鲜见。科举发展至清，制度臻于完善，各级官员几乎是清一色的科第出身，即如府县这类基层官员，进士出身者也并不在少数。官员的学者化，使他们本身具有了为师的能力。

地方志是地方教育史料汇集的重要载体。“武威自清代由凉州卫改设武威县以后，较早编写出的志书，就是张玿美总修的《五凉考治六德集全志·武威县志》。这部书于乾隆十四年（1749年）写成，随即刊印行世。尽管这书内容还嫌简略，但以后官方就

① 潘挹奎：《武威耆旧传》卷二《苏雪峰先生传》，“中国西北文献丛书”本第99册，第170页。

② 潘挹奎：《武威耆旧传》卷三《孙韦西先生传》，“中国西北文献丛书”本第99册，第178页。

③ 杨念群先生认为，在传统中国，“政”的含义不是指单纯的政府行政职能，还包括思想训导、规范行为等内容，调控的对象上自帝王下至民众；“教”也不单指教书育人，其涵义是灌输关于社会秩序的道德标准。自宋代以后，“政教”关系成为王朝赖以构建“正统性”的手段，经过漫长的历史演变，至清代已臻成熟。参见杨念群：《清帝逊位与民国初年统治合法性的阙失——兼谈清末民初改制言论中传统因素的作用》，《近代史研究》2012年第5期，第32—50页、160页。

再没有续修过。”[①]乾隆十四年（1749年）成书的《武威县志》[②]为武威有清一代唯一的县志，且又十分简略。因此，上述两个方面的情况只能作为问题提出。

通过游学以及王化南、刘作垣先后主讲书院，应该说在乾隆中后期，武威已经聚集了一定数量的具有高级功名的科举人才。这就意味着当地教育内生能力的形成，人才的产出于是就具有了可持续性[③]。

虽说科举人才的养成成本无从精确估算，但可以想见的是，在传统农业时代，收益的增多主要依靠劳动力的投入，对一个家庭而言，多一个应举之人便少了一个耕作之人。而且从事举业尚需必要的消费，如购置图书、应试川资等。加之科举考试的长期性，以及不受年龄限制，治举业者大都有家室之累。显然，科举的成功需要有一定的经济基础。“在理论上谁都可以参加科举的考试，即法制并不限制，社会并无成见，已有功名之家对未有功名之家并不歧视；对凡有适当志愿与力量的人，这一条路总是开着”；“凡是能利用科举在社会阶梯上上升的，必需有个经济的条件”[④]。武威地处古丝绸之路的要冲，交通便利，商业发达；境内有石羊河及其支流，充沛的水源，适合

① 李鼎文：《〈武威市志〉序》,见甘肃省武威市市志编纂委员会编：《武威市志》序三。

② 乾隆《武威县志》，见《五凉考治六德集全志》。《五凉考治六德集全志》有张克复等的点校本，题名“五凉全志校注”，兰州：甘肃人民出版社，1999年。

③ 清代科举在乡试一级有另编字号政策，旨在保证边隅士子的中式。左宗棠就说：“边额之设，国家原以天荒难破，明定名数，俾免向隅。”参见《答吴清卿学使》，见刘泱泱主编：《左宗棠全集》（书信二），长沙：岳麓书社2009年版，第481页。顺治二年（1645年），编宁夏丁字号中2名，甘肃聿字号中2名。康熙三十六年（1697年）将凉州、西宁五学编为聿左号，甘州、肃州五学编成聿右号，各中一名；乾隆七年（1742年）对入场卷数的统计，聿右仅是聿左的三分之一，此后一科同编聿字凭文取中，一科分编左、右各中1名；乾隆三十六年（1771年）凉州归通省卷内，甘州、西宁编聿左，肃州、安西、乌鲁木齐等处编聿右，各取中1名。光绪元年（1875年）陕甘分闱后，甘肃乡试另编字号政策废止。参见商衍鎏：《清代科举考试述录》，北京：生活·读书·新知三联书店1958年版，第78—79页。“乾隆三十六年凉州归通省卷内”说明该地文风兴起，另编字号政策反成限制。此时，除武威之外，凉州府所辖镇番、永昌亦文风兴起，地方官员、士绅要求取消另编字号政策，最终得到清廷同意。参见陈尚敏：《清代河西地区的科举家族探析》，《石河子大学学报》（哲学社会科学版）2012年第5期，第111—117页。本文将武威教育内生能力形成的时间界定在乾隆中后期，凉州取消另编字号政策也是一个重要依据。

④ 潘光旦、费孝通：《科举与社会流动》，《潘光旦文集》(第10卷)，北京：北京大学出版社1993年版, 第112页。

农业发展。武威“土地平衍，阡陌交通，河流萦委，土沃民饶”[①]。左宗棠曾说：“凉州向称富庶。”[②]清代文教发达地区往往又是富裕地区，这与当时教育的民间性特质是密切相关的。

（陈尚敏，兰州城市学院文史学院教授，历史学博士。）

① 汪辟疆：《记与马生騄程谈李云章父子学术》，李鼎文校点《李于锴遗稿辑存》，第134页。

② 《复陕甘学政许振祎》，刘泱泱主编《左宗棠全集》（附册），第365页。

张澍潘挹奎友谊与《武威耆旧传》

吴浩军 毛建雯

《武威耆旧传》刊刻于清道光五年（1825年），共4卷，凡38篇，为清初至嘉庆间武威乡贤共60人立传，记录了这一时期武威士流的精神风貌，描绘了一幅时代的生活画卷，成为我们今天挖掘历史文化资源，弘扬优秀传统文化弥足珍贵的历史文献。

《武威耆旧传》的作者潘挹奎（1784—1830），字太冲，号石生，又号凫波，武威人。嘉庆十四年（1809年）进士，官至吏部考功司主事。平生著述较多，“如《论论语》《诗文集》《杂著》，不下百余卷”，惜大多没有刊行，身后散佚不少。独《武威耆旧传》赖张澍刻印，得以流传于世。另有《燕京杂咏》和《文集》二种曾在武威李氏古槐堂珍藏，后由李鼎文先生捐赠甘肃省图书馆。

《武威耆旧传》一书不仅其流传于世有赖于张澍，而且其成书也与张澍有着莫大的关系。张澍（1776—1847），字百瀹，号介侯，武威人。嘉庆四年（1799年）进士，选翰林院庶吉士，历任玉屏、泸溪等县知县。好游历，曾远游晋、鲁、豫、江、浙等十余省。他博览经史，一生著述甚丰，尤其留心关陇文献，辑乡邦遗籍数十种及其他阙佚书为《二酉堂丛书》。该丛书自道光元年（1821年）刊刻以来，深受好评。鲁迅在《会稽郡故书杂集序》中说：“幼时，尝见武威张澍所辑书，于凉土文献，撰集甚众。笃恭乡里，尚此之谓。而会稽故籍，零落至今，未闻后贤为之纲纪。乃创就所见书传，刺取遗篇，累为一帙。”①其影响之巨于此可见一斑。

张澍与潘挹奎既是同乡，又是世谊，且生活于同一时代，两人交情甚深。潘挹奎为人古道热肠，豪侠仗义，自己生活困顿，却常常扶危济困。深通人情世故，又能直

① 鲁迅：《鲁迅全集》（第10卷），北京：人民文学出版社1982年版，第32页。

言劝谏。张澍在《潘石生考功传》中记载了他与潘挹奎的一次对话：

> 忆在都门时，与余饮次，忽长叹。余问："君何事不怿。"君曰："以子之精心果力著书，当可传；以子之直气严情，筮仕实不合。"余曰："入世不谐，良自知之，著作有闻得毋责誉。"君曰："不然。子经学诸书，余未尝遍读之也；《姓氏》五书，仅览《寻源》《辨误》二种。经学、史学、谱学，一以贯之，前此未尝有也。"余曰："余自幼负志，耻为文人，思为吏，稍有树立，冀附于古循吏后耳。"君乃大笑，曰："子性方而不圆，大府有叵，子则愠于色、见于辞。人且訾子，子何能展布所学。即如方葆岩、那绎堂、蒋砺堂，皆今所称贤制府，而子屡上书责备，攻其所短。惟方葆岩喜君言，以为直谅，而蒋与那固怒之矣，何况他人。"余曰："有是哉！余知过矣。"遂唏嘘而罢[①]。

最后慨叹："今良友既亡，无人规余之过，而余卒以悬直，受恶人之陷，赔累不堪，乃叹良友之言为药石，嗣后不可得而闻也。"孔子曰："益者三友，损者三友。友直，友谅，友多闻，益矣；友便辟，友善柔，友便佞，损矣。"潘挹奎见识深刻，又能直言相劝，无疑是一位难得的益友。后来张澍离开官场，主讲兰山书院，晚年更是移居西安南城和乐巷，专心著述，虽然不能说完全是因为潘挹奎的影响，但潘挹奎这段论议在当时一定使张澍剔然警醒，不然也不会在传记中用这么多的文字记述此事了。

张澍向来留意乡邦文献，著作等身，其《凉州府志备考》一书包括地理、山水、物产、祥异、古迹、职官、大事记、遗事记、人物、流寓、艺文、西夏纪年等内容。搜集之详尽，内容之丰富，实为有关凉州、武威地方史志不可多得的珍贵文献。全书共40卷，凡40余万言，其中人物一目即有8卷之多，占五分之一。由此可知张澍对于乡邦人物关注时间之久，搜罗资料之宏富。虽然限于方志体例，张澍仅为明代以前人物立了传，但由此亦可推知，张澍对于搜集整理前代人物传记的传记资料是具有自觉意识的。所以，当他得知潘挹奎有撰著《武威耆旧传》的想法时，即大力支持，并由此亦可想象，他一定是提供了一手的材料，给予了切实帮助的。

---

① 张澍：《潘石生考功传》，《养素堂文集》卷二五，华东师大图书馆藏清道光十五年枣华书屋刻本，《清代诗文集汇编》影印本第536册，上海：上海古籍出版社2010年版，第593—594页。

《武威耆旧传》成书之后，他欣然赋诗四首：

耆旧襄阳记，先贤沛国编。君乎胸有谱，予也手为传。鹿塞河山亘，龙城日月绵。幽光与潜德，一旦豁重泉。（其一）

人往风微后，谁为思旧铭。荒坟摧宰木，老屋蠹残经。弓冶家留业，须眉画写形。何如传故事，笔下泣英灵。（其二）

段贾晖前史，阴张列旧书。发凡自昭代，数典在乡闾。出处荣兼悴，声名毁与誉。盖棺论既定，清议未欺予。（其三）

考功真作者，恭敬念维桑。师友渊源溯，风雷姓氏章。天山梯可接，陕水泽弥长。异日人征献，知无不足伤。（其四）①

古人作诗往往用较长的题目叙述事情的缘由和经过，以与诗歌正文相互补充、生发，共同完成抒情和叙事的功能。这组诗的题目为《潘石生挹奎考功欲作〈武威耆旧传〉，余怂恿之。顷已属草，喜而赋此》，其中的“欲作”“怂恿”即透露出了丰富的历史信息，让我们窥见张澍对于《武威耆旧传》成书的作用。

组诗第一首从汉晋时代的郡国志书《襄阳耆旧记》和《沛国耆旧传》说起，称潘挹奎胸中藏着一部武威世家士子的谱系表，他将亲自刊印此著，以使其流传后世。“予也手为传”一句后有作者自注：“予许为刊刻。”接下来的四句，张澍阐述了此著问世并刊刻的意义：西北边塞之地那些可歌可泣的事迹和美德将因此而流传和彰显。

第二首则因此著而发出深沉的慨叹：无论多么贤能的人物，随着他的去世，其功业也会淹没而无闻，就连坟头的大树最终也会摧折，老屋子里珍藏的经书也会被虫蠹。继承父祖的家业并为他们描形写神固然不错，但不如把他们的事迹记载下来流传后世。

第三首说历史上武威的世家大族，如段、贾、阴、张之属，其事迹在史书都有记载，但专著一书为武威地方勋旧耆老立传，却是从本朝开始的。潘挹奎此著所为立传者都是已经故去而盖棺论定的人物，对于他们的品评也都是公允的。

---

① 张澍《潘石生挹奎考功欲作〈武威耆旧传〉，余怂恿之。顷已属草，喜而赋此》，张澍：《养素堂诗集》卷十八，甘肃省图书馆藏清道光二十二年枣华书屋刻本，《清代诗文集汇编》影印本第536册，上海：上海古籍出版社2010年版，第190—191页。

第四首赞扬潘挹奎是一位真正的历史学家，他出于对家乡的思念，对先贤的敬仰之情编撰此书，梳理出师友渊源，让那些世家大族的姓氏彰显于世，其功业如同天梯山一样高峻，其情谊如同渭水一样长。有这部著作，后世的人考证武威历史就不会发出孔子“文献不足征”的叹息了。

潘挹奎得到张澍组诗后酬和：

不忍前型坠，乡贤次第编。屈君施藻鉴，惭我说薪传。附犬音书断，扛龙笔力绵。何由思万斛，随地涌源泉。

叹息沧桑后，都无传与铭。传闻辞或异，治乱事曾经。灭没悲文献，凋伤想貌形。君家有奇杰，能使地俱灵。（自注：适撰张氏三征士张神童张孝子传。）

政事兼文学，吾将为大书。搜罗到韦布，证据及门闾。差信无私好，焉知不妄誉。听言艰若此，且莫改于予。

如果寿梨枣，抵他诸葛桑。陈人都可作，骏烈忽能扬。石欲弥天阙，绳难系日长。后来谁传我，诗罢为神伤[①]。

诗中叙述自己抱着搜罗、传承武威乡贤事迹，不使其淹没的目的撰写《武威耆旧传》，感叹访求文献、资料的不易，希望对方评鉴并帮助刊印行世，最后表达了岁月流逝、后无来者的感伤。

《武威耆旧传》刊刻时，张澍又以他那如椽之巨笔为之作序：

夫朝代有迁移，而河山不改；风雷有喧寂，而日月常新。岂非精气所结融，而光晖难翳掩乎？若乃砥行砺修，名不出于闾里；宣风布化，功或湮于鼎钟。将使梦中之人，披发而叫；泉下之鬼，献书以求。毋亦学士之深羞，后进之大耻与？

试观益部陈寿、襄阳凿齿、陈留苏林、豫章熊默，咸有《耆旧》之作。

① 潘挹奎：《和诗》，张澍《养素堂诗集》卷十八，甘肃省图书馆藏清道光二十二年枣华书屋刻本，《清代诗文集汇编》影印本第536册，上海：上海古籍出版社2010年版，第191页。

所以章志贞教，阐微显幽，宣畅芳徽，昭垂舄奕。生白骨之毛发，慰黄垆之营魂。岂徒台卿录《三辅》，讬之玄明；朱育对濮阳，奋彼文藻哉？

吾乡自汉武开郡，代多闻人。段纪明之战功，方踪召虎；贾文和之秘计，可亚陈平。至若兴贵输忠，秀实抗节，以及阴子坚之诗句，匹于何逊；而灏作《琼林》，宏作《易义》，播茂名于陈梁。李君虞之乐府，被之弦歌；而巨川记室，契虚高僧，擅英声于河洛：载在往牒，难悉数矣。自时厥后，音称寂然。岂川岳之不灵？实掌故之多阙。澍每废书而叹，掷笔而起，辄欲断古今之案，发天地之房，勒成一书，追昔作者，而一行作吏，此事遂荒。

吾友潘石生考功，胸包肉谱，笔凛阳秋，思古发情，怀旧摅念。爰自国朝，精加掌录，凡伟人杰士，孝女贞孀，罔不甄综平生，网罗梗概。或采故老所说，或据志乘所书，要皆名成于结发，论定于盖棺。不同汝南之评，改移月旦；郑凯之对，泛及古初。是真考献之邓林，征文之阆苑矣。

嗟乎！珠颣玉考，物少全美之资；兽足禽毛，天无兼予之质。此之所纪，或文无害，或武不骄，或介而孤，或贞而忮。虽未侪之中道，亦足拔于凡庸，激薄停浇，中流之底柱；矫贪砺钝，废疾之砭针。读是书，盖惶然愧，矍然兴已！①

热情洋溢地褒扬了潘挹奎的功绩。

张澍对《武威耆旧传》多维度的促成以及使其流传青史有很大贡献；而张澍弃官从文并闻名于后世，也与好友潘挹奎的真言相劝密切相关。两人在探索人生道路的过程中不断检验着友谊，从而使他们更加情深意笃。

嘉庆、道光年间，凉州的学者开始以博大包容的胸怀交流沟通，这股学术潮流就是由张澍带头而兴起的。在科举盛行的时代，做官似乎是每位读书人所追求的目标，但是张澍用他辞官而潜心治学的人生经历打破了人们固有的思维，告诉世人并非人人都是为做官而生。在张澍真率正直人品的浸染之下，武威的儒学不再以培养官员为宗

① 潘挹奎：《武威耆旧传》，甘肃省图书馆西北文献室藏道光五年刻本。此文又收张澍《养素堂文集》卷五，华东师大图书馆藏清道光十五年枣华书屋刻本，《清代诗文集汇编》影印本第536册，上海古籍出版社2010年版，第370—371页，文字略有出入。

旨，而是将定位转向培养德才兼备、有信仰追求的贤才。实际上，武威士人也用自己的人格道义来宣风布化，他们之间少了挤兑阿谀之风，多了欣赏崇敬之意，这是一种敦厚无私的情怀。

可以说张澍和潘挹奎互为对方的贵人，本着为善的情怀和博大的胸襟，互相成就了彼此。这对友人相互帮衬，相互关爱，相互激励，予以对方最大的精神慰藉。友谊为他们减少了仕途不顺的精神痛苦，拓展了抒发情感的灵感渠道，并赋予彼此在文学事业上继续探究的力量。两人共同进步，共同发展，在后世存留的史书上也是你中有我，我中有你，这般君子间的人文关怀浸润着苍茫的西北，使两位大家生前辛勤劳动的学术成果延绵至今，成为了中华文化宝库中的珍品。

（吴浩军，河西学院文学院教授；

毛建雯，河西学院文学院汉语言文学专业研究生。）

武威出土的汉代马雕塑

党寿山 党菊红

汉代是中华文化的一段繁荣时期，在美术形式上很多都表现出当时文化的厚重和艺术的进步，其中马的形象在汉代艺术中有着极为广泛的表达。武威是汉河西四郡之一，是丝绸之路重镇，汉武帝为摆脱北方匈奴对汉政权及对西域地区的商贸往来的威胁，特从西域乌孙国引进有“天马”之称的汗血宝马，并在武威设马苑进行良马的引进与培育。武威出土的不同质地的马雕塑艺术品，就是这一时期武威文化艺术昌盛的重要标志。

一、武威汉代马雕塑的种类

武威出土的汉代马雕塑，除有玉马、石马外，数量较多的是铜马、木马和陶马。

图一

（一）气势宏伟的铜车马仪仗俑

武威市凉州区除在原清源公社和武威六中出土有铜马外，主要的是武威雷台汉墓出土的铜车马仪仗俑。在这个仪仗队中包含了99件铜车马仪仗俑，主要有武士俑、主骑、从骑、斧车、轺车御奴、从婢、属车、载粮辎车等；马匹中，既有剽悍的驾车马，也有一骑绝尘的千里马。它们有的昂首前进，有的跳跃奔腾，神态各有不同。这批车马俑造型生动、铸造精湛，是迄今为止发现的数量最多、规模最宏伟、气势最壮观的汉代仪仗铜俑，显示出汉代群体铜雕的杰出成就（图一）。

武士俑身体与双腿分铸，以铆钉和铜环连接。骑马皆扬首翘尾作嘶鸣状，头饰雄胜，尾作弧形，末端打结，四足伫立，矫健有力，背上附着马鞍，边沿有环以系结挽具。马头上附有辔、勒、衔、鑣等马具。武士的五官和所骑马的眼、耳、口、鼻和鬃毛，均以朱红、粉白、墨线点绘（图二）。主骑、从骑威武雄壮。主骑1匹，体形最大，昂首作嘶鸣状（图三）。从骑4匹，体形与武士所骑马相似，3匹头向左倾，右前足提起；一匹头向右倾，左前足提起。形象十分逼真，姿态极为生动（图四）。斧车，是墓主身份和地位的标志。车配驾辕马1匹、御者1人。为双曲辕小车，长方形舆，车舆两侧悬幡，出土时其红色贴帷残迹尚存（图五）。据《后汉书·舆服志》记载，公卿百官出行队列，“县以上，加导斧车”，斧车为仪仗队导行，其作用是彰显主人的权势与威严。轺车，车厢大小、形制与斧车相同。舆上设置华盖。车舆两侧有朱红幡，据《后汉书·舆服志》记载，“朱红幡”为俸禄二千石以上的地方最高级官吏享用的乘舆。此车是出行仪仗队中的前导车（图六）。

图二　　　　图三

图四

图五

图六

图七

铜车马仪仗俑中，最引人注目的马，就是铜奔马了（图七）。马高34.5厘米，身长45厘米，作昂首嘶鸣、飞奔前进状。为了显示奔马的飞驰，作者大胆想象，别具匠心地使支撑马身全部重量的右后足放在一只飞鸟身上，其他三足腾空，既表达了奔马“风驰电掣”的速度超过飞鸟，又巧妙地利用飞鸟的躯体，扩大了着地的面积，保证了奔马的稳定，从而赋予作品以深刻的意境，表现了丰富的浪漫主义色彩。古代不知名艺术家的这一杰作，不仅神态生动，想象力丰富，而且艺术造型符合力学平衡原理。它虽然是定型的，但我们感觉它是活生生的，有着腾云凌空，一日千里之势。它把良马的各种特点集中起来，凝聚成一件源于生活而高于生活的空前完美的艺术作品。1983年被国家旅游局确定为中国旅游标志；1986年被国家文物局专家组鉴定为国宝级文物；2002年被国家文物局列入首批禁止出国展览的珍贵文物。

（二）形象生动的彩绘木马

新中国成立以来，武威市凉州区新华乡磨嘴子汉墓群先后出土了一批形象生动的彩绘木马。这些木马，为省博物馆几次发掘时出土，由省博物馆收藏；部分木马为武威县（市）文管会、博物馆从当地群众中征集而来，现藏武威市博物馆。

武威气候干燥，磨嘴子汉墓群又地处山坡高地上，墓中出土的彩绘木马基本保存完好。木马体型高大，大多身高在80厘米以上。马的头、颈、耳、身、尾、四肢均为分别雕刻后黏合而成。马头棱角分明，五官雕刻细微，躯干、四肢刻画简练。马背雕刻鞍饰。彩绘木马均四肢直立，张口嘶鸣。通体涂黑、白、灰、红等不同底色，眼、耳、口、鼻，以不同色彩勾勒，四足涂黑。整体造型雄浑质朴、生动传神。

各种马虽雕造格调协调统一，但神态各异，富有变化。有的直颈扬头，平视前方（图八，1、2、3、4）；有的屈颈低头，尾后举下垂（图九）；有的马头偏左（图十，1、2）；有的马头偏右（图十一），各具不同姿态。通体涂灰黑色，马鞍墨绘纹饰的这匹马（图八，1），高50厘米，四肢直立，挺胸，脖颈直伸，张嘴、大鼻孔、小竖耳，双目平视前方，胸前两块发达的肌肉和那圆浑的躯体，显示出马的雄健。刀法简练，不拘泥于小节，注意大的块面，衬托出马的那种平静沉默、气宇轩昂的精神风貌。另一匹形体高大魁梧的马（图八，2），高87厘米，四肢挺立，目视前方，双耳直竖，张口嘶鸣，神态沉稳。面部雕刻细致，而其他部位均刀法粗犷，棱角分明，表现出马的雄健和发达的肌肉及四肢。还有一匹同样高达87厘米的马（图八，3），大张口，大鼻孔，怒目圆睁。雕刻简练，浑厚朴实，虽然缺失双耳和尾巴，但仍然大气磅礴，气势恢宏。

图八，1

图八，2

图八，3

图八，4

这匹脖颈弯曲而前伸的马（图九），高81厘米，四肢挺立，张口嘶鸣，尾后举下垂。通体施黑彩，马鞍用白粉涂底，以红色彩绘。整体造型体态矫健，动感十足，栩栩如生。

图九

图十，1

图十，2

图十一

这件彩绘木轺车（图十二），马高98.2厘米、长78.8厘米；车高95.2厘米、长96.5厘米；俑高33.6厘米。由舆车、伞盖、御奴和马组成。舆车有双辕、双轮。御奴跪坐，作双手持缰状，以黑、白两色勾出腿、鼻及冠服。马用红、白、黑三色彩绘，兽面饰衔嚼一副，颈上套轭。据汉代制度，此车为六万石至千石的官吏所乘坐的车。

图十二

（三）矫健而又俊美的陶马

陶马出土地有两处：一是原武威和寨公社校东大队；一是今凉州区夏润小区。1975年11月，原武威县和寨公社校东大队在搞农田基本建设工程时，发现一座汉代墓葬，出土陶楼院、陶鸡、陶鹅等随葬品。其中有陶马两匹，一匹为驾车马，马高43厘米，挺胸，四肢粗壮，四蹄着地，强劲有力。口大张，露出牙齿，大鼻孔，双目突出，凝视前方。两耳高耸，候命待发。其躯体雄浑刚健，刀法简洁概括，有明显刀削痕（图十三）。

图十三

另一匹为骑马（图十四，1、2）。高67厘米。三足直立着地，左前足抬起前伸，作前行状，昂首扬尾，气势威武。马头微右偏，双耳上耸，张口嘶鸣；两颊突起，线条锐利，眼瞳呈球状，外突，极见精神；鼻子圆翻隆起、鼻孔硕大。颈、胸、臀部涂椭圆形绿釉，显示丰满的肌肉。马背置鞍。马鞍和尾巴为单独烧制后装配外，整个躯体均为一次烧制。这匹马造型独特、形象生动，具有典型的汉代良马特征。

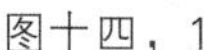

图十四，1

图十四，2

2008年8月，凉州区夏润小区在建筑施工中发现一座东汉晚期墓葬，武威市考古研究所对其进行了抢救性发掘。出土陶楼院、陶仓、陶灶、陶井、陶熏炉以及陶车、陶牛、陶马40多件。全部器物均为红陶质地，上涂绿釉。

这些陶马高度均在70厘米以上。有四匹马都是四肢着地，虽然站立的姿势各有不同，有的直立（图十五，1、2），有的前倾（图十六），有的后仰（图十七），但都是头向前，大鼻孔，大张口，牙齿全部暴露。双目圆睁，双耳直立。躯体肌肉发达，膘肥体壮，浑厚而圆润，显示出一种雍容华贵而又俊美的体态。

图十五，1

图十五，2

图十六

图十七

另一匹陶马（图十八），则三足挺立，左前足提起向前，头向右偏，两耳耸起，两眼突出，张口嘶鸣，后尾翘起，尾部打结。未涂全釉，只是在胸部和臀部涂釉。整个造型精神抖擞，强壮有力，与前面几匹马截然不同，当为墓主人的坐骑。

图十八

二、武威汉代马雕塑的特点

（一）以良马为标准的雕塑

自汉武帝铸马于金马门，向天下宣扬汉朝廷对良马的重视。之后，东汉名将马援又向朝廷进贡“铜马相法”，“铜马相法”集中了各种宝马的特征，是艺术家们塑造良马形象的依据。虽然马援的“铜马相法”已经失传，我们不知道它的原型，但从武威汉代墓葬出土的这些马的雕塑中，似乎可以窥见当年良马的身影。尽管是不同时代的作品，然而良马造型的标准，应该说变化不大，一直延续下来。从面部塑造上看，马的鼻孔特大；耳部如刀削一般，特别尖；眼睛瞪着努出来。像铜奔马就是这样。陶马、木马多为翻唇，把牙齿都露出来了，尤其陶马这一点特别明显。木马和部分陶马与《异物志》中记载的“大苑马有肉角数寸，特别瘦，四肢修长，胸前饱满，臀部肌肉十分发达。长颈前伸，鬃毛向后竖立”的描述极为相似，这都表明这些马是以西域来的良马为标准创作出来的作品。

（二）雕塑手法简洁明快

铜奔马是写实的，但在塑造上删繁就简，对马躯体结构上的诸多细节作了概括处理，由于概括之后并不明显影响马的整体形象特征，省掉了不必要的细枝末节，所以看起来并没有显著的改变，反而使整个马更加凝练简洁。图八，1是灰黑色的木马，除过马头稍加刻画外，挺直的马颈、马腿，以及饱满的胸肌，马的臀部，只是简单地雕刻出了轮廓，并未再加任何修饰，但却显得精神抖擞，气势昂扬。和寨校东出土的四肢挺立的红陶马（图十三），非常简约，刀法十分明快，连刮削的刀痕都能看得出来，并未去抹光，但是汉代马那种朴实、厚重、粗犷的气质却表现得淋漓尽致。

（三）夸张变形，意向取势

中国传统雕塑，不是对自然事物的高度还原和摹写，而是有灵魂的艺术，越来越多的雕塑艺术家注重在作品中融入本时期的思想潮流、个人思想风格和价值追求，也就是绘画中“写意”的表达。“写意”是刻画题中之义，追求一种超越现实，超越客观，甚至是超越个人感受的独特感觉，但这种超越，又具有自然的影子。铜奔马是表现天马造型的雕塑，在写实中又有提炼和夸张，表现了它洒脱、浪漫和飘逸的风采。和寨校东出土的红釉陶马（图十三）和夏润小区出土的绿釉陶马（图十五，1），它们的嘴巴张得特别大，下巴几乎靠在了胸前。这种依靠马的动作、情节来展示马的气势，而不是强调细部的准确描绘，不但没有减弱马的美感反而成为汉代雕塑古拙气势之美的必要因素。这种没有修饰，强调的是高度夸张的形体动态，体现了马的旺盛的生命力和昂扬向上的进取精神。

（四）动感强烈，造型自然

与秦代马沉静、肃穆的造型相对照，汉马则呈现出一种激越动势之感，并从中体现马的精神气质和象征意义，这也是汉马与历代鞍马艺术在造型方面最大的差异。武威出土的铜马还是木马、陶马都长伸着脖子，高扬着头，直竖着双耳，张口嘶鸣，气势恢宏。和寨和夏润小区出土的两匹陶马（图十四、图十八）左前腿抬起，尾巴高举，张口嘶鸣，蓄势待发；雷台出土的铜奔马，更是三足腾空，一足踩飞鸟之上，体态轻盈，作风驰电掣般地奔跑。塑造细腻入微，却不失磅礴大气，将凝重与飞动两种审美十分和谐地统一为一体。

三、武威汉代马雕塑的历史背景

艺术源于生活。汉置河西四郡后，养马业繁盛，有创作良马雕塑的丰富素材。河西走廊和祁连山区是水草丰美的牧场，尤其武威更是发展畜牧业的好地方。《汉书·地理志》称：武威郡“地广民稀，水草宜畜牧，故凉州之畜为天下饶。”匈奴失去这样一块地方，对它来说是很大的损失。有一首民歌表达得很清楚：“失我焉支山，使我妇女无颜色；失我祁连山，使我六畜不蕃息”。

秦汉时期，匈奴其所以经常攻掠中原地区，主要的就是因为他们有铁骑，有从河套地区至河西地区这个广阔而肥沃的天然牧场，养育着无数的良马，供他们使用。他们失去了这块六畜繁育的好地方能不惋惜！

西汉末至东汉初，正当中原动乱，民不聊生的时候，窦融在河西采取了比较宽和的政策，“习武修文，保境安民”，促进了生产的发展，河西一带成为一个比较安宁的地区。特别是姑臧更为富饶。《后汉书·孔奋传》说：“时天下扰乱，唯河西独安，而姑臧成为富邑，通货羌胡，市日四合。每居县者，不盈数月，辄致丰积”。生产的发展，促进了畜牧业的发展，在优越的地势、气候和草原生态的大环境下，自然会培育出像铜奔马这样的外貌、体质和体形、性能的良马来。据专家考证，时至今日，河西人民选留种公马仍然重视马的遗传性能，牧区马群中仍然有走对侧快步的马。河西天祝县产的岔口驿马、青海海北产的浩门马即具有铜奔马对侧快步的遗传性。

马与古代河西人民的生活有着密切的关系，因此，在河西地区，特别是武威地区的两汉墓葬中，出土的这些木马、陶马，武威雷台汉墓出土的一整套铜车马仪仗俑及铜奔马，是古代武威乃至河西人民对马的热爱和崇拜达到了一个前所未有的高度。直到魏晋时期，武威人民养马、育马之风仍很盛行，从《永嘉时歌》“凉州大马，横行天下”的诗歌中可以看出，凉州的兵力非常强大，是天下无敌的。铜奔马以及这些雄健的木马、陶马就是汉晋之际“凉州畜牧甲天下”最好的实物例证。

汉武帝时，河西走廊为汉帝国的军马蓄养基地。在古代中国，马又是作战的能动武器。马者，兵之甲也。东汉著名的伏波将军、西北养马专家马援说：“行天者莫如龙，行地者莫如马。马者，甲兵之本，国之大运也。”古代出征打仗，战马的优劣和数量往往是决定战争胜负的关键，马匹问题成了军事国防力量强弱的标志。因此，建立一支强大的铁骑，就成了汉代各代君王梦寐以求的心愿。到汉武帝时，他对追求良马的程度达到了无以复加的地步。元鼎四年（前113年），敦煌的一个小官叫暴利长，常见有野马在渥洼池畔饮水，于是精心设计，抓住野马，称之为“天马”，献给了汉武帝，汉武帝高兴地赋诗《天马歌》。

名马出西域，汉武帝从他派出的使节张骞那里，得知西域乌孙国有天马，大宛国有汗血马。先是派人到今伊犁和巴尔喀什湖之间的乌孙去求得乌孙马，这种马爬山越涧，健步如飞，于是把它叫作“天马”。后来又派特使持千金，到位于今乌兹别克斯坦一带的大宛国购买汗血马，遭到了大宛国王的拒绝。汉武帝大怒，令李广利率兵出征大宛，征战四年，终于迫使大宛议和，献汗血马三千匹。这种马比乌孙马更好，汉武帝又将原称天马的乌孙马更名“西极马”，而将大宛马称“天马”。汉武帝对这种马非常爱惜，大宛马归汉时，令沿途设候马亭迎接。又亲自写了一首《西极天马歌》，好像得到了天马，国家威望的提高和四夷降服的理想也就实现了。从此，不仅天马的故事广为流传，而且出现了“天马行空”的成语和一些与天马有关的遗迹遗物。

汉武帝得到了乌孙马和大宛马之后，下令全国悉养母马，与西方良种马交配，进行改良。据史料记载，当时从西域得到的良马，必先在河西马场与中原马同牧，然后才选配至军队中。河西的养马业自此便形成规模并走上了正轨。到东汉时，在河西等地养马达30余万匹。

张骞通使西域，骠骑将军击破匈奴右地，汉武帝设置河西四郡，实行“移民实边”，戍边垦牧，丝绸之路的开辟与畅通，我国从此开始了输入西方良马的新纪元。在汉代武威是京城通往西域的重镇，是中国与西域经济交流的都会，其地理位置十分重要。频繁的商旅往来，自然也包括良马的输入。当时，民间养马极其兴盛，已经达到了像《汉书·食货志》记载的那样："众庶街巷有马，阡陌之间成群"的繁荣景象。河西地区更是"边城晏闭，牛马布野"。兼乌孙马、大宛马和我国中原马一身的铜奔马，以及新华、和寨等地出土的木马、陶马雕塑，就是丝绸之路开创和兴盛的代表性文物，是两千年来古代无名匠师为我们留下来的优美的艺术佳作。

（党寿山，武威文史专家；党菊红，武威市西夏博物馆文博馆员。）

国家一级文物青铜鍑出土记

李学辉

上篇：建制达300多年的张掖县

“河西看武威，武威看张义”，这是民间的口传，得天独厚的地理位置和自然条件使张义获得了“金盆地”的美誉。从张义镇阳洼山出土的新石器时代的彩陶罐、夹沙红陶、灰陶罐等文物推断，张义盆地4000多年前就有人类的活动。

公元前121年，颇具雄才大略的汉武帝派霍去病征讨匈奴，河西走廊成为汉朝和匈奴交战的重要战场之一。此时盘踞武威的是匈奴休屠王部。作为马背上的民族，匈奴曾拓疆扩土，活动于我国的北方和西北地区。公元前216年，匈奴将领土扩张到蒙古高原、新疆和甘肃的河西走廊。在匈奴历史上，河西走廊的地位非常之高。

马背上的民族在杀伐掠地取得一定战果后，统治占领地也是他们必须考虑的问题，武威特殊的地理位置和重要的商贸地位及优良的放牧环境，颇得匈奴人青睐。休屠王驻牧武威后，在距今武威城北60里石羊河的西岸上，修筑了“休屠城”作为王宫，又在今武威城所在地修筑了“盖臧城”。“南北长7里，东西宽3里，周长20里，规模之大，一时显赫于北地。”后因所译之故，“盖臧”叫成了“姑臧”。匈奴的跋扈，终于在汉军强有力的攻击下逐渐消退。元狩二年（前121年），汉辟武威、张掖、酒泉、敦煌4郡，武威郡下设10县，张掖县为其中之一，属地为今凉州区张义镇所在地。到东汉，武威郡在西汉所领10县外，又增设3县，张掖县的建置，仍在张义镇所在地。从西汉到东汉，张掖县置县达300多年，可见张义在汉王朝时期的地位。

王朝更迭，设县废立，本亦自然，一个置县达300多年的地方，历史可以抹去其名号，但其流韵却一直会延续。十六国时期，中原战事频发，唯武威偏安一隅，成就了中国历史上的独特的“五凉时代”，前凉、后凉、南凉、北凉4个小朝廷，均建都姑臧。张掖县政治地位下落，但宗教地位攀升，尤其是北凉时期，北凉王沮渠蒙逊开凿凉州石窟，“为母造丈六石像”“素所敬重”，规模宏大，也为云冈石窟的修造储备了人才和经验。后历隋唐、西夏、元、明、清，张掖又逐渐被人们叫为张义，其张掖之名也就永远留在了史册，但其辉煌却长留于世。北凉时所译《大般涅槃经》的印度高僧昙无谶、西夏仁宗时寿命达99岁的高僧周惠海、元代著名藏传佛教领袖萨班均在这里驻锡布道，使凉州在中国佛教史上声名远扬。天梯山石窟，也由于中国石窟之源头而备受世人注目。

中篇：罕见青铜器重见天日

2006年4月27日，张义镇河湾村三组村民张立贵在自己的承包地里搭建温棚，雇用推土机推土时，在距地表深1米左右的地方，推出了一器物。河湾村地处黄羊河上游南岸1公里左右的庙台子，又称沙金台汉墓群。其东依阴山，南靠王家庄曲梁，西临张义河，北至下山湾，南北长约100米，东西约70米，1987年被公布为市级文物单位。1970年以来，这里曾多次发现土洞墓和木椁墓，出土文物有陶器罐、灶、仓及王莽时期的铜币和铜镜，加之此地澄金石的传说、唐僧取经时晒经台的故事，更为当地农民所传扬。此器物一出现，非同小可，时日下午2时许，武威市博物馆副馆长黎大祥接到凉州区公安局有关领导电话，称张义镇发现一巨型铜器。多年的考古经历使黎大祥具备了敏锐的判断力，他觉得这可能又会成为武威考古史上的一重大发现。在向有关部门和领导汇报后，黎大祥急忙赶赴张义镇。

现场人山人海，巨型铜器的出土吸引了当地的群众，先期赶来的凉州区文化局副局长刘万虎和该局干部杨延忠、胡宏生正配合张义派出所民警在保护现场。铜器已被倒置，面对如此巨型文物，黎大祥有点兴奋，他一面做鉴定工作，一面运用《文物法》有关条款耐心向农民做说服工作。闻讯赶来的天梯山石窟管理处主任王奎协同凉州区文化局工作人员雇来一辆客货车，将铜器装于车上。在文物部门和公安民警的劝说下，通晓事理的河湾村农民终于让开了道路。以防万一，王奎连夜将铜器送到了武威市考古所文物专用库房，自此，参与抢救出土文物的一干人才松了一口气。

4月28日，在对出土文物的铜器做初步测量鉴定后，黎大祥、王奎和市考古所副所长张振华又赶赴现场，和当场群众进行交谈，反复寻找其他物证，并调查了解此处是否为一处古代遗址。据推土机司机介绍，在推土时铜器上面曾放有一块石头。黎大祥他们在出土地旁边找到了这块椭圆形的扁平石头，用水清洗后，发现石头上刻有不规则的“符号”。石头是否作为标记放置在铜器上面，考古人员经过一番分析后，将石头也运回了文物库房保存。

28日下午，市文物局组织武威有关文物专家前往铜器保存地进行初步鉴定。黎大祥认为该物是汉晋时期的；王奎依据张义独特的地理位置和人文特色，认为该物是北凉沮渠蒙逊时期的；文物专家党寿山认为该物属于西夏时期；市博物馆馆长杨福则认为该物是明清时期的。

文物工作者众说纷纭，但比较一致的意见是，该文物是青铜器无疑，问题的焦点是：该青铜器究竟属于何时之物，这直接决定着该文物的出土价值。

接下来的日子，黎大祥、王奎、张振华等人熬过了一个个不眠之夜，黎大祥翻遍有关青铜器的书籍，像如此之重（150多公斤）、造型如此独特的青铜器在书籍中难以找出参照。在阅读大量的史书后，一个大胆的推测在他脑海中形成了。

黎大祥在研究中发现，与张义相关的出土文物还有作为中国旅游标志的铜奔马。1969年9月，武威雷台汉墓出土的铜车马仪仗队俑，有两组乘骑的马胸前发现的铭文与汉代张掖县的张掖长有关。一组为“守张掖长张君”及“夫人”；“守张掖长张君郎君阿冉骑马一匹，牵马奴1人”，“守张掖长张君前夫人车马，将车奴1人，从婢1人”，“守张掖长张君前夫人车马，将车奴1人，从婢2人”。二组为：“守左骑千人张掖长张君”，“守左骑千人张掖长张君骑马一匹，牵马奴1人”，“守左骑千人张掖长张君小车马御奴1人”。根据这些铭文，有关专家考证，雷台汉墓的墓主人就是东汉张掖县张掖长之墓。将此作为参照，黎大祥认为该青铜器应为汉代之物，其缘由是这件青铜器显示了这一时期高超的青铜雕铸艺术。

由此延伸推测，黎大祥判断此青铜器应该为匈奴王族用物。据此，他查阅了《汉书》。《汉书·匈奴传》记载“胡地秋冬甚寒，春夏甚风，多赍鬲甫金复薪炭，重不可胜”，这件青铜器从器型重量和用途上看与史书的记载相吻合。该青铜器如何命名，依据相关资料，黎大祥认为该青铜器应该称“金复”。金复，釜属，似瓮。综合一切，黎大祥和王奎等人做出了判断：这件青铜金复是罕见的秦末汉初匈奴铸造的大型用物。

下篇：尘埃落定　甘肃之最

一“鍑”激起千层浪，武威出土巨型青铜器的消息一经传出，省内外媒体竞相报道，中央电视台将此消息播出后，社会各界也对此表示出了极大的兴趣。如何尽快找准答案，以正视听，成为文物专家的当务之急。

5月11日，甘肃省文物局组织文物鉴定专家组，由副局长张正兴带队，甘肃省博物馆原馆长初世宾、现任省考古所副所长王辉等人赶赴武威。专家组一行先赴青铜金复出土地河湾村考察后，又对青铜金复进行了详细考证。青铜金复整体为圆球形，下面为喇叭形圈足底，底侧开3小孔，肩部有3虎牙，中部为4环金口。通高1.18米，其中底高0.19米，底径0.38米；上端口径0.87米，深0.97米，腹围3.42米，虎耳长0.19米，高约0.07米；重约150公斤。底外部表面有明显的烟熏痕迹。从器物表面看，4环金口以上外面上下有3道铸缝，内壁光滑无缝。整金复除了3虎耳外，其他为一次铸成。那块作为标记的石头长0.43米，宽0.3米，厚0.05米，上面的痕迹是文字，还是符号，专家组也进行了考证。

经初步考证，赴武威的专家返回兰州。经慎重研究，由初世宾和省博物馆副馆员贾建成、张东辉组成的省文物鉴定委员会专家组对青铜金复再次进行鉴定。

专家组认为，该器物硕大浑圆，造型拙奇，遍体薄绿锈，耳处锈似“绿漆古”。器型特征与甘肃大堡子山春秋初中期的青铜金复，以及山西、陕西和内蒙古所出土的战国金复相似，同时与国外如北欧、小亚细亚、西伯利亚等草原青铜、铁器金复形亦十分接近。该青铜器具有单纯而强烈的北方草原民族文化特点，耳（手）的虎型乃典型阿尔泰、鄂尔多斯样式，腹型、环钮亦为战国中晚期特有和多见之形式。结合出土背景，专家组认为该器物是战国晚期至西汉时期（至迟到汉武帝派霍去病征河西走廊之时），游牧于河西和武威一带的匈奴贵族御用之物，也不排除乌孙和月氏的可能性。史载匈奴右部有休屠、昆邪等部，因休屠王居武威姑臧，出土地距姑臧南不远，故休屠王遗物的可能性最大。元狩二年（前121年），骠骑将军三出河西，杀休屠王，降昆邪王，灭右部诸王国，故此器物也可能是汉军俘获之物。由该器底足烟灰遗迹及内壁似脂肪类垢物推断，该器物用于熬煮牛羊牲畜。操作时以吊链悬系，下腹近地处还可用石块支垫。那块作为标记的石头上所凹现的“符号”，是自然风化痕迹，还是祭祀符号，仍有待考证。

甘肃专家组鉴定结果：此青铜器为国家一级文物三虎耳小圈足青铜金复，是我省迄今发现器型最大的早期青铜器，为战国至西汉时期北方游牧民族铸造的炊具，具有珍贵的历史文物价值。

尾声：国宝文物多　宣传力度弱

我市文化旅游资源丰富，目前拥有自然资源24处，人文旅游资源83处。全国重点文物保护单位5处，省级文物保护单位58处。馆藏文物47381件，居全省14个市、州之首。

如此丰富的旅游资源和馆藏文物，为武威平添了艳丽的色彩。这些文物，不仅记录着武威远去的岁月，而且昭示着武威深厚的历史积淀。多年来，由于宣传的扁平化，本该以魅力征服世人眼球的国宝级文物却一直未能发挥其应有的效应，加之馆藏文物过于集中，使本该绽放异彩的雷台、天梯山石窟、白塔寺景区的文物陈列过于单调，不利于从深层次、综合性全面提升景区形象，进而造成文物的明珠暗埋。作为不可再生资源，珍奇文物成就了多少风景名胜，增加了多少票房收入，反过来更有利于文物的保护。文物资源的整合，因地制宜，因时而宜，只要善加宣传，其作用不言而喻。青铜金复的出土，再一次表明了武威作为文物大市的优势，若将西汉青铜金复和东汉铜奔马作为汉代青铜铸造艺术的杰出成果来有机结合宣传，想必汉代的武威更能引人注目。

（李学辉，甘肃省作协副主席，武威市文联二级调研员。）

武威汉代医简与居延汉简医简医药学比较研究

姜清基

武威汉代医简是1972年11月由武威县文化馆、甘肃省博物馆在甘肃省武威市柏树乡下五畦村旱滩坡东汉墓葬中发现的，发掘医药简牍92枚，其中木简78枚，木牍14枚。医简记载各科方剂30多个，涉及内外科疗法、药物及其炮制、剂型、用药方法、针灸穴位、刺疗禁忌等。本文引用的武威汉代医简简文以甘肃省博物馆、武威县文化馆合编《武威汉代医简》①一书为底本。

居延汉简有两次重要的发掘。第一次在20世纪30年代，中国与瑞典联合的西北科学考察团在额济纳旗黑城遗址附近发掘出土1万多枚汉代简牍。这批简牍当时被命名为“居延汉简”。第二次是1973年至1974年夏秋，由甘肃省博物馆等单位组成的居延考古队，又在甲渠候官（破城子）、甲渠塞第四燧和肩水金关新发掘居延汉简近2万枚。为了方便区分，人们通常习惯于将20世纪30年代出土的居延汉简称为旧简，70年代出土的居延汉简称为新简。这两次发掘的3万多枚居延遗简是汉代居延与肩水两都尉的行政文书档案，其中有一些与医学有关的简牍，其中《居延汉简》医药简48枚，《居延新简》医药简32枚。本文中的居延汉简医简以《居延汉简甲乙编》②和《居延新简——甲渠候官与第四燧》③为底本，采用原整理者整理的最初编号，简牍编号以小括号标于简文末尾。

过去，研究者多从文字校释、药名解读、药方剖析、治疗方法探究等多个方面分

① 甘肃省博物馆、武威县文化馆编：《武威汉代医简》，北京：文物出版社，1975年。

② 中国科学院考古研究所：《居延汉简甲乙编》，北京：中华书局，1980年。

③ 甘肃省文物考古研究所、甘肃省博物馆等编：《居延新简——甲渠候官与第四燧》，北京：文物出版社，1994年。

别对武威汉代医简和居延汉简医简进行研究，但少有将这两种简放在一起进行比较研究，正如田河教授在《武威汉简集释·概述》中说的那样："总体来看，学者多从医学的角度研究医简，缺乏与同类简牍的对比研究。"①武威汉代医简和居延汉简医简同处两汉河西地区，而且医简的数量相当，对它们进行医药学方面的对比研究，既可以解决一些依靠传世文献无法解决的问题，又有助于加深对汉代河西医药学状况的认识。

一、中药学的比较

（一）中药种类

武威汉代医简记载有一百多种药物，其中植物类药有61种：桂、姜、黄芩、黄连、大黄丹（大黄）、蜀椒、弓穷（芎䓖）、厚朴、半夏、方（防）风、杜仲、石膏、细辛、远志、桔梗、茈（柴）胡、当归、人参、付（附）子、乌喙、甘草、漏庐、代芦如、泽舃、白敛、勺乐、芍药、亭磨、甘逐、利庐、昌（菖）蒲、山朱臾（茱萸）、柏实、肉从容、署与、门冬、款东、橐吾、秦瘳、卑解、兔糸实、白茝、早荚（皂荚）、蘖米、厚朴、茈菀、蛇口等。矿物类的有15种：钟乳、兹（磁）石、长石、戎盐、丹沙（砂）、玄石、樊（矾）石、消石、礜石、贷赭、禹余量（禹余粮）等；动物类的有13种：龙骨、鸡子中黄、席（䗪）虫、乳汁、蚕（蚕）矢、桑卑肖、虻头、地胆、骆苏（酥）、白羊矢、班蝥（斑猫）、白密、密（蜜）。

居延汉简医简所见的药物大部分是常见植物药：乌喙、细辛、术、桂、蜀椒、桔梗、姜、贝母、桑螵蛸、远志、付（附）子、枳壳、高夏、茈、补诸、丈句、干桑、熟地黄、栝楼、麦、厚付（附）、泽写（泻）、门冬、大黄、半夏、茯苓、戎盐、菝眯、石公龙。

武威汉代医简和居延汉简医简中的药物大多见于《神农本草经》和《名医别录》，充分说明简牍在某些方面所反映的药物学内容，较《神农本草经》有所发展，而且当时人们已经很好地掌握了这些药物的治疗性能。有13味药物为武威医简和居延汉简共同记载：乌喙、术、桂、蜀椒、桔梗、姜、戎盐、贝母、桑螵蛸、远志、伏令（茯

① 田河：《武威汉简集释·概述》，兰州：甘肃文化出版社2020年版，第4页。

苓）、朴子、茈。只是有些药在两简中的写法不一样，其中，桑螵蛸、付子、柴胡在武威汉代医简中写为桑卑肖、厚朴、茈胡；居延汉简医简分别写为桑螵蛸、厚付、茈，其余药物两简的写法一样。两简几乎没有同药异名的现象，可见，西汉末年，医学已趋统一。

（二）炮制方法

中药炮制是依据中医学理论，结合中药本身的性质特点对其进行加工处理的一种方法。武威汉代医简和居延医简记载有“父且”“冶合”“烦”“渍”“挠”“炊”“煎”等多种炮制方法。

“父且”在两种简中都有记载，武威汉代医简：桑卑肖十四枚，䗪虫三枚，凡七物皆父且，渍以淳酒五升，卒时。煮之三。（47）；百病膏药方：蜀椒四升，白茝一升，弓穷一升，付子卅果，凡四物父且，渍以淳醯三升，渍□□□三斤，先□□□□（89甲）。居延医简：☐□皆父且以淳酸渍之壹宿，费药成，浚去宰，以酒饮。（E.P.S4.T2：65）

“父且”后世作“㕮咀（fǔ jǔ）”，元代王好古《汤液本草》：“㕮咀，古之制也。古者无铁刃，以口咬细，令如麻豆，为粗药煎之……今人以刀器锉细如麻豆大，此㕮咀之易成也。”①可见“父且”起初是指用口把药咬开，所以加了口字旁，写作“㕮咀”，后来凡是把药弄碎，都称为“㕮咀”，㕮咀是为了便于煎制。

“渍”是浸的意思，武威汉代医简载：桑卑肖十四枚，䗪虫三枚，凡七物皆父且，渍以淳酒五升，卒时。煮之三。（47）居延医简载：☐□皆父且以淳酸渍之壹宿，费药成，浚去宰，以酒饮。（E.P.S4.T2：65）

“挠”是搅和的意思。武威汉代医简记：先取鸡子中黄者置梧（杯）中，挠之三百，取药成。以五分匕一置鸡子中，复挠之二百（59）。居延医简载：漆一斤□胶一斤醇酒财足以消胶消内漆（泽漆）挠取沸。（二六五·四一）

“冶合”一词在武威汉代医简出现六次，如：

简1：☐石钟乳三分，巴豆一分，二者二分，凡三物皆冶合，丸以密，大如吾实。宿毋食，旦吞三丸。（29）

---

① 李杲：《金元四大家医学全书》，天津：天津科学技术出版2012年版，第866页。

简2：乌喙、赤石脂、贷赭、赤豆、初生未卧者蚕矢，凡九物皆并冶合，其分各等，合和。(56)

《新校文备急千金要方例》云“冶，镕也”，冶是制成粉；合是指几种中草药放在一起，即将药物制为散剂。

李学勤先生认为冶字的准确含义应该是捣碎[①]。张寿仁先生说所谓冶合，乃研合药物二味以上之用辞，其研单味药则曰冶。并言将“冶”字释为“碎”，则“冶”字之意不着。“冶”字当作“研末”解，而有别于“碎”[②]。综合以上几种说法，“冶合”就是将两种及两种以上的药研成粉末。居延汉简医简中不见“冶合”的记载。

“烦”是将药捣碎。武威汉代医简记：治狗啮人创恿方：烦狼毒，冶以傅之。创乾者，和以膏傅之。(87乙) 居延汉简医简中不见“烦”的记载。

“炊”是水煮的意思，在武威汉代医简有记载：半夏毋父且，洎水斗六升，炊令六沸，浚去宰，温饮一小杯，日三。饮即药，宿当更沸之。不过三四日逾。(80乙) 居延汉简医简不见有“炊”的记载。

“煎”是“熬”，武威汉代医简中治百病膏药方载：蜀椒一升，付子廿果，皆父。猪肪三斤，煎之五沸，浚去宰。有病者取。(17) 居延汉简医简不见有“煎”的记载。

（三）计量单位

武威汉代医简和居延汉简医简中记录了许多药物计量单位，有分、两、升、枚、颗、寸、尺、本、束、三指撮、方寸匕、一刀圭等。在武威汉代医简所用的全部药物中，用“分”作计量单位的有62味，用“两”计的有16味，用升、枚计的各7味，其他如附子以颗计，桂以寸以尺计，利庐则以一本计，茈菀、菒草以束计，龙骨则以三指撮计。这些计量单位的名称绝大多数可在《伤寒论》《金匮要略》等书中得到印证。

武威汉简和居延汉简中用到最多的计量单位是“分”，武威汉代医简：

樊石二分半、禹余量四分、蘗米三分、厚朴三分、牡麹三分、黄芩七分，凡六物皆冶合，和，丸以白密，丸大如吾实，旦吞七丸，餔吞九丸。(83甲)

治妳人高药方：楼三升，付子卅枚，弓大鄭十枚，当归十分，甘草七分，菒草二

---

① 李学勤：《“冶”字的一种古义》，《语文建设》1991年第11期，第42页。

② 张寿仁：《医简论集》，台湾：兰台出版社2000年版，第102页。

束，白莶四分，凡七物以朌膊高之，之之，凡六物合后臼。(88乙)

居延汉简医简：

大黄十分，半夏五分，☐桔梗四分。(E.P.T9：7A)

●治除热方：贝母一分，桔更三分☐。(E.P.T10：8)

“分”是不是重量单位，学者们看法不一，赤堀昭先生认为“分”不是重量单位而是表示药物的配药比例。张寿仁先生认为简中药物的分量，如一分、二分等，是等分的意思，盖汉代以前两以下，但云铢，不云钱与分也①。芦琴等先生认为，在汉代以前方剂中虽有“分”的出现，但它不是计量单位，与唐、宋以后作为重量单位的意义不同。秦汉医籍中“分”是份数的意思，同“份”②。而“分”是“等份”的意思，那究竟是多少重量呢？据陶弘景《本草经集注·序录》开元写残本说：“古秤惟有铢两而无分名，今则以十黍为一铢，六铢为一分，四分成一两，十六两为一斤。”那么，分与圭、毫升之间有什么关系呢？1964年第7期《文物》杂志刊载了中国历史博物馆所藏汉铜勺上的铭文拓片，云“一分容黍粟六十四枚”，而在《汉书·律历志》“量多少者不失圭撮”句下有孟康的注文“六十四黍为圭”，可见汉代的一分就是一圭。现在我们测量其容量，约当今之0.5毫升。也就是说，武威汉代医简中的一分相当于现在的0.5毫升③。

又武威医简中“治鲁氏青行解解腹方”有“麻黄三十分，大黄十五分”之说，似乎古两并非十进制。这些材料对古代度量衡史的研究，都有一定参考意义。

“方寸匕”是在武威汉代医简和居延汉简医简都出现的计量单位，武威汉代医简：

简1：治伤寒遂风方：付子三分，蜀椒三分，泽舄五分，乌喙三分，细辛五分，术五分。凡五物皆冶合，方寸匕酒饮，日三饮。(7)

简2：五分☐物皆☐酒饮一方寸匕，日三饮。不过三饮。此药禁。(36)

居延汉简医简：

简1：☐一分，栝楼、菮眯四分，麦、丈句、厚付各三分，皆合，和，以方寸匕取药，置杯酒中饮之，出矢锻。(E.P.T56：228)

① 张寿仁：《医简论集》，台湾：兰台出版社2000年版，第102页。

② 芦琴、张瑞贤、张慕群：《秦汉间药物计量单位的考察》，《中国中药杂志》2006年24期，第2074页。

③ 张延昌：《武威汉简医方今用》，北京：中医古籍出版社2016年版，第107页。

简2：□合和以方寸□☒。（四九七・二〇）

“方寸匕”是古代药剂量名。《本草经集注・序例》：“方寸匕者，作匕正方一寸，抄散取不落为度。”为汉尺一寸（今二三厘米）之正方平面而带长柄之药铲。犹如今之药匙。一方寸匕容量相当于十粒梧桐子。汉代张仲景《金匮玉函经・百合狐惑阴阳毒病证治・百合滑石散方》：“右为散，饮服方寸匕。日三服。”宋代唐慎微《证类本草・序例上》引陶隐居云：“方寸匕者，作匕正方一寸，抄散取不落为度。”又：“一方寸匕散，蜜和得如吾子，准十丸为度。”古代量取药末的器具名。其形状如刀匕，大小为古代一寸正方，故名。一方寸匕约等于2.74毫升，盛金石药末约为2克，草木药末为1克左右。

武威汉代医简和居延汉简医简都出现的计量单位还有“一刀圭”，武威汉简中写作“一刀圭”，居延汉简中写为“一刀封”。武威汉代医简：

冶合、和，使病者宿毋食，旦饮药一刀圭。（45）

出，不出，更饮调中药用亭磨二分，甘逐二分，大黄一分，冶合，和，以米汁饮一刀圭，日三四饮，征出乃止，即鼻不利。（70）

居延汉简医简：

伤寒四物：乌喙十分，细辛六分，术十分，桂四分。以温汤饮一刀封，日三夜再，行解，不出汗。（八九・二〇）

“一刀圭”，古代量药末的器具。《本草纲目・序列》：“凡散云刀圭者，十分方寸匕之一。”形状如刀圭的圭角，一端为尖形，中部略凹陷，其容量很小，只有方寸匕的十分之一。

“姜”在武威汉代医简中用“分”，在居延汉简医简中除了用“分”计量，还用“两”。

简1：治久咳上气，喉中如百虫鸣状，卅岁以上方：茈胡、桔梗、蜀椒各二分，桂、乌（3）喙、姜各一分。凡六物冶合，和丸以白密，大如婴桃，昼夜含三丸，消（4）咽其汁，甚良。（5）

简2：治金创止痛方：石膏一分，姜二分，甘草一分，桂一分，凡四物皆冶合。和，以方寸寸，酢（52）浆饮之，日再夜一，良甚，勿传也。（53）

居延汉简：

简1：□□蜀椒四分，桔梗二分，姜二分，桂☒（一三六・二五）

简2：大黄十分，半夏五分，☐桔梗四分。（E.P.T9：7A）

姜四两两二钱七分，直☐伏令四两两三☐。（E.P.T9：7B）

武威汉代医简和居延汉简中所载的药物计量，主要采用计数或估量、拟量的方法，只有少数方剂应用当时的度量衡计量单位。其中作为计数的，有枚、颗等；用以估量的，有“三指撮”“把”“束”等，还有“半杯”之类；用以拟量的，有“大如枣”“大如婴桃”“大如吾实”等。

二、方剂学的比较

（一）方剂种类

武威汉代医简有三十多个药方，每一方首列方名、次列病名、症状、药物名、用药剂量、服药方法等，内容设计内科、外科、妇科、五官科、针灸科等。现将方名摘录如下：

治久咳上气喉中如百虫鸣状卅岁以上方（二则）、治伤寒遂风方、治鲁氏青行解解腹方、治心腹大积上下行如虫状大恿方、治伏梁裹脓在胃肠之外方、治久咳逆上气汤方、治痹手足臃〔雍〕肿〔种〕方、治久泄肠辟□□□□□□□□□□□□不能治皆谢〔射〕去方、公孙君方、□□瘀方、白水侯所奏治男子有七疾方、治东海白水侯所奏方、□恶病大风方、治大风方、治诸癃（方）、治金创止令创中温方、治金创内漏血不出方、治金创止痛方、治金创内痉养（痒）不恿〔痛〕腹张（胀）方、治金（此处脱一“创”字）肠出方、治加（痂）及久创及马胺方、治人卒雍（痈）方、治狗啮人创痛方、治烫（浇）火冻方、治□□□□□□溃医不能治禁方、治如（妇）人膏药方（二则）、治鹰（鹅）声□□□言方、治目痛方、（治）寒气在胃莞（脘）腹患肠□（方）、其他治千金膏药方。

而居延汉简医简有七个可以确定的方剂，只有“伤寒四物”一剂文字完整的药方，其他是残缺方。

简1：伤寒四物：乌喙十分，细辛六分，术十分，桂四分。以温汤饮一刀刲，日三夜再，行解，不出汗。（八九・二〇）

简2：□□蜀椒四分，桔梗二分，姜二分，桂☐。（一三六・二五）

简3：☒分，细□三分，□桂☒。（一四九·三二）

简4：●治除热方：贝母一分，桔更三分，☒。（E.P.T10：8）

简5：桑螵蛸未有，远志四☒，石公龙六分半，付子毋有☒，枳壳六分多一分，高夏、茈口☒，干桑一分半，熟地黄五分多二分。（E.P.T40：191B）

简6：☒一分，栝楼、薂眯四分，麦、丈句、厚付（附）各三分，皆合，和。以方寸匕取药，置杯中饮之，出矢镞。（E.P.T56：228）

简7：☒气□脏方：补诸与泽寫、门冬、□□各□☒。（E.P.T65：476）

居延汉简这七个药方中，只有简4和简7有“方名”，到武威汉简中很多方剂都明载“方名”，可见医方概念的逐渐成形过程。第一个方明确说明是用于伤寒的治疗方药。第四个方也明确说明是除热方，第六个方是治疗箭伤，拔出矢镞的用方。第七个方是治结气伤脏方。居延是两汉屯戍边塞，金刃、跌打损伤是不可避免的，且居延“地热，多沙，冬大寒（五〇二·一五A）”，戍守将士多会染上“伤寒”和刀箭伤，居延汉简医简记载的也正是治疗这类外感类疾病的方药。

（二）方剂剂型

根据治疗用途的不同，需要将药物加工制成汤、丸、膏、散、栓、滴等多种剂型。武威汉代医简和居延汉简医简都记载了汤、丸、膏、散诸剂型。

汤剂是中药最常见的剂型，武威汉代医简中三十余个方剂大多是汤剂，前文中的“煎”“炊”的炮制方法，都是用水等辅料煮成汤剂，只是没有在方剂中写水罢了。“正因为‘水’最常见、最普通，所以医简的作者认为是可以不言而喻的，故省略。”①

武威汉代医简“治久咳逆上气汤方”“白水侯所奏治男子有七疾方”“治东海白水侯所奏方”“□恶病大风方”“治大风方”“治诸癃（方）”等都是汤剂。居延汉简医简“一名单衣受寒□□䛐汤药置□中加沸汤上□汤不可饮（一三六·四〇）”明言饮“汤药”。

丸剂也是在两种简牍中常见的剂型，武威汉代医简：

简1：喙、姜各一分。凡六物冶合，和，丸以白密，大如婴桃。昼夜含三丸，消。（4）

① 孟祥鲁：《武威汉代医简琐谈》，《山东中医学院学报》1979年第4期，第71页。

简2：大如羊矢，温酒饮之，日三四。与宰捣之，丸大如赤豆。心寒气胁下恿，吞五丸，日三吞。(18)

简3：□石钟乳三分，巴豆一分，二者二分，凡三物皆冶合，丸以密，大如吾实。宿毋食，旦吞三丸。(29)

简4：治久泄肠辟卧血□□裹□□□□医不能治皆射去方：黄连四分，黄芩、石脂、龙骨、人参、姜、桂各一分，凡七物皆并冶合，丸以密，大如弹丸，先餔。(82甲)

居延汉简医简：

简1：当北隧卒冯毋护　三月乙酉病心腹丸药卅五（二七五·八）

简2：复延骨各一儿□（E.P.T43：90B）

简3：□□□酒一杯饮大如鸡子已饮傅衣□□（E.P.T53：141）

武威汉代医简和居延汉简医简都有对"丸"的比拟说法，武威汉简中的"大如婴桃""大如羊矢""大如赤豆""大如吾实""大如弹丸"，居延汉简中的"大如鸡子"等，对"丸"的形状做了形象的描述。

武威汉代医简记载了不少"膏剂"药物，"治百病膏药方（17）"和"治妇人膏药方（88甲）"两个方名中就明载是"膏药"。试举几例：

简1：挠之二百。薄以涂其雍者，上空者遗之，中央大如钱。药干，复涂之，如。(60)

简2：□吞之，气龙，裹药以縠，塞之耳，日壹易之，金创涂之，头恿风涂之。(66)

简3：治人卒雍方：冶赤石脂以寒水和。(87甲）涂雍上，以愈为故，良。治狗啮人创恿方：烦狼毒，冶以傅之，创乾者，和以膏傅之。(87乙)

居延汉简医简中只见一简有膏药的记载：昌邑方与士里陈系，十二月癸巳病伤头，右手傅膏药。(一四九·一九，五一一·二〇)

散剂在两简中有都记载，如武威汉代医简中的"治金肠出方，冶龙骨三指撮"，居延汉简医简中的"伤寒四物"方。武威汉代医简还有栓剂记载："药用代庐如、巴豆各一分，并合和，以絮裹药塞鼻，诸息肉皆。(69)""□吞之，气龙，裹药以縠，塞之耳，日壹易之，金创涂之，头恿风涂（66)。"栓剂指药物与适宜基质制成的具有一定形状的供人体腔道内给药的固体制剂。

武威汉代医简和居延汉简运用了早期的剂型选择，遵循了中药材品种的初步理论。复方中的用药也很考究，既有君臣佐使的痕迹，又有配伍的规律，同时充分考虑到了中药材品种的复杂性与混淆优劣之分。

（三）服用方法

1. 服药方式

武威汉代医简和居延汉简医简都记载的服药方式多为饮服，武威汉代医简治伤寒遂风方：付子三分，蜀椒三分，泽舄五分，乌喙三分，细辛五分，术五分，凡五物皆冶（6）合，方寸匕酒饮，日三饮。（7）居延汉简医简：▨□皆父且以淳酸渍之壹宿费药成，浚去宰，以酒饮。（E.P.S4.T2：65）

武威汉代医简含服、吞服：如武威汉代医简载，“治久咳上气方”的服法是“昼夜含三丸，消（4）咽其汁。甚良（5）”。居延汉简医简不见有“含”的服药方式。吞服主要用于服用丸药，如武威汉代医简有“大如羊矢，温酒饮之，日三四。与宰捣之，丸大如赤豆。心寒气胁下恿，吞五丸，日三吞（18）”的记载。居延汉简医简不见有“含”“吞”的记载。

2. 液体辅料

古人根据不同的方剂，采用不同的液体辅料拌和药物，这对药物效力的发挥是有特殊作用的。武威汉代医简和居延汉简医简都多次记有酒饮：如武威汉代医简“治伤寒遂风方”载“凡五物皆治（6）合，方寸匕酒饮，日三饮（7）”，“治百病膏药方”有“温酒饮之，日三四”，且以酒饮药的记录居多；居延汉简医简：▨□皆父且以淳酸渍之壹宿费药成，浚去宰，以酒饮。（E.P.S4.T2：65）

武威汉代医简还记载有以豉汁、酢浆、米汁等液体辅料。以豉汁饮药，简（15）曰：“治金创肠出方：冶龙骨（14）三指撮，和以豉汁饮之。”以酢浆饮药，简（52）（53）曰：“治金创止痛方：石膏一分，姜二分，甘草一分，桂一分，凡四物皆冶合，以方寸寸，酢（52）浆饮之，日再夜一，良甚，勿传也。（53）”以糜饮药，简（8）记载治鹰声□□□言方，其服药方法要求“先铺饭，米麻饮药耳”。文中“米麻”即“米糜”，小米粥。简（69）（70）记载了治疗鼻息肉的方药，简文云：“亭磨二分，甘逐二分，大黄一分，冶合，和，以米汁饮一刀圭，日三四饮。”豉汁、酢浆、米汁液体辅料不见居延汉简医简。

这些液体辅料的加入，有助于制剂的成型、稳定、增溶、助溶、缓释、控释以及增效减毒等。武威汉代医简中收载的丸剂用白蜜为辅料，酒剂以酒（醋）为辅料，还有用乳汁、骆苏（酥）、贲猪肪（猪肪）、酢浆、牡曲、豉汁、米汁等作为液体辅料的。辅料的使用是中药制剂存在的重要基础，没有药剂辅料就没有药物剂型和制剂。辅料还可以改变药物的给药途径和作用方式，增强主药的稳定性。延长药剂的有效期，增强或扩大主药的疗效与作用，并降低毒副反应。因此，武威汉代医简中运用的辅料在服用和治病方面反映了我国早期中药制剂发展的雏形。

3. 服药时间

武威汉代医简根据不同病种及药物的性质，有要求饭后服者，有要求晨起空腹服者，也有昼夜皆服者。

武威汉代医简和居延汉简医简记载了饭后服药。武威汉代医简“▨相得丸子，大如吾实，先餔食吞二丸，日再服药一（76）”“先餔（82甲）食，以食大汤饮一丸（82乙）”。居延汉简医简“▨□始捂□先餔食蚤五分（二六五・二A）”，都特别注明要“先餔食”后服药。

还有两简都记有“昼夜皆服”，武威汉代医简简（53）“治金创止痛方”的服药要求“酢浆饮之，日再夜一”，即白天服药两次，夜里服药一次。简（79）“久咳上气方”的服法为“昼夜含三丸，稍咽之，甚良”。居延汉简医简伤寒四物：乌喙十分，细辛六分，术十分，桂四分，以温汤饮一刀刲，日三夜再，行解，不出汗（八九・二〇），都明载白天和晚上都要服药。

武威汉代医简还特别记载了要在早晨服药，简（29）曰：“▨石钟乳三分，巴豆一分，二者二分，凡三物皆冶合，丸以密，大如吾实，宿毋食，旦吞三丸。”简（44）（45）“治心腹大积上下如虫状大恿方：班蝥十枚，地胆一枚，桂一寸，凡三物皆并（44）冶合，和，使病者宿毋食，旦饮药”，即晚上不要进食，翌日晨饮药。空腹服药有助于药物的充分吸收，从而充分发挥药效。在居延新简中有医方则多日服一次。“▨□中助薪（新），病者三日一饮，久病者▨（E.P.F22：817）”这个医方三日服一次。

（四）病症

武威汉简中的症状：久咳上气、气逆、喉中如百虫鸣、声音嘶哑、鼻不利、濃、头痛、胁痛、腹胀、臃肿、便血、小便难、金创出脓血、胫寒、橐下痒、不仁等各个系统疾病和症状。

以病名说，涉及临床各科，包括内、外、妇、五官等科。伤寒、七伤（阴寒、阴痿、阴衰、橐下、小便有余，茎中恿如淋状，精自出）、大风、痹症、伏梁、肠辟、久泄、痉、心腹大积、五癃（血癃、石癃、膏癃……）、金疮、狗啮人；乳余；有目痛、喉痹、嗌痛、齿痛、耳聋、（鼻）息肉等。

居延汉简医简伤寒外感类：伤寒、伤汗、伤寒头恿（痛）、温、头痛寒炅（热）、寒炅（热）、喉痛、病欬（咳）短气。杂病类：心腹支满、病心腹、心腹丈（胀）满、腹中痛、肠辟、病泄注、腹积、两胠箭急。四节不举、左足胫雍（臃）、肘痈种（肿）、右胫雍（臃）、种（肿）、伤要（腰）、伤头、伤右手、左足癃、伤右髀、热膝肿、带下。

武威汉代医简和居延汉简医简均记载了中医史上的重要的一种病：叫“伤寒”。武威汉代医简中“治伤寒遂风方”“治鲁氏青行解解腹方”提到了“伤寒”，简文曰：

简1：治伤寒遂风方：付子三分，蜀椒三分，泽舄五分，乌喙三分，细辛五分，术五分。凡五物皆冶（6）合，方寸匕酒饮，日三饮。(7)

简2：治鲁氏青行解解腹方：麻黄卅分，大黄十五分，厚朴、石膏、苦参各六分，乌喙、付子各二分，凡七物（42）皆并冶合，和，以方寸匕一，饮之，良甚。皆愈。伤寒逐风。(43)

居延汉简记载“伤寒”的简有六枚之多，说明伤寒在两汉时期是一主要的常见病、多发病，当时的医家对伤寒的实质及临床表现已有了普遍的、根本性的认识。

简1：第卅一燧卒王章以四月一日病苦伤寒；第一燧卒孟庆以四月五日病苦伤寒（四・四A）

简2：伤寒四物：乌喙十分、细辛六分、术十分、桂四分，以温汤饮一刀刲，日三夜再，行解，不出汗。(八九・二〇)

简3：●治伤寒满三日转为□▨（一三六・三）

简4：▨伤寒即日加佝头痛烦懑未（E.P.T51：201A）

简5：□西安国里孙昌即日病伤寒头恿不能饮食它如（E.P.T59：157）

简6：病泄注不愈。乙酉加伤寒头通潘懑，四节不举有书（E.P.F22：280）

居延汉简医简有六简七次写到“伤寒”这一病名，简1只记载了“病苦伤寒”并无症状描述，说明居延戍边队伍乃至西汉时期已将风寒邪气引起的疾病总结上升到概念层面，即抽象、概括定义为“伤寒”二字。这一病名的提出意义极大，说明当时对“伤寒”已有了本质性的认识，同时说明“伤寒”类疾病在西汉时期是一种多发常见及流行性疾病，尤其居延地区风大，天寒，昼夜温差极大，更能体现“伤寒”的肆虐频发。更为重要的是时代要求对“伤寒”做出理论概念及临床治疗的总结，张仲景担起了这一历史重任，加之有感于“余宗族素多，向余二百，建安纪元以来，犹未十稔，其死亡者，三分有二，伤寒十居其七”。又因其曾任长沙太守，对屯守吏卒“伤寒”的发生所见必多，终于为时代、为民族、为人类奉献出了医学巨著《伤寒杂病论》[①]。

武威汉代医简与居延汉简医简都记载了“肠辟”这种病。

武威汉代医简：治久泄肠辟卧血□□裹□□□□医不能治皆射去方：黄连四分，黄芩、石脂、龙骨、人参、姜、桂各一分，凡七物皆并治合。丸以密，大如弹丸，先餔（82甲）食，以食大汤饮一丸，不知□□□□，肠中恿，加甘草二分，多血，加桂二分，多农，加石脂二分，□一□□□□□多□加黄芩一分，禁鲜鱼猪肉。方禁，良。（82乙）

居延汉简：四月戊寅病肠辟，庚辰治▨（五〇四·九）

“辟”通“澼”，“肠辟”即“肠澼”。《黄帝内经·素问·阴阳别论》云：“阴阳虚，肠澼死。”又《黄帝内经·素问·通评虚实论》云：“肠澼便血，身热则死，寒则生。”肠澼即痢疾，《医宗金鉴》云：“肠澼滞下古痢名。”

武威汉代医简与居延汉简医简都记载了“头痛”。

武威汉代医简：□吞之，气龙，裹药以縠，塞之耳，日壹易之，金创涂之，头恿风涂（66）

居延汉简医简：

简1：第卅一燧卒尚武四月八日病头痛寒炅饮药五齐未愈（四·四B）

简2：伤汗寒热头恿即日加烦懑四支（E.P.T59：49A）

简3：□西安国里孙昌即日病伤寒头痛不能饮食它如（E.P.T59：157）

简4：▨头痛寒热饮药五齐不愈戎掾言候官请（E.P.T59：269）

“四节不举”“两胠葥急”只出现在居延汉简医简。

① 孙其斌：《从汉代敦煌、居延简牍看〈伤寒论〉的形成》，《西部中医药》2017年第30卷第4期，第47页。

简1：第廿四隧卒高自当以四月七日病头恿四节不举，鉼庭卒周良四月三日病苦☑

简2：破胡敢言之候官即日疾此腹四节不举（五·一八，二五五·二二）

《黄帝内经·素问》屡言“四支不举”，“支”读为“肢”（《灵枢经·本神》作“四肢不举”）。简文“四节”当指四肢与身躯相交处的关节，“四节不举”与“四肢不举”意同。

第卅七燧卒苏赏三月旦病两胠葥急少愈；第卅三燧卒公孙谭三月廿日病两胠葥急未愈（四·四B）

胠，从月（肉），去声。本义腋下，《说文》：“胠，亦（腋）下也。”《广雅·释亲》：“胠，胁也。”指腋下腰上的部位。《素问·大奇论》：“肺之雍，喘而两胠满。”《素问·至真要大论》：“心痛支满，两胁（膈）里急。”疑“两胠葥急”与“两胠里急”指同一种病。

武威汉代医简与居延汉简医简两者相较，两简中均出现的病症为伤寒、头痛、肠辟。“七伤”“五癃”“狗啮人”等为武威汉代医简所特有，“四节不举”“两胠葥急”“伤汗”“寒炅”“心腹丈（胀）满”等仅见于居延汉简。

三、针灸学的比较

（一）针灸方法

武威汉代医简中涉及针灸疗法的内容集中在编号（19）到（27）的简牍中。其中简（19）至简（21），是记录针灸治疗腹胀病的方法。简（22）至简（25）记录针灸禁忌。简文中写着人从一岁至一百岁的各个不同年龄阶段，在针灸治疗时，应注意禁忌的器官部位。

简1：濆愈，出箴。寒气在胃，莞腹濆肠☑□□□□留箴病者，呼四五十乃出箴。次刺。（19）

简2：膝下五寸分间，荣深三分，留箴如炊一升米顷，出箴，名曰三里。次刺项从上下十一椎，侠椎两刺荣。（20）

简3：深四分，留箴百廿息，乃出箴，名曰肺输（腧）。刺后三日，病愈平复。黄帝治病神魂忌：人生一岁毋灸心（21）

简4：十日而死；人生二岁毋灸腹，五日而死；人生三岁毋灸背，廿日死；人生四岁毋灸头，三日而死；人生五（22）

简5：岁毋灸足，六日而死；人生六岁毋灸手，二日死；人生七日毋灸胫，卅日而死；人生八岁毋灸肩，九日而死；人（23）

简6：［有脱简］者与五岁同，六十至七十者与六岁同；七十至八十者与七岁同；八十至九十者与八岁同；九十至（24）

简7：百岁者与九岁同；年已过百岁者，不可灸刺，气脉壹绝，灸刺者，随箴灸死矣。独（25）

简8：☐者，名曰泉水也。先从☐气逆，膝以下寒，气脉不通，先（27）

简2中的“三里”即“足三里”穴，简3中的“肺输”也是穴名，“输”通“腧”“肺腧”在《针灸甲乙经》谓“第三椎下两傍各一寸五分”，而十一椎下两傍各一寸五分之穴，则是脾腧，脾腧亦恰好主治肠胃疾病，所以，肺输应为“脾腧”。简8中的“泉水”亦为穴名。泉，水之源也，考人身正经以泉名之者，除阳陵泉属阳经外，皆为阴经穴，地处位深，功用关乎血、水。“泉水”疑为今之“水泉”穴，或最早见于《针灸甲乙经》的“水泉”之名就是来源于武威汉简中的“泉水”。水泉为足少阴肾经气血深聚之郄穴，似深处之水源，治证多关乎血、水，故名水泉。

武威汉代医简记载的“足三里”“脾腧”“泉水”三个腧穴的定位、临床操作、主治等理论，操作基本以针刺法为主。从简牍原文看，“足三里”与“脾腧”相配，“足三里”为胃经的下合穴，常用来治疗胃脘部病变，“脾腧”为脾脏的背腧穴，治疗相应脏腑的证候，两者相配体现了前后配穴的配穴规律。

居延汉简中涉及针灸的摘录五枚：

简1：灸（久）背□□二所□□后数日府医来到饮药一齐置□☐（四九·三一，四九·一三）

简2：☐灸（久）脞刺廿针。（一五九·九A）

简3：欲发□四□□□□之此药已，□十箴，欬良，已识。（73EJT5：70）

简4：☐正月壬午，病左足癃□刺。（EPT56：339）

简5：□□□□久五椎下两束。（73EJT5：70）

简5中的“五椎下”指第五胸椎下的神道穴。《针灸甲乙经》：“神道，在第五椎节下间，督脉气所下，俯而取之。”“两束”是量词，与“壮”文义相通，意为灸两壮。

从简牍原文看，临床更注重单穴的应用，且以灸法为主。因此，武威汉代医简更注重在配穴的基础上进行针刺法的诊疗过程，居延汉简更注重单穴的灸法，符合边塞地区气候寒冷的地域特点。综合武威汉代医简和居延汉简的针灸简牍，我们可以归纳出它们的相同点和不同点。

1.相同点

首先，武威汉代医简与居延汉简针灸文献均记载了相关腧穴定位、临床操作、主治等理论，表明在两汉时期的河西民间和军营均有针灸法的临床应用，虽然这一时期针灸法的应用处于奠定和形成时期，但在河西地区已有相对成熟的应用，《黄帝内经·素问·异法方宜论》记载："北方者，天地所闭藏之域也。其地高陵居，风寒冰冽，其民乐野处而乳食，脏寒生满病，其治宜灸焫。故灸焫者，亦从北方来。"

其次，汉简记载的针灸，均没有详细记载所用针具和草药的具体情况。

再次，都体现出医学的严谨态度。武威汉代医简记载有"刺荣、深三分"及"刺荣、深四分"，居延汉简有"刺廿针"及"刺十针"，还记载了灸法的背部应用，如灸第五胸椎下两壮及灸背部某穴位，说明两汉河西地区针灸疗法已经有一定的临床规范，医者在治疗过程中对针刺的深度、强度、数量及灸法的部位等都有明确的要求和规定，具有严谨的医学态度，也是临床有效的关键。

2.不同点

第一，从治疗方法来看，武威汉代医简基本是以单纯针刺法为主，居延汉简除单纯针刺疗法外，还记载有针药结合治疗疾病的情况。武威汉代医简属于民间医家的经验总结，是医学内容的区域性小总结，但并未记载针药结合的方法；居延汉简属于边塞生活记录，年代更久远，不仅仅有医学内容，还有其他内容，可见居延边塞地区中医应用之广泛、熟练，当时已有针药共同作用治疗疾病的先例，或为当时西北地方使用针药结合治疗疾病，提高临床疗效起到推动作用。

第二，从针刺临床操作看，武威汉代医简中针刺法记载更为详细，保存更完整，不管是进针，还是留针与出针，按照疾病寒邪的性质，选取穴位配伍，给予"刺荣"的深度，且留针时间长，体现寒邪"深刺久留针"的理论，说明针刺操作与疾病性质的密切联系；居延汉简中虽提及针刺操作的相关内容，但仅有针刺数量的记载，未明确说明具体穴位操作。因此，就二者简文目前记载的内容来看，武威汉代医简针刺操作更为翔实，更具有临床参考价值。

第三，从针刺禁忌看，只有武威汉代医简记载了针灸的时间禁忌及年龄禁忌，武威汉代医简属于民间医家行医经验积累，必然涉及很多禁忌的内容，但居延汉简为边塞驻军生活的记录，多为实用性的医学内容，只注重记录当时的实用医学，可能并非针刺禁忌不盛行，而是受形势所迫，记录以简单实用为主。因此，就武威汉代医简与居延汉简针灸法理论比较，武威汉代医简针灸法理论更严谨、更盛行，而居延汉简更切合临床实际。

（二）贴敷方法

贴敷疗法是指将制备好的药物直接或间接作用于穴位或患处，使贴敷药物发挥持续有效的刺激作用，达到调节脏腑功能和机体气血阴阳平衡的效果。关于贴敷疗法的应用，在武威汉代医简、居延汉简中均有明确的记载。武威汉代医简中有关贴敷的摘录两简：

简1：治目恿方：以春三月上旬治药。曾青四两，戎盐三两，皆冶合，以乳汁和，盛以铜器，以傅目。良。（16）

简2：治加（痂）及久（灸）创及马胺方：取□骆苏一升，付子廿枚，蜀椒一升，乾当归二两，皆父且之，以骆苏煎之，三沸，药取以傅之，良甚。治人卒雍（臃）方：冶赤石脂以寒水和，（87甲）涂雍上，以愈为故，良。治狗啮人创恿方：烦狼毒，冶以傅之，创乾者，和以膏傅之。治瘍火涷方：烦□罗冶以傅之，良甚。（87乙）

居延汉简中只有一简：

昌邑方与士里陈系，十二月癸巳病伤头，右手傅膏药。（一四九·一九，五一一·二〇）

“傅”通“敷”，是涂药于患部。武威汉代医简、居延汉简中除了记载贴敷疗法外，还记载了“熏法”，武威汉代医简简（48）（49）：

去中令病后不复发丮乞方：穿地长与人等，深七尺，横五尺，用白羊矢干之十余石置其（48）阬中，从火其上，羊矢尽，索横木阬上，取其卧，人卧其阬上，热气尽乃止其病者，慎勿得出见。（49）

“阬”即“坑”，二者为古今关系，《玉篇·阜部》：“阬，亦作坑。”此简文详细记载了“熏法”，用白羊粪将坑熏干，将白羊粪十余石置于坑内，纵火使羊屎燃，羊屎燃烬，坑干，在坑上横木头，人卧在木头上，用坑内的热气熏疗。居延汉简中也有相似的记载：

□……创□日□□□□□□□旦以汤器置阬下，令汤气上勋创中，三四日复用一分（E.P.T50：26）

比较武威汉代医简和居延汉简中的贴敷和热熏疗法，得出以下相同点和不同点：

1．相同点

从内容看，武威汉代医简、居延汉简均记载了贴敷疗法的内容，不仅体现出汉代贴敷疗法在河西民间及边塞地区的广泛应用，同时反映出汉代贴敷疗法的快速发展。其中在治法及剂型方面，两个汉简记载都以膏药法即膏剂为主。膏剂常直接煎煮或用动物脂肪、乳汁、寒水等调配药粉成膏药进行涂抹，武威汉代医简还记载了千金膏药方及百病膏药方等一膏多用的膏药方，适用于临床内科、外科、五官科等多科室病症，除简便实用外，还体现出传统中医的整体思想，即整体与局部相结合的治疗原则，也反映了汉代河西地区对膏疗法的重视；在贴敷部位方面，三类汉简均记载患处贴敷为主，通过涂擦、熏蒸等方式将药物直接作用于患处，渗透于皮肤，更易内传经络、气血、脏腑，起到调气血、通经络、散寒湿等作用，也因为汉代贴敷疗法处于发展期，主要以患处贴敷为主。在主治病症方面，两种汉简均有贴敷疗法治疗外伤性疾病的相关记载，表明在两汉时期对于外伤性疾病的治疗，不管在西北民间还是边塞地区，医者均首选药物贴敷等外治法，也证实了贴敷疗法对于外伤性疾病的明确疗效，突出其临床优势，进一步推动了贴敷疗法的发展。

2．不同点

首先在文献的完整方面，武威汉代医简贴敷疗法的相关记载保存更完整，内容学术价值高，而居延汉简有部分内容残缺不全，给后期研究带来了一定的困难。

在治法方面，武威汉代医简主要包括敷药法、膏药法、涂药法、熏洗法、熨法五种，且其贴敷方中注重用附子，与之配伍较多的药物有花椒、当归、白芷、川芎等，而附子属温里药，主要三大功效为补火助阳、散寒止痛、回阳救逆，说明武威汉代医简贴敷方重视温经散寒、活血祛瘀之法，亦反映出西北寒凉地区以寒性病变为主，宜在温热药的基础上配伍特定药物的用药特点。另外，研究发现武威汉代医简贴敷操作中因环境施治，方中喜用骆酥（骆驼乳制成的酥）、戎盐、猪脂肪、鸡蛋黄液等西北特产，就地取材，增加了其药用价值，而居延汉简因残缺或未记载而没有相关药物。

武威汉代医简贴敷疗法作为一种较原始的治病方法，呈现出当时医者利用热熏技术将药物作用于机体治疗寒性疾病的过程，也是现代热疗、熏蒸、红外线、沙疗等治疗方法的雏形，而居延汉简中药液热熏法进一步将热力和药物作用结合起来，使药物伴随热气作用于机体，既体现热力的作用，又不失药物的治疗作用，进一步促进了机体的康复。

在主治病症方面，武威汉代医简贴敷疗法主治病症中，内科疾病主要以中下焦寒性疾病为主，外科疾病包括疮痂、灸疮、长期骑马者磨损的创伤、急性疮痈、狗咬伤、烧烫伤等，五官科疾病包括目痛、鼻塞、鼻息肉等，妇科疾病包括月经不调、乳痈肿痛等，同时还有治疗鼻腔中生恶疮、耳聋、各种创伤等疑难杂病的百病膏药方；居延汉简既包括武威汉代医简中提到的寒性病变，也包括外伤性疾病。因此，武威汉代医简贴敷疗法既可用于内伤杂病，又可用于明显外科特征病症的百病膏药方，以及根据疾病的发展趋势，施以不同贴敷法的治疗思路，具有一定的临床应用价值。同时，其塞耳法、灌鼻法、塞鼻法等治疗五官科疾病的方法，操作简便，直达病灶，作用持久，是后世五官科疾病疗法的雏形，而武威汉代医简、居延汉简中均有用热熏法治疗寒性病变的记载，体现了西北寒凉之地的特色疗法，而其所衍生的热敷法等现代诊疗方法至今仍应用于临床。

四、结语

通过武威汉代医简与居延汉简医简在医药学方面的比较研究，发现武威汉代医简所记载的中药种类、炮制方法、计量单位、方剂种类、贴敷方法等可与居延汉简医简的记载相对应，两者在许多方面都有相同或相似的表述，这些相同的内容相互印证，共同反映了两汉时期河西富有时代特征和地域特色的医疗卫生状况。当时中草药数量可观，人们已经掌握了本草的药性和配伍规律，能灵活运用多种炮制方法，汤、丸、散、膏等剂型的药物应有尽有，并且讲究服用方法和精确的计量。

两汉时期的河西，无论是屯戍医卒还是民间医家都对“伤寒”类疾病的发生、发展、转归、变化规律有了本质认识，均娴熟掌握了用“汗法”治疗外感伤寒及伤寒痹证，创造了我国医学独特的治疗方法。

“针灸疗法”普遍应用于民间家常和居延边塞屯戍队伍中，武威汉代医简作为武威民间医家选用针刺“三里、脾腧”治疗腹懑胃寒，可看到武威民间医家的针灸学术水平之高。同时也说明“针灸疗法”作为祖国医学的主要组成部分，在两汉时期已得到了空前发展，尤其在临床当中的运用，无论是在河西的民间还是屯军中均已得到普及。另外从肢体腧穴的“三里”及腰背腧穴的“脾腧”两穴的选用，说明人体腧穴的总结在两汉时期已基本完善。

而武威汉代医简与居延汉简医简医药学方面的不同之处也是显而易见的，武威汉代医简是我国迄今发现的最古老而又比较完整的医学著作，内容丰富，包括针灸、内科、外科、妇科、五官科等多方面的内容，记载了各科的病名、症状、药物、剂量、制药方法、服药时辰和药量、针灸穴位、经络、针刺禁忌、药物禁忌、生活禁忌以及药方主治等，为研究我国古代医学关于生理、解剖、方剂、病名、治疗、养生等问题提供了极其重要的史料。

居延汉简医简是从汉代张掖郡居延、肩水两都尉的各种行政文书档案中提取出来的医学简牍，它多反映的是汉代居延边塞屯戍队伍中的医疗文书状况，包括药物制度、医疗保障制度等。从内容来看，在军队中，军医、医卒等医护人员配置齐全，掌握了包扎、针灸等高水平医疗技术，还对生病的士卒实行巡诊接诊、病情报告、病休请假销假、传染病人隔离、病亡将士抚恤等较为完善的医疗保障制度。还注重记载发病的原因和治疗的结果：哪一燧，谁，哪一天，得了什么病，治疗效果怎样。这些医药简具有“病例”性质，有研究者说“是我国医疗史上最古老的病例记录”[①]。而这些是武威汉代医简中没有的。

武威汉代医简与居延汉简医简医药学的比较研究只是从中药学、方剂学、针灸学三个大的方面进行了粗浅的对比，还有两种医简包含的医学思想、药物名实的认定、主治演变的原因、方剂的组方规律等仍需进一步研究。

（姜清基，甘肃省民勤县第四中学教师。）

① 薛英群：《居延汉简通论》，兰州：甘肃教育出版社1991年版，第507页。

武威考古发现及收藏对西夏钱币研究的重大贡献

张长宝

西夏时期，武威作为其陪都，是西夏西部地区的经济都会。西夏碑所载“武威当四冲地，车辙马迹，辐辏交汇，日有千数。”反映了当时武威交通便捷和商品货币经济较为发达。在西夏统治近200年时间中，武威遗留下了众多珍贵的文物遗迹，特别是西夏铸造的货币，成为探究西夏神秘面纱的第一手实物资料。正因为如此。在近代以来的考古发掘及其收藏中，武威对西夏时期的钱币研究做出了重大贡献。近期，本人通过搜集查阅武威西夏钱币考古发掘资料，并与当地西夏钱币收藏家座谈交流，深有感触，故将其略加探讨，以飨读者。

一、清代著名学者刘师陆在凉州发现西夏钱币，至此西夏钱币在中国钱币史上占有一席之地

西夏灭亡后，元朝未能给西夏修史，所以到明代中叶以后，特别是到清朝时，西夏文献资料基本散失殆尽，西夏文字已经完全停止了使用。人们已经不认识西夏文字，甚至不知道历史上还有西夏及西夏文字的存在。西夏文字逐渐失传，成为无人能识的“死文字”，西夏成为一个神秘的王国。因此，也更难知道有西夏钱币的存在。

在南宋人洪遵编辑的《泉志》一书中，卷十一记录了西夏官方铸造的一枚西夏文钱币。洪遵称：“右梵字钱，余按此钱径八分，重三铢六参，铜色赤纯，文不可辨，大抵类屋驮、吐蕃钱”。从文中可以看出，洪遵虽然发现了这枚西夏文钱，但他并不认识西夏文，也就没有将它列入西夏钱币。经后期考证，《泉志》记录的这枚梵字钱，是西

夏王朝铸造的西夏文钱币。《泉志》虽然是第一部发现并记录了西夏钱币的著作，但没有提及西夏铸造钱币。元、明两代300多年间，钱币学研究没有多大进展，流传下来的钱币研究著作，有胡我琨的《钱通》和李世雄的《钱神志》，但这两部著作，或是沿袭洪遵的《泉志》，或是记述简略，均未对西夏钱币作深入研究，西夏钱币在中国钱币史中被忽略。

刘师陆（1784—1850），字子敬，号青园，为刘大懿[①]的四子，清代著名藏书家、金石学家。清嘉庆十年（1805年），刘师陆来到其父亲的官邸凉州，无意中在武威城内发现了几坛窖藏钱币。刘师陆从中发现了西夏铸币元德、天盛、乾祐、天庆、皇建、光定元宝等诸品。他根据张澍1804年在武威大云寺发现的西夏碑中的文字，判断出其中的梵字钱，就是西夏时期铸造的“西夏文钱”。这是西夏钱币考古史上，第一次有明确文献记载的重大发现，这在中国钱币史上具有划时代的里程碑意义。

1809年，著名金石学家山东人初尚龄在其著作《吉金所见录》中，对这次武威西夏钱币重大发现进行了详细的记述和系统的著录。这使得西夏钱币在中国钱谱中初具规模，形成系列，奠定了西夏钱币进一步研究的基础，也改变了人们以为西夏钱币只有一种“天盛元宝”的认识。

刘师陆这次在武威发现的西夏文钱币除“大安宝钱”一品外，还有“乾祐宝钱”和“天庆宝钱”两品。据《宋史·夏国传》记载：绍兴二十八年，即西夏仁宗天盛十年（1158年），西夏“始立通济监铸钱”。史学界据此认为西夏在仁宗天盛时期才铸造货币。而1805年武威发现西夏窖藏货币，特别是出土了天盛以前的西夏钱币诸品，充分证实西夏在天盛以前的诸朝就铸造发行了自己的货币。

刘师陆发现并认定西夏文钱币，成为我国钱币学史上的一段佳话，开启了西夏钱币发现研究的新征程，为中国钱币研究增加了新内容。武威成为西夏钱币考古史上最早有明确文献记载的发现地，为西夏钱币研究做出了贡献。

据研究，西夏仁宗天盛十年（1158年），正式设立了专门铸钱的机构——通济监，铸造了大量的钱币。但西夏钱币遗存较少，西夏境内主要流通的是唐宋货币。

西夏钱币是我国古代货币的重要组成部分，对于研究西夏经济、政治、社会、文

① 刘大懿（1756—1823），字坚雅，号苇间居士，洪洞县人。先后任分巡台湾兵备道、福建按察使衔兼提督学政官、分巡安肃道、分守甘凉兵备道、甘肃按察使。

化，甚至对整个西夏学研究都有十分重要的意义。根据出土实物，西夏铸造钱币仿照宋朝惯例，以年号钱为主。现在能够看到的西夏王朝的年号钱有十余种，有铜、铁两种的西夏文和汉文钱。

目前，已经发现面文为西夏文的钱币有五种，分别是“福圣宝钱”“大安宝钱”“贞观宝钱”“乾祐宝钱”“天庆宝钱”。这五种钱币正面为西夏文，背面为光背，形制都为小平铜钱，非常少见，属于珍稀的古钱币。汉字体的西夏钱币按照年号分已经发现有九种，这些钱币的书体以楷书为主，兼有篆书、行书等书体。分别为“大安通宝”“大德通宝”“元德通宝”“元德重宝”“天盛元宝”“乾祐元宝”“天庆元宝”“皇建元宝”“光定元宝”。在这些钱币中除了“元德重宝”为折二钱外，其余都是小平钱。至今在武威发现的西夏文钱有“福圣宝钱”“大安宝钱”“乾祐宝钱”“天庆宝钱”等4种，在我国钱币史上占有重要的地位。

二、武威出土银锭填补了西夏银锭有文献记载而无实物的空白

西夏的货币形态除流通使用铜、铁钱币外，其境内还使用白银。无论是传世文献，还是出土的西夏文献都有大量使用白银的记载。但西夏是否自己铸造并流通银锭，没有实物流传于世。

1987年9月，武威市城内署东巷修建行署家属大楼，在开挖地基时，距地表3米多深处发现一批西夏窖藏文物。这是西夏考古史上的一次重大发现，出土金器6件，银锭21件半以及铜钱、瓷器等，其中最为珍贵的就是出土了21件半银锭，总重量为35995克。

从银锭的形制看，均为束腰形，两头圆弧线板状，背部布满蜂窝，正面砸印或签刻文字、截记、符号等；从大小看，分两类，大的有17块，小的有4块，银锭的薄厚、重量都有差别。从银锭的形状，表面砸印的文字、截记以及这些文字、截记的排列特征，可看出每块银锭各异。这说明这批银锭不是在同一个铸造点用同一个铸模所铸，而是西夏社会上流通使用的货币。银锭上錾刻的文字或截记也都是在流通过程中錾刻的。银锭上砸印的这些铭文及戳记，记录了当时西夏社会白银流通的真实情况。

银锭发现后，武威市博物馆黎大祥先生进行了整理与研究，撰写《甘肃武威发现一批西夏通用银锭》发表于《中国钱币》1991年第4期。银锭上的文字经考释，归纳

起来有几方面的内容：砸印“使正”“官正”戳记的，錾刻“行人”“秤”“秤子”的，砸有“赵铺记”“夏家记”戳记的，自铭银锭重量的，反映银锭成色的等等。这些文字真实记录了西夏流通时的真实情况，是西夏考古史上的重大发现。文章发表后1996年被评为“甘肃省钱币研究优秀成果一等奖”。

1996年国家文物局文物鉴定专家组将11件錾刻有文字的银锭、6件金器定为国家一级文物。无独有偶，1989年武威亥母洞寺出土的西夏汉文“宝银”记账单也记载了当时寺院使用银锭的情况。“宝银”记账单第12行这样记载“状多知其整保人中弍拾五锭。”其文字的内容断句应该是：“状多，知其整，保人中，弍拾五锭。”从字面意思来看，寺内所收入的白银，其形状大小不一，数量比较多，按收入的银两知其整数，正好是弍拾五锭，中间有保人作证。记录了当时寺院使用银锭的状况。

武威西夏银锭及亥母洞寺文献的发现，为白银在西夏时期的流通提供了第一手实物资料，为研究西夏货币乃至中国货币史提供了难得的珍贵实物史料。根据这批银锭的特点和同时出土瓷器、宋代货币等文物，专家断定这应该是西夏通用银锭。这是国内首次且唯一发现的西夏银锭实物，为研究西夏白银货币形态提供了极为珍贵的资料，也是对西夏钱币研究方面做出的重大贡献。

三、武威出土的铜铤为研究西夏货币的铸造币材提供了珍贵实物

1989年7月29日，在武威地区邮电局大楼开挖地基工程中，在距现地表3米多深处发现了一批窖藏铜铤。这次出土铜铤22件，均藏于武威市博物馆。铜铤为长方形，形状、大小基本一致。长45厘米，宽21厘米，厚5.5厘米；每件重量在22.5—23公斤之间。铜质为红铜，薄厚均匀，正面为素面，背面呈蜂窝状，每件的一角处均有被压的痕迹。从这痕迹看，为当时冶炼成锭时，为鉴定铜铤质量时所为。从整个发现的情况来看，这次出土的铜铤数量之多，每件铜铤体积之大，体量之重，22件铜锭，总重量为约600公斤。一次发现这样多数量及这样大体积的铜铤，在国内所首次，尤其是在西夏统治的凉州出土，更为罕见。因此，这是我国西夏考古史上的一次重要发现。它的发现不仅对研究我国古代的冶金史具有重要的价值，而且对研究我国的货币制度以及西夏货币铸造工艺和冶炼技术都提供了极为珍贵的实物资料。

四、田战军先生收藏的西夏钱币及《西夏钱币集》的发行

甘肃收藏家协会副会长、西夏文化专业委员会会长田占军先生，长期以来致力于西夏瓷器及西夏古钱币的收藏和研究。他将国内200余年来发现的西夏钱币版别进行了归类，将国内发现的西夏钱币尽数收藏、收录其中，编撰出版了《西夏钱币集》。

该书附有西夏钱币的西夏文和汉字的对照说明，收录500余枚西夏钱币实物图片，为钱币收藏和研究者提供了可鉴的参考资料和工具书。他所收藏的西夏钱币及《西夏钱币集》的问世，在一定程度上填补了中国古钱币——西夏钱币研究的空白。被纳入《古泉文库系列丛书》第十七种（著作类）《西夏钱币集》卷。2021年该书被评为“甘肃省钱币研究优秀成果奖”。田战军先生收藏的西夏钱币及《西夏钱币集》的出版，极大地丰富和扩展了西夏钱币的研究领域和范围，为西夏钱币研究提供了大量的实物。

五、武威民间秦学禄先生收藏的西夏钱币

在武威民间还有很多收藏西夏钱币的爱好者，他们手中掌握了大量的不同形制、文字的西夏钱币，是研究西夏钱币文化的重要实物资源，其中明清一条街“玉缘瓷韵”的秦学禄先生就是佼佼者。

秦学禄先生是复退军人，曾参加过越战，退伍之后开始进入古玩行业。经过几十年的积累，他收藏了大量的珍贵古玩，包括佛教造像、字画、木器、钱币、铜镜、油灯以及像章、旧书等，其中以玉器、瓷器为主，所以便有了名为“玉缘瓷韵”的收藏馆。值得一提的是在历经几十年的搜集、收藏后，在西夏钱币收藏方面颇为丰厚。他收藏有西夏钱币千余枚，其中“天盛元宝”800多枚，“光定元宝”80多枚，“皇建元宝”60多枚。稀有的西夏汉文钱有“元德通宝”“大安通宝”“天庆元宝”“乾祐元宝”等多枚，西夏文钱币有“福圣宝钱”“大安宝钱”“乾祐宝钱”“天庆宝钱”等10余枚，是目前武威已知民间个人收藏西夏钱币数量最多、种类最为丰富的收藏家。目前限于各方面条件的因素，未能整理研究，这样多数量的收藏，对西夏钱币研究也具有很大贡献。秦学禄先生还向西夏博物馆捐赠了5件藏品，向五凉文化博物馆捐赠了数枚西夏钱币。

（张长宝，武威市凉州文化研究院助理研究员。）

从已出土简牍看书体演变过程

王　冰

自殷墟甲骨的发现，到唐代楷书的基本定型，中国文字不断地发展和改进，从书体的演变来看，大体经历了篆、隶、草、行、楷几个阶段。自商周至秦代，有图画性质的文字逐渐演变为大篆，籀文和小篆。到汉代为提高书写效率，又演变为隶书，并行出现的还有草书。魏晋以后字体逐渐稳定，才形成后世普遍使用的楷书和行书。郭沫若先生在《古代文字之辩证的发展》一文中说："隶书是草篆变成的，楷书是草隶变成的。"①郭绍虞先生在《草体在文字演变上的关系》一文中也指出："我们看到汉代木简中的草书，就知隶和楷都可以从此演化出来。"②

一、由篆书到隶书的演变

甲骨文、金文、籀文、石鼓文、六国古文等在内的书体合称大篆，统称为古文字。秦始皇统一中国后，针对"语言异声，文字异形"的局面，提出"书同文字"的建议，命李斯对文字进行整理和改革，对大篆书体进行简化，摈弃大量异体字，使全国文字统一起来，形成"小篆"。

1973年出土于甘肃居延肩水金关遗址的《张掖都尉棨信》，字形是秦始皇"书同文"后的秦小篆。这件作品除"张"字较平稳端庄外，其余字因揉搓后修复褶皱笔画均屈折，断续明显。6字空间布局均匀，笔画安排适当，各得其所。因为棨信是通行关

① 郭沫若：《古代文字之辩证的发展》，载《考古学报》1972年第1期。

② 郭绍虞：《草体在文字演变上的关系》，载《学术月刊》1961年第12期。

禁的证件，也是高级官吏的一种标识，因此用正规小篆书写。1986年出土于甘肃省天水市战国晚期秦国竹简的《放马滩秦简》，书写规整，用笔保留篆书圆转笔法。1975年12月在湖北省云梦县睡虎地秦墓出土的《效律》，字迹清晰可辨，简文均用墨书，字体是一种有别于小篆的新生隶书，字径较小，字形工整严谨，但大小方正不一，结体端秀，笔画肥、瘦、刚、柔相互为用，气势纵横奔放，洪厚凝重，变化多姿。其点化有明显的起伏变化，特别是其中的波势已初具后来汉隶的笔势。1980年出土于四川省青川县郝家坪战国秦墓的《青川木牍》，字体以篆书为主，但用笔上变圆转为方折，将回绕的“日”“口”线条分解为短横再提笔转锋下行，个别字如“一”字起笔重收笔轻，轻重变化有致，笔法流畅，已出现隶书的笔势、笔顺。同在云梦县睡虎地秦墓出土的《秦律十八种》字体瘦长，笔画平直，波磔含蓄，籀文中装饰性笔法已消失，隶书的用笔特征初见端倪[①]。2002年出土于湖南省里耶秦井中的《里耶秦简》，字势虽未脱离篆书纵长之势，但斜向拖曳的笔势突出，这种隶书与平常所见“蚕头燕尾，一波三折”的汉代成熟隶书有很大的不同，是篆书向成熟隶书演变过程中的过渡性书体[②]。卫恒《四体书势》载：“隶书者，篆之捷也。”[③]这就指出了隶书是在求速的客观要求下由篆书演化而来。

关于篆书与隶书的关系，旧时学术界普遍认为隶书是继篆书之后出现的一种字体。隶书产生的原因，郭沫若在《奴隶制时代》一书中说：“秦始皇的特殊处，是他准许并奖励写草篆。这样就使民间所通行的草篆登上了大雅之堂，而促进了由篆而隶的转变。”裘锡圭在《文字学概要》一书中说：“秦国人在日常使用文字的时候，为了书写的方便也在不断破坏、改造正体的字形，由此产生的秦国文字的俗体，就是隶书形成的基础。”上海书画出版社出版的《简牍与我国的书体源流》一文中指出篆书向隶书演变，是通过两种途径完成：一是趋于规整化，即小篆变圆转为方折，演成缪篆；二是草率化的途径，即篆书通过草篆演进成草隶，最终发展为成熟的汉隶。

其实，虽然新的字体可以代替旧的字体，但并不意味着旧的字体会完全绝迹，它

---

① 柴希：《从秦汉简牍中看书体笔法的演变》，载《谈古论今》2012年第6期。

② 孙兴鹏：《从里耶秦简J（1）9-1至12号木牍看秦末汉初简牍书法的草化倾向》，山东工艺美术学院2020年硕士学位论文。

③ 张春龙、龙京沙：《湖南龙山里耶战国——秦代古城一号井发掘简报》，《文物》2003年第1期，第5—7页。

作为一种历史的产物还会遗留下来。秦始皇在文字史上不仅整理简化了古文字，统一了文字，而且开创了今文字，实现了古今文字的分野。在短暂的几十年内秦王朝创制了小篆，孕育了隶书两种字体，在汉字发展史上创造了一个奇迹。

二、由隶书到草书的演变

《里耶秦简》中除了较为严正的隶书和由篆书到隶书的过渡性书体外，还保存有少量的具有秦隶典型特征和部分草书特征的特殊墨迹，这些特殊墨迹大多出现在简牍背面以及少数正面的潦草墨迹中，字形处于草隶之间。这种非隶非草的墨迹可能不是书手主观艺术追求所致，但也反映了基层史官在书写时书写状态的差异。这部分墨迹对于研究书体的演变有着重要的意义，这种非隶非草的文字，正是由隶书向草书发展的过渡阶段，为我们了解草书的起源，认识秦汉之际的草化倾向提供了宝贵的资料[①]。有学者对这一部分的墨迹提出过关注，钟雅迪在其硕士论文《里耶秦简书法初探》中对此有论述："古隶的草化形态在解构篆籀字体的同时，又构建出八分和章草……背面的活泼草体便是最好的说明。"[②]1972年出土于武威旱滩坡的医药简《公孙君方牍》，以章草为主，结体用笔已具备章草法度，波磔婉转，有疾风骤雨之势，粗犷率意之美，为后世章草的发展和走向成熟奠定了基础。玉门花海汉简中的《买卖布牍》落笔峻利，使转自如，结体流美，章法天成，已经是相当成熟的章草书体。1979年出土于敦煌马圈湾汉代烽燧遗址5号探坑的《王骏幕府档案》是汉简草书代表作，通篇用草体，笔法细腻，"线条奔放，连绵刚柔，结体奇逸，通篇气势开张，猖狂妄行而蹈乎大方，朴拙。是目前所见最早带有文人书法格调的长篇草书作品，作品字形大量省略，省到不能再省的地步，标志着汉字草书以简省笔的方法来提高书写速度的办法已经走到极致，章草已经烂熟，连绵今草的曙光即将出现。"[③]将此简同张芝的《秋凉平善帖》进行比较，会发现行笔的精致和结字的均衡颇为相似。由此可见，当时作书者的书法水平已达到了一定高度。1974年出土于甘肃居延肩水金关遗址的《误死马驹册》属居延简中

① 孙兴鹏：《从里耶秦简J（1）9-1至12号木牍看秦末汉初简牍书法的草化倾向》，山东工艺美术学院2020年硕士学位论文。

② 钟雅迪：《里耶秦简书法初探》，陕西师范大学2016年硕士学位论文。

③ 沈利：《汉代简牍书法形态研究》，南京航天航空大学2010年硕士学位论文。

较具艺术水准的章草作品，他们运笔娴熟，点画飞扬，是一种书写上比隶书快捷的书体，形体上属于自由急就，虽然部分简草法法度还不甚谨严，但自然浑成，别有天趣，情态生动地呈现了汉代草书的魅力。

日常草体到西汉末发展成一套约定俗成的技法，《误死马驹册》可谓两汉之交代表性章草样式之一。1993年出土的尹湾西汉末简牍中的《神乌傅》许多字是隶书的快写，情态生动地呈现了西汉晚期章草的魅力，和《误死马驹册》有异曲同工之妙。其次，居延《纪年简》《甲渠候官五凤二年名籍简》《甲渠郭侯谊简》《丞相御史律令牍》等都是用章草书写，兼具隶之波磔，篆之圆转，草之急速，显得率意、古朴、典雅、流动、活泼，一体而含众妙，千奇而不厌人。不为艺术而作，却有很高的艺术价值，在中国书法史上别开生面。

启功先生描述汉代章草时说："汉代草书简牍中的字样，多半是汉隶的架势，而简易地、快速地写去。所以无论一字中间如何简单，而收笔常带出燕尾的波脚。且两字之间绝不相连。"马啸在《民间书法》一书中指出：草书的产生，实际上是中国书法由篆书转向隶书过程中产生的一个必然性副产品，所以其成熟过程与隶书的成熟过程基本一致。金开诚、王岳川主编的《中国书法文化大观》一书中亦指出：早期草书是跟隶书产生相平行的一种草写书体，一般称为隶草，但其实夹杂了一些篆草的形体，章草是早期草书和汉隶相融的雅化草体。如果将后世章草与上述简牍试作比较，便可洞悉其运笔及结体本源之所在，可谓一脉相承。尽管在上述简牍中今草还不完备，但对今草的发展，从运笔、结体、使转、便捷等方面都奠定了基础。

三、由隶书到楷书的演变

2004年出土于长沙市中心东牌楼的长沙东牌楼简牍是东汉后期简牍墨迹代表，除有少量规范标准的隶体外，有一部分波折不甚明显，但棱角比较突出，很多笔画特别是单字末笔有下引之势，隶书波挑笔大大消隐，提按笔彰显活力，点笔、悬针、垂露竖画增加。这种书体比隶书易写，又比草书规整，这就是在中国书法史上占有重要地位的早期楷书——魏碑。

这些新起的书体，从结构到运笔同居延汉简中某些属于"楷书"体的字十分相似。例如居延汉简中的《阳朔五年简》横画由轻到重，波画厚重，转折圆而流畅。《居延汉简》中的寸楷大字“诏书”，笔画横粗竖细，下笔横起直落，笔力在中锋，略带挑法，具有汉隶痕迹，这些都是早期魏楷的典型笔法。此后楷书逐步发展成熟，用笔藏露并举，有方有圆，结体雄浑厚重，朴素粗犷，又工整划一。简牍中这种书体虽然所占比例较少，但它已是楷书的萌芽，它为流行于三四世纪魏晋两代楷书的发展，奠定了基础，对中国书法史上楷书的高峰时期，即唐楷的发展具有推动作用。

据统计，在东牌楼汉简中早期楷书简牍有14件，被运用于日常公、私文中。此时正是早期楷书蓬勃发展的时期，这一时期早期楷书新秩序并未完全建立，因此字形、结构、态势、点化均尚未成熟，即结字散漫，字态欹斜，笔画部件尚未完全脱去隶意。虽然新秩序尚未完全建立，但总的看来，东牌楼汉简早期楷书墨迹已新意盎然，与东汉前、中期墨迹相比，可以说是有了质的飞跃。

东牌楼简中早期楷书的横画在俗体隶书弱“蚕头”去“燕尾”的基础上，运笔时横画向右上方轻轻倾斜，起笔顿笔，收笔改驻笔为向右下方顿笔，并且增加了提按，出现两头重中间轻的写法，这也是楷书横画的经典写法，标志着东牌楼简中的早期楷书在发展过程中又一步推进。这种写法在三国走楼简吴简和郴州西晋简中的早期楷书中出现得更加频繁，并且更加精致、标准化。通过同一地区不同时期的三种简中横画的微妙变化，使我们也看到了楷书从东汉末到魏晋时期的演变轨迹。

晚于长沙东牌楼简数十年的长沙走马楼、郴州吴简上的楷书也进一步成熟起来，这些书于孙吴嘉禾、赤乌年间的字迹隶意殆尽，楷化笔画愈来愈普遍，楷式日渐完备。蒋善国《汉字学》中说：“真书是东汉末开始通行的字体”“就整个的字势说，汉隶向外推开，真书向里集中”“汉隶平直方整，真书不甚平直方整。”①汉末仍接近于隶书的横划宽结，在三国吴简中逐渐紧密起来。走马楼吴简《嘉禾吏民田家莂》多以今楷为体，《奏许迪卖官盐木牍》凡8行，230余字，纵向字间紧密，行间较宽绰。行距近一字，行的效果突出，这种行款布局已很接近后来今楷、行书的款式、章法；郴州苏仙桥吴简中许多书迹可算作较典型的行、楷了，他们结体都很紧密，字态也不再东倒西倾，而有统一左倾趋向（正如后来典型楷、行那样），这时人们已较好地掌握“新法”了。因为属于实用性书写，照顾工整与效率两方面，多数字亦行亦楷，《嘉禾吏民田家

---

① 蒋善国：《汉字学》，上海：上海教育出版社，1987年。

前》“楷”的特色更浓厚些。稍后不久的郴州西晋简则为典型今楷体。

走马楼、苏仙桥吴简代表的三国简牍墨迹，显示了今楷、行书的进一步发展成熟。其实早在东汉中后期，早期楷书就已经出现在社会俗写中。处于这一时期的东牌楼汉简墨迹五体皆全，其中亮点之一就是早期楷书。刘涛在其《长沙东牌楼东汉简牍的书体、书法与书写者》一文中也曾说过：“东牌楼汉简书迹中已经存在非常接近后世正书的形态，是比正书之祖锺繇正书书迹还要早的正书形态”。

广义的草体孕育了今楷雏形，东汉中、末叶的早期楷书大体上来自新隶体一类俗写法。新隶体依工整一路发展，继续脱尽隶意、整饬点画、强化“楷化笔画”，渐成楷书形态；新隶体依草率一路发展，并与早期草书、早期楷书互为作用，即演化为行书形态。

结 论

简牍书法，每一件作品都倾注了作者的书法艺术审美观念，流淌著作者的思想情感，或写得端庄严谨、或写得潇洒自如，林林总总、不一而足。简牍书法之所以呈现给我们篆隶行楷各种书体，在于当时人们对书法艺术的欣赏和追求所致。汉代是隶变的关键时期，人们大胆地追求和探索书法艺术的生命，形成书法艺术的各种分支，其中墨守成规的一派形成篆书派，将隶书写得规整严格的一派最终形成隶书派，而将隶书大胆草化的一派形成草书派。草书派又衍生出我们后世理解的行书派或楷书派。

各种字体之间的演变并没有严格的分界点，不能概而论之武断地认为小篆之后便是汉隶，汉隶之后便出现唐楷及行书草书。其实，隶书蕴藏在草篆之中，早期的楷书可追溯至战国后期的简牍草体，之后和新隶体相互作用而形成早期楷书。所以虽然新的字体可以代替旧的字体，但并不意味着旧的字体会完全绝迹，它作为一种历史的产物还会遗留下来。

（王冰，武威市凉州文化研究院研究实习员。）

凉州的意义

王顺天

凉州之名，其盛久矣，空旷浩大，宛如边塞绝句、西域尘烟，使人心向往之。凉州是中国文化在西北的缩影，仅梳理其名，便可勾勒出由汉至唐整个帝国鼎盛时的辉煌与战火。从改雍为凉到分置四郡，从地处寒凉到横行天下，从边塞沙场到丝路重镇，凉州，这片沧桑之地，在为我们保留记忆、输出文化的同时，也为我们不断重建从凉州到武威的历史景观与美学图景。在“一带一路”倡议和丝路文明的建设之中，我们更需要重新认知凉州在这一伟大谱系中的特殊意义与重要位置，它的文明与历史、沧桑与变迁，为我们在这片“寒凉”之地上建设新的成就与辉煌，提供文化的源泉和传承的动力。

从“羌笛何须怨杨柳，春风不度玉门关”“醉卧沙场君莫笑，古来征战几人回”的《凉州词》，到现在的马踏飞燕，葡萄酒城的银武威，凉州——一个极具边疆气质和有着深厚历史的地理名称，在充满诗意与想象的空间中，给人以一种古朴和苍凉之感。凉州地理名称的历史可以追溯到古代，它作为一个边疆地区，始终充满着边塞羌笛的幽远气息。早在古代，凉州就是西北地区的首府，政治、军事和经济的中心，其地位在六朝时期尤为显著。作为凉国的故地，凉州一度是六朝古都之一，这里曾是多个朝代的政治和文化中心，民族融合和文化交流在此达到了顶峰。同时，凉州作为天下的要冲和国家的边防，承担着保卫国家安全的重要任务。作为西北佛都，凉州也孕育和传播了丰富的佛教文化。雍凉是凉州地区早期的政治和文化中心，凉州是雍凉文化的发源地。雍凉文化以其独特的民族特征、历史韵味以及丰富多样的文化艺术形式，将历史、宗教、文学、音乐等诸多元素融合在一起，形成了独特的凉州文化风貌，影响了凉州乃至整个西北地区的文化传承，对于整个西北地区的文化发展产生了重要的影响。

凉州的荣誉和历史源远流长，它集合了诗词、文化、历史等多个层面的价值。如今，在“一带一路”建设的伟大构想下，凉州再度成为人们关注的焦点。这一构想将再次揭开凉州的神秘面纱，促使凉州的历史和文化走向世界。凉州这个文化名城将迎来新的发展机遇，它将再次在国际舞台上展示其独特的魅力，激发人们对历史和文化的热情。银武威作为凉州的一部分，成为葡萄酒城，这不仅代表着凉州的经济发展，也是凉州文化新的体现。马踏飞燕则象征着凉州地区特有的地理、历史和文化符号，也成为凉州地区独一无二的象征之一。凉州的历史和文化作为中华优秀传统文化的重要组成部分，有着深远而持久的影响力。通过进一步挖掘、保护和传承凉州的历史和文化遗产，可以让凉州成为一个重要的文化旅游目的地，为中华文化的传承和发展作出积极贡献。凉州作为一个具有边疆气质和悠久历史的地方，承载着人们对于古代边塞氛围和历史文化的向往。在当前“一带一路”建设的大背景下，凉州将再次闪耀光彩，展示其独特的历史价值和文化魅力。

凉州之名的由来是一个引人思考的话题。人们常常会好奇，为什么这个地方被称为“凉州”，“凉”字的意义又是什么。通过研究历史文献和学者的论述，我们可以找到一些关于凉州名字来源的线索。关于凉州之名的由来，主要有两种说法。第一种说法是，清朝武威籍大学者张澍在其著作《凉州府志备考》中提到的，他引用了东汉学者应劭的《地理风俗记》中的记载，记载了汉武帝元朔三年（前126年），将雍州改名为凉州的原因。这个记载是这样描述的：“以其金行，土地寒凉故也。”这意味着凉州得名与其地理环境的特征有关，这里的土地既寒冷又凉爽，具有金行之气。张澍是凉州府武威县人，是清朝时期西北地区享有盛誉的大学者。他的研究领域非常广泛，包括史学、经学和金石学等。他在志书编纂和古籍收录方面也有很高的造诣，鲁迅等学者在辑佚方面深受他的影响。因此，张澍对于凉州名字来源的论述具有一定的权威性和学术价值。此外，关于凉州之名来源的说法可以在东汉刘熙的《释名》中找到。刘熙在该书中写道：“凉州，西方所在寒凉也。”这个说法表明，凉州之所以得名，是因为它地处西方，西方因为寒冷而被称为“凉”。这个说法也从地理的角度解释了凉州名字中“凉”字的含义。

关于凉州之名的第二种说法源自史料中对辖区的划分。东汉时期的史学家班固在《汉书·武帝本纪》中记载，西汉元封五年（前106年），“初置刺史部十三州”。汉武帝派遣大将霍去病远征河西地区，击败匈奴后，开始将天下划分为十三个州，各州设立一个刺史来管理，史称十三刺史部。在甘肃地区设置凉州刺史部，并驻扎在武威郡，凉州的名称由此而得名。《资治通鉴・卷第二十一・汉纪十三》也有记载："上既攘却胡、越，开地斥境，乃置交趾、朔方之州，及冀、幽、并、兖、徐、青、扬、荆、豫、益、凉等州，凡十三部，皆置刺史焉。"这意味着汉武帝已经追逐匈奴，消灭南越，准备开拓土地，因此设立了交趾州、朔方州、冀州、幽州、并州、兖州、徐州、青州、扬州、荆州、豫州、益州和凉州，共分全国为十三个州，所有州都设有刺史。这两种说法都是有根据的，人们一般习惯采用第一种说法，即凉州之名来源于"地处西方，常寒凉也"。根据这两种说法，可以推断基本在元朔三年（前126年），武帝最早提出了"凉州"这个地名，但当时的凉州范围还不包括河西地区，因为河西地区当时还在匈奴的控制下。直到骠骑大将军霍去病打通了河西走廊，设置了酒泉、武威、敦煌、张掖四个郡，河西地区自然归属于凉州的管辖范围。

根据这两种说法，我们可以得出一个结论：凉州之名来源于其所处的方位和环境。依中国古代五行学说，可以将凉州的西方位置与金相关联。金代表利器，凉州处在中国的西边，因此具有寒凉之感。明代的唐汝谔在《古诗解》中也写道："凉，州名，以其地处西方，常寒凉也。"这进一步印证了凉州地处西方，气候寒凉的特点。通过对凉州名称来源的考察，我们不仅可以了解到凉州的命名背后的含义，也可以更深入地理解这个地方的历史与文化。凉州因其独特的地理环境而命名，这对于我们理解凉州的发展与变迁，以及它在中国历史中的特殊地位具有重要意义。

凉州作为中国西北地区的一个重要地域，在历史上扮演了重要角色。它位于河西走廊的中部，在古代为各个朝代的统治者提供了重要的战略地位。凉州的地理环境和气候特点对于这个地方的历史和文化产生了深远影响。凉州的寒冷气候和干旱的自然条件对农业和人们的生活方式产生了影响。同时，凉州的地理位置使其成为东西交通和文化交流的重要节点。凉州的地理环境和气候特点不仅影响了当地的农业和经济发展，也塑造了凉州的文化与人文景观。凉州的艺术、建筑、宗教、文学等方面都受到了寒凉环境的熏陶。在这种气候条件下，人们创造了独特的艺术形式和文化传统，例如凉州壁画和凉州音乐等，这些都成为凉州独有的文化遗产。凉州的历史也与几个重要的政治和文化事件密切相关。在东汉末年，冯异和马援率领军队在凉州地区抵抗外族入侵，保卫了中原大地。在南北朝时期，凉州成为北方游牧民族和南方汉族政权争夺的焦点地区。在唐代，凉州被废黜的李唐皇帝所建立的西凉政权选作都城，成为当时西北地区政治中心。在宋代，凉州成为宋夏两个政权争夺的战场。明清时期，凉州成为了对中国西北地区的统治和控制的重要基地。历史上的凉州，具有重要的战略地位，对于巩固边防，贸易往来，民族交融等意义重大，同时正是因为独特的地理环境、各种文化的交流，形成了独具魅力的凉州文化。

中原大地以九州而著称，而凉州则是承接着苍茫雍州的古老历史，向着广袤的西北辐射。从武帝挥剑向西的那一刻开始，凉州这个名字就在西域这片热土上翻腾不息，经历了沧海桑田的变迁，依然生生不息。凉州，地处中原的西北边陲，幅员辽阔，战场的厮杀声回荡历史的天空，边疆开发的光辉照进现实的迷雾。在汉武帝统一天下并驱逐匈奴之际，凉州的设立成为了必要之举。面对西域地区的边陲辽阔，武帝决定将全国分为十三个部，每个部都设有刺史进行统治。凉州由于其地理位置的特殊性，成为其中一个部的名称，驻扎在武威郡的中央，成为这片广袤土地的核心。然而，凉州的历史根源并非仅仅在汉武帝时期。早在西汉初年，凉州就已经是西北边界的重要防线之一。凉州所辖区域包括了如今的甘肃省以及陕西和青海的部分地区。这片地方有着丰富的生产力和独特的地理环境，是汉朝在西北边疆地区的重要屏障。因此，汉武帝决定将凉州设立为一个独立的刺史部，来负责这片土地的治理与防卫。凉州的地形以河谷为主，地势高峻，气候干燥，夏季酷热，冬季严寒，特别是西北风刮过的时候，更是寒冷刺骨。这一地理环境形成了凉州常寒凉的气候特色，成为了凉州名称的另一种说法来源。人们一般倾向于采用这种说法，因为其直观地反映了凉州的特点与气候条件。

凉州的设置并非一帆风顺。在汉武帝统一天下与驱逐匈奴的过程中，凉州一直处在边疆战略的前线。为了巩固边疆防线，汉武帝通过拓宽边境，建立各个郡县，强化边防力量，从而确保了凉州的安全与稳定。在这个过程中，凉州的地位逐渐显现出来，成为了西北边陲在汉朝统治下的象征。随着时间的推移，凉州逐渐发展成为西域贸易的重要枢纽。商贾穿梭其间，将东西方的商品交流贸易带到这片土地上，使得凉州一脉相承着辉煌的丝路文化与蓬勃的商业活动。这为凉州的繁荣与发展提供了无尽的动力与机遇。凉州的历史也充满了风雨飘摇的边疆战争。匈奴、羌族、鲜卑等游牧民族频繁入侵，给凉州的稳定与安全带来了巨大的威胁。为了保卫边疆，凉州的边防军队经历了无数次战斗，他们英勇奋战，在这片土地上筑起了一道坚实的屏障，保卫了中原和西域的安宁。凉州的历史荣光不仅体现在边防战争的胜利上，也表现在文化与艺术的繁荣中。凉州自古以来就是各种文化交流的聚集地，四面环绕着著名的丝绸之路，不仅接纳了东方与西方的商品贸易，也传播了中原文化与西域文明。凉州的景观也是丰富多样的，有雄伟壮观的嘉峪关、石林奇观的敦煌莫高窟、壮丽美丽的张掖丹霞地貌等等。这些自然景观和人文遗迹构成了凉州独特的风景线，吸引了大量的游客前来观光旅游。

凉州的历史发展不仅仅是一段壮丽的历史画卷，更是中原文明与西域风情的交汇之地。在悠久的历史长河中，凉州见证了中原文化的荣辱兴衰，也承载了西域风情的独特魅力。它是一片历史的见证地，也是中华文明与世界文明交流互通的桥梁。今天的凉州已然不再是昔日那个边陲战乱的边疆，而是一个风景优美、人文底蕴深厚的地方。无论是凉州的历史与文化，还是自然景观与人民生活，都展现着凉州的独特魅力与骄傲。凉州在中原大地的地理位置和文化传承中占据着重要地位，它是我们共同的历史记忆和文化根基。凉州，这个名字如同一颗闪耀的明星，照耀着辽阔的西域大地。从汉武帝划设凉州以来，它承载了中原文明的光辉，见证了西域大地的繁荣与发展。

古代凉州，是座位于辽阔西域的神秘之地，历经沧桑岁月，仍然承载着丝绸之路最辉煌的记忆。曾经，凉州的中心地带成为今日武威地区的核心所在，凭借其重要的地理位置成为了当地的咽喉要道和战略重镇。然而，我们需要理解的是，古代的凉州并非单单指代一个城市，而是泛指整个地区，就像古代九州中的徐州和扬州并不仅局限于如今的徐州市和扬州市。然而，时光荏苒，徐州和扬州如今依然保留着自己早年的名字，而凉州则在历史的长河中渐渐褪去了它的名字，成为了武威的一个行政区。

凉州的名字在文人雅士的吟唱中广为流传，《凉州词》也成为了古代诗词文化中非常重要的意象，五凉之都散发着悠久历史的遗韵，因此，在人们心中，凉州的声名远胜武威。然而，在历史的深处，我们发现关于武威的记载要比凉州更为久远。公元前121年，汉武帝开拓了河西，建立了第一个郡——酒泉郡。又在公元前111年，张掖郡和敦煌郡从酒泉郡中分出独立。公元前101年，武威郡建立，其得名始于骠骑大将军霍去病，此人威震西域，被誉为武功军威之伟人，因此郡名取其名，因而得名为“武威”，这个名字之霸气可谓非凡。这四个郡便组成了著名的“河西四郡”，它们象征着汉武帝雄才大略，也标志着他为开辟丝绸之路在西域做出的贡献。武威古城如今已经有着2000多年的历史，它是东起于河西走廊的丝绸之路的第一个重要据点。从那时起，凉州和武威在漫长的历史舞台上交相辉映，成为中国历史文化中不可或缺的组成部分，所以说不懂得凉州的人，不足以谈论西北的历史，正所谓不知凉州者，不足以谈西北。

从两汉到魏晋时期，一片广袤的土地扩展开来，如今的甘肃河西走廊和青海湟水流域（一段时期内还包括内蒙古的额济纳旗和新疆的哈密地区），曾经被人们称之为凉州。在西晋灭亡后，北魏统一河西之前的一百多年中，这里相继建立了五个独立的地方政权，前凉、后凉、西凉、南凉、北凉，被后人称之为“五凉”。凉州自唐代开始，一直是河西节度使的驻地。由于其独特的地理位置和战略地位，这里商业繁荣，经济发达，成为河西地区政治、经济和文化的中心。在这片古老而神秘的土地上，唐朝著名边塞诗人高适、岑参、王之涣、王翰等留下了传世的诗篇。他们的作品以《凉州词》（《凉州曲》）为代表，成为了当时雅士名流们必不可少的曲目。这一曲调名在当时广为流传，其流行程度不亚于当今的任何文艺潮流。其中，凉州乐舞更是被尊为“国乐”，它不仅代表了西北乐舞的精华，也是中原王朝乐舞的瑰宝。《西凉乐》《凉州伎》等曲目成为人们心目中的经典之作。北魏时期，凉州与邺城并称为北魏的两大经济中心。而在大周武则天时期，凉州与洛阳、扬州并称为唐朝的三大经济中心。这说明历史上的凉州并不是那种“地处西方，常寒凉”的形象所能媲美的。相反，它是河西地区的繁华之地，被誉为“凉州大马，横行天下”。这是它曾经的辉煌，也是它真实的写照。

凉州的辉煌背后，离不开这片土地的独特地理环境和丰富的资源。河西走廊连接西域和中原，是古代丝绸之路上的重要节点。这里地势险要，交通便捷，自古以来就是商旅云集之地。丰富的水源和肥沃的土地，使得农业得以快速发展。这里的农民依靠灌溉和肥沃的土壤，种植了丰富的粮食作物和经济作物，不仅能够自给自足，还可以大量出售给中原地区。凉州的繁荣也离不开政治的稳定和文化的兴盛。几个世纪以来，这里先后建立了五个独立的地方政权，稳定的政治局势为经济的发展提供了保障。同时，凉州也是多民族交汇的地方，不同民族的融合和交流促进了文化的繁荣。在这里，商业繁荣的同时，文艺和学术也得到了极大的发展。诗歌、音乐、舞蹈等艺术形式在这片土地上得到了独特的创造和发展，使得古代的凉州成为了文化的瑰宝之地。然而，随着时间的推移，凉州的辉煌也逐渐消逝于历史的长河之中，凉州的地位逐渐被其他地方所取代。唐朝时期，凉州的地理和经济优势已经被西安、洛阳等城市所超越。到了宋代，凉州已经沦为边陲地区，渐渐被人们所遗忘。

追溯凉州的源起，它的繁荣与辽阔，就如同一首边塞绝句，让人们向往不已。正如前文提到的，凉州是中国文化在西北的缩影，仅仅是回顾它的名字，就能勾勒出从汉朝到唐朝整个帝国的鼎盛与战火。凉州的历史可以追溯到改雍为凉的时代，当时凉州地处于边陲，人们常年战乱不断。唐朝时，凉州被划分为四个郡，标志着凉州的行政重要性。而凉州北面的边塞就像是一块坚固的屏障，保护着中国的疆界。同时，凉州也是丝绸之路上的重要城镇。丝绸之路的开通，促进了中西方之间的贸易和文化交流。凉州作为丝绸之路的关键节点，吸引了众多商人和旅行者，也成为了文明与繁荣的象征。凉州的街市热闹繁荣，各种商品从西域传入，使得凉州成为了一个独特的文化交汇点。凉州自古以来就承载着沧桑之地的命运，历经风雨和乱世。然而，凉州也始终世代相传着文化与历史。凉州的沧桑与变迁，为我们构建了一个丰富多彩的文化图景。站在“一带一路”的构想和丝绸之路文明的建设之中，我们更需要重新认知脚下的这片土地。我们需要认识凉州的文明与历史，感受她的沧桑与变迁，以此为基础建设我们新的成就与辉煌。凉州的文化和历史丰富多样，各种民族和文明在这里交融并存。与此同时，凉州也是古代佛教的重要发展地区，众多寺庙和佛塔见证了佛教传入凉州并得到广泛传播的历程。如今，凉州正积极参与“一带一路”建设，将凉州的文化和历史传播给更多的人们。我们在这片“寒凉”之地上，正在建设新的成就与辉煌，并汲取凉州文化的源泉和传承的动力。我们需要重视凉州的文化遗产保护，将这些宝贵的资源传承给后代。同时，我们也需要努力创新和发展凉州的文化产业，将凉州的独特与魅力展示给世界。

凝视着历史的潮流，我们仿佛能够听到古代凉州和武威城的低语，感受着那些承载着岁月积淀的繁华。遥远的凉州，坐落在西域的边陲，是个神秘而又美丽的地方。它经历了无数云烟与沉浮，却始终怀揣着辉煌的记忆。凉州的故事与武威的传说如同一条璀璨的丝线，编织出了辉煌的历史画卷。凉州，时而轻轻低语，时而铿锵激昂，仿佛将千年的沧桑岁月娓娓道来。如今的武威，更像一个古老的守望者，承载着沉甸甸的历史，回响着岁月的钟声。让我们倾听历史的呼唤，在凉州和武威的记忆中漫步，感受那些古老的故事，在历史的风沙中穿越。凉州，如同闪耀的星辰，照亮了西北的辽阔天空。

（王顺天，山东大学中文系博士研究生。）